Arne Hoffmann (Hrsg.)

Gleichberechtigung beginnt zu zweit

Arne Hoffmann (Hrsg.)

Gleichberechtigung beginnt zu zweit

Können Feminismus und Maskulismus für eine ganzheitliche Geschlechterpolitik zusammenwirken?

Tectum Verlag

Arne Hoffmann (Hrsg.)
Gleichberechtigung beginnt zu zweit. Können Feminismus und Maskulismus
für eine ganzheitliche Geschlechterpolitik zusammenwirken?
© Tectum – ein Verlag in der Nomos Verlagsgesellschaft, Baden-Baden 2019
ISBN 978-3-8288-4330-1
E-Book 978-3-8288-7277-6

Umschlagabbildung: © # 429044860 von Pixtural | shutterstock.com

Besuchen Sie uns im Internet
www.tectum-verlag.de

Bibliografische Informationen der Deutschen Nationalbibliothek
Die Deutsche Nationalbibliothek verzeichnet diese Publikation
in der Deutschen Nationalbibliografie; detaillierte bibliografische
Angaben sind im Internet über http://dnb.d-nb.de abrufbar.

Der Herausgeber

Arne Hoffmann ist ein linksliberaler Wissenschaftsjournalist, Geschlechterforscher und Geschlechterphilosoph. Er wurde vor allem durch sein Engagement für sexuelle Minderheiten sowie die Begründung der Männerrechtsbewegung („Maskulismus") in Deutschland bekannt. Außer zahlreichen Artikeln veröffentlichte er über 50 Bücher – mit den Geschlechterbeziehungen als Schwerpunkt – bei Verlagen wie Bertelsmann und Heyne. Hoffmann betreibt seit 2004 das Blog Genderama.

Hoffmanns Buch „Sind Frauen bessere Menschen?" (2001) behandelte Fragen von der Jungendiskriminierung bis zu häuslicher Gewalt gegen Männer, Jahre bevor sie von Leitmedien entdeckt wurden. Sein Buch "Männerbeben" (2007) stellte die damals entstehende deutsche Männerrechtsbewegung vor. Neben Professor Gerhard Amendt, Professor Klaus Hurrelmann und anderen Autoren wirkte Hoffmann am wissenschaftlichen Sammelband „Befreiungsbewegung für Männer" (2009) mit. Hoffmanns „Plädoyer für eine linke Männerpolitik" (2014) ist das erste Buch, das den Integralen Antisexismus als zentrales Element der maskulistischen Philosophie benennt.

Inhaltsverzeichnis

Brücken statt Schützengräben:
Wir brauchen eine neue Debattenkultur

Vorwort des Herausgebers

„Die Welt, in der wir leben, ist eine Welt der Gegensätze. Die Kunst besteht darin, diese Gegensätze miteinander zu versöhnen. Das bedeutet, da ist etwas in der Mitte. Und die Mitte ist kein Kompromiss, sie ist die Macht von beidem."
David Lynch, Regisseur

„Ich bin ein Männerrechtler (oder Maskulist), wenn Männerrechte und Männerbefreiung mit gleichen Chancen und gleicher Verantwortung für beide Geschlechter definiert werden. Ich bin ein Frauenrechtler, wenn Feminismus gleiche Chancen und Verantwortung für beide Geschlechter propagiert."
Warren Farrell, Stammvater der Männerrechtsbewegung (Maskulismus)

„Ich bin Tibeter, ich bin Buddhist und ich bin der Dalai Lama, aber wenn ich diese Unterschiede betone, hebt es mich von anderen Menschen ab. Was wir tun müssen, ist, mehr auf die Art und Weise zu achten, in der wir mit anderen Menschen gleich sind."
Tweet des Dalai Lama am 21. Mai 2018

„Aus den Nachrichten und den sozialen Medien würden Sie es niemals erfahren, aber im ganzen Land gibt es Anzeichen dafür, dass Menschen versuchen, trennende Grenzen zu überwinden und aus ihren politischen Lagern auszubrechen."
Amy Chua, US-amerikanische Publizistin, 2018

„Wir sollten ein Buch auf den Markt bringen, das erklärt, wie Frauen- und Männerbewegung am sinnvollsten zusammenarbeiten könnten, um die Angehörigen beider Geschlechter politisch voranzubringen." Diesen Vorschlag machte ich meinem damaligen Verleger auf der Frankfurter Buchmesse 2002. Sinn der Sache war, einen Nachfolgeband zu meinem Titel „Sind Frauen bessere Menschen? Plädoyer für einen selbstbewussten Mann" zu finden – einem Buch, in dem ich dazu aufrief, in der Geschlechterdebatte *beide* Seiten der Medaille zu sehen.

Mein Verleger wies meinen Vorschlag zurück. „Sie müssen den Leuten überhaupt erst mal klar machen, dass es eine Männerbewegung gibt", sagte er. „Die Wahrnehmung dafür ist doch noch überhaupt nicht vorhanden."

Er hatte natürlich Recht, wie das bei Verlegern häufig der Fall ist. Deshalb verbrachte ich die folgenden 15 Jahre damit, diese geschlechterpolitische Bewegung voranzubringen und auf sie aufmerksam zu machen. Ihr zentrales Ziel nenne ich in meinem Buch „Plädoyer für eine linke Männerpolitik" (2014):

> *„Maskulisten geht es darum, Benachteiligungen, soziale Problemlagen und Menschenrechtsverletzungen in Bezug auf alle Menschen einschließlich der Männer zu erforschen, herauszufinden, was die möglicherweise vielfältigen Ursachen dafür sind, und realistische Lösungsstrategien zu entwickeln, die dann in einer gerechten Politik zur Anwendung kommen."*[1]

Die Themenfelder, in die sich das auffächert, sind so umfangreich, dass sie nur stichpunktartig genannt werden können: Sabotieren des Kontaktes von Trennungsvätern zu ihren Kindern. Häusliche Gewalt gegen Männer. Sexueller Missbrauch von Jungen. Benachteiligung von Jungen in der Schule. Diskriminierung bei Einstellungen und Beförderungen (beispielsweise durch eine Frauenquote[2]). Obdachlosigkeit (zu geschätzten achtzig bis neunzig Prozent männlich[3]). Selbsttötungen (dreimal so häufig von Männern begangen). Falschbeschuldigungen. Sexistische Justiz. Sexistische Behörden. Sexistische Gesundheitspolitik. Sexuelle Gewalt gegen Männer im Krieg.[4] Zwangsrekrutierungen. Menschenhandel. Genitalverstümmelungen von Jungen, mitunter mit

---

1 Hoffmann, Arne: Plädoyer für eine linke Männerpolitik. CreateSpace 2014, S. 11.
2 Vgl. zur Frauenquote als Menschenrechtsverletzung Rhodes Aaron: Mannomann, online seit dem 25.12.2014 unter https://www.zeit.de/2014/51/frauenquote-menschenrechte-verstoss.
3 Vgl. Malyssek, Jürgen und Störch, Klaus: Wohnungslose Menschen. Ausgrenzung und Stigmatisierung. Lambertus 2009, S. 17.
4 „Sexuelle Gewalt gegen Männer ist zweifellos eines der schwerwiegendsten Menschenrechtsprobleme unserer Zeit", erklärt der britische Politikwissenschaftler Dr. Amalendu Misra in seinem Buch „The Landscape of Silence. Sexual Violence against Men in War" (Hurst & Company 2015, S. 143). Von über 4000 Regierungsorganisationen, die sich mit sexueller Gewalt in militärischen Konflikten beschäftigen, sprechen jedoch nur drei Prozent explizit über männliche Opfer: „Es gibt nur geringes bis gar kein Interesse daran, sich mit ihren Fällen zu beschäftigen." (S. 199-200). Die einzige politische Bewegung, die sich gegen diese Form sexueller Gewalt engagiert,

tödlichem Ausgang. Geschlechtsbezogene Massentötungen (Genderzide). Zwangsarbeit und Todesstrafe. Pauschale Abwertungen männlicher Zuwanderer. Schwulenfeindlichkeit. Männerfeindlichkeit in Politik und Medien. Totschweigen oder parteiliche Berichterstattung über Männeranliegen und Männerrechtler in den Medien. Fehlende Forschung zu verschiedenen aufgeführten Problemen. All diese und andere Aspekte werden in der maskulistischen Literatur mit zahlreichen Belegen diskutiert.

In den letzten Jahren haben Männeraktivisten die bislang fehlende Aufmerksamkeit erzielt – zwar längst nicht in den traditionellen Medien, wo sie weitgehend noch immer totgeschwiegen werden, wohl aber in den neuen Medien des World Wide Web. Der Feministin Angela Nagle zufolge sind in der sogenannten „Mannosphäre" des Internets in den letzten Jahren sogar derart viele weltanschaulich und politisch heterogene Websites und Subkulturen aus dem Boden geschossen, „dass dies zweifellos als ‚digitale Revolution' verzeichnet worden wäre, wenn es sich um andere kulturelle und politische Milieus gehandelt hätte".[5] Dass die klassischen Medien über diese Revolution entweder gar nicht oder nur herabsetzend berichtet haben, zeigt ein starkes Desinteresse an Dingen, die viele Bürger sehr beschäftigen. Auch dieses demonstrative Desinteresse hat zum Niedergang der traditionellen Medien beigetragen.

Für ihr Engagement ernten Maskulisten Anerkennung, aber auch Feindseligkeit. Im Laufe der letzten 15 Jahre habe ich überdeutlich zu spüren bekommen, welchen massiven Widerstand es in unserer Gesellschaft auslöst, wenn man dazu aufruft, Männern ebenso viel Mitge-

---

ist der Maskulismus, der seinerseits entweder ignoriert oder angefeindet wird. Misra selbst geht es nicht anders: „Ich habe nach Seminaren feindselige Angriffe von vielen anderen Akademikern erhalten, die nicht glauben, ‚dass dieses Thema Wert ist, darüber zu sprechen'. Vergewaltiger haben über die Erwähnung ihrer schrecklichen Taten gelächelt. (…) Und dann gibt es die Allgemeinbevölkerung, die komplett ahnungslos ist, was dieses Thema betrifft." (S. 226) Sobald man allerdings Ärger über dieses und andere Missverhältnisse zeigt, wird man unweigerlich als „wütender weißer Mann" etikettiert, der wegen „des Verlusts seiner Privilegien" tobe.
Ich selbst behandle sexuelle Gewalt gegen Männer in militärischen Konflikten ausführlicher in meinem Buch „Plädoyer für eine linke Männerpolitik" (CreateSpace 2014).

5   Nagle, Angela: Die digitale Gegenrevolution. transcript 2018, S. 105.

fühl zukommen zu lassen wie Frauen. Dass dies nicht geschieht wird inzwischen als „Gender Empathy Gap" bezeichnet[6]. Mehrere wissenschaftliche Studien gelangen zu dem Ergebnis, dass das Leiden von Frauen größere Sorge erzeugt als das Leiden von Männern:

> *„Die Teilnehmer gaben Männern stärker für deren eigene Benachteiligung die Schuld, waren mehr dafür, eine Politik zu unterstützen, die Frauen begünstigt, und spendeten mehr für ein Obdachlosenheim allein für Frauen als für ein Obdachlosenheim allein für Männer. Weibliche Teilnehmer waren parteiischer für das eigene Geschlecht, empfanden von Frauen erlittenen Schaden als problematischer und unterstützten eine Politik, die Frauen begünstigt, stärker."[7]*

Der Gender Empathy Gap wird verstärkt, wenn postmoderne Feministinnen oder identitätspolitisch agierende dogmatische Linke sexistisch-rassistische Ausdrücke wie „alte weiße Männer" zum Zweck der Herabsetzung verwenden. Denn das impliziert, dass man diese Gruppe – mit all ihren Problemen und sozialen Anliegen – nicht ernst nehmen oder sogar bekämpfen muss. Parallelen dieser Auffassung zum Rechtspopulismus sind unverkennbar. Dessen wesentliches Merkmal bringen der Rechtsextremismus-Experte Professor Walter Ötsch und die Politikwissenschaftlerin Nina Horaczek folgendermaßen auf den Punkt:

> *„Die Politik von Rechtspopulisten beruht auf einem einzigen Grundgedanken, einem selbst gestrickten Bild der Gesellschaft. Dieses Bild ist die Basis des Rechtspopulismus. So sieht das Bild aus: Hier sind WIR und dort sind die ANDEREN. Diese beiden Gruppen braucht der Rechtspopulismus. Sonst nichts. (…) Die ANDEREN sind immer Feinde, die UNS unterdrücken. Die ANDEREN verfügen über eine gewaltige Macht. Die ANDEREN sind übermächtig. Sie bedrohen UNS. Und WIR müssen Angst vor IHNEN haben. Deshalb bleibt UNS nur ein Ausweg: Wir müssen UNS gegen die ANDE-*

---

6 Vgl. Zimbardo, Philip: Young Men and the Empathy Gap. Online seit dem 15.8.2017 unter https://www.psychologytoday.com/ca/blog/hero/201708/young-men-and-the-empathy-gap. Der deutsche Publizist Gunnar Kunz erklärte den 11. Juli zum Gender Empathy Gap Day. An diesem Datum soll auf die Empathielücke zu Lasten von Männern aufmerksam gemacht werden. Vgl. Kunz, Gunnar: Gender Empathy Gap Day, online seit dem 23.6.2018 unter https://alternativlos-aquarium.blogspot.com/2018/06/gender-empathy-gap-day.html.

7 Vgl. Reynold, Tania und andere: Man up and take it: Greater concern for female than male suffering. Präsentiert beim 30. Jahrestreffen der Human Behavior and Evolution Society vom 4. bis 7. Juli 2018. Die Zusammenfassung der Metastudie steht online unter https://static1.squarespace.com/static/54e0f3f4e4b093f6b2b491a0/t/5b3223f62b6a28366b4cb77a/1530012671813/Fullprogram+HBES+2018.pdf.

REN wehren. (…) Es ist eine Welt voller Schrecken und damit die perfekte Vorlage für die Aktivierung von Ängsten – ideal für eine Bevölkerung, die von Ängsten geplagt ist und ideal für Personen, die selbst in einer Welt voller Ängste leben."[8]

Diese Parallelen zwischen Aspekten der vorherrschenden feministischen Ideologie (etwas des „Patriarchats", also der „Frauen unterdrückenden Männerherrschaft") und der rechtspopulistischen Ideologie sind bislang nur unzureichend untersucht worden. Dabei haben sie durchaus ähnliche Folgen. So zeigen Ötsch und Horaczek, dass ein Resultat der rechtspopulistischen Rhetorik darin besteht, Mitleid gegenüber Mitgliedern der angefeindeten „Unterdrücker"-Gruppe zu senken.[9] Dieselbe Rhetorik findet man auch in einflussreichen feministischen Formaten, so etwa in dem spöttischen Videoclip „Ein Herz für weiße heterosexuelle Männer" des von ARD und ZDF für 14- bis 29-Jährige geschaffenen Medienangebots FUNK. Dieser Clip macht die Auffassung, auch Mitglieder dieser Gruppe könnten Mitleid und Empathie verdient haben, gezielt lächerlich und knüpft so an den bestehenden Gender Empathy Gap an.[10]

Einer der noch recht wenigen Journalisten, die die Empathie-Lücke zu Lasten von Männern zu schließen beginnen, ist der SPIEGEL-Mitarbeiter Jochen-Martin Gutsch, der in Ausgabe 23/2018 seines Magazins die Gründe dafür erläuterte, warum Sensibilität für Männeranliegen in unserer Gesellschaft keine politische Heimat findet:

„Die Grünen machen bis heute ausschließlich Frauenpolitik. Bei der SPD ist es ähnlich. Die CDU sieht eine Männerpolitik kritisch, weil der ‚schwache Mann' nicht in ihr traditionelles Männerbild passt. Und die Linken, beeinflusst von der Genderwissenschaft, halten Männer und Frauen sowieso für überholte Geschlechterkategorien, die es zu überwinden gilt."[11]

---

8   Vgl. Ötsch, Walter Horaczek, Nina: Populismus für Anfänger. Anleitung zur Volksverführung. Westend 2017, S. 13 und 21.

9   Vgl. Ötsch, Walter Horaczek, Nina: Populismus für Anfänger. Anleitung zur Volksverführung. Westend 2017, S. 68.

10 Vgl. kritisch zu dem FUNK-Videoclip die männerpolitische NGO MANNdat unter https://manndat.de/medien/ard-und-zdf-trimmen-jugendliche-auf-maenner-hass.html.

11 Vgl. Gutsch, Jochen-Martin: Wann ist ein Mann ein Mann? In: Der Spiegel Nr. 23/2018, S. 54. Gutsch zitiert hier Dag Schölper, Geschäftsführer des dem Bundesfrauenministerium untergeordneten Bundesforums Männer.

Es herrscht allerdings nicht nur Desinteresse, sondern ein regelrechtes Sprechverbot. Dazu hatte unter anderem der Publizist Thomas Gesterkamp aufgerufen, der um Männerrechtler (Maskulisten) einen „cordon sanitaire" gezogen sehen wollte – ähnlich wie um Rechtsextremisten, die von Taxifahrern nicht befördert werden und von Hoteliers keine Unterkunft erhalten.[12] Die ehemalige Goslarer Gleichstellungsbeauftragte Monika Ebeling, die aus dem Amt geworfen wurde, weil sie sich auch um Jungen und Männer zu kümmern begann, berichtet von einem Pamphlet ähnlichen Inhalts, das Gesterkamp für die SPD-nahe Friedrich-Ebert-Stiftung erstellt hatte: „Diese kleine Broschüre, sie hat weit unter 100 Seiten, ist dann in Windeseile in den bundesweiten und regionalen Frauennetzwerken verteilt worden. (...) Die Broschüre lag auf den Tischen auf der Bundestagung der Frauen- und Gleichstellungsbeauftragten in Wuppertal aus, und es wurde gezielt vom Podium darauf hingewiesen". Das Motto lautete: „Nehmt bloß keinen Kontakt mit diesen ‚Männerbünden' auf." Ebeling berichtet weiter: „Man konnte den erhobenen Zeigefinger hinter diesen Worten deutlich spüren, und es schwang auch etwas Ängstlichkeit mit. Ratzfatz war das Pamphlet von der Bundestagung der Gleichstellungsbeauftragten in die Landeskonferenzen gelangt und kurz darauf in die regionalen Frauennetzwerke gewandert."[13]

In der Perspektive solcher Propaganda besteht die Welt immer aus Freunden und Feinden. Es gibt keine Meinungsverschiedenheiten, sondern nur Feindseligkeiten, keine Argumente, sondern nur Angriffe, keine Kritik, sondern nur bösartige Hate Speech. Deshalb ist die politische Agenda, die aus einer solchen Weltsicht entsteht, auch nicht da-

---

12 Vgl. Gesterkamp, Thomas: „Gleichheit als umkämpftes Terrain? Wie antifeministische Männerrechtler emanzipatorische Begriffe umdeuten". Online unter https://www.boell-nrw.de/sites/default/files/downloads/Bochum_Thomas_Gesterkamp_Dossier.pdf. Für seine krude Polemik erntete Gesterkamp allerdings auch reihenweise Kritik bis hin zu dem renommierten Professor für Staatsrecht Ingo von Münch, Begründer eines Grundgesetz-Kommentars und Verfasser mehrerer juristischer Lehrbücher, der davor warnte, Diskussionen in dieser Art abzuwürgen, politisch-ideologisch nicht Angepassten den Zutritt zu verweigern und ein Meinungsmonopol zu errichten. Die hier betriebene Ausgrenzung ziele gegen den Grundgedanken und das Lebensprinzip jeder freiheitlichen Demokratie. Vgl. von Münch, Ingo: Rechtspolitik und Rechtskultur. Kommentare zum Zustand der Bundesrepublik Deutschland. Berliner Wissenschaftsverlag 2011, S. 211-214.
13 Vgl. Ebeling, Monika: Die Gleichberechtigungsfalle. Herder 2012, S. 114-115.

rauf ausgerichtet, zu differenzieren und Vielschichtigkeit sichtbar werden zu lassen. Stattdessen muss die abweichende Meinung isoliert und unschädlich gemacht werden. Es herrscht ein manichäisches Weltbild, in dem es keinen Dialog geben kann und keine gegenseitige Achtung beider Lager im politischen Wettstreit miteinander. Ein Ein-Parteien-System wird für selbstverständlich erklärt.[14]

„Insgesamt haftet dem Einsatz für Männerrechte (eigentlich ja nur das Pendant zu Frauenrechten!) sehr schnell der Verdacht rückwärtsgewandter Männerseilschaften an", erklärte der österreichische Professor für Psychologie Josef Christian Aigner, der schwerpunktmäßig zu Geschlechterthemen forscht und veröffentlicht. „Auch wer das ganze politische Leben für ‚fortschrittliche‘ Ziele eingetreten ist, muss sich beim Einsatz für Männerrechte schnell als rechtslastiger ‚Maskulist‘ verunglimpfen lassen (wobei auch ‚Maskulismus‘ eigentlich nur das Pendant zum ‚Feminismus‘ ist)."[15]

Insofern findet sich aggressive Rhetorik, die Männerrechtler mit Rechtsextremen verknüpft, immer wieder. „Maskus und Nazis sind menschlicher Abschaum" twittert beispielsweise der Publizist Michael Seemann.[16] „Nazis und Maskus mit Büchern die Zähne einschlagen ist richtig und wichtig" twittert eine Userin mit dem Pseudonym Alice in Standard Land.[17] „Die Mehrheit der Maskulinisten 1) halten Vergewaltigung für Sex und 2) sagen, Feminismus sei aus jemandem herausvögelbar"[18] behauptet Sibel Schick, Autorin des feministischen Missy Magazin auf Twitter. Auch nur irgendetwas ähnliches wie ein Beleg wird für derlei Unterstellungen nicht benötigt: Es geht darum, durch möglichst plakative Stimmungsmache gegen Andersdenkende mög-

---

14 Ich habe mich für diese Passage an einem Aufsatz Murat Kaymans über Erdogans AKP orientiert, vgl. http://murat-kayman.de/2018/06/03/osmanische-krieger-am-rheinufer/.

15 Vgl. Aigner, Josef Christian: Jetzt ist es amtlich: Gender-Unrecht gegen Männer. In: Die Presse vom 22.3.2018, online unter https://diepresse.com/home/meinung/gast kommentar/5393721/Jetzt-ist-es-amtlich_GenderUnrecht-gegen-Maenner.

16 Vgl. Seemann, Michael unter https://twitter.com/mspro/status/4429920224385679 36.

17 Vgl. https://twitter.com/staci_stasis/status/1040693781102772224. Der Tweet wurde zwischenzeitlich gelöscht, ein, Screenshot davon liegt vor.

18 Vgl. Schick, Sibel unter https://twitter.com/sibelschick/status/10420169742204846 08.

lichst viel Aufmerksamkeit zu erhaschen. Aber nichts legitimiert Maskulismus mehr als die, die ihn und seine Vertreter auf diese Weise bekämpfen.

Die Attacken auf Maskulisten sind wohl auch deshalb so stark, weil Maskulisten Sexismus gegen Männer bekämpfen, dieser Sexismus aber bislang nur von wenigen als soziales Problem analysiert wurde, so etwa von dem Moralphilosophen David Benatar.[19] Anhängern eines extremen Feminismus erscheint es insofern legitim, Maskulisten durch Ausgrenzung und Diffamierung an der Bekämpfung von Sexismus zu hindern. In ihrer Vorstellungswelt kommen Männer allein als Unterdrücker vor.

„Der einzige sinnvolle Twittertrend momentan: #MenAreTrash", befindet Stefanie Lohaus, Gründerin des Missy Magazins[20], wobei ihr Sibel Schick mit einer Reihe entsprechender Tweets zustimmt.[21] Dabei ist #MenAreTrash nur einer von vielen sexistischen Hashtags des gegenwärtigen Netzfeminismus – ähnlich eingesetzt werden #killallmen, #menaretheproblem, #castratemen, #toxicmasculinity, #maletears, #MasculinitySoFragile und dergleichen mehr. Viele Tweets mit solchen Hashtags erhalten zahlreiche Zustimmung. Dabei spiegelt auch und gerade #MenAreTrash rechtspopulistische Rhetorik, die Ötsch und Horaczek so zusammenfassen:

> *„Die Zuhörer und Sympathisanten sollen sich dem WIR zugehörig fühlen, Angst und Hass den ANDEREN gegenüber empfinden und sich voller Begeisterung hinter ihrem SUPER-WIR sammeln."*[22]

Ein dezidierter Kritiker der skizzierten feministischen Rhetorik ist der Soziologieprofessor Anthony Synnott. „Es gibt nichts Radikales am

---

19 Vgl. hierzu Benatar, David: The Second Sexism. Discrimination Against Men and Boys. Wiley-Blackwell 2012.

20 Vgl. Lohaus, Stefanie unter https://twitter.com/slow_haus/status/10294688498911 72352.

21 Vgl. diverse Tweets von Sibel Schick, beispielsweise unter https://twitter.com/sibel-schick/status/1029637375029391361 sowie https://twitter.com/sibelschick/status/1029614376100290560 sowie https://twitter.com/sibelschick/status/102947657901 6142848 sowie https://twitter.com/sibelschick/status/1029612158718537728 und zahllose Tweets mehr. Solche Anfeindungen erhalten hundertfach Signale der Zustimmung.

22 Vgl. Ötsch, Walter Horaczek, Nina: Populismus für Anfänger. Anleitung zur Volksverführung. Westend 2017, S. 56.

Sexismus", stellt er klar, „ob es sich um Frauen- oder um Männerfeindlichkeit handelt. Wie Rassismus und Antisemitismus, die ebenfalls manche Menschen als von Natur aus anderen überlegen einstufen, ist Sexismus nur eine Form von Faschismus."[23] Als nicht weniger problematisch empfindet er „das Versagen der nicht-sexistischen Feministinnen und antisexistischer Interessensgruppen, diesen neuen Sexismus zu verurteilen, darüber zu berichten, ihn zu analysieren und zu demontieren – mit demselben Eifer, Enthusiasmus und Erfolg, mit dem sie den alten Sexismus verurteilt haben und den Rassismus und andere menschenfeindliche Ideologien."[24]

Ein Grund für die Unempfindlichkeit gegenüber den menschenfeindlichen Elementen der eigenen Position: Wenn Männerrechtler von manchen ideologisierten Gegnern beliebig als „rechts" oder „rechtsextrem" tituliert werden, können sich ihre Gegner ebenso beliebig als „links" und aufgeklärt darstellen. Die erwähnten Anfeindungen sollen Männerrechtler und ihre Anliegen mit einem Tabu belegen, nutzen aber zugleich den wahren Rechtsextremen. Wer politische Gegner beliebig als „rechtsextrem" oder als „Nazi" tituliert, verwischt politisch taktierend die Grenze zwischen dem demokratischem Spektrum und rechtsradikalen Demokratiefeinden. Wenn ich vor dem Erstarken dieser Rechtsextremen warne (was ich in den sozialen Medien kontinuierlich tue), erhalte ich häufig zur Antwort, derlei Warnungen könnten doch nur hysterisch sein – schließlich würden ja auch Männerrechtler immer wieder als radikal rechts verunglimpft.

Die erwähnten Anfeindungen, die sich hier im Rahmen der Geschlechterdebatte abspielen, sind dabei Teil einer insgesamt problematischen Entwicklung in den sogenannten sozialen Medien wie Twitter. Der ARD-Presseclub fasste dieses Problem in seiner Sendung „Debattenkultur im Zeitalter der kollektiven Erregung" vom 5. August 2018 folgendermaßen zusammen:

> *„Vom Hashtag zum Aufschrei dauert es oft nur noch wenige Stunden. (...) Hashtags beherrschten seit geraumer Zeit die Debattenthemen. (...) Doch die Hashtags sind keine neutralen Überschriften, sie liefern immer gleich*

---

23 Vgl. Synnott, Anthony: Re-Thinking Men. Heroes, Villains and Victims. Ashgate 2009, S. 135.

24 Vgl. Synnott, Anthony: Re-Thinking Men. Heroes, Villains and Victims. Ashgate 2009, S. 161.

eine Haltung mit. Entsprechend geht es in diesen Debatten nicht um Kompromissfindung, sondern um wechselseitige Diffamierung. Argumente der Gegenseite werden nicht gehört, sie werden abgetan als rassistisch, menschenverachtend, links- oder rechtsradikal. Es sind Scheindiskussionen ohne Erkenntnisgewinn, dafür voller Empörung."[25]

Parallel zu diesen bedenklichen Entwicklungen stelle ich aber fest, dass ich mit meinem Engagement für Männer nicht nur bei Frauen im Allgemeinen, sondern auch bei Feministinnen immer mehr Anklang finde. Aus unseren Unterhaltungen miteinander entspann sich eine Idee: Warum setzen wir uns nicht mal zusammen zu einem gemeinsamen Projekt? Warum nehmen wir die ständig geforderte „Diversität" nicht ernst und schreiben gemeinsam ein multiperspektivisches Buch, in dem die verschiedenen Lager ihre Sicht der Dinge darlegen und einander zuhören, statt in Frontstellung zueinander zu gehen und sich bis aufs Blut zu bekämpfen?

Glücklicherweise verschafft mir meine Bekanntheit einen Luxus, den sonst kaum jemand in der Geschlechterdebatte genießt: Ich konnte aus den verschiedensten Richtungen (zum Beispiel Feministinnen, Maskulisten, Paartherapeuten und Konfliktforscher) einige derjenigen Menschen auswählen, die ich nach 20 Jahren Arbeit an diesem Thema für am klügsten halte, und sie bitten, mir mit ihren Beiträgen bei der Beantwortung der Fragen zu helfen, die mich beschäftigen: Können Frauen und Männer, Feministinnen und Maskulisten, für eine konstruktive Geschlechterpolitik zusammenarbeiten? In welchen Punkten? Mit welchem Nutzen? Was wäre notwendig, damit das funktionieren könnte? Welche Hindernisse gibt es? Wie stehen die Chancen für einen besseren Feminismus, der über „Männer sind Arschlöcher" (so hieß 2018 ein Beitrag Sibel Schicks im Missy Magazin[26]) hinaus geht? Erfreulicherweise haben sich sofort viele Autorinnen und Autoren bereit gefunden, am vorliegenden Sammelband mitzuwirken. Damit positioniert sich dieses Buch zugleich konträr zu einer Partei wie der AfD, die – von allen anderen problematischen Aspekten abgesehen – ihrem

---

25 Vgl. die Website zum ARD-Presseclub vom 5.8.2018 unter https://www1.wdr.de/daserste/presseclub/sendungen/debattenkultur-104.html.

26 Vgl. Schick, Sibel: Männer sind Arschlöcher. In: Missy Magazin vom 7.8.2018, online unter https://missy-magazine.de/blog/2018/08/07/maenner-sind-arschloecher.

plumpen Antifeminismus nichts Positives entgegensetzen, sondern ihm rückwärts gewandte Geschlechterpolitik hinzufügen.

Dabei kam es sogar im Vorlauf zu diesem Buch zu einer rufmörderischen Attacke seitens einer radikalfeministischen Gruppe. Der Gymnasiallehrer und Blogger Lucas Schoppe berichtet darüber:

> *„Hoffmann (…) wird eben deshalb entstellend präsentiert, um ihn dann gegen eine andere Feministin ausspielen zu können. Als Mithu Sanyal für ihre Analyse zu Vergewaltigungen mit einem Preis ausgezeichnet worden sei, habe ihr doch tatsächlich auch Hoffmann auf ihrer Facebook-Seite gratuliert. Sanyal habe sich diese Glückwünsche dann nicht etwas empört verbeten, sondern sich auch noch dafür bedankt und ihn an ein gemeinsames Projekt erinnert (…). Sie steht so als Kollaborateurin mit dem Feind da, die für ihre Kollaboration mit einem Preis belohnt wurde. Der Vorwurf: Sie habe nicht nur mit Hoffmann korrespondiert, sondern auch noch Interesse an einem Interview mit dem Männerrechtler Christian Schmidt vom Blog ‚Alles Evolution' gezeigt. Allein schon die bloße Bereitschaft zum Gespräch erscheint hier als Verrat.“*[27]

Wie Schoppe schildert, wurden auch andere Frauen, etwa die Filmemacherin Cassie Jaye und die FDP-Politikerin Katja Suding, von feministischen Akteurinnen unter Druck gesetzt, weil sie gesprächsbereit und offen für andere Perspektiven sind.

> *„Jeweils wird einfach ein verzerrtes, irreführendes oder auch schlicht böswilliges Bild von einem Feind (…) gezeichnet, und dann wird eine andere Frau mit dem Hinweis diffamiert, dass sie diesem Feind gegenüber nicht genügend Abstand gehalten, vielleicht gar mit ihm gesprochen habe. Die Reihen fest geschlossen, übernimmt der heutige Feminismus damit eine Rolle, die in früheren Zeiten Sittenwächter, Pastoren oder Gouvernanten übernahmen: die der Zurichtung von Frauen, ihrer Einhegung und ihrer Verpflichtung auf ein enges Rollenkostüm, gerade im öffentlichen Agieren.“*[28]

Auch der Diskurs der MeToo-Debatte torpediere, so die feministische Philosophin Svenja Flaßpöhler, eine erwachsene Kommunikation. Flaßpöhler beschreibt diesen Diskurs als „extrem verhärtend", weil er „überhaupt nicht darauf angelegt ist, dass Männer mit Frauen in einen wirklichen, echten Dialog treten". Stattdessen handele es sich um einen

---

27 Vgl. Schoppe, Lucas: Feministinnen gegen Frauen. Online seit dem 8.11.2017 unter https://man-tau.com/2017/11/08/frauenfeindlichkeit-feminismus.

28 Vgl. Schoppe, Lucas: Feministinnen gegen Frauen. Online seit dem 8.11.2017 unter https://man-tau.com/2017/11/08/frauenfeindlichkeit-feminismus/

Anklagediskurs, der über die Öffentlichkeit gespielt werde, ähnlich wie bei Scheidungspaaren, die nur noch über einen Anwalt kommunizierten, weil sie selber nicht mehr miteinander reden könnten.[29] Flaßpöhler führt hierzu aus:

> *„Mich besorgt, dass wir gegenwärtig wieder extrem in politischen Lagern und Weltbildern denken. Die Grenzen der eigenen Ideologie werden streng überwacht. Die Differenzierung hat es in einer solchen geistigen Enge schwer. Entweder du bist für uns oder gegen uns: Das ist die Logik, die heute vorherrscht, auch in meinem Umfeld."*[30]

Svenja Flaßpöhler hat Recht. So erklärte die den Grünen nahestehende Heinrich-Böll-Stiftung bereits im Vorwort ihrer Kampfschrift gegen die Männerrechtsbewegung, dass mit ihr „eine konstruktive Debatte nicht möglich" sei.[31] Währenddessen werden in der feministischen Twitterszene Listen von Blockempfehlungen gegen Männerrechtler (wörtlich: gegen „Maskus, Nazis, Macker, Derailing, Rechtsstaatmeinungsfreiheitgeschrei und Diskriminierung") verteilt, so dass jede Netzfeministin sicherstellen kann, von abweichenden Meinungen, Argumenten und Informationen verschont zu bleiben.[32] Wer auf Twitter doch auf einen Artikel der Männerbewegung verweist, wird z.B. von Feministinnen wie Antje Schrupp dafür augenblicklich zur Rede gestellt und muss sich rechtfertigen. Lucas Schoppe kommentiert diese Manöver so:

> *„Dazu gehört es dann eben auch, im Netz falls nötig als Gouvernante aufzutreten und aufzupassen, dass niemand etwas Ungehöriges tut: Die eigenen Diskurse werden rein gehalten, indem die FREMDEN Diskurse draußen gehalten werden. Es ist dabei besonders wichtig und nur schlüssig, auf die Selbstbeschreibung der Fremden keine Rücksicht zu nehmen, sondern sie*

---

29 Vgl. resonanzraum #5 – Svenja Flaßpöhler vs. Margarete Stokowski, online seit dem 1.6.2018 unter https://www.youtube.com/watch?v=CgFGTXKRuhQ.

30 Vgl. Gmünder, Stefan: Umstrittene Philosophin Svenja Flaßpöhler: „Man wird schnell zur Verräterin". In: Der Standard vom 7.11.2018, online unter derstandard.at/2000090833581/Umstrittene-Philosophin-Svenja-Flasspoehler-Man-wird-schnell-zur-Verraeterin.

31 Vgl. Rosenbrock, Hinrich: Die antifeministische Männerrechtsbewegung – Denkweisen, Netzwerke und Online-Mobilisierung. Heinrich-Böll-Stiftung 2012, S. 8.

32 Vgl. „Don Alphonso" (Rainer Meyer): Der #Aufschrei, die Piraten und der Nazipranger. In: Frankfurter Allgemeine Zeitung vom 30.12.2013, online unter http://blogs.faz.net/deus/2013/12/30/die-aufschrei-die-piraten-und-der-nazipranger-1886/.

aus der Perspektive auf sie darzustellen – alles andere würde ja unweigerlich ihre Position einbinden. Wichtig ist zudem, sich nicht ernsthaft mit diesen fremden Positionen auseinandersetzen zu müssen, sondern sie über einfache Label auf die Ablage verschieben zu können. ,Masku' muss reichen, und falls jemand dann immer noch nicht versteht, wird es halt zur Not noch mal mit ,Nazi' kombiniert."[33]

Der französische Philosoph und Historiker Michel Foucault hatte solche Ausgrenzungsstrategien und Kommunikationsblockaden bereits in einem Text im Jahre 1984 treffend kritisiert:

„Der Polemiker (...) tritt vor, gepanzert mit Vorrechten, die er von vornherein innehat und die er niemals in Frage stellen lässt. Er besitzt von Grund auf die Rechte, die ihn zur Kriegsführung autorisieren und die aus diesem Kampf ein gerechtes Unternehmen machen; er hat zum gegenüber nicht einen Partner in der Suche nach der Wahrheit, sondern einen Gegner, einen Feind, der Unrecht hat, der schädlich ist und dessen Existenz bereits eine Bedrohung darstellt. Das Spiel besteht für ihn folglich nicht darin, ihn als Subjekt anzuerkennen, das das Recht hat, auch das Wort zu ergreifen, sondern ihn als Gesprächspartner jedes möglichen Dialoges zu annullieren, und sein letztes Ziel wird es nicht sein, sich so gut er vermag einer schwierigen Wahrheit zu nähern, sondern die gerechte Sache triumphieren zu lassen, deren offenkundiger Träger er von Beginn an ist. Der Polemiker stützt sich auf eine Legitimität, von der sein Gegner per definitionem ausgeschlossen ist."[34]

Allerdings sind die Sittenwächterinnen weniger das Problem als Personen des öffentlichen Lebens, die sich angstvoll ihren Forderungen beugen und dem befohlenen Kontaktverbot gegenüber Männerrechtlern eilfertig gehorchen. In einer Pressekonferenz der „IG Jungen, Männer, Väter" berichtete deren Sprecher Gerd Riedmeier, der wenige Jahre zuvor den ersten ganzheitlichen, also für beide Geschlechter eintretenden, Genderkongress in Deutschland ausgerichtet hatte, welche Reaktionen er aus dem Bundesfrauenministerium erhielt, als er auch die Anliegen des männlichen Geschlechts zur Sprache bringen wollte. Der damalige Vorsitzende des Familienausschusses im Ministerium, Paul Lehrieder (CSU), habe Riedmeier und seinen Mitstreitern erklärt, er könne sie gerne einladen, um politische Vorschläge zu unterbreiten – „aber dann

---

33 Vgl. Schoppe, Lucas: Die stromlinienförmige Gesellschaft. Online seit dem 2.7.2018 unter https://man-tau.com/2018/07/02/wm-mannschaft-loew-merkel.

34 Vgl. Foucault. Michel: Polemik, Politik und Problematisierungen. Gespräch mit P. Rabinow, Mai 1984. In: Michel Foucault – Dits et Ecrits. Schriften 1980 – 1988, Vierter Band, Suhrkamp, 2005, S. 725.

sitze ich alleine da." Denn in den Bundestagsparteien erscheine alles, was Männer- und Väterpolitik darstelle, verdächtig und werde boykottiert.[35] Eine ähnliche Erfahrung hatte zuvor die Organisation Gleichmaß e.V. bei dem Versuch gemacht, Schutzwohnungen für von häuslicher Gewalt betroffene Männer zu errichten. Sie wurde von allen etablierten Parteien, die zunächst Offenheit für dieses Thema signalisiert hatten, im Stich gelassen.[36]

Wenn Parteien und Medien den Sorgen und Problemen vieler Bürgerinnen und Bürger derart offen die kalte Schulter zeigen, ist das ein Problem. Auf der einen Seite steht eine Machtelite, die sich Männeranliegen versperrt. Auf der anderen Seite stehen immer mehr Menschen, die diese ignorante Haltung ebenso wahrnehmen wie die Mechanismen, die zu dieser Haltung geführt haben.

Aufgrund der sozialen Medien bekommen aber immer mehr Menschen mit, welches perfide Spiel hier vonstatten geht. Viele dieser Menschen sind für feministische Anliegen kaum noch zu gewinnen. Sie wenden sich entsetzt ab. Statt dass Frauen- und Männeraktivisten sinnvoll zusammenarbeiten, hat sich in der Geschlechterpolitik eine absurde Frontstellung entwickelt, eine Meinungsklimakatastrophe.

Dabei gibt es nüchtern betrachtet keinen Grund für Politiker, sich von den radikalsten und damit zugleich oft lautesten Feministinnen zu einem Kontaktverbot gegenüber Männerrechtlern nötigen zu lassen. Denn die eifernden Dogmatikerinnen sprechen keineswegs für den gesamten Feminismus. Das fand Mithu Sanyal heraus, als sie sich auf Facebook bei anderen Feministinnen erkundigte, ob sie auch mit Männerrechtlern Gespräche führen dürfe. Die ermutigenden Antworten, die sie erhielt, plädierten überwiegend *für* das Brückenbauen und *gegen* das Errichten ausgrenzender Feindbilder.[37]

---

35 Das Pressegespräch steht seit dem 19.5.2018 online unter https://www.youtube.com/watch?reload=9&v=a5ryRqJngFI.

36 Vgl. Rosenkranz, Tristan: Thüringer Gewaltschutz aus humanistischer Perspektive: ein ernüchterndes Fazit. Online seit dem 3.7.2017 unter https://gleichmass.wordpress.com/2017/07/03/thueringer-gewaltschutz-aus-humanistischer-perspektive-ein-ernuechterndes-fazit.

37 Mithu Sanyals kleine Meinungsumfrage findet man unter https://www.facebook.com/photo.php?fbid=10210515305185783&set=a.10208236502337136.107374182 7.1439987454&type=3&theater.

Ich sehe mich durch diese Feministinnen ermutigt bei meinem Ziel einer Zusammenarbeit derjenigen Akteure in den beiden Lagern, die sich nicht hoffnungslos radikalisiert haben. Die Zeit dafür ist auch deshalb gekommen, weil das maskulistische Lager trotz oder vielleicht sogar wegen aller Denunziationen rapide gewachsen ist. Allein sein „engerer Kern" umfasst laut einer Studie des Bundesfrauenministeriums aus dem Jahr 2016 inzwischen mehr als 400.000 Männer und 40.000 Frauen. Insgesamt sei etwa ein Drittel aller Männer für Positionen des Maskulismus empfänglich. In der ministeriellen Studie heißt es auch:

> *„Am häufigsten äußern junge Männer (68 %; besonders stark 26 %) den Wunsch nach einer offensiveren, differenzierten und systematischen Gleichstellungspolitik für Männer. Hier zeigt sich ein Generationeneffekt: Von den älteren zu den jüngeren Altersgruppen steigt der Anteil derer, die eine Gleichstellungspolitik für die Anliegen der Männer fordern, von 47% auf 68%."*[38]

Die Wirtschaftspsychologin Christine Bauer-Jelinek und der Politikwissenschaftler Johannes Meiners arbeiteten in einer vergleichenden Studie zu Feminismus und Maskulismus folgendes heraus:

> *„Maskulistisch zu sein, bedeutet (…) wesensimmanent, sich antisexistisch zu orientieren und jede Form der Diskriminierung und Herabsetzung aus geschlechtlich-sexuellen Gründen zu bekämpfen. (…) Die Einstellung des Maskulismus zum Feminismus bedarf somit einer differenzierten Betrachtung: MaskulistInnen ziehen wesentliche Erfolge der Frauenbewegungen – wie das Wahlrecht, das Recht auf Bildung und Erwerbstätigkeit oder die Gleichberechtigung in der Familie – keineswegs in Zweifel, auch weil diese Errungenschaften ihren eigenen Grundwerten entsprechen. Für MaskulistInnen ist es zweitrangig, durch welche Geisteshaltungen Diskriminierungen von Männern entstehen oder ausgeübt werden. Das Ziel ist vielmehr deren Beseitigung."*

So gelangt die Studie zu folgender Erkenntnis:

> *„Der Maskulismus hat hohe gesellschaftspolitische Ansprüche und ist KEINESWEGS mit dem Begriff Frauenfeindlichkeit zu synonymisieren. Feindschaft gegenüber dem anderen Geschlecht spielt bewegungsintern für die Ar-*

---

38 Vgl. Bundesministeriums für Familie, Senioren, Frauen und Jugend: Männer-Perspektiven. Auf dem Weg zu mehr Gleichstellung? Penzberg 2016. Online unter https://www.bmfsfj.de/blob/115580/5a9685148523d2a4ef12258d060528cd/maenner-perspektiven-auf-dem-weg-zu-mehr-gleichstellung-data.pdf.

beit der überwältigenden Mehrheit maskulistischer Aktivisten keine Rolle. (…) Weltanschaulich besteht bei den Männerrechtlern große Vielfalt: So engagieren sich VertreterInnen nahezu aller politischen Grundhaltungen von sozialistisch über linksliberal und bürgerlich bis hin zu dezidiert konservativ oder gar rechtsaußen.

(…) Im Wesentlichen gilt das weltanschauungsübergreifende Interesse der Männerbewegten dem Einsatz für eine neue Perspektive auf das Geschlechterverhältnis, welche Männer ebenfalls mit Empathie bedenkt und ihre geschlechtsspezifischen Bedürfnisse in die Überlegungen einschließt. Aus Sicht der meisten Aktivisten bedarf es hierfür einer wesentlich stärkeren Fokussierung auf die Bedürfnisse deklassierter Menschen einer Gesellschaft (Obdachlose, Strafgefangene, Langzeitarbeitslose, Suchtkranke, Vereinsamte), die (…) in der Mehrzahl Männer sind. Dazu müsste die Erforschung männlicher Lebenslagen aus der Dominanz des feministischen Paradigmas und der arithmetischen Gleichstellungsorientierung gelöst sowie in größerem Ausmaß finanziert werden. Daraus resultierende Ergebnisse sollten zu eigenständigen Empfehlungen an die Politik genutzt werden, die alle Maßnahmen in unterschiedlichen Lebensbereichen nicht nur für Frauen evaluieren dürfte, sondern der ursprünglichen Intention des Konzepts von Gender-Mainstreaming folgend für beide Geschlechter.“[39]

Während der Wunsch danach, die Bedürfnisse beider Geschlechter in den Blick zu nehmen, in der Bevölkerung rasant wächst, schwindet dort der Rückhalt für den bisherigen Feminismus immer mehr. Vor allem junge Frauen aus Deutschland und Großbritannien, ermittelte die Kulturwissenschaftlerin Dr. Christina Scharff, lehnten ihn in „überwältigender“ Weise als „überflüssig“, „altmodisch“ und „extrem“ ab und brächten ihn mit Männerhass in Verbindung.[40] Sogar als Mitglieder der Partei Die Linke und des ihr nahestehenden Jugendverbandes „Linksjugend Solid“ 2014 ihren Austritt aus beiden Organisationen erklärten, nannten sie einen aus ihrer Sicht immer fragwürdigeren Femi-

---

39 Vgl. Meiners, Johannes und Bauer-Jelinek, Christine: Die Teilhabe von Frauen und Männern am Geschlechterdiskurs und an der Neugestaltung der Geschlechterrollen – Entstehung und Einfluss von Feminismus und Maskulismus. Wien 2014. Die Langfassung der Studie steht online unter http://www.clubofvienna.org/assets/ Uploads/PK-Meiners-2.pdf, eine Kurzfassung unter http://www.clubofvienna.org/ assets/Uploads/PK-Meiners-Kurzfassung-2.pdf.

40 Siehe Scharff, Christina: Young women may reject feminism as marginal and old-fashioned. Im Web unter http://presszoom.com/story_180733.html.

nismus als einen der Gründe.[41] In der Wiener Zeitung fasst Elodie Arpa diese veränderte Einstellung so zusammen:

> *Die Politik der vergangenen Jahre hat Frauen in ihrer Lebensrealität allein gelassen, sie nicht abholen können und Feminismus zu einem Wort gemacht, das, statt für Mut und Fortschritt zu stehen, mit Verbissenheit und Unsinnigkeit in Verbindung gebracht wird.*[42]

Dass insbesondere die sexistische Hate Speech, die von einigen Feministinnen verbreitet wird, viele andere Frauen abstößt, zeigen etwa die Distanzierungen, mit denen solche Frauen auf die von Mitarbeiterinnen des „Missy Magazin", „taz" und „Zeit" befeuerte Twitter-Kampagne #MenAreTrash reagierten. Einige Beispiele:

> *Durch Hashtags wie #MenAreTrash oder auch #Menspreading wird Feminismus nie wirklich ernst genommen werden.*[43]

> *Liebe Post-Feministinnen, die ihr so fleißig unter #MenAreTrash hetzt, Grüße von meiner Mama, die in den 70ern für Frauenrechte auf die Straße gegangen ist. Sie findet zum Kotzen, wie manche mit dem Geschenk, was uns Frauen ihrer Generation gemacht haben, umgehen.*[44]

> *#MenAreTrash ist ein Grund dafür, dass ich mich für mein Geschlecht schäme und mich nicht so schnell Feministin nennen werde.*[45]

> *Wie kann man Feminismus ernst nehmen, wenn Hashtags wie #menaretrash in den Trends sind? Ihr macht euch damit nur lächerlich.*[46]

> *#MenAreTrash … und ihr wundert euch jetzt echt, warum Feminismus nicht mehr ernst genommen wird? Wirklich?*[47]

> *Mir bereitet eine Bewegung, die Kritik formuliert, indem sie Menschen aufgrund ihres Geschlechts als Müll darstellt, leider mehr Unbehagen als Freu-*

---

41 VGl. Dokumentiert: Austrittserklärung aus der Linkspartei. Im Web unter http://redglobe.org/deutschland/opposition/1668-dokumentiert-austrittserklaerung-aus-der-linkspartei.

42 Vgl. Arpa, Elodie: Feminismus heute – wo bleibt die Entscheidungsfreiheit? in: Wiener Zeitung vom 7.3.2019, online unter https://www.wienerzeitung.at/meinung/gastkommentare/2000521-Feminismus-heute-wo-bleibt-die-Entscheidungsfreiheit.html.

43 Vgl. https://twitter.com/gold_loeckchen_/status/1029472135935414272.

44 Vgl. https://twitter.com/Topfritte/status/1029453631228018689.

45 Vgl. https://twitter.com/FrlVonWelt/status/1029476628026535936.

46 Vgl. https://twitter.com/NatalieReckardt/status/1029686328244547585.

47 Vgl. https://twitter.com/Angel_Lumiere/status/1029478754467364866.

> *de. Feministinnen dürfen nicht dazu beitragen, dass es wieder akzeptabel wird, *irgendeinen* Menschen als Müll zu bezeichnen.*"[48]

Dass sich beileibe nicht jede Feministin der Hinwendung zum Männerhass anschließt, erklärt Christine Rosen im US-amerikanischen Commentary Magazine:

> *„In der britischen Zeitung ‚Metro' schlug Miranda Larbi Feministinnen vor, sich davon zu distanzieren: ‚2018 müssen sich mehr von uns dazu verpflichten, weniger allgemein und spezifischer zu sprechen, wenn wir Männer zur Rede stellen. Wir müssen uns bemühen, ihre Meinungen zu berücksichtigen, bevor wir sie vollständig negieren. Wir müssen die männliche Erfahrung genauso schätzen wie die weibliche. Wir müssen aufhören, ihnen zu sagen, dass sie keine Stimme haben können, nur weil sie männlich sind.' Mit anderen Worten, wir müssen Männer so behandeln, wie wir es seit der ersten Welle der feministischen Bewegung von Männern gegenüber Frauen gefordert haben.*"[49]

Fassen wir das bisher Gesagte zusammen: Wir haben es bei Feminismus und Maskulismus mit zwei inzwischen einflussreichen Lagern zu tun, von denen eines an Zustimmung verliert, aber stark institutionalisiert ist und eine große Plattform quer durch die Leitmedien genießt, während das andere vom Establishment ignoriert oder verfemt wird, aber kontinuierlich wächst. Diese Entwicklung könnte zu einer Spaltung und Polarisierung der Gesellschaft führen, die wir auch außerhalb der Geschlechterdebatte bereits verschiedentlich beobachten. So zeichnet die Extremismusforscherin Julia Ebner in ihrem Buch „Wut" (Theiss 2018) nach, wie Islamismus und Rechtsextremismus einander bedingen und sich gegenseitig hochschaukeln, indem beide Gruppen sich selbst viktimisieren und den politischen Gegner dämonisieren. Das ist bei radikalen Feministinnen und den Radikalen in der sogenannten „Mannosphäre" des Internets sehr ähnlich.

Wohin Gruppenpolarisierung in einer westlichen Gesellschaft der Gegenwart führen kann, lässt sich an den USA gut veranschaulichen. Dort können viele Angehörige der beiden Lager (grob unterteilt in die Republikanische und die Demokratische Partei) kaum noch miteinan-

---

48 Vgl. https://twitter.com/sonjdol/status/1029972794145206279.
49 Rosen, Christine: Man-Hating Goes Mainstream. In: Commentary Magazine vom August 2018, online unter https://www.commentarymagazine.com/articles/man-hating-goes-mainstream.

der reden. Eine Studie des renommierten Pew Instituts zeigte 2016 sogar, dass die Hälfte der Demokraten, ebenso wie die Hälfte der Republikaner vor der gegnerischen Seite regelrecht Angst hat.[50] Drei Jahre später ergab eine weitere Studie, dass 42 Prozent der Menschen in jeder der beiden großen Parteien die Unterstützer der anderen als „nachgerade böse" betrachtet. Fast 20 Prozent sowohl der Demokraten als auch der Republikaner glauben, dass ihren Gegnern „die Eigenschaften fehlen, um als vollständig menschlich bezeichnet zu werden". Rund 20 Prozent der Demokraten und 16 Prozent der Republikaner finden, die Welt wäre besser dran, wenn viele Mitglieder der anderen Partei stürben.[51] In der Geschlechterdebatte baut sich derzeit eine ähnlich konfrontative Haltung auf. Das ist eine bedenkliche Entwicklung: Je parteiischer Menschen werden, desto wahrscheinlicher ist es, dass sie Gewalt gegen diejenigen rechtfertigen, mit denen sie nicht einverstanden sind, Schadenfreude oder moralisches Desinteresse empfinden, wenn sie sehen, dass ein Gegner angegriffen wird, und sogar körperliche Angriffe auf andere Gruppen unterstützen.[52]

Meine Einstellung hingegen ist: Zum Lösen von Problemen, die uns alle betreffen, sollten wir miteinander sprechen. Und solange wir nicht auf offene Menschenfeindlichkeit stoßen, sollten wir versuchen zu verstehen, wo unser Gegenüber Recht haben könnte, und sei es auch nur ein wenig, auch wenn er seine Position ungeschickt formuliert. Ich stimme weder mit jeder Feministin, noch mit jedem Feminismus-Kritiker, die in dieser Anthologie zu Wort kommen, bei allen Punkten überein. Aber wir reden miteinander und entwickeln Verständnis für die Sichtweise des anderen, statt uns zu hassen, zu be-

---

50 Vgl. Pew Research Center: Partisanship and Political Animosity in 2016. Highly negative views of the opposing party – and its members. Online seit dem 22.6.2016 unter www.people-press.org/2016/06/22/partisanship-and-political-animosity-in-2016.

51 Vgl. Kalmoe, Nathan und Mason, Lilliana: Lethal Mass Partisanship. Prevalence, Correlates, & Electoral Contingencies. Online unter https://www.dannyhayes.org/uploads/6/9/8/5/69858539/kalmoe___mason_ncapsa_2019_-_lethal_partisanship_-_final_lmedit.pdf. Zitiert nach: Brooks, David: Cory Booker Finds His Moment. In: New York Times vom 18.3.2019, online unter https://www.nytimes.com/2019/03/18/opinion/cory-booker-2020.html.

52 Vgl. Duhigg, Charles: The Real Roots of American Rage. In: The Atlantic von Januar/Februar 2019, online unter https://www.theatlantic.com/magazine/archive/2019/01/charles-duhigg-american-anger/576424.

schimpfen und gegenseitig auf Twitter zu blockieren. Wir versuchen herauszufinden, wo wir wesentliche Werte und Ziele teilen und wo wir uns auf eine gemeinsame Basis einigen können. In dieser Frage orientiere ich mich an der US-amerikanischen Frauenrechtlerin und Bürgerrechtsaktivistin Pauli Murray: Wer einen Kreis zieht, um mich auszugrenzen, darf nicht erwarten, dass ich sein Lager in meiner Reaktion darauf ebenfalls ausgrenze, sondern dass ich einen größeren Kreis ziehe, um möglichst viele auch aus dem komplementären Lager für eine gemeinsame konstruktive Politik zu gewinnen.[53]

Manchmal erinnert mich die Geschlechterdebatte an das Gleichnis von den Blinden und dem Elefanten. Sie kennen es vermutlich: Eine Gruppe von Blinden betastet einen Elefanten, um herauszufinden, um was es sich bei diesem Tier handelt. Der eine ertastet den Rüssel und ruft: „Es ist eine Schlange!" Der zweite ertastet ein Bein und ruft: „Es ist eine Säule!" So geht es weiter. Erst beim Abgleichen der Erfahrungen wird die Komplexität des untersuchten Tieres angemessen sichtbar. Wenn Feministinnen und Maskulisten die Situation der Geschlechter untersuchen, dürfte dasselbe ablaufen – nur dass statt einer Säule und einer Schlange anfangs fälschlich ein „Patriarchat" beziehungsweise eine „Femokratie" wahrgenommen werden.

Das manichäische Denken (wir sind die Guten, die anderen die Bösen) führt dazu, dass die Polarisierung zunimmt. Wenn Sie beschuldigt werden, zu den Schergen des Bösen zu gehören, reagieren Sie leichter mit derselben Rhetorik auf Ihren Gegenüber. So beschimpfen sich die beiden geschlechterpolitischen Lager gegenseitig als „Feminazis" beziehungsweise „rechte Maskus", als „Frauenfeinde" beziehungsweise „Männerhasserinnen" und unterstellen Vertretern der jeweils anderen Seite, nur noch nicht ausreichend sexuelle Kontakte genossen zu haben, vulgo „ungefickt" zu sein. Diskriminierungserfahrungen aus dem gegnerischen Lager werden als „Mimimi" oder „male tears" verhöhnt. Manche Vertreter beider Seiten versuchen, abweichendes Denken mit einer jeweils eigenen Form politischer Korrektheit zu stigmatisieren. („So darfst du doch nicht denken, sonst bist du ein moderner

---

53 Vgl. Murray, Pauli: An American Credo. In: Common Ground 4/1945, S. 22-24, hier S. 24. Online unter http://www.unz.com/print/CommonGround-1945q4-000 22.

Sexist, neo-patriarchalisch, rechts ..." versus „So darfst du doch nicht denken, sonst bist du ein lila Pudel, weißer Ritter, Mangina ...".)

Obwohl der Soziologe Christoph Kucklick herausarbeitete, dass die Herabsetzung von Männern und ihre Sündenbockrolle in unserer Gesellschaft über 200 Jahre alt ist[54], ordnen so manche Online-Aktivisten der „Mannosphäre" gerne jeden männerfeindlichen Artikel „dem Feminismus" zu. Umgekehrt verortet so manche Feministin jeden frauenfeindlichen Beitrag, der irgendwo online veröffentlicht wurde, bei „den Maskulisten" – ob der Verfasser sich durch ernsthaftes Engagement für Männeranliegen jemals maskulistisch profiliert hat oder nicht. Die eine Seite spiegelt die andere.

Die psychologischen Mechanismen, die hier ablaufen, sind inzwischen wohlbekannt. So veröffentlichte das Fachmagazin *Perspectives on Psychological Science* am 2. Mai 2018 eine Studie über extreme identitätspolitisch orientierte linke Studenten, die aktiv verhindern, dass an ihren Hochschulen Menschen mit Ansichten, die von den Auffassungen dieser Studenten abweichen, Vorträge halten. Bei der Untersuchung der psychologischen Hintergründe dieses autoritär-totalitären Verhaltens zeigten sich unter anderem folgende Faktoren:

— vorliegende Informationen werden selektiv wahrgenommen,
— die Qualität der Argumente von Mitgliedern der eigenen Gruppe werden positiver bewertet, was zu immer extremeren Positionen führt,
— die Tiefe des eigenen Verständnisses von kontroversen Themen wird überschätzt,
— die andere Seite wird als voreingenommener als die eigene Seite betrachtet,
— bei der Sammlung von Bestätigungsbeweisen für die eigene Meinung kommt es zu Verzerrungen,
— die Zugehörigkeit zu einem Lager ordnet man sich selbst als Fundament für ein höheres Maß an Aufgeklärtheit bei einem Thema zu,

---

54 Vgl. Kucklick, Christoph: Das unmoralische Geschlecht. Zur Genese der negativen Andrologie. Suhrkamp 2008.

betrachtet ähnliche Zugehörigkeiten von Gegnern jedoch als Quelle der Voreingenommenheit,
- für den eigenen Mangel an Wissen und Kompetenz fehlt das Bewusstsein.[55]

Bei all diesen Punkten handelt es sich um allgemeine psychologische Mechanismen. Sie sind bei den erwähnten Personen aufgrund bestimmter politischer Gegebenheiten zwar besonders ausgeprägt, aber sie finden sich bei Männerrechtlern ebenso und können in Online-Debatten auch entsprechend besichtigt werden.

Der Rechtswissenschaftler und Publizist Cass Sunstein hat herausgearbeitet, welcher dreischrittige Prozess dazu führt, dass sich Positionen und Fronten verhärten: Erstens bekommt man nur eine begrenzte Anzahl von Ansichten zu hören. Zweitens verstärkt der Konformitätsdruck der eigenen Gruppe bestehende Extrempositionen, weil man seine eigenen Zweifel daran nicht offenbaren möchte. Und drittens steigert die Zustimmung der anderen die eigene Gewissheit, vollkommen richtig zu liegen.[56] Es gibt keinen Grund anzunehmen, dass dieser Prozess ausschließlich bei Feministinnen oder ausschließlich bei Maskulisten abläuft. Er erfasst beide Lager (wenn auch vielleicht Feministinnen ein wenig stärker, weil feministische Positionen in den medialen Diskursen Allgemeingut und viele maskulistische Argumente noch immer zu wenig bekannt sind). Beide Lager sollten sich die Gefahr dieser Radikalisierung bewusst machen.

Nun ahne ich allerdings schon, was zumindest einige Leser dieses Vorworts meiner These entgegnen werden, dass Frauen- und Männerbewegung einander spiegeln, was die Führung von Diskursen und Debatten angeht:

- „Es gibt Vertreter des feministischen Lagers, die ein Gesprächsverbot mit Maskulisten fordern und praktizieren. Im Gegensatz dazu

---

55 Vgl. Ceci, Stephen ud Williams, Wendy: Who Decides What Is Acceptable Speech on Campus? Why Restricting Free Speech Is Not the Answer. In: Perspectives on Psychological Science Vol. 13, Issue 3/2018, online veröffentlicht am 2.5.2018 unter http://journals.sagepub.com/eprint/I6zYjCxgsdtnFbmPm9FI/full?platform=hootsuite.

56 Vgl. Sunstein, Cass: Infotopia. Oxford University Press 2008.

wird von Maskulisten ein Gespräch mit Feministinnen kontinuierlich gesucht."

- „Männerrechtler zitieren kontinuierlich Feministinnen, mit denen sie übereinstimmen – insbesondere liberale Feministinnen von Elisabeth Badinter bis Christina Hoff Sommers. Umgekehrt werden Maskulisten von vielen Feministinnen pauschal verteufelt, und es gibt kein maskulistisches Lager, das solchen Feministinnen genehm ist."
- „International versuchen radikale Feministinnen männerpolitische Veranstaltungen zu sprengen und zu verhindern. Zugänge wurden blockiert oder der Feueralarm aktiviert. Das tun Maskulisten bei feministischen Veranstaltungen nicht."
- „Maskulisten verfügen oft über ein tiefgehendes Wissen über feministische Argumente. Bei den meisten Feministinnen erstreckt sich der Umgang mit maskulistischen Argumenten auf die Weigerung, sich mit Publikationen von ‚solchen Typen' zu beschäftigen."
- „Anfeindungen gegen Männer gehören zum Standard-Repertoire des vorherrschenden Feminismus und finden sich regelmäßig in Leitmedien wie *Zeit* und *Spiegel-Online*. Anfeindungen gegen Frauen hingegen gibt es nur auf privaten Webseiten und deren Foren; sie gehen von einer kleinen Zahl von Menschen aus, die nicht zwangsläufig mit der Männerrechtsbewegung etwas zu tun haben und falls doch Teil eines kleinen extremen Randes sind, der innerhalb der Männerrechtsbewegung selbst marginalisiert ist und kritisiert wird."
- „Hashtags wie #killallmen, #menaretrash und Slogans wie ‚Macker gibt's in jeder Stadt, bildet Banden, macht sie platt' findet man in der feministischen Bewegung, aber nicht unter den Männerrechtlern."

All diese Kritikpunkte treffen zu, und ich halte die Kritik an solchen problematischen Erscheinungen im Feminismus, wie ich sie in meinem Blog *Genderama* seit 15 Jahren betreibe, deshalb auch für notwendig. Der Feminismus hat bis hin zu den Vereinten Nationen die Hoheit beim Geschlechterthema inne, und die Mächtigen sollten durch die Machtlosen, Marginalisierten und Ausgegrenzten immer kritisiert werden dürfen. Aufgrund der eben skizzierten Fehlentwicklungen wird der Feminismus trotz seiner starken institutionellen Verankerung ja auch zunehmend hinterfragt. Aber parallel zur Ideologiekritik können sachliche Gespräche zwischen Vertretern beider Lager stattfinden. Es wäre unfair, jede einzelne Feministin in Sippenhaft für die Hasstirade zu nehmen, die eine andere Feministin veröffentlicht hat. Das wäre genauso absurd, wie wenn man seriöse Männerrechtsvereine wie MANNdat oder den Väteraufbruch für Kinder für die Ausfälle auf radikalen Websites in Sippenhaft nehmen würde.

Im Juni 2018 hatte die Professorin und Direktorin des Programms für Genderstudien an der US-amerikanischen Northeastern University Suzanna Danuta Walters in der „Washington Post" erklärt, es gäbe guten Grund, alle Männer zu hassen.[57] Daraufhin hatte Conor Friedersdorf im linksliberalen Magazin *The Atlantic* erklärt, warum dieses Denken in die Irre führe:

> *„Es ist immer unlogisch, eine ganze Gruppe von Menschen für ein Verhalten zu hassen, das von einer Teilmenge ihrer Mitglieder begangen und von Millionen von ihnen aktiv bekämpft oder aufgegeben wird. Es ist genauso einfach und gerechter, kollektive Schuld den Gruppen zuzuweisen, die es verdienen, wie ‚Mörder' oder ‚Vergewaltiger' oder ‚Täter bei häuslicher Gewalt' oder ‚Sexisten'. Sich dem kollektiven Hass hinzugeben, bestätigt den Hass selbst und die fehlerhafte Prämisse der Gruppe statt der individuellen Verantwortung. Es setzt alle Gruppen einem größeren Risiko aus, Hass zu erleiden, denn es gibt schlechte Individuen in jeder Gruppe und Leute, die bereit sind, jede Gruppe zu hassen. Außerdem neigt jeder Hass dazu, dem Einzelnen, der ihn beherbergt, zu schaden. Schließlich bringt der Gruppenhass dazu, diejenigen, die ihn beherbergen, weniger klar zu sehen sowie seltener Nuancen anzuerkennen und die Welt zu verbessern. Stattdessen laufen diese falschen Ideen Gefahr, andere Menschen zu zerstörerischen Irrtümern zu verleiten."*[58]

Während Friedersdorf von maskulistischen Websites zitiert wird, um gegen den Männerhass extremistischer Feministinnen zu argumentieren, trifft seine Argumentation aber auch die Kritik an der feministischen Bewegung, die immer wieder in pauschale, undifferenzierte Ablehnung umschlägt. „Die Feministinnen" sind aber kein monolithi-

---

57 Vgl. Walters, Suzanna Danuta: Why can't we hate men? In: Washington Post vom 8.6.2018.

58 Vgl. Friedersdorf, Conor: What One Professor's Case for Hating Men Missed. In: The Atlantic vom 11.6.2018, online unter https://www.theatlantic.com/politics/archive/2018/06/what-the-professor-who-hates-men-missed/562496.

scher Block, sondern setzen sich aus ganz unterschiedlichen Individuen, Anliegen und Argumenten zusammen. Als beispielsweise die Feministin Sibel Schick im August 2018 auf Twitter mit menschenfeindlicher Hate Speech gegen Männer hetzte, erntete sie von so vielen anderen Feministinnen angewidert Kritik dafür, dass sie schließlich mitteilte, auch diese Feministinnen seien „Trash", also Müll.[59] „Den Feminismus" als Kollektiv in Bausch und Bogen zu verurteilen wäre insofern genauso hanebüchen wie eine ebenso bizarre Verurteilung „des Maskulismus". Für Feminismus wie Maskulismus gilt, was der taz-Redakteur Daniel Bax in einem anderen Zusammenhang festhielt: „Jede Bewegung zieht immer auch Extremisten an. Aber das macht die Bewegung noch nicht illegitim."[60]

Nicht zuletzt sind viele Feministinnen auch deshalb so unbeweglich in ihrer Meinung, weil sie zahlreiche Fakten und Argumente überhaupt nicht kennen. Das wiederum liegt auch an den erwähnten Sittenwächterinnen, die zu verhindern versuchen, dass die weniger radikalen Feministinnen diese Informationen zur Kenntnis nehmen.

In dem Akademiker-Magazin „The Chronicle of Higher Education" untersuchten die Professoren John Villasenor und Ilana Akresh, mit welchen Methoden US-amerikanische Hochschulen abweichende Sichtweisen unterdrücken. Dabei entdeckten sie unter anderem

> *„eine Tendenz, die Welt radikal in Gut und Böse aufzuteilen, was unbegründete Gefühle der eigenen Wahrheit und Tugend verschlimmert. Wenn die Welt auf diese Weise aufgespalten wird, schließen sich Lob und Verurteilung gegenseitig aus, ohne Raum für die Möglichkeit zu lassen, dass manchmal beides verdient ist. Dies erklärt, warum es zum Beispiel auf dem Campus inakzeptabel wird zu sagen, dass die Gründer des Landes sowohl visionär (für die Verankerung der Meinungs-, Religions- und Pressefreiheit und mehr in der Verfassung) als auch schrecklich mangelhaft waren (für ihre Beteiligung an der Sklaverei und anderen schweren Missständen)."*[61]

---

59 Vgl. Schick, Sibel unter https://twitter.com/sibelschick/status/10303832532813004
    80.
60 Vgl. Bax, Daniel: Die Volksverführer. Westend 2018, S. 46.
61 Vgl. Villasenor, John und Akresh, Ilana: 3 Ways That Colleges Suppress a Diversity of Viewpoints. In: The Chronicle of Higher Education vom 28. September 2018, online unter https://www.chronicle.com/article/3-Ways-That-Colleges-Suppress-/244673.

Auch Ötsch und Horaczek widersprechen in ihrer Populismus-Analyse einer derart simplen Aufteilung der Welt:

> *„Menschen sind nicht nur GUT oder BÖSE. Jeder und jede hat soziale und destruktive Anteile in sich. Sich selbst als nur GUT und die anderen als ausschließlich BÖSE hinzustellen, ist im Kern unehrlich und verrät einen Mangel an Selbsteinsicht, der eigentlich Demagogen auszeichnet."*[62]

Die Fähigkeit, in anderen Gruppen sowohl die guten als auch die schlechten Aspekte anzuerkennen, würde sowohl Feministinnen als auch Maskulisten helfen, zu einer realistischeren Einschätzung zu gelangen. Bislang erlebe ich es allzu oft, dass Maskulisten bei Feministinnen ausschließlich das Negative sehen, also etwa die Tendenz Andersdenkende zu dämonisieren und auszugrenzen, während die positiven Züge und historischen Errungenschaften des Feminismus als selbstverständlich hingenommen werden: etwa das Aufbrechen starrer Geschlechterrollen, das Engagement zumindest gegen einen Teil der sexuellen Gewalt oder auch nur die Tatsache, dass Geschlecht (Gender) überhaupt zum wissenschaftlich-politischen Thema gemacht wurde. Auf der anderen Seite erlebe ich es allzu oft, dass Feministinnen in Maskulisten ausschließlich das Negative sehen, also etwa das ungehobelte Verhalten einiger Radikaler, ohne die positiven Aspekte wie das Streben nach einer umfassenden Geschlechterpolitik für *beide* Geschlechter anzuerkennen.

Der Professor für Philosophie James A. Montmarquet definiert „epistemische Tugend" als die Bereitschaft, Alternativen zu populär gehaltenen Überzeugungen zu konzipieren und zu untersuchen, Ausdauer gegenüber dem Widerstand anderer zu zeigen (bis man davon überzeugt wird, dass man sich irrt), seine Überzeugungen nicht aufgrund ihrer Beliebtheit bei anderen zu formen und die Bereitschaft, Beweise zu untersuchen und sogar aktiv zu suchen, die die eigene Hypothese widerlegen würden.[63] Bei den erstgenannten Punkten sind viele Männerrechtler und Feministinnen stark; im letztgenannten Punkt könnten Mitglieder beider Lager noch einiges mehr leisten.

---

62 Vgl. Ötsch, Walter Horaczek, Nina: Populismus für Anfänger. Anleitung zur Volksverführung. Westend 2017, S. 195.

63 Vgl. Montmarquet, James A.: Epistemic virtue. In: Mind Nr. 96/1987, S. 482-497. „Epistemisch" bedeutet so viel wie „erkenntnistheoretisch".

Die Professoren Villasenor und Akresh ergreifen konkrete Maßnahmen, um die Meinungsvielfalt an den Campus zurückzuholen:

„Was kann getan werden, um die Toleranz gegenüber einem breiteren Spektrum von Perspektiven in der Hochschulbildung zu verbessern? Wir behaupten nicht, alle Antworten zu haben, aber eine Komponente der Lösung ist das Unterrichten. Eine von uns (Akresh) wird in diesem Frühjahr einen neuen Perspektiven-Diversity-Kurs an der University of Illinois in Urbana-Champaign mit folgendem Titel anbieten: ‚Fanatiker und Schneeflocken: Leben in einer Welt, in der alle anderen falsch liegen.‘ Der Kurs beinhaltet Lesungen aus dem gesamten politischen Spektrum und führt die Studenten in den Wert der Untersuchung mehrerer Perspektiven, der Erforschung von Nuancen, der Infragestellung von Annahmen und des kritischen Denkens in allen Aspekten ihrer Ausbildung und anderswo ein. Vielleicht können solche Kurse Teil eines wachsenden Bemühens sein, das Klima herauszufordern, das die Debatte in der zeitgenössischen Akademie und zunehmend auch im Silicon Valley und darüber hinaus einschränkt.“[64]

Ganz ähnlich geht die US-amerikanische Plattform Allsides.com an das Problem der wachsenden Polarisierung heran. Dieses Problem zu lösen, finden die Betreiber ungemein wichtig, weil das Funktionieren einer Demokratie vom Eingehen politischer Kompromisse abhänge. Die Ratschläge, die Allsides den Bürgern gibt, ähneln denen der Professoren Villasenor und Akresh und sind auf die Geschlechterdebatte leicht übertragbar:

— *Werden Sie sich Ihrer eigenen Vorurteile bewusst. Lernen Sie, wie das Internet Ihre Überzeugungen stärkt, und denken Sie dann darüber nach, wie Sie dies für verschiedene Perspektiven blind machen kann, die tatsächlich gültig und keinen Hass wert sein könnten.*
— *Ernähren Sie sich mit einer ausgewogenen Nachrichtendiät.*
— *Üben Sie den zivilen Diskurs. Hören Sie auf andere, lassen Sie von sich hören und lernen Sie einzigartige Perspektiven kennen, indem Sie sich für eine verantwortungsvolle freie Meinungsäußerung einsetzen.*
— *Seien Sie bereit, aus anderen Perspektiven zu lernen. Ich habe mehrere Leute sagen lassen, dass sie Fox News sehen, „nur weil es Spaß*

---

64   Vgl. Villasenor, John und Akresh, Ilana: 3 Ways That Colleges Suppress a Diversity of Viewpoints. In: The Chronicle of Higher Education vom 28. September 2018, online unter https://www.chronicle.com/article/3-Ways-That-Colleges-Suppress-/244673.

macht, den Fernseher anzuschreien". Oder Leute, die es „hassen, Vox zu lesen". Das bedeutet, dass sie sich den Nachrichten mit dem einseitigen Glauben nähern, dass es für sie nichts zu lernen gibt. Anstatt eine Offenheit für eine andere Perspektive zu haben, konsumieren sie nur, um zu spotten. Nehmen Sie unterschiedliche Ansichten ernst. [65]

An dieser Ausrichtung zum multiperspektivischen Denken können auch wir uns ein Beispiel nehmen. In den Genderstudien könnten nicht nur feministische, sondern auch maskulistische Bücher behandelt werden, so wie es Feministinnen auch privat nicht schaden würde, tatsächlich einmal maskulistische Literatur zu lesen. Umgekehrt schadet es auch Maskulisten nicht, manche feministische Werke wertschätzender zu studieren. Wenn ich nicht Mithu Sanyals Buch „Vergewaltigung" und Mithu Sanyal nicht mein Buch „Plädoyer für eine linke Männerpolitik" mit einer Haltung der Offenheit für neue Perspektiven gelesen hätten, hätten wir niemals zu uns selbst gesagt: „Hey, das liefert viele großartige Ansätze, auf deren Grundlage man weiterdenken kann. Vielleicht sollten wir mal bei einem gemeinsamen Projekt zusammenarbeiten."

Aus diesem gemeinsamen Projekt ist nun der vorliegende Sammelband geworden, der genau das tut, was die Professoren Villasenor und Akresh in ihrem Hochschulkurs tun: eine Diversität der Perspektiven zu bieten, einen Raum zu schaffen, in dem für Feministinnen ebenso Platz wie für Maskulisten ist und in dem man untersucht, wo verbindende Gemeinsamkeiten liegen.

Beim Brückenbauen stellt sich indes die Frage, ob man das problematische „Stammesdenken" beenden kann, ohne zugleich den eigenen Standpunkt komplett aufzugeben. Meines Erachtens sind beide Extreme falsch, die es hier in der deutschen Geschlechterdebatte gibt:

— Auf der einen Seite findet sich ein staatliches Bundesforum Männer, das auf keinen Fall bei irgendeiner Frage in einen Konflikt mit dem vorherrschenden Feminismus gehen möchte und deshalb die Linie fährt, dass nichts, was Feministinnen wünschen, kritisiert werden

---

65 Vgl. Mastrine, Julie: Political Polarization in America, in Two Fascinating Charts. Online seit dem 12.3.2019 unter https://www.allsides.com/blog/political-polariza-tion-america-two-fascinating-charts.

darf. Einen eigenen Standpunkt für Männer gibt es nicht; jede Position muss vom feministischen Garten eingehegt sein. Diese Strategie trägt dazu bei, dass Männeranliegen bis heute in keiner der etablierten Parteien eine Rolle spielen, wie das Bundesforum im Herbst 2017 eingestehen musste.[66] Darüber hinaus schadet sie einer offenen Debatte. Das ist umso befremdlicher, als viele Frauen – inklusive Feministinnen – auf Liebedienerei, Sich-Klein-Machen und kritikloses Zustimmen beim männlichen Gegenüber keinerlei Wert legen. „Widerspruch ist gut. So kommen wir weiter!" befindet Mithu Sanyal,[67] und Monika Ebeling teilt Männern mit: „Macht euer eigenes Ding! Es wird schon Schnittmengen geben – und da, wo keine sind, ist es auch okay. Das können wir Frauen schon aushalten."[68]

– Auf der anderen Seite finden sich in der Männerszene Fundamentalisten, für die Feministinnen a priori allesamt schlecht sind und ihre Positionen keine Existenzberechtigung haben; alles, was Feministinnen von sich geben, sei absurd und müsse bekämpft werden. Auch von einer derartigen Position aus, die den Dogmatismus radikaler Feministinnen gegenüber Maskulisten lediglich spiegelt, kann keine vernünftige Unterhaltung stattfinden.

Ein erwachsenes Gespräch auf Augenhöhe hingegen, zu dem auch die Bereitschaft zu einem fair geführten Konflikt gehört, findet oft nur auf privater Ebene statt.

Dabei sind solche Unterhaltungen durchaus möglich. Beispielsweise gibt es eine Youtube-Reihe mit dem Namen „The Middle Ground", in der Vertreter unterschiedlicher politischer Weltanschauungen einander zu einem Gespräch gegenübergesetzt werden, um herauszufinden, ob es nicht doch eine Möglichkeit der Annäherung gibt. Das Gespräch, bei dem Feministen auf Nicht-Feministen trafen, wurde nicht

---

66 Vgl. Bundesforum Männer: Kaum eine Spur von Gleichstellungspolitik für Jungen, Männer und Väter im Wahlkampf 2017. Online seit dem 8.9.2017 unter https://bundesforum-maenner.de/2017/09/kaum-eine-spur-von-gleichstellungspolitik-fuer-jungen-maenner-und-vaeter-im-wahlkampf-2017/.

67 Vgl. Windmüller, Gunda: „Widerspruch ist gut" – Das ist Mithu Sanyal. Online seit dem 16.3.2019 unter https://www.watson.de/frauen/31%20tage%20-%2031%20frauen/899507152-frauentag-mithu-sanyal-im-portraet.

68 Vgl. den Beitrag Monika Ebelings in diesem Sammelband.

nur über eine Million Mal aufgerufen, es endete auch mit folgender Verabschiedung des Moderators: „Vielen Dank euch allen für eine der respektvollsten Middle-Ground-Diskussionen, die ich je gesehen habe."[69]

Vielleicht war diese Diskussion auch deshalb so erfolgreich, weil hier tatsächlich einmal Menschen zerstrittener Lager einander begegnet sind. Mir ist selbst häufig aufgefallen, dass ich von Feministinnen, die ich persönlich kenne, ein wesentlich besseres Bild habe als von Feministinnen, deren Artikel mir lediglich aus den Medien bekannt sind. Das mag zum Teil daran liegen, dass in den Leitmedien besonders aggressive Feministinnen eine gute Position errungen haben, vermutlich auch weil ihre Artikel hervorragendes Clickbait darstellen. Es mag dafür aber auch einen anderen Grund geben.

Eines der vier Zitate, die dieses Vorwort eröffneten, stammt von der US-amerikanischen Publizistin Amy Chua, die zu den einflussreichsten Denkern ihres Landes gezählt wird. In ihrem aktuellen Buch „Political Tribes" schildert Chua eingehender, wie trotz der immensen Polarisierung der USA zunehmend mehr Amerikaner ihre Hand über die Kluft hinweg ausstrecken, die andere Seite verstehen und sich in den politischen Gegner einzufühlen lernen. Während das im ersten Moment klingen möge wie Heftpflaster für Schusswunden, so Chua, gebe es erstaunlich viele Hinweise darauf, dass „sobald Angehörige verschiedener Gruppen einander als menschliche Weisen kennen lernten, gewaltiger Fortschritt erreicht werden könne".[70] Chua zitiert in diesem Zusammenhang den Professor für Sozialpsychologie Gordon W. Allport, der bereits 1954 herausfand, dass direkter Kontakt von Mitgliedern verschiedener Gruppen dazu beitrage, Vorurteile abzubauen und eine gemeinsame Basis zu finden. Diese Erkenntnisse, so Chau, haben sich in den letzten 60 Jahren weltweit immer wieder bestätigt.[71]

Dass sich die Spannung zwischen Feministinnen und Maskulisten immer wieder hochschaukelt, ist womöglich nicht zuletzt der gestörten

---

69 Man findet das Video unter https://www.youtube.com/watch?v=E37swnRU2fs.
70 Vgl. Chua, Amy: Political Tribes. Group Instinct and the Fate of Nations. Bloomsbury 2018, S. 198.
71 Vgl. Chua, Amy: Political Tribes. Group Instinct and the Fate of Nations. Bloomsbury 2018, S. 198-199.

Kommunikation via Internet zu verschulden. Nur minimaler oder oberflächlicher Kontakt zu Mitgliedern anderer Gruppen, führt Chua aus, vertiefe die Kluft zwischen ihnen sogar häufig. Notwendig ist eine intensivere persönliche Begegnung. Erst dadurch lerne man die Mitglieder der anderen Gruppe als menschliche Wesen kennen, die oft dasselbe wollten, wie man selbst: Zuwendung, Würde und Sicherheit für die Menschen, die man liebt.[72] Insofern glaube ich, dass es mir nicht zuletzt deshalb gelungen ist, einen gemeinsamen Sammelband von Feministinnen und Maskulisten herauszugeben, weil ich zu Vertretern beider Lager starke persönliche Beziehungen habe. Wenn ich hingegen so manches pauschale Angegifte im Internet lese, habe ich oft den Eindruck, die Person, die gerade undifferenziert über Feministinnen oder Maskulisten herzieht, hat mit Vertretern des anderen Lagers noch kein einziges tiefer gehendes Gespräch geführt.

Mahatma Gandhi sagte einmal: Sei die Veränderung, die du in der Welt sehen möchtest! Insofern erschien es mir nicht nur sinnvoll, sondern geradezu überfällig, dieses Buch herauszugeben, in dem Feministinnen, Maskulisten und Autoren außerhalb der beiden Bewegungen dieses Spannungsverhältnis analysieren und gemeinsam nach einer konstruktiven Lösung des Geschlechterkonfliktes suchen. Für eine zielführende Geschlechterdebatte ist es nicht nur notwendig, den destruktiven, männerfeindlichen Feminismus zu kritisieren, sondern auch den konstruktiven, positiven Feminismus zu stärken. (Auch hier gilt für den Maskulismus spiegelbildlich dasselbe.)

Zum Herausgeber dieses Buches fühle ich mich auch deshalb besonders berufen, weil ich ohnehin schon von Extremisten beider Lager unter massivem Beschuss stehe (während ich bei Moderaten ebenso großen Respekt genieße). Im Gegensatz zu anderen Autoren, die befürchten müssten, beim Brückenbau ins Kreuzfeuer der Radikalen beider Seiten zu geraten, wird sich durch diesen Sammelband für mich nichts ändern.

---

72 Vgl. Chua, Amy: Political Tribes. Group Instinct and the Fate of Nations. Bloomsbury 2018, S. 201-202.

Alles in allem hat dieser Sammelband zwei Ziele:

1.) Die Leitmedien, die Politik und der akademische Bereich analysieren das Geschlechterverhältnis fast ausschließlich aus feministischer Perspektive. Diese Eintönigkeit ist intellektuell unbefriedigend. Der vorliegende Sammelband soll zu größerer Diversität und Vielfalt anregen. Insofern ist es gewollt, wenn die Positionen der einzelnen Autorinnen und Autoren voneinander abweichen und vielleicht sogar gegensätzliche Anschauungen vertreten werden. Erst wenn man die Sichtweise des anderen überhaupt wahrnimmt, kann ein fruchtbarer Dialog beginnen.

2.) Dieser Sammelband soll Kommunikationskanäle öffnen, um die breite Kluft zu überwinden, die sich zwischen dem feministischen und dem maskulistischen Lager aufgetan hat. Langfristig kann dies zur Bildung lagerübergreifender Bündnisse führen und damit der immer stärkeren Polarisierung unserer Gesellschaft entgegen wirken. Tatsächlich gibt es zwischen den Auffassungen von Feministinnen und Maskulisten oft große Überschneidungen. Beispielsweise teile ich mit den feministischen Autorinnen dieses Buches ihr Engagement gegen Sexismus, sexuelle Gewalt, die Ausgrenzung der verschiedensten Minderheiten und eine autoritäre Politik (auch wenn mir der Mainstream-Feminismus in all diesen Punkten nicht weit genug geht) und bin bei Fragen etwa zum Thema Menschenrechte oder dazu, dass Menschen sich nicht in Geschlechternormen pressen lassen sollten, voll auf ihrer Seite. Wird diese Anthologie auch nur eine derjenigen Feministinnen eines Besseren belehren, die Maskulisten wie mich gerne mit einem Bannfluch belegen würden? Vermutlich nicht. Aber vielleicht kann sie parallel zu solchen Entgleisungen eine konstruktivere Geschlechterdebatte herbeiführen. Ich schließe mich hier dem an, was Julia Ebner im Zusammenhang mit Islamismus und Rechtsextremismus befindet: „Je lauter die gemäßigten Stimmen werden, desto schwerer wird es werden, sie einzuschüchtern und zum Schweigen zu bringen."[73]

---

73 Vgl. Ebner, Julia: Wut. Was Islamisten und Rechtsextremisten mit uns machen. Theiss 2018, S. 281.

Die Autoren dieses Buches und ihre Beiträge

- In meinem ersten eigenen Beitrag „Feminismus und Maskulismus: Feinde oder Partner?" lote ich einige Ursachen dafür aus, dass sich beide Lager in einer Frontstellung zueinander befinden, und erörtere die Chancen und ersten Ansätze einer lagerübergreifenden Zusammenarbeit. Dabei erkläre ich eingehender als in meinen bisherigen Veröffentlichungen, was mit dem für die maskulistische Philosophie grundlegenden Konzept eines „Integralen Antisexismus" gemeint ist. Dieses Konzept näher zu umreißen ist ein Ziel dieses Buches insgesamt und auch der Grund, warum ich erstmals einen Sammelband mit einer Vielzahl von weiblichen wie männlichen Autoren herausgebe: Ein Konzept, das Sexismus gegen Frauen wie gegen Männer ablehnt, sollte nicht von einem einzelnen Autor erarbeitet werden. (Ein Abriss der Ideengeschichte des Integralen Antisexismus findet sich im Anhang dieses Sammelbandes.)
- Kritisieren Männerrechtler den Feminismus, weil sie gegen die Gleichberechtigung sind und ein Rollback in frühere Jahrzehnte wünschen? So zu denken wäre bequem, aber falsch. Der Gymnasiallehrer und maskulistische Blogger Lucas Schoppe erläutert in dem Beitrag „Wie sollten Männerrechtler mit Männerhass umgehen?", was maskulistische Ethik tatsächlich am vorherrschenden Feminismus zu beanstanden hat, und plädiert für „Foren der zivilen Verständigung" als Gegengewicht zu einer Eskalation an Radikalität.
- Mithu Sanyal ist nach einem Magna-cum-Laude-Abschluss in der Kulturwissenschaft Journalistin und Dozentin mit dem Schwerpunkt Geschlechterforschung und Feminismus. Sie ist feste Autorin für den WDR und veröffentlicht zudem bei NDR, BR, Frankfurter Rundschau, Literaturen, taz, junge Welt, Emma, Missy Magazin sowie der Bundeszentrale für politische Bildung. Ihr Beitrag „Feminism is good for you – und zwar auch oder gerade wenn du ein Mann bist" trägt entscheidend dazu bei, den längst überfälligen Dialog zwischen dem feministischen und dem maskulistischen Lager zu eröffnen. In diesem Text antwortet Sanyal auf häufig an ihre Bewegung gerichtete Vorwürfe und gelangt in der Gesamtsicht zu dem Fazit, es sei „jetzt die Aufgabe von Männern, den Frauen, an-

deren Männern und der Gesellschaft zu erklären, was ihre Probleme sind", auch wenn die andere Seite dabei noch häufig die Augen verdrehe.

— Gerd Riedmeier ist zertifizierter Mediator, Vorsitzender des Vereins "FSI-Gleichbehandlung.de" und Sprecher der "Interessensgemeinschaft Jungen, Männer, Väter", dem bundesweiten Zusammenschluss der geschlechterpolitischen Organisationen FSI, Manndat e.V., Trennungsväter e.V. und Väterbewegung.org. In seinem Beitrag „Ein Land, geprägt von Frauen" liefert er einen Insider-Einblick in die deutschen Ministerien und Parteien und berichtet, wie einseitig Geschlechterpolitik dort heute noch stattfindet. Riedmeier fordert dazu auf, die Ungleichbehandlung, Geschlechtertrennung und Polarisierung in diesem Bereich zu überwinden.

— Die Psychologin Sandra Hermann berichtet in ihrem Beitrag „Warum ich mich als Frau für männliche Opfer einsetze" über ihre langjährige Erfahrung als Mitarbeiterin eines Notruf-Telefons. Sie legt dar, welche Schieflagen es bis heute bei einer zielführenden Bekämpfung von häuslicher Gewalt gibt, und schlägt aufgrund ihrer Erfahrungen ein zukunftsweisendes Gesamtkonzept vor, das tatsächlich Aussichten hat, häusliche Gewalt zu reduzieren. Dabei wirft sie die zentrale Problematik bisheriger Ansätze auf: „Wie kann ein menschliches und partnerschaftliches Miteinander funktionieren, wenn ein geschlechtliches Gegeneinander propagiert und praktiziert wird?"

— In meinem Beitrag „Warum es auch Frauen nutzt, wenn männliche Opfer Hilfe erhalten" unterstütze ich Sandra Hermanns Ausführungen mit einer Darstellung des aktuellen Standes wissenschaftlicher Forschung, was die geschlechtsübergreifende Verkettung von häuslicher und sexueller Gewalt betrifft, und argumentiere, dass Männer eher für die Bekämpfung solcher Gewalt gewonnen werden können, wenn man ihre eigenen Opfererfahrungen nicht mehr konsequent beiseite wischt.

— Der Soziologe Ingbert Jüdt, der unter dem Nick „djadmoros" Beiträge auf den Seiten des Blogs „Geschlechterallerlei" veröffentlicht, arbeitet gerade an einem Buch, in dem er feministische Geschichtsklitterung analysiert. Einen Vorgeschmack darauf liefert er mit seinem Beitrag „Abschied vom Patriarchatsmythos. Für eine überfällige Historisierung des Feminismus". Dieser Beitrag zeigt auch, dass maskulistische Akademiker – ganz im Gegensatz zu dem, was manche ihnen unterstellen – keineswegs kenntnisfrei sind, was feministische Literatur angeht, sondern diese Literatur im Gegenteil intensiv studiert haben und gerade deshalb zu einer kritischen Einschätzung verschiedener im vorherrschenden Feminismus geäußerter Thesen gelangt sind.

– Maike Wolf ist Feministin, Studentin der Politikwissenschaft und war bis zum September 2018 Vorsitzende der Jungliberalen (FDP) in Rheinland-Pfalz. Sie kam durch ihren Freund zum Thema Männerrechte („Durch die Medien erfährt man ja NICHTS darüber!") und gibt ihren Dozenten regelmäßig Kontra, wenn diese wie selbstverständlich mit dem Begriff „Patriarchat" hantieren. („In der Wissenschaft möchte ich gerne sachlich unterrichtet werden und nicht mit einer ideologischen Bias.") In „Die notwendige Rückeroberung des Feminismus: Ein Plädoyer für mehr Mut und weniger Rückzug" macht Wolf sich dafür stark, dass Feministinnen ihre inzwischen gewonnene Macht endlich dafür einsetzen, ihr ursprüngliches Versprechen zu halten und sich für die Gleichberechtigung *beider* Geschlechter zu engagieren.

– Die Kanadierin Wendy McElroy ist die wohl bekannteste Vertreterin der liberalen „individualist feminists". Sie verfasste mehrere Bücher zur Geschlechterdebatte, so etwa „Liberty for Women: Freedom and Feminism in the 21st Century" (Dee 2002). In ihrem Beitrag für diese Anthologie legt McElroy dar, welchen Gewinn die feministische Bewegung daraus ziehen kann, dass sie sich auch dem Thema „Männerrechte" annimmt.

– Robin Urban ist Netzfeministin und hat als freie Journalistin unter anderem bei Alice Schwarzers „Emma" veröffentlicht.[74] In ihrem Beitrag „Warum die Beschneidung von Jungen ein feministisches Thema sein sollte", erklärt sie, warum „der Feminismus eben nicht ausreicht, um alle Ungerechtigkeiten zu eliminieren, weil das Problem von den meisten Feministinnen weder erkannt, noch behandelt wird." Dies sei aber nicht nur angesichts des Leidens, das Be-

---

74 Vgl. Urban, Robin: Wie abseits ist das denn?! Online seit dem 21.6.2014 unter https://www.emma.de/artikel/wie-abseits-ist-das-denn-317291.

schneidungen oft zur Folge haben, notwendig, sondern weil „gewisse männerrechtliche Belange auch eine Auswirkung auf Frauen haben und nicht nur deswegen sehr berechtigt sind." Beschneidung bei Frauen zu verdammen und bei Männern zu verharmlosen, zeuge von Doppelmoral, und Angriffe auf Betroffene spiegelten frauenfeindliche Kommentare: „Das ist kein Feminismus mehr, sondern Antimaskulismus."

- Dr. Hanna Milling ist seit vielen Jahren in Forschung und Lehre an verschiedenen Universitäten im Bereich internationale Zusammenarbeit, interkulturelle Kommunikation und internationales Konfliktmanagement tätig. Zu diesen Themen hat sie zahlreiche Fachartikel und Bücher veröffentlicht und arbeitet als Mediatorin und Trainerin im In- und Ausland, insbesondere im interkulturellen Kontext. Im August 2018 stellte sie für „Authentic Love Berlin" eine Botschaft von Frauen an Männer auf Youtube online, die sofort für große Begeisterung sorgte: Völlig konträr zum herrschenden Zeitgeist erklären darin Frauen unterschiedlicher ethnischer Hintergründe den männlichen Rezipienten des Videos ihre Zuneigung und ihren Respekt. In einem Interviewbeitrag erklärt Milling, was hinter dieser Botschaft steckt und wie man den Konflikt zwischen Feministinnen und Maskulisten sinnvoller angehen kann als bisher.

- Die Frankfurter Allgemeine erntete vor mehreren Jahren wegen ihrer Berichterstattung zum Thema Homosexualität erhebliche Kritik bis hin zu einer Rüge des Presserates wegen eines schweren Verstoßes gegen das Diskriminierungsverbot.[75] In meiner Diskursanalyse „Frankfurter Allgemeine & Co: Denunziation statt Aufklärung" erläutere ich anhand eines Artikels des FAZ-Mitarbeiters Sebastian Eder, dass es in dieser Zeitung bei der Darstellung maskulistischer Anliegen ein ähnliches Versagen journalistischer Ethik gibt. Das Kapitel zeigt auf, mit welchen sozialen Sanktionen Männer rechnen müssen, die tatsächlich aus der klassischen Männerrolle ausbrechen, erörtert, ob Schwule, männliche Opfer und Männeraktivisten aus ähnlichen Gründen herabgesetzt werden, wie es

---

75 Vgl. Kram, Johannes: Ich hab ja nichts gegen Schwule, aber ... Querverlag 2018, S. 74 sowie N.N.: Missbilligung für „Bild", Rüge für die „FAZ", online seit dem 15.9.2017 unter http://www.spiegel.de/kultur/gesellschaft/deutscher-presserat-ruegen-fuer-bild-und-frankfurter-allgemeine-zeitung-a-1167854.html.

zu dieser Entwicklung kommt, welche Folgen sie hat und wie man ihr begegnen kann. Darüber hinaus ist dieser Beitrag Teil der Debatte über das verlorene Vertrauen vieler Bürger in die Seriosität unserer Leitmedien – insbesondere nach dem Fall des „Spiegel"-Reporters Claas Relotius, der ebenfalls in der Frankfurter Allgemeinen Sonntagszeitung veröffentlichte.[76]

– Die ehemalige Goslarer Gleichstellungsbeauftragte Monika Ebeling wurde auf feministischen Druck hin aus diesem Amt entlassen, weil sie, statt sich ausschließlich um Frauen zu kümmern, auch die Anliegen von Jungen und Männern ernst zu nehmen begann. In einem Interviewbeitrag erklärt Ebeling, inwiefern bei solchen Fragen gerade ein Umdenken stattfindet. Ebeling fordert einen „intergeschlechtlichen Abgleich und Gedankenaustausch zwischen Frauen- und Männergruppen" – und zwar auch wenn diese Männergruppen nicht feministisch ausgerichtet sind – statt des bisherigen Geschlechterkampfes, bei dem Feministinnen „zunehmend die Unterstützung von den eigenen Geschlechtsgenossinnen" fehle. Die bestehende „mediale Filterblase" schaffe „eine Sicht auf Frauenthemen, die an der weiblichen Realität und den vielfältigen Anforderungen an einen Frauenalltag und ein Frauenleben oft vorbei geht." Gleichzeitig dürften auch Männerrechtler „nicht müde werden in ihrem Engagement." Sie seien oft „die einzige Stimme, die Männer in Not haben, und das ist sehr wertvoll."

– Eilert Bartels ist Paar- und Sexualtherapeut; im März 2019 erschien sein Buch „huMANNoid: Männer sind Menschen". In Bartels Beitrag für den vorliegenden Sammelband verrät schon die Überschrift seine zentrale These: „Wenn Gleichstellung das Ziel ist, müssen sich Frauen- und Männerbewegung selbst überwinden". In diesem Beitrag entwickelt Bartels die feministische Sprachkritik weiter, indem er Vorschläge liefert, wie man so über die Geschlechter spre-

---

76 Vgl. https://www.hamburgmediaschool.com/koepfe/relotius-claas sowie Sternberg, Jan: „Spiegel" macht eigenen Betrugsfall publik. In: Wolfsburger Allgemeine vom 19.12.2018, online unter http://www.waz-online.de/Nachrichten/Medien/Spiegel-macht-eigenen-Betrugsfalls-publik sowie N.N.: „Spiegel"-Reporter Moreno wurde offenbar mit Rauswurf gedroht. In: Frankfurter Allgemeine vom 22.12.2018, online unter https://www.faz.net/aktuell/feuilleton/medien/fall-relotius-spiegel-reporter-mit-rauswurf-gedroht-15954983.html.

chen kann, dass jeder integriert und niemand ausgegrenzt wird. Bartels warnt vor einer Radikalisierung, die dadurch eintreten könne, dass man sich vom Gegenüber nicht gehört fühle, daraufhin nur unter Leidensgenossen Allianzen bilde und sich kollektiv vom Gegenüber abgrenze.

– Professor Christina Hoff Sommers ist eine US-amerikanische Feministin, Videobloggerin und Publizistin zahlreicher Artikel unter anderem für die New York Times und das Magazin „Time". Sie positioniert sich gegen die Männerfeindlichkeit vieler anderer zeitgenössischer Feministinnen und machte in ihren Büchern auf feministische Mythen sowie auf die Benachteiligung von Jungen in unserer Gesellschaft aufmerksam. In ihrem Text „Würde, Fairness und persönliche Freiheit für alle" bewirbt sie ihr Konzept des Freiheitsfeminismus als politische Lager und weltweite Kulturen verbindende weltweite Emanzipationsbewegung.

– In ihrem zweiten Artikel für diesen Sammelband, „Wenn Individualisten quotieren: FDP und Frauenquote – Ein Tanz am Abgrund", setzt sich die liberale Feministin Maike Wolf mit den alarmierenden Entwicklungen in ihrer Partei auseinander, Menschen aufgrund ihrer Geschlechtszugehörigkeit ein Amt zu verleihen, und erklärt, warum gerade viele Frauen solche Manöver als kränkend empfinden.

– Astrid von Friesen ist Erziehungswissenschaftlerin, Trauma- und Paar-Therapeutin sowie Autorin von Büchern wie „Schuld sind immer die anderen! Die Nachwehen des Feminismus: frustrierte Frauen und schweigende Männer" (2006). Sie unterrichtet an der Freiberger Universität und kommentiert bei Deutschlandradio-Kultur. In ihrem Beitrag „Paarkonflikte: Warum die Bürger-Kriege sich verschärfen" analysiert sie die gemeinsamen psychologischen Ursachen sowohl für eskalierende Konflikte in Partnerschaften als auch die sich verschärfende Aggression im Internet. Dabei stellt sie die Frage, „wie Frauen und Männer in einer ‚gegenderten' Welt friedlich, liebevoll und geborgen zusammenleben können", und entwickelt konkrete Ratschläge, damit sich unsere Gesellschaft zu einer echten „Geschlechterdemokratie" entwickelt und Frauen wie Männer den Kreislauf wechselseitiger Schuldzuweisungen durchbrechen können.

- Elinor Petzold ist Paar- und Sexualtherapeutin (auch als Kink-Aware-Professional) jüdischer Abstammung und mit mehrfachem Migrationshintergrund. Sie lebte einige Jahre in Israel und stellte fest, dass die Geschlechter dort unbefangener und zugleich selbstbewusster miteinander umgehen als hierzulande. Auf der Grundlage dieser und anderer biographischer Erfahrungen ist ihr Beitrag „Das ganze Land braucht eine Therapie" entstanden, in dem sie darlegt, was Frauen und Männer tun können, um zu „Gleich-Wertschätzung" und gegenseitigem Respekt zu gelangen.

- Geht man nach der Häufigkeit, mit der Frauenanliegen in den Leitmedien vorkommen, sind die wichtigsten Themen für Frauen die Gehaltslücke, die Quote und sexuelle Belästigung. Aber ist das wirklich so oder liegt das nur daran, dass es zu diesen Themen feministische Kampagnen gibt? Für den Beitrag „Welche Probleme haben Frauen heute? Eine Befragung" habe ich ein Experiment durchgeführt, das ich jedem Leser (geschlechtsunabhängig) empfehlen kann: Ich habe die verschiedensten Frauen in meinem privaten Bekanntenkreis gefragt: „Was ist eigentlich *dein* größtes Problem als Frau?" Die Antworten, die ich erhalten habe, sind immer aufschlussreich und durchdacht, oft überraschend und vielfach lebensnäher als die bekannten ideologischen Botschaften vom Unterdrücker Mann und Opfer Frau.

- Dr. Katja Kurz ist Feministin, Anthropologin und Expertin für Menschenrechte. Sie lebt als Program Officer der American India Foundation (AIF), die das William J. Clinton Fellowship for Service in India leitet, teils in New York, teils in Indien. Ihr Beitrag „Welche Probleme haben Frauen heute? Eine interkulturelle Perspektive" knüpft an das vorangegangene Kapitel an und schildert eindrucksvoll, wie unterschiedlich die Geschlechterrollen in verschiedenen Regionen dieser Erde sind, und wie stark sie sich gerade weltweit verändern. Dabei kommt Kurz auch auf die in Indien bekannte Frauenrechtlerin Kamla Bhasin zu sprechen, für die der Neoliberalismus die Schuld daran trägt, dass die Interessen von Frauen und Männern antagonistisch gegenüber gestellt werden.

- Jeannette Hagen ist Autorin mehrerer Bücher unter anderem zum Thema Vaterentbehrung, Dozentin, Coach und engagiert sich darüber hinaus im Kampf gegen Rechtsradikalismus und für eine menschenwürdige Flüchtlingspolitik. In ihrem Beitrag „Das Potential der Unterschiede" legt sie dar, warum die so beliebte Abwertung von Männern in unserer Gesellschaft problematisch ist, und gibt Anregungen, wie man den Geschlechterkonflikt überwinden kann.

Es würde mich freuen, wenn der Dialog, den wir alle hier aufgenommen haben, Früchte trägt und vielleicht sogar in einem Nachfolgeband weitergeführt wird. Für Autorinnen und Autoren, die daran mitwirken möchten, bin ich per Mail, Telefon und Briefpost gerne ansprechbar.

Feminismus und Maskulismus: Feinde oder Partner?

Arne Hoffmann

> *„Gesellschaftliche Veränderungen lassen sich nicht im Kampf von Frauen gegen Männer, sondern nur miteinander erreichen. Wer Frauen gegen Männer ausspielt, festigt überholte Bilder von Mann und Frau.“*
> Der Leipziger Sexualwissenschaftler Kurt Starke im „Neuen Deutschland"[77]

> *„Der Radikale des einen Jahrhunderts ist der Konservative des nächsten."*
> Mark Twain

Als ich auf der Frankfurter Buchmesse 2017 einen großen Publikumsverlag fragte, ob ich dort ein Buch herausbringen könne, das sich mit dem Feminismus auseinandersetzt, wurde das sehr kritisch beurteilt – aber aus anderen Gründen als erwartet: „Wir haben das im Lektorat besprochen und fanden eigentlich alle, dass Feminismus heute nur noch nervt", erklärte mir die junge Lektorin. „Und wir glauben, dass der Großteil der Bevölkerung das genauso sieht. Das war ein Thema der älteren Generation. Heute ist es eigentlich durch."

Diese Reaktion überrascht zu Zeiten, wo der Feminismus in den Leitmedien sehr präsent ist, zuletzt etwa bei der #MeToo-Kampagne gegen Sexismus und sexuelle Übergriffe. Das heißt aber nur, dass Feminismus bei Journalisten noch ein beliebtes Thema ist – was nicht überrascht, nachdem die Parteipräferenz der meisten Journalisten, die überhaupt eine Partei bevorzugen, bei den Grünen liegt.[78] Aber ein ähnlicher Erfolg beim Leser bleibt aus: Das *Stern*-Magazin etwa, des-

---

77 Vgl. Starke, Kurt: Gegen den männerfeindlichen Anstrich: In: Neues Deutschland vom 29.11.2017, online unter https://www.neues-deutschland.de/artikel/1071588. metoo-debatte-ueber-sexismus-gegen-den-maennerfeindlichen-anstrich.html.

78 Vgl. beispielsweise N.N.: Jeder dritte Journalist liebäugelt mit den Grünen. Online seit dem 29.10.2012 unter https://meedia.de/2012/10/29/jeder-dritte-journalist-liebaugelt-mit-grunen.

sen Titelgeschichte sich mit dem Thema Sexismus beschäftigte, sorgte für einen historischen Minus-Rekord, was die Käufer der Ausgabe am Kiosk anging.[79]

Die Schauspielerin Emma Watson erklärte schon vor ein paar Jahren in einer Rede vor den Vereinten Nationen, sie habe zum Thema Feminismus recherchiert und festgestellt, dass er vor allem mit Männerhass gleichgesetzt werde. Autoren feministischer Artikel erwähnen dieses Problem immer wieder. Auf dem angelsächsischen Buchmarkt erklären derweil Veröffentlichungen wie Ella Whelans „What Women Want. Fun, Freedom and an End to Feminism" (Connor Court 2017) und Joanna Williams „Women vs. Feminism. Why We All Need Liberating from the Gender Wars" (Emerald 2017), warum der gegenwärtige Stand des Feminismus nicht zuletzt Frauen schade. Das Buch „The F-Bomb" (Benbella 2018) der Feministin Lauren McKeon beschäftigt sich damit, warum sich Frauen scharenweise vom Feminismus abwenden. Infolgedessen stellt das Buch „Daughters of Feminism" (Take2-Now 2018) 30 Frauen vor, die sich von einer gynozentrischen Sicht aus aufgemacht haben zu einer „Gender Balance", bei der die Anliegen von Männern als ebenso legitim angesehen werden wie die Anliegen von Frauen.

Ihre eigene Sicht fasst die Journalistin Annett Meiritz in dem Artikel „Warum ich keine Feministin sein will" auf Spiegel-Online so zusammen:

> *„Leider wirkt der moderne Feminismus zunehmend wie eine Bewegung, die nicht überzeugen, sondern mit dem Vorschlaghammer bekehren will. (…) Das Ergebnis vieler Diskussionen über Männer und Frauen scheint von vornherein fest zu stehen: im Zweifel für die Frau. Wer eine Gegenrede wagt, ist automatisch ein Gegner des Feminismus, ein Gegner aller Frauen. (…) Im Alltag führt das zu einer Tabuisierung bestimmter Meinungen, so harmlos sie auch sein mögen. (…) Es gibt dann richtig und falsch, und viel zu wenig Raum für alles, was dazwischen liegt. (…) Feministinnen, die ständig*

---

79 Vgl. Schröder, Jens: Stern fällt mit Sexismus-Titel auf neuen historischen Kiosk-Minusrekord, auch Focus und Spiegel unter Soll. Online seit dem 12.12.2017 unter http://meedia.de/2017/12/12/stern-faellt-mit-sexismus-titel-auf-neuen-historischen-kiosk-minusrekord-auch-focus-und-stern-unter-soll.

und überall den ‚Kampf gegen die Maskus' ausrufen – dazu möchte ich nicht gehören."[80]

Selbst jemand wie Donald Trump konnte seiner Gegnerin Hillary Clinton bei der Wahl zum US-Präsidenten den Rang ablaufen. Seine Selbstinszenierung war erfolgreicher als Clintons Behauptung, unsere Gesellschaft führe einen „Krieg gegen die Frauen". Nachdem Clinton eine dezidiert feministische Kampagne geführt hatte, stimmten 53 Prozent der weißen Frauen für Trump. Feministinnen reagierten darauf mit der These, all diese Frauen seien offenbar von einer „internalisierten Frauenfeindlichkeit" beherrscht, also von ihren patriarchalen Unterdrückern praktisch gehirngewaschen.[81] So an das Problem heranzugehen könnte Trump eine zweite Amtszeit sichern. Zumindest hilft diese Abwertung von Andersdenkenden nicht, in den USA eine Situation zu überwinden, wo sich große Teile der Bevölkerung geradezu wütend gegenüberstehen und konstruktive Kommunikation zwischen den Lagern kaum noch möglich erscheint – eine gesellschaftliche Spaltung, die auch hierzulande immer stärker wird.

Vielleicht sollte man stattdessen Konzepte entwickeln, um diese Situation zu überwinden, die einen Donald Trump zum Präsidenten gemacht hat.

Das neue Denken in der Krise

Einen solchen Ansatz versucht der US-amerikanische Philosoph Ken Wilber, der unter anderem an Theorien des deutschen Philosophen und Soziologen Jürgen Habermas anknüpft[82], in seinem Buch „Trump and a Post-Truth World" (Boulder 2017). Grundlage dieses Buches ist

---

80 Vgl. Meiritz, Annett: „Warum ich keine Feministin sein will". Spiegel-Online vom 19.12.2014, online unter http://www.spiegel.de/politik/deutschland/feminismus-warum-aggressivitaet-nicht-funktioniert-a-1008804.html.

81 Vgl. ausführlicher zu den Deutungsversuchen von Trumps Sieg im feministischen Lager Whelan, Ella: What Women Want. Fun, Freedom and an End to Feminism. Connor Court 2017, S. 77-80.

82 Zum Einfluss von Jürgen Habermas auf das Denken von Ken Wilber vgl.: Wilber, Ken: Das Wahre, Schöne, Gute. Geist und Kultur im 3. Jahrtausend, Fischer Verlag, 2002, S. 118 sowie Visser, Frank: Ken Wilber – Denker aus Passion. Eine Zusammenschau, Via Nova Verlag, 2002, S. 137 f..

Wilbers entwicklungspsychologisch fundierte Theorie kultureller Evolution. Wilber macht die Stufen in diesem Modell leicht unterscheidbar, indem er ihnen die Namen von Farben gibt. So herrschte beispielsweise im Mittelalter und den Jahrhunderten danach „Purpur", eine Ebene, die sich auszeichnete durch Aspekte wie „konformistisch", „mythisch", „Recht und Ordnung", „Zugehörigkeit", „traditionell", „ethnozentrisch", „militaristisch", „patriarchal" und „homophob". Im Zeitalter der Moderne, also beginnend im 18. Jahrhundert, setzte sich Wilber zufolge eine Geisteshaltung durch, die er als „Orange" kenntlich macht. Dieses Denken war geprägt durch Werte wie „Verstand", „Leistung", „Profit" und „Fortschritt". Aus heutiger Perspektive mag man die Nase rümpfen und vor allem an Kolonialismus, Ausbeutung und Raubtierkapitalismus denken, aber im historischen Gesamtblick war es ein evolutionärer Schritt nach vorne: Beispielsweise wurde in den sich zunehmend modernisierenden Kulturen die Sklaverei abgeschafft, die menschliche Lebenserwartung erhöhte sich deutlich, und es gab immer neue wegweisende Erfindungen, die es schließlich sogar erlaubten, dass ein Mensch den Mond betrat.

In unserer Gegenwart, manchmal als Postmoderne bezeichnet, hat in Wilbers Lesart die Bewusstseinsstufe „Grün" an Einfluss gewonnen. Zu ihr gehören Aspekte wie „Selbstverwirklichung", „Gleichheit", „Pluralismus", „Diversität" und „Inklusion". Zu den positiven Aspekten dieser Stufe gehörten die Bürgerrechtsbewegung(en), die Umweltschutzbewegung, die Frauenbewegung und die Orientierung an einer Politik der Nachhaltigkeit. Der Einzelne ist heute ebenso wichtig wie ein umfassender Blick auf die gesamte Welt. Viele, die auf dieser Stufe leben, dürften ganz automatisch davon ausgehen, dass damit die höchste Bewusstseinsstufe erreicht ist – was sie zuletzt dadurch deutlich machen, dass Menschen, die diese Bewusstseinsstufe hinterfragen, allesamt als reaktionäre Dumpfbacken, zum Beispiel „Antifeministen", abgekanzelt werden. Sie ernten den Vorwurf, auf vorherige Stufen zurückzugehen oder dort verbleiben zu wollen.

Tatsächlich gibt es in diesem Modell, da sich der von Wilber geschilderte Evolutionsprozess nicht nur auf globaler, sondern auch auf individueller Ebene abspielt, in jedem Zeitalter auch Menschen, die einer anderen Bewusstseinsstufe zugehören. Ohne Frage gibt es auch heute noch viele Rassisten, Sexisten und Fundamentalisten. Diese

Menschen sind aber nicht die einzigen, die Kritik an jener Weltsicht der Stufe „Grün" äußern, die zum Teil in Politik und Medien herrscht. Manche hinterfragen die kulturell dominierende Weltsicht auch, weil sie den nächsthöheren Gipfel erreichen möchten. Auch ihnen wird häufig vorschnell vorgeworfen, tief unten im Tal steckengeblieben zu sein. Wenn man den eigenen Gipfel für den höchsten hält, während andere Menschen dort nicht bleiben möchten, scheint das für viele die einzig denkbare Deutung der Abweichler zu sein.

Wilber selbst spricht davon, dass die kulturelle Herrschaft von „Grün" inzwischen zusammengebrochen sei, was durch den Wahlsieg Donald Trumps nur besonders deutlich geworden sei. Anzeichen für diesen Zusammenbruch ist Wilber zufolge das Umkippen der ursprünglichen egalitären und gemeinschaftlichen Orientierung von „Grün" in eine von Narzissmus infizierte Weltsicht. Beispielhaft erwähnt er die Kultur der Selfies, der Filterbubbles und der dazugehörigen Fake News im Internet, aber auch Dinge, die sich vor allem im akademischen Sektor der USA und Großbritanniens abspielen: An einer Universität etwa gab es einen Sitzstreik, weil ein Dozent Klausuren hinsichtlich Rechtschreibung und Grammatik benotet hatte und damit eine „Kultur der Furcht" befördert habe. Bei einer feministischen Versammlung setzte eine Teilnehmerin durch, dass nicht mehr applaudiert werden durfte, weil der laute Beifall bei ihr Angst auslöse. (An der Universität Manchester wurde das Klatschen inzwischen komplett untersagt, weil es Angst auslösen könnte.[83]) Weltbekannte Stand-up-Comedians wie Chris Rock und Jerry Seinfeld treten an Colleges nicht mehr auf, weil sich irgendjemand durch einen ihrer Witze immer gekränkt, ausgegrenzt und beleidigt fühlt.[84] Das sind nur einzelne Schlaglichter – über derartige Entwicklungen, die auch Wilber als „madness" bezeichnet, berichte ich seit Jahren mit fast täglich neuen Beispielen in meinem Blog Genderama. Natürlich hat mir das bei den überzeugtesten Predigern des „grünen" Lager den Ruf des frauenfeindlichen Antifeministen eingebracht. Viele andere, die mit der aktuellen Situation unzufrieden sind, werden mit ähnlichen Diffamierungen

---

83 Vgl. eine Meldung der britischen BBC unter https://twitter.com/BBCNWT/status/1046729798519848960.

84 Näheres dazu siehe unter Flanagan, Caitlin: That's Not Funny! In: The Atlantic vom September 2015, online unter https://www.theatlantic.com/magazine/archive/2015/09/thats-not-funny/399335/.

belegt.[85] Hier liegt, um mit Wilbers Skala zu sprechen, „Grün" durchmischt mit einem ordentlichen Schuss „Purpur" vor: Ausgrenzung und Fundamentalismus.

Womöglich funktionieren die Diskursstrategien einer übertriebenen Politischen Korrektheit[86] deshalb so gut, weil sie dazu neigen, bei vielen Menschen urtümliche psychologische Mechanismen zu aktivieren, die noch aus dieser „Purpur"-Ebene stammen – oder aus noch früheren Zeiten: den Zeiten, als Menschen in kleinen Stämmen zusammen lebten. Die Argumentationsstrategien der Politischen Korrektheit dürften bei vielen Menschen eine archaische Angst vor Ausschluss aus dem eigenen Stamm aktivieren. Wir leben zwar heute nicht mehr in kleinen Stämmen und sind nicht mehr auf deren Kooperation angewiesen, aber die entsprechenden Mechanismen existieren noch. Deshalb empfinden viele Menschen irrationale Angst, wenn ihnen durch die Rhetorik der Politischen Korrektheit – auch wenn diese weitgehend argumentfrei erfolgt – symbolisch der Ausschluss aus der Gemeinschaft angedroht wird.

Der deutsche Philosoph, Soziologe und frühe Kritiker jeder Form von Politischer Korrektheit Theodor W. Adorno hat vermutlich an etwas Ähnliches gedacht, als er die negativen Auswirkungen argumentfreier politisch korrekter Diskursstrategien (die freilich in allen politischen Lagern in spezifischen Varianten auftreten) einmal folgendermaßen kritisch analysierte:

---

85 Solche Zustände an Universitäten stellen das Gegenteil jenes Ideals eines durch Dogmen unbehinderten akademischen Forschens und Lernens dar, dessen Bedeutung der französische Philosoph Jacques Derrida mit folgenden Worten hervorhob.
„Der Titel dieses Vortrags (‚Die unbedingte Universität') bringt zunächst zum Ausdruck, dass die moderne Universität eine unbedingte, dass sie bedingungslos, von jeder einschränkenden Bedingung frei sein sollte. (…) Was diese Universität beansprucht, ja erfordert und prinzipiell genießen sollte, ist über die sogenannte akademische Freiheit hinaus eine unbedingte Freiheit der Frage und Äußerung, mehr noch: das Recht, öffentlich auszusprechen, was immer es im Interesse eines auf Wahrheit gerichteten Forschens, Wissens und Fragens zu sagen gilt. (…) Die Universität müsste also der Ort sein, an dem nichts außer Frage steht (…)." Vgl. Derrida, Jacques: Die unbedingte Universität, Suhrkamp, 2018, S. 9-14.
86 Zur Entstehung der politischen Korrektheit in den USA siehe das wissenschaftliche Standardwerk des Politikwissenschaftlers Mathias Hildebrandt: Hildebrandt, Mathias: Multikulturalismus und Political Correctness in den USA, VS Verlag für Sozialwissenschaften, 2005.

> *„Nicht wenige Fragen gibt es, über die ihre wahre Ansicht zu sagen fast alle mit Rücksicht auf die Folgen sich selbst verbieten. Rasch verselbständigt sich eine solche Rücksicht zu einer inneren Selbstzensurinstanz, die schließlich nicht nur die Äußerung unbequemer Gedanken, sondern diese selbst verhindert."*[87]

An anderer Stelle führt Adorno aus:

> *„Das Überich, die Gewissensinstanz, stellt nicht allein dem einzelnen das gesellschaftlich Verpönte als das An-Sich-Böse vor Augen, sondern verschmilzt irrational die alte Angst vor der physischen Vernichtung mit der weit späteren, dem gesellschaftlichen Verband nicht mehr anzugehören, der anstatt der Natur die Menschen umgreift."*[88]

Viele andere Linke, die ich kenne, bezeichnen sich wegen der oben skizzierten Entwicklungen inzwischen als ehemalige Linke oder Linke in der inneren Emigration. Tatsächlich besteht die aktuelle Herausforderung darin, die geschilderten totalitären Mechanismen zu überwinden, ohne ähnlich unschöner Rhetorik aus dem rechten Lager anheim zu fallen.[89] Auch dazu, diese Herausforderung zu bestehen, soll dieses Buch beitragen.[90]

Ein weiteres Problem des narzisstischen Kollapses von „Grün" ist, dass damit die Unterstützer eines Mannes wie Donald Trump die Oberhand gewinnen. Häufig fühlen sich diese Menschen als Verteidiger des „gesunden Menschenverstandes", die aber von einer abgehobenen Elite unten gehalten werden. Wenn also Hillary Clinton die Trump-Anhänger und damit fast die Hälfte des Landes als „basket of deplorables" (soviel wie: „beklagenswerter Haufen") herabsetzte, war das der sicherste Weg, diese Menschen derart fuchsig zu machen, dass sie, obwohl den meisten von ihnen Trumps Fehler bewusst waren, diesen Mann erst Recht ins Weiße Haus wählten.

---

87 Vgl. Adorno, Theodor: Auf die Frage: Was ist deutsch. In: Gesammelte Schriften Band 10: Kulturkritik und Gesellschaft II. Eingriffe. Stichworte., Suhrkamp, 2003, S. 692.

88 Vgl. Adorno, Theodor: Zum Verhältnis von Soziologie und Psychologie. In: Gesammelte Schriften Band 8: Soziologische Schriften, Suhrkamp, 2003, S. 47.

89 Wie etwa bei der AfD, die sich gerne als Vorkämpfer für die Meinungsfreiheit inszeniert, selbst längst ein rechte Form des autoritären Meinungsdrucks entstanden ist, schildert Franziska Schreiber in ihrem Buch „Inside AfD" (Europa 2018).

90 Im Folgenden sei auf zwei interessante Werke zur Kritik der Politischen Korrektheit von linken Autoren, geschrieben aus linker Perspektive, hingewiesen: Michaels, Walter Benn: The Trouble with Diversity. How We Learned to Love Identity and Ignore Inequality, Picador Verlag, 2016; Pfaller, Robert: Erwachsenensprache. Über ihr Verschwinden aus Politik und Kultur, Fischer Verlag, 2017.

Wenn sich die Strategie des „grünen", also auch des feministischen Lagers nicht ändert, wenn es weiter auf Herabsetzung und Ausgrenzung statt auf Gespräche setzt, wird das nicht nur für Trump eine zweite Amtszeit bedeuten, sondern jeden stärken, der sich auf Trumps Bewusstseinsebene befindet: auch entsprechende deutsche Politiker und Parteien. Und Menschen, die eigentlich eine höhere statt eine niedrigere Ebene anpeilen, können lediglich verzweifelt dabei zusehen – während sie sich von der einseitigen und extremen Variante von „Grün" in Sippenhaft nehmen und mindestens als Reaktionäre beschimpfen lassen müssen.

Wilber erläutert nun, wie „Grün" seine derzeitige Krise überwinden könne: „Nur mit einem fundamental mitfühlenden Kontakt" zu Menschen mit anderen Auffassungen, der von „echtem Wohlwollen statt tiefsitzender Verachtung" geprägt sei, könne Grün die gesellschaftliche Führung wieder übernehmen.[91]

Einer der Gründe, warum die Vertreter des „grünen" Denkens damit große Probleme haben, so Wilber, ist, dass sie Menschen mit abweichenden Auffassungen als Unterdrücker wahrnehmen: „Grün wird sich zum Beispiel die Weltgeschichte anschauen und überall, wo es eine Gesellschaft mit einem deutlichen Mangel an grünen Werten findet, nimmt es an, dass diese Werte naturgegeben vorhanden wären, wenn sie nicht von der herrschenden Ordnung dieser Gesellschaft bösartig unterdrückt würden."[92] Beispielsweise werden Schwarze nur als Opfer der Sklaverei, Weiße hingegen als Täter betrachtet. Wilber widerspricht dieser Sicht auf die Weltgeschichte und argumentiert, dass es der Stand der Bewusstseinsentwicklung ist, der Sklaverei hervorbringt:

> *„Sklaverei wurde zuerst von Schwarzen mit Schwarzen praktiziert, einfach weil deren Lebensraum der Ort war, wo die Menschheit entstanden ist und sich dann überallhin und durch sämtliche ethnischen Gruppen verbreitet hat, beginnend mit den frühesten Stämmen selbst, die, wenn immer sie einander begegneten, Krieg und Versklavung initiiert haben. Das haben sie getan, weil eine höhere Bewusstseinsstufe der Menschheit noch nicht im ausreichenden Ausmaß entstanden war. Die Unfreiheit war also nicht Folge*

---

91 Wilder, Ken: Trump and a Post-Truth World. Boulder 2017, S. 88.
92 Wilder, Ken: Trump and a Post-Truth World. Boulder 2017, S. 59.

einer unterdrückerischen Macht sondern des Fehlens einer höheren Entwicklung."[93]

In Wilbers Sichtweise haben alle Menschengruppen das gleiche Potential sich zu den höheren Bewusstseinsstufen zu entwickeln. Alle beginnen ihre kulturelle Evolution aber auf den gleichen niedrigeren Stufen.

In diesem Zusammenhang weist Wilber auf Carol Gilligans feministischen Klassiker „In a Different Voice" hin. Der erste Teil dieses Buches, dem zufolge Frauen und Männer unterschiedliche Konzepte von Moral aufweisen (Männer betonen eher Autonomie, Rechte und Gerechtigkeit, Frauen hingegen eher Beziehungen, Sorge und Verantwortlichkeit), sei von der feministischen Bewegung breit aufgenommen worden. Einen großen Bogen schlugen die meisten Feministinnen aber um den zweiten Teil des Buches, dem zufolge sich auch das weibliche Denken über vier Bewusstseinsstufen hinweg entwickelt habe, beginnend mit einer egozentrischen und ethnozentrischen Stufe.[94] Den „weißen Mann" zum weltgeschichtlichen Sündenbock und Feindbild zu erwählen führt demnach in die Irre.

Vermutlich hat Wilber Recht. Auch die beliebte These eines „Frauen unterdrückenden Patriarchats herrschender Männlichkeit" dürfte mehr ein ideologischer Popanz als sachlicher Analyse geschuldet sein. Die zentralen Denkfehler dieser These hatte der Bürgerrechtler Warren Farrell schon in den neunziger Jahren mit seinem Buch „The Myth of Male Power" (Berkeley 1993) aufgezeigt. Und der Soziologe Christoph Kucklick konnte in seinem Buch „Das unmoralische Geschlecht: Zur Geburt der Negativen Andrologie" (Suhrkamp 2008) durch Quellen belegen, dass die diskursive Abwertung von Männern bereits Jahrhunderte alt ist.

Wilber bezieht sich bei diesem Thema auf Forschungsergebnisse und Theorien der feministischen Soziologin Janet Chafetz, die diese in ihrem Buch „Sex and Advantage" (Roman & Allaheld 1984) ausbreitet. Wie Wilbert darlegt, nennt Chafetz ein Dutzend von Faktoren jenseits des Biologischen, die für den „Geschlechterstatus" von Männern und Frauen in verschiedenen Gesellschaften eine Rolle spielen, so etwa der Entwicklungsstand der Technik in einer Gesellschaft, Umweltgefahren,

---

93 Wilder, Ken: Trump and a Post-Truth World. Boulder 2017, S. 63.
94 Vgl. Wilber, Ken: Trump and a Post-Truth World. Boulder 2017, S. 64-66.

Familienstruktur, Produktionsweisen, Bevölkerungsdichte, Organisation der Arbeit sowie Grad der Trennung zwischen Arbeits- und Wohnstätte. Von all diesen Variablen hänge es (außer von den biologischen Konstanten) ab, wie egalitär eine Gesellschaft sei beziehungsweise wie stark sie „aus Gründen der Zweckmäßigkeit und Effizienz zu einer Beherrschung der öffentlich-produktiven Sphäre durch die Männer" neige:

> *„Anhand von umfangreichem empirischem Material belegt Chafetz nun, dass ausgewogene Verhältnisse immer dann aus dem Gleichgewicht geraten, wenn bei diesen Variablen starke Schwankungen auftreten, wenn also bedrohliche oder katastrophale Umweltverhältnisse entstehen, wenn es zu Nahrungsknappheit oder Krieg, zu sozialer Bedrohung oder starkem Stress kommt. Dann nämlich wird die Körperkraft und Mobilität der Männer besonders wichtig, und es kommt zu einer drastischen Polarisierung der Geschlechter.*
> *Wenn das geschieht, und das ist der entscheidende Punkt, geraten beide Geschlechter unter enormen Druck. Chafetz meint sogar, dass die Männer es in dominant männlichen Gesellschaften schlechter haben als die Frauen, angefangen bei der Tatsache, dass sie allein zur Verteidigung herangezogen werden. Unterdrückung jedenfalls ist als kausale Erklärung in fast jeder Hinsicht ungenügend, schon allein deshalb, weil die Daten etwas ganz anderes sagen. ‚Diese Unterdrückungstheorien', sagt Chafetz, ‚fußen auf unscharf definierten Begriffen, die sich häufig nicht operationalisieren lassen, etwa ‚Patriarchat' oder ‚weibliche Unterordnung' (...). Der Gebrauch solcher emotionsbefrachteter, aber unklarer Begriffe, meist im Zusammenhang eines durchwegs normativen Umgangs mit dem Thema der Ungleichheit der Geschlechter, erzielt ein Maximum an verbalem Aufwand und ein Minimum an klarer Einsicht."*[95]

Wilbers These, dass die Menschheitsgeschichte nicht sinnvoll als Geschichte der Unterdrückung einer Gruppe durch die andere erzählt werden kann, lässt sich anhand zahlreicher Einzelbeispiele belegen. Ja, es gab eine Welle der „Hexenverbrennung" im ausgehenden Mittelalter, aber sie traf auch viele männliche Opfer (mancherorts sogar überwiegend Männer).[96] Ja, das Frauenwahlrecht ist eine relativ junge Errungenschaft, aber ein großer Teil der männlichen Bevölkerung bekam das

---

95 Vgl. Wilber, Ken: Eros, Kosmos, Logos. Eine Jahrtausend-Vision, Fischer, 2001, S. 466 f.
96 Vgl. Bechold, Christina: Männer als Opfer der Hexenverfolgung. Didaktische Hausarbeit, Johann Wolfgang Goethe-Universität, Frankfurt am Main, 2007, online unter https://www.historicum.net/themen/hexenforschung/thementexte/unter-

Wahlrecht erst zur gleichen Zeit wie die Frauen gewährt,[97] und Männer setzten sich ebenso früh und engagiert für das Frauenwahlrecht ein wie Frauen.[98] Ja, die beschränkte Geschäftsfähigkeit für Frauen wurde in der Bundesrepublik Deutschland erst 1977 aufgehoben – aber umgekehrt blieb auch die männliche Versorgungspflicht, die vom Mann erwartete, seine Ehefrau finanziell zu unterhalten, selbst wenn sie vermögend oder berufstätig war, ebenfalls bis 1977 in Kraft.[99] Ja, Vergewaltigung in der Ehe ist erst seit 1997 strafbar, aber erst im selben Jahr wurden auch Männer als Opfer von Vergewaltigungen juristisch anerkannt.[100]

Viele Feministinnen glauben heute noch, dass häusliche Gewalt ein Machtinstrument der Männer sei, das die Existenz eines Frauen unterdrückenden Patriarchats beweise. Tatsächlich belegen seit Jahrzehnten hunderte von Studien eine Gleichverteilung der Opfer und Täter bei häuslicher Gewalt zwischen den Geschlechtern,[101] und auch bei sexueller Gewalt liegt die Rate der Opfer bei den Geschlechtern sehr viel näher zusammen als viele bislang glaubten.[102] Die These vom

richtsmaterialien/bechold/. Eine gute Übersicht zu diesem Thema mit weiterführenden Quellenangaben liefert auch das Blog „Maskulismus für Anfänger" unter http://maninthmiddle.blogspot.com/p/feministische-falschaussagen.html#hexen.

97 Vgl. Kunz, Gunnar: Was nicht im Geschichtsbuch steht. Online seit dem 17.8.2016 unter https://alternativlos-aquarium.blogspot.com/2016/08/was-nicht-im-geschichtsbuch-steht.html. Weiterführende Quellenangaben siehe dort.

98 Vgl. Lyndon, Neil: Henry Fawcett and the forgotten men of the suffragette movement. Im Telegraph vom 11.4.2017, online unter http://www.telegraph.co.uk/men/thinking-man/henry-fawcett-forgotten-men-suffragette-movement.

99 Vgl. Kunz, Gunnar: Was nicht im Geschichtsbuch steht. Online seit dem 17.8.2016 unter https://alternativlos-aquarium.blogspot.com/2016/08/was-nicht-im-geschichtsbuch-steht.html. Weiterführende Quellenangaben siehe dort.

100 Vgl. Dörr, Julian: Wir müssen erst lernen, über sexuelle Gewalt zu sprechen. In: Süddeutsche Zeitung vom 8.7.2016, online unter https://www.sueddeutsche.de/kultur/sexualstrafrecht-wir-muessen-erst-lernen-ueber-sexuelle-gewalt-zu-sprechen-1.3068867.

101 Eine gute Übersicht bietet die Website https://frauengewalt.wordpress.com.

102 Vgl. hierzu beispielsweise Stemple, Lara und Meyer, Ilan: The sexual victimization of men in America: new data challenge old assumptions. In: Am J Public Health, Vol. 104, Nr. 6/2014, S. e19–e26. Online unter https://www.ncbi.nlm.nih.gov/pmc/articles/PMC4062022 sowie Stemple, Lara und andere: Sexual Victimization Perpetrated by Women: Federal Data Reveal Surprising Prevalence. In: Aggression and Violent Behavior vom 11. Januar 2016, online unter https://www.researchgate.net/publication/308844135_Sexual_Victimization_Perpetrated_by_

Unterdrückergeschlecht Mann lässt sich bei sachlicher Betrachtung nicht aufrechterhalten.[103]

Speziell im Bereich der Genderstudien, derzeit primär eine Hilfswissenschaft bezüglich der feministischen Weltsicht, existieren hier indes schwere Mankos. So erklärte der in diesem Fachbereich tätige Forscher Professor Stefan Hirschauer in einer Talkrunde des SWR:

> *„Man kann das wissen aus der kriminologischen Forschung, dass bei den unter-27jährigen in Europa es fast ebenso viele junge Männer wie Frauen sind, die schon einmal Opfer sexueller Übergriffe gewesen sind, inklusive Drohung und Einsatz körperlicher Gewalt, inklusive sexueller Ausnutzung von Widerstandsunfähigkeit. Man weiß das seit Jahren. In den Gender Studies würden Sie das nie erfahren. Und die Thematisierung dieses Umstands würde unter politischen Verdacht geraten. Für diese Dinge muss man Forschungen außerhalb der Gender Studies aufsuchen. Das finde ich außerordentlich bedauerlich. "*[104]

Ich meldete daraufhin Professor Hirschauer zurück, wie begeistert ich über sein Aufbrechen der sexistischen Einseitigkeit in den Genderstudien war – allerdings nur um von ihm in seinen ressentimentgeladenen Antworten herablassend belehrt zu werden: Männer litten im historischen Rückblick lediglich unter Wehleidigkeit, auf die sie ebenso

---

Women_Federal_Data_Reveal_Surprising_Prevalence sowie Stemple, Lara: Sexual Victimization by Women Is More Common Than Previously Known. In: Scientific American vom 10.10.2017. Online unter https://www.scientificamerican.com/article/sexual-victimization-by-women-is-more-common-than-previously-known sowie Salcuni, Erica: Rape Happens Almost Just as Often to Men. Online seit dem 30.4.2014 unter http://guardianlv.com/2014/04/rape-happens-almost-just-as-often-to-men sowie Schleim, Stephan: Sexuelle Gewalt: Neue Studien belegen geringe Unterschiede zwischen männlichen und weiblichen Opfern. Online seit dem 13.10.2016 unter https://www.heise.de/tp/features/Sexue lle-Gewalt-Neue-Studien-belegen-geringe-Unterschiede-zwischen-maennlichen-und-weiblichen-Opfern-3347411.html.

103 Vgl. hierzu ausführlich: Hoffmann, Arne: Plädoyer für eine linke Männerpolitik. CreateSpace 2014.

104 Vgl. die Sendung „Das akademische Geschlecht – Wie ideologisch ist die Genderforschung?", in der Reihe SWR2-Forum, ausgestralt am 5. Oktober 2018, online als Podcast unter https://www.swr.de/swr2/programm/sendungen/swr2-forum/swr2-forum-das-akademische-geschlecht/-/id=660214/did=22300912/ nid=660 214/1qi7oou/index.html.

wenig ein Recht besäßen wie Deutsche nach dem Holocaust. Hier verböte sich jegliche weitere Diskussion.[105]

Was das von Hirschauer gezeigte Denken angeht, spricht Dr. John Barry, Mitbegründer des Netzwerks für männliche Psychologie der British Psychological Society, von

> *„einer Art kognitiven Verzerrung, bei der Beispiele männlicher Privilegien vergrößert werden und weibliche Privilegien ignoriert oder wegerklärt werden. Tatsächlich haben jüngste Erkenntnisse ergeben, dass Männer in vielen Ländern weltweit benachteiligt sind, insbesondere in Ländern mit mittlerem bis hohem Entwicklungsstand.“*[106]

Der Fehler, der Hirschauer und anderen Genderforschern hier unterläuft, wird in der Psychologie inzwischen als ,Gamma Bias‘ bezeichnet. Das lässt sich veranschaulichen, indem man das Denken bei diesem Thema in verschiedene Zellen unterteilt, wie es die Psychologen Martin Seager und John Barry tun:

> *„So werden beispielsweise innerhalb der Zelle ,Feier‘ die positiven Leistungen von Frauen routinemäßig als Geschlechterfrage gefeiert. Innerhalb derselben Zelle in der Tabelle werden die positiven Handlungen und Leistungen*

---

105 Mail von Professor Stefan Hirschauer vom 7. Oktober 2018. Allerdings erklärte Hirschauer in unserem Mailwechsel kurz zuvor, er betrachte Männerrechtler als Sonderform von Menschenrechtlern als unproblematisch. Meines Erachtens ging es ihm insofern vor allem darum, im historischen Rückblick die These vom Patriarchat zu schützen – ein zentrales Dogma in der vorherrschenden feministischen Ideologie, die gerne suggeriert, dass erst der Feminismus den Mann zu einem sozial akzeptablen Wesen gemacht habe: eine Mischung aus Größenphantasie und Sexismus. Die Frage, warum sich erwachsene Männer einem derart narzisstischen Entwertungs-Diskurs unterwerfen, lässt sich wohl nur auf psychologischer Ebene beantworten. (Siehe zum Mythos vom „Patriarchat" und seiner politischen Instrumentalisierung auch den Beitrag des Soziologen Ingbert Jüdt in der vorliegenden Anthologie.)

106 Vgl. Barry, John: Is there an alternative to the new APA guidelines for working with men and boys? Online seit dem 10.1. 2019 unter https://malepsychology.org.uk/2019/01/10/is-there-an-alternative-to-the-new-apa-guidelines-for-working-with-men-and-boys. Vgl. zu der Erkenntnis, dass in vielen Ländern nicht Frauen, sondern Männer benachteiligt sind, Stoet, Gijsbert und Geary, David: A simplified approach to measuring national gender inequality, online seit dem 3.1.2019 unter https://journals.plos.org/plosone/article?id=10.1371/journal.pone.0205349. Vgl. zu dem Begriff „Gamma Bias" Seager, Martin und Barry, John: Can we discuss gender issues rationally? Yes, if we can stop gamma bias. Online seit dem 4.12.2018 unter https://malepsychology.org.uk/2018/12/04/why-are-there-so-many-disagreements-about-gender-issues-its-usually-down-to-gamma-bias.

der Männer aber nicht ähnlich gefeiert oder geschlechtsspezifisch behandelt. Als zum Beispiel eine Gruppe von Jungen kürzlich aus gefährlichen Unterwasserhöhlen in Thailand gerettet wurde, wurde sie nicht als Geschlechterthema oder als positives Beispiel für Männlichkeit gemeldet, obwohl alle Retter männlich waren.

In der Zelle ‚Opferrolle' wird beispielsweise häusliche Gewalt gegen Frauen als Geschlechterproblem hervorgehoben, während häusliche Gewalt gegen Männer trotz der großen Zahl männlicher Opfer heruntergespielt oder völlig ignoriert wird. Wenn Männer die Mehrheit der Opfer ausmachen (z.B. Selbstmord, Schlaflosigkeit, Todesfälle am Arbeitsplatz, Sucht), werden die Themen nicht hervorgehoben oder als Geschlechterfragen dargestellt.

Innerhalb der Zelle ‚Privileg' werden männliche Privilegien in unseren Medien und unserer Politik als ‚Patriarchat' vergrößert, während weibliche Privilegien (z.B. in Bezug auf Kinder und Familienleben) als Geschlechterfragen heruntergespielt oder ignoriert werden.

Die Gesamtauswirkung der Gamma-Bias ist daher nach dieser Hypothese, dass die Männlichkeit so gestaltet wird, dass sie deutlich schlechter aussieht, als sie wirklich ist, während gleichzeitig die Weiblichkeit so gestaltet wird, dass sie deutlich besser aussieht, als sie wirklich ist.

Welche Auswirkungen hat die routinemäßige Vergrößerung der schlimmsten Männer und die Minimierung der schlimmsten Frauen? Nun, zunächst einmal müssen wir die ‚Krise der Männlichkeit' als Krise in unserer Einstellung zu Männern und Männlichkeit neu begreifen."[107]

Die von Hirschauer verteidigten Dogmen erläutern noch besser als der große Wissenschaftsskandal, der die Genderstudien im Jahr 2018 ereilte[108], warum dieser Fachbereich von so vielen als skurrile Ideologie statt als sachbezogene Wissenschaft betrachtet wird. Selbst wenn wir

---

107 Vgl. Seager, Martin und Barry, John: Can we discuss gender issues rationally? Yes, if we can stop gamma bias. Online seit dem 4.12.2018 unter https://malepsychology.org.uk/2018/12/04/why-are-there-so-many-disagreements-about-gender-issues-its-usually-down-to-gamma-bias.

108 Mehrere Kritiker hatten Fachjournalen unter anderem aus der Genderszene reihenweise pseudowissenschaftliche Artikel grotesken Inhalts zugeschickt: von einer feministisch umgeschriebenen Passage von Hitlers „Mein Kampf" über den Vorschlag, die „sexistische" Astronomie durch eine genderfeministische Astrologie abzulösen, bis zu den Forderungen, männliche Studenten während des Unterrichts in Ketten zu halten sowie Männer wie Hunde zu dressieren, damit sie nicht zu Vergewaltigern werden. Ein Großteil dieser Artikel wurde von den Mitarbeitern der Gender-Journale gepriesen, empfohlen und veröffentlicht. Wie dieser Streich zeigte, ist es oft nur eine Frage der richtigen Buzzwords, ob man in den Genderstudien akzeptiert wird oder nicht. „Maskulismus" ist, wie ich in der Kommunikation mit Hirschauer erfahren durfte, keines dieser Buzzwords, sondern hat (ähnlich wie Verweise auf Biologie) den gegenteiligen Effekt. Mit diesem

einmal den Irrwitz beiseite lassen, das historische Verhältnis von Männern gegenüber Frauen mit Deutschen gegenüber Juden beim Holocaust zu vergleichen, fällt auf, dass die Leiden unzähliger Männer aus der privilegierten Position eines Universitätsprofessors empathielos als eine Form von Wehleidigkeit denunziert werden. Die Genderstudien tappen hier in ihre eigene Falle: Sie beschäftigen sich ausgiebig mit dem Leiden von Frauen, blenden das der Männer weitgehend aus, und verwechseln dann das so entstandene Zerrbild mit der Wirklichkeit. Wenn Männer jedoch zu hunderttausenden in die Schützengräben etlicher Kriege verfrachtet wurden, haben die dort ertragenen Torturen mit Weinerlichkeit nichts zu tun. Als beim Bau des Panamakanals circa 25.000 Männer ihr Leben verloren und ziemlich genau null Frauen,[109] kamen diese Männer nicht durch Selbstmitleid ums Leben. Oft genug zerschindeten sich Männer im übrigen deshalb bis zum Tod, weil sie mit dem verdienten Geld auch ihre Frauen ernähren wollten – statt sie wie Nazis die Juden massenweise industriemäßig zu vernichten.

In den Genderstudien ballen sich aber lediglich männerfeindliche Ressentiments, die auch im Rest der Gesellschaft existieren und als geradezu selbstverständlich betrachtet werden, solange man sie nicht gezielt hinterfragt. Dies wird in einem Interview erkennbar, das ich 2012 mit der Sozialpädagogin, Eheberaterin und Publizistin Dr. Barbara Kiesling führte. Anlass für dieses Interview war Kieslings Buch „Sie küssen und sie schlagen sich", das über das überholte Modell vom Täter Mann und Opfer Frau hinausgeht. Hier ein Auszug aus diesem Gespräch:

---

einfachen Reiz-Reaktions-Schema und der damit verbundenen ideologischen Inzucht machen es sich die „Genderstudien" schwer, als Wissenschaft ernst genommen zu werden. – Vgl. zu dem geschilderten Streich etwa Stöcker, Christian: Hitler, feministisch gelesen, online seit dem 7.10.2018 unter http://www.spiegel.de/wissenschaft/mensch/sozialer-konstruktivismus-forschungsstreich-in-den-usa-a-1231820.html sowie als ausführlichen Grundlagentext zu dieser Aktion Pluckrose, Helen und andere: Academic Grievance Studies and the Corruption of Scholarship. Online seit dem 2.10.2018 unter https://areomagazine.com/2018/10/02/academic-grievance-studies-and-the-corruption-of-scholarship.

109 Vgl. McCullough, David: The Path Between the Seas: The Creation of the Panama Canal 1870-1914. Simon & Schuster 1977, S. 610.

„*Arne Hoffmann: Warum ist vielen Menschen, die vorgeben, häusliche Gewalt bekämpfen zu wollen, das Feindbild Mann so viel wichtiger als eine Ursachenanalyse anhand wissenschaftlicher Grundlagen?*

Dr. Barbara Kiesling: Die Ressentiments gegen Männer sind wohl ursprünglich aus vielen verschiedenen, zum Teil auch begründeten Aspekten hervorgegangen. Männer haben in den vergangenen Jahrhunderten die Welt regiert, sie haben Kriege geführt und die Frauen unterdrückt. Unabhängig von den dafür ausschlaggebenden psychologischen Hintergründen wird das zunächst einmal niemand bestreiten können.

Arne Hoffmann: Moment ... Verzeihen Sie bitte, wenn ich Sie hier unterbreche, aber dieses Bild vom kriegerischen und unterdrückerischen Mann wird doch inzwischen von so einigen bestritten. Nur ein Beispiel: Vor dem ersten Weltkrieg wurden Männer, die sich weigerten, an die Front zu ziehen und ihr Heimatland zu verteidigen, von höhnischen Feministinnen und Suffragetten öffentlich mit weißen Federn ‚beschenkt‘, die ausdrücken sollten, wie feige und unmännlich diese Männer doch waren, die sich nicht trauten, ihre daheimgebliebenen Lieben gegen den Feind zu verteidigen. Die meisten auf diese Weise beschämten Männer haben sich so von den armen unterdrückten Frauen in den Tod schicken lassen. Kaum hat sich die Weltsicht gedreht und Pazifismus wird schick, sind Männer schon wieder minderwertig, jetzt weil sie angeblich so furchtbar kriegsgeil sind oder waren. Prompt erscheinen Bücher wie von Alice Schwarzer ‚Krieg: Was Männerwahn anrichtet und wie Frauen Widerstand leisten‘. Diese Zuordnung von Gut und Böse nach Geschlechtern wird meines Erachtens nicht besser, wenn man sie lediglich auf die Vergangenheit projiziert. Wie können denn Ressentiments gegen eine Gruppe von Menschen, die nichts anderes gemeinsam haben als das y-Chromosom, aus ‚auch begründeten Aspekten‘ hervorgegangen sein? Haben wir mit dem y-Chromosom endlich einen genetischen Marker gefunden, mit dem sich Menschen Ressentiments ‚zum Teil‘ verdient haben?

Dr. Barbara Kiesling: Zugegeben ... Sie haben Recht. Gleichzeitig ist es mir etwas peinlich, dass das gerade mir passieren muss – gerade weil ich sonst immer betone, dass es BEIDE sind, die an einem Geschehen beteiligt sind ...

Arne Hoffmann: Ich weiß nicht, ob Ihnen das besonders unangenehm sein muss. Wenn ich mich nicht jahrelang mit solchen Themen beschäftigt hätte, würde ich heute noch genauso denken, wie Sie das gerade dargestellt haben. Bestimmte Dinge nimmt man einfach als gegebene Wahrheit hin – man kann schlecht ALLES hinterfragen, was als ,Allgemeinwissen' gilt. Genau das macht es uns Männerrechtlern aber auch erst mal schwer, unsere Position Menschen zu vermitteln, denen dieses Thema neu ist.

Dr. Barbara Kiesling: Ich bin sehr angetan von Ihren Worten. Es stimmt; wenn man sich mit einer Materie nicht intensiv beschäftigt, dann übernimmt man unhinterfragt das ,Allgemeinwissen'. Ich könnte Ihnen momentan niemanden aus meinem Bekanntenkreis nennen, der meine Aussage kritisch hinterfragen würde. Das heißt aber noch nicht, dass diese deshalb ,richtiger' ist.
Während meiner Forschungen bin ich natürlich auch auf Widersprüche hinsichtlich dieses ,Allgemeinwissens' gestoßen. Aber offenbar hat es nicht ausgereicht, hier das alte Männerbild, welches sich bei mir eingraviert hatte, zu revidieren. Allerdings fühlte ich mich ja sofort ,ertappt'. Denn heute weiß ich, dass dies nicht haltbar ist.
Ist das nicht ein besonders gutes Beispiel, wie diese festgefügten Welt- bzw. Männerbilder in den Köpfen sitzen? So auch in meinem Kopf! Ich, die ich davon überzeugt bin, dass in der Partnerschaft immer BEIDE Partner gleichermaßen die Verantwortung für alle Geschehnisse tragen, projiziere ein völlig anderes Bild in die Vergangenheit."[110]

Barbara Kiesling war also dort für Argumente ansprechbar und schaffte es, sich ihrer eigenen Projektionen bewusst zu werden, wo der Genderforscher Hirschauer mir erklärte, erst gar keine Diskussion zulassen zu wollen. Wie lässt sich diese Diskrepanz erklären? Eine denkbare These bietet Lucas Schoppe:

---

110 Das Interview steht in Gänze online unter https://cuncti.net/geschlechterdebatte/ 28-barbara-kiesling-qviele-frauen-haben-kein-bewusstsein-fuer-die-eigene-aggressionq.

„Die Vorstellung einer ‚Patriarchats' ist eine der letzten Möglichkeiten für Männer, sich mächtig zu fühlen. Sie können dann mit großer generöser kritischfeministischer Geste auf Macht verzichten und müssen nicht einmal mehr merken, dass sie diese Macht nie hatten. Wer so redet, kann ignorieren, wie sehr er auch selbst von Frauen abhängt und geprägt wurde. Abhängig und schutzbedürftig sind in seiner Perspektive immer nur die Frauen. Das ist eben die herablassende, größenwahnsinnige Haltung, die er dann projektiv ALLEN Männern unterstellt."[111]

Eine andere denkbare Erklärung für diesen unterschiedlichen Umgang mit Ideologiekritik wäre, dass Kiesling sich in keiner Echokammer wie den „Genderstudien" eingekapselt hat – mit all deren teils bizarren Dogmen, die nur Bestand haben, weil sich einem Gespräch darüber entzogen wird. Eine Annäherung der beiden Lager und ein Gespräch zwischen ihnen statt einer zunehmenden Radikalisierung wird durch diese Verbunkerung erschwert. Stattdessen bestärkt der Mythos vom Mann als Frauenunterdrücker etliche Radikale darin, dass Mitleid nicht angebracht und stattdessen Hass auf das andere Geschlecht und ein Bestreben nach „Rache" gerechtfertigt ist. Auf einem derart vergifteten Boden kann nichts Gutes gedeihen.

Den Geschlechterkampf überwinden

Einer der evolutionären Schritte, die das von Ken Wilber als „Grün" bezeichnete (und damit auch das feministische) Lager noch tun muss, um nicht selbstwidersprüchlich zu werden oder sich in unnötigen Debatten zu verrennen, ist, das Leiden aller Menschen *einschließlich der Männer* anzuerkennen und auch deren Anliegen in eine zukunftsorientierte Politik einzubeziehen. Der Blick allein auf die geschlechtsbezogenen Probleme des weiblichen Geschlechts sollte überwunden werden.

Nun gibt es Feministinnen, die diesen Entwicklungsschritt begonnen haben. Es sind einzelne, und sie gehören weit eher zum Rand als zu den Wortführern ihrer Bewegung. Erwähnenswert ist hier etwa Ja-

---

111 Vgl. Schoppe, Lucas unter https://twitter.com/LucasSchoppe1/status/1055820051 155243008 sowie https://twitter.com/LucasSchoppe1/status/10558200528370810 88.

net Halley, lesbische Feministin und Juraprofessorin an der Harvard Law School, die sich in ihrem Buch *Split Decisions* (Princeton University Press 2006) mit den blinden Flecken der vorherrschenden feministischen Ideologie auseinandersetzt. Sie problematisiert als Kernstück dieser Ideologie die von ihr so bezeichnete Verletzungstriade, ein Dreieck, welches sich zusammensetzt aus „weiblicher Verletztheit" plus „weiblicher Unschuld" plus „männlicher Unverletzbarkeit". Ausgeblendet werden in diesem Dreieck weibliche Unverletztheit, weibliche Schuld sowie männliche Verletzbarkeit. Kern des heute vorherrschenden Feminismus ist, wenn man Halley konsequent folgt, mithin ein Ausblenden von vielem, was in der Realität zwischen beiden Geschlechtern geschieht. Fragwürdig ist das Halley zufolge deshalb, weil weibliche Emanzipation somit auf einem Berg ignorierter männlicher Opfer erwächst, was kaum als wahrhaft befreiend und moralisch akzeptabel betrachtet werden könne.

Die britische Feministin Rosalind Coward, Professorin für Journalistik und ehemalige Direktorin der britischen Sektion von Greenpeace, unterzog in ihrem 1999 erschienenen Buch *Sacred Cows* den Feminismus einer Neubewertung und sprach ebenfalls dessen blinde Flecken an: Manchmal seien es inzwischen die Männer, die benachteiligt werden, nicht die Frauen.[112] Statt sich diesen Tatsachen zu stellen, versuche der Feminismus, die veränderte Landschaft in die alten Denkmodelle zu zwängen und die Klagen der Männer lächerlich zu machen („male tears"), als ob es sich nur um das Gejammer von Menschen handele, die ihre einstige Vormachtstellung bedroht sehen: „Das war typisch für den Unwillen des Feminismus, grundlegende Glaubenssätze loszulassen: das Beharren auf dem Vorrang von Geschlecht, eine Abneigung dagegen, Machtstrukturen neu zu überdenken und sich von den alten Vorannahmen über Unterdrückung zu verabschieden."[113] Dabei sei diese Haltung, wie Coward durch eine Vielzahl von veröffentlichten Texten belegt, nicht auf eine winzige Schar von männerfeindlichen Personen beschränkt, sondern inzwischen Allgemeingut der Mainstreamkultur.[114] Dort werden einerseits Frauen als das überlegene Geschlecht gefeiert, jeglicher Protest von Männern anläss-

---

112 Vgl. Coward, Rosalind: Sacred Cows. Harper Collins 1999, S. 3.
113 Vgl. Coward, Rosalind: Sacred Cows. Harper Collins 1999, S. 10.
114 Vgl. Coward, Rosalind: Sacred Cows. Harper Collins 1999, S. 11.

lich ihrer gegenwärtigen Probleme hingegen als Backlash gegen die Emanzipation verunglimpft, was Coward durch eine Äußerung der britischen Kolumnistin und Bürgerrechtlerin Polly Toynbee belegt: „Wenn Sie Männer vor Schmerz aufschreien hören, dann hören Sie gar nicht erst hin."[115] Genau das ist seit Jahrzehnten der vorherrschende Umgang der Leitmedien mit jenen Bürger- und Menschenrechtlern, die sich als „Männerrechtler" oder „Maskulisten" bezeichnen.

In ihrer Rede vor US-amerikanischen Männerrechtlern, die im vorliegenden Sammelband enthalten ist, fordert die liberale Feministin Wendy McElroy von anderen Feministinnen ähnliches ein, was Ken Wilber als unabdingbar erklärt hatte, wenn das „grüne" Bewusstsein Relevanz als führende Kraft zurückgewinnen wolle: einen „fundamental mitfühlenden Kontakt" zu Menschen mit anderen Auffassungen, der von „echtem Wohlwollen statt tiefsitzender Verachtung" geprägt ist.

Natürlich stellt sich hier die Frage, ob und wie ein solcher Austausch überhaupt sinnvoll möglich sein kann. Schließlich werden Männerrechtler in den feministisch geprägten Leitmedien als rückwärtsgewandte, frauenfeindliche Machos und Einfaltspinsel dargestellt. Schauen wir uns Vertreter und Vertreterinnen dieser Gruppe einmal mit dem Blick darauf näher an, wie eine solche Kommunikation gelingen könnte:

– Der Sozialpädagoge Wolfgang Wenger weist darauf hin, dass ein linker Maskulismus den Feminismus durchaus als Gesprächspartner anerkennen würde, „wenn dieser aufhören würde, Männer als Gegner und Feinde zu sehen und sich selbst aufzuwerten, indem er Männer abwertet".[116]

– Warren Farrell, Wegbereiter und Stammvater der internationalen Männerrechtsbewegung, stellt klar:

> *Ich bin ein Männerrechtler (oder Maskulist), wenn Männerrechte und Männerbefreiung mit gleichen Chancen und gleicher Verantwortung für beide Geschlechter definiert werden. Ich bin ein Frauenrechtler,*

---

115 Vgl. Coward, Rosalind: Sacred Cows. Harper Collins 1999, S. 65.
116 Vgl. mein Interview mit Wolfgang Wenger: „Der linke Maskulismus ist eine Revolution". In: Genderama vom 14.3.2012, online veröffentlicht unter http://genderama.blogspot.de/2012/03/wolfgang-wenger-der-linke-maskulismus.html.

> *wenn Feminismus gleiche Chancen und Verantwortung für beide Ge-*
> *schlechter propagiert. Ich stehe im Widerspruch zu beiden Bewegungen,*
> *wenn eine sagt, unser Geschlecht ist das unterdrückte Geschlecht, des-*
> *wegen haben wir Anspruch auf bestimmte Vorrechte. Das ist nicht die*
> *Befreiung, sondern die Machtergreifung eines Geschlechtes."*[117]

– Die feminismuskritische Bloggerin „Anne Nühm", die durch gegen-
seitiges Verlinken, Zitieren und Kommentieren mit der maskulistischen Bloggerszene eng vernetzt ist, erklärt in ihrem Beitrag „Zeit
für einen Neuen Feminismus":

> *„Ich würde einen neuen Feminismus befürworten und unterstützen, der im*
> *Wesentlichen die folgenden Positionen vertritt:*
>
> *Ein Feminismus, der Frauen als mündige Menschen begreift, die fähig sind,*
> *ihre eigenen Entscheidungen zu treffen, und selbst die Verantwortung für*
> *deren Konsequenzen zu übernehmen.*
>
> *Ein Feminismus, der Frauen nicht als stets unterdrückte, benachteiligte und*
> *diskriminierte Opfer darstellt.*
>
> *Ein Feminismus, der Männer nicht als Gegner, sondern als komplementäre*
> *Partner sieht, deren Bedürfnisse und Belange ebenfalls eine Berechtigung*
> *haben.*
>
> *Ein Feminismus, der konstruktive Konzepte bietet, die das Miteinander von*
> *Männern und Frauen erleichtern, und Verständnis füreinander propagiert.*
>
> *Ein Feminismus, der keine ungerechtfertigten Vorteile für Frauen auf Kos-*
> *ten der Männer fordert.*
>
> *Ein Feminismus, der die Unterschiede zwischen den Geschlechtern nicht als*
> *Ärgernis, sondern als Freude sieht.*
>
> *Ein Feminismus, der jedem individuellen Menschen Respekt entgegenbringt.*
>
> *Ein Feminismus, der sich von anderen Feminismen distanziert, sofern sie*
> *sich nicht mit den o.g. Punkten vereinbaren lassen.*
>
> *Man wird doch mal träumen dürfen."*[118]

– Ein Blogger, der sich selbst als „Masculist Feminist" bezeichnet,
weil er ähnlich wie Warren Farrell die Notwendigkeit für beide Be-

---

117 Vgl. Farrell, Warren: Mythos Männermacht. Zweitausendeins 1995, S. 29.
118 Der Beitrag steht online unter https://auschfrei.wordpress.com/2015/10/11/zeit-
fuer-einen-neuen-feminismus.

wegungen sieht, stellt seine Position in dem Text „Warum sind so viele Menschen gegen den Feminismus?" so dar:

> *„Die Welt braucht eine legitime Frauenrechtsbewegung. Ja, das kommt von einem Männerrechtler. Ich sorge mich um die Menschenrechte meiner weiblichen Verwandten und Freunde genauso wie um die Männer in meinem Leben. Ratet mal? Jeder Mann tut das, und wir haben das immer getan. Männerrechtler haben kein Problem mit einem legitimen und transparenten Einsatz für Frauenrechte. Wir haben ein Problem mit Scheinheiligkeit, Heuchelei und Größenwahn. Männerrechtler wie ich wünschen uns eine Partnerschaft mit einer legitimen Frauenbewegung. Der moderne Feminismus ist keine solche Bewegung. Er könnte mit den richtigen Anführern aber in eine solche Bewegung umgewandelt oder durch etwas Echtes ersetzt werden. (…) Viele der Probleme, die Männer und Frauen betreffen, sind miteinander verbunden."*

Der Blogger führt aus, was Feministinnen tun können, um eine Gemeinsamkeit herzustellen:

> *„Werdet die Theorie vom Patriarchat los. Sie steht euren Zielen im Weg und lässt sich mit der Wirklichkeit nicht in Einklang bringen.*
>
> *Hört auf, Männer als Schurken und Frauen als Opfer zu zeichnen und dadurch zu Hass anzustiften.*
>
> *Bleibt nicht still und tatenlos, wenn andere Feministinnen sich in Männerhass ergehen oder Diskriminierungen von Männern unter dem Vorwand der Gleichberechtigung befürworten.*
>
> *Umarmt Fakten und nicht das Dogma. Seid bereit, nicht nur die Gesellschaft, sondern auch eure Kernüberzeugungen bezüglich eurer eigenen Bewegung in Frage zu stellen. Sind sie immer noch oder waren sie jemals wahr?*
>
> *Trennt Feminismus von eurer Identität. Erlaubt eurer Individualität aufzublühen, statt sich dem Gruppendenken zu unterwerfen.*
>
> *Sucht eine kooperative Partnerschaft mit der Männerrechtsbewegung."*[119]

– Die männerfreundliche Equity-Feministin Cathy Young legt in ihrem Artikel „How to Build a Gender Equality Movement" dar, welche Kategorien eine Bewegung erfüllen sollte, die beiden Geschlechtern gerecht wird:

---

[119] Der ausführliche und in Gänze lesenswerte Text steht online unter https://hubpages.com/politics/Why-So-Many-People-Are-Against-Feminism.

> *„Es ist kein Wunder, wenn die meisten Amerikaner und Briten erklären, dass sie gleiche Rechte unterstützen, sich aber nicht als Feministen bezeichnen oder dass einige der besten und klügsten jungen Frauen diese Bezeichnung scheuen. Die College-Studentin Toni Airaksinen, die aus einer armen Familie stammt, hat das Gefühl, sie ,sollte eine Feministin sein', sieht den modernen Feminismus aber als einen ,Kult des Opfer-Seins', der ,die Traumatisierung von Frauen begünstigt und ihnen beibringt, dass sie zum Opfer werden, nur weil sie weiblich sind', während er das Eindreschen auf Männer begünstigt und eine Intoleranz gegenüber abweichenden Meinungen. Diese Intoleranz ist denjenigen von uns, die für einen gesünderen, inklusiveren Feminismus plädieren, auf traurige Weise bekannt."*

Auf die Frage, wie eine Bewegung für wahre Gleichberechtigung, Freiheit und Fairness für beide Geschlechter aussehen könne, nennt Young einige Wegweiser, die ich wegen der Länge ihres Artikels nicht sinnvoll übersetzen, sondern nur schlaglichtartig zusammenfassen kann:

— Stellt ein großes Zelt auf, in dem von Feministinnen bis zu Männerrechtlern alle zusammen kommen können, die Menschenrechte und Gleichbehandlung unabhängig vom Geschlecht als Werte teilen. Filtert darüber hinaus nicht ideologisch aus. Intellektuelle Diversität ist eine Stärke.

— Beziet eine Stellung gegen die Gedankenpolizei, die die Debatte von „ketzerischen", also abweichenden Argumenten sauber halten möchte.

— Lasst euch nicht auf eine Unterdrückungsolympiade ein, welches der beiden Geschlechter schlimmer dran ist. Notwendig ist ein Feminismus, der Menschen als Individuen beurteilt und nicht anhand ihrer Zugehörigkeit zu bestimmten Gruppen entscheidet, wer jeweils „privilegiert" ist.

— Weist kulturelle Entschuldigungen für Frauenfeindlichkeit zurück. Übergeht keine Opfer echter Unterdrückung, weil ihr nicht „islamophob" erscheinen möchtet.

— Hört auf, die Schlachten vergangener Zeiten zu schlagen. Dem „Patriarchat" die Schuld an den Entscheidungen von Frauen in einer freien Gesellschaft zu geben, beleidigt Frauen.

—   Kümmert euch ebenso sehr um Männer und Jungen. Wenn es dem Feminismus um die Gleichheit der Geschlechter geht, sollte er auch die Probleme des männlichen Geschlechtes ernst nehmen, statt sie herunterzuspielen und zu belächeln.

—   Haltet euch an die Fakten statt mit Slogans zu arbeiten wie beispielsweise „Frauen erhalten 23 Prozent weniger Lohn für dieselbe Arbeit".

—   Erschießt nicht den Boten, der gute Nachrichten bringt. (Young nennt hier einige Beispiele, in denen Menschen, die über fehlende Frauenfeindlichkeit berichteten, von Feministinnen verhöhnt oder als Verräter bezeichnet wurden.)

Young schließt mit der Prognose, der Feminismus könne noch immer viel für unsere Gesellschaft bedeuten, solange er nur aufhören würde, sein eigener schlimmster Feind zu sein.[120]

Integraler Antisexismus

Bei den bis hierhin zitierten Personen kann man große Überschneidungen feststellen, was ihre Kritik am Feminismus angeht. Dabei wurden und werden sie immer wieder als „antifeministisch", wenn nicht „frauenfeindlich" gegeißelt, einzig und allein weil sie der feministischen Bewegung ein dringend notwendiges Modernisierungsprogramm vorschlagen. Ein Teil dieses Modernisierungsprogramms kann auch der sogenannte „Integrale Antisexismus" darstellen, der zu den zentralen Bausteinen des maskulistischen Denkens, also dem Denken der Männerrechtsbewegung, gehört. In meinem Buch „Plädoyer für eine linke Männerpolitik" definiere ich Integralen Antisexismus so:

> *„Die Bekämpfung von Sexismus gegen beide Geschlechter statt, wie es bislang häufig geschieht, gegen Frauenfeindlichkeit allein. Da der bisherige An-*

---

120   Der Artikel steht online unter https://arcdigital.media/how-to-build-a-gender-equality-movement-25d26dee4500.

satz selbst sexistisch ist, verspricht er bei der Bekämpfung von Sexismus nur begrenzten Erfolg. "[121]

Ich muss es noch einmal mit anderen Worten wiederholen, um das Risiko eines Missverständnisses zumindest ein wenig zu senken: Es geht nicht darum, dass „jetzt statt den Frauen die Männer Opfer sind", wie es häufig verzerrend dargestellt wird, sondern es geht darum, Benachteiligungen beider Geschlechter zu sehen. Da viele Menschen aber nicht einmal wissen, wie vielfältig auch Männer diskriminiert werden, war es in den vergangenen Jahrzehnten erst einmal nötig, das in eigenen Büchern, Blogs und Artikeln zu erklären, um dem Integralen Antisexismus die männliche Perspektive beizufügen.

Ziel des Integralen Antisexismus ist es, so fundiert wie möglich festzustellen, von welchen Diskriminierungen, sozialen Problemlagen und Menschenrechtsverletzungen beide Geschlechter (einschließlich Trans- und Intersexuelle) betroffen sind, und diese Probleme anzugehen, ohne dabei ein anderes Geschlecht pauschal abzuurteilen („Männer unterdrücken Frauen", „Frauen beuten Männer aus" und so weiter.)

Meine bisherigen Veröffentlichungen haben vielfach gezeigt: Wo immer auf der Welt ein Geschlecht von Diskriminierung betroffen ist, gibt es auch Diskriminierungen des anderen Geschlechts. Vereinfacht gesagt: Die Frau wird in die Küche gezwungen, der Mann an die Front. Solche bisexistischen Rollenverteilungen, wie Warren Farrell dies nennt, scheinen kulturübergreifend zu existieren. Insofern ist das Konzept des Integralen Antisexismus eine realistische und differenzierte Alternative zur einseitigen These vom Frauen unterdrückenden Patriarchat.

„Integraler Antisexismus" versucht, geschlechtsbezogene Diskriminierungen schnellstmöglich und auf sozialverträgliche Weise zu beseitigen, ohne dabei in die Verteufelung eines der Geschlechter zu verfallen – oder in die Vorstellung, dass eines der beiden Geschlechter stets Akteur und das andere immer Objekt ist. Geht es z.B. um solche vormodernen Familienkonstellationen, welche Feministinnen gerne als „patriarchalisch" im Sinne von Väter-/Männerherrschaft bezeich-

---

[121] Vgl. Hoffmann, Arne: Plädoyer für eine linke Männerpolitik. CreateSpace 2014, S. 12. Wie ich in meinem Buch klarstelle, gehört dort, wo Intersexuelle oder Transgender von Diskriminierung betroffen sind, die Bekämpfung dieser Diskriminierungen natürlich ebenfalls zum Programm des Integralen Antisexismus.

nen, so versucht eine integral-antisexistische Perspektive stattdessen herauszufinden, welche spezifischen Nachteile durch die jeweiligen starren traditionellen Geschlechterrollen beide Geschlechter in dieser Kultur haben, was beide Geschlechter zur Aufrechterhaltung eines solchen archaischen Repressionsgefüges jeweils beitragen und wie man beide Geschlechter dazu motivieren kann, sich von autoritären Werten, Normen und Praxen zu emanzipieren.

Die integral-antisexistische Perspektive ist also stärker systemisch geprägt, differenzierter und ganzheitlicher. Sie verzichtet auf einseitige Schuldzuweisungen an ein bestimmtes Geschlecht und strebt die Befreiung aller Menschen aus geschlechtsbezogenen repressiven Zwängen an. Entsprechend sind weder Frauen, noch Männer als „soziale Klassen" die Gegner. Gegner im personalen Sinne sind eher jene Männer UND Frauen, die allen anderen ein bestimmtes „Rollengefängnis" aufzwingen wollen.

Einige Beispiele, wie Integraler Antisexismus aussehen kann:

- Genitalverstümmelung von Frauen findet in globaler Perspektive überall dort statt, wo auch Genitalverstümmelung von Männern stattfindet, weshalb in diesem Bereich aktive Menschenrechtler (etwa Terre des Femmes) längst erkannt haben, dass man beide Probleme nur gemeinsam lösen kann.

- Die Kritik an traditionellen Geschlechterrollen sollte Nachteile beider Geschlechter umfassen, jeder Mensch sollte von klein auf als Individuum respektiert und behandelt werden und jedes Individuum sollte so traditionell oder nicht-traditionell leben können, wie es will.

- Häusliche und sexuelle Gewalt sind häufig Teil eines wechselseitig eskalierenden Systems[122]. Opfer beiderlei Geschlechts benötigen Hilfe. Bei der Forschung zu diesen Themen müssen immer beide Geschlechter anhand derselben Kriterien nach Opfer- und Tätererfahrungen befragt werden.

---

122 Siehe meinen Beitrag dazu in der vorliegenden Anthologie.

- Die Kritik daran, dass unsere Gesellschaft Frauen unter Schönheitsdruck setzt, ist berechtigt, sollte aber nicht unabhängig davon kritisiert werden, wie Männer unter Statusdruck gesetzt werden.

- Die Forderung, die Arbeits- und Lebenssituation von Sexarbeiterinnen zu verbessern, ist berechtigt, aber dabei dürfen die Probleme männlicher und transsexueller Sexarbeiter nicht ausgeklammert werden.

- Die Kritik an der Ausbeutung von Frauen durch die Pornographie-Industrie ist berechtigt (siehe z.B. den Film „Hot Girls Wanted" als Dokumentation zu diesem Thema), aber es gibt auch Ausbeutung von Männern in der Pornographie-Industrie.[123]

- Die Forderung nach besserer Vereinbarkeit von Beruf und Familie ist berechtigt, betrifft aber beide Geschlechter.

- Kritische Thematisierung von sogenannten „Ehrenmorden" ist berechtigt, sollte aber auch männliche Opfer einbeziehen.[124]

- Kritik an Vergewaltigungsmythen ist berechtigt, von Vergewaltigungsmythen sind aber auch männliche Opfer sexueller Gewalt sowie weibliche und männliche Opfer sexueller Gewalt durch Frauen als Täterinnen betroffen.

Man könnte Dutzende weiterer Beispiele aufführen. Sehr oft dürfte man bei der Problemanalyse zu der Einschätzung gelangen, dass nicht ein Geschlecht Opfer des irgendwie bösartigen oder zurückgebliebenen anderen Geschlechtes ist, sondern dass Grundstrukturen der menschlichen Psychologie sowie Ausprägungen der jeweiligen Gesellschaftsform für diese Probleme verantwortlich sind.

Der Feminismus sei als Emanzipationsbewegung der Frau angetreten und daran gescheitert, „dass er sich nicht von seinem Feindbild (dem Mann als Unterdrücker) zu lösen vermochte", postuliert Gunnar

---

123 Vgl. hierzu etwa http://www.sfweekly.com/exhibitionist/2012/02/01/consider-this-the-porn-industry-exploits-men-too.
124 Vgl. hierzu etwa http://www.spiegel.de/panorama/justiz/bka-studie-ein-drittel-aller-ehrenmord-opfer-sind-maennlich-a-778249.html.

Decker im *Neuen Deutschland*.[125] Aber die Gegenwart ist ja nicht das Ende der Geschichte, und das Scheitern des Feminismus ist insofern etwas, das sich verhindern beziehungsweise überwinden lässt, sobald das feministische Lager die reflexartige Abwehr maskulistischer Ansätze aufgibt. Bei näherer Betrachtung lassen diese sich nicht so leicht von der Hand weisen. Beispielsweise postuliert der maskulistische Blogger Lucas Schoppe zur #MeToo-Debatte über sexuelle Belästigung, die sich an den Übergriffen des Hollywood-Produzenten Harvey Weinstein entzündete:

> *„Wer (…) Männer pauschal in die Verantwortung für Weinstein nimmt, betreibt Täterschutz und verschleiert das Problem. Täterschaft von Frauen nämlich wird damit geleugnet oder heruntergespielt, männliche Erfahrungen von Grenzverletzungen werden ignoriert – und männliche Täter können ihre eigene Verantwortung in einer diffusen Schuldzuweisung an eine generalisierte Männlichkeit auflösen. Anstatt Solidarität von Frauen und Männern gegen ein gewaltsames Verhalten zu pflegen und zu erweitern, wird eben gerade diese wichtige Solidarität gezielt untergraben. ‚Der moderne Feminismus braucht sein Feindbild dringender als Verbündete,‘ schreibt [der maskulistische Blogger] Christian Schmidt.“*[126]

Wäre eine gemeinsame Front von Frauen und Männern gegen sexuell übergriffige Menschen beiderlei Geschlechts nicht tatsächlich sinnvoller als eine pauschalisierende Generalanklage an die Männerwelt?[127]

Ein anderes Beispiel ist die leidige Debatte um den angeblichen Gender-Pay-Gap, die, wie die Dozentin und Publizistin Joanna Williams in ihrem Buch „Women vs. Feminism" ausführt, bei Feministinnen inzwischen „den Rang eines Glaubensbekenntnisses" angenom-

---

125 Vgl. Decker, Gunnar: Militanz macht Spaß. in: Neues Deutschland vom 28.5.2017. Online unter https://www.neues-deutschland.de/artikel/1068339.feminista-baby-militanz-macht-spass.html.

126 Vgl. Schoppe, Lucas: Die Sexismus-Debatte verhindert Gewalt nicht (sondern fördert sie). Online seit dem 28.10.2017 unter https://man-tau.com/2017/10/28/sexismus-debatte-gewalt/.

127 Vgl. zu der überraschenden Häufigkeit sexueller Belästigung durch Frauen beispielsweise Vgl. Zaslawski, Valerie: Auch Frauen sind Täter. In: Neue Zürcher Zeitung vom 4.12.2013, online veröffentlicht unter http://www.nzz.ch/aktuell/schweiz/jeder-zweite-wird-belaestigt-1.18197847.
Vgl. Freitag, Lin: Männer häufiger von Übergriffen im Job betroffen als Frauen. In: Wirtschaftswoche vom 3.3.2015, online unter http://www.wiwo.de/erfolg/beruf/sexuelle-belaestigung-maenner-haeufiger-von-uebergriffen-im-job-betroffen-als-frauen/11450472.html.

men habe: „Seine Existenz in Zweifel zu ziehen kommt inzwischen der Gotteslästerung gleich."[128] Auch im Bundestagswahlkampf der SPD 2017 spielte er mit dem Slogan „Wer als Frau 100 % leistet, darf nicht 21 % weniger verdienen" eine Rolle, was viel Kritik auf sich zog.[129] Joanna Williams fasst die inzwischen fast unüberschaubare Fülle an Material, die eine Gehaltslücke zwischen den Geschlechtern in dieser Höhe überzeugend anzweifelt, treffend zusammen:

> *„Wenn man die Gehälter von Frauen und Männern, die in denselben Berufen dieselbe Anzahl von Stunden auf derselben Ebene und über dieselbe Zahl an Jahren vergleicht, gibt es überhaupt keinen Gender Pay Gap. Wenn wir die Bezahlung von Männern und Frauen in ihren Zwanzigern vergleichen, wie auch immer wir die Statistiken dabei anlegen, erweisen sich die Frauen als die Besserverdiener."*[130]

Diese Erkenntnis allein hat natürlich noch nichts mit Integralem Antisexismus zu tun. Dorthin führt uns erst eine weitere Beobachtung Joanna Williams und anderer Menschen, die sich mit diesem Thema beschäftigt haben: Es gibt viele Faktoren, die eine größere Auswirkung auf Gehaltsunterschiede haben als das Geschlecht. Dazu gehört zum Beispiel die ökonomische Klasse, aus der die Betreffenden stammen. Wer Kind armer Eltern war, wird später mit hoher Wahrscheinlichkeit selbst wenig verdienen, und wer in der Oberschicht aufgewachsen ist, wird zu den Großverdienern gehören.[131] Wer wie die SPD diesen Mechanismus, dessen Überwindung tatsächlich sinnvoll wäre, mit einer längst nicht mehr haltbaren These von einer riesigen Gehaltskluft zwischen Frauen und Männern überdeckt, unterbindet in Wahrheit soziale Gerechtigkeit:

---

128 Vgl. Williams, Joanna: Women vs. Feminism. Why We All Need Liberating from the Gender Wars. Emerald 2017, S. 49.
129 Vgl. etwa den Beitrag „SPD-Wahlplakat übertreibt Lohnlücke für Frauen" vom Bayerischen Rundfunk, online unter http://www.br.de/nachrichten/faktencheck/spd-wahlplakat-uebertreibt-lohnluecke-fuer-frauen-100.html.
130 Vgl. Williams, Joanna: Women vs. Feminism. Why We All Need Liberating from the Gender Wars. Emerald 2017, S. 58.
131 Vgl. hierzu Michaels, Walter Benn: The Trouble with Diversity. How We Learned to Love Identity and Ignore Inequality. Metropolitan 2007.

> *„Alle Frauen in einer einzigen Gruppe zusammenzufassen verwischt diese Unterschiede und beutet infolgedessen die ärmsten Frauen aus, um Gehaltserhöhungen für die bereits gut bezahlten Frauen durchzusetzen."*[132]

Auch hier wäre einkommensschwachen Frauen mehr geholfen, wenn sie sich mit Männern verbünden würden, statt sich in die Lager von Unterdrückern und Ausgebeuteten aufspalten zu lassen.

Ein letztes Beispiel: Im Jahr 2016 zeigte sich die feministische Geschlechterforscherin Lara Stemple überrascht über ihre Erkenntnis, dass beide Geschlechter in etwa gleichem Ausmaß Opfer sexueller Gewalt werden.[133] Solchermaßen überrascht sind feministische Forscherinnen, die zu dieser Erkenntnis gelangen, seit Jahren immer wieder. Wenn man allerdings weiß, wie sehr die Opfererfahrungen beider Geschlechter bei sexueller und anderweitiger häuslicher Gewalt einander bedingen[134], ist das eine Information von immenser Bedeutung. Ich selbst hatte über Studien, die zu diesem Ergebnis kamen, bereits im Jahr 2001 in meinem Buch „Sind Frauen bessere Menschen?" berichtet.[135] Während die Underground-Filmemacherin Maria Nicoli befand, dieses Buch sollte als „Argumentationsgrundlage in universitären Geschlechterstudienkursen eingesetzt" werden[136], blieb das eine Einzelstimme, und die Wortführer des feministischen Lagers machten sich lieber einen Spaß daraus, mich als rechten Zausel hinzustellen und gegen Männerrechtler insgesamt zu polemisieren. Sie nehmen offenkundig nicht einmal im Ansatz wahr, wie sehr sie den Gewaltopfern auch des eigenen Geschlechts damit einen Bärendienst leisten.

Lara Stemple selbst nennt ein weiteres Argument: „Die Vergewaltigung von Männern zu ignorieren vernachlässigt aber nicht nur Männer, es schadet auch Frauen", schreibt sie, „indem es eine Perspektive

---

132 Vgl. Williams, Joanna: Women vs. Feminism. Why We All Need Liberating from the Gender Wars. Emerald 2017, S. 57.

133 Vgl. Friedersdorf, Conor: The Understudied Female Sexual Predator. Online seit dem 28.11.2016 unter https://www.theatlantic.com/science/archive/2016/11/the-understudied-female-sexual-predator/503492.

134 Hierzu gibt es im vorliegenden Buch ein eigenes Kapitel.

135 Vgl. Hoffmann, Arne: Sind Frauen bessere Menschen? Schwarzkopf und Schwarzkopf 2001, S. 327-333.

136 Vgl. Nicoli, Maria: Sind Frauen bessere Menschen? Rezension für das Kulturmagazin „Ikonen", online ohne Datum unter http://www.ikonenmagazin.de/rezension/Frauen.htm.

verstärkt, die ‚weiblich' mit ‚Opfer' gleichsetzt und dadurch unsere Fähigkeit behindert, Frauen als stark und machtvoll wahrzunehmen. Auf dieselbe Weise bestärkt das Schweigen über männliche Opfer ungesunde Erwartungen über Männer und ihre vermutete Unverwundbarkeit."[137]

Soviel zu all dem, was der Maskulismus dem Feminismus beziehungsweise der Geschlechterdebatte insgesamt anzubieten hätte. Dabei steht das Konzept des Integralen Antisexismus sicherlich noch in den Kleinkinderschuhen. Ich halte es auch für *außerordentlich vermessen* und letztlich eine Spiegelung der feministischen Fehler, wenn wir Männerrechtler alleine ein Konzept entwickeln und prägen sollten, das *beiden* Geschlechtern zugute kommen soll. Einer der Gründe für dieses Buchprojekt war, immer mehr Feministinnen für eine konstruktive Zusammenarbeit gewinnen zu können.

Aber wie gut stehen die Aussichten, dass es tatsächlich zu einer solchen konstruktiven Kommunikation zwischen den beiden Lagern kommt?

Die Probleme, vor denen wir stehen

Der Umgang mit Monika Ebeling könnte die Chancen und Hindernisse der gegenwärtigen Situation veranschaulichen. Ebeling hatte ihr Amt als Gleichstellungsbeauftragte der Stadt Goslar – und später ihren Beruf als Kindergärtnerin dort – verloren, weil sie sich in ihrer Arbeit auch um Jungen und Männer zu kümmern begann. Dieses Engagement war den etablierten Instanzen alles andere als Recht gewesen. Beispielsweise hatten die Goslarer Grünen einen offenen Brief auf ihre Website gestellt, in dem sie beklagten, Ebeling wolle „Benachteiligungen von Männern aufzeigen und beseitigen – das ist nicht unser politischer Wille". Aber auch in den Jahren nach ihrer Entlassung versuchte und versucht Ebeling, Bewusstsein für die Notwendigkeit einer Politik für beide Geschlechter zu schaffen.

---

137 Vgl. Storr, Will: The rape of men. In: The Guardian vom 17.7.2011, online veröffentlicht unter http://www.guardian.co.uk/society/2011/jul/17/the-rape-of-men.

Als angekündigt wurde, dass Ebeling im Zuge dieser Aufklärungsarbeit auch an der Georg-Simon-Ohm-Hochschule in Nürnberg einen Vortrag zum Thema „Können Jungen und Männer in unserer Gesellschaft benachteiligt werden?" halten sollte, gab sich der dortige AStA in einem auch online gestellten offenen Brief „schockiert". Zwar, beteuerten dessen Verfasser, sei man „für viele kritische Debatten offen", insbesondere wenn es um Themen wie Ungleichheit und Benachteiligung gehe. Allerdings sei es ein Unding, dass Ebeling „ein Podium für ihre frauenfeindlichen und antifeministischen Positionen gegeben" werden solle. Es folgten mehrere Absätze teils kurioser Vorwürfe; auch die Schlagworte „Rassismus" und „Sexismus" fehlten nicht, wobei insbesondere der Vorwurf des „Rassismus" gar nicht erst weiter begründet wurde. Allgemein, so der Nürnberger AStA, revidierten Ebelings Ansichten „Jahrzehnte von Frauenbewegung". Da ein Beschluss des Studierendenparlaments wünsche, dass Hochschulen ein Vorbild für ein tolerantes Miteinander sein sollten, fordere man das Dekanat der Fakultät Sozialwissenschaften dazu auf, Ebelings Vortrag abzusagen.

Der für Ebelings Vortrag zuständige Dozent, Professor Dr. Wolfgang Tischner, Mitherausgeber eines Handbuchs zur Jungenpädagogik, ging mit den Protesten des AStA indes sehr souverän um. Er forderte zunächst einmal ein faires Miteinander und einen höflichen Umgang am Veranstaltungstag. Monika Ebeling ihrerseits gestattete den Mitgliedern des AStA, sich nach ihrem Vortrag ebenfalls zu dessen Thema zu äußern. Dem AStA gingen hierfür die Thesen Ebelings zur Vorbereitung zu. Am Tag der Veranstaltung war der Saal sehr gut gefüllt: Es befanden sich neben dem Dekan und seiner Frau etwa 50 Studenten im Publikum, außerdem um die 15 Männerrechtler und andere betroffene Männer, mehrere in Frauennetzwerken arbeitende Frauen sowie die Frauenbeauftragte des Fachbereichs Sozialwesen. In den ersten 30 Minuten Redezeit präsentierte Monika Ebeling ihren Vortrag, in einer weiteren halben Stunde legten drei Studenten (zwei Frauen, ein Mann) ihre eigene Position mithilfe einer Powerpoint-Präsentation dar. Anschließend fand eine ungewöhnlich lange und lebhafte Diskussion über das strittige Thema statt. Während Ebeling der Vorwurf angeblicher „Unwissenschaftlichkeit" gemacht und ihre Verwendung des Begriffes „Geschlechterapartheid" bemängelt wurde, äußerten sich zwei Soziologinnen, die die Argumentation Ebelings stützten. Im Verlauf der Debatte war es den Angehörigen aller Lager möglich, ihre Ansichten zu äußern, und auch die Anliegen der betroffenen Männer fanden Gehör. In einem abschließenden Fazit erklärte Professor Tischner, dass in den zehn Jahren, in denen er bereits Gastvorträge organisiere, dieser der bei weitem intensivste gewesen sei. Er zeigte sich erstaunt darüber, wie nah sich die Positionen der beiden Lager zuletzt gekommen waren, da schließlich auch der AStA und das Publikum mit mehreren Thesen Ebelings konform gehen konnten. In seinem Schlusswort formulierte der AStA den durch diese Veranstaltung erzeugten Wunsch, zukünftig eine Sicht auf beide Geschlechter zu formulieren. An die Stelle der bisherigen Polarisierung war an diesem Abend erstmals ein echter Dialog zwischen den Vertretern beider Geschlechter getreten – etwas, das nach all dem Theaterdonner zuvor unmöglich erschienen war.[138]

Ein anderes Beispiel für eine Öffnung der Geschlechterdebatte liefert die US-Filmemacherin Cassie Jaye, die einige Bekanntheit durch Dokumentationen aus einer feministischen Perspektive erlangt hatte („The Right to Love" über die Homo-Ehe und „Daddy I Do" über den Kult um Jungfräulichkeit), bevor sie bei ihrer Recherche auf extrem negative Darstellungen der Männerrechtsbewegung stieß, die von einigen als „Hassbewegung" gebrandmarkt worden war. Jaye beschloss, ihre neueste Dokumentation diesen Männerrechtlern zu widmen und dabei auch Feministinnen aus Jayes eigenem Lager zu Wort kommen zu lassen.

Im Verlauf dieser sehr gründlichen Recherche erkannte Jaye, dass die Männerrechtler und ihre tatsächlichen Ansichten mit deren öffentlicher Dämonisierung nicht in Übereinstimmung zu bringen waren. Sie überprüfte zahlreiche Behauptungen der Männerrechtler und stellte fest, dass diese zutreffend waren, auch wenn sie in den Leitmedien selten bis gar nicht vorkamen. Darüber hinaus zeigte sich, dass die interviewten Männerrechtler keine Fanatiker waren, sondern lediglich dafür plädierten, dass die Geschlechterdebatte beiden Seiten gerecht

---

138 Vgl. ausführlicher Hoffmann, Arne: Fachhochschule Nürnberg: Redefreiheit für Monika Ebeling durchgesetzt. Online veröffentlicht am 3.5.2012 unter http://cunc ti.net/machbar/158-fachhochschule-nuernberg-redefreiheit-fuer-monika-ebeling-durchgesetzt. Monika Ebelings Vortrag steht online unter https://geschlechterde-mokratie.files.wordpress.com/2012/05/vortrag-ebeling-ohm.pdf. Siehe hierzu auch mein Interview mit Monika Ebeling in der vorliegenden Anthologie.

werden solle. Die interviewten Feministinnen hingegen waren an den Anliegen der Männer komplett desinteressiert. Die Positionen der Männerrechtler taten die interviewten Feministinnen erst recht in Bausch und Bogen ab und vertraten die Auffassung, dass man diese Menschen auf keinen Fall zu Wort kommen lassen sollte. *„Cry me a river!"* (in etwa: *„Heult doch!"*) höhnte eine Redakteurin des Ms.-Magazins und Direktorin der Feminist Majority Foundation als Reaktion auf die Anliegen männlicher Opfer und der Aktivisten, die sich für sie einsetzten.

Die Fertigstellung von „The Red Pill", so der Titel des Films, drohte zunächst zu scheitern, als die feministische Fraktion erkannte, dass Jaye sich dazu durchgerungen hatte, statt der erhofften Propaganda gegen die Männerrechtsbewegung eine faire Darstellung beider Lager zu erzielen, worauf sie dem Film finanzielle Unterstützung versagten. Jaye war allerdings nicht bereit, ihre journalistische Integrität aufgrund finanziellen Drucks zu opfern. Sie startete eine Online-Spendenkampagne, bis eine hochwertige Produktion des Films gesichert war.

Zu den zahlreichen männerpolitischen Anliegen, die der Film behandelt, gehören die hohen Raten an Selbsttötung unter Jungen und Männern, die fehlende Unterstützung für männliche Opfer von häuslicher Gewalt, die hohe Rate an Männern, die durch ihren Beruf zu Tode kommen, der Zwangseinzug zum Militär, Falschbeschuldigungen sexueller Gewalt, Benachteiligungen beim Erhalten des Sorgerechts, die Vernachlässigung von Männergesundheit durch verantwortliche Stellen, höhere Strafen für Männer vor Gericht bei gleichem Vergehen, gesellschaftlich akzeptierte Männerfeindlichkeit, Genitalverstümmelungen bei Jungen und vieles andere mehr. *„Es gibt da draußen einen Ozean des Leidens"* erklärte einer der von Jaye befragten Aktivisten.

Als Cassie Jayes Dokumentation schließlich in den ersten Kinos vorgeführt wurde, bestand die Reaktion vieler Kritiker darin, ihn entweder totzuschweigen oder zu verreißen. Die New Yorker „Village Voice" weigerte sich, auch nur eine kleine Anzeige für den Film zu drucken. Jaye wurde vorhergesagt, dass sie mit diesem Film „Karriereselbstmord" begangen hätte.

Dem unbenommen erntete die Dokumentation aber auch mehrere sehr positive Rezensionen. In einem Beitrag der Huffington Post etwa heißt es: „Wir werden hier Zeuge von massiven Fehlinformations-

Kampagnen, die über traditionelle Medien und die Plattformen der sozialen Medien geführt werden. ‚The Red Pill' ist eine bahnbrechende Dokumentation, die unser eigenes Maß an Mitgefühl für Männer und Jungen ergründet und sachkundig die allgemein akzeptierte Erzählweise von der Geschlechterkluft in Frage stellt, an der einige von uns so verzweifelt festhalten möchten."

Im populärwissenschaftlichen Magazin „Psychology Today" berichtet Marty Nemko über eine Vorführung dieses Films:

> „Sie fragen sich vielleicht: Warum berichten Männer nicht öfter über all diese Dinge? Meine Antwort: Das versuchen wir. Als Warren Farrell etwa noch zu den Direktoren der National Organization for Women in New York City gehörte, wurden seine Kommentare und Artikel unter anderem von der New York Times veröffentlicht. Aber sobald er Beiträge zu schreiben begann, die die Perspektive von Männern zeigen, geschieht das kaum noch. Meine eigenen Versuche wurden ebenso zurückgewiesen. All die angesehenen Menschen, die ich kenne und die versuchen, Fairness für Männer zu erreichen, berichten von allgegenwärtiger Zensur und einer geschlechtsbezogenen Doppelmoral. (…) Das Publikum erhob sich von den Sitzen, um dem Film einen langen Beifall zu spenden und viele blieben in der Lobby des Kinos, um sich, oft unter Tränen, mit ihren eigenen Problemen zu öffnen. Wieder und wieder habe ich Männer ihre Dankbarkeit dafür ausdrücken hören, dass jemand dem Schmerz, dem sie fühlten, endlich eine Stimme verlieh."

Ein Autor der Website „Acculturated", die sich mit Popkultur beschäftigt, urteilte:

> „Intellektuelle Bescheidenheit – das Eingeständnis, dass die Wahrheit wichtiger ist als die eigene Version davon – erfordert nicht nur die Bereitschaft, sich Argumente der Gegenseite anzuhören, sondern auch, den eigenen Standpunkt zu ändern, wenn man erkennt, sich zu irren. Es gibt nur einen knappen Vorrat dieser Eigenschaft, und sie wird in unserem Zeitalter der Arroganz leider unterbewertet. Die Filmemacherin und frühere Feministin Cassie Jaye besitzt diese Eigenschaft nicht nur, sondern wagte es sogar, den tiefgreifenden Wandel ihrer Sicht der Welt zu dokumentieren."

Jayes Dokumentation wurde auf dem Internationalen Idyllwild-Filmfestival zum besten Film gewählt sowie für seine exzellente Produktion und Regie mit zwei Mary Austin Awards gekrönt. Bei dem DigiFest 2017 wurde er in der Kategorie „Women in Film" preisgekrönt.

Dem unbenommen gab es weltweit immer wieder Versuche von feministischen Aktivisten, die Kinovorführung des Films zu unterbinden. Im australischen Melbourne etwa überzeugte eine Online-Petition das dortige Palace Kino, eine Vorführung abzusagen. Als der Film einen anderen Ort fand, wo er gezeigt werden konnte, ging eine neue Petition mit der Forderung online, einer so offenkundigen Frauenhasserin wie Cassie Jaye die Einreise nach Australien zu verweigern. Im kanadischen Calgary zeigte ein Kino den Film zwar, rief aber gleichzeitig zu einer Protestveranstaltung dagegen vor seinem Eingang auf. In Deutschland machten die „Netzfrauen" Stimmung gegen den Film.

Aus vielen dieser Proteste gegen den Film geht hervor, dass die feministischen Kritiker ihn nie gesehen hatten – ihnen fehlte oft schlicht die Möglichkeit dazu –, sondern sich lediglich an Gerüchten über „Frauenhass" orientierten, der von diesem Film ausgehe. Dabei wurden sie Opfer und zugleich Träger einer Propaganda, die sich schon seit Jahren gegen die Männerrechtsbewegung insgesamt richtet (womöglich auch, weil manche befürchten, es handele sich bei dieser Bewegung um ein komplementäres Spiegelbild des radikalen Feminismus mit seinen vielfältigen Abwertungen von Männern). Ironischerweise sorgte gerade diese Propaganda gegen den Film für eine größere Aufmerksamkeit von Journalisten, die Cassie Jaye zu ihrem Film interviewten und dabei dieselbe Erfahrung machten, die Jaye zuvor mit der Männerrechtsbewegung gemacht hatte: dass all die ätzenden Verunglimpfungen, die über sie ausgekippt wurden, mit der Wahrheit nicht in Einklang zu bringen waren.

Aufschlussreich ist ein Vortrag, den Cassie Jaye unter dem Titel „Meeting the Enemy. Coming to Terms With the Men's Rights Movement" über die Entstehung ihres Filmes hielt.[139] Jaye schildert darin, mit welchen immensen Vorurteilen sie ihre ersten Interviews mit Männerrechtlern geführt habe, weil diese in den Medien so nachdrücklich als Frauenfeinde diffamiert worden waren. Als sie jetzt den Männerrechtlern zuhörte, habe sie regelmäßig auf entsprechende Herabsetzungen gewartet und konstant erwartet, Kontra geben zu müssen. Da sie aber wusste, wie wichtig es für professionelle Interviews sei, den Redefluss des Befragten nie zu unterbrechen, habe sie lange Zeit einfach nur zugehört. Beim Verschriftlichen dieser Statements habe sie sich automatisch noch

---

139 Eine Aufzeichnung der Rede, die Jaye auf dem TEDx-Panel hielt, steht online unter https://www.youtube.com/watch?v=3WMuzhQXJoY. Eine sehr ähnliche Rede hatte Jaye zuvor beim Institute of Noetic Sciences gehalten, vgl. https://www.youtube .com/watch?v=iCgQAiy21dA&t=1s.

intensiver damit auseinandergesetzt, so dass sie schließlich feststellen musste, dass die angeblich so virulente Frauenfeindlichkeit durchgehend fehlte. So habe sie gelernt, Männerrechtler immer weniger als Feind und immer mehr als Menschen wahrzunehmen.

Bei den Reaktionen auf ihren Film sei es ihr selbst dann exakt so gegangen wie den interviewten Männerrechtlern: Statt dass man sie gefragt habe, wie man Jungen und Männern am besten helfen könne, ging sämtliche Zeit immer wieder darauf verloren, dass sie sich gegen die Unterstellungen gegen sie verteidigen musste: „Ich wurde Opfer einer gezielten Schmierenkampagne nur weil ich zugehört habe und weil ich anderen Menschen erlaubt habe zuzuhören." Weiter führt sie in ihrem Vortrag aus:

> *„Wenn ich diesen Film nicht gemacht hätte und hören würde, dass es eine Dokumentation über Männerrechtler gibt, die sie nicht als Monster darstellt, hätte ich auch gegen die Vorführung des Films protestiert oder eine Petition dagegen unterzeichnet. Weil man mir erzählt hat, dass sie meine Feinde wären. Man hat mir erzählt, sie wären gegen die Gleichberechtigung von Frauen. Aber alle Männerrechtler, die ich getroffen habe, unterstützen Frauenrechte. Sie fragen nur: Warum schert sich unsere Gesellschaft nicht um die Rechte von Männern?"*

Die größte Herausforderung, der sie im Zusammenhang mit ihrem Film begegnet sei, seien allerdings nicht ihre Verunglimpfungen durch Journalisten gewesen, obwohl auch diese mitunter widerwärtig wurden.

> *„Die größte Herausforderung, die sich mir stellte, war, die Schichten meiner eigenen Vorurteile abzutragen. Wie sich herausstellte, hatte ich meinen Feind getroffen. Es war mein Ego, das mir sagte, dass ich Recht hatte und diese Leute Untermenschen waren. (…) Wenn wir Geschlechtergerechtigkeit ernsthaft diskutieren wollen, müssen wir alle Stimmen an den Tisch einladen. Aber das ist nicht das, was passiert. Männergruppen werden kontinuierlich verunglimpft, als Hassgruppen verleumdet, und ihre Stimmen werden systematisch zum Schweigen gebracht. Glaube ich, dass eine der beiden Bewegungen sämtliche Antworten hat? Nein. Männerrechtler sind nicht ohne Fehler. Feministinnen auch nicht. Aber wenn eine Gruppe zum Schweigen gebracht wird, ist das ein Problem für uns alle. Wenn ich irgendjemandem in unserer Gesellschaft einen Ratschlag geben darf: Wir müssen aufhören zu erwarten, dass wir beleidigt werden. Und wir müssen beginnen, wahrhaftig, offen und ernsthaft zuzuhören. Das wird dazu führen, dass wir ein größeres Verständnis für uns selbst und andere entwickeln, mehr Mitge-*

fühl füreinander und dass wir zusammen an Lösungen arbeiten. Es fängt damit an, dass wir einander zuhören."

Jaye bezeichnet sich ihrer Rede zufolge inzwischen nicht mehr als Feministin – und zwar nicht etwa, weil sie bei ihrer Recherche so viel über die Probleme von Männern gelernt hat, sondern weil sie bei ihrer Beschäftigung mit Feministinnen so viel über den Feminismus lernte: Die Verächtlichkeit, mit der feministische Wortführerinnen das Leiden von Männern in den Interviews mit Cassie Jaye beiseite wischten, schreckte Jaye zuletzt von dieser Bewegung ab:

> *„Denn wie könnte ich Teil einer Bewegung sein, die nicht bereit ist zuzuhören, die nicht möchte, dass ich zuhöre und die nicht möchte, dass andere Menschen zuhören?"*

Diese Entwicklung, die Jaye machte, ist vergleichsweise häufig. Nicht wenige Männerrechtler einschließlich mir selbst sind ehemalige Feministen. Auch in meinen Büchern setze ich mich immer wieder auch für Frauen ein. Beispielsweise ging ein Viertel des Autorenhonorares meines 2006 erschienenen Buches „Die Sklavenmädchen von Wiesbaden" an die Organisation Solwodi, die Opfer von Zwangsprostitution unterstützt. In meinem Buch „Nummer Sicher" erkläre ich bezugnehmend auf Fachliteratur, wie sich Frauen vor sexueller Gewalt schützen können, wie Männer vermeiden können, zum Täter zu werden, oder wie sie einer Frau, die Opfer geworden ist, am besten beistehen können. In meinen Ratgebern „Das Gesetz der Eroberung" und „Das Kamasutra am Arbeitsplatz" befinden sich ausführliche Passagen mit Hinweisen zur Vermeidung von sexueller Belästigung. Aber sobald ich etwa in einer Talkshow wie „Anne Will" zur Sexismusdebatte sehe, wie leichtfertig dort die berechtigten Anliegen von Männern beiseite gewischt werden, sinkt manchmal meine Motivation, mich auch für das andere Geschlecht einzusetzen. Die emotionale Reaktion „Dann macht euren Scheiß doch allein" liegt nahe. Ich muss mir dann immer wieder erst willentlich ins Bewusstsein rufen, dass die Opfer sexueller Gewalt nichts für die narzisstische Egozentrik deutscher Journalistinnen können.

Das führt zu einer zentralen Frage: Inwiefern unterbinden Aktionen wie „Aufschrei" und „MeToo" Empathie mit den Opfern und wie kann man diesem Prozess entgegenwirken? Meines Erachtens ließe sich dieses Problem beheben, wenn, um mit Ken Wilber zu sprechen, die in selbstgerechtem Narzissmus kollabierte Bewusstseinsstufe „Grün" ihre Heilung zulässt und beispielsweise aufhört, ideologisch nicht opportune Opfer gesellschaftlicher Missstände auszugrenzen.

Der Weg dorthin ist sicher noch holprig und übersät mit Hindernissen, aber immer mehr Menschen sind trotzdem bereit, die Strapazen dieser Reise auf sich zu nehmen. So stellt ein Artikel aus dem Jahr 2017 die Frauen in der Männerbewegung von Denver vor, darunter die Feministin „Gloria", die zugleich Mitglied bei einer Männerrechtsgruppe ist, sowie die radikale linke Transsexuelle „Lexie". Gloria betrachtet Feminismus und Maskulismus nicht als gegeneinander gerichtete Bewegungen, sondern glaubt, dass sie beim Thema Gender erfolgreich zusammenarbeiten können. Lexie weist darauf hin, dass Männer eher als entbehrlich betrachtet werden als Frauen, dass unsere Gesellschaft sie weniger ernst nimmt, wenn sie missbraucht oder verletzt werden, während Frauen größeren Schutz genießen. Sie vergleicht die jetzige Phase der Männerrechts- mit der frühen Phase der Schwulenbewegung, beispielsweise was Victim Blaming angeht: „Wenn man den Menschen Statistiken über die hohe Zahl an Selbstmorden unter Schwulen gezeigt hat oder die hohe Zahl von Homosexuellen, die von sexuell übertragbaren Krankheiten betroffen waren, hieß es, die Betroffenen seien selbst daran schuld. Und heute sagen das die Leute, wenn man über die hohe Rate von Männern unter den Selbstmördern oder den Häftlingen spricht." Alexis de Coning, eine weitere dieser männerpolitisch aktiven Frauen, findet, dass Feministinnen und Männerrechtler sehr ähnliche Themen beackern, auch wenn sie sich diesen Themen von unterschiedlichen Ecken nähern.[140]

Noch wird der maskulistische Ansatz, beiden Geschlechtern gerecht werden zu wollen, von Feministinnen vielfach als „antifeministisch", „antiemanzipatorisch" und „frauenfeindlich" angegriffen. In seiner regelmäßigen *taz*-Kolumne „Dumme weiße Männer" etwa sortiert Lalon Sander Männerrechtler mit Verschwörungstheoretikern, Klimawandelleugnern und Onlinetrollen zu jenen Menschen ein, die „Sand

---

140 Vgl. Schlossberg, Josh: The Women of Denver's Emerging Men's Rights Movement. Online seit dem 19. September 2017 unter https://303magazine.com/2017/09/women-denvers-emerging-mens-rights-movement/.

im Getriebe des Fortschritts der Welt" seien.[141] Eine Begründung dafür hat er nicht nötig; es scheint für ihn eine Selbstverständlichkeit zu sein. Veranstaltungen von Männerrechtlern werden von feministischer Randale bis hin zu gewaltsamen Übergriffen begleitet. Sogar als im April 2013 die Geschichtswissenschaftler Paul Nathanson und Katherine Young an der Universität Toronto ihren Vortrag „Von Frauenfeindlichkeit und Männerfeindlichkeit zum Dialog zwischen den Geschlechtern" hielten, war es zuvor zu Gewaltdrohungen von militanten Mitgliedern der feministischen Bewegung gekommen und die beiden Wissenschaftler konnten nur unter dem Schutz von über einem Dutzend Polizisten die Veranstaltung durchführen.[142]

Die Richtlinien, die von Männerrechtlern als Reaktion auf die Gewaltdrohungen herausgegeben wurden, lauteten, falls man als Besucher einer solchen Veranstaltung angegriffen werde, solle man sich auf keinen Fall zu körperlicher oder verbaler Gegenwehr verleiten lassen, sondern sich lediglich schützen und zurückziehen sowie nötigenfalls die Polizei verständigen. Jeder, der Gewalt provoziere oder zu ihrer Eskalation beitrage, werde augenblicklich und für immer aus den Reihen der beteiligten Männerrechtler ausgeschlossen.[143]

Ich selbst habe an zwei Genderkongressen in Deutschland teilgenommen, die zum Ziel hatten, die Geschlechterdebatte ganzheitlich anzugehen und die Anliegen beider Geschlechter in den Blick zu nehmen. Beim ersten Kongress, ausgerichtet 2015 in Nürnberg, verwüstete ein Trupp Feministinnen die Vorhalle des Veranstaltungsraums, warf Tische um, zerriss Flyer und stahl eines meiner ausliegenden Bücher. Beim Zweiten Deutschen Genderkongresses, am 13. Mai 2017 eben-

---

141 Vgl. Sander, Lalon: Das Jahr des weißen Mannes: In: tageszeitung vom 5.1.2016, online unter http://www.taz.de/!5266052.

142 Vgl. Elam, Paul: Militants threaten violence at University of Toronto Thursday. In: A Voice for Men vom 2.4.2013 unter http://www.avoiceformen.com/university-of-toronto-and-men/militants-threaten-violence-at-university-of-toronto-thursday sowie Hembling, John: Did You Know Women Hold Up the Sky? In: A Voice for Men vom 5.4.2013 unter http://www.avoiceformen.com/university-of-toronto-and-men/did-you-know-women-hold-up-the-sky/

143 Vgl. Elam, Paul: Militants threaten violence at University of Toronto Thursday. In: A Voice for Men vom 2.4.2013 unter http://www.avoiceformen.com/university-of-toronto-and-men/militants-threaten-violence-at-university-of-toronto-thursday/.

falls in Nürnberg, ging es ähnlich zu: Gerade als wir auf der Terrasse der Meistersingerhalle dem Vortrag einer Referentin zuhörten, erschien eine Gruppe randalierender Feministinnen und Feministen, die in hoher Lautstärke Musik spielten und begannen, den Boden hinter der Halle mit der Parole „FUCK ARNE HOFFMANN" zu besprühen. Sowohl die betroffene Referentin als auch ich selbst versuchten, mit den Protestlern ins Gespräch zu kommen, erhielten aber nur als Antwort, dass sie sich mit uns nicht unterhalten wollten. Die Protestler lieferten sich Rangeleien mit dem Sicherheitspersonal, bei denen ich deeskalierend einzuwirken versuchte. Etwas später feierten die Randalierer auf einer Internetseite ihren Triumph.

Entsprechende Übergriffe gibt es inzwischen immer wieder, wenn sich Autoren oder Redner nicht ausdrücklich feministisch positionieren. Über ein solches Vorkommnis berichtete Mitte 2018 die Schriftstellerin Tina Übel in der *Zeit*:

> „Ich veranstalte mit einer Kollegin Lesungen, zu Gast unlängst Harald Martenstein mit seinem aktuellen Kolumnenband. Alarmiert davon, dass ein solches Buch inzwischen als Vorwort eine Gebrauchsanweisung für Ironie braucht, bestelle ich wohlweislich für den Abend einen Freund ein, der Kung-Fu kann. Ich weiß schon, warum: Inmitten der Lesung spaziert eine Gruppe schwarz uniformierter junger Menschen, vier Frauen, ein Mann, in den Saal – identische schwarze Bomberjacken, jeweils ein silbernes Emblem auf der linken Brust. Setzt sich in die letzte Reihe, beginnt zu pöbeln und Parolen zu schreien. Martenstein lädt höflich dazu ein, auf die Bühne zu kommen und zu diskutieren. Zurückgebrüllt wird ‚Frauenfeind' oder Ähnliches, ich stehe auf und sage, ich, Frau, und meine Kollegin, Frau, sähen das anders, und wir hätten Martenstein eingeladen, man spreche bitte nicht in unserem Namen, gehe aber gern auf die Bühne und spreche im eigenen. Der Minimob zieht pöbelnd ab, mein Kung-Fu-Beauftragter hat die richtige Ahnung: Im Vorraum, dort, wo sich die Leute nach der Lesung ihre Zigarette anzünden, steht des Winters ein Heizofen mit einer großen Gasflasche, und, ja, natürlich, unsere sympathischen Social-Justice-Warriors haben die Flasche aufgedreht und das Ventil rausgerissen, damit Gas ausströmt."[144]

Solchen Taten wird auch der Weg bereitet, wenn eine meinungsbildende Feministin wie Antje Schrupp in der Frankfurter Rundschau darüber

---

[144] Vgl. Übel, Tina: Der große Verlust. Wie die politische Korrektheit meine Arbeit als freie Schriftstellerin einschränkt. In: Zeit Nr. 25/2018, online seit dem 13.6.2018 unter https://www.zeit.de/2018/25/politische-korrektheit-einfluss-schriftstellerin-tina-uebel/komplettansicht.

spekuliert, ob der Feminismus mehr „Militanz" benötige, um beispielsweise einer „antifeministischen Agenda" zu begegnen.[145] Mit der Ethik einer liberalen Demokratie lässt es sich indes nicht vereinbaren, abweichenden Meinungen mit Gewalt zu begegnen. Selbst wenn man aber Aspekte der politischen Moral übergehen würde, tut der Maskulismus gut daran, wenn er derartige feministische Tendenzen nicht spiegelt: So arbeiteten Erica Chenoweth und Maria Stephan in ihrem aktuellen Buch „Why Civil Resistance Works" (Columbia University Press 2012) heraus, dass etwa drei Viertel der gewaltfreien Bewegungen etwas oder alles von dem erreichten, was sie wollten, verglichen mit nur etwa einem Drittel der gewalttätigen Bewegungen. Eine Abkehr von der vorbildlichen Haltung klassischer linker Vordenker wie Adorno, Chomsky und Foucault stellt die Unterdrückung missliebiger Meinungsäußerungen ohnehin dar.[146] Insofern ist es längst überfällig, dass feministische Wortführerinnen den aus den eigenen Reihen ausgehenden Terror gegen An-

---

145 Vgl. Schrupp, Antje: Darf's ein bisschen militanter sein? In: Frankfurter Rundschau vom 9.11.2018, online unter http://www.fr.de/politik/gender/feminismus/frauen-rechte-darf-s-ein-bisschen-militanter-sein-a-1617222.

146 Einige Beispiele:
– Als im Jahr 1968 eine Gruppe von Studenten mit extremen Ansichten und geringer Wertschätzung für die Meinungsfreiheit die Lehrveranstaltung eines anderen Dozenten gestört hatte, den sie für politisch rechts hielten, indem sie diesen niederbrüllten und daran hinderten seine Vorlesung zu halten, nutzte Adorno die nächste Gelegenheit um in seiner eigenen Vorlesung, bei der einige Leute dieser studentischen Gruppe anwesend waren, den Vorfall anzusprechen, dieses Verhalten zu kritisieren und die Meinungsfreiheit zu verteidigen. Daraufhin begannen einige Studenten aus dieser Gruppe auch bei ihm Lärm zu machen. Adorno beharrte auf der Meinungsfreiheit und dem Prinzip der rationalen Diskussion: „Ich möchte aber doch noch ein Wort in einer akademischen Angelegenheit Ihnen sagen. Das bezieht sich auf die Vorgänge im Zusammenhang mit meinem Kollegen Stern. Ich möchte dem vorausschicken, dass Herr Stern vor Jahren mich selbst als marxistischen Literaturkritiker scharf angegriffen hat Ich möchte dem hinzufügen, dass dann Herr Stern in voller Freiwilligkeit sich für diese Angriffe bei mir entschuldigt hat (...). Ich möchte weiter sagen, dass selbstverständlich zwischen den Auffassungen von Herrn Stern und mir fundamentale Gegensätze bestehen, die völlig unverschleiert sind (...). Aber dies vorausgeschickt, finde ich doch dass die Methode dass man einem akademischen Lehrer nicht mehr die Möglichkeit gibt, ungestört seine Lehrmeinung zu vertreten und in Freiheit seine Gedanken auszudrücken, etwas ist, was mit Freiheit von Repression, mit Mündigkeit und mit Autonomie nicht zu vereinbaren ist. Und ich glaube, dass ich gerade wegen der sachlichen Differenzen, die in diesem Fall bestehen, besonders dazu legitimiert bin, Ihnen zu sagen, und (...) auch Sie darum zu bitten, dass diese Art des Kampfes in dem Kampf um die Reform der

dersdenkende anprangern, statt ihn stillschweigend hinzunehmen oder sogar noch weiter Öl ins Feuer gießen. Über Fälle, bei denen Feministinnen Einrichtungen und Anlaufstellen unterbunden haben, die Männern zugute kommen sollen, gibt es inzwischen lange Listen.[147] Anstatt das Angebot zum Dialog aufzunehmen, geben sich feministisch geprägte Parteien wie der SPD und den Grünen sowie ihre Stiftungen verbalen Attacken auf Männerrechtler hin. Auch deshalb sind viele linke Männer

---

Universität und auch in dem Kampf um gesellschaftliche Veränderungen vermieden wird. (…) Ich kann unmöglich mit diesen Dingen mich identifizieren, und mein Standpunkt ist darin mit dem ganz und gar identisch, wie Habermas ihn in seinen berühmt gewordenen Thesen auch entwickelt hat (starkes Zischen). Ich glaube, ich wäre … ja, meine Damen und Herren (anhaltendes, starkes Zischen), meine Damen und Herren, es tut mir … es tut mir außerordentlich leid, aber ich glaube, dass, wenn man Ansichten, die einem aus irgendeinem Grund nicht behagen, wenn man diese Ansichten niederzischt, dass das dem Begriff der Diskussion widerspricht, und ich glaube, immerhin mir ein Recht erworben zu haben, mit Ihnen über solche Dinge zu diskutieren und nicht mich solchen Mitteln des Protests auszusetzen. Sie wissen, dass ich mich – nun weiß Gott – der Diskussion über alle diese Dinge niemals entzogen habe, ich werde mich dem auch weiter nicht entziehen, aber dann muss man wirklich auch diskutieren und darf nicht versuchen, durch bloße Bekundungen der Mißbilligung diese Dinge abzuschneiden." Vgl. Adorno, Theodor: Einleitung in die Soziologie, Suhrkamp, 2015, S. 257 f.
– Noam Chomsky erklärte: „Wenn man an die Redefreiheit glaubt, dann ist das eine Redefreiheit für Meinungen, die einem nicht gefallen. Goebbels war auch für die Redefreiheit – bei Ansichten, die ihm passten. Stimmt´s? Stalin genauso. Wenn Sie also für Redefreiheit eintreten, dann bedeutet das die Freiheit, eine Meinung zu äußern, die Sie widerlich finden. Andernfalls wären Sie überhaupt nicht für Redefreiheit. Zur Redefreiheit kann man nur zwei Haltungen einnehmen, und jeder trifft seine Wahl." Vgl. Chomsky, Noam: Wege zur intellektuellen Selbstverteidigung. Medien, Demokratie und die Fabrikation von Konsens, Marino, 1996, S. 184.
– Michel Foucault befand in diesem Zusammenhang: „Ich will keine Kritik vorbringen, welche die anderen daran hindert zu sprechen, ich will nicht in meinem Namen einen Terrorismus der Reinheit und der Wahrheit ausüben. Ich will auch nicht im Namen der anderen sprechen und mir anmaßen, das, was sie zu sagen haben, besser zu sagen. Meine Kritik hat das Ziel, es anderen zu ermöglichen zu sprechen, ohne dem Recht zu sprechen, das sie haben, Grenzen zu setzen." Vgl. Foucault, Michel: Die Antworten des Philosophen, Gespräch mit C. Bojunga und R. Lobo, 1975. In: Michel Foucault – Dits et Ecrits. Schriften 1970 – 1975, Zweiter Band, Suhrkamp, 2002, S. 1016.

147 Vgl. beispielsweise Schmidt, Christian: Wie Feministen und andere Frauenorganisationen aktiv zu verhindern versuchen, dass eine Hilfe für Männer aufgebaut wird. Online seit dem 16.12.2017 unter https://allesevolution.wordpress.com/2017/12/16/wie-feministen-und-andere-frauenorganisationen-aktiv-zu-verhindern-versuchen-dass-eine-hilfe-fuer-maenner-aufgebaut-wird.

zu anderen Parteien abgewandert, und gerade die SPD musste lernen, dass Hochmut oft vor dem Fall kommt.

Die Kritik des französischen Literaturnobelpreisträgers, Existenzphilosophen und freiheitlichen Sozialisten Albert Camus, die dieser seinerzeit an den dogmatischen Teilen der französischen Linken übte, erscheint auch für den zeitgenössischen Anteil dogmatischer Linker angemessen:

> *„Der Konformismus findet sich heutzutage bei der Linken, das lässt sich nun einmal nicht abstreiten. Es stimmt, dass die Rechte nicht eben ein leuchtendes Vorbild gibt. Aber die Linke ist ausgesprochen dekadent, gefangen in Worten, nur noch stereotyper Antworten fähig, sie klebt auf der Leimrute der Formeln, und versagt unablässig angesichts der Wahrheit (…). Die Linke ist schizophren und muss Heilung suchen – in unerbittlicher Kritik, Übung des Herzens und Festigkeit der Überlegung und auch ein wenig Bescheidenheit. "*[148]

Auch der französische Philosoph Jacques Derrida betonte stets die Wichtigkeit einer undogmatischen und diskussionsoffenen Haltung:

> *„Wenn man beleidigt, denunziert, und Petitionen unterschreibt, wo es eigentlich darum ginge, Vorschläge zu diskutieren oder Gegenvorschläge zu machen, irrt man nicht nur im Ziel, und ist nicht bloß unfähig den Stellenwert eines Textes herauszulesen und anzuerkennen. Man gibt vielmehr ein katastrophales Beispiel, egal, ob es sich dabei nun um Philosophie oder Politik handelt. "*[149]

Schon vor fast zwanzig Jahren, im Oktober 1999, brachte die berühmte US-amerikanische Feministin Susan Faludi ihr Buch „Männer – das betrogene Geschlecht" heraus. Darin stellt Faludi auch Männer als Opfer einer Konsumkultur dar, in der sie nach Einkommen und Aussehen beurteilt werden. Aber der feministische Beifall blieb diesmal aus, und das Buch wurde kein Bestseller. „Viele Frauen sind unversöhnlicher, als ich dachte", zitierte damals die Frauenzeitschrift *Amica* Faludi. „Sie wollen den Mann als Allzweckfeind behalten, dem sie die Faust ins Gesicht schütteln können."[150] Dieses Bedürfnis und seine politische Instrumentalisierung scheint ein zentrales Hindernis dabei dazustellen,

---

148 Vgl. Camus, Albert: Der Sozialismus der Galgen. In: Albert Camus: Verteidigung der Freiheit. Politische Essays, Rowohlt, 2016, S. 119.

149 Vgl. Derrida, Jacques: Nochmals: Vom Recht auf Philosophie. In: Jacques Derrida: Auslassungspunkte: Gespräche. Passagen Verlag 1992, S. 333.

150 Vgl. Winnemuth, Meike: Wisch und weg. In: Amica Nr. 3/2000, S. 81 -86.

sich auch Männern empathisch zuzuwenden. Braucht der Feminismus dieses Feindbild? „Massenbewegungen können ohne den Glauben an Gott entstehen und sich ausbreiten", befand einmal der Moralphilosoph Eric Hoffer, „aber niemals ohne den Glauben an einen Teufel." [151]

Momentan nehmen wir Männerrechtler im Auge vieler Feministinnen diese Teufel-Rolle ein. Das wiederum erzeugt bei manchem Männerrechtler Unmut, und so kommt es statt zu Zusammenarbeit zu Konflikten – zumal sich die Aggressionen gegen Männerrechtler auf der Basis von Aggression gegen Männer im Allgemeinen entwickelt hat. In einem Forenkommentar schilderte ein Männerrechtler kürzlich, welche Reaktion diese unaufhörlichen Angriffe bei ihm auslöse. Er sehe nämlich keinen Grund, sich unbedingt sachlich zu verhalten in einer Gesellschaft, die ihn unentwegt mit so inhumanen und monströsen Slogans bombardiere wie „Wer die menschliche Gesellschaft will, muss die männliche überwinden", „Eine Krankheit namens Mann" und „Nur ein toter Mann ist ein guter Mann" und in der selbst das faschistische „Manifest der Gesellschaft zur Vernichtung für Männer" als Theaterstück für Schulkinder vorgeführt werde. Sobald aber vereinzelte Männerrechtler unter diesem Dauerfeuer verbal die Contenance verlieren, wird das sofort als Munition für die Propaganda verwendet, dass die gesamte Bewegung für Geschlechtergerechtigkeit des Teufels sei.

Vielleicht könnte man die skizzierten Einstellungen aber auch entspannter sehen und im Sinne Ken Wilbers als evolutionären Prozess wahrnehmen. Wilber weist darauf hin, dass etwa auch Trump-Wähler nicht wirklich „böse" sind, sondern dass es ihnen oft selbst am schlechtesten geht, wenn sie in ihrer Angst, ihrer Wut und ihrem Selbstmitleid gefangen sind. Während man Trumps Politik natürlich entgegen treten müsse, sei es nicht sinnvoll seine Anhänger mit demonstrativer Verachtung zu strafen und so nur noch aufgebrachter zu machen. Ein liebevoll-empathischer Vorgang trotz aller Meinungsverschiedenheiten sei zielführender. Kann man diese Gelassenheit auf die Geschlechterdebatte übertragen?

---

151 Vgl. Hoffer, Eric: The True Believer. Thoughts on the nature of mass movements. Harper 1951, S. 19.

Vermutlich sind die meisten Frauen heute genauso wenig Männerhasserinnen wie die Männer frauenunterdrückende Patriarchen, und es prägen nur immer jene Akteure das Gesamtbild der jeweiligen Gruppe, die unangenehm auffallen, weil ihre Entwicklung noch nicht so weit ist, wie man sich das wünschen würde. Wir könnten den Fundamentalisten beider Lager, die eine Kommunikation mit ihrem jeweiligen Gegenpart strikt ablehnen, auch einfach die Zeit lassen, die sie benötigen, während man mit den Personen die Zusammenarbeit aufnimmt, die ansprechbar sind.

Was bleibt als Fazit? Sicherlich kann man es sich so wie bisher weiter einfach machen und bei Geschlechterpolitik vor allem darauf achten, was Frauen nutzt. Man kann sich das auch schönreden mit Rechtfertigungen wie „Nach Jahrtausenden der Frauenunterdrückung haben die Kerle das gar nicht anders verdient." Aber wäre eine solche Herangehensweise nicht vor allem ein Zeichen extremer intellektueller Faulheit? Wäre es nicht eine viel lohnendere und spannendere Herausforderung, politische Ansätze zu entwickeln, die *beiden* Geschlechtern gerecht werden, die also Frauen wie Männern nutzen?

Der gesellschaftliche Wandel vollzieht sich in winzigen Tippelschritten, aber stetig. Während die vorliegende Anthologie fertig wird, erhalte ich einen Hinweis auf die Veranstaltung „Twogether: Men for Women, Women for Men", die am 18. und 19. Oktober 2019 in Wien stattfinden soll.[152] Die Veranstaltung transzendiert den sexistischen Slogan „He for She" der Vereinten Nationen; stattdessen setzen sich dort zehn renommierte Frauen für Männer- und Jungenthemen sowie zehn renommierte Männer für Frauen- und Mädchenthemen ein. Mit an Bord sind drei Autorinnen der vorliegenden Anthologie. Das ist die Umsetzung von Integralem Antisexismus in der Praxis. Gemeinsame Lösungen entwickeln statt Geschlechterhass schüren: So sieht eine erwachsene Geschlechterpolitik der Zukunft aus.

---

152 Vgl. die Website der Veranstaltung unter https://twogether.wien/?fbclid=IwAR1f-Pqc6OXEAkzn8dXtvualhGlnrl6xocn7wYSjEk2QYPDUntWX1ADENuJI.

Wie sollten Männerrechtler mit Männerhass umgehen?

Lucas Schoppe

Der Vorwurf, Männerhasserinnen zu sein, begegnet Feministinnen schon seit dem Beginn politischer Frauenbewegungen. Der Vorwurf ist ressentimentgeladen – aber zugleich gibt es reihenweise Belege dafür, dass er auf viele zeitgenössische Feministinnen zutrifft. Nicht jeder Feminismus aber ist von Männerhass geprägt, und nicht jeder Männerhass ist feministisch. Was ist denn nun das Verhältnis zwischen beiden?

Wieso eigentlich dürfen Männer bei irgendetwas mitentscheiden?

Da stolpert die SPD durch eine historische Krise, was das Ende dieser alten Partei bedeuten könnte, die doch in ihrer langen Geschichte schon so vieles überlebt hatte. Wenn der Partei noch etwas helfen kann, dann wohl eine Rückbesinnung auf den vormals sozialdemokratischen Wert der gegenseitigen Solidarität, und auf eine offene, sachbezogene Diskussion.

Spitzenpersonal der Partei aber rückt etwas ganz anderes in den Vordergrund.

„Wenn es einfach wäre, könnte es ja auch ein Mann machen," erklärt Andrea Nahles zum von ihr angestrebten Parteivorsitz.[153] Dass Frauen klüger seien als Männer, hatte schon kurz zuvor Mecklenburg-Vorpom-

---

153 Vgl. Bericht aus Berlin, 18. Februar 2018.

merns Ministerpräsidentin Manuela Schwesig betont[154], die in der Bevölkerung noch niemals eine Wahl gewonnen hat und deren schnelle Karriere ohne die Förderung wichtiger Parteimänner niemals möglich gewesen wäre.[155]

Es wird nicht recht deutlich, warum es die beiden Spitzenfrauen für eine gute Idee halten, ausgerechnet in der verzweifelten Krisensituation der Partei den 67,5 % männlichen Mitgliedern[156] und den verbliebenen männlichen Wählern ohne Not etwas „auf die Fresse" (Nahles, bei anderer Gelegenheit[157]) zu geben. Statt diese Frage zu stellen, jubeln auch Qualitätsmedien über Nahles' Geschlechtszugehörigkeit[158], als ob damit die großen Probleme der SPD schon weitgehend überwunden wären.

Die seltsame Verwandlung von Sachfragen in Ressentiments ist so normal geworden, dass sie kaum noch auffällt. Wer weiß denn beispielsweise, dass der Bundesgerichtshof schon 2017 eine richtungweisende Entscheidung zur Kindessorge getroffen hat, die der Doppelresidenz einen Vorteil gegenüber dem gewöhnlichen Residenzmodell, der

---

154 Vgl. Schmidt, Tobias im Interview mit Manuela Schwesig: „Wir sind klüger als die Männer". In: Schweriner Volkszeitung vom 15. Februar 2018, online unter https://www.svz.de/regionales/mecklenburg-vorpommern/wir-sind-klueger-als-die-maenner-id19087186.html.

155 Vgl. Müller, Ann-Katrin: „Obwohl ich blond bin". In: Der Spiegel Nr. 36 vom 29. August 2015, online unter http://www.spiegel.de/spiegel/print/d-138379335.html.

156 Vgl. https://de.statista.com/statistik/daten/studie/192247/umfrage/frauenanteil-in-den-politischen-parteien/.

157 Natürlich bezog sich die Äußerung nicht auf die Männer der eigenen Partei, sondern auf den eigenen Kioalitionspartner, als Nahles sich nach der Bundestagswahl noch als Oppositionsführerin sah. Vgl z.B. Caspari, Lisa und Otto, Ferdinand: „Ab morgen kriegen sie in die Fresse". In: Die Zeit vom 27. September 2017, online unter https://www.zeit.de/politik/deutschland/2017-09/andrea-nahles-spd-opposition-bundesregierung.

158 Vgl. z.B.Hensel, Jana: Übrigens, sie ist eine Frau. In: Die Zeit, vom 14. Februar 2018 , online unter https://www.zeit.de/politik/deutschland/2018-02/andrea-nahles-spd-vorsitz-feminismus-bedeutung sowie Porsche, Ulrike: An alle Machos da draußen: Diese Frau ist das Herz der SPD. Über einen längst verdienten Triumph. In: Stern vom 13. Februar 2018, online unter https://www.stern.de/politik/deutschland/andrea-nahles--sie-ist-das-herz-der-spd--ueber-einen-verdienten-triumph-7861582.html.

sogenannten „Alleinerziehung" einräumt[159]? Entgegen der vorherigen Rechtssprechung könne sie auch gegen den Willen eines Elternteils gerichtlich angeordnet werden. Obwohl der BGH sich auf Studien bezieht, nach denen die Doppelresidenz für das Kindeswohl deutliche Vorteile hat[160], blieb die Entscheidung in Parteien und Qualitätsmedien fast ohne Widerhall. Eine Ausnahme ist allein die FDP.

Dabei ist das Modell der „Alleinerziehung" europaweit das größte Armutsrisiko für Kinder[161]: Dass einer der beiden Elternteile bei der Kindessorge fehlt, lässt sich eben auch nicht durch soziale Unterstützungssysteme auffangen.

Statt aber im Sinne der Kinder Modelle zu entwickeln, mit denen politische und soziale Institutionen die BGH-Entscheidung unterstützen können, setzt die Bundespolitik im Gleichklang mit Aktivistinnen auf Ressentiments. Sigmar Gabriel und Manuela Schwesig machten schon 2016 Stimmung gegen Väter, die zu wenig Unterhalt zahlen[162] – anstatt zu realisieren, dass das Modell der „Alleinerziehung" Familien eben auch ökonomisch in unlösbare Probleme stürzt. Den Vorschlag, solchen Vätern den Führerschein zu entziehen, griff im August 2018 die Familienministerin Franziska Giffey wieder auf: ein Versuch, Sündenböcke zu präsentieren, anstatt die Mängel der eigenen Politik anzugehen.[163]

Noch härter wird in sozialen Netzen diskutiert. Antje Schrupp, Redakteurin einer evangelischen Kirchenzeitung und von der *Süddeutschen Zeitung* einmal als eine der wichtigsten Feministinnen Deutsch-

---

159 Entscheidung des BGH Karlsruhe vom 28. Februar 2017, Aktenzeichen: XII ZB 601/15

160 Vgl. Witte, Markus: Im Zweifel für die Doppelresidenz, online abrufbar seit dem 1. März 2018 auf der Seite doppelresidenz.org › Fachinformationen › Downloadbereich

161 Vgl. Böhmer, Michael et.al: Dossier Armutsrisiken von Kindern und Jugendlichen in Deutschland, Bundesministerium für Familie, Senioren, Frauen und Jugend, Juni 2008, S. 22, online abrufbar unter https://www.bmfsfj.de/blob/100792/20d27c7bf88a9fd745cfe05b7c58065c/kinderarmut-dossier-data.pdf.

162 Vgl. z.B. N.N.: Keinen Unterhalt gezahlt? Gabriel will Rabenvätern den Führerschein wegnehmen. In: Der Westen vom 9. August 2016, online unter https://www.derwesten.de/politik/gabriel-will-fahrverbote-fuer-saeumige-unterhaltspflichtige-id208028457.html.

163 Vgl. z.B. Müller-Neuhof, Jost: Fahrverbote für Unterhaltspreller sind nur Gerede. In: Der Tagesspiege vom, 23. August 2018, online unter https://www.derwesten.de/politik/gabriel-will-fahrverbote-fuer-saeumige-unterhaltspflichtige-id208028457.html.

lands herausgestellt[164], forderte 2011, Väter einfach ganz aus den Entscheidungen zu Geburt und Kindessorge herauszuhalten.[165] Sieben Jahre später twitterte sie mit Bezug auf den Paragraphen 219a, der die Werbung für Schwangerschaftsabbrüche unter Strafe stellt:

> *„Es ist eigentlich wirklich krass, dass Personen, die mit Sicherheit nicht schwanger werden können, überhaupt bei diesem Thema mitentscheiden dürfen. #wegmit219a"*[166]

Das basiert nicht auf einer Abwägung, inwieweit Frauen stärker von Fragen der Reproduktion betroffen sind als Männer, sondern schlicht auf der Überzeugung, dass die Fortpflanzung eigentlich Frauensache wäre. Als würden sich alle Probleme von selbst lösen, wenn nur die Männer endlich ihre Klappe halten würden.

Das ist ein seltsames Doppelspiel. Männer werden als Ursachen aller möglichen Übel präsentiert, als Dummerchen, als Egoisten, als Gewalttäter, in jedem Fall als machtbesessen. Zugleich haben ausgerechnet diese trotteligen und gewaltnahen Egoisten in jedem Fall die Verantwortung für die Lösung der sachlichen Probleme einer Situation.

Ein fast putziges Beispiel lieferte 2018 die Designerin und Aktivistin Myriam Chalek, die bei einer Fashion-Show in New York Männer als Gewalttäter mit Schweinemasken präsentierte.[167] Die Männer, die diese Schweine darstellten und die Show so erst ermöglichten, hatte sie kurzfristig durch eine kleine Anzeige gefunden. Sie bekamen für ihre Beteiligung nicht einmal Geld: Chalek hatte keinen Zweifel gehabt, auch kurzfristig genügend Männer zu finden, die sich an der Diffamierung von Männern als gewalt- und sexgeilen Schweinen gutwillig und kostenfrei beteiligen würden.

---

164 Vgl. Vorsamer, Barbara: Feministinnen, die sie kennen sollten. In: Süddeutsche Zeitung vom 26. April 2016, online unter https://www.sueddeutsche.de/leben/die-recherche-feministinnen-die-sie-kennen-sollten-1.2931536.

165 Vgl. Schrupp, Antje: Väter-Recht abschaffen, Kindererziehung steuerfinanzieren, in ihrem Blog Aus Liebe zur Freiheit. Notizen zur Arbeit der sexuellen Differenz, online seit dem 8. März 2011 unter https://antjeschrupp.com/2011/08/03/vater-recht-abschaffen-kindererziehung-steuerfinanzieren.

166 Vgl. https://twitter.com/antjeschrupp/status/966759092881588225

167 Vgl. Szekeley, Peter und Jacquez, Yahaira: #MeToo fashion show opens with angel wing models, pig faced men, Reuters vom 9. Februar 2018, online unter https://www.reuters.com/article/us-fashion-new-york/metoo-fashion-show-opens-with-angel-wing-models-pig-faced-men-idUSKBN1FT1VC.

Männer im Niemandsland zwischen Mensch und Affe

In dem 2018 erschienenen Buch *DAMN* (*Destroy a Man Now* – Zerstöre einen Mann jetzt)[168] gibt eine pseudonym agierende Psychologin Frauen Ratschläge dafür, wie sie durch gezielte Anschuldigungen sexueller Übergriffe die Reputation und Stellung eines Mannes nachhaltig zerstören können.

> *„Frauen besitzen mehr Macht als Männer, während die Gesellschaft immer noch so operiert, als wären wir machtlose Opfer. Auf diese Art und Weise profitieren Frauen sowohl von den Tugenden des Opferdaseins als auch von der Macht des Unterdrückers. Wir tun dies auch, auf offener Bühne und trotzdem unsichtbar durch die selektive Blindheit des Patriarchats für Frauen. (…) Der Begriff ‚Männer' ist zum Synonym geworden für ‚Vergewaltiger', ‚Pädophile', ‚Raubtiere', ‚Belästiger' und ähnliches."* (Übersetzung von mir, LS.)

Es spricht einiges dafür, dass der Text eine bittere Satire ist. Schon im Titel, dem Akronym *DAMN*, spielt er auf einen düsteren Klassiker des Feminismus an – auf Valerie Solanas' *SCUM, Society For Cutting Up Men* (auf Deutsch bekannt als „*Manifest der Gesellschaft zur Vernichtung der Männer*"). Anders als bei Solanas aber ist das Ziel der Satire deutlich.

Jeder Mensch hingegen, der auch nur ein, zwei Seiten des „Manifests" gelesen hat, merkt, dass Solanas damit an den Nationalsozialismus anknüpft – und zudem an den furchtbarsten seiner vielen furchtbaren Aspekte: den industrialisierten Massenmord. Sie stellt diese Bezüge nicht subtil und versteckt her, sondern offen, klar und drastisch.

Selbst das wäre kaum der Rede wert, wenn dieser neo-nationalsozialistische Text nicht bis heute in einem linksliberalen, feministisch inspirierten Bürgertum einen heimlichen Kultstatus genösse. Jasmin Tabatabai, die dabei laut ihrer Homepage „zwischen Vergnügen und Entsetzen" schwankte[169], las daraus in Alice Schwarzers öffentlich ge-

---

168 Der Blogger „djadmoros" zitiert und analysiert das Buch im Blog Geschlechterallerlei: Die Geister von #metoo: „Destroy a man now", online seit dem 23. Februar 2018 unter https://geschlechterallerlei.wordpress.com/2018/02/23/die-geister-von-metoo-destroy-a-man-now.

169 Vgl. https://frauenmediaturm.de/philosophischer-kongress-50-jahre-nach-das-andere-geschlecht-von-simone-de-beauvoir/.

förderten *FrauenMediaTurm* vor[170]. Das Deutsche Theater Berlin führte daraus seit 2017 Ausschnitte unter dem Titel „*Feminista, Baby!*" auf. Mounia Meiborg jubelte darüber in der *Süddeutschen Zeitung*, der Text über den Massenmord sei „ein bisschen männerfeindlich", aber Männer würden im Stück einiges über sich lernen: „Etwa, dass sie im Niemandsland zwischen Mensch und Affe stehengeblieben sind."[171] Im ZDF konnte die Sängerin Christiane Rösinger, die an der Aufführung beteiligt ist, Solanas wegen ihrer „Radikalität" würdigen – die „fehlt uns heute".[172]

Ihre Verteidiger – bis hin zur *Bundeszentrale für politische Bildung*, wo das Buch als Beitrag zur feministischen Geschichte empfohlen wird[173] – erklären gern, Solanas bezöge sich bloß mit satirischer Absicht auf die nationalsozialistische Politik des industrialisierten Massenmords. Das ist eine Schutzbehauptung, für die es keine Belege gibt. Die Sprache entwickelt durch ihre Drastik und Skrupellosigkeit in den Augen einiger offenbar eine gewisse wilde Komik – aber der Text enthält überhaupt keine Ironiemarker. Zudem hat die Autorin auf der Basis ihres Textes ganz unironisch tatsächlich versucht, Männer zu ermorden, unter ihnen Andy Warhol.

Und wenn schon – was genau sollte denn hier satirisch überspitzt werden? Faschistoide Aspekte im Feminismus? Die Verwandlung der Holocaust-Erinnerung in Popkultur? Eine allgemeine Männerfeindlichkeit der Gesellschaft? Das ist alles ganz unwahrscheinlich.

Oft wird von Verteidigerinnen des Textes Jonathan Swifts berühmt-berüchtigter Text „*Modest Proposal*" als Vergleichstext herangezogen: Swift schlägt darin vor, irische Kinder zu essen, um Probleme der Armut und Überbevölkerung zu lösen. Bei Swift allerdings ist die ungeheuer bittere Ironie den ganzen Text hindurch deutlich, so wie auch zweifelsfrei klar ist, wogegen sich die Überspitzung des Textes richtet, nämlich gegen den technokratischen, und empathielosen Umgang der

---

170 http://frauenmediaturm.de/category/veranstaltungen/

171 Vgl. Meiborg, Mounia: „Feminista Baby!" In: Süddeutsche Zeitung vom 23. Oktober 2017, online unter https://www.sueddeutsche.de/kultur/kurzkritik-feminista-baby-1.3720471.

172 Vgl. Rösinger, Christine im Interview mit ZDF-aspekte: „Diese Radikalität fehlt uns heute". Online seit dem 3. November 2017 unter https://www.zdf.de/kultur/aspekte/christiane-roesinger-im-interview-100.html.

173 Vgl. Margret, Margret: Feminismus. Bonn 2016, S. 119.

Engländer mit den sozialen Problemen Irlands. Eben das fehlt bei Solanas völlig.

Ich habe öfter Äußerungen genervter Feministinnen gelesen, die sich nicht schon wieder mit Solanas auseinandersetzen wollten, mit der sie doch gar nichts zu tun hätten. Ich habe jedoch noch niemals eine dieser Auseinandersetzungen gefunden. Die Frage, wie eine offen an den Nationalsozialismus anknüpfende, gewaltverliebte Schrift zum feministischen Kultbuch werden konnte, ist für den heutigen Feminismus irrelevant.

Der Dinosaurier im Wohnzimmer des Feminismus

Zur Beschreibung von Alkoholikerfamilien wird manchmal die Metapher vom „Dinosaurier im Wohnzimmer" verwendet.[174] Der Alkoholismus eines Familienmitglieds (oder gar mehrerer) bedroht und zerstört zwar beständig die Familienstrukturen, aber alle sitzen mit diesem Dinosaurier angestrengt und angstvoll friedlich gemeinsam im Wohnzimmer und tun so, als ob alles in Ordnung wäre.

Der Männerhass, der sich in Veranstaltungen wie der oben erwähnten #MeToo-Fashionshow oder im Solanas-Text zeigt, ist gleichsam der Dinosaurier im Wohnzimmer des Feminismus. Natürlich sind nicht alle Feministinnen Männerhasserinnen, so wie ja auch nicht alle Mitglieder von Alkoholikerfamilien Alkoholiker sind. Aber alle nehmen diesen Männerhass wahr und tun so, als wäre damit alles in Ordnung, zivil und nett. Und falls sie doch mal auf den Dinosaurier angesprochen werden, erklären sie schnell, der wolle doch nur spielen und meine es gar nicht so. Oder sie fragen unschuldig „Welcher Saurier denn? Siehst du hier einen Saurier?"

Trotzdem ist nicht jeder Feminismus männerhassend, und nicht jeder Männerhass ist feministisch. Zumindest eine tiefe geschlechtsbezogene Missachtung drückt sich beispielsweise in einer Bundeswehr-Politik aus, die ja keineswegs dem Feminismus verpflichtet ist und die Soldaten in Krisengebiete auf der ganzen Welt schickt – leider aber

---

174 Vgl. z.B. Forward, Susan: Vergiftete Kindheit. Elterliche Macht und ihre Folgen, München 1993, S. 94ff.

ganz uninteressiert daran, diese Soldaten dabei auch mit halbwegs funktionsfähigem Material auszustatten.[175]

Die 108 Bundeswehrsoldaten, die seit 1992 bei Auslandseinsätzen ums Leben kamen, waren fast ausschließlich Männer[176] – was niemanden wundern kann, da die Last dieser Einsätze schließlich weit überwiegend von Männern getragen wird. Wir können wohl davon ausgehen: Wären es vorwiegend Frauen, und nicht vorwiegend Männer, die unter den Ausrüstungsmängeln der Bundeswehr zu leiden hätten: Diese Zustände wären längst als sexistischer Skandal herausgestellt worden.

Das ist nicht allein die Verantwortung von Feministinnen. Wo aber heute überhaupt eine institutionelle Geschlechterpolitik betrieben wird, da ist sie in aller Regel feministisch inspiriert. Die Bundeszentrale für politische Bildung, die auch schon Michael Kimmels ressentimentgeladene Polemik „Angry White Men"[177] verlegt hatte, vertreibt auch mit großem Erfolg Margarete Stokowskis „Untenrum frei"[178]. Für mich selbst war ein Text Stokowskis Grund, alle Hoffnung aufzugeben, dass mit dem heute dominierende Feminismus schließlich doch zu irgendeinem offenen Dialog bereit sein könnte.

Nach den massenhaften sexuellen Übergriffen in der Kölner Silvesternacht waren natürlich auch Männer in Deutschland erschrocken. Anstatt diesen Schock als Beleg für eine selbstverständliche zivile Empathie zu werten, schrieb Stokowski in ihrer wöchentlichen Spiegel-Kolumne:

---

175 „Marodes Gerät, Mängel überall" titelt beispielsweise Thorsten Knuf in der Frankfurter Rundschau vom 20.2.2018 und beschreibt mit Bezug auf den Jahresbericht des Wehrbeauftragten das „Bild einer verwahrlosten Bundeswehr". Online unter http://www.fr.de/politik/materialprobleme-marodes-geraet-maengel-ueberall-a-1452400.

176 Der Wikipedia-Eintrag „Todesfälle bei Auslndseinsätzen der Bundeswehr" führt 107 Tote auf, nach den Vornamen zu schließen ist eine Frau darunter, in zwei weiteren Fällen ist die Geschlechtszugehörigkeit anhand der Vornamen nicht eindeutig zuzuordnen – es sind aber mit großer Wahrscheinlichkeit ebenfalls Männer.

177 Vgl. Kimmel, Michael: Angry White Men: Die USA und ihre zornigen Männer, Bonn 2016.

178 Vgl. Stokowski, Margarete: Untenrum frei, Bonn 2016.

„Die eigenen Frauen will der gute Deutsche immer noch selbst belästigen dürfen."[179]

Es kann nicht sein, was nicht sein darf. Um eigenen männerfeindlichen Ressentiment festhalten zu können, nimmt Stokowski – und mit ihr einer Reihe anderer Feministinnen – es gern in Kauf, alles feministische Engagement der letzten Jahrzehnte pauschal für wirkungslos zu erklären. Jahrzehnte erregter Diskussionen und verbissener Debatten, Frauenministerien in allen Regierungen, Tausende von Gleichstellungsbeauftragten, eine entschlossen geförderte Frauen- und Geschlechterforschung, eine unverkennbare Sympathie für diese Politik bei fast allen Massenmedien – aber für Stokowski et.al. kann der deutsche Mann auch nach Jahrzehnten feministischer Anstrengungen selbstverständlich nichts anderes sein als der Repräsentant einer „Rape Culture", die nicht nur frauenfeindlich, sondern zu allem Überfluss auch noch fremdenfeindlich ist.

Dieser Feminismus hat längst das Interesse an einer Auseinandersetzung mit sozialen Realitäten verloren und kreist um die eigenen Ressentiments und, ja, auch Hassgefühle. Warum aber protegiert die Bundeszentrale für politische Bildung ausgerechnet eine solche Feministin, die doch im „Spiegel" ohnehin schon wöchentlich die Gelegenheit hat, vor einem Millionenpublikum um ihre Ressentiments herum weltvergessen Schnörkel zu laufen? Warum nicht eine Feministin, deren Beispiel zeigt, dass es auch einen Feminismus gibt, der nicht von Hass beschädigt ist? Die anarchistische Feministin Wendy McElroy zum Beispiel, oder die liberale französische Feministin Elisabeth Badinter oder auch die Equity-Feministin Christina Hoff Sommers?

Ganz ohne unbedingt Ally sein zu wollen, hatte ich mich schon in der Jugendzeit und dann immer wieder mit allen möglichen feministischen Themen, Texten oder Positionen beschäftigt. Es interessiert mich, und ich wäre froh, heute feministische Positionen in politischen Debatten zu finden, die offen, interessiert und human sind.

Stattdessen agieren etliche Feministinnen ganz so, als würden sich beliebige soziale Probleme zuverlässig von selbst lösen, wenn sie nur

---

179 Vgl. Stokowski, Margarete: Des Rudels Kern. Online seit dem 7. Januar 2016 unter http://www.spiegel.de/kultur/gesellschaft/margarete-stokowski-ueber-sexualisierte-gewalt-a-1070905.html

mit dem immergleichen Ressentiment beschreiben würden. Ein Credo, das sich ebenso in der AfD finden lässt.

Warum also trägt die Bundeszentrale nicht zur politischen Bildung bei, indem sie Beispiele für andere Feministinnen zeigt? Ich jedenfalls wäre daran sehr interessiert.

Könnte es vielleicht sind, dass die Bundeszentrale für politische Bildung – zumindest in Deutschland – solche Beispiele selbst nicht findet?

Über den Umgang mit Menschen, die andere Menschen als Müll bezeichnen

Im August 2018 kondensierte männerfeindliche Hate Speech im Hashtag #MenAreTrash, „Männer sind Müll". Einer meiner Leser hatte daraufhin eine Mail an den Präsidenten der Freien Universität in Berlin geschrieben und sie auch mir zur Info zukommen lassen. Mit seiner Erlaubnis zitiere ich sie:

Sehr geehrter Herr Präsident,
die Freie Universität hat das Selbstverständnis, für Freiheit, Wahrheit und Gerechtigkeit einzutreten und insbesondere Geschlechtergerechtigkeit zu fördern.
Bedauerlicherweise hetzt ein Professor Ihrer Universität aktuell öffentlich auf Twitter gegen eine Gruppe von Menschen, deren pauschale Bezeichnung als Müll er ausdrücklich gut heißt. Es ist (noch) nicht „Andersdenkende sind Müll", sondern „Männer sind Müll".
Ich möchte Sie höflich dazu einladen mit diesem Herren, Prof. Anatol Stefanowitsch, das Gespräch zu suchen und ihn darauf hinzuweisen, dass derartige Hasskampagnen gegen bestimmte Menschengruppen mit einer Tätigkeit an der „Freien Universität Berlin" unvereinbar sind.
Über eine Rückmeldung Ihrerseits würde ich mich sehr freuen.
Vielen Dank!
Mit freundlichen Grüßen

Anatol Stefanowitsch, Professor für Sprachwissenschaft am Institut für Englische Philologie, der zuletzt ausgerechnet das Buch „Warum wir eine politisch korrekte Sprache brauchen" veröffentlicht hat, hatte sich auf Twitter den Hashtag #MenAreTrash ausdrücklich zu eigen gemacht und bekundete: „Trash wer ein Mann ist und ein Hashtag wie

#MenAreTrash nicht zum Anlass nehmen kann, einmal still über sich und seine Rolle in der Gesellschaft nachzudenken."[180]

Wer als Müll bezeichnet wird, soll nicht meckern, sondern die Klappe halten: Das gefällt über tausend der zahlreichen Follower. Auffällig ist hier nicht nur die Ignoranz des Sprachwissenschaftlers gegenüber der deutschen Grammatik. Der Berliner Professor formuliert eine radikal autoritäre Position: Menschen, die ihre eigene Entmenschlichung und Entwürdigung nicht verinnerlichen und bejahen, hätten sie erst recht verdient.

Ob ihm das nun klar ist oder nicht, reproduziert er damit die Männerfeindlichkeit des extremsten Feminismus. Valerie Solanas träumt beispielsweise in ihrer Vernichtungsfantasie SCUM von Männern, die sich aus Einsicht in ihre Wertlosigkeit selbst umbringen.[181] Da die Selbstmordquote von Jungen und Männern ja tatsächlich um ein Mehrfaches höher ist als die von Mädchen und Frauen[182], ist solch eine faschistoide Logik der genüsslich exerzierten Entmenschlichung ganz besonders furchtbar.

Der Brief an den Präsidenten ist angesichts dieser offenen gruppenbezogenen Menschenfeindlichkeit sehr maßvoll. Er fordert keineswegs kraftmeierisch, Stefanowitsch aus dem Amt zu entfernen, sondern lädt dazu ein, das Gespräch mit dem Professor zu suchen. Das ist auch gleich aus zwei Gründen wichtig.

Erstens sind Professoren üblicherweise Beamte, und für die gilt das „Mäßigungsgebot". Natürlich können sich auch Beamte politisch betätigen, doch auch außerhalb des Dienstes müssen sie dabei „diejenige Mäßigung und Zurückhaltung zu wahren, die sich aus ihrer Stel-

---

180 Vgl. Stefanotisch Anatol unter https://twitter.com/astefanowitsch/status/1029777 417710260225 sowie https://twitter.com/astefanowitsch/status/102974231063925 1456.

181 Vgl. Solanas, Valerie: Solanas, Valerie: Manifest der Gesellschaft zur Vernichtung der Männer. Augsburg 1996. Das Buch mit seinen Vergasungsphantasien über „genetisch minderwertige" Männer wurde seitdem unter verschiedenen Titeln von mehrere feministischen deutschen Verlagen immer wieder neu aufgelegt. Vgl. kritisch dazu Schoppe, Lucas: In aller Unschuld alle Männer töten. Online seit dem 21.5.2013 unter https://man-tau.com/2013/05/21/in-aller-unschuld-alle-manner-toten/.

182 Vgl.N.N.: Geschlechterunterschiede bei Suizid und Suizidalität/Fachartikel. Online unter https://gendermedwiki.uni-muenster.de/mediawiki/index.php?title=Geschlechterunterschiede_bei_Suizid_und_Suizidalit%C3%A4t/Fachartikel.

lung gegenüber der Allgemeinheit und aus der Rücksicht auf die Pflichten ihres Amtes ergeben". Menschen aufgrund ihrer Geschlechtszugehörigkeit öffentlich pauschal als „Müll" zu bezeichnen und sich dabei sogar ausdrücklich an eine entsprechende Kampagne anzuhängen, wird diesem Gebot offensichtlich nicht gerecht.

Die Leitung der Universität hat also eigentlich gar nicht die Möglichkeit, das Verhalten ihres Professors unkommentiert zu lassen, sondern ist dienstrechtlich zum Eingreifen verpflichtet. Andernfalls könnten wir das Mäßigungsgebot auch streichen: Ein Rechtsgebot, dessen Übertretung keine Folgen hat, ist keines mehr.

Zweitens, und noch wichtiger: Stefanowitsch ist als Professor sowohl für Studentinnen als auch für Studenten verantwortlich. Mehr noch, das Fach Englisch bzw. Anglistik wird zu einem großen Teil von Menschen studiert, die damit einmal in den Schuldienst gehen und die dann sowohl für Mädchen als auch für Jungen gleichermaßen verantwortlich sein werden. Die Angehörigen eines ganzen Geschlechts pauschal und genüsslich als „Müll" hinzustellen, ist eine offenkundige Demonstration der Missachtung dieser Verantwortung, sogar der Verachtung für sie.

Warum aber reagiert der Leser in seiner Mail so maßvoll? In der Debatte um die feministische Hate Speech unter dem Banner #MenAreTrash gab es einige Äußerungen, die darauf drängten, sprachlich härter zu antworten. Auch wenn ich das nicht so sehe, ist es wichtig, zunächst kurz zu klären, welchen Sinn ein solches Bedürfnis nach einer heftigeren Sprache eigentlich hat. Es beruht nämlich nicht bloß auf Wut und mangelnder Selbstkontrolle, sondern lässt sich spieltheoretisch gut erläutern.

In der Spieltheorie nämlich ist schon lange deutlich, dass die sogenannte Tit-for-Tat-Strategie oft sehr sinnvoll ist. Damit wird auf des Verhaltens des anderen Spielers reagiert: Wenn dieser kooperiert, kooperiert man auch selbst – wenn er sich der Kooperation verweigert, zieht man sich ebenfalls aus der Kooperation zurück. Besonders gute Folgen hat diese Strategie, wenn man selbst mit einem Signal der Kooperation beginnt.

Der Sinn ist leicht nachzuvollziehen. Kooperation wird mit Kooperation belohnt, und dadurch können sich dann Strukturen eines gemeinsamen Handelns ausbilden. Demjenigen aber, der die Kooperation verweigert, werden sofort die Vorteile der Kooperation entzogen.

Würden wir hingegen unsere Kooperationsbereitschaft einfach aufrecht erhalten, obwohl der andere sichtbar nicht kooperiert – dann würden wir dessen Verweigerung sogar noch belohnen. Er könnte die Vorteile der Kooperation einstreichen, ohne die Investitionen für sie leisten zu müssen.

Wer also blind für das Verhalten des anderen stur weiter kooperiert, richtet damit auf lange Sicht sogar Schaden an, weil er ein destruktives Verhalten fördert.

Daher sind Menschen in spieltheoretischen Experimenten bereit, sogar eigene Opfer in Kauf zu nehmen, wenn das die Bedingung für die Bestrafung eines anderen ist, der die gemeinsamen Regeln gebrochen hat.[183] Das kurzfristige Opfer lohnt sich, weil damit langfristig gesichert wird, dass andere nicht einfach ungestraft die Strukturen der Kooperation ausnutzen können. Das zeigt übrigens nebenbei auch, wie groß insgesamt der Gewinn der Kooperation auch für Einzelne ist.

Wer aber nun Menschen offen, und gar allein aufgrund biologischer Zugehörigkeiten, als „Müll" beschimpft, der signalisiert so deutlich wie nur möglich, dass er zu keiner Kooperation mit ihnen bereit ist. Er ist demonstrativ nicht einmal bereit, ihre basale Menschenwürde zu respektieren, nimmt also für die Beschimpfung sogar unverhohlen in Kauf, gemeinsame und grundlegende moralische Regeln zu brechen.

Es ist völlig nachvollziehbar, wenn Menschen auf solch ein destruktives Verhalten verbal scharf reagieren. Das ist keineswegs seinerseits verroht. Eine solch harte Reaktion auf massive Regelbrüche haben wir eben deshalb trainiert, weil wir kooperative Wesen sind und weil wir die Spielregeln der Kooperation verinnerlicht haben.

Warum ist die Reaktion dann aber trotzdem nicht sinnvoll?

Wenn ich einen Text veröffentliche, dann bewege ich mich nicht im Privatgespräch mit Leuten wie Anatol Stefanowitsch oder der Feministin Sibel Schick, die #MenAreTrash hierzulande an erster Stelle

---

183 Einschlägig ist der Essay „Altruistic Ounishment in Humans" von Ernst Fehr und Simon Gächter, erschienen in der Zeitschrift „Nature" von Februar 2002. Online ist er verfügbar unter https://www.researchgate.net/publication/11552998_Altruistic_Punishment_in_Humans

propagierte. Ich reagiere also nicht nur auf sie, davon bekommen vermutlich sie ja meist gar nichts mit. Ich äußere mich gegenüber anderen Menschen, die zu einem großen Teil zwar still bleiben, die aber ganz anders agieren als die brutalisierten Akteure, die einen großen Teil der Aufmerksamkeit auf sich ziehen.

Wenn ich von meinen eigenen Erfahrungen – immerhin mit ganz unterschiedliche Menschen aus ganz unterschiedlichen Bereichen der Gesellschaft – hochrechne, dann haben sicherlich achtzig Prozent der Menschen den Wunsch, grundsätzlich mit anderen zu kooperieren und halbwegs friedlich zu kommunizieren. Das schließt die Schaulust bei kommunikativen Totalschäden wie dem #MenAreTrash-Hashtag nicht aus. Diese Schaulust ist aber keine Zustimmung.

Wenn ich also sprachlich ebenso verroht gegenhalte, dann kann flüchtigen Betrachtern nur der Eindruck entstehen, dass auf allen Seiten Bekloppte agieren und dass sich eine weitere Beschäftigung mit dem, worüber ich schreibe, nicht lohnt.

Das wiederum ist für mich selbst – und für andere, die ähnlich denken wie ich – sehr viel schlimmer als für Akteure wie Stefanowitsch oder Schick. Die nämlich sind institutionell privilegiert, Stefanowitsch noch einmal deutlich stärker als die „taz"- und „Missy"-Autorin, die aber ihrerseits auch eine deutlich größere Reichweite hat als viele andere im Netz.

Selbst noch solche feministischen Positionen, die Verachtung für Väter artikulieren oder die explizit männerfeindlich sind, werden institutionell abgesichert: in Parteien, in der Gleichstellungsbürokratie, in Universitäten, in Gewerkschaften, in großen Medien. Wer so agiert, hat es also gar nicht nötig, einen großen Teil der Leser oder Zuhörer zu überzeugen – er, bzw. sie, muss lediglich darauf achten, die eigene institutionelle Position nicht zu riskieren.

Wenn also der Eindruck entsteht, dass auf allen Seiten nur Bekloppte agieren würden – dann haben brutalistische Akteure wie Stefanowitsch oder Schick schon gewonnen. Sie nämlich können sich das leisten.

Tatsächlich wirkt die wegwerfende Betitelung anderer als *Müll* eben dadurch, dass sie gängige Regeln so frontal wie unverstellt bricht. Seht her: WIR können ohne Folgen für uns zivile Regeln brechen, an die IHR euch sorgfältig zu halten habt. So ist dieser Hashtag denn auch vor allem eine offene, schambefreite Demonstration eben derjenigen Privilegien, die zugleich projektiv den Beschimpften untergeschoben werden.

Es ist ganz illusorisch zu glauben, gegen solch eine institutionell gestützte Brutalität wäre etwas auszurichten, wenn man nur in den Kommentarspalten irgendeines Blogs besonders kräftig vom Leder zöge. Das kratzt Stefanowitsch oder Schick gar nicht – es schreckt aber zivilere Leser ab, die sonst vielleicht interessiert wären, und es behindert den Aufbau kleiner, ziviler Foren unterhalb und außerhalb der etablierten Institutionen.

In den ersten Jahren meines Lebens als Trennungsvater war es für mich besonders bedrückend zu merken, wie allein ich damit dastand. In den Medien – den Massenmedien wie den sozialen Medien – wurde die Ausgrenzung von Vätern fast rundweg entweder begrüßt oder ignoriert, und dort, wo sich Widerstand regte, wurde manchmal so hart, bitter und stellenweise auch verroht argumentiert, dass ich mich auch dort nicht wiederfand. Durch das Verdienst vieler – Arne Hoffmann, Christian Schmidt, der Autoren der Website „Cuncti", dem Forum Sozial Inklusion und vieler anderer Publizisten und Aktivisten – hat sich das geändert.

Wenn daher jemand das Gefühl hat, gegen die #MenAreTrash-Hetze müsse eine klarere Kante gefahren, also deutlich schärfer und wütender formuliert werden, kann er das gern machen. Aber bitte nicht auf Plattformen auf denen andere viel Arbeit investieren, um zivile Dialoge zu ermöglichen. Akteure wie Schick oder Stefanowitsch sind nämlich gar nicht so sonderlich wichtig.

Wichtig aber finde ich, dass es außerhalb der institutionell gestützten, hierarchiefixierten verbalen Gewaltsamkeiten Foren der zivilen Verständigung gibt, die prinzipiell möglichst vielen offenstehen. Eine neue APO, sozusagen.

Feminism is good for you – und zwar auch oder gerade wenn du ein Mann bist

Mithu Sanyal

Eine meiner (vielen) Lieblingsautorinnen ist Dorothy L. Sayers und eine meiner (wenigen) Lieblingswerbungen ist die mit dem Tukan und den zwei randvollen Gläsern über dem Slogan: „Guinness is good for you." Da aller guten Dinge drei sind, hat Dorothy L. Sayers die Werbung für die irische Brauerei geschrieben. Und so wie die Guinness-Werbung auf ihrer Befragung von Kunden basiert – die erklärten, dass sie sich nach einem bis zahlreichen Gläsern „good" fühlten – basiert dieser Text auf meiner Befragung von Männern zum Feminismus. Okay, hauptsächlich auf einer Reihe von E-mails des Herausgebers dieses Sammelbandes, der mich unter anderem auf Artikel des Bloggers „Leszek" hinwies[184]. Aber die beiden sind Männer, also zählt das. Und den Tukan kann man sich ja dazu vorstellen.

Tatsächlich spreche ich, seit ich denken kann, mit allen möglichen Menschen über alles Mögliche. So auch mit Männern über die verschiedenen Feminismen, doch waren die durch die Bank begeistert davon, vor allem, wenn sie mit mir ins Bett wollten. Nicht, weil sie dachten, das sei eine gute Strategie, nach dem Motto: Hey, ich mag Feminismus, fickst du mich dafür? Sondern weil sie und ich Feminismus als das Instrument betrachteten, das es uns erlaubte, einander auf Augenhöhe zu begegnen. Für Männer, so sie heterosexuell waren, bedeutete

---

184 Vergleiche die beiden Blogbeiträge: Leszek zu der Frage, ob Gender Studies unwissenschaftlich sind, online veröffentlicht am 4.8.2016 unter https://geschlechterallerlei.wordpress.com/2016/08/04/gastartikel-leszek-zu-der-frage-ob-gender-studies-unwissenschaftlich-sind sowie Leszek darüber, wie Vertreter der Gender Studies mit Kritik umgehen, online veröffentlicht am 7.8.2016 unter https://geschlechterallerlei.wordpress.com/2016/08/07/gastartikel-leszek-darueber-wie-vertreter-der-gender-studies-mit-kritik-umgehen.

das, dass auch sie Beziehungen mit Menschen auf gleichberechtigter Basis haben konnten und nicht mit Geschöpfen, um deren Lebens- und Luxusunterhalt sie sich kümmern und denen sie die Bedürfnisse von den Augen ablesen mussten. Wenn sie darauf Lust hatten, konnten sie sich ja ein Haustier anschaffen. Aber vor allem bedeutete es für uns alle, dass wir miteinander kommunizieren konnten, dass wir nicht so tun mussten, als kämen Männer vom Mars und Frauen von der Venus und müssten sich nun möglichst gekonnt dazu manipulieren, miteinander Sex zu haben oder Eheringe zu kaufen oder was weiß denn ich.

Soweit das Ideal.

Häufig klappt das natürlich nicht und man fühlt sich dazu verlockt, doch Ratgeber ins leere Bett mit zu nehmen und nachzuschlagen, warum das so kompliziert ist mit dem anderen Geschlecht. Häufig klappt es auch auf der Ebene der gesamten Gesellschaft nicht und auch dafür gibt es Ratgeber, nur dass sie hier „politische Analysen" heißen. Und manche Analysen sind hilfreicher als andere. Für mich kommen viele – wenn auch bei weitem nicht alle – der hilfreichsten Analysen aus den Feminismen. Und wie Leute, die Senf mögen und selbstverständlich davon ausgehen, dass alle Senf mögen, bin ich immer davon ausgegangen, dass das allen so gehen würde. Plus, ich war einfach lange niemandem begegnet, für den*die Senf respektive Feminismus nicht die Würze der Wahl war.

Deshalb überraschten mich die Einwände gegen den Feminismus – Spoiler: Es gibt nicht den einen Feminismus, aber das ist kein Argument, um sich nicht mit Kritik auseinander zu setzen – und ich ging davon aus, dass es sich hier um ein grundlegendes Missverständnis handeln musste, um einen Kommunikationszusammenbruch, der doch sehr bedauerlich ist. Zum Teil glaube ich das immer noch. Bei anderen Teilen bin ich mir nicht so sicher. Aber Unterschiede werden definitiv immer unüberbrückbarer, wenn man aufhört miteinander zu kommunizieren. Da ich in den letzten Jahren zu so etwas wie einer Übersetzerin zwischen unterschiedlichen politischen Lagern (nicht unbedingt unterschiedlichen politischen Richtungen, weil die Inhalte manchmal gar nicht so weit voneinander entfernt sind) geworden bin – wie auch immer es dazu kommen konnte, denn in meinem privaten Umfeld bin ich keineswegs für meine Besonnenheit bekannt – mache ich mich mal an die Übersetzung.

Im Folgenden sind die Argumente gegen den Feminismus *kursiv* und meine Antworten normal gedruckt – und das soll keine Wertung sein. Es ging mir nur darum, sie voneinander abzusetzen. Ich werde mir alle Mühe geben, aber natürlich ist es nicht möglich, Missverständnisse und Verletzungen auszuschließen, in alle Richtungen. Dann müssen wir halt weiter reden.

Kritik: Die komplette Unwilligkeit, sich mit Maskulisten auch nur zu unterhalten und uns pauschal zu verteufeln – in der Regel, ohne ein einziges maskulistisches Buch jemals gelesen zu haben.

Es stimmt, ich kenne Feminist*innen (und ja, ich komme nachher auch auf das Gender* zu sprechen), die sich nicht mit Maskulist*innen unterhalten wollen. In der Regel sind das Feminist*innen, die von Leuten, die sich Maskulisten nennen, (online) massiv angegangen worden sind.

Ihr seid nicht daran schuld, was einige im Namen des Maskulismus machen? Das bringt mich zu:

Kritik: Hashtags wie #killallmen, #menaretrash und so weiter, die du umgekehrt in der Männerbewegung auch nicht findest.

Ja, ich finde Hate-tags auch Kacke. Ich könnte noch Hashtags wie #killthebitch hinzufügen. Damit will ich nicht sagen: Selber! Sondern: Stimmt, wir könnten alle von einem Training in gewaltfreier Kommunikation (nach Marshall B. Rosenberg)[185] profitieren. Und nicht nur wir. Auch die politische Kommunikation, bei der es nicht um Geschlecht, sondern um andere Hot Topics wie Religion, Migration, Sex, Steuern, den Wohnungsmarkt – also um nahezu alle Themen – geht, ist oft auf Eskalation und eben nicht ganz so oft auf Verständnis ausgelegt. Was lernen wir daraus? Menschen können scheiße kommunizieren, egal bei welchem Thema. Also hat es wahrscheinlich weniger mit den Inhalten zu tun, als eher mit der Art der Kommunikation.

Kritik: Dazu gehören auch Schlagworte wie „toxic masculinity", die längst nicht mehr auf die ursprüngliche Bedeutung begrenzt sind, sondern auf Männlichkeit generell abzielen, ohne dass ihnen andere

---

185 Vergleiche beispielsweise Marshall B. Rosenberg:Konflkte lösen durch gewaltfreie Kommunikation. Herder 2004

Begriffe wie „healthy masculinity" oder „toxic femininity" (für proble-
matische Verhaltensweisen bei Frauen) an die Seite gestellt werden.

Für mich bedeutet „toxic masculinity" – wie auch „toxic femininity" –
die Art, wie Geschlechtererwartungen/-Rollen/-Normen sich auf Menschen auswirken und sie sozusagen schleichend von innen vergiften.
Diese innere Vergiftung hat als Folge Wechselwirkungen mit der Außenwelt. Das ist nicht nur der ursprüngliche, sondern auch der pro-
duktivste Gebrauch von „toxic genderwasauchimmer" und ich würde
mir wünschen, dass er sich (wieder) durchsetzt. Es ist richtig, dass
manche Feminist*innen „toxic masculinity" oft mit der Nebenbedeu-
tung von „Männlichkeit ist toxisch" benutzen (ebenso wie es Maskuli-
nist*innen gibt, die Sätze sagen wie „Feministinnen wollen sich alle
nur auf ihrem Opferstatus ausruhen" sprich: Feminist*innen seien die
Verkörperung von „toxic femininity".) Das hat den Nachteil, dass es
Verhaltensweisen, die man ja eigentlich verändern will (wie: nicht über
Gefühle reden zu können, immer alles im Griff haben zu müssen, Probleme lösen wollen, bevor man verstanden hat, worum es überhaupt
geht etc.) zementiert, und das ist nicht nur wenig hilfreich, sondern
schlicht tragisch.

Allerdings sehe ich das nicht als feminismusspezifisches Phänomen, sondern finde dieses Begriffsverständnis auch in Artikeln von
Autor*innen, die ich keineswegs als feministisch wahrnehme (aber wer
weiß, ich bin ja nicht die Gatekeeperin des Feminismus). Ich sehe hierin ein grundsätzliches gesellschaftliches Problem: Wir haben die alten
Konzepte von Männlichkeit hinterfragt und in vielen Teilen als schädlich (für Männer und in der Folge auch für alle anderen Geschlechter)
erkannt, aber wir haben noch keine (oder zumindest nicht genug)
neue Konzepte. Also eiern wir zwischen anachronistischen Ein-Mann-
ist-ein-Mann-Zirkelschlüssen und Männer-Bashing hin und her und
tun uns insgesamt schwer, in informativer Form über Männer zu reden.

Und trotzdem ist das doch schon deutlich besser als etwa in der
Generation meiner Eltern. Meine Mutter hätte jederzeit unterschrie-
ben, dass mein Vater sich ihr überlegen fühle, weil er ein Mann ist.
Und mein Vater, dass Frauen nur Perlenketten und Pelzmäntel von
Männern wollen. Menschenbilder, die uns heute hochgradig merkwür-
dig erscheinen. Und warum erscheinen sie uns merkwürdig? Nun, un-

ter anderem wegen den Feminismen.Das verwandte Konzept „toxic femininity" verwende ich übrigens gerne. Andere Feminist*innen sprechen vom Cinderella-Syndrom[186] oder von Hyperfeminisierung.[187] Also ist es durchaus feministisches Allgemeinwissen, dass auch Frauen, die durch das Patriarchat (und auch darauf komme ich später) verformt worden sind, nicht nur gute, reine Opfer sind, sondern dass es echt nicht notwendigerweise angenehm ist, mit Opfern zusammen zu leben. Nun sind wir alle in der einen oder anderen Form Opfer und Täter*innen und aktiv und passiv verstrickt, und wir sind alle nicht immer angenehm. Diese Verformungen aufzulösen ist das Ziel des Feminismus, so wie ich ihn verstehe – und zwar für alle. Und ja, die Feministinnen der 70er Jahre haben sich erst einmal an die Baustellen bei den Frauen gemacht. Weil man nun einmal an dem arbeitet, was einem als erstes auffällt. Doch gab es daran damals schon und seitdem immer wieder Kritik, vor allem interne Kritik.[188] Die fehlende Universalität des Feminismus/der Feminismen wurde immer wieder angemahnt und es wird immer weiter daran gearbeitet.[189] Und zwar nicht, weil die Feminismen besonders wenig universell sind, sondern gerade weil sie diesen Anspruch an sich selbst haben. Ich habe zum Beispiel noch nie gehört, die Germanistik würde sich den Vorwurf der fehlenden Universalität machen.

---

186 Vergleiche Colette Dowling: Der Cinderella-Komplex: Die heimliche Angst der Frauen vor der Unabhängigkeit (Originaltitel: The Cinderella Complex: Women's Hidden Fear of Independence. Simon & Schuster, 1990) übersetzt von Manfred Ohl und Hans Sartorius. Fischer-Taschenbuch, Frankfurt am Main 1997.

187 Vergleiche Sarah K. Murnen and Donn Byrne: Hyperfeminity: Measurement and Initial Validation of the Construct. The Journal of Sex Research Vol. 28, No. 3 (Aug., 1991), S. 479-489.

188 Vergleiche Christina Thürmer-Rohr: Mittäterschaft von Frauen: Die Komplizenschaft mit der Unterdrückung. In: Ruth Becker/Beate Kortendiek (Hrsg.): Handbuch Frauen- und Geschlechterforschung. Wiesbaden 2004, S. 85–90.

189 Vor allem schwarze Feministinnen, allen voran bell hooks und Angela Davis, haben den Diskurs über den nicht reflektierten Rassismus in den Feminismen eröffnet. Frauen mt Behinderungen haben darauf aufmerksam gemacht, dass der Kampf gegen den Abtreibungsparagraohen § 218 richtig und wichtig ist, dabei aber übersehen wurde, dass Frauen mit Behinderungen bis in die 1990er Jahre gegen ihren Willen zwangssterilisiert werden konnten. Trans Menschen haben die Einseitigkeit des Diskurses über sexualisierte Gewalt deutlich gemacht. Und so gibt es viele, viele Beispiele.

Kritik: Das aktive Torpedieren und Sabotieren maskulistischer Ein-richtungen und Veranstaltungen. Keiner von uns kommt auf die Idee, eine feministische Veranstaltung an einer Uni zu blockieren, mit Tril-lerpfeifen zu stören oder den Feueralarm auszulösen. Oder darauf, Frauenberatungszentren an einer Uni verbieten zu wollen.

Ich habe echt noch nie eine Veranstaltung – egal welche Veranstaltung – blockiert. Passiert das in Deutschland in nennenswerter Häufigkeit oder ist das eine amerikanische Form der Meinungsäußerung?

Ich finde übrigens auch Männerberatungsstellen sinnvoll. Wie z.B. auch Micha Schöller von der Frauenberatungsstelle Tübingen. In Tü-bingen gibt es eine vergleichbare Stelle für Männer. Und die ist immer verdammt leer, während Micha Schöller die Türen eingerannt werden. Schließt sie daraus, dass die Gelder für die Männer besser ihrer Stelle zugute kommen sollen? Keineswegs. Für sie ist gerade das der Grund, warum Männerberatungsstellen wichtig sind. Sie sagt, dass es für Männer noch größere Schranken gibt, sich Hilfen zu holen. In unserer Gesellschaft sind Männer es schlicht nicht gewohnt, dass sie gefragt werden, wie es ihnen geht und was sie brauchen. Weshalb sie häufig keine Antworten darauf haben.

Deshalb würde ich hier – wie oben – den Schluss ziehen, dass viele Vorwürfe von Männerrechtler*innen gegen Feminist*innen eigentlich Vorwürfe an die Gesellschaft sind. Bloß, dass Feminist*innen halt die-jenigen sind, die über Geschlecht sprechen und deshalb auch die Chance haben, überkommene Vorstellungen zu reproduzieren (ana-chronistisch: „Die Männer sollen endlich aufhören zu heulen" statt zeitgemäß: „Weinen ist eine physiologische Reaktion des Körpers, um emotionalen Stress abzubauen. Weiter so, liebe weinende Männer"). Denn genau diese Rollen, in denen wir alle, aber in diesem Fall halt Männer, festbetoniert werden, hinterfragen die Feminismen ja. Dass Feminist*innen dabei nicht automatisch eine neue Sprache haben, ist nur menschlich. Obwohl wir uns Mühe geben, siehe: die Genderstern-chen – um darauf hinzuweisen, dass z.B. ein*e Pilot*in ein Mann, eine Frau oder ein weiteres Geschlecht sein kann. *Aber die sind doch auto-matisch mitgemeint.* Ja, das war das Versprechen, aber Studien zeigen wieder und wieder, dass sich Menschen, wenn ihnen gesagt wird „stellt euch mal einen Piloten vor" einen weißen Mann, Mitte 30 in Uniform vorstellen.[190] Vielleicht finden wir irgendwann andere, bessere Lösungen. Bis dahin haben wir das *. Das Gendersternchen ist nämlich weder das wichtigste Anliegen noch Endziel des Feminismus, sondern nur der Versuch, Sprache inklusiver zu machen. Darüber hinaus finde ich es ästhetisch ansprechend. Aber mehr ist es nicht, deshalb möchte ich ihm hier auch nicht mehr Aufmerksamkeit widmen.

Kritik: Eine unzureichende Konfrontation mit den Schattenseiten eurer Bewegung von dem faschistoiden Feminismus einer Valerie Solanas (wobei Solanas und ihre Lebensgeschichte keine Entschuldigung sind; der Mist wird ja kontinuierlich neu aufgelegt und vorgetragen) bis zu den mittlerweile sechs Menschen, die sich infolge von #MeToo umgebracht haben und in der feministischen Debatte über MeToo weitgehend unerwähnt bleiben.

Oh ja, Valerie Solanas. Ich muss zugeben, dass ich das SCUM-Manifest in meiner Jugend auch mal amüsiert gelesen habe, was mir heute peinlich ist. Nicht, dass ich es gelesen habe, sondern dass ich seine zutiefst entmenschlichende Rhetorik nicht wahrnehmen konnte, *weil sie sich nicht gegen mich gerichtet hat.* Das ist inzwischen ein zentrales Anliegen von mir. Aber umgekehrt erwarte ich auch nicht von jedem Mann, dass er sich von allen Büchern distanziert, in denen Männer* entmenschlichend über Frauen*, nicht weiße Menschen oder überhaupt Personen, die nicht ihrer Klasse entstammten, geschrieben haben. Wenn alle Bücher mit sexistischen oder rassistischen oder anderweitig diskriminierenden Stellen aus den Bibliotheken entfernt würden, bliebe nicht mehr viel von der Weltliteratur/Philosophie/Wissenschaft übrig. Nebenbei ist der Feminismus übrigens keine Partei. Es gibt nicht ein Manifest, ein Regelwerk, dem alle folgen. An vielen Punkten haben wir extrem unterschiedliche Positionen. Deshalb ist es nicht möglich,

---

190 Vergleiche Kira Hanser: „Are you a Madam, Sir?" – das ist der Klassiker. In: DIE WELT am 10.02.2017.
Pilotinnen berichten beispielsweise, dass sie regelmäßig von Passagieren um einen Kaffee gebeten werden, weil sie für Stewardessen gehalten werden. Auch werden sie (siehe die Überschrift des Artikels) gerne von Fluglotsen gefragt: „Are you a Madam, Sir?" Online findet man den Artikel unter https://www.welt.de/reise/article161880530/Are-you-a-Madam-Sir-das-ist-der-Klassiker.html.

den Feminismus an sich zu kritisieren, sondern nur einzelne Texte/ Aussagen einzelner Feminist*innen.

An den oben genannten Beispielen zeigt sich jedoch ein grundlegendes Problem und zwar das der Macht respektive Ohnmacht. Ein Beispiel: Der ehemalige Polizist und inzwischen Comedian Alfie Moore erklärt, dass es sexuelle Belästigung sei, wenn er Demonstrierenden auf den Po klatschen würde, aber nicht, wenn die das bei ihm machten. Weil es dabei immer auch um Macht geht. Und er ist als Polizist bei (den meisten) Demonstrationen die Autoritätsperson. (Das ist eine interessante/schwierige Haltung, die ich nicht 100%ig teile, aber trotzdem ist es ein wichtiger Aspekt, dass Missbrauch von Macht natürlich etwas mit Macht zu tun hat) Doch wo genau liegt die Macht zwischen den Geschlechtern? Heute? In den oben genannten Fällen (Solanas etc.) wäre meine Analyse, dass hier subjektiv empfundene Machtlosigkeit absolut gesetzt wird. Was ist die Lösung? Menschen, die sich bereits machtlos fühlen, auf die Finger hauen? Kann man machen, bringt aber nicht viel. Lasst uns stattdessen alle viel mehr über unsere eigene Macht herausfinden. Weil es befreiend ist, sich nicht machtlos zu fühlen. Und weil wir dann auch verantwortlich mit dieser Macht umgehen können.

Kritik: Es gibt das Patriarchat, gegen das sich der Feminismus ständig wehrt, überhaupt nicht. Was man daran sieht, dass Männer fünf Jahre früher sterben und in Kriegen verheizt werden und an zahllosen weiteren Beispielen.

Und genau das ist Ausdruck des Patriarchats. Dass nämlich die Menschheit in zwei (und mehr) Gruppen aufgeteilt wird, denen eingeredet wird, sie seien diametral unterschiedlich. Der männerpolitisch engagierte Schriftsteller Ralf Bönt drückt das so aus: Die eine Gruppe, lasst sie uns (ungenau aber populär) als Frauen bezeichnen, wird stärker kontrolliert und ihre Arbeit wird weniger wertgeschätzt; dafür werden sie auch mehr beschützt. Bei der anderen, (ebenso ungenau aber populär) den Männern, ist ihr Leben und ihre physische Unversehrtheit weniger Wert, dafür wird ihre Leistung höher geschätzt. Soweit das klassische Patriarchat. Wir leben in einer Zwischenform, die noch viele Aspekte unreflektiert weiterführt, aber gleichzeitig dabei ist, andere dynamisch zu verändern.

Welche Formen diese Veränderungen annehmen und ob wir die Gesellschaft dadurch menschenfreundlicher gestalten, liegt an uns. Deshalb finde ich es wichtig, über das Patriarchat zu sprechen.

Obwohl natürlich längst nicht alle Diskriminierungsformen auf das Patriarchat zurückgehen. Häufig verwechseln wir auch Kapitalismus und Patriarchat miteinander. Aber deshalb ist es ja so wichtig, darüber zu reden.

Kritik: Ein Intersektionalitäts-Verständnis, bei dem Diskriminierungen immer nur in eine Richtung laufen können, Diskriminierungen auf der anderen Seite also per se gar nicht erst in den Blick geraten können. Ausblendung des Forschungsstandes zu Diskriminierungen, sozialen Problemlagen und Menschenrechtsverletzungen, von denen Jungen und Männer betroffen sind.

Zuerst ein Wort zu Intersektionalität: Dabei geht es ja gerade darum, die verschiedenen Diskriminierungsformen zu erkennen und zu verstehen, wie sie zusammenwirken. Es liegt also nicht an dem Intersektionalitätsverständnis, warum manche Menschen nicht in der Lage sind zu sehen, dass Diskriminierung und Macht nicht nur in eine Richtung laufen. Es ist das Problem mit Komplexität: Sie ist einfach verdammt komplex.

Ich werde übrigens immer wieder gefragt, über Diskriminierungen von Männern und Jungen zu schreiben. Etwa direkt zu Beginn der #metoo-Debatte von der „taz" über männliche Opfer. Es gibt also ein deutliches und immer stärkeres Bedürfnis von feministischer und linker Seite an diesen Auseinandersetzungen. Warum diese lange so schwierig waren und es zum Teil noch immer sind, liegt meines Erachtens daran, dass wir in einer Gesellschaft leben, in der Betroffenen(gruppen) gegeneinander ausgespielt werden – nach dem Motto: Wollt ihr, dass das Schwimmbad oder die Bibliothek nicht geschlossen wird? Dass es also die berechtigte Angst gibt, sobald über Opfer aller Geschlechter gesprochen wird, könnte daraus gefolgert werden: Dann geht es ja allen gleich schlecht, dann ist das ja gar nicht ungerecht; stellt euch also mal nicht so an.

Oder – und das ist meine Angst – dass wir den Blick auf spezifische Diskriminierungen verlieren. Denn beispielsweise Sexismus gegen Frauen äußert sich anders als Sexismus gegen Männer oder Sexismus gegen trans Personen. Er verläuft auch nicht immer komplett unterschiedlich, aber es gibt schon Spezifika. Und deshalb müssen auch die Gegenstrategien spezifisch sein. Einer der Orte, wo eben diese Komplexitäten erforscht werden, sind die Gender Studies. Und damit wären wir bei:

> *Kritik: Genderstudien sind keine Wissenschaft, sondern eine Ideologie, was sich an ihrer Weigerung zeigt, die in den Geisteswissenschaften und Sozialwissenschaften ansonsten gängigen wissenschaftlichen Standards ernst zu nehmen und einzuhalten.*

Gender Studies sind natürlich ein viel zu großes Feld, um sie hier erschöpfend zu behandeln. Deshalb nur grundlegend: Wissenschaftliche Standards sind, wenn man sie sich mal genauer anschaut, in allen Disziplinen verdammt rar gesät. Und die Gender Studies gehören zu den wissenschaftlicheren Disziplinen, die ich näher kenne, weil sie wissenschaftliche Verfahren überprüfen und reflektieren. Wenn ich wissenschaftlich sage, dann meine ich damit, dass ich in meiner akademischen Arbeit meine Quellen kenntlich mache und angebe, so dass Menschen nachrecherchieren und sich ein eigenes Bild machen können. Ich versuche, Aussagen zu belegen. Natürlich habe ich ein Forschungsinteresse, das sich direkt oder indirekt in meiner Forschung niederschlagen wird. Das ist übrigens auch nicht zu vermeiden und in allen anderen Disziplinen genauso. Wenn ich mit derselben Brille auf Archäologie, Literaturwissenschaften, Chemie, Medizin … schauen würde, würde ich dort dieselben Erkenntnisschranken und einseitigen Ansichten finden. Deshalb würde aber kein Mensch bestreiten, dass Archäologie, Literaturwissenschaft, Chemie, Medizin … wichtige Erkenntnisse zustande gebracht haben und überhaupt wichtig sind. Bei den Gender Studies aber schon. Siehe:

> *Kritik: Grundsätzlich gilt meines Erachtens: Die Gender Studies sind unwissenschaftlich, sie versuchen sich (und ihre Unwissenschaftlichkeit) in zahlreichen anderen Disziplinen zu verankern, stellen meines Erachtens zumindest in langfristiger Perspektive ein Risiko für den universitären Wissenschaftsbetrieb dar, die Gender Studies scheinen nicht selten einen negativen Einfluss auf Studenten zu haben, die das Fach studieren, insofern die Gender Studies zumindest einen Beitrag*

> *dazu leisten ideologisierte politisch korrekte Mentalitäten hervorzu-*
> *bringen, die nur in eine Richtung denken können, zum Opfernarziss-*
> *mus neigen und eine geringe Wertschätzung für die Meinungsfreiheit*
> *haben. Damit zusammenhängend Ausblendung sämtlicher sozialwis-*
> *senschaftlicher Forschungsergebnisse, die nicht zu dieser Vorannahme*
> *passen.*

Puh, das ist harter Tobak! Ich habe in den Gender Studies zum ersten Mal überhaupt von Diskriminierung aufgrund von Geschlecht Männern und Jungen gegenüber erfahren. Autor*innen wie David Benatar[191] habe ich darüber kennen gelernt. Nun kann man jeden Studiengang besser machen, und die Qualität der Lehre steht und fällt mit den Lehrenden. Deshalb ist Selbstkritik wie in jeder anderen Disziplin auch wichtig. Gibt es Tendenzen zu Dogmatismus – so übersetze ich mir politische Korrektheit jetzt einmal – oder dazu, in Opfernarrativen zu verharren? Das möchte ich nicht ausschließen, da Dogmatismus und Opfernarrative im Moment die politische und intellektuelle Rhetorik (mit)bestimmen. Und wisst ihr was? Wir haben ja dieselbe Kritik an die Männerrechtler*innen.

Da ist es mit Sicherheit sinnvoll, diese Denkmuster zu hinterfragen. Und die Gender Studies tun dies. Methodenkritik heißt das in den Geisteswissenschaften. Und die ist nicht immer ganz ohne, wenn es um das eigene Leben/Erleben/Sein geht. Will sagen, es klappt nicht immer und wir haben alle blinde Flecken. Trotzdem machen ja eine ganze Reihe von Feminist*innen genau das, wie zum Beispiel Cordelia Fine, die sich sehr genau die Ergebnisse der Neurowissenschaften anschaut.[192] Zum Beispiel in Bezug darauf, dass männliche Gehirne so wahnsinnig anders sein sollen als weibliche, weil das Testosteron direkte Auswirkungen auf das Gehirn hat. Das Problem ist nur, dass der Testosteronlevel im Blut gar keine Auswirkung auf den im Gehirn hat. Und sogar wenn, was würde das für die *Funktion* des Gehirns bedeuten? Faszinierende Forschung, die einen über die Art, wie wir wissenschaftliche Erkenntnisse unhinterfragt glauben, nachdenken lässt.

---

191 Vergleiche David Benatar: The Second Sexism: Discrimination Against Men and Boys. Wiley-Blackwell 2012.

192 Vergleiche Cordelia Fine: Testosteron Rex. Unmaking the Myth of our Gendered Minds. Icon Books.2018.

Kritik: Ausblendung von Forschungsergebnissen konkurrierender geschlechter-soziologischer Ansätze, wenn diese nicht zu den Gender-Studies-typischen ideologischen Vorannahmen passen (z.B. Catherine Hakims Präferenztheorie). Wenn es IM DURCHSCHNITT Interessenunterschiede hinsichtlich Studium, Arbeit und Karriere zwischen Frauen und Männern gibt, dann ist klar, dass es auch zu gewissen geschlechtsbezogenen gesellschaftlichen Ungleichverteilungen kommen muss, trotzdem hat dies in diesem Fall nichts mit Diskriminierung zu tun, sondern ist dann in letzter Instanz Ausdruck der persönlichen Wahlfreiheit.

Und hiermit kommen wir ans Eingemachte. Ich finde es tatsächlich zentral, dazu zu forschen, wie die Unterschiede, die sich zwischen den Geschlechtern historisch manifestieren – und sie manifestieren sich historisch ja keineswegs durchgehend gleich, sondern sind einem heftigen Wandel unterworfen – entstanden sind, produziert werden und veränderbar sind. Mein Ziel ist es dabei übrigens auch, die persönliche Wahlfreiheit zu erweitern. *Aber wie ist es denn dann mit der Tatsache, dass so viel mehr Männer Programmierer werden wollen als Frauen?* Das ist ein hervorragendes Beispiel für die historische Gewordenheit von Unterschieden. In den Kindertagen des Computerprogrammierens war das nämlich Frauenarbeit, weil die Männer für die „harten Jobs", wie das Zusammenschrauben der Dinger verantwortlich waren. Nicht nur hat eine Frau das erste Computerprogramm geschrieben, Ada Lovelace, auch waren wirklich nahezu alle frühen Programmierer*innen Programmiererinnen. Das Wort „computer bug" wurde von einer Frau geprägt, Grace Hopper, nachdem sie 1947 eine Motte in ihrem Rechner gefunden hatte. Dann änderte sich das gegenderte Image des Jobs, und damit übten ihn mehr Männer aus. In Indien beispielsweise ist Programmieren noch immer vordringlich Frauenarbeit, weshalb in Bangalore, dem Silicon Valey Indiens, viel mehr Frauen beschäftigt sind als Männer. Das soll nicht heißen, dass jetzt auch unwillige Mädchen gedrängt werden sollen, Informatik zu studieren, und den Jungs die Tastatur weggenommen werden soll, sondern lediglich, dass wir alle, alle, alle aus der vollen Palette des Lebens auswählen sollten.

Ob es dann noch einen Rest Geschlechterunterschied gibt oder nicht, können wir in dieser perfekten Welt gerne diskutieren. Bis dahin ist das jedoch eine recht akademische Frage, da Geschlechterstereotype einen so massiven Einfluss darauf haben, wie sich Geschlecht auf unser Leben auswirkt, dass wir gar nicht davon abstrahieren können. Ein Beispiel: Gehirne sind unglaublich kooperativ und plastisch. Bei Psychotests kam heraus, dass Frauen*, die als Frauen* angesprochen wurden, Matheaufgaben deutlich schlechter lösten als die Kontrollgruppe, deren Mitgliedern gesagt wurde, ihr Geschlecht habe nichts mit diesem Test zu tun.[193] Bei einem entsprechenden Test an Männern schlossen diese deutlich schlechter bei einem Empathietest ab, wenn dieser als Empathietest galt und nicht etwa als Test für das Führen von Mitarbeitern. Unser Gehirn weiß, was von uns erwartet wird – auch und gerade in Bezug auf unser Geschlecht – und es gibt sich redliche Mühe, genau diese Ergebnisse zu produzieren.

Vor diesem Hintergrund ist es beruhigend, dass die Unterschiede der Gruppe aller Männer* im Verhältnis zu der aller Frauen* verdammt gering ausfällt und deutlich, deutlich, deutlich geringer als die zwischen individuellen Frauen* (oder individuellen Männern*) untereinander.[194] Mirja Stöcker drückt das so aus: Die Unterschiede zwischen Alex und Alexandra sind geringer als die zwischen Alex und Andreas.[195]

Kritik: Eine weitere gerne verwendete Diskusstrategie von Vertretern der Genderstudien wirft Kritikern des Faches vor, Gegner der Gleichberechtigung zwischen Frauen und Männern zu sein. Hierbei wird dann nicht selten mit einer Verwechslung der Begriffe Gleichberechtigung (Chancengleichheit) und Gleichstellung (Ergebnisgleichheit) hantiert.

Klar, Ad-hominem-Argumente sind immer das Ende von Auseinandersetzungen. Allerdings sind diese vielleicht ein wenig nachvollzieh-

---

193 Vergleiche Michael Johns, Toni Schmader, Andy Martens: Knowing Is Half the Battle. Teaching Stereotype Threat as a Means of Improving Women's Math Performance. First Published March 1, 2005 Research Article https://doi.org/10.1111/j.0956-7976.2005.00799.x

194 Vergleiche Cordelia Fine: Die Geschlechterlüge. Die Macht der Vorurteile über Frau und Mann. Klett-Cotta. 2012.

195 Vergleiche Mirja Stöcker (Hg.): Das F-Wort. Feminismus ist sexy. Ulrike Helmer Verlag. 2007

bar, wenn man bedenkt, dass es zur Zeit massive Angriffe gegen die Gender Studies gibt. Zum Beispiel von der AfD, die in ihrem Programm eindeutig sagen, wie sie zur Chancengleichheit ebenso wie zur Ergebnisgleichheit von Menschen stehen. Deshalb liegt der Verdacht erst einmal nahe, wenn jemand sagt: Unterschiedliche Ergebnisse lägen an unterschiedlichem Sein, dass dieser jemand damit verwischen möchte, dass er*sie gegen Chancengleichheit ist.

Aber schauen wir uns Chancengleichheit und Ergebnisgleichheit einmal an einem anderen Beispiel an. Ich nenne es das: *„Ja, Mithu, das sagst du jetzt, weil man mit Programmieren verdammt viel Geld machen kann. Wie ist das denn dann mit typischen Frauenjobs wie Kindergärtnerin? Machst du dich da auch für eine Männerquote stark?"*-Beispiel.

Bingo! Ich befürworte nämlich eine Männerquote in Kindergärten absolut. Aus so vielen Gründen: Weil Kinder von Anfang an erleben sollen, dass alle Geschlechter für Kuscheln und Kakka-Wegmachen zuständig sind. Dass alle Geschlechter trösten und bolzen können. Und dass sie, also die Kinder, das deshalb auch alles können. Dazu müsste man den männlichen Erziehern aber auch zugestehen, Babys zu wickeln und mit den Kleinen zu schmusen. (Der Herausgeber dieses Buches bat mich, diesen Aspekt herauszunehmen, da das „im Extremfall als Plädoyer für die Begünstigung von Pädophilie missinterpretiert werden" könne. Deshalb möchte ich es hier schriftlich geben: Pädosexualität ist ein Verbrechen. Mit Kindern zu kuscheln ist überlebensnotwendig für die Kinder. Und es kann nicht angehen, dass Kindergartenkinder lernen, Nähe und Wärme bekommen sie nur bei den Erzieherinnen, mit den Erziehern gehen sie raus bolzen. Deshalb ist mir dieser Satz vor allem mit der Angst, dass er missverstanden werden könnte, doppelt so wichtig: Wir sollten nicht allen Männern misstrauen, die menschlich mit Kindern umgehen.) Denn das ist ein eindeutiges Beispiel, wo das Patriarchat Männer – und damit indirekt uns alle – benachteiligt. Hier besteht für Männer eindeutig Chancengleichheit aber eben nicht Ergebnisgleichheit. Das heißt nicht, dass ich mich morgen um einen Job als Programmiererin bewerben würde, wenn die Gesellschaft eine andere gewesen wäre, als ich zur Schule gegangen bin. Aber ich wäre mit ziemlicher Sicherheit heute Mathematikerin. Ich spüre noch immer einen dumpfen Schmerz, dass ich zu wenig Mathematik in meinem Leben habe, und bettele meinen Sohn immer an, mit ihm Mathehausaufgaben machen zu dürfen. Gleichzeitig liebe ich meinen Job als Autorin und würde um nichts in der Welt tauschen wollen. Es bleibt komplex.

Kritik: Zudem wird von linken und liberalen Kritikern der Genderstudien bei diesem Thema auch häufiger Kritik an der in den Genderstudien gängigen Auffassung geäußert, auch sexuelle Orientierungen seien rein sozial konstruiert.

Das habe ich noch nie gehört und kann hiermit versichern, dass auch alle anderen Feminist*innen, die ich kenne, das für Unsinn halten und um keinen Preis vertreten würden. Sind damit vielleicht die Versuche von einigen Feminist*innen in den 70er Jahren gemeint, aus politischen Überlegungen lesbisch zu leben? Das hat sich nicht ohne Grund nicht durchgesetzt. Außerdem beschränken sich die Versuche, die Welt der Theorie anzupassen, auch keineswegs auf den Feminismus. So müssen aus politischen Gründen Berlin und Mecklenburg-Vorpommern zum Beispiel Gesetze zur Sicherheit von Seilbahnen erlassen, obwohl es dort gar keine Seilbahnen gibt.

Kritik: Oder Kritiker der Gender Studies werden durch die Bank als rechts diskreditiert. Es gibt meines Erachtens gute Gründe die Abschaffung der Gender Studies zu fordern (und dafür muss man keineswegs konservativ/rechts sein).

Könnte das vielleicht der Grund für die fehlende Offenheit der Gender Studies für Kritik von Männerrechtler*innen sein? Wenn jemand mir sagt, dass ich nicht existieren soll, interessiere ich mich nicht mehr sonderlich für die Gründe dafür. Und das sind ja keine bloßen Meinungen oder leere Drohungen, sondern in Ungarn hat beispielsweise die rechte Regierung unter Viktor Orbán gerade (Mitte 2018) die Gender Studies verboten.

Kritik: Feministinnen sehen Männer als Feinde.

Ach, das Einteilen der Welt in Feinde und Freunde, in Wir und Die. Das ist eines der virulenten Probleme unserer Zeit. Und natürlich sind Feminist*innen wie alle, alle, alle nicht davor gefeit. Dann wären wir Supermenschen und dann hätte ich Angst vor uns. Es ist einfach leichter, sich gegen Personen als gegen Systeme zu wenden, weil Menschen ein Gesicht haben und Systeme eben nicht. Aber ganz im Ernst, es ist trotzdem eher die Ausnahme als die Regel. *Das kann gar nicht sein, man muss nur feministische Blogs/Posts/Kolumnen lesen.* Ja, lesen wir sie, dann werden wir merken, dass Männerhass selten ist, aber wenn dann meistens provokativ formuliert. Differenzierungen sind leider nicht so knallig, deshalb stechen sie nicht so hervor. Wenn ich Blogs/Posts/Kolumnen von Männerrechtler*innen lesen, sträuben sich mir übrigens auch meist die Haare, weil ich auf der anderen Seite des Arguments stehe. Es würde uns allen gut tun, rhetorisch abzurüsten.

Kritik: Die Medien hören nur den Feministinnen zu und Frauen sehen nur ihre eigenen Probleme.

Schön wär's. Es stimmt, dass gerade eine Menge über sexualisierte Gewalt berichtet wird, weil das für Medien einfach sexy ist. Sex sells – und Gewalt auch. Die Probleme von Binnenflüchtlingen dagegen deutlich weniger. Deshalb bekommen sie auch erheblich weniger Sendeminuten, obwohl sie natürlich genauso ein feministisches Thema sind.

Es stimmt auch, dass sich Feminismus noch immer schwerpunktmäßig – wenn auch schon lange nicht mehr ausschließlich – mit den Problemen von Frauen* beschäftigt. Es ist nun einmal so, dass der Feminismus aus der Frauenbewegung hervorgegangen ist, und Menschen ihre eigenen Probleme deutlich leichter erkennen als die anderer Menschen. Doch haben Frauen* viele, viele Jahrzehnte damit verbracht, genau diese Probleme anderen Menschen – ihren Partnern, Chefs, der Gesellschaft – zu erklären. Das ist ein Job, für den sie nicht immer mit Rosen überschüttet wurden. Deshalb ist es jetzt die Aufgabe von Männern, den Frauen, anderen Männern und der Gesellschaft zu erklären, was ihre Probleme sind. Und ja, die andere Seite wird dabei häufig die Augen verdrehen und sagen: Müssen wir ständig reden?

Und das ist unfair und scheiße, aber das ist der Lauf der Dinge. Dafür sind diejenigen, die zuhören, umso wertvoller.

Plus: An diesen Erklärungsversuchen kann man eine Menge lernen. Ich habe ein viel größeres Wissen über meine Bedürfnisse als mein Beziehungspartner, *unter anderem* weil ich sie ihm immer wieder erklären musste. Teilweise gegen – nein, nicht gegen seinen Widerstand – aber gegen alle gesellschaftlichen Überzeugungen, dass Frauen halt immer reden wollen und Probleme am besten weggehen, wenn man das Maul hält. Heute beneidet er mich darum. Und ich muss lernen, jetzt ihm zuzuhören, was ich in den Jahren, in denen er einfach keine Ahnung hatte, dass reden überhaupt möglich ist, nie musste.

Deshalb sage ich nicht: Männer, ihr müsst etwas abgeben.

Nein, ich bin viel radikaler. Ich sage: Männer, ihr sollt euer komplettes Konzept dessen, was Männer sind, ändern. Denn meine Theorie ist, dass eine Menge der Kritik am Feminismus Neid ist. Da sind die Frauen oder Frauen* und sie reden ständig darüber, wie es ihnen geht und was sie verletzt und was sie brauchen. Und wisst ihr was? Da habt ihr Recht. Das ist nicht fair. Also tut es auch! Und da das so ein bisschen ist wie zu sagen „Dann sei doch selbstsicher", ergänze ich: Deshalb fordert, dass ihr Hilfe dabei bekommt.

Woher nehme ich die Arroganz so etwas zu fordern? Ja überhaupt zu denken, dass das eine gute Idee ist? Schließlich bin ich eine Frau. Aber eine Weile meines Lebens war ich weiblich und männlich. Nicht weil ich trans bin, noch nicht einmal, weil ich 9 Monate meines Lebens ein männliches Baby in meinem Bauch getragen habe, und noch nicht einmal, weil wir alle als männlich *und* weiblich im Mutterleib starten. Sondern weil wir viel, viel mehr Gemeinsamkeiten haben als Unterschiede.

Feminism is good for you. Prost!

Ein Land, von Frauen geprägt

Gerd Riedmeier

Ein von Frauen gefertigter Dokumentarfilm über Island und seine Gesellschaftsstrukturen trägt den Titel „*A Land Shaped By Women*" – ein Land, von Frauen geprägt. Der Titel bezieht sich auf die ausgewogene Teilhabe von Frauen und Männern in der Übernahme von politischer Verantwortung in Island. Die Welt blickt wohlwollend auf das kleine Land.

Nehmen wir Deutschland in den Fokus, so machen wir eine andere Erfahrung. Schnell wird eine vergleichsweise ungleiche Teilhabe von Frauen und Männern in der Übernahme von wirtschaftlicher, gesellschaftlicher und politischer Verantwortung deutlich. Angela Merkel ist zwar seit 14 Jahren Kanzlerin der Republik und ihre Nachfolgerin wird voraussichtlich ebenfalls eine Frau sein. Gleichzeitig liegt der Anteil von Frauen bei den Bundestagsabgeordneten deutlich unter 50 %. Es gibt Nachholbedarf.

In den Bereichen Geschlechter- und Familienpolitik hingegen lässt sich eine nahezu vollständige Dominanz von Frauen und ihren Verbänden feststellen. Eine besondere Art von ungleicher Teilhabe. Männer sind in diesen Bereichen hoffnungslos unterrepräsentiert: Frauen stehen an der Spitze des zuständigen Ministeriums und Frauen haben mit ihren Organisationen relativ einfachen Zugang in die politische Willensbildung. Frauen dominieren Familien- und Geschlechterpolitik in Deutschland. „*A Land Shaped By Women?*" In diesen Bereichen trifft dies zu, jedoch mit negativer Konnotation.

Dialog mit Männerverbänden

Festmachen lässt sich das Phänomen im mangelnden Gehör für Männer- und Väterorganisationen. Bis vor kurzem verweigerten noch sämtliche im Bundestag vertretene Parteien Gespräche mit authentischen Vertretern der Belange von Jungen, Männern und (getrennt erziehenden) Vätern. Die familienpolitischen Sprecher (m/w) tauschten sich intensiv mit den Vorsitzenden von Frauenorganisationen aus und ignorierten die Vertreter der Männerlobby. In vielen Parteien existieren institutionalisierte Frauenvertretungen: Die Arbeitsgemeinschaft Sozialdemokratischer Frauen (ASF) in der SPD, die Frauenunion in den Unionsparteien und andere. Analoge Männervertretungen gibt es in den Parteien nicht.

SPD und Grüne verweigern bis heute das Gespräch mit authentischen Männer- und Väterverbänden. Der familienpolitische Sprecher der SPD, Bundestagsabgeordneter Sönke Rix, sieht keinen Gesprächsbedarf; die Grünen beantworten Gesprächsanfragen nicht. CDU und CSU zierten sich bis in den Herbst 2018, um Gespräche mit Männervertretern zu ermöglichen. Bei der Partei Die Linke war lediglich die familienpolitische Sprecherin bereit, sich mit der *Interessengemeinschaft Jungen, Männer und Väter* (IG-JMV) auszutauschen, ihr Obmann im Familienausschuss beantwortet diesbezügliche Anfragen nicht.

Der Einzug zweier neuer Parteien 2018 in den Bundestag, der FDP und der AfD, veränderte ein wenig die fehlende Akzeptanz. Heute ist es vor allem die FDP, die sich erlaubt, auch auf die Anliegen von Männern und getrennt erziehenden Vätern zu blicken.

Im Frühsommer 2018 bat die IG-JMV darum, im Familienausschuss des Bundestages über die Bedürfnisse und Bedarfe von Jungen, Männern und Vätern in der heutigen Gesellschaft vortragen zu dürfen. Die Vorsitzende des Ausschusses, Frau Abgeordnete Sabine Zimmermann von Die Linke lehnte dies ab. Die IG-JMV verwies auf den Deutschen Frauenrat, der vor dem Ausschuss sprechen durfte. Aus Gründen der Gleichbehandlung sei es legitim, auch die IG-JMV als authentische Männerorganisation zu laden. Frau Zimmermann verweigerte das Referat mit der Begründung, der Deutsche Frauenrat stünde bereits für „die Vielfalt im Diskurs". *A Land Shaped By Women.*

Bundesministerium

Die Kritik richtet sich an das zuständige Bundesministerium mit der antiquierten Bezeichnung *Bundesministerium für Familie, Senioren, Frauen und Jugend* (BMFSFJ). Das Ministerium nennt in seinem Namen Frauen als Zielgruppe, Männer nicht. Es beschäftigt eine Ministerin, zwei Staatssekretärinnen und einen Staatssekretär – eine 75 % Frauenquote. Es hält eine ganze Abteilung nur für Frauen vor: Die Abteilung Gleichstellung mit 12 Referaten für Frauenpolitik. Das Ministerium insgesamt gliedert sich in zwei allgemeine und drei politische Abteilungen (Familie, Gleichstellung und Kinder/Jugend). In der Leitungsebene dieser drei Abteilungen finden wir eine 100 % ige Frauenquote vor, in den Referaten der angesprochenen Abteilungen jeweils eine Frauenquote von 75 %. Referate für Männer und Väter existieren nicht.

Die Politik aus dem Bundesfamilienministerium radikalisierte sich in den letzten Jahren. Die polarisierende Entwicklung begann unter Bundesministerin Manuela Schwesig (SPD). In ihrer Amtszeit sprach sie öffentlich nahezu ausschließlich, wenn es um Nachtrennungsfamilien ging, von „alleinerziehenden Müttern", die staatliche Unterstützung benötigten. Es ist unstrittig: *Getrennt erziehende Mütter* benötigen Hilfestellung. Jedoch besteht die Nachtrennungsfamilie aus *zwei* Elternteilen: Aus dem Elternteil, bei dem das Kind gemeldet ist, und aus dem Elternteil, bei dem das Kind nicht gemeldet ist. Das ist zumeist der *getrennt erziehende Vater*, der sein Kind zu 20 %, 30 %, 40 % oder auch zu 50 % oder mehr betreut. Auch der zweite Elternteil bedarf staatlicher Unterstützung und Hilfestellung. Dieser Elternteil existiert für Frau Schwesig nicht.

Manuela Schwesig wechselte im Frühsommer 2017 überraschend ins Amt der Ministerpräsidentin von Mecklenburg-Vorpommern. Für mehrere Monate Übergangszeit bis zu den Bundestagswahlen übernahm ihre Parteikollegin Frau Dr. Katarina Barley, vormals Generalsekretärin der SPD, die Verantwortung im Familienministerium. Frau Dr. Barley versuchte eine Revolution – und scheiterte. Die Ministerin, selbst getrennt lebend und ihre Kinder mit dem Ex-Partner gleichberechtigt betreuend, nahm ihre persönlichen Erfahrungen mit in die Politik und ließ im Ministerium in diesem Sinne zwei *Zukunftsgesprä-*

che *„Gemeinsam Getrennt Erziehen"* ausrichten. Ziel war es, zukunftsfähige familienrechtliche und familiengerechte Lösungen für Trennungsfamilien zu diskutieren. Dabei unterschätzte Frau Barley die Widerstände in ihrem Ministerium. Verschiedene Abteilungen verweigerten die Unterstützung für die Veranstaltungen.

Im *1. Zukunftsgespräch* konnte Frau Dr. Barley noch Forschungsergebnisse aus den Studien des *Allensbach-Instituts* und der *Hertie School of Governance* (HSG) vorstellen. Frau Prof. Michaela Kreyenfeld (HSG) berichtete dabei offen von ihren Schwierigkeiten, überhaupt Zahlenmaterial über *getrennt erziehende Väter* bekommen zu können. Diese Väter existierten statistisch nicht. Das Statistische Bundesamt *destatis* kenne lediglich „Alleinerziehende". Getrennt erziehende Väter können durch das Amt nicht erfasst werden. Diese Väter fallen unter die Kategorien Alleinstehende oder Wiederverheiratete. Die elterlichen Beziehungen der Väter zu ihren Kindern kann das Amt nicht darstellen.[196]

Die im *Zukunftsgespräch* vorgestellte Allensbach-Studie[197] lieferte überraschende Daten: Etwa die Hälfte der Trennungseltern in Deutschland würde sich für die eigene Familie eine Aufteilung wünschen, bei der beide Elternteile etwa die Hälfte der Betreuung übernehmen. 15 % der Trennungseltern gaben an, bereits jetzt das gleichberechtigte Betreuen zu leben.

Es verwunderte in diesem Zusammenhang, dass auf der Veranstaltung Frau Prof. Hildegund Sünderhauf, der renommierten Protagonistin des „Wechselmodells" nicht erlaubt war, über das gleichberechtigte Betreuen zu referieren. Immerhin konnte Frau Sünderhauf von den positiven Erfahrungen mit obligatorischer Mediation vor den Scheidungsverfahren in Australien berichten.

Beim *2. Zukunftsgespräch* wenige Monate später war von der Aufbruch-Stimmung der ersten Veranstaltung nichts mehr zu spüren. Im Gegenteil: Für die Organisation zeichnete diesmal eine andere Abteilung des Ministeriums verantwortlich. Abteilung 5 ließ als Redner (m/w) nur

---

196 Die Bundesregierung verweigert auch in 2019 nötige Änderungen in den Vorgaben zur Erfassung der Daten von getrennt erziehenden Vätern.

197 Institut für Demoskopie Allensbach: Getrennt gemeinsam erziehen – Befragung von Trennungseltern im Auftrag des BMFSFJ – https://www.ifd-allensbach.de/ studien-und-berichte/veroeffentlichte-studien.html.

mehr Personen zu, die aus dem familiengerichtlichen Umfeld stammten und daraus ihre Einkünfte generieren: Gerichtsnahe Professionen und Vertreter der Beraterindustrie. Neue Ideen oder die Einbindung von Betroffenenverbänden (Väterverbänden) in den Diskurs waren auf dem Podium nicht zugelassen.

Bei dieser Veranstaltung durfte Frau Prof. Sabine Walper, sehr eng mit der Administration im Bundesministerium verbunden, über das „Wechselmodell" referieren. Frau Walper zitierte veraltete Studien aus den USA aus den 1980er und 1990er Jahren, die allesamt Vorbehalte gegenüber dem Wechselmodell formulierten. Als Ansatz von Aktualität stellte sie eigene Umfragen vor, alle skeptisch in der Bewertung des gleichberechtigten Betreuens der Kinder. Darin hatte Frau Walper Kinder lediglich *befragt*, mit Fallzahlen von n = 7, n = 16, n= 24 Fällen. Frau Walper unterließ es, in ihrem Vortrag aktuelle skandinavische Studien vorzustellen, in denen 147.000 Kinder über zehn Jahre hinweg wissenschaftlich begleitet worden waren.[198] Deren Ergebnisse weisen eindeutig das Wechselmodell als beste Betreuungsform der Kinder in Nachtrennungsfamilien aus.

Viele Teilnehmer stellten sich Fragen bezüglich des Auftretens des Ministeriums, seiner Neutralität und des gebotenen wissenschaftlichen Ansatzes. Die fehlende Einbindung von Betroffenenverbänden (Väterverbänden) in den Diskurs war augenfällig. Die IG-JMV formulierte gegenüber der Ministerin und der Presse ihren Protest. Viele Verbände zeigten sich jedoch überfordert und blieben stumm.

Seit Frühjahr 2018 steht Frau Dr. Franziska Giffey in der Ministerverantwortung. Frau Giffey ging der Ruf voraus, als vormalige Bezirksbürgermeisterin von Berlin-Neukölln sehr pragmatisch mit den Bedürfnissen der Bürger (m/w) umzugehen. Das gab Anlass zu Hoffnung. Nach einem Amtsjahr macht sich jedoch Enttäuschung breit. Frau Giffey lehnt es ab, weitere Zukunftsgespräche „Gemeinsam Getrennt Erziehen" durchzuführen. Sie beschäftigt sich öffentlich nicht mit dem Thema Nachtrennungsfamilien, obwohl heute die Hälfte aller Familien Nachtrennungsfamilien sind. Familie endet für ihr Ministerium mit dem Tag der Scheidung. Ab dem Tag nach der Scheidung verweist das

---

198 Bergström et al. (2015), n = 147.839 Kinder, 12/15 J.; Fifty moves a year: is there an association between joint physical custody and psychosomatic problems in children? Journal of Epidemial & Community Health, online-publication 2015-04-28.

BMFSFJ zuständigkeitshalber auf das Justizministerium – auf Strittigkeit.

Dabei ist Familie *systemisch* zu verstehen: Mutterschaft und Vaterschaft währen ein Leben lang. Mütter und Väter übernehmen lebenslang im Rahmen ihrer Elternschaft Verantwortung für ihre Kinder – in Ausübung ihrer Rechte und Pflichten.

Im Widerspruch zu ihrem Amtseid fühlt sich Frau Giffey augenscheinlich nicht der Gesamtbevölkerung, sondern nur einem Geschlecht gegenüber verantwortlich, dem weiblichen. Frau Giffey „vergisst" die zweite, die männliche Hälfte der Bevölkerung. Wie ist es sonst zu erklären, dass sich die Ministerin öffentlich, in den sozialen Medien und auf den Webseiten des Ministeriums nahezu ausschließlich mit Frauen zeigt? Mit Vertreterinnen des Deutschen Frauenrats, des Deutschen Juristinnenbundes, des Verbandes Alleinerziehender Mütter, mit Gleichstellungs- und Frauenbeauftragten, mit Erzieherinnen und Pflegerinnen. Vertretern von authentischen Verbänden mit männerpolitischer Zielsetzung (z.B. IG-JMV) verweigert die Ministerin das persönliche Gespräch. Frau Giffey scheint lediglich die von Frau Schwesig vorgegebene und im Koalitionsvertrag niedergeschriebene To-Do-Liste abarbeiten zu wollen. Eigene ganzheitliche und inklusive Ansätze für Frauen und Männer, für Mütter und Väter, sind nicht erkennbar. Ist das bereits ein Stück weit Staatsversagen?

Beispiel Geschlechterpolitik: Manuela Schwesig vertrat die SPD Anfang 2018 im kleinen (6 Personen umfassenden) Kreis der Sondierungsgespräche zur Bildung einer großen Koalition zwischen SPD und CDU/CSU. Dabei forderte Frau Schwesig eine deutliche Anhebung der finanziellen Mittel des Bundes für Frauenhäuser. Ihre Kolleginnen, allesamt Mitglieder in den Frauenverbänden von SPD und Union, befürworteten den Vorschlag. Auch der männliche Vertreter der CSU, der langjährige Vorsitzende des Familienausschusses, stimmte zu – und ergänzte mit dem Vorschlag, in das Papier aufzunehmen „und Männerhäuser". Frau Schwesig lehnte ab. Der Abgeordnete variierte seinen Vorschlag mit „und Gewaltschutzhäuser". Frau Schwesig lehnte ab. Die von ihr formulierten Passagen wurden wenige Wochen später in den Koalitionsvertrag übernommen. Das bedeutet: Vier Jahre lang wird das umgesetzt, was im Koalitionsvertrag steht – und nichts darüber hinaus. In dieser Zeit haben parlamentarische Initiativen mit dem Ziel, auch männlichen Opfern von häuslicher Gewalt Hilfsangebote zu machen, so gut wie keine Chance auf politische Umsetzung. Das Ziel ist ja im Koalitionsvertrag nicht vereinbart. Demokratische Willensbildung? Im Hinterzimmer, in einem geschlossenen weiblich dominierten Kreis. *A Land Shaped By Women.*

Augenscheinlich hält sich Bundesministerin Giffey an das, was ihre Mentorin vorgibt. Das Ministerium bietet Hilfsangebote für weibliche Opfer von häuslicher Gewalt an und tabuisiert gleichzeitig die weibliche Täterrolle. Das Ministerium veröffentlichte in 2018 hierzu Zahlen, die tendenziös bearbeitet wurden. So rechnete Frau Giffeys Ministerium in die Statistik für häusliche Gewalt auch Gewalttaten ein, die *außerhalb* der Wohnung erfolgten, ebenso Gewalttaten im Umfeld von Zwangsprostitution und Zuhälterei. In die Statistik wurden Fälle von Ausbleiben von Unterhaltszahlungen aufgenommen, bezeichnet als „ökonomische Gewalt".[199] So mancher Betrachter geht da nicht mehr mit und fühlt sich an das *Wahrheitsministerium* aus George Orwells „1984" erinnert. Viele Männer und Väter und viele Frauen sind irritiert. Es verwundert nicht, dass das SPD-geführte Ministerium und die SPD als Ganzes immer weniger Rückhalt und Zustimmung in der Bevölkerung finden.

Skandalös ist der Umgang des Ministeriums mit getrennt erziehenden Vätern. Sie werden von Ministerin Giffey pauschal als Unterhaltspreller diffamiert und beleidigt und medienwirksam mit Führerscheinentzug bedroht: „Wer nicht zahlt, läuft".[200] Dabei vergisst Frau Giffey zu erwähnen, dass, wenn das Kind beim Vater lebt, die unterhaltspflichtigen Mütter den Barunterhalt nahezu zu 100 % nicht leisten. Frau Giffey verzichtet auch darauf, auf die Gründe zu blicken, weshalb in vielen Fällen Väter den Unterhalt nicht leisten *können*. Viele Väter arbeiten im sogenannten Niedriglohnsektor, von der SPD und den Grünen unter Kanzler Gerhard Schröder ab dem Jahre 2000 eingeführt bzw. massiv ausgeweitet. Ein Vollzeit erwerbstätiger Vater, der

---

199 Thomas Fischer, ehemals Vorsitzender Vorsitzender Richter am 2. Strafsenat des Bundesgerichtshofs, Autor des Standard-Kommentars zum Strafgesetzbuch, in http://www.spiegel.de/panorama/justiz/beziehungsgewalt-gefaehrliche-orte-kolumne-a-1240033.html.

200 NRZ – 22.08.2018, https://www.nrz.de/politik/franziska-giffey-droht-unterhalts-saeumigen-mit-fahrverboten-id215152247.html

zum Mindestlohn in Höhe von 9,19 € Stundenlohn beschäftigt ist, verdient ca. 1.200 € netto pro Monat. Das ist knapp an der Pfändungsgrenze. Für zwei Kinder müsste er nahezu 700 € Unterhalt bezahlen, was er nicht kann und wozu er auch gesetzlich mangels Leistungsfähigkeit nicht verpflichtet ist. Das interessiert Ministerin Giffey jedoch nicht. Ihr Haus verweigert weiter qualifizierte Väterforschung mit Fragestellungen wie: Wie geht es Vätern psychisch, gesundheitlich, finanziell, steuerlich, im Umgang mit ihren Kindern? Wie geht es ihnen im Hinblick auf Kontaktabbruch zu ihren Kindern? Für getrennt erziehende Mütter existieren Dutzende von wissenschaftlichen Berichten, für getrennt erziehende Väter keine. Gleichbehandlung für Mütter und Väter? *A Land Shaped By Women.*

Gleichbehandlung vs. Privilegierung

Männer und ihre Verbände fordern für sie die gleiche Behandlung wie für Frauen in der Geschlechter- und Familienpolitik, im Familienrecht, in allen gesellschaftlichen Bereichen.

Das beginnt mit dem offenen und faktenbasierten Umgang mit der Geschichte. Das BMFSFJ und viele Frauenverbände fuhren in den Jahren 2018 und 2019 die Kampagne „100 Jahre Frauenwahlrecht" und transportierten darin die Botschaft, Frauen seien seit Jahrhunderten von der politischen Willensbildung ausgeschlossen gewesen, Männer nicht. Fakt ist, Männer haben in Deutschland auch erst im Jahre 1918 das allgemeine und gleiche Wahlrecht erhalten. Bis dahin galt in Preußen ein Drei-Klassen-Wahlrecht.

In den Ländern, in denen Männer im 19. Jahrhundert wählen durften, hatte das Parlament in der Regel nicht das Recht, die Regierung und ihre Minister zu bestellen. Dieses Recht lag beim Fürsten bzw. beim König. Das Wahlrecht richtete sich nach der Zugehörigkeit zu Ständen bzw. nach Grundbesitz und Steueraufkommen. Noch Mitte des 19. Jahrhunderts hatten in Bayern nur 1,2 % der Bevölkerung das aktive bzw. 0,7 % das passive Wahlrecht.[201] Männer pauschal als Privilegierte?

Die Kampagne „100 Jahre Frauenwahlrecht" steht in seltsamem Widerspruch zum Bundesgleichstellungsgesetz (BGlG). Dieses Gesetz, 2015 von Ministerin Schwesig novelliert, versagt Männern pauschal das aktive und passive Wahlrecht in den Bundesbehörden. *A Land Shaped By Women.*

Im Jahre 1985 unterzeichnete die Bundesrepublik Deutschland das 7. Zusatzprotokoll der Europäischen Menschenrechtskonvention. Darin heißt es in Artikel 5: *„Hinsichtlich der Eheschließung, während der Ehe und bei Auflösung der Ehe haben Ehegatten untereinander und in ihren Beziehungen zu ihren Kindern gleiche Rechte und Pflichten privatrechtlicher Art."*

45 europäische Länder ratifizierten das Protokoll bis 2019. Deutschland verweigert seit über 30 Jahren die Ratifizierung und die SPD-geführten Bundesministerien für Justiz und Familie tun dies weiterhin. Gleichbehandlung für Mütter und Väter? *Ein Land, von Frauen geprägt.*

In Deutschland ist Mutterschaft durch § 1591 BGB über die biologische Abstammung definiert, Vaterschaft nicht. Für Deutschland gilt die Definition von Vaterschaft über den Ehestand: „Vater eines Kindes ist der Mann, der zum Zeitpunkt der Geburt mit der Mutter verheiratet ist." Diese Definition von Vaterschaft – sie geht auf das Rechtsempfinden im 19. Jahrhundert zurück – ist eine Herleitung über den *Vermutungsgedanken*, eine rechtliche Fiktion. Viele moderne Frauen und Männer bezeichnen sie als Anachronismus. Väterverbände fordern eine entsprechende Angleichung: Die Definition von sowohl Mutterschaft als auch Vaterschaft über die biologische Abstammung. Gleichbehandlung für Mütter und Väter.

Ist ein Mann, der mit einer Frau verheiratet ist, nicht der biologische Vater ihres Kindes, so kann er aufgrund verschiedener Urteile des Bundesgerichtshofs (BGH) bzw. des Bundesverfassungsgerichts die Vaterschaft anfechten und Regress für die gezahlten Unterhaltsleistungen verlangen (Scheinväterregress). Die Gerichte urteilten, die Frau

---

201 Vortragsreihe 200 Jahre Bayr. Verfassung, Hanns Seidel Stiftung, Prof. Dr. Hans-Michael Körner, Dr. Katharina Weigand.

habe Auskunft darüber zu geben, wer der biologische Vater des Kindes sei. Durch höchstrichterlichen Spruch wurde 2015 einerseits das Auskunftsrecht des Scheinvaters bestätigt, es andererseits jedoch eingeschränkt bzw. unwirksam gemacht. Das Auskunftsersuchen stehe für einen großen Eingriff in die geschützte Intimsphäre der Frau. Es bedürfe daher eines eigenen Gesetzes, um die (zweifellos) bestehende Auskunftspflicht der Frau über ihren „intimen Mehrverkehr" zu regeln. Die Bundesregierung brachte bis heute das Gesetz nicht auf den Weg.

Besteht der Verdacht auf Vaterschaft, so ist in Deutschland ein Mann verpflichtet, jederzeit beim Nachweis der Vaterschaft mitzuwirken. Ein Recht auf Verweigerung der Auskünfte über seinen „intimen Mehrverkehr" besteht für ihn nicht. Einer Frau, die nachweislich „intimen Mehrverkehr" hatte, wird jedoch ein Auskunftsverweigerungsrecht zugesprochen. Im Regierungsentwurf aus dem SPD-geführten BMJV unter Heiko Maas wird dem Scheinvater damit jede rechtliche Möglichkeit zur Erlangung der Auskünfte zur Umsetzung seiner Regressforderungen abgesprochen. *Gleichbehandlung von Frauen und Männern?*

Die Frage ist spannend und stellt sich generell: Können Männer und Frauen gleichermaßen – auch finanziell – Verantwortung für ihr sexuelles Handeln übernehmen? Aus welchem Grunde gestehen die SPD-geführten Bundesministerien dies Frauen nicht zu?

Frauenverbände / Männerverbände

Frauenverbände erhalten aus dem Haushalt des BMFSFJ finanzielle Förderung, Männerverbände nicht. So bezieht der *Deutsche Frauenrat* aus dem Bundesfamilienministerium jährlich eine institutionelle Förderung in Höhe von 817.000 €, *Business and Professional Women Germany* (BPWG) in Höhe von 523.000 €, die *Feministische Sommer-Uni Berlin* (ida / DDF) 1,2 Mio., *Weibernetz e.V.* 178.000 € jährlich. Männerverbände erhalten: 0 €.

Für das Erteilen dieser Auskünfte gemäß Informationsfreiheitsgesetz des Bundes (IFG) erhob das Ministerium gegenüber den beantragenden männerpolitischen Initiativen eine Gebühr in Höhe von 240 €.

Empowerment für Männer

Viele Männer verhalten sich im Privaten zögerlich, wenn es um Familienangelegenheiten geht. Es ist dabei oft die Frau, die dem Mann in Haushalt und Kinderbetreuung Grenzen zeigt: das *Gate-keeping*-Syndrom. Der Mann hat sich aus bestimmten Bereichen des gemeinsamen Lebens heraus zu halten. Diese Erfahrungen wirken möglicherweise in die politische Ebene hinein. In der Bundespolitik zeigt sich so gut wie kein männlicher Abgeordneter, der sich erlaubt, offen für Männerpositionen einzutreten. Vor allem vermeiden männliche Abgeordnete, Forderungen von Frauenverbänden offen zu widersprechen. Sie befürchten, es würden ihre politischen Karrieren berührt. Dazu kommt, dass Frauenforderungen oft laut und mitunter auch emotional vorgetragen werden. Und viele Männer sind es nicht gewöhnt, sich diesen Emotionen entgegenzustellen.

Auch im ehrenamtlich organisierten Bereich der Männer- und Väterinitiativen gibt es bei durchaus engagierten Männern Berührungsängste. Es ist immer noch nicht selbstverständlich geworden, für die Belange von Jungen, Männern und Vätern einzustehen. Vielen Männern fehlt oft die Courage dazu. Wie sonst ist es zu erklären, dass eine Vielzahl von Männern sich allenfalls traut, in anonymen Internet-Foren oder unter Pseudonym ihre Meinung zu publizieren? Dabei verkennen sie: Politische Arbeit wird immer unter Klarnamen gemacht. Wer steht wofür? Und mit welchen Begründungen?

Viele Männer (und viele Väter) verharren in der Kritik an den bestehenden Ungleichheiten und Ungerechtigkeiten. Die Kritik ist berechtigt und wichtig. Politisches Engagement bedeutet jedoch, *Lösungen* anzubieten und diese den Politikern (m/w) zu präsentieren. Die Abgeordneten im Parlament zählen das Erarbeiten von Lösungen nicht zu ihren Aufgaben. Das ist nach ihrem Verständnis Aufgabe von Lobbyorganisationen.

Frauenrechte vs. Männerrechte?

Die Gesellschaft braucht keinen Wettstreit Frauenrechte vs. Männerechte. Die Begründung dafür lautet: Es gibt keine Frauenrechte. Und: Es gibt keine Männerrechte. Es gibt Menschenrechte. Deshalb sind Bezeichnungen wie Frauenrechtlerinnen oder Männerrechtler unsinnig. Eine Unterscheidung nach Geschlecht führt zur Spaltung der Gesellschaft, zu Polarisierungen, zu Klientelpolitik und zur Verfolgung von Partikularinteressen in Bereichen, in denen es um Zusammenhalt und um den Ausgleich von Interessen gehen sollte.

Was hingegen Sinn macht, ist die Auseinandersetzung mit den oftmals gleichen, oftmals auch unterschiedlichen Bedürfnissen von Mädchen und Jungen, Frauen und Männern, Müttern und Vätern, getrennt erziehenden Müttern und getrennt erziehenden Vätern. Die Bedürfnisse und Bedarfe verändern sich nach den Lebensphasen. Da muss die Politik Strukturen schaffen, die diese Bedarfe respektieren. Zeitgemäße Geschlechterpolitik nimmt beide Geschlechter gleichberechtigt in den Fokus, versteht sich als ganzheitlich und inklusiv. Das weiblich dominierte Bundesministerium schafft jedoch das Gegenteil. Es ignoriert die Interessen von Jungen, Männern und (getrennt erziehenden) Vätern und versucht sogar, sie unsichtbar zu machen.

Befremdlich wirken die Selbstbezeichnungen einiger Parteien und ihrer Unterorganisationen als „feministisch". Existiert für diese Parteien die männliche Hälfte der Bevölkerung etwa nicht? Es scheint, als wollten sie männliche Wähler nicht ansprechen. Es finden sich diese Bezeichnungen unter anderem bei der SPD, den Jusos, bei Die Linke, bei den Grünen. Sogar SPD-Europawahl-Kandidatin Katarina Barley bezeichnet sich auf ihrem Twitter-Account als Feministin, Sozialdemokratin, Juristin, Trierer Bundestagsabgeordnete, Bundesministerin der Justiz und für Verbraucherschutz – in dieser Reihenfolge.

Völlig aus der Zeit gefallen zeigt sich das Vorhaben des Landes Berlin ab 2019 einen Frauentag als gesetzlichen Feiertag einführen zu wollen. Sollen Frauen gleichberechtigt wahrgenommen werden oder sollen Privilegien geschaffen werden? Sind Frauen mehr wert als Männer? (Immerhin sollen dabei auch Männer arbeitsfrei bekommen.)

MeToo-Debatte

Manche Menschen sind verwundert, weshalb sich so wenige Männer in die MeToo-Debatte einbringen. Auch die IG-JMV wird dies zum gegenwärtigen Zeitpunkt nicht tun, mit folgender Begründung: Ein gesellschaftlicher Diskurs darüber, wie Frauen und Männer mit ihrer Sexualität und ihrem sexuellen Handeln umgehen, ist notwendig und gut. Bei diesem Diskurs darf offen und sensibel, kritisch und deutlich argumentiert werden.

Diese Attribute fehlen jedoch in der aktuellen Debatte. Die Publikationen kommen vielmehr einseitig, laut und schattenrissartig daher und tragen nicht zu einer ausgewogenen Auseinandersetzung bei. In weiten Teilen wird in ihr ein rechtsstaatlicher Grundsatz ignoriert: Die durch Verfassung und Gesetz garantierte Unschuldsvermutung für einen Angeklagten (m/w), die so lange gilt, bis ein Gericht die Schuld festgestellt hat. Das ist in der aktuellen Debatte nicht der Fall und es sieht nicht danach aus, dass diese Fehlentwicklung korrigiert würde.

Empowerment für Frauen

Die Arbeitsgemeinschaft Sozialdemokratischer Frauen (ASF) und mit ihr die SPD hatten in den Koalitionsverhandlungen 2018 die große Chance, Frauen in Deutschland wirklich strukturell selbständig stellen zu können. Die CDU unter Kanzlerin Merkel schien alle erdenklichen Zugeständnisse geben zu wollen, um an der Regierung beteiligt zu bleiben. (Die CSU hatte sich bereits zwei Jahre zuvor entschieden, in die Regierungsverantwortung zu gehen, um sich in der Flüchtlingspolitik einbringen zu können).

Die SPD entschied sich jedoch dafür, die Chance auf eine gerechte und zeitgemäße Geschlechterpolitik nicht zu nutzen. Dabei ist allen Frauenverbänden (und vielen Männerverbänden) klar: Das Ehegattensplitting – die steuerliche Privilegierung von Alleinverdiener-Ehen – ist nicht mehr zeitgemäß und muss ersetzt werden. Die beitragsfreie Mitversicherung der nicht erwerbstätigen Ehefrau ist ebenfalls nicht mehr zeitgemäß und muss gleichfalls ersetzt werden. Gleichbehandlung für Frauen und Männer. In einem Interview mit Elke Ferner, der langjährigen Vorsitzenden der ASF, formulierte 2017 die schwedische Frauenministerin Asa Regner in ihrer Rückschau auf die (positive) Entwicklung in ihrem Land, der Durchbruch in der Gleichbehandlung von Frauen und Männern sei mit Einführung der Individualbesteuerung gekommen. Die gleiche steuerliche Behandlung von Frauen und Männern, unabhängig davon, ob sie verheiratet sind oder nicht, schaffte die Grundlage zur selbstbewussten Teilhabe von Frauen in der schwedischen Gesellschaft.

Die SPD verzichtete jedoch auf Forderungen nach Modernisierung des Steuer- und Sozialrechts und lieferte ein „Weiter so". Der Verdacht liegt nahe, die SPD zieht es vor, Frauen weiter durch strukturelle Fehlanreize formal in Abhängigkeit vom Ehepartner zu belassen. Der Parteivorstand kann so weiter auf Stimmen von weiblichen Wählern spekulieren. Dazu müssen Frauen jedoch konstant als Opfer und Benachteiligte dargestellt und Männer negativ konnotiert wahrgenommen werden. Passenderweise formuliert die Parteivorsitzende Andrea Nahles dazu im Vorwärts: „Wer die menschliche Gesellschaft will, muss die männliche überwinden."[202]

Auffallend und unverständlich ist dabei der nahezu ausschließliche Fokus auf die westlichen Bundesländer mit einem konservativen und traditionellen Frauenbild. Die Frau mit Kind und Küche, an Heim und Herd. Die Lebenswirklichkeiten von Frauen, die in den neuen Bundesländern sozialisiert wurden, werden ignoriert. Für viele Frauen im Osten war (und ist) die Gleichbehandlung von Frauen und Männern eine gewohnte Selbstverständlichkeit. Im Erziehungs- und Schulsystem der DDR leisteten Mädchen und Jungen gleichermaßen Praktika in unterschiedlichen Wirtschaftsbereichen wie Straßenbau, Produktion, Pflege, Verwaltung, Informatik, Medizin usf. Junge Frauen und junge Männer konnten sich aufgrund dieser Erfahrungen für berufliche Tätigkeiten entscheiden, die ihnen am besten entsprachen. Was bietet das Bundesministerium dazu an? Einen „girls day" und einen „boys day". Erneut Ungleich – anstelle von Gleichbehandlung ohne Ansehen des Geschlechts.

---

202 Andrea Nahles Vorwärts 21.11.2018 https://www.vorwaerts.de/artikel/spd-braucht-mehr-frauen-spitzenpositionen.

Betroffene und Betroffenenverbände

Ein Merkmal des deutschen parlamentarischen Systems ist, dass in der politischen Willensbildung nicht alle Interessen gleichermaßen stark wahrgenommen und abgebildet werden können. Manche Lobbyvereinigungen finden direkteren Zugang zu den Entscheidungsträgern als andere. Soweit, so gewohnt und möglicherweise nicht vollständig optimierbar. In den Politikfeldern Familien- und Geschlechterpolitik liegt jedoch die Vermutung nahe, dass in vielen Fällen die Betroffenen nicht gehört werden *sollen*. Das ist eine andere Dimension.

Das deutsche Familienrecht spiegelt eher die Lebenswirklichkeiten der 50er Jahre des letzten Jahrhunderts wider als zeitgemäße und partnerschaftliche Ansätze für Nachtrennungsfamilien. Es gilt auch in der Politik als veraltet; Änderungen sind nötig geworden. Das Bundesministerium der Justiz und für Verbraucherschutz (BMJV) erteilte aus diesem Grunde 2018 zwei Arbeitskreisen den Auftrag, Vorschläge zur Erneuerung zu erarbeiten. In die beiden Arbeitskreise waren jedoch Vertreter von Betroffenenverbänden nicht geladen. Sie erhielten nicht die Gelegenheit, ihre Wünsche bezüglich zeitgemäßer Regelung von Betreuung und Kindesunterhalt zu formulieren. Geladen waren hingegen gerichtsnahe Professionen, Richter und Anwälte sowie jeweils drei Vertreter (m/w) aus den Bundesministerien (BMJV und BMFSFJ). So dominieren die *sekundären* Bedürfnisse der gerichtsnahen Professionen über die eigentlich *primären* Bedürfnisse der Betroffenen.

Auf Nachfrage verweigert das BMJV die Nennung der Namen der Mitglieder in den Arbeitskreisen. Dieses Vorgehen steht nicht für Transparenz und gibt Anlass zu Spekulationen. Es nährt den Verdacht, Frauen- bzw. Mütterorganisationen werde Zugang in die Arbeitskreise gewährt, Vertretern von Männer- bzw. Väterorganisationen nicht. Ähnlich die diesbezügliche Anhörung im Rechtsausschuss des Bundestages im Februar 2019: Vertreterinnen von Frauen- und Mütterverbänden waren als „Sachverständige" geladen, Väterverbände nicht.

Skandalös ist der Umgang des BMFSFJ mit der Studie „Kindeswohl und Umgangsrecht" (Petra-Studie).[203] Formal sollen durch diese Studie Erkenntnisse gewonnen werden über mögliche Betreuungsformen der Kinder in Nachtrennungsfamilien. Das Studiendesign ist jedoch mangelhaft und kritisch zu sehen.[204] Es schreibt bereits mit dem Ausdruck „Umgang" eine Hierarchisierung zwischen den eigentlich gleichberechtigten getrennt lebenden Eltern vor. Der Elternteil, bei dem das Kind gemeldet ist, hat die Macht, dem anderen Elternteil Zeit zu gewähren, die er mit seinem Kind verbringen darf oder auch nicht. Dabei haben Eltern gemäß Grundgesetz gleiche Rechte (und Pflichten), unabhängig vom Ehestand. Auch ist das Studienobjekt „Kindeswohl" ungeeignet: „Kindeswohl" ist ein Begriff, der weder wissenschaftlich-medizinisch noch juristisch definiert ist. Ein derartiges Studiendesign muss zwangsläufig zu tendenziösen Aussagen führen.

Das Ministerium griff wiederholt in die laufenden Erhebungen ein und veränderte die Vorgaben zur Befragung. Das widerspricht wissenschaftlichen Standards. Einige der Vorgaben aus dem BMFSFJ sind höchst tendenziös: So soll in der Regel nicht das gesamte System Nachtrennungsfamilie befragt werden. Es reiche, wenn nur ein Elternteil befragt würde; die Einschätzungen des anderen Elternteils seien nicht zwingend erforderlich. Auch darf nach Vorgabe des BMFSFJ der getrennt erziehende Vater nicht interviewt werden, wenn die getrennt erziehende Mutter dies nicht wünscht. Gleichbehandlung von Müttern und Vätern? *A Land Shaped By Women.*

Medien

Vorstehend beschriebene Zusammenhänge (und viele weitere) finden so gut wie keinen Eingang in die Veröffentlichungen von Printmedien oder TV. Diese Ereignisse und Zusammenhänge werden von den Medien nicht gesehen, sondern tabuisiert. Die Medien erscheinen pauschal als seltsam freiwillig gleichgeschaltet.

---

203 http://www.projekt-petra.de/nachrichtenleser/kindeswohl-und-umgangsrecht-forschungsgruppe-petra-realisiert-bundesweite-studie-im-auftrag-des-bmfsfj.html.
204 https://ig-jungen-maenner-vaeter.de/PETRA-Studie-Stellungnahme-2017.

Laden die Hauptstadtmedien zu Diskussionsrunden über familienpolitische Themen ein, werden diese meist einseitig männerabwertend *(misandrisch)* angelegt. In den abendlichen Talkrunden finden sich auf der einen Seite gut aussehende und kommunikationsgeschulte Frauen, die ihre Anliegen professionell darstellen können. Stellvertretend für Männeranliegen werden jedoch nicht Vertreter von Männer- oder Väterverbänden geladen, sondern Männer, die nicht für die Mehrheit der Männer stehen. Steht Sexualität thematisch im Mittelpunkt, wird beispielhaft ein älterer Mann geladen, der sich selbst als „Playboy" bezeichnet und vorgibt, stolz darauf zu sein, wenig Rücksicht auf Frauen zu nehmen. Geht es um Unterhaltszahlungen für Trennungskinder, wird in schöner Regelmäßigkeit ein schräger Charakter aus dem Ausland eingeladen: ein älterer Mann, der vorgibt, stolz darauf zu sein, niemals Kindesunterhalt gezahlt zu haben. Männer und Väter aus der Mitte der Gesellschaft? Väter, die im Wechselmodell leben? Väter, die ihre Kinder sehen wollen und es nicht dürfen? Bleiben draußen. *Media Shaped By Women?*

Die IG-JMV bot im Herbst 2018 in einem Pressegespräch in Berlin den Hauptstadtmedien Gelegenheit, sich über die Zusammenhänge von geleisteten Unterhaltszahlungen für Trennungskinder zu informieren. Zentrale Botschaft dabei war: Viele Väter arbeiten im Niedriglohnsektor und *können* den Unterhalt für ihre Kinder nicht leisten. Die Medien ignorierten jedoch diesen Aspekt. Es verwundert nicht, dass so mancher Mann in diesem Zusammenhang den Ausdruck „Lückenpresse" verwendet.

Ausblick und Aufbruch

Es fällt vielen Frauen und Männern schwer, sich mit dem aus den SPD-geführten Bundesministerien publizierten einseitigen und *misandrischen* Bild von Männern zu identifizieren. Sie wünschen sich eine alternative Politik. Die Verantwortlichen haben dies jedoch noch nicht erkannt.

Der zentrale Umbruch muss dabei im zuständigen Bundesministerium erfolgen. Es ist Zeit für eine Neubenennung und eine Neuausrichtung des Ministeriums mit – zur Abwechslung vielleicht einmal –

einem Mann an der Spitze. Es muss zukünftig für geschlechtliche Parität in den Leitungsebenen des Ministeriums gesorgt werden. Und es müssen Referate und Zuständigkeiten für Jungen, Männer und (getrennt erziehende) Väter geschaffen werden.

Nachtrennungsfamilien müssen endlich als Familien anerkannt werden. Getrennt erziehende Mütter und Väter müssen steuerlich entlastet werden. Die Aufwendungen, die der getrennt erziehende Elternteil hat, bei dem das Kind nicht gemeldet ist, müssen steuermindernd anerkannt werden.

Es geht um Gleichbehandlung für beide Geschlechter, auch im sexuellen Umgang miteinander. Scheinväterregress und Abstammungsrecht müssen in gegenseitiger Wertschätzung neu ausgehandelt werden. Bei häuslicher Gewalt und sexuellem Missbrauch muss die weibliche Täterrolle enttabuisiert werden.

Männer (und Väter) haben begonnen, sich zu wehren. Sie erkannten, alle in der letzten Legislaturperiode im Bundestag vertretenen Parteien ignorierten ihre Belange. Also wählten viele Männer alternativ: Sie gaben ihre Stimmen der FDP oder der AfD, die freilich ihre familienpolitischen Interessen nicht wirklich vertritt. Der Protest der Männer (und Väter) wird weiter zunehmen. Sie akzeptieren immer weniger die einseitige Politik zu ihren Lasten, sie organisieren sich und setzen sich ein für eine weniger polarisierte Gesellschaft, die sich beschreiben ließe mit *A Land Shaped By Women And Men*.

Warum ich mich als Frau für männliche Opfer einsetze

Sandra Hermann

Als ich 2016 anfing, mich ehrenamtlich für das Männerberatungsnetz einzusetzen, war die wohl häufigste Frage, die mir gestellt wurde: warum ich mich als *Frau* für *männliche* Opfer von häuslicher Gewalt einsetze.

In Gestik, Mimik und im Tonfall schlug mir während dieser Frage ein Repertoire von wohlwollender Anerkennung bis herablassender Verachtung und Feindseligkeit entgegen. Das verunsicherte mich sowohl als Mensch wie auch als Psychologin extrem. Ich erwartete für mein Engagement weder besondere Anerkennung noch Feindseligkeit. Ich erwartete eigentlich gar nichts.

Warum sollte ich mich – als Frau – denn nicht für männliche Opfer von häuslicher Gewalt einsetzen? Jemandem in einer Notlage zu helfen war und ist für mich nie eine Gender-Frage, sondern eine Frage des Gewissens, der Moral und der Menschlichkeit.

Opfer sind in meinen Augen Menschen, denen durch andere Menschen oder durch äußere Umstände Schaden zugefügt worden ist. Als Psychologin frage ich nicht nach Alter, ethnischem Hintergrund, Religion oder Geschlecht, wenn jemand meinen Rat und meine Hilfe sucht. Ich helfe dort, wo es notwendig ist.

Manchmal empfinde ich diese Frage als Angriff und habe das Gefühl, ich müsste mich rechtfertigen. Hilfe und Unterstützung zu leisten, wo sie gebraucht werden, muss meiner Meinung nach nicht gerechtfertigt werden.

Trotzdem scheint diese Frage Akteure auf allen Seiten umzutreiben. Nicht nur aus dem feministischen Lager, sondern auch von manchen Männerrechtlern habe ich mit meinem Engagement Misstrauen, Unterstellungen und Unverständnis geerntet. Deshalb werde ich hier von meinen persönlichen Erfahrungen als Kind sowie meinen Erfahrungen in der Männerberatung berichten.

Häusliche Gewalt ist nie nur ein Problem zwischen Männern und Frauen. Es ist ein gesamtfamiliäres Problem und betrifft direkt und/oder indirekt die komplette Familie. Als Kind ist man der Gewaltsituation zu Hause ausgeliefert. Man liebt beide Eltern und ist verzweifelt, wenn ein Streit zwischen den Erwachsenen solche Ausmaße annimmt.

Als Kind gerät man automatisch zwischen die Fronten, wird instrumentalisiert, manipuliert, emotional erpresst und gezwungen, Partei zu ergreifen. Als Kind fühlt man sich immer mitschuldig, ist hilflos und dadurch auch immer mit Opfer. Selbst wenn man als Kind keiner körperlichen Gewalt ausgesetzt ist – der psychischen Gewalt ist man es auf jeden Fall.

Ich stamme aus einer Arbeiterfamilie und wuchs bei meinen Großeltern auf. Mein Großvater arbeitete hart und viel, meine Großmutter war zu Hause und regierte die Familie. Im Haushalt einer relativ kleinen Vier-Zimmer-Wohnung plus zwei dürftig ausgebauten Dachzimmern lebten meine Großeltern, fünf meiner Onkels und Tanten (damals alle noch im Teenageralter), meine pflegebedürftige Urgroßmutter, ich selbst sowie zwei bis vier Pflegekinder meiner Großmutter. Tagsüber kamen unter der Woche noch mehr Kinder dazu, da meine Großmutter als Tagesmutter fungierte, um etwas Geld dazu zu verdienen. Es ging immer hoch her, Ruhe oder Privatsphäre waren ein Fremdwort. Geld war nie da, obwohl mein Großvater neben seiner doch ganz gut bezahlten Tätigkeit bei der Stadt noch zwei Nebentätigkeiten nachging. Meine Großmutter liebte es einzukaufen. Mit Vorliebe bestellte sie bei den großen Versandhäusern Unmengen an Kleidung, Möbel und sonstige Dinge. Sie zeigte sich auch gern spendabel nach außen, verschenkte viele Sachen, um sich beliebt zu machen und Anerkennung zu bekommen. Wenn es allerdings darum ging, diese Sachen zu bezahlen, musste mein Großvater herhalten. Selbst wenn er das Dreifache verdient hätte, wäre er nicht in der Lage gewesen, all diese Rechnungen zu begleichen. Also kam regelmäßig der Gerichtsvollzieher, nahm Dinge wieder mit, stellte den Strom oder das Telefon ab. Diese Tage waren immer besonders gefährlich. Alle wussten, was das bedeutete – ganz speziell für meinen Großvater.

Ich glaube, er sah schon an unseren Gesichtern, wenn er zur Tür herein kam, dass es wieder soweit war. Meine Großmutter überschüttete ihn mit Vorwürfen, Anschuldigungen und hasserfüllten Beleidigungen. Sie schrie so sehr, dass ihre Stimme versagte. Aber nicht nur diese Tage waren gefährlich. Manchmal lag auch kein ersichtlicher Grund vor, und meine Großmutter explodierte anscheinend aus dem Nichts heraus.

Mein Großvater verschwand dann in sein Zimmer. Er hatte als einziger sein eigenes Zimmer, worum ihn jedoch niemand beneidete. Meist schloss er seine Zimmertür ab, um sich zu schützen. Manchmal verzog er sich in den Keller, dort hatte er sich schon fast heimelig eingerichtet. Oder er ging noch mal raus in die Kneipe um die Ecke, um sich zu betrinken. Heute vermute ich, er trank sich Mut an, um das zu ertragen, was ihn zu Hause noch erwartete. Aber egal wohin er sich auch verzog, irgendwann musste er ja wieder nach Hause, wo meine Großmutter wartete, um ihn zu erwischen. Sie ging dann in einer unbändigen Rage auf ihn los. Es flogen Gegenstände; Fäuste, Tritte, Bisse, Kratzer hagelten auf ihn ein – begleitet von einer Tirade an hasserfüllten, entwürdigenden und verachtenden Beleidigungen und Beschimpfungen der übelsten Sorte.

Die übrigen Haushaltsmitglieder versuchten dann, sich und die kleineren Kinder in Sicherheit zu bringen, um nicht selbst in die Schusslinie zu geraten.

Nachdem sich der Hass meiner Großmutter entladen hatte, verfiel sie in einen Heulkrampf und jammerte darüber, was „dieses Schwein" (mein Großvater) mit ihr mache, zu welchen Taten *er* sie brachte.

Wir mussten sie dann trösten, sie bedauern, ihr gut zureden und ihr Recht geben, um sie wieder zu beruhigen. Auf keinen Fall durften wir ihr Verhalten kritisieren oder den Anschein erwecken, dass *er* uns leidtue, weil sie doch angefangen hatte. Damit wären wir in Ungnade gefallen und hätten uns damit selbst ihrem Zorn ausgesetzt. Niemand wollte sich mit ihr anlegen.

Eine Zeit lang sorgte das alles in mir als Kind für ziemliche Verwirrung. Ich wusste nicht so recht, was ich davon halten sollte. Das was ich mit meinen eigenen Augen sah (ihre Gewaltausbrüche) und wie sie die Sache dann hinstellte (ihre Opferinszenierung) passten für mich einfach nicht zusammen. Es entsprach nicht meinem kindlichen

Verständnis von Recht, Gerechtigkeit oder Logik. Anfangs hielt ich ihr Verhalten für Theater, bemerkte dann aber, dass sie sich nicht nur nach außen so gab, sondern sich tatsächlich als Opfer empfand.

Im Nachhinein, denke ich, hat sie wirklich sehr unter ihrem eigenen Verhalten gelitten und sich selbst dafür verachtet. Die Verantwortung dafür hat sie jedoch immer von sich weggeschoben und meinem Großvater zugeschrieben. In ihren Augen war ausschließlich er dafür verantwortlich, dass sie unglücklich und unzufrieden war – dass ihr Leben einfach nicht so verlief, wie sie es haben wollte.

Durch ihr Verhalten gelang es ihr mühelos, auch andere davon zu überzeugen, dass stets *sie* das Opfer war. Für meinen Großvater hatte das natürlich fatale Folgen: Er hatte nicht nur zu Hause die Hölle auf Erden, sondern wurde auch von der Außenwelt angefeindet und gemieden. Für sein gesamtes soziales Umfeld war er der Sündenbock. Niemand wollte seine Version hören oder ihm glauben. Mitgefühl, Empathie oder Hilfe bekam er, soweit ich es beurteilen kann, nie.

Für mich war es oft nur in unbeobachteten Momenten möglich, ihm Zuneigung oder Mitgefühl zu zeigen, ihm zuzuzwinkern, über den Arm zu streichen und ihm zu verstehen zu geben, dass ich ihn nicht hasste oder die Schuld für alles gab, woraufhin er sehr dankbar und oft zu Tränen gerührt war. Ich denke, er verstand, warum ich ihm in den entscheidenden Momenten nicht beistehen oder helfen konnte. Er muss sich unsagbar einsam, verzweifelt und verlassen gefühlt haben. Und im Nachhinein schäme ich mich für meine Feigheit und meine Hilflosigkeit. Dafür, ihm nicht mehr beigestanden zu haben und ihn in Schutz genommen zu haben. Aber ich war noch klein und der Situation – wie alle anderen Beteiligten auch – ausgeliefert, musste mich selbst schützen. Und ich weiß, dass ich dafür keine Verantwortung getragen habe. Die lag bei den beiden selbst. Von der gesellschaftlichen Verantwortung ganz zu schweigen!

Das Haus – in dem noch fünf andere Familien wohnten – musste bei den Ausbrüchen meiner Großmutter gebebt haben. Es wurde jedoch niemals von den Nachbarn oder irgendjemand anderen die Polizei geholt. Niemand wollte es sich mit meiner Großmutter verscherzen. Familienangelegenheiten waren Privatsache – und vor allem war es ja auch lächerlich, die Polizei zu holen, wenn eine Frau einen Mann schlägt. Der wird es dann schon verdient haben!

Meist waren es lediglich Blessuren, die mein Großvater äußerlich davontrug. Manchmal sah man aber, wie übel zugerichtet er war. Wurde er auf seine Verletzungen angesprochen, redete er sich meist damit raus, hingefallen zu sein oder sich beim Arbeiten verletzt zu haben. Alle wussten jedoch, woher seine Verletzungen stammten. Aber statt ihm beizustehen fingen die Leute an, ihn auszulachen, zu verhöhnen und mit dem Finger auf ihn zu zeigen. Er war der „Schlappschwanz", der sich von seiner Frau zu Hause schlagen ließ, wurde zur Witzfigur des Viertels und seiner Kollegen. So erntete er Sprüche wie: „Irgendwas werde er schon getan haben, dass sie ihn schlägt. Er wird es bestimmt verdient haben! Zumindest hat er es verdient, weil er sich das gefallen lässt und kein richtiger Mann ist."

Meine Großmutter fügte sich ihre Verletzungen meist selbst bei den unkontrollierten Ausbrüchen durch ihre extreme Rage zu, erntete manchmal auch ein paar Abwehrverletzungen. Die äußerlichen Wunden heilten meist recht schnell. Die inneren blieben. Für immer. Bei beiden hinterließen die Ausbrüche eine zerstörte Persönlichkeit, die sich in einem abgewerteten Selbstbild, Selbstzweifel, Hilflosigkeit, Unzulänglichkeit, Selbsthass, Scham und Verbitterung zeigte.

So ging das viele Jahre und alle anderen Familienmitglieder schauten, dass sie so bald wie möglich das Haus verließen und die beiden ihrem Schicksal überließen: Flucht aus der Hilflosigkeit.

Je älter die beiden wurden, umso ruhiger wurde es – meinem Gefühl nach jedenfalls. Vielleicht weil beide aufgrund des Alters körperlich abbauten und für solche Exzesse die Kraft gar nicht mehr da war, vielleicht weil der Stress weniger wurde, als immer mehr Kinder ausgezogen sind. Vielleicht denke ich auch nur, dass es ruhiger wurde, denn ich lebte ja nicht mehr dort und bekam es einfach nicht mehr mit – wollte es auch nicht mehr mitkriegen. Angesprochen wurde dieses Thema in der Familie nie mehr. Vermutlich waren alle froh, es nicht mehr miterleben zu müssen. Es wurde einfach verdrängt. Das Leben ging weiter. Meine Großeltern starben.

Ich fühlte mich zum Glück durch das Erlebte nicht beeinträchtigt. Im Gegenteil: Ich wusste genau, wie ich es in meinem Leben *nicht* haben wollte, und tat, was notwendig war, um es anders zu machen. In der Psychologie bezeichnet man dies als ausgeprägte Resilienz.

Ich empfand mich nie als Opfer. Weder als Opfer meiner Kindheit, noch als Opfer, weil ich eine Frau bin – im Gegenteil. Ich fühlte mich als Frau immer sehr wertgeschätzt und unterstützt. Wenn nicht, wusste ich mir Hilfe zu holen. Als Frau hat man in unserer Kultur zum Glück dieses Privileg. Nicht jedoch als Mann – was ich aber erst später in vollem Umfang realisierte.

Mit 34 Jahren erfüllte ich mir meinen lang gehegten Berufswunsch und begann, Psychologie zu studieren – nicht aufgrund meiner schlimmen Kindheit. Für mich war es normal so aufzuwachsen; ich kannte es ja nicht anders. Ich wollte nur schon immer wissen, was Menschen dazu bringt sich so zu verhalten, wie sie es tun. Also studierte ich die Lehre vom Erleben, Denken, Fühlen und Verhalten des Menschen – und bekam Antworten.

Es klärte sich einiges für mich, und ich verstand die Mechanismen, die das ganze Drama zu einer Endlosschleife für meine Großeltern werden ließ und ihnen beiden damit das Leben so unerträglich schwer, leidvoll und unglücklich machte.

Ich bekam endlich Erklärungsmodelle und Theorien auf so viele meiner Fragen, zum Beispiel warum keiner von beiden versucht hat, sich aus der unglücklichen Familiensituation zu befreien: Beide fühlten sich der familiären Situation ausgeliefert und nicht in der Lage, etwas daran zu ändern. Beide wollten eigentlich gut für ihre Familie sorgen und schafften dies nicht mit den Mitteln und Fähigkeiten, die ihnen persönlich zur Verfügung standen. Die dadurch entstandenen Selbstzweifel sowie ein negatives Selbstbild führten bei meinem Großvater zur Resignation, die ihn immer weiter in den Alkoholmissbrauch trieb. Seine Resignation und das Trinken sowie die Unzufriedenheit mit sich selbst und dem Leben trieb wiederum meine Großmutter immer weiter in die Wut und die Aggressionen.

Vielleicht wäre es anders gekommen, wenn es Hilfe gegeben hätte – für beide! Eine Stelle oder jemanden, an den man sich hätte wenden können. Wenn die Nachbarn mal die Polizei geholt hätten. Wenn mein Großvater anstatt ausgelacht zu werden ein offenes Ohr, einen Zufluchtsort oder tröstende Worte der Hoffnung bekommen hätte. Wenn diese Negativspirale durch irgendetwas durchbrochen worden wäre.

Auch meine Großmutter hätte dringend Hilfe gebraucht. Hilfe dabei, zu lernen, anders mit ihrer Wut umzugehen, ihre Erwartungen zu reflektieren, ihre Kaufsucht in den Griff zu bekommen oder zu erkennen, wann sie mit allem überfordert war, und Hilfe zu holen. All das und noch viel mehr hätte helfen können.

Während ich also all die Erklärungen, Entstehungsmodelle, aufrechterhaltende Faktoren und mögliche Interventionen studierte und mich in meinen Abschlussarbeiten intensiv mit den Themen häusliche Gewalt, Geschlechterrollen und Geschlechterstereotype befasste, musste ich zu meinem Bedauern feststellen, dass meine Großeltern heute – fast 40 Jahre später – sich wahrscheinlich immer noch in derselben Situation befänden wie früher und für sie nach wie vor keine oder keine erreichbaren Anlaufstellen oder Unterstützungsmöglichkeiten vorhanden wären. Wenn sie noch am Leben wären, würden sie sich vermutlich immer noch prügeln.

Dass es sich bei meinen Großeltern nicht um einen bedauerlichen Einzelfall handelte, zeigten mir nicht nur eigene Beobachtungen, Erzählungen anderer oder veröffentlichte Studien zu diesem Thema. Während meiner Tätigkeit im Männerberatungsnetz erfuhr ich von so vielen weiteren familiären Tragödien, dass es mir manchmal fast das Herz brach. Es kamen Männer aus allen sozialen Schichten und Berufen. Von Doktoren der Mathematik und Physik, Managern, leitenden Bankangestellten bis hin zu arbeitslosen und gesundheitlich wie körperlich eingeschränkten Männern. Immer waren Kinder mit im Spiel. Immer extreme Demütigungen, jahrelanger psychischer Terror und körperliche Gewaltausbrüche seitens ihrer Frauen (primäre Viktimisierung[205]). Nie hat einer der Männer Anzeige gegen seine Frau erstattet (soviel zur Aussagekraft von kriminalpolizeilichen Statistiken). Wenn die Polizei jedoch zum Beispiel von Außenstehenden alarmiert wurde, bekamen sogar meist die Männer einen Platzverweis oder eine

---

205 Das Online-Kriminologie-Lexikon „Krimlex" erklärt die von mir verwendeten Ausdrücke unter Verweis auf Hans Joachim Schneiders Fachbuch Viktimologie, UTB 1975, S. 15, wie folgt: „Der Begriff ‚Viktimisierung' wird in der kriminologischen Terminologie genutzt, um den Prozess des ‚Zum-Opfer-Werdens' bzw. ‚Zum-Opfer-Machens' (...) zu erfassen und beschreibt damit die unmittelbaren opferorientierten Ursachen und Wirkungen der Straftat (primäre Viktimisierung) einerseits sowie die indirekten Folgen der Straftat für das Opfer im Zusammenhang mit der Beziehung zwischen dem Opfer und seinem sozialen Umfeld bzw. den Instanzen sozialer Kontrolle andererseits (sekundäre, tertiäre Viktimisierung)." Vgl. http://www.krimlex.de/artikel.php?BUCHSTABE=&KL_ID=202.

Anzeige, da es ihre Frauen stets verstanden, sich als Opfer zu präsentieren und diesen Frauen auch immer die Opferrolle zugesprochen wurde. Den Männern wurde nicht zugehört, nicht geglaubt. Ihnen wurden Dinge unterstellt, Hilfe oder Unterstützung verweigert. Noch dazu wurden sie bestraft.

Die Männer mussten dann zum Beispiel Anti-Aggressionstrainings – natürlich auf eigene Kosten – absolvieren und schauen, wie sie auch sonst weiter klar kamen. Obwohl sie selbst Opfer waren, wurde ihnen immer wieder von allen Seiten suggeriert, sie allein seien die Aggressoren (sekundäre Viktimisierung).

So konnte zum Beispiel einer der Männer, die sich an mich wandten, über mehrere Jahre lang seine Wohnung nicht mehr verlassen. Er litt an einer degenerativen neurologischen Erkrankung und war auf den Rollstuhl angewiesen. Seine Frau nahm ihm den Rollstuhl weg (er war ihr im Weg), demütigte ihren Mann fortlaufend, bezeichnete ihn unter anderem als „unnützen Krüppel", der ihr nur noch auf der Tasche liege und ihr keinen Nutzen mehr bringe. Um sich fortzubewegen musste er durch die Wohnung robben, zuletzt nur noch in Unterhosen, weil sie seine Wäsche nicht mehr mit wusch, sondern entsorgte. Warum solle sie ihn unterstützen und versorgen, er würde sich ja auch nicht um sie kümmern, sei kein richtiger Mann, sondern ein Versager und nur noch eine Last. Er war ihr komplett ausgeliefert. Oft schlug sie in ihrer Wut und Überforderung auf ihn ein. Als er diese jahrelange Demütigung nicht mehr ertragen konnte und Gegenstände nach ihr warf, um sie von sich fern zu halten, holte sie die Polizei: Sie fühle sich von ihm bedroht, und die Kinder hätten Angst vor ihm. Sie ließ ihm einen Platzverweis erteilen und erwirkte ein Kontaktverbot. Obwohl es wohl das Beste war, was ihm passieren konnte, empfindet er es als Strafe, fühlt sich schuldig, als Versager (tertiäre Viktimisierung) und würde lieber wieder heute als morgen zurück zu seiner Frau und natürlich zu seinen Kindern – die sie ihm seither vorenthält.

Ich könnte noch von vielen weiteren solcher perfiden Tragödien berichten. Das Ergebnis war und ist so gut wie immer dasselbe.

Häusliche Gewalt wird leider bisher immer noch nur einseitig betrachtet. Es herrscht nach wie vor die Meinung, dass die *Männer immer Täter* und die *Frauen immer Opfer* sind. Was häusliche Gewalt angeht, gibt es aber keine eindeutige Täter- und Opferrollen. Die ganze Familie ist stets Opfer solcher Ausbrüche.

Trotz unzähliger, teils schon vor Jahrzehnten veröffentlichter Studien[206] und jahrelangen Bemühungen darauf hinzuweisen, dass Männer und Frauen gleichermaßen häuslicher Gewalt ausgesetzt sind, die Gewalt sogar häufiger von den Frauen initiiert wird, halten sich alteingesessene Stereotype und gesellschaftliche Glaubenssätze über den bösen Mann und die arme Frau. Diese werden sogar durch die einseitige staatliche Unterstützung und ebenso einseitige mediale Berichterstattung befeuert. Wie kann denn ein menschliches und partnerschaftliches Miteinander funktionieren, wenn ein geschlechtliches Gegeneinander propagiert und praktiziert wird?

Die Kinder, die in diesen Fällen involviert sind (und nicht immer so glimpflich davon kommen wie ich), sind leider auch kaum Thema, es sei denn, dass sie selbst Opfer der Gewalt sind und dies anhand von deutlichen Spuren (psychisch oder physisch) erkennbar ist. Es werden große Summen an Geldern für Gewaltprävention an Schulen und Kindergärten investiert, um Kindern und Jugendlichen einen rücksichtsvollen Umgang miteinander beizubringen und um Konflikte im Einvernehmen und ohne Gewalt zu lösen – was ich für sehr sinnvoll und notwendig halte. Aber wie effektiv können diese Maßnahmen denn überhaupt sein, wenn schon das eigene Zuhause ein Ort der Demütigungen, der Angst und der Gewalt ist und man so in diese Welt hineinwächst? Hier müsste viel früher angesetzt werden, um sinnvolle und effektive Prävention zu leisten.

Allen Beteiligten müssten Unterstützungsangebote nach Bedarf zur Verfügung gestellt werden. Den Familien ist nicht damit geholfen, einseitige Täter- und Opferzuschreibungen und entsprechend geartete und voneinander getrennte Interventionen aufrecht zu erhalten. Durch die normativ hergestellte Einteilung „Mann/Täter – Frau/Opfer" schafft man eher eine Kluft in den Familien, anstatt sie zusammenzubringen und sie dazu zu befähigen, Probleme konstruktiv und gemeinsam zu lösen. Man erzeugt zwei sich diametral gegenüberstehende Parteien: die eine gut, die andere schlecht. Dadurch sind andere Beteiligte

---

206 Einen exzellenten Überblick über mehr als 560 solcher Studien bietet die zuletzt 2017 aktualisierte Website https://frauengewalt.wordpress.com.

(angefangen bei Familienmitgliedern bis hin zu Nachbarn, Polizei und der Gesamtgesellschaft) gezwungen, Partei zu ergreifen.

Vielleicht sollte man weniger darüber diskutieren, wer denn Täter und wer Opfer ist, sondern Gesamtprogramme erstellen, an denen *alle* Beteiligten teilnehmen *müssen*, wenn häusliche Gewalt im Spiel ist. Es müssten Familienprogramme und Familieninterventionen aus einer Hand erstellt werden. Dann könnte klar erkannt werden, wer sich wann wie verhält und an was gearbeitet werden müsste, damit keiner mehr Opfer und keiner mehr Täter sein muss, sondern die Beteiligten gleichberechtigte Partner, verantwortungsvolle Eltern und selbstbewusste Kinder werden können. Auf Dauer ist ein Miteinander für alle vorteilhafter und gewinnbringender als ein Gegeneinander.

Dazu braucht es jedoch einen Wandel im gesamtgesellschaftlichen Denken, einen ganzheitlichen Blick auf das System Familie und Partnerschaft, ein Miteinander von Männern und Frauen, sowie klare staatliche und mediale Signale, dass häusliche Gewalt keine einseitige Geschichte ist. Die Abwertung der Männer durch das Nicht-anerkennen-Wollen ihrer Notlagen und das Verweigern von Unterstützung – nicht nur im Bereich der häuslichen Gewalt – muss aufhören! Vielleicht würden dann auch weitere gesellschaftliche Probleme wie zum Beispiel die extrem hohe Suizidrate bei Männern zurückgehen.

Solange kein neues Gesamtkonzept für betroffene Familien erarbeitet ist, halte ich es für notwendig, den Bereich zu unterstützen, der bisher am wenigsten unterstützt wird – *männliche Opfer von häuslicher Gewalt.*

An der Situation früher konnte ich als Kind nichts ändern. Heute bin ich erwachsen und nicht mehr hilflos ausgeliefert. Heute kann ich mich engagieren, Hilfsmöglichkeiten schaffen und etwas für diejenigen beitragen, die Unterstützung brauchen. Denn gesellschaftlicher Wandel oder ein Umdenken beginnt bei jedem einzelnen von uns.

Genau aus diesem Grund – und aus noch vielen anderen – engagiere ich mich als *Frau*, als Psychologin, aber in erster Linie als *Mensch* für *männliche* Opfer von häuslicher Gewalt.

Warum es auch Frauen nutzt, wenn männliche Opfer Hilfe erhalten

Arne Hoffmann

„Wenn Sie Frauen helfen wollen, helfen Sie Männern."[207]
Professorin Barbara Harrell-Bond,
Anthropologin und Menschenrechtlerin

Auch Männer verdienen Schutz vor häuslicher und sexueller Gewalt. In einer geschlechtergerechten Gesellschaft dürfte es keiner anderen Begründung dafür erfordern, als dass auch Männer Menschen sind, die leiden, wenn sie verletzt werden. Aber unsere Gesellschaft und unsere Psychologie funktionieren so nicht. In einer ganzen Reihe von Experimenten mit versteckten Kameras wurde nachgewiesen, dass Passanten einer Frau, gegen die ein Mann tätlich wird, zur Hilfe eilen, während auf einen Fall, bei dem eine Frau auf einen Mann einprügelt, Passanten mit Desinteresse oder Beifall reagieren.[208]

Dieser Sexismus ist ein zentrales Hindernis für den politischen Erfolg der Männerrechtsbewegung. So werden Notunterkünften für männliche Opfer häuslicher Gewalt staatliche Zuschüsse verweigert,

---

207 Zitiert nach Carpenter, Charli: „Innocent Women and Children". Gender, Norms and the Protection of Civilians. Ashgate 2006, S. 166.

208 Ein entsprechendes, später mit einem Journalistenpreis geadeltes Experiment des Senders ABC findet man online unter https://www.youtube.com/watch?v=LlFA-d4YdQks, ein vergleichbares Experiment des Senders Pro7 unter https://www.pro sieben.de/tv/taff/video/pruegelnde-frauen-clip, ein drittes Experiment unter http://9gag.tv/p/a5X1bw/ocktv-what-happens-when-a-woman-abuses-a-man-will-shock-you-domestic-violence. Die BBC schließlich veröffentlichte ein entsprechendes Experiment unter der Überschrift „I abused a man in public and no one cared" unter https://www.bbc.co.uk/bbcthree/article/5d33c36d-cd41-4351-9 7ed-4516962d5c44.

da diese Schutzräume „frauenfeindlich" seien.[209] Solche Projekte erhalten auch von den etablierten Parteien kaum Unterstützung[210], wobei von der Bundes-SPD unter Manuela Schwesig der größte Widerstand erfolgte[211]. Wenn beispielsweise in den sozialen Medien Feministinnen häusliche Gewalt als Gewalt gegen Frauen darstellen und jemand einwendet, dass auch Männer häufig Opfer häuslicher und sexueller Gewalt werden, wird ihm oft zügig „Derailing" und „Whataboutism" vorgeworfen, also dass er auf ein Problem ablenken würde, das hier gerade nicht Thema sei. So erklärte die Publizistin Meike Lobo es im Zusammenhang mit der #Aufschrei-Debatte sogar für moralisch geboten, in ihrem Blog Kommentare mit dem Hinweis, Männer seien auch Opfer von beispielsweise sexueller Gewalt, „durch die Bank" nicht freizuschalten: „Vor dem ungeheuren, ja, ungeheuerlichen Berg sexueller Gewalt, der Frauen weltweit jeden Tag ausgesetzt sind, empfinde ich solche Äußerungen als selbstgerecht, höhnisch und verachtend."[212] Und als der Professor für Soziologie Gerhard Amendt 2018 an der Frankfurter Goethe-Universität einen Wissenschaftskongress darüber abhielt, wie man beiden Geschlechtern als Opfer häuslicher Gewalt helfen könne, wurde dieser Kongress ebenfalls als „frauenfeindlich" etikettiert.[213]

In einer Gesellschaft, in der von der Politik über die Leitmedien bis in den akademischen Bereich geschlechterpolitisch fast alles auf die Frage ausgerichtet ist, wie man Frauen helfen kann, während für das

---

209 Vgl. Gutsch, Jochen-Martin: Wann ist ein Mann ein Mann? In: Der Spiegel Nr. 23/2018

210 Vgl. Rosenkranz, Tristan: Thüringer Gewaltschutz aus humanistischer Perspektive: ein ernüchterndes Fazit. Online seit dem 3.7.2017 unter https://gleichmass .wordpress.com/2017/07/03/thueringer-gewaltschutz-aus-humanistischer-perspe ktive-ein-ernuechterndes-fazit.

211 Darüber berichtet die IG Jungen, Männer, Väter in einer Pressekonferenz am 15. Mai 2018 mit Bezug auf Informationen durch Paul Lehrieder, dem ehemaligen Vorsitzenden des Familienausschusses im Bundestag. Die Pressekonferenz steht online unter https://www.youtube.com/watch?v=a5ryRqJngFI.

212 Vgl. Lobo, Meike: Schreiende Lämmer – Das Nachspiel. In: Fuck you, I'm human vom 27.1.2013, online veröffentlicht unter http://www.fraumeike.de/2013/schrei ende-laemmer-das-nachspiel/.

213 Dies geschah etwa durch Achim Kessler, Bundestagsabgeordneter der Linken, unter https://www.achim-kessler.de/homosexuellen-und-frauenfeindlichen-kongress-kongress-absagen.

Leiden von Männern kaum Interesse besteht, scheint es also unabdingbar zu zeigen, warum es auch Frauen nutzt, wenn Männer vor Gewalt
geschützt werden. Ohne diesen sekundären Nutzen für Frauen werden
männliche Opfer schwerer Hilfe erhalten. Erfreulicherweise aber lässt
sich fundiert belegen, dass es diesen Nutzen für Frauen gibt.

Ich selbst hatte schon in meinem 2001 erschienenen Buch „Sind
Frauen bessere Menschen?" für eine Zusammenarbeit von Feministinnen und Maskulisten plädiert:

> *„Diese Vereinigung der Kräfte brächte beileibe nicht ‚nur' den Männern
> Vorteile, sondern würde auch den berechtigten Anliegen der Frauenbewe-
> gung neuen Auftrieb geben, etwa dem Kampf gegen sexuelle oder häusliche
> Gewalt. Es könnten viel mehr Männer für diesen Kampf erreicht werden,
> wenn sie nicht mehr alle miteinander zum ‚Tätergeschlecht' abgestempelt
> werden, sondern ihnen klar gemacht wird, dass Gewalt gegen Frauen und
> Gewalt gegen Männer miteinander verkettet sind."*[214]

In ähnlicher Weise argumentierte Jahre später die Therapeutin und
Sozialarbeiterin Karen Duncan in ihrem Buch über weibliche Sexualverbrecher. Wenn etwa männliche Opfer von Vergewaltigungen weiterhin konsequent ignoriert würden, befindet sie, könnte das die Motivation von Männern senken, sexuelle Gewalt gegen Frauen zu bekämpfen.[215] Das führt Duncan mit folgenden Worten aus:

> *„Die sexuelle Aggression einer Gruppe von Menschen (Frauen) zu leugnen
> und gleichzeitig die sexuelle Aggression einer anderen Gruppe von Men-
> schen (Männer) aufzubauschen, wird der sexuellen Aggression kein Ende
> bereiten. Feindselige Überzeugungen, die von beiden Geschlechtern vertre-
> ten werden, können den Antagonismus zwischen den Geschlechtern fördern
> und dadurch die Risikofaktoren für Männer und Frauen aufrecht erhalten,
> sich in feindseligem sexuellem Verhalten zu engagieren, anstatt in einver-
> nehmlichen und gegenseitig befriedigenden sexuellen Beziehungen. Es ist
> auch wichtig zu bedenken, dass das Trivialisieren oder Ignorieren der
> männlichen Erfahrung unerwünschten sexuellen Verhaltens durch Frauen
> unbeabsichtigt Männern die Erlaubnis geben kann, die weibliche Erfahrung
> unerwünschten sexuellen Verhaltens zu trivialisieren oder zu ignorieren."*[216]

---

214 Vgl. Hoffmann, Arne: Sind Frauen bessere Menschen? Schwarzkopf & Schwarzkopf 2001, S. 556.
215 Vgl. Duncan, Karen: Female Sexual Predators. Praeger 2010, S. 10.
216 Vgl. Duncan, Karen: Female Sexual Predators. Praeger 2010, S. 81-82.

Duncan befindet es als besonders schädlich, wenn an Hochschulen sexuelle Übergriffe allein mit dem Blick auf weibliche Opfer problematisiert werden:

> *„Es ist vielleicht diese Doppelmoral bei sexueller Nötigung innerhalb der Kultur des College-Campus, die die Studenten verwirrt, zu den Spannungen zwischen den Geschlechtern beiträgt, sexuelle Nötigung von Frauen und männliche Viktimisierung unkontrolliert zulässt und unwissentlich eine allgemeine Sicht der Heuchelei gegenüber dem Verhindern von sexueller Gewalt auf dem College-Campus und bei Feministinnen fördert, die sich in dieser unverhüllten geschlechtsspezifischen Voreingenommenheit engagieren. Vielleicht könnten die verschiedenen Gruppen, die sich mit diesem speziellen sozialen und gesundheitlichen Problem auf dem Campus befassen, anfangen, einen vernünftigen Dialog zu führen: ohne geschlechtsspezifische Vorurteile und mit Berücksichtigung der Realität der zeitgenössischen Normen und feindseligen Überzeugungen, die zwischen den Geschlechtern existieren."*

So gelangt Duncan zu dem Urteil:

> *„Um sexuelle Übergriffe auf Frauen am Campus zu unterbinden, muss es eine Verpflichtung dafür geben, die Sicherheit und das Wohlbefinden ALLER Studierenden zu schützen."*[217]

Was Duncan für den universitären Bereich fordert, lässt sich problemlos auf die Gesamtgesellschaft übertragen. Menschen dürften sich grundsätzlich eher für soziale Verbesserungen engagieren, wenn ihnen nicht ständig vermittelt wird, dass sie selbst – etwa wegen ihrer Geschlechtszugehörigkeit – ausgeklammert werden und ihnen der Genuss dieser Verbesserungen vorenthalten bleibt.

Während dies bis hierhin sofort einsichtig sein müsste, habe ich indes die Verkettung von Gewalt gegen Frauen und Gewalt gegen Männer bislang nur behauptet. Da diese Verkettung kaum bekannt ist (sie ist in feministischen Texten und dementsprechend auch in unseren Leitmedien nur selten Thema), muss sie eigens erklärt werden.[218]

---

217 Vgl. Duncan, Karen: Female Sexual Predators. Praeger 2010, S. 100.
218 Dieser thematische Schwerpunkt dieses Beitrags führt notwendigerweise dazu, dass Themen wie „Männer als Opfer von Gewalt durch andere Männer" sowie „Frauen als Opfer von Gewalt durch andere Frauen" zu kurz kommen, was nicht bedeutet, dass diese Konstellationen unbedeutend wären.

Beginnen wir hier am besten mit dem Thema „Gewalt in der Partnerschaft". Wir wissen inzwischen aus hunderten internationaler[219] Studien, dass Männer genauso häufig Opfer häuslicher Gewalt wie Frauen werden. Schon als Erin Pizzey das erste moderne Frauenhaus der Welt in Chiswick, England, gründete, fand sie heraus, dass von den ersten 100 Frauen, die diesen Ort aufsuchten, 62 ebenso gewalttätig oder noch gewalttätiger als ihre Männer waren.[220] Die amerikanische Sozialwissenschaftlerin Deborah Capaldi weist in ihrer Studie „From Ideology to Inclusion 2009: New Directions in Domestic Violence Research and Intervention" indes auf einen weiteren oft übersehenen Faktor bei häuslicher Gewalt hin: Die Höhe des Risikos einer Frau, Opfer zu werden, hängt auch davon ab, wie sehr sie selbst dazu neigt, häusliche Gewalt auszuüben. Schließlich handele es sich hierbei um einen Prozess, bei dem Gewalthandlungen einander in vielen Fällen gegenseitig bedingen. So zeige sich bei Studien über Frauen, die in einem Frauenhaus lebten, dass zwei Drittel von ihnen im vergangenen Jahr selbst schwere Gewalt gegen ihren Partner ausgeübt hatten. Viele Männer, die in der Partnerschaft mit einer Frau körperlich aggressiv sind, weisen bei einer anderen, friedlicheren Partnerin ein gänzlich anderes Verhalten auf. All dies, so Capaldi, zeige, dass die gängigen Versuche, häusliche Gewalt allein als „Männergewalt" zu bekämpfen, wobei der tatsächliche Stand der Forschung ignoriert wird, auch Frauen weit eher schaden als nutzen.[221]

---

219 Eine übersichtliche Bibliographie von mehr als 560 internationalen Fachaufsätzen mit diesem Ergebnis findet man auf der Website https://frauengewalt.wordpress.com/.

220 Vgl. Pizzey, Erin: Working with Violent Women. Zu finden im Internet unter: https://www.humanrightsaction.org/violence/Pizzey/english.html.

221 Vgl. Sacks, Glenn: Researcher Says Women's Initiation of Domestic Violence Predicts Risk to Women. in: Huffington Post vom 6.8.2009, online unter http://www.huffingtonpost.com/glenn-sacks/researcher-says-womens-in_b_222746.html. Zur Klarstellung: Es gibt auch zahlreiche Fälle von häuslicher Gewalt, die einseitig verläuft. Wenn man dies vernachlässigt, besteht das Risiko, dass Personen, die tatsächlich nur Opfer häuslicher Gewalt sind – egal welchen Geschlechts – in den Verdacht geraten auch Täter zu sein, selbst wenn sie dies nicht sind.

Tatsächlich gibt es bei Partnergewalt die folgenden Konstellationen:

– wechselseitige Gewalt (vermutlich am häufigsten)
– Frau ist primär oder ausschließlich Täter
– Mann ist primär oder ausschließlich Täter.

Im Idealfall sollte es für Betroffene in allen drei Konstellationen spezifische Hilfsangebote geben.

Häusliche Gewalt tritt aber nicht nur geschlechter-, sondern auch generationenübergreifend auf: Wenn also die Mutter gegenüber dem Vater körperlich aggressiv wird, „lernt" häufig auch der Sohn, dass Gewalt ein Mittel zur Konfliktlösung darstellen kann. Wird der Vater gegenüber der Mutter körperlich aggressiv, „lernt" die Tochter dasselbe. Die Mehrzahl der Menschen, die als Erwachsene zu Gewalthandlungen neigen, waren als Kinder selbst Opfer von häuslicher Gewalt – häufig von einem Angehörigen des anderen Geschlechts.[222] Über männliche Opfer in diesem Bereich zu schweigen und ihnen nicht die nötige Hilfe zukommen zu lassen, bedeutet im Endeffekt, dass auch mehr Frauen Opfer von Gewalt in der Partnerschaft werden.

Auch was sexuelle Gewalt angeht, hilft es, sich klar zu machen, dass Männer darauf keineswegs stärker ausgerichtet sind als Frauen. Zunächst einmal wird die Bereitschaft von Männern, sexuelle Übergriffe zu begehen, durch aufhetzende Parolen wie „Rape Culture" massiv überschätzt. „Die modische Vorstellung, dass alle Männer irgendwie für eine Kultur der Vergewaltigung und Gewalt verantwortlich sind, wird nicht durch die Beweise gestützt", erklärt hierzu die Publizistin Claire Lehmann. „Verbrechen im Allgemeinen, einschließlich Verbrechen gegen Frauen, werden überwiegend von einer Minderheit der Bevölkerung begangen. In Schweden beispielsweise ergab eine Studie, die von 1975 bis 2004 mehr als zwei Millionen Menschen betrachtete, dass nur ein Prozent der Bevölkerung für 63,2 Prozent aller erfassten Verbrechen verantwortlich war – fast doppelt so viele wie die

---

222 Vgl. Herrenkohl, Ellen; Herrenkohl, Roy und Toedter, Lori: Perspectives on the Intergenerational Transmission of Abuse. In David Finkelhor und andere (Hrsg.): The Dark Side of Families. Current Family Violence Research. Sage 1983, S. 305-316 sowie Wetzels, Peter: Gewalterfahrungen in der Kindheit. Sexueller Missbrauch, körperliche Misshandlungen und deren langfristige Konsequenzen. Nomos 1997.

anderen 99 Prozent zusammen. Das ist ein winziger Prozentsatz der Bevölkerung, der für die große Mehrheit der Übergriffe verantwortlich ist."[223]

Wenn man hingegen Studenten nach ihrer Meinung über Themen im Zusammenhang mit Sexualität und Gewalt befragt, zeigen sich so gut wie keine Unterschiede zwischen den Meinungen von Männern und Frauen. Beide Geschlechter vertraten in einer entsprechenden Untersuchung dieselben moralischen Ansichten. Interessant war allein, dass die Frauen bei den Männern eine fragwürdigere Einstellung vermuteten. Sie dachten beispielsweise, dass Männer eher an die althergebrachten Geschlechterrollen glaubten, Gewalt in Beziehungen eher akzeptierten oder noch von solchen Dingen überzeugt waren, wie dass man eine Frau gar nicht gegen ihren Willen vergewaltigen könne. Dies alles war aber keineswegs der Fall.[224]

Dass ein Vergewaltiger alles andere als der typische junge Mann von nebenan ist, weiß die psychoanalytische Forschung schon seit Jahren. Viele dieser Gewalttäter weisen eine emotionale und sexuelle Entwicklungsstagnation auf, die schon in der Kindheit entstanden ist – oft durch eine dominierende Mutter.[225] Männer, die sexuelle Gewalttaten begehen, stammen in der Regel aus zerrütteten Familien, weisen zahlreiche andere Symptome psychischer Instabilität auf, sind schlecht in die Gemeinschaft integriert und zeigen generell antisoziale Tendenzen.[226] All diese schwerwiegenden psychischen Störungen sind oft schon in der Kindheit angelegt.

---

223 Vgl. Lehmann, Claire: Eurydice Dixon: 'Rape culture' facts just don't fit. In: The Weekend Australian vom 23.6.2008. Online einsehbar unter http://archive.is/hiVC5#selection-1717.0-1717.51.

224 Vgl. Grammer, Karl: Signale der Liebe. Die biologischen Ge setze der Partnerschaft. München 1995, S. 416.

225 Vgl. Hollstein, Walter: Der Kampf der Geschlechter. Frauen und Männer im Streit um Liebe und Macht und wie sie sich verständigen können. München 1995, S. 228-229.

226 Vgl. Batten, Mary: Natürlich Damenwahl. Die Paarungsstrategien in der Natur. München 1994, S. 138; Grammer, Karl: Signale der Liebe. Die biologischen Ge setze der Partnerschaft. München 1995, S. 421 sowie West, Donald u. a.: Understanding Sexual Attacks. London 1978, S. xiii-xiv.

Zur Verbreitung psychischer Störungen bei Sexualstraftätern liefert der klinische Psychologe und Sexualforscher Peter Fiedler auf Grundlage der vorliegenden Forschungsbefunde folgende Schätzung:

> *„Dass psychischen Störungen eine funktionale Bedeutung beim Auftreten sexueller Gewalt zugesprochen werden kann, wird seit Längerem diskutiert und untersucht. Das gilt beispielsweise für erhöhte soziale Angst bis hin zur sozialen Phobie, für das Vorhandensein einer depressiven Verstimmtheit bis hin zur Depression sowie für den Missbrauch stimmungsverändernder Substanzen bis hin zur Alkoholabhängigkeit. Immerhin scheinen bis zu 80 Prozent (!) der paraphilen wie nicht paraphilen Sexualstraftäter die Kriterien mindestens einer dieser drei DSM-Achse-I-Störungen zu erfüllen."* [227]

Diese Einschätzung bedeutet indes *nicht*, dass bei dem restlichen Prozentsatz von Sexualstraftätern *keine* psychischen Störungen vorliegen, denn die genannte Zahl von bis zu 80 Prozent bezieht sich nur auf die in dem Zitat genannten drei psychischen Störungen. Persönlichkeitsstörungen und andere psychische Störungen sind hier also noch gar nicht miteinbezogen.

Drei unabhängig voneinander durchgeführte Studien über Vergewaltiger aus den Jahren 1979, 1984 und 1993 weisen sämtlich auf eine alarmierend hohe Rate von vorangegangenem sexuellen Missbrauch dieser Männer durch Frauen hin: einmal zu 59 Prozent[228], ein anderes Mal zu 66 Prozent,[229] die neueste dieser Studien spricht sogar von 80 Prozent.[230] (In diesem Zusammenhang ist indes vor dem Trugschluss zu warnen, dass ein sexuell missbrauchtes Kind im späteren Alter als potentieller Täter zu betrachten ist.) Eine kanadische Untersuchung über missbrauchte Männer kommt zu dem Schluss: „Männliche her-

---

227 Vgl. Fiedler, Peter: Sexuelle Orientierung und sexuelle Abweichung. Heterosexualität – Homosexualität – Transgenderismus und Paraphilien – sexueller Mißbrauch – sexuelle Gewalt. Beltz Verlag, 2004, S. 360.

228 Vgl. Petrovich, M. und Templer, D. L: Heterosexual molestation of children who later become rapists. In: Psychological reports, Nr. 54 (3), 1984, S. 810 zitiert nach van den Brock, Jos: Verschwiegene Not: Sexueller Missbrauch an Jungen. Zürich 1993, S. 36.

229 Vgl. Groth, A. N.: Sexual trauma in the life histories of rapists and child molesters. In: Victimology: An International Journal, Nr. 4 (I), 1979, S. 10-16.

230 Vgl. Briere, J. und Smiljanich, K.: Childhood sexual abuse and subsequent sexual aggression against adult women. Paper presented at the lolst. annual convemion of the American Psychological Association, Toronto, Ontario, 1990.

anwachsende Sexualtäter, die von Frauen missbraucht worden waren, suchen sich fast ausschließlich Frauen als Opfer aus."[231]

„Es ist nicht so, dass schlechte Männer die Schuld von bösen Frauen sind", erklärt hierzu die Aggressionsforscherin Patricia Pearson, „aber ein Geschlecht vom anderen als tugendhaft oder tadelnswert abzugrenzen heißt, einer falschen Spur zu folgen, wenn es darum geht, die Gründe für Gewalt zu verstehen. Wenn ein Mann körperliche oder sexuelle Gewalt von seiner Mutter lernte, was nützt es uns, wenn wir die Schuld auf seine Männlichkeit schieben, ihn dazu erziehen, nicht sexistisch zu sein, oder ‚Gewalt gegen Frauen‘ beklagen, so als ob Frauen nicht zu dieser Gewaltspirale beitragen würden?"[232]

Wenn sich etwa bei einer Untersuchung von 75 Sexualstraftätern herausstellt, dass 27 Prozent von ihnen als Kinder körperlich misshandelt wurden und 48 Prozent sexuelle Missbrauchserfahrungen hatten,[233] werden solche Hintergründe von der Öffentlichkeit in der Regel nicht zur Kenntnis genommen. „Ich will nichts wissen über die Verfassung eines Vergewaltigers – ich will ihn umbringen!" erklärte hierzu einmal die feministische Avantgardekünstlerin Diamada Galás. „Es ist mir egal, ob er schwarz oder weiß ist, ob er aus der Mittelklasse kommt oder arm ist, ob seine Mutter ihn an den Eiern an der Wäscheleine aufgehängt hat: Ich möchte ihn einfach nur umbringen!"[234] Man könnte sexuelle Gewalt gegen Frauen erfolgreicher bekämpfen, wenn man auch weibliche Sexualgewalt gegen Jungen ernster nehmen würde.

„Missbrauch in der Kindheit war unwichtig, weil es als Ausrede galt", berichtet Patricia Pearson. „Ebenso stand es mit individuellen Verhaltensstörungen, Ehedynamiken, persönlichen Umständen – bis das gesamte Feld der Forschung blockiert war. Die Rolle von Frauen bei gewalttätigen Auseinandersetzungen konnte nicht untersucht werden, weil das als sexistisch betrachtet wurde. Das Verhalten der Män-

---

231 Vgl. Mathews, Frederick: The Invisible Boy. Revisioning the Victimization of Male Children and Teens. Community Psychologist Central Toronto Youth Services. For: The National Clearinghouse on Family Violence Health Canada, 1996.

232 Vgl. Pearson, Patricia; When She Was Bad: Violcnt Women and the Myth of Innocence. New York 1997, S. 112-113.

233 Vgl. Krebber, Werner: Sexualstraftäter im Zerrbild der Öffentlichkeit. Hamburg 1999, S. 64.

234 Vgl. Juno, Andrea: Angry Women. Die weibliche Seite der Avantgarde. Andrä-Wördern 1997, S. 14.

ner konnte nicht analysiert werden, weil sie ‚solche Ausreden' nicht verdienten. Der Schaden, den dieses Frauen- und Männerbild für die Erforschung von innerfamiliärer Gewalt anrichtete, war erheblich. Jeder Versuch, die Gesetzmäßigkeiten von wechselseitiger Gewalt mit ein bisschen Respekt gegenüber der Komplexität des menschlichen Charakters zu entwirren, wurde als sexistische Verschwörung verdammt. Der abschließende Bericht einer kanadischen Multimillionen-Dollar-Regierungsstudie über Gewalt gegen Frauen mündete 1993 in den Satz: Wenn ein Mann seine Frau missbraucht, dann weil er das Privileg und die Mittel hat, dies zu tun. Zehn Millionen Dollar, um ein Klischee hervorzukotzen."[235]

Die kanadische Kolumnistin Barbara Kay gelangt zu dem Fazit: „Viktorianische Ritterlichkeit und der Feminismus des 21. Jahrhunderts bilden ein merkwürdiges Gespann, aber indem beide Frauen in unrealistischer Weise als das grundsätzlich sanftere Geschlecht zeichnen, verdammen sie sowohl männliche als auch weibliche Opfer von sexueller Gewalt durch Frauen zum Schweigen und zu einem Status als Menschen zweiter Klasse." Wer Frauen ebenso ernst nehme wie Männer sollte endlich aufhören, sie wie Heilige oder moralisch nicht schuldfähige Kinder zu behandeln.[236]

Von ihrem Hintergrund her ähneln männliche und weibliche Vergewaltiger einander sehr. So haben auch vergewaltigende Frauen oft eine Vorgeschichte selbst erlittener sexueller Gewalt oder kommen aus gleichermaßen zerrütteten Familienverhältnissen[237] und sind ebenso wie Männer in der Lage, diese Negativerfahrungen gewaltsam an Dritte weiterzugeben.[238] Sie zeigten auch dieselben Fehlbildungen ihrer Persönlichkeit auf wie männliche Vergewaltiger, etwa eine geringe Tole-

---

235 Pearson, Patricia; When She Was Bad: Violent Women and the Myth of Innocence. New York 1997, S. 127.
236 Vgl. Kay, Barbara: Women are not always the „gentler sex". In: National Post vom 11.10.2011, online unter http://fullcomment.nationalpost.com/2011/10/11/ barbara-kay-women-are-not-always-the-gentler-sex. Der Artikel ist in Gänze lesenswert. Siehe für eine der angeführten Studien beispielhaft Petrovich, Michael und Templer, Donald: Heterosexual molestation of children who later became rapists. In: Psychological Reports Vol. 54, Nr. 3/1984, online unter http://www.amsciepub.com/ doi/abs/10.2466/pro.1984.54.3.810.
237 Vgl. Mayer, Adele: Women Sex Offenders. Holmes Beach 1992, S. 53-58.
238 Vgl. Cochran, Donald und Brown, Marjorie: Women Who Rape. Boston 1984, S. 2.

ranzschwelle gegenüber Frustrationen, die Neigung, andere Menschen zu Objekten zu reduzieren und zu manipulieren, oder das Fehlen von Schuldgefühlen und Reue.[239] Nur zwei von 16 in einer Untersuchung befragten Vergewaltigerinnen wurden durch ihre Tat sexuell erregt, aber sieben nannten als Motive für ihre Angriffe „Wutgefühle, Rache, Macht, Eifersucht und zuvor erlittene Abweisung".[240]

Der Geschlechterforscherin Lara Stemple von der Universität Los Angeles zufolge waren auch viele weibliche Sexualstraftäter zuvor Opfer sexueller Gewalt geworden – mit mehr Tätern und in einem früheren Alter als Frauen, die andere Verbrechen begangen haben. Um sexuelle Gewalt wirklich erfolgreich zu bekämpfen, führt Temple aus, müsse man allen Opfern und Tätern Aufmerksamkeit widmen – unabhängig von ihrem Geschlecht.[241] Auch Karen Duncan weist darauf hin, dass sowohl weibliche als auch männliche Sexualverbrecher zuvor häufig selbst Opfer sexueller Gewalt geworden waren.[242]

Eine Geschlechterpolitik, die sich wie bisher nur auf weibliche Opfer und männliche Täter konzentriert, schadet aber nicht nur den männlichen Opfern von Gewalt in der Partnerschaft sondern auch den Täterinnen. So berichtet der Anti-Gewalt-Berater und -Pädagoge

---

239 Vgl. Mayer, Adele: Women Sex Offenders. Holmes Beach 1992, S. 59.

240 Vgl. Pearson, Patricia; When She Was Bad: Violent Women and the Myth of Innocence. New York 1997, S. 191. Glaubt man Evolutionspsychologen, spielen bei Männern hingegen sexuelle Motivationen eine größere Rolle: „Vor allem junge Frauen im reproduktiven Alter sind Opfer von Vergewaltigungen. 70 Prozent aller Vergewaltigungsopfer sind zwischen 16 und 35 Jahre alt." Vgl. Buss, David: Evolutionäre Psychologie. Pearson Studium, 2004, 2., aktualisierte Auflage, S. 417. Das von vielen Feministinnen gebetsmühlenhaft wiederholte Mantra, bei sexueller Gewalt gehe es nicht um Sex, sondern um Macht, wäre demnach verzerrend vereinfacht.

241 Vgl. Stemple, Lara und Meyer, Ilan: Sexual Victimization by Women Is More Common Than Previously Known. In: Scientific American vom 10.10.2017, online unter https://www.scientificamerican.com/article/sexual-victimization-by-women-is-more-common-than-previously-known.

242 Vgl. Duncan, Karen: Female Sexual Predators. Praeger 2010, S. 23. Siehe auch: Johansson-Love, Jill and Fremouw, William: Female Sex Offenders: A Controlled Comparison of Offender and Victim/Crime Characteristics. In: Journal of Family Violence Nr. 24, 6/2009, S. 367-376. Online unter https://www.researchgate.net/publication/226528907_Female_ Sex_Offenders_A_Controlled _Comparison_of_Offender_and_VictimCrime_Characteristics. Zitiert nach Duncan, Karen: Female Sexual Predators. Praeger 2010, S. 24.

Burkhard Oelemann, die Ausblendung der Täterschaft von Frauen führe dazu, dass sich Frauen, die schlagen, in herkömmlichen Beratungen nicht ernst genommen fühlen.

„Viele der Frauen, die uns aufsuchen", so Oelemann, „berichten übereinstimmend, dass sie vorher zum Teil mehrere Anläufe unternommen hatten, sich professionell wegen ihrer eigenen Gewalttätigkeit beraten zu lassen. Doch sie begegneten in der Regel Beraterinnen, die sie als Opfer sahen – nicht aber als Täterin. Eine Frau sprach neulich davon, dass man ihr in einer Familien- und Eheberatungsstelle aktiv einreden wollte, sie würde gleichsam in Notwehr ihren Partner schlagen. Als sie dann mehrfach widersprach, weil sie eben allein initiativ in Krisen oder Konfliktsituationen ihren Partner schlägt, erntete sie nur Kopfschütteln und Unverständnis bis hin zur Wut, ob sie denn nicht endlich verstehen würde oder könnte, dass natürlich der Partner auch für ihr Schlagen verantwortlich sei ... Beinahe niemand glaubt einer Täterin ihr Tatverhalten. Frauen haben Opfer zu sein, Punkt."

Aber nicht nur die männlichen Opfer und weiblichen Täter, auch Fachleute haben es schwer, gegen eine sexistisch ausgerichtete Szene in diesem Bereich anzukommen. Oelemann beispielsweise berichtet weiter, dass er nur solange als Anti-Gewalt-Berater auf offene Türen stieß, solange er über Gewalt von Männern sprach:

„Mit zunehmender Bekanntheit wurden wir zunächst von der damaligen Frauen-Politik geradezu hofiert, und wir bekamen sehr viel mediale Aufmerksamkeit. (...) Sprach ich jedoch von Frauen als Tätern wurde sofort relativiert, verleugnet und einige Frauen reagierten sehr wütend, ja beinahe cholerisch. Ich wurde beschimpft, und mir wurde vorgehalten, ich solle mich als Mann gefälligst um Männer und Jungen als Täter kümmern – obwohl ich mit zu den ersten gehörte, die genau dies in Deutschland getan hatten. (...) Die extremste Reaktion erlebte ich um die Jahrtausendwende herum auf einem Kongress in Düsseldorf, auf dem auch Professor Michael Bock über die Einseitigkeit des Gewaltschutzgesetzes sprach. Er wurde ausgepfiffen und niedergeschrien von allen ‚Expertinnen' jedweder politischer oder sozialer Couleur, die auf dem Podium saßen oder als Gäste geladen waren."

Oelemann bezeichnet diesen Widerstand und die Versuche, weibliche Täterschaft in ein Opfer-Sein umzudeuten, als „vorauseilende gesellschaftliche Absolution". Dieser fatale Automatismus stelle „einen wesentlichen Bestandteil im weiblichen Gewaltkreislauf dar – und einen klaren Unterschied zum männlichen Gewaltkreislauf, wo es diesen

Widerstand schlicht nicht gibt." Und er zieht das Fazit: „Wenn wir weiterhin über die weibliche Täterschaft bei häuslicher Gewalt schweigen und die politisch Verantwortlichen weiterhin keine niedrigschwelligen Angebote für Frauen präsentieren, die misshandeln, sondern weiterhin deren Gewalt leugnen, wird sie eskalieren."[243]

Bis hierhin sind drei zentrale Gründe dafür genannt worden, weshalb es auch Frauen nutzt, wenn das Leiden von Männern ernst genommen werden würde: Männer dürften sich mehr bei der Bekämpfung von häuslicher und sexueller Gewalt engagieren, wenn ihnen dieser Schutz selbst nicht länger vorenthalten bleibt. Gewalt gegen Frauen und Gewalt gegen Männer sind oft miteinander verkettet. Und auch Täterinnen benötigen Hilfe. Ein vierter Grund ist, dass eine geschlechtsbezogene Auswahl „hilfswürdiger" Opfer sexistische Geschlechterbilder verstärkt. Darauf weist Lara Stemple in einem ihrer Fachaufsätze zur sexuellen Gewalt hin. In diesem Aufsatz heißt es:

„Einige zeitgenössische Gender-Theoretiker haben den überwältigenden Fokus auf weibliche Viktimisierung in Frage gestellt, nicht nur, weil sie männliche Opfer unter den Teppich kehrt, sondern auch, weil sie dazu dient, regressive Vorstellungen von weiblicher Verletzlichkeit zu verstärken. Wenn die Schäden, die Frauen erleiden, als deutlich mehr verbreitet und besorgniserregender dargestellt werden, kann dies Normen aufrechterhalten, in denen Frauen als entmachtete Opfer gelten und die die Vorstellung verstärken, dass Frauen ‚edel, rein, passiv und unwissend' sind. In diesem Zusammenhang kann die Behandlung der männlichen sexuellen Viktimisierung als seltenes Ereignis Männern und Jungen regressive Erwartungen an die Männlichkeit aufzwingen. Der Glaube, dass Männer nur selten Opfer sind, fördert ein kontraproduktives Konstrukt dessen, was es bedeutet, ‚ein Mann zu sein'. Das kann genau jene Vorstellung von naturalistischer Männlichkeit verstärken, die die feministischen Theorie, die Männlichkeit als sozial konstruiert betrachtet, sonst kritisiert. Die Erwartungen an die männliche Unbesiegbarkeit sind für Männer und Jungen einschränkend; sie können auch Frauen und Mädchen schaden, indem sie regressive Geschlechternormen aufrechterhalten."[244]

---

243 Vgl. Hoffmann, Arne im Interview mit Oelemann, Burkhard: „Die Lynchaufrufe sind ein logisches Produkt jahrzehntelanger Dämonisierung". Online seit dem 9.4.2012 unter http://cuncti.net/lebbar/117-burkhard-oelemann-qdie-lynchaufrufe-sind-ein-logisches-produkt-jahrzehntelanger-daemonisierungq.

244 Vgl. Stemple, Lara und Meyer, Ilan: The sexual victimization of men in America: new data challenge old assumptions. In: Am J Public Health, Vol. 104, Nr. 6/2014, S. e19–e26, online unter https://www.ncbi.nlm.nih.gov/pmc/articles/PMC406202

Stemple erinnert daran, dass es Feministinnen gelungen ist, „Vergewaltigungsmythen" zu überwinden, denen zufolge eine Frau selbst schuld daran trage, wenn sie das Opfer eines sexuellen Übergriffes werde, sei es aufgrund der Wahl ihrer Kleidung, sei es aufgrund einer allgemeinen Aufgeschlossenheit zu Intimkontakten.

> *„Für Männer ist ein ähnlicher Diskurs nicht entwickelt worden. Tatsächlich stellen zeitgenössische soziale Erzählungen, einschließlich Witze über Gefängnisvergewaltigungen, die Vorstellung, dass ‚echte Männer' sich selbst schützen können, und der Irrtum, dass schwule männliche Opfer wahrscheinlich ‚darum gebeten haben', Hindernisse für Männer dar, mit ihrer Viktimisierung fertig zu werden. Die sexuelle Erregung eines männlichen Opfers, die nicht ungewöhnlich ist, kann zu dem Missverständnis beitragen, dass die Viktimisierung ein willkommenes Ereignis war. Gefühle der Verlegenheit, die Angst des Opfers, dass ihm nicht geglaubt wird, und der Glaube, dass schon das Berichten über einen solchen Übergriff unmännlich ist, wurden alle als Gründe für die männliche Hemmung gegen die Meldung sexueller Viktimisierung angeführt. Die populären Medien spiegeln auch Unempfindlichkeit, wenn nicht gar Gefühllosigkeit gegenüber männlichen Opfern wider."*[245]

Besonders problematisch ist, wenn die Aktivisten, die für diese Opfer eintreten, also Maskulisten, als Vertreter einer „männlichen Opferideologie" verhöhnt und mit Rechtsradikalen gleichgesetzt werden, da diese sich ja auch ständig als Opfer sähen. Eine Mutmaßung darüber, warum es zu einer derart menschenverachtenden Polemik kommt, habe ich in dieser Anthologie in dem Kapitel über die Frankfurter Allgemeine und andere Leitmedien ausgeführt: Ein Mann, der über männliche Opfererfahrungen spricht, wird als Sonderling und Freak dargestellt, weil man dadurch die eigene Männlichkeit schützen möchte. Je fleißiger man denunziert, desto eher kann man sich als ganzer Kerl

---

2. Siehe vertiefend Stemple, Lara und andere: Sexual Victimization Perpetrated by Women: Federal Data Reveal Surprising Prevalence. In: Aggression and Violent Behavior vom 11. Januar 2016, online unter https://www.researchgate.net/publication/308844135_Sexual_Victimization_Perpetrated_by_Women_Federal_Data_Reveal_Surprising_Prevalence sowie Salcuni, Erica: Rape Happens Almost Just as Often to Men. Online seit dem 30.4.2014 unter http://guardianlv.com/ 2014/04/rape-happens-almost-just-as-often-to-men.

245 Vgl. Stemple, Lara und Meyer, Ilan: The sexual victimization of men in America: new data challenge old assumptions. In: Am J Public Health, Vol. 104, Nr. 6/2014, S. e19–e26, online unter https://www.ncbi.nlm.nih.gov/pmc/articles/ PMC4062022..

fühlen und sich zugleich als politisch korrekt feiern lassen – im Gegensatz zu den als jämmerlich verachteten Maskulisten, die männliche Opfer ernst nehmen: eine Rhetorik, der sich auch führende deutsche Feministinnen bedienen.[246]

Wie es zu einem derartigen Verhalten von feministischer Seite kommt, obwohl dem Feminismus eigentlich an der Wahrnehmung auch männlicher Opfer gelegen sein sollte, erklärt die Sozialpädagogin, Eheberaterin und Publizistin Dr. Barbara Kiesling in einem Interview, das ich mit ihr geführt hatte:

> *„Umso überraschender ist daher der Ausruf einer bekannten Feministin, die infolge der zahlreichen Untersuchungsergebnisse hinsichtlich misshandelter Männer eingestand, dass es für sie sehr schwer sei, diese Resultate zu akzeptieren; und sie erklärte aufrichtig: ‚Das passt nicht in mein Weltbild.'*
> *Damit hat sie eine sehr wichtige Aussage getroffen. Wir Menschen haben nämlich weitgehend festgefügte Weltbilder, die wir auch brauchen. Aussagen, die nicht in dieses Weltbild passen, lösen Irritationen aus. Um die damit einhergehenden Erschütterungen zu vermeiden, reagiert der Mensch dann unwillkürlich mit Abwehrhaltungen. Das zum einen. Zum anderen müsste im Falle einer Erschütterung sofort ein neues Konzept bereitstehen; um sozusagen den Boden, der sich zunächst geöffnet hat, wieder zu schließen.*
> *Aber mit dem zur Verfügung stehenden alternativen Konzept (…) wird eine noch gravierendere Abwehrhaltung hervorgerufen: Die wenigsten möchten sich mit Traumatisierungen beschäftigen. Und schon gar nicht mit dem Unbewussten, von dem wir weitaus mehr regiert werden, als wir es wahrhaben wollen. Der gesamte Komplex ist zu ‚unheimlich', als dass sich eine große Bevölkerungsgruppe damit auseinandersetzen wollte.*
> *Demgegenüber fordert das vorherrschende feministische Modell nichts vom Einzelnen. Es ist für jedermann verständlich und reiht sich ein in die Gut-und-Böse-Philosophie, die auch in anderen Bereichen vorherrscht. Da müsste wohl auch erst ein Ruck durch die Gesellschaft gehen, damit sich veraltete*

---

246 So verspottete die damalige „taz"-Chefredakteurin Bascha Mika in der Diskussionssendung „Drei Jahrzehnte Emma: Ist Emanzipation out?" auf Bayern Alpha am 26. Januar 2007 den damaligen MANNdats-Vorsitzenden Dr. Eugen Maus als „Jammerlappen". Und als Maus in der SWR-Talkshow „Quergefragt" am 4. Juli 2007 soziale Problemlagen von Männern in unserer Gesellschaft skizzierte, verhöhnte ihn die Feministin Thea Dorn mit Sprüchen wie „Ich weine gleich" und setzte die Männer, die für ihre Rechte eintraten, als „hysterisch" herab. Die persönlichen Herabsetzungen erinnern frappant an die Zeit vor 50 Jahren, als alte Machos Frauenrechtlerinnen ebenfalls als „hysterisch", gerne aber auch als „neurotisch" und „frigide" beschimpften.

Bilder auflösen und sich an deren Stelle zeitgemäßere Ansichten etablieren können. "[247]

Glücklicherweise sind wir dieser Entwicklung nicht machtlos ausgeliefert. Es gibt elf einfache Dinge, mit denen jeder und jede dabei helfen kann, Gewalt gegen Männer zu unterbinden:

1. Betrachten Sie geschlechtsbezogene Gewalt als ein Thema auch für Männer, nicht nur für Frauen. Erkennen Sie, dass diese Gewalt Männer aller Altersgruppen, ethnischer Herkunft und sozioökonomischen Ebenen treffen kann. Betrachten Sie Frauen nicht nur als potentielle oder tatsächliche Täterinnen, sondern auch als Zuschauerinnen, die übergriffigen Mitgliedern ihrer Gruppe Einhalt gebieten können.

2. Wenn Ihre Schwester, Freundin, Klassenkameradin oder Mannschaftskameradin ihren männlichen Partner misshandelt, schauen Sie nicht weg. Wenn Sie sich dabei wohl fühlen, versuchen Sie, mit ihr darüber zu sprechen. Drängen Sie sie, Hilfe zu suchen. Wenn Sie nicht wissen, was Sie tun sollen, wenden Sie sich an einen Freund, einen Elternteil, einen Professor oder einen Berater. SCHWEIGEN SIE NICHT.

3. Wenn Ihre Schwester, Freundin, Klassenkameradin oder Mannschaftskameradin respektlos beziehungsweise herabsetzend gegenüber Jungen und Männern im Allgemeinen auftritt, legen Sie Widerspruch ein. Sexistische Herabsetzungen können eine Form emotionaler Gewalt darstellen und körperlicher Gewalt den Weg bereiten.

4. Haben Sie den Mut, nach innen zu schauen. Stellen Sie Ihre eigene Einstellung in Frage. Seien Sie nicht defensiv, wenn etwas, was Sie tun oder sagen, jemand anderen unnötig verletzt. Versuchen Sie zu verstehen, wie Ihre eigenen Einstellungen und Handlungen dazu beitragen können, Sexismus und Gewalt aufrecht zu erhalten, und arbeiten Sie daran, sie zu verändern.

---

247 Vgl. Hoffmann, Arne im Interview mit Kiesling, Barbara: „Viele Frauen haben kein Bewusstsein für die eigene Aggression". Online seit dem 10.4.2012 unter https://www.cuncti.net/geschlechterdebatte/28-barbara-kiesling-qviele-frauen-haben-kein-bewusstsein-fuer-die-eigene-aggressionq.

5. Wenn Sie den Verdacht haben, dass ein Ihnen nahe stehender Mann häusliche oder sexuelle Gewalt erlitten hat, fragen Sie sanft, ob Sie helfen können.

6. Wenn Sie sich selbst gegenüber Männern mit psychischer Gewalt, mit körperlicher Gewalt oder sexuell übergriffig verhalten oder verhalten haben, suchen Sie JETZT professionelle Hilfe.

7. Seien Sie ein Verbündeter von Männern, die sich für die Beendigung aller Formen geschlechtsspezifischer Gewalt einsetzen. Unterstützen Sie die Arbeit von Männeraktivisten in diesem Bereich. Nehmen Sie an öffentlichen Veranstaltungen im maskulistischen Spektrum teil. Sammeln Sie Geld für Notunterkünfte auch für männliche Opfer häuslicher Gewalt. Wenn Sie einem Team oder einer Studentengruppe angehören, organisieren Sie eine Spendenaktion.

8. Erkennen Sie und sprechen Sie sich gegen Homophobie und Hass auf Schwule aus. Diskriminierung und Gewalt gegen Lesben und Schwule sind an und für sich falsch. Dieser Missstand hat aber auch direkte Verbindungen zum Sexismus. So wird die sexuelle Orientierung von Männern, die sich gegen männerfeindlichen Sexismus aussprechen, oft in Frage gestellt: eine bewusste oder unbewusste Strategie, um sie zum Schweigen zu bringen.

9. Nehmen Sie an Programmen und Kursen teil, sehen Sie sich Filme an und lesen Sie Artikel und Bücher über Geschlechterungleichheit und die Ursachen geschlechtsspezifischer Gewalt, solange jeweils beide Geschlechter als Opfer und Täter berücksichtigt werden. Informieren Sie sich und andere darüber, wie sich soziale Probleme auf die Konflikte zwischen Männern und Frauen auswirken.

10. Finanzieren Sie keinen Sexismus. Weigern Sie sich, eine Zeitschrift zu kaufen, ein Video zu mieten, eine Website zu abonnieren oder Musik zu kaufen, die Jungen oder Männer in einer herabsetzenden Weise darstellt. Protestieren Sie gegen Sexismus in den Medien.

11. Arbeiten Sie freiwillig mit Programmen zur Verhütung geschlechtsspezifischer Gewalt, einschließlich antisexistischer Programme, die

Sexismus gegen beide Geschlechter berücksichtigen. Gehen Sie mit gutem Beispiel voran.[248]

Alles, was in diesen elf Punkten bezüglich Männern gesagt wurde, gilt natürlich für Frauen genauso: Anders als es bislang oft präsentiert wurde, gilt eine sinnvolle Bekämpfung von häuslicher und sexueller Gewalt eben für beide Geschlechter.

---

248 Diese elf Tipps spiegeln die leider sexistische Vorlage „10 Things Men Can Do to Prevent Gender Violence" von MVP Strategies und mit Copyrightshinweis auf Jackson Katz. Sie steht online unter https://jacksonkatz.com/wp-content/uploads/2016/10/10-Things-Flyer.pdf. Dass viele Trainer, Berater und Aktivisten bei der Bekämpfung geschlechtsbezogener Gewalt einen radikal sexistischen Ansatz verfolgen (und dafür gefeiert werden), ist das wohl größte Problem in diesem Bereich.

Abschied vom Patriarchatsmythos. Für eine überfällige Historisierung des Feminismus

Ingbert Jüdt

Unsere Epoche ist von der Vorstellung besessen, sie könne gesellschaftliche Probleme dadurch benennen und lösen, dass sie sie zu Problemen der „Männlichkeit" deklariert.[249] Der Mann und eine „toxische Männlichkeit" stehen stellvertretend für alle Schattenseiten, die wir an unserer modernen Zivilisation identifizieren, vom Klimawandel[250] über Formen

---

249 Auch im aktuellen Grundsatzprogramm der SPD (immer noch das „Hamburger Programm" von 2007) findet sich weiterhin die Aussage: „Wer die menschliche Gesellschaft will, muss die männliche überwinden", die den Gedanken, dass die negativen Seiten der modernen *Gesellschaft* männlichen *Geschlechts* sind, auf die prägnanteste und kürzeste Formel bringt. Für Katrine Marçal ist die moderne Ökonomik „männlich", weil der ökonomische *Mensch*, den die klassischen ökonomischen Theorien beschreiben, zugleich auch der ökonomische *Mann* sei. (Marçal 2016) Für Luce Irigaray ist die moderne Wissenschaft „männlich", weil sie die Festkörperphysik vor der Hydrodynamik entwickelt hat – aufgrund einer „Komplizenschaft zwischen der Rationalität und einer Mechanik des nur Festen", während das Weiblich-Flüssige dem wissenschaftlichen Desinteresse anheimgefallen sei. (Irigaray 1979, S. 111). Und Cara Daggett verbindet das Zeitalter der fossilen Energien (einem entscheidenden Faktor für den industriellen Vorsprung des Westens vor dem Rest der Welt, vgl. Osterhammel 2009, S. 936) mit einer „Petro-Maskulinität", verstanden als eine „toxic combination of climate denial, racism and misogyny" (Daggett 2018). Wissenschaft und Ökonomie und mit ihnen die ganze moderne Gesellschaft wird ausschließlich auf ihre krisenhaften Aspekte hin wahrgenommen und diese als „männlich" apostrophiert.

250 Ein Diskussionspapier der MenEngage Alliance befasst sich mit "boys' and men's multiple roles in climate change by conducting an analysis of masculinities in patriarchal systems that play a contributing role in perpetuating climate change." (Kato-Wallace 2016) Grundlage ist das Konzept einer „hegemonic masculinity" (hegemonialen Männlichkeit), das Resultat eine Aneinanderreihung von *weasel words*, die einen realen Zusammenhang vortäuschen. Die Erziehungsberaterin Lori Day führt eine lange (und für unvollständig erklärte) Liste von männlichen Untaten,

der gesellschaftlichen Arbeitsteilung[251] und Formen der Familie[252] bis hin zu Problemen der Gewalt in zwischenmenschlichen Beziehungen[253] – und die Rettung unserer Zivilisation erwarten wir uns davon, dass wir Frauen mehr „Raum", mehr „Stimme", „Gehör" und Einfluss verschaffen – weil sich alle möglichen Problemlagen angeblich verbessern, sobald mehr Frauen oder mehr „Weiblichkeit" eine Rolle darin spielen[254] – am

---

die es rechtfertigen, sich (selbstverständlich satirisch gemeint!) eine männermassenmordende Epidemie, eine „mandemic", zu wünschen: „Climate change, Domestic violence, War, Rape, Sex trafficking, Wealth gap, Pay gap, Air and water pollution, Gun violence, Under-education of girls, Degrading porn, Religious oppression of women, Overpopulation, Deforestation, Poaching, Slavery, Gender discrimination, Poverty, Hunger, Extinction of species, Terrorism, Torture, Sexual harassment, FGM [female genital mutilation], Political corruption, Homelessness, Restricted reproductive rights, Exploitation of fossil fuels, Strip mining, Clubbing of baby seals" (https://www.feministcurrent.com/2016/02/03/we-need-a-mandemic).

251 Die moderne geschlechtsspezifische Arbeitsteilung ist Katrine Marçal zufolge „auf den Bedürfnissen des Mannes (ge)gründet" (Marçal 2016, S. 63).

252 Gisela Notz zufolge ist die Familie vor allem zur Herstellung von Geschlechterhierarchien – genauer: „geschlechtshierarchischer Arbeitsteilung" – gut (Notz 2015, S. 23), eine Wahrnehmung des Zwangscharakters der dem Mann in diesem Kontext zugeschriebenen Rolle fehlt jedoch völlig und wird per Implikation *e contrario* als unproblematisch und privilegiert gesetzt.

253 Die Unterstellung, dass häusliche Gewalt in erster Linie ein Problem von männlicher Gewaltausübung und weiblicher Opfern sei, gilt bis in ministeriale Politiken hinein als ausgemacht, obwohl diese Annahme einer umfangreichen Literatur zufolge als grob faktenwidrig erwiesen ist (siehe Hoffmann 2017, S. 157 ff., Hamel/Nicholls 2013).

254 Eine klassische Formulierung dieser Behauptung finden wir in Margarete Mitscherlichs einflußreichem Buch „Die friedfertige Frau": „An der Frau liegt es, ihren männlichen Lebensgefährten daran zu hindern, ständig Sündenböcke zu produzieren, ob im Privat-, Berufs- oder politischen Leben. An der Frau liegt es, männlichem Imponier- und Selbstdarstellungsgehabe, diese Wurzel vieler Gewaltakte und kriegerischer Auseinandersetzungen, die zur Aufrechterhaltung solcher Mentalität notwendige Bewunderung zu versagen, die eigene Identifikation mit männlichen Idealen und Wertvorstellungen zu überprüfen und in Frage zu stellen. An der Frau liegt es aber auch, die von den Männern ›gepachteten‹ Positionen zu erringen, um ihre ›friedfertige‹, vernünftigere und objektbezogenere Einstellung zu vielen Fragen der Lebensgestaltung stärker zur Geltung zu bringen." (Mitscherlich 1987, S. 183) Mitscherlichs Buch kann man – insbesondere angesichts der Rahmung ihrer Argumentation im Vorwort – als Exkulpation der Frauen vor dem Hintergrund der nationalsozialistischen Epoche lesen. Ein realistischeres Bild von Rolle und Verhalten der Frau im Nationalsozialismus zeichnen Vinken (2007) und Lower (2016).

weiblichen Wesen soll die Welt genesen.[255] An ihrem radikalen Ende gelangt die vorherrschende feministische Ideologie zu einer Position analog zu der Heinrich von Treitschkes, der die „soziale Frage" zur „Judenfrage" erklärte: indem Feministinnen den Mann faktisch zum „Zivilisationsschädling"[256] stilisieren und einen Standpunkt einnehmen, der sich mit der Formulierung umschreiben lässt: „Die Männer sind unser Unglück."[257] So, wie die Identifizierung einer Reihe von gesellschaftlichen Problemen der wilhelminischen Epoche mit dem Judentum als „kultureller Code" der Sozialkritik diente, so erfüllt der kulturelle

---

255 Als Ausdruck dieser Überzeugung kann man eine Vielzahl von Äußerungen verstehen, denen zufolge „die Zukunft weiblich" sei, so etwa Sheryl Sandberg: „The world's gone social, and women are more social than men" (https://www.forbes .com/2010/04/26/popular-social-networking-sites-forbes-woman-time-facebook-twitter.html) Ein vergangenes, obsoletes, problembeladenes „männliches" Zeitalter wird zugunsten einer zeitgemäßen, mit konstruktiven Problemlösungen gesegneten „weiblichen" Zukunft überwunden, und es ist das „Weibliche" an dieser Epoche, die die Menschheitsgeschichte regelrecht erlöst.

256 In einer solchermaßen zugespitzten, um nicht zu sagen: vulgarisierten, Form ist dies beispielsweise von Karen Duve zum Ausdruck gebracht worden: „Die Kulturleistungen, die wir den dominanten Alpha-Männern zu verdanken haben, mögen ja ganz beeindruckend sein – zumindest im Vergleich mit der Schimpansenkultur –, aber sie sind nichts im Vergleich zu dem, was alles hätte sein können, wenn wir nicht Jahrhundert für Jahrhundert von den aggressivsten, egoistischsten, raffgierigsten und dabei nicht einmal besonders intelligenten Charakteren geleitet worden wären. Die, die immer wieder verhindert oder zunichte gemacht haben, was intelligentere oder soziale Artgenossen uns hätten bieten können." (Duve 2014, S. 121 f.) Mit der Herrschaft „dominanter" Männer wird also nicht mehr „Zivilisation", sondern nur noch die *Verhinderung* von Zivilisation in Verbindung gebracht – und das auf diese Weise immerhin *faktisch erreichte* Maß an Zivilisation, das vermutlich auch Karen Duve nicht wird missen wollen, radikal entwertet.

257 Der entscheidende Punkt der Analogie ist hier, dass der Antisemitismus im deutsche Kaiserreich einen „kulturellen Code" darstellte, mit dem als problematisch empfundene Entwicklungen der kapitalistischen Industriegesellschaft und der liberaler werdenden Kultur symbolisiert wurden, wobei Treitschke nur derjenige war, der diesen Code am elegantesten und subtilsten formulierte und ihn dadurch auch für gehobene Kreise salonfähig machte. (vgl. Volkov 2000, S. 13-36) In derselben Weise ist heute „Männlichkeit" zu einem sich als analytisches Konzept ausgebenden kulturellen Code für Umweltzerstörung, politische und zivile Gewaltsamkeit, politisch missbrauchte Wissenschaft, ökonomische Krisen und weitere negative Entwicklungen geworden.
https://www.gehove.de/antisem/texte/treitschke_1.pdf
http://germanhistorydocs.ghi-dc.org/pdf/deu/411_Treitschke_Juden%20sind%20 Unglueck_112.pdf

Code „Mann" (im klassischen Radikalfeminismus) bzw. „weißer heterosexueller Mann" (im politisch korrekten Gender-Feminismus) eine identische Funktion. Weitere Radikalisierungen scheinen dabei nicht ausgeschlossen: die Aussage der britischen Journalistin und Radikalfeministin Julie Bindel: „And I am sick of hearing from individual women that their men are all right"[258] erinnert in der Radikalität ihrer Verachtung von Männern als imaginiertes Kollektiv beängstigend an eine Aussage von Heinrich Himmler in der berüchtigten Posener Rede: „Und dann kommen sie alle an, die braven 80 Millionen Deutschen, und jeder hat seinen anständigen Juden. Es ist ja klar, die anderen sind Schweine, aber dieser eine ist ein prima Jude."[259] „Wehret den Anfängen" funktioniert nur dann, wenn man die Anfänge auch als solche benennt.

Dabei verstrickt sich die vorherrschende feministische Ideologie zugleich in eine strukturelle Paranoia, die wir wiederum mit derjenigen der bolschewistischen Ideologie analogisieren können: so wie diese notorisch unfähig war, zwischen in der Sache liegenden, objektiven Schwierigkeiten der gesellschaftlichen Entwicklung und dem Widerstand und der Sabotage von „Klassenfeinden" unterscheiden zu können, weil man sich ideologisch auf die Erwartung programmiert hatte, dass die „Bourgeoisie" umso stärkeren Widerstand leistet, je näher sie am Abgrund steht[260], so ist die feministische Ideologie notorisch unfähig, zwischen in der Sache liegenden, objektiven Schwierigkeiten der Emanzipation und Gesellschaftsreform einerseits und der Unterdrückung und „strukturellen Diskriminierung" durch ein „Patriarchat" und durch „toxische Männlichkeit" andererseits unterscheiden zu können[261] – weil sie sich auf die Erwartung programmiert hat, eben überall „patriarchale

---

258 https://web.archive.org/web/20150904155320/http://www.radfemcollective.org/
news/2015/8/29/an-interview-with-julie-bindel

259 http://www.1000dokumente.de/pdf/dok_0008_pos_de.pdf

260 Kotkin 2015, S. 289 ff., Kotkin 2017, S. 50

261 Eine klassische Kontroverse dieser Art ist die Frage, ob fortbestehende geschlechtsspezifische Ungleichgewichte in der Berufswahl und bei der Arbeitszeitgestaltung auf „Diskriminierung", „Unterdrückung" oder eher auf unterschiedliche *Präferenzen* zurückzuführen sind. Eine zentrale feministische Propagandabehauptung besteht darin, eine angebliche Lohnlücke von 21% (der „Gender Pay Gap") auf „Diskriminierung" zurückzuführen – entsprechende Wahlplakate hat die SPD noch im Bundestagswahlkampf 2017 eingesetzt (siehe hierzu auch Anm. 32). „Toxische Männlichkeit" soll sowohl für das Gewaltniveau in der Zivilgesellschaft als auch für männliche Benachteiligungen zuständig sein, die als Form von Selbstschädigung

Unterdrückung" und „hierarchische Geschlechterverhältnisse" vorzu-finden[262]. Es wird strukturell unmöglich, eine „emanzipierte" Frau darauf hinzuweisen, dass Ansprüche Grenzen haben könnten, weil das unabhängig von Thema und Kontext zwangsläufig als Versuch „des Patriarchats" wahrgenommen wird, sie „klein zu halten" oder „mundtot zu machen".[263]

---

verstanden werden. (Penny 2015, S. 69-113) Für Bascha Mika sind es wiederum die *falschen* Präferenzen von Frauen, die sich in Feigheit und Selbstbetrug eingerichtet haben. (Mika 2011)

262 Für Anne Wizorek ist das „Patriarchat" allüberall: „Das Patriarchat umgibt uns förmlich wie die Matrix aus dem gleichnamigen Film" (Wizorek 2014, S. 23) Ein kaum weiter qualifizierter Patriarchatsbegriff zieht sich mit stets beanspruchter, aber niemals nachgewiesener Erklärungskraft durch die ganze Länge von Laurie Pennys „Bitch Doktrin" (Penny 2017). Freilich schreibt Penny auch vom „Spätkapitalismus", dann aber auch wieder gänzlich begründungsfrei vom „kapitalistischen Patriarchat" (S. 141), und Sätze wie „Das Patriarchat misst Frauen an unmöglichen Maßstäben und stellt sie an den Pranger, wenn sie den Maßstäben nicht genügen" (S. 143) oder „Die Unterdrückung von Frauen ist ein globales Phänomen, weil das Patriarchat ein globales Phänomen ist" (S. 227) sind durchaus repräsentativ für das analytische Niveau des Buches. Margarete Stokowski sieht im ihrem gleichnamigen Buch „Die letzten Tage des Patriarchats" gekommen (Stokowski 2018), wobei sie den Begriff im Vorwort erst ein wenig einschränkt („Männer können im Patriarchat – auch heute noch – ganz oben und ganz unten stehen", S. 11), bloß um dann doch nicht zu erklären, wieso sie den Begriff dann überhaupt und obendrein als Buchtitel verwendet – von einer nachvollziehbaren Definition ganz zu schweigen. Anke Domscheit-Berg (Domscheit-Berg 2015) titelt Kapitelüberschriften wie „Arbeiten im Patriarchat" (S. 22) oder „Logisch: Im Patriarchat liegt alles an den Männern" (S. 96 – was erst selbstironisch klingt, sich dann aber als viel weniger ironisch gemeint herausstellt), ohne auch nur im Ansatz zu erläutern, was der Begriff eigentlich analytisch leisten soll. Eva Cyba zufolge ist der Patriarchatsbegriff eine eierlegende Wollmilchsau, insofern die feministische Theorie postuliert, „dass dieser Begriff nicht ahistorisch oder ethnozentrisch, gleichzeitig aber als Konzept universell gültig ist, das alle Arten der Unterdrückung in allen Gesellschaften erfassen kann." (Cyba 2010) Die These von den „hierarchischen Geschlechterver-hältnissen" wiederum gehört seit den 1960er Jahren zum Kernbestand der feminis-tischen Perspektive und findet sich an zahllosen Stellen.

263 Ein prägnantes Beispiel für diese Einstellung sind Antje Schrupps Äußerungen auf dem „11. PEIRA Matinee Gewaltvolle Internetkommunikation" im März 2015 (https://www.youtube.com/watch?v=XOtEZa2sQ8I): „Wir wollen noch mehr ... wir können den Hals nicht voll genug kriegen. (...) Das, was wir wollen, ist der Maßstab für Feminismus, nicht das, was uns rechtmäßig zusteht. Es geht um die Frage: ›wie wollen wir die Welt haben‹ und nicht, was dürfen wir, was steht uns zu. Das, was uns zusteht, wollen wir sowieso. Das reicht uns aber eben noch nicht." Für Schrupp bewegt sich der Feminismus nicht in einer Welt des Möglichen, sondern in

Und so entwickelt auch die vorherrschende feministische Ideologie aus dieser strukturellen Paranoia eine eigenständige Form von politischer Gewaltsamkeit[264], die sich teils in der Ausbeutung juristischer Schieflagen[265], teils in moralischen Kampagnen[266] äußert, die ausgehend von teils berechtigten, teils vorgeschobenen Anlässen durch Fehl- und Überinterpretationen einen immensen Kollateralschaden anrichten[267]. Wie man schlaglichtartig am Verhalten von Alice Schwarzer im Fall von

---

einer Welt des „Zugestandenen". Das, was der Feminismus in der Welt nicht erreicht, erreicht er nicht darum nicht, weil es objektiv schwierig ist oder womöglich gar eine verfehlte Zielsetzung darstellt, sondern weil es „nicht zugestanden" wird, und die angemessene Reaktion darauf besteht darin, den Rahmen des Wollens zu erweitern, gleichsam im Fordern nicht nachlässig zu werden. Auch ein verbreitetes Modell der „Powerfrau" ist Ausdruck dieser Idee, insofern sie individuelle Selbstermächtigung („Empowerment") zum Schlüssel persönlichen Vorankommens erklären. Objektive Beschränkungen des Möglichen werden vorzugsweise als Resultat struktureller Diskriminierung gegen Frauen gedeutet – mit dem Resultat: „Powerfrauen machen keinen Mut, sondern Druck." (Garsoffky/Sembach 2014, S. 140 ff.)

264 Bei der jüngsten publizistischen Feier zum Jahrestag des Frauenwahlrechts wurde bequemerweise darüber hinweg gesehen, dass bereits die bürgerliche Frauenbewegung eine gewaltbereite Fraktion in Gestalt der militanten Suffragetten der „Women's Social and Political Union" hatte (http://www.spiegel.de/einestages/suffragetten-bewegung-buergerkrieg-der-geschlechter-a-951045.html). In der Neuen Frauenbewegung richtete sich politische Gewalt vor allem gegen ideologische Abweichlerinnen wie beispielsweise Erin Pizzey, deren realistisches Bild häuslicher Gewalt nicht den radikalfeministischen Unterstellungen entsprach, oder Esther Vilar, die das feministische Bild vom privilegierten Mann einfach umdrehte.

265 In erster Linie zuungunsten von Vätern in Sorgerechtsstreitigkeiten, aber auch bei der unterschiedlichen Bewertung der Beschneidung von Jungen und Mädchen oder bei der militärischen Dienstverpflichtung.

266 Grundsätzlich beruhen die moralischen Kampagnen des Feminismus auf dem Anspruch, eine Lücke zwischen den allgemeinen Menschen- und Bürgerrechten und ihrer faktischen Geltung für Frauen identifiziert zu haben. Je nach Gegenstand ist dieser Anspruch in unterschiedlichen Graden in der Sache plausibel. Jüngere Kampagnen wie #aufschrei und #metoo, die sich stark auf die neuen sozialen Medien stützen und sich gegen einen angeblich allumfassenden „Sexismus" richten, erwecken freilich den Eindruck, ihren Gegenstand mehr zu imaginieren als tatsächlich nachzuweisen. In ihren Folgen insbesondere für die Männer der amerikanischen Filmindustrie ähnelt #metoo der ideologischen Säuberungskampagne Joseph McCarthys zwischen 1950 und 1954.

267 Bereits die entsprechenden Anschuldigungen können existenzvernichtend sein. #metoo hat mittlerweile die Suizide von Carl Sargeant, Dan Johnson, Jill Messick, Jo Min-ki und Benny Fredriksson mitverschuldet (http://maninthmiddle.blog-spot.com/p/feministische-twitter-kampagnen.html#metoo.selbstmorde). KC Johnson und Stuart Taylor beklagen die extreme Willkür in den amerikanischen

Esther Vilar[268] und Jörg Kachelmann[269], aber jüngst auch an den Mc-Carthyesken Aspekten der #metoo-Kampagne ablesen kann[270], wird unter den Voraussetzungen eines solchen Denkens auf der Ebene der Praxis die physische Hinrichtung durch die soziale Hinrichtung ersetzt[271]. Auf diese Weise betreibt – ganz entgegen allen eigenen Ansprüchen – die vorherrschende feministische Ideologie von heute die letzte Form von systematischer Diskriminierung, die in der westlichen Welt

---

„campus rape"-Vorwürfen und beurteilen die universitären Disziplinarmechanismen als „so arbitrary that the same conduct that can have no repercussions 99 times out of 100 ... can lead to a life-altering expulsion" (Johnson/Taylor 2017, S. 267) und das Verhalten der Mainstream-Medien bei diesem Thema als „biased beyond any hope of redemption". (a.a.O. S. 270)

268 Esther Vilar war von Alice Schwarzer in einem Fernseh-Streitgespräch im Februar 1975 als „Faschistin, die auch für den ›Stürmer‹ schreiben könne", denunziert worden (https://www.youtube.com/watch?v=y24CRiaOly8).

269 Jörg Kachelmann war nicht nur Opfer einer Falschbeschuldigung, sondern auch einer unter anderem von Alice Schwarzer persönlich betriebenen medialen Vorverurteilung, die sich nach seinem Freispruch als verbohrte Nachverurteilung weiter fortsetzte (siehe Kachelmann/ Kachelmann 2012, S. 335 ff.).

270 „McCarthyesk" ist der Sieg einer Logik des Verdachts über das ordentliche Verfahren, bei dem die Anschuldigung als solche bereits ausreicht, irreversiblen Schaden an Ansehen und Gesundheit der Beschuldigten anzurichten. Im Falle von #metoo liegt der Grund der Anschuldigungen in der Unterstellung einer einseitigen Machtausübung, die man jedoch in vielen Fällen auch als wechselseitige Korruptionsbeziehung verstehen kann. Historisch ähnelt #metoo jedoch mehr der „Hollywood Blacklist" des *House Un-American Activities Committee*, während McCarthy von 1953 bis 1955 dem *Senate Government Operations Committee* vorstand. (vgl. Griffith 1987)

271 Diese „soziale Hinrichtung" ist in dem Augenblick erfolgreich, in welchem dem Beschuldigten unabhängig vom Resultat einer gerichtlichen Untersuchung erfolgreich öffentlich angehängt wird, ein Sexualstraftäter („sexual predator") zu sein, zudem unabhängig vom Schweregrad des Vorwurfs, also ganz gleich, ob es dabei um eine echte Vergewaltigung oder um ein als „Belästigung" wahrgenommenes Verhalten geht.

noch als legitim gilt[272]: einen massiven Sexismus gegen den als „toxisch" denunzierten weißen heterosexuellen Mann.[273]

Dabei kann sich die feministische Bewegung bei ihren Kampagnen nicht nur auf ihre eigenen wohletablierten Netzwerke[274], sondern auch auf die Kooperation staatlicher Instanzen und politischer Organisatio-

---

272 Das kommt beispielsweise in einem Artikel von Till Raether in der „Süddeutschen Zeitung" zum Ausdruck, in dem er unter Berufung auf Robin di Angelos „White Fragility" (di Angelo 2011, 2018) die These verteidigt, einen „umgekehrten Rassismus" könne es *per definitionem* nicht geben: „Mag sein, dass das ein feindseliger Akt ist. Aber Feindseligkeit ist kein Rassismus. In einer Welt, in der Weiße seit Jahrhunderten die Macht haben und die Spielregeln bestimmen, kann es per Definition keinen „umgekehrten Rassismus" geben." (https://sz-magazin.sueddeutsche.de/leben-und-gesellschaft/hoert-auf-zu-jammern-alte-weisse-maenner-85975) Dass dies ein Problem der Definition sein könnte, kommt Raether und seinen Referenztexten nicht in den Sinn. Hier wird eine strukturtheoretische Behauptung („weiße Männer sind innerhalb der Gesellschaft privilegiert") verwendet, um eine Beobachtung auf der Handlungsebene zu annullieren: die Äußerung einer rassistischen *Einstellung* sei keine, wenn die sie äußernde Person „strukturell" als „nicht privilegiert" einzustufen sei. Es liegt auf der Hand, dass damit empirische Einwände gegen ein fragwürdiges theoretisches Konzept abgewehrt werden sollen. Di Angelo definiert: „White Fragility is a state in which even a minimum amount of racial stress becomes intolerable, triggering a range of defensive moves." (2011, S. 57) Die einseitige Wertung von Rassismus hat die Autorin dabei in die Prämissen ihres Arguments verlegt, insofern eine „weiße" Beanstandung rassistischen Verhaltens von vornherein einem weißen „entitlement to racial comfort" zugeschrieben wird (a.a.O.). Auf diese Weise wird faktisch impliziert, dass „people of color" niemals rassistisch sein können – eine manifeste Absurdität allein schon im Hinblick auf schwarzen Antisemitismus.

273 Während für den Radikalfeminismus der 1960er und 1970er Jahre „der Mann" schlechthin das Feindbild war, hat der heutige politisch korrekte Gender-Feminismus dieses Feindbild um die zusätzlichen Merkmale Hautfarbe und sexuelle Orientierung („weiß", „heterosexuell") spezifiziert. Die bislang letzte Volte dieses verleugneten Sexismus ist der Twitter-Hashtag #menaretrash, der in der Dreistigkeit, sich für selbstverständlich legitim zu halten, nicht nur eine fortgeschrittene intellektuelle Verwahrlosung darstellt, sondern auch vollends aus dem politischen Diskurs aussteigt. (https://man-tau.com/2018/08/20/menaretrash)

274 Eine Geschichte der feministischen Institutionalisierung ist an dieser Stelle nicht zu schreiben – die Entwicklung als solche steht aber nicht in Frage: in der zum Standardwerk avancierten Quellensammlung zur Geschichte der deutschen Frauenbewegung von Ilse Lenz wird sie als „Professionalisierung und institutionelle Integration" bzw. als „Ausweitung des integrativen Feminismus" registriert (Lenz 2010, S. 355 ff., 364), und in Bezug auf die Institutionalisierung des Feminismus in den Wissenschaften ist eine klassische Webersche Bürokratisierungsthese auch im Feminismus selbst durchaus nicht unbekannt (vgl. Hark 2005, S. 67 ff.)

nen[275] fest verlassen[276]: weil sie der politischen Klasse im Nebeneffekt einen kontinuierlichen Strom von Scheinproblemen[277] wie „geschlech-

---

275 Diese Kooperation lässt sich an der Bereitwilligkeit ablesen, mit der in Staat und Recht die Schlechterstellung und Diskriminierung von Männern implementiert worden ist – in Bezug auf die USA und Kanada kommen Nathanson und Young zu dem Befund: „By now, our legal systems are based firmly on double standards. (…) Discrimination against men is by now so pervasively institutionalized that it is best described as systemic und characteristic of the legal system as a whole." (Nathanson/ Young 2006, S. XI) Analoge Belege zur Situation in Deutschland finden sich ausführlich bei Hoffmann 2014, insbesondere S. 97 ff. und 157 ff.

276 Dies zeigt sich sehr deutlich beispielsweise an der Reform des Sexualstrafrechts, die trotz scharfer Kritik aus der Fachwelt und ohne das Gutachten der selbst eingesetzten Expertenkommission abzuwarten im Juli 2016 vom Bundestag *einstimmig* verabschiedet wurde.

277 Dass es sich um *Scheinprobleme* handelt, ist einer sich seit Jahrzehnten steigernden *Moralisierung der Politik* geschuldet. Claus Leggewie hat diesen Trend schon in den 1990er Jahren anhand der Konservativen Revolution in den USA beschrieben: „Das konservative Modell, das die minimierte Intervention in die Selbstregulierung des Marktes mit der Aufrüstung des Staates als moralische Sanktionsinstanz verbindet, erfreut sich genau wie in Amerika in vielen neuen Nationen und Demokratien wachsender Beliebtheit. Die Dynamik der Entstaatlichung ist weltweit ebenso stark wie der populistische Furor, und die allenthalben beschworene ›Krise der Werte‹ ruft als Reaktion überall eine Moralisierung der Politik hervor." (Leggewie 1997, S. 39) Auf der anderen Seite ist einem Schlüsselaufsatz von Klaus Eder (Eder 1989) zufolge diese Moralisierung nicht nur ein Phänomen auf der politischen Rechten: mit der Entstehung eines postmaterialistischen Kleinbürgertums wird in linksliberalen Milieus das moralische und ästhetische Ethos eines „guten Lebens" verteidigt, das sich von der öffentlichen Sphäre, von Ökonomie und Politik, tendenziell bedroht fühlt. Der *politisch mobilisierte* linksliberale Kleinbürger tritt als *moralischer Unternehmer* auf. Problematisch daran ist, dass diese Moral als imaginäres Substitut für reale, „strukturelle" Veränderungen auftreten kann und dass sie dazu neigt, in Abkehr von den Prinzipien einer universalistischen Moral das alte Klischee der kleinbürgerlichen Doppelmoral zu erfüllen. Dass die feministische Variante dieses Moralunternehmertums innerhalb der Frauenbewegung inzwischen dominant geworden ist, wurde dadurch begünstigt, dass Feminismus immer schon auf dem moralischen Appell an die für beide Geschlechter gleichermaßen proklamierten bürgerlichen Grundrechte beruhte. Auf diese Weise konnte schließlich die *negative Moralisierung des Mannes* für Konservative und Feministinnen gleichermaßen zu einer (paradoxerweise vor allem in der Familienpolitik sichtbaren) stillschweigenden Voraussetzung politischer Übereinstimmung werden. Eine daraus resultierende *politische Korrumpierbarkeit* des Feminismus ist insbesondere von Nancy Fraser kritisiert worden (siehe Fraser 2013a, 2013b).

tergerechte Sprache"[278], „Gender Pay Gap"[279], Frauenquoten und Frauenförderprogramme[280] liefert, an denen diese sich parteiübergreifend[281]

---

278 Die „geschlechtergerechte Sprache" ist ein *normatives* Scheinproblem: Einerseits kann man zwar plausibel dafür argumentieren, dass Sprache und Sprachgebrauch grundsätzlich Gegenstand moralischen Urteilens sein können, um beispielsweise sprachliche Diskriminierungen zu vermeiden (siehe Stefanowitsch 2018, S. 23-45). Andererseits können solche moralisch begründete Erwartungen an das Sprachverhalten selbst in Akte der Diskriminierung umschlagen, wenn sie die pragmatische Dimension des sprachlichen Ausdrucks („den Sack prügeln, aber den Esel meinen") und damit die Möglichkeit mißachten, dass das „unkorrekte" Sprachverhalten reale negative Erfahrungen artikulieren soll, die daraufhin unartikulierbar werden – und zwar insbesondere dann, wenn Sprachkontrolleure und unkorrekte Sprecher über ungleiche formale Sprachkompetenz verfügen. Dann können „die berechtigten Forderungen auf Anerkennung zu Floskeln moralischer Selbstüberhöhung erstarren". (Dusini/Edlinger 2012, S. 14) Zum *Schein*problem wird die politisch korrekte Sprache, wenn sie in Verwendung als soziales Statusmerkmal die „symbolische Gewalt" der Sprache selbst ausübt und die unbeholfene oder verschobene Artikulation realer Probleme unter Verweis auf ihre „falsche Form" unterbindet. Im Falle der „geschlechtergerechten Sprache" betrifft dies den weit klaffenden Unterschied zwischen lautstark beklagter sprachlicher Diskriminierung von Frauen und angestrengt übersehener realer Diskriminierung von Männern.

279 Der „Gender Pay Gap" ist ein *empirisches* Scheinproblem, also eines, das verschwindet, wenn man die angeblichen Belegdaten näher in Augenschein nimmt. Die beispielsweise von der SPD noch im Bundestagswahlkampf plakatierten 21% (https://www.designtagebuch.de/die-plakate-zur-bundestagswahl-2017/btw2017_18-1_lohngerechtigkeit/) sind, da es sich um den unbereinigten Wert handelt, hochgradig unseriös, da der bereinigte Wert bei 6% im Jahre 2014 liegt (https://www.destatis.de/DE/PresseService/Presse/Pressemitteilungen/2017/03/PD17_094_621.html) und weitere bereinigende Faktoren noch hinzukommen können. Zudem muss der bereinigte GPG nicht zwingend als Resultat von Diskriminierungen, sondern es spricht mehr dafür, ihn als Ergebnis von geschlechtsspezifisch unterschiedlich gelagerten durchschnittlichen Präferenzen aufzufassen (vgl. Hakim 2004). Wie das SPD-Plakat zeigt, kann das Thema aber eingesetzt werden, um politisches „Problembewusstsein" in Szene zu setzen.

280 Quoten und Förderprogramme haben den Vorteil, dass sie sich politisch beschließen lassen, während die Evaluation ihrer Effektivität unbestimmt verschoben und faktisch ausgesetzt wird. Den politischen Ertrag des „Wir kümmern uns!"-Status werfen sie sofort ab, ihr fragwürdiger Nutzen oder angerichteter Flurschaden erweist sich wie bei einem faulen Kredit erst mit großer Verzögerung.

281 Die Initiative für eine Frauenquote im Deutschen Bundestag geht mittlerweile von SPD und CDU gemeinsam aus, während sie von den Konservativen früher als spezifisches Merkmal „linker" Politik abgelehnt wurde – die interne Frauenquote der SPD jährt sich derzeit zum dreißigsten Mal. (https://www.zeit.de/politik/deutschland/2018-03/gleichberechtigung-frauenquote-parlamente-katarina-barley-annegret-kramp-karrenbauer)

abarbeiten kann, um eine Problemlösungskompetenz und Tugendhaftigkeit zu simulieren[282], die sie in Bezug auf gesellschaftliche Schlüsselprobleme wie die Einhegung des neoliberal entschränkten Kapitalismus, die Bewältigung der Globalisierungsfolgen und den Umgang mit der Massenarbeitslosigkeit längst verloren hat.[283] Der heute vorherrschende Feminismus repräsentiert auf diese Weise das intellektuelle und politische Elend einer Gesellschaft, die an ihrer eigenen Unfähigkeit zur Gesellschaftskritik verzweifelt.[284]

Und indem auf diese Weise ein analytischer Begriff der „Gesellschaft" hinter der Klischeefigur des „Männlichen" verblasst ist, ist ein anderer Systembegriff an seine Stelle getreten: der Begriff des „Patriarchats" – das Gespenst einer allgegenwärtigen, die gesamte Menschheitsgeschichte durchziehenden Superstruktur, die wiederum nichts anderes darstellt als eine vulgärsoziologische Ableitungs- und Kollektivform einer solchen negativ interpretierten „Männlichkeit"[285]. Der

---

282 „Placebo-Politik" ist im Jahre 2015 eine ebenso gängige Vokabel (Weiss 2015) wie im Jahre 2005 (https://www.welt.de/print-welt/article667787/Placebo-Politik.html) – aber „Frauenpolitik" hat mit Ausnahme von Streitpunkten wie Unisex-Toiletten und einem über das etablierte Binnen-I hinausgehenden sprachlichen Gendern erfolgreich vermieden, als solche zu gelten. Denn solange allen Ernstes unwidersprochen behauptet werden kann, „Deutschland ist in Sachen Emanzipation finsterstes Entwicklungsgebiet" (Mika 2011, S. 18), hat sich der Symbolwert von Frauenpolitik noch nicht abgenutzt.

283 Dass Männer zu den großen Verlierern der neoliberalen Epoche gehören, haben Autorinnen wie Susan Faludi (Faludi 2000) und Hannah Rosin (Rosin 2012) durchaus konstatiert. Faludi sieht das Ende des „männlichen Paradigmas der Konfrontation" heraufziehen (S. 604), und Rosin singt ein Loblied auf die weibliche Anpassungsfähigkeit („plastic woman") im Unterschied zur männlichen Charakterstarre („cardboard man"), das wenig Spielraum für eine Kritik der gesellschaftlichen Verhältnisse lässt (S. 270). Nimmt man zur Kenntnis, dass „weibliche" Verhaltenserwartungen auch schon in der Zwischenkriegszeit an Männer herangetragen wurden (Illouz 2009, S. 105 ff.) und genau besehen schon in Adam Smiths „Theorie der ethischen Gefühle" eine Rolle spielen (Smith 2010, Kucklick 2008, 152-167), muss man fragen, was bei Faludi und Rosin über die rein beschreibende Ebene hinaus eigentlich gewonnen wurde.

284 Letztlich büßt feministische Theorie hier den Kern ihres Anspruchs ein, eine kritische Gesellschaftstheorie sein zu wollen. Ein Beispiel für dieses Scheitern ist die unter anderem von Katrine Marçal repräsentierte „feministische Ökonomik", die einmal mehr gesellschaftliche Strukturen auf Psyche und angebliche „Bedürfnisse" des Mannes zurückführt (https://geschlechterallerlei.wordpress.com/2016/05/20/neoliberalismus-feministisch-kritisiert-katrine-marcals-machonomics/).

Begriff des „Patriarchats" und seine Implikation einer „Jahrtausende langen Unterdrückung der Frauen durch die Männer"[286] ist der fundamentale Gründungsmythos der Zweiten Frauenbewegung[287] und na-

---

285 Das wird klar, wenn man zur Kenntnis nimmt, welche Prominenz psychoanalytische Modelle in einem großen Teil der feministischen Kritik genießen – hier sei stellvertretend nur auf Margarete Mitscherlich (Mitscherlich 1987) und Juliet Mitchell (Mitchell 1985) verwiesen. Hierdurch ist die fatale Verlockung entstanden, in psychoanalytischen Begriffen ein „Wesen des Mannes" zu bestimmen und daraus eine „patriarchale" Gesellschaftsform zu deduzieren, anstatt umgekehrt zu fragen, wie sich dramatische gesellschaftliche Veränderungen seit der letzten Eiszeit auf die relative Positionierung von Männern und Frauen zueinander ausgewirkt haben. Ansatzweise hat dies zwar die „Saharasia"-Theorie von James De-Meo versucht, aber auch sie ist recht direkt bei der Unterstellung eines Monotypus der männlichen Psyche gelandet (DeMeo 2005). Auch einflußreiche jüngere Ansätze wie Raewyn Connells Modell der „hegemonialen Männlichkeit" folgen demselben Konstruktionsprinzip (Wedgwood/Connell 2010). Generell scheint die jüngere wissenschaftstheoretische Diskussion um den Charakter der Psychoanalyse als Hermeneutik oder Naturwissenschaft (Grünbaum 1988, Kandel 2008) von feministischen Autoren nicht rezipiert worden zu sein.

286 Diese Vorstellung ist ein feministischer Allgemeinplatz, der auf einer radikal einseitigen historischen Bilanzierung beruht, wie sie erstmals in Warren Farrells „Myth of Male Power" kritisiert worden ist (Farrell 1993).

287 Der Begriff des Mythos lässt sich auf die Vorstellungswelten der Neuen Frauenbewegung im Besonderen ebenso anwenden, wie Ingeborg Villinger sie auf die 68er-Bewegung im Allgemeinen angewendet hat: das mythische Denken „errichtet Identitäten (›die Studentenschaft‹, ›die Arbeiterklasse‹) durch positive Besetzung und Abgrenzung von als negativ ausgewiesenen Einheiten (wie der ›repressive Staat‹). Es regelt Tabu-Zonen (Vietnamkrieg, Ausbeutung der Dritten Welt u.a.) und Grenzen wie Oben/Unten, Innen/Außen, Heiliges/Profanes; es organisiert Ein- und Ausschlüsse wie ›Wir‹ und die ›Anderen‹ und es ordnet Vertrautes/Unvertrautes, Eigenes/Fremdes, Gutes/Böses, Richtig und Falsch. Diese Einheiten werden in der rituellen Wiederholung wie beispielsweise Demonstrationen bestätigt und fixiert." (Villinger 2008, S. 322) Damit möchte ich nicht zum Ausdruck bringen, dass ich die 68er-Bewegung insgesamt für irrational halte, wie das ein modisch gewordenes 68er-Bashing gelegentlich zu meinen scheint, sondern, dass die Qualität der Gesellschaftskritik daran zu messen ist, wie weit es ihr gelingt, sich über die Ebene der mythischen Dichotomien und Vereinfachungen hinaus zu entwickeln. Während beispielsweise der Begriff des „Proletariats", der in der Linken der 1960er und 1970er noch als eine solche mythische Simplifizierung konstruiert war, schließlich zugunsten differenzierterer Modelle der Sozialstruktur zurückgetreten ist, hat der feministische Patriarchatsbegriff eine solche Weiterentwicklung klar versäumt. Obzwar er in der feministisch orientierten Sozialwissenschaft zwischenzeitlich eine geringere Rolle spielte, ist er im zeitgenössischen Netzfeminismus des 21. Jahrhunderts auf beiden Seiten des Atlantiks und mit seinem gesamten Ballast an mythischen Vereinfachungen erneut zu erstaunli-

hezu des gesamten aus ihr hervorgehenden zeitgenössischen Feminismus[288]. Die Geschichte dieses Begriffs vom „Patriarchat" ist mit der Geschichte der neuen Frauenbewegung untrennbar verbunden: es gab ihn im Sinne einer solchen umfassenden Welterklärung vor ihr nicht und es wird ihn auch nach ihr nicht mehr geben – weil es sich bei ihm in erster Linie nicht um einen wissenschaftlich tragfähigen Begriff[289], sondern um eine mythische Denkform[290] handelt, die eine pragmatische Funktion für die Ursprungserklärung, die Legitimierung und die Bewusstseinsproduktion der Frauenbewegung übernimmt[291]. Die Neue Frauenbewegung der 1960er Jahre *konstituiert sich* durch die mythopoetische Schöpfung des Bewusstseins, diejenige revolutionäre Bewegung zu sein, die fünf, sechs oder noch mehr Jahrtausende von „Männerherrschaft" an ihr historisches Ende bringe[292] und darin selbst der Schlüssel schlechthin zu einer fundamentalen Umwälzung der gesellschaftlichen Verhältnisse sei[293].

---

cher Prominenz gelangt. Das ist ein starkes Indiz dafür, dass sich feministische Weltanschauungen heute in eine historische Sackgasse verrannt haben, in der sie aufgehört haben, analytisch – und insbesondere: gesellschaftskritisch – produktiv zu sein.

288 Dies darum, weil die Neue Frauenbewegung als Teil der 68er-Bewegung ein kulturgeschichtlicher Einschnitt war, der bis heute fortwirkt. Zu den wenigen Ausnahmen zählen individuelle Vertreterinnen des liberalen bzw. Equity-Feminismus.

289 Siehe oben Anm. 14.

290 Der Gedanke, dass es sich beim Mythos nicht nur um individuelle Geschichten handelt, sondern um eine Struktur des Denkens, die das ganze soziale und intellektuelle Leben einer Gemeinschaft fundiert, stammt von Ernst Cassirer (Cassirer 1994), ist aber seither auch in entwicklungspsychologischen Begriffen rekonstruiert worden (Habermas 1976, Hallpike 1990, Oesterdiekhoff 1997).

291 Barbara Holland-Cunz hat mit Bezug auf die Rhetorik der damals wirkmächtigen Schriften von Friedan, Firestone und Millett von den „heldinnenhaften Selbstdefinitionen des Neuanfangs" gesprochen und damit faktisch die mythische Schöpfungsfunktion jener Texte benannt. (Holland-Cunz 2003, S. 141)

292 Das Ausgreifen des „feministischen Bewußtseins" über die gesamte Menschheitsgeschichte wurde von Simone de Beauvoirs „Das andere Geschlecht" vorbereitet (Beauvoir 1968), von Frauen wie Shulamit Firestone radikalisiert (Firestone 1975) und Frauen wie Gerda Lerner historisch-systematisch aufbereitet (Lerner 1986, 1993).

293 Dieses Sendungsbewusstsein war zeitweise am stärksten in der sogenannten „Matriarchatsforschung" ausgeprägt (für den Anspruch siehe z. B. die Texte des Sammelbandes „The Rule of Mars", Biaggi 2005, in stärker populärer Form Riane Eislers Bestseller „The Chalice and the Blade", Eisler 1988, dazu kritisch Nathanson/Young 2010) und ist mittlerweile – auch hierin dem Begriff des Mythos entspre-

Das bedeutet: Dieser Begriff des „Patriarchats" ist *ein Mythos im strengen Sinne*[294] – bis zum heutigen Tag regelmäßig zur Beglaubigung feministischer Behauptungen und Geschichtskonstruktionen beschworen[295], aber trotz der Bemühungen von zwei oder drei feministischen Generationen niemals empirisch überzeugend dargelegt[296]. Gerd Koenen hat diese Monomanie der radikalfeministischen Welterklärung pointiert kritisiert:

„In den feministischen Fundamentalschriften wurde die Totalkritik des Kapitalismus durch eine noch totalere Kritik des Patriarchats überlagert und schließlich ganz ersetzt. Die dialektische Widersprüchlichkeit des historischen und gesellschaftlichen Prozesses wurde abgelöst von einem erdrückend monokausalen, ein-eindeutigen Bild der Welt und der Geschichte, worin nichts mehr regierte als die blanke physische oder die versteckte psychische Gewalt des global herrschenden Geschlechts. (…) In diesem permanenten, völlig einseitigen Krieg der Geschlechter bildeten ›Männer und Frauen zwei Nationen auf einem Boden‹. Eine ›patriarchalische Weltzivilisation‹ war seit zwei Jahrtausenden dabei, die ursprünglicheren, dem Leben und der Natur zugewandten weiblichen Kulturen zu unterdrücken und notfalls aus-

---

chend – zu einer unhinterfragten Selbstverständlichkeit des feministischen Bewusstseins sedimentiert, die auch heute noch allgegenwärtig mobilisierbar ist.

294 „Im strengen Sinne" heißt, den philosophischen und kulturanthropologischen Konzepten des Mythos im Detail entsprechend: totalisierendes Denken in binären Oppositionen (Lévi-Strauss 1976, S. 627 ff., Müller 1989, S. 235 ff., Oppitz 1993, S. 291 ff.), ätiologische (historische Ursprungs-) Erzählung (Dux 1982, S. 122 ff., Fuchs-Heinritz et al. 2007, S. 449), legitimierende Erzählung (a.a.O.), emotional mobilisierend, an Rituale gekoppelt (Mauss 1989, S, 94 ff.), die soziale Funktion über die historische Wahrheit stellend (Hallpike 1990, S. 175 ff.)

295 Wie oben (Anm. 14) bereits angedeutet, wird der Begriff des Patriarchats in einer ganzen Reihe aktueller Texte von Anke Domscheit-Berg, Laurie Penny, Rebecca Solnit, Margarete Stokowski, Anne Wizorek und weiteren als fraglos selbstverständlich vorausgesetzt.

296 Diese These lässt sich an dieser Stelle aus Platzmangel nicht im Detail belegen – der Kern meines Einwandes betrifft die im Feminismus völlig unzulänglich geleistete historische Bilanzierung weiblicher *und* männlicher Kosten für die „Teilnahme" am Prozess der Zivilisation. Hier stützen sich theoretisch gesteuerte Wahrnehmungsfilter sowie empirische Betriebsblindheiten und Rezeptionsverweigerungen des Feminismus in zirkulärer Weise gegenseitig. Dieser Vorwurf einer systematischen Fehlbilanzierung wurde zuerst von Warren Farrell erhoben (Farrell 2000).

zurotten. (…) Nahm man diese Theorien beim Wort, waren sie womöglich noch hermetischer und totaler, um nicht zu sagen: totalitärer, als es jede noch so radikale Rassen-, Klassen- oder Imperialismustheorie hätte sein können."[297]

Dieser Patriarchatsmythos weist eine genau benennbare Grundstruktur und in dieser einen grundsätzlichen Denkfehler auf: Feministinnen verwechseln die Beziehung der Frau zum Mann mit der Beziehung der Gesellschaft zur Umwelt[298]. Aus ihrer Perspektive *ist* der Mann die Gesellschaft, mit dem ganzen doppelten Irrtum einer ihm zugeschriebenen Allmacht und als primärer Adressat für Wuncherfüllungen und Veränderungserwartungen[299]. Und aus demselben Grund meinen Feministinnen, dass wenn sich die Gesellschaft ändern soll, der Mann sich ändern müsse[300]. Es handelt sich sozusagen um einen „topologischen", in der Grundfigur der Idee angelegten Irrtum: die Fixierung der Feministinnen auf den Mann verstellt ihnen den Blick auf die Gesellschaft als Ganze, von der sie selbst ein *Teil* sind,

---

297 Koenen 2001, S. 246 f.

298 Christoph Kucklick hat denselben Grundgedanken in die sperrige, an Niklas Luhmann orientierte Formulierung gebracht: „Geschlecht supercodiert die Differenz von Interakion und Gesellschaft." (Kucklick 2008, S. 209-236)

299 Auch die generationsspezifische Neubelebung des Feminismus durch die „Netzfeministinnen" hat diese fehlgesteuerte Erwartungshaltung nicht überwunden, und die Generation der „Alphamädchen" ist an ihrem Anspruch gescheitert, „dass der Feminismus einfach mal nur auf den neuesten Stand gebracht werden" und (unter anderem) „den Männern erklären (muss), warum es auch für sie super ist, wenn wir uns weiterentwickeln." (Haaf/Klingner/Streidl 2009, S. 16 f.) Das Anprangern „sexistischer Strukturen" ersetzt keine Gesellschaftskritik – erst recht nicht dann, wenn die Möglichkeit eines Sexismus gegen Männer durch Junk-Science-Theorien wie einen einseitig interpretierten Intersektionalismus, bei dem Diskriminierungen immer nur in eine Richtung verlaufen können, a priori ausgeschlossen wird und die „Kritik" in das überhitzte Jagdfieber von Kampagnen wie #aufschrei und #metoo mündet.

300 Diese Erwartung finden wir symbolisch verdichtet beispielsweise in der von Myriam Chalek erdachten „#MeToo-Fashion Show" vom Februar 2018, in der weibliche Opfer von Vergewaltigung Männer in Schweinemasken und Handschellen vorführen (https://www.thedailybeast.com/brutal-stories-and-pig-men-in-handcuffs-at-the-metoo-fashion-event). Als Kern der von #metoo aufgeworfenen Probleme wird ein diffuses „Schwein-Sein" des Mannes inszeniert, wobei weder der psychologische Reduktionismus noch die faschistoide Ästhetik der Inszenierung als Problem wahrgenommen wird (https://man-tau.com/2018/02/12/fashion-und-faschismus/).

während sie sich selbst nur in Opposition, dem Manne gegenüber, wahrnehmen – weshalb sie außerstande sind, ihre eigenen Verstrickungen in faktische Mitverantwortlichkeit wahrzunehmen[301], und weshalb sie sich ermächtigt fühlen, sich selbst einen überlegenen, erkenntnistheoretisch privilegierten Standpunkt zuschreiben. Die Feministin nimmt die wahrgenommene *Beziehung der Frau zum Mann* für die gesamte *Struktur der Gesellschaft*.

Es wird unterstellt, dass die Perspektive des Mannes mit der Perspektive der Gesellschaft in Eins falle, weil der Mann über die Frau „herrsche". Und weil diese Herrschaft seinen Interessen entspreche und sein Privileg darstelle, darum sei diese Herrschaft mit der Struktur der Gesellschaft identisch, weshalb nicht nur von einer patriarchalischen Geschlechterbeziehung, sondern von einer „patriarchalen Gesellschaft" gesprochen werden könne – mithin vom „Patriarchat"[302]. Die etwa bei Alice Schwarzer regelmäßig wiederkehrende Formulie-

---

301 Die Eigenverantwortung von Frauen in Herrschaftskontexten wurde im Feminismus unter dem Stichwort „Mittäterschaft" diskutiert, welches „die patriarchale Kultur implizit als *Ensemble von Männern und Frauen*" kennzeichnet (Thürmer-Rohr 2010, S. 91). Aber auch diese Perspektive bleibt noch auf den Mann und seine relative Position zur Frau fixiert und schafft es nicht, von der handlungstheoretischen Ebene des Täterbegriffs zu einer systemtheoretischen Ebene überzugehen, auf der die Idee einer „gesellschaftlichen Struktur" analytisch fruchtbar werden könnte. Diese systemtheoretische Schwäche feministischer Theorie ist immer noch unzureichend kritisiert, eine seltene Ausnahme finden wir bei Weinbach 2004.

302 Auf den ersten Blick ist diese starre Fixierung auf den Patriarchatsbegriff in den Theorien des Intersektionalismus überwunden worden. So schreiben beispielsweise Winker und Degele (2010, S. 10): *„Inzwischen gehört es auch zum guten Ton der Gender und Queer Studies, Ungleichheits- und Unterdrückungsverhältnisse nicht mehr auf die Kategorie Geschlecht zu reduzieren. Eindimensionale Modelle wie das Patriarchat haben zur Beschreibung und Erklärung von Ungleichheiten ausgedient. Geschlecht, Klasse und Rasse gelten in der Geschlechter-, Ungleichheits-, und Migrationsforschung als zentrale Kategorien der Unterdrückung."* Diese Behauptung steht jedoch in einem erklärungsbedürftigen, deutlichen Kontrast zum allgegenwärtigen Gebrauch des Patriarchatsbegriffs in der öffentlichen Debatte. Zum einen sind die intersektionalistischen Theorien von dem Vorwurf betroffen, bloß eine neue Form des Dogmatismus entwickelt zu haben, indem sie dazu neigen, *„Kategorien der Identität zu essenzialisieren und als Marker für starre Identitäten und Subjektpositionen zu verwenden"* (Meyer 2017, S. 151), wobei die „richtigen" Subjektpositionen dann die entsprechende überlegene Kritikfähigkeit verbürgen sollen, während die „falschen" Subjektpositionen davon dogmatisch ausgesperrt bleiben. Zum anderen gilt zwar die Geschlechtskategorie nicht mehr wie

rung von der „Männergesellschaft"[303] ist ein typischer Ausdruck dieser analytischen Konfusion. Dieses Unterlaufen der für eine *Gesellschafts*analyse erforderlichen Distanz ist aber genau das, was es dem Feminismus ermöglicht hat und weiterhin ermöglicht, sich in einem auf einer simplen binären Unterscheidung beruhenden mythischen Koordinatensystem einzurichten, das von Anfang an gegen empirische Einwände verriegelt war. „Männliche Herrschaft" und „männliche Privilegien" werden damit zu den Prämissen, ja geradewegs zu den *Axiomen* der feministischen Weltsicht: sie folgen nicht aus tragfähigen empirischen Befunden, sondern regulieren umgekehrt die Wahrnehmung der Realität.

Ein dramatisches und folgenreiches Beispiel für diese Abriegelung ist die im Feminismus seit den 1970er Jahren bis heute andauernde systematische Fehlwahrnehmung häuslicher Gewalt[304], die als ein ganz überwiegend männliches Phänomen dargestellt wird[305] – obwohl bereits

---

in älteren radikalfeministischen Theorien als Wurzel aller Unterdrückungsverhältnisse schlechthin, dennoch gehört der Begriff des Patriarchats *innerhalb* der Geschlechtskategorie zwingend zur begrifflichen Bestimmung von „strukturellen Dominanz- und Herrschaftsverhältnissen" dazu. Die Obsession mit „hierarchischen Geschlechterverhältnissen" macht es auch dem Intersektionalismus unmöglich, diese als ein asymmetrisches Komplementärverhältnis zu modellieren und damit den Blick für eine empirische Bilanzierung zu öffnen, in der Kategorien wie Klasse und Geschlecht nicht gleichsinnig, sondern gegensinnig wirken. Denn in der feministischen intersektionalistischen *Praxis* wird die Kategorie „Klasse" stets dann außer Betracht gelassen, wenn – salopp formuliert – Männer dadurch mehr „oppression points" sammeln können als Frauen. Insofern wurden die intersektionalistischen Modelle zwar einerseits entwickelt, um der Kritik an der früheren eindimensionalen Perspektive zu begegnen, aber andererseits nicht darum, um die Ideologie zugunsten von Wissenschaft zu überwinden, sondern um die Ideologie unter veränderten Bedingungen fortzusetzen.

303 So etwa hier: „Frauen zu zeigen, dass ihre angeblich persönlichen Probleme zu einem großen Teil unvermeidliches Resultat ihrer Unterdrückung in einer Männergesellschaft sind, ist eines meiner ersten Anliegen." (Schwarzer 1975, 2002, S. 17.)

304 Siehe zum Beispiel den Sammelband von Hamel und Nichols (2013) und den Online-Literaturüberblick auf https://frauengewalt.wordpress.com.

305 Diese Sichtweise hat sich bis in die Spitzen der Politik durchgesetzt: so geht eine Plakat-Kampagne des Bundesfamilienministeriums aus dem Jahre 2014 (https://man-tau.com/2014/04/13/merkel-schwesig-und-die-freude-an-gewalt/) völlig selbstverständlich von ausschließlich weiblichen Opfern und männlichen Tätern aus.

die Gründerin der britischen Frauenhausbewegung, Erin Pizzey, dies besser wusste und wofür sie von den Radikalfeministinnen ihrer Zeit aus ihrem eigenen Projekt gemobbt wurde[306]. Weil die ideologische Grundstruktur des (vorherrschenden) Feminismus aus der Selbstverpflichtung hervorgeht, den Standpunkt der weiblichen Perspektive ins Zentrum der Aufmerksamkeit zu rücken[307], wird folgerichtig die *tatsächliche* männliche Perspektive an den Rand gedrängt und schließlich systematisch ausgeblendet, während eine *imaginierte* männliche Perspektive ins Zentrum der Kritik gerückt wird. Der männliche Standpunkt existiert fortan nur noch als Projektionsfläche feministisch-ideologischer Zuschreibungen[308]. Die Perspektive der (feministischen) Frau *auf* den Mann wiederum wird zum Kern der Perspektive der *Feministin* auf die *Gesellschaft*.[309]

Paradoxerweise setzt der sich für emanzipiert haltende Feminismus damit das Geschlechtsrollenmodell der bürgerlichen Gesellschaft mit anderen Mitteln fort. Am Beispiel des Unterhalts- und Sorgerechts werden verblüffende Parallelen zwischen feministischen und konser-

---

306 Pizzeys Einschätzung aus den 1970er Jahren ist im Hinblick auf die heutige Situation prophetisch: „Any refuge was better than none, but it concerned me that people working at such places should spout the notion that all women were innocent victims of men's violence. Of the first hundred women who came through our doors sixty-two were as violent as the men they had left behind. I had to face the fact that the males were always going to be blamed for violence within a family and that … false claims would be made against them and that the women would always be believed." (Pizzey 2011, S. 82)

307 An der Wurzel der Neuen Frauenbewegung steht ein radikaler Subjektivismus: „Insbesondere die ›Betroffenheitsliteratur‹ erfreute sich großer Beliebtheit und regte oftmals zu radikalen Selbstanalysen an. Ihr Einfluss auf die Geschlechterdiskussion ist kaum zu überschätzen. (…) Empfindsamkeit und Solidarität standen gegen eine als männlich wahrgenommene kühle Objektivität." (Reichardt 2014, S. 618) Dieses Prinzip der „Parteilichkeit und Betroffenheit" prägte auch die methodischen Postulate zur Frauenforschung. (vgl. Müller 2010)

308 Die erstmals von Warren Farrell formulierte *kritische* Selbstwahrnehmung der männlichen Rolle kam nicht zufällig von jemandem, der sich selbst lange Zeit der feministischen Bewegung zugerechnet hatte. Farrell markiert jedoch auch den Beginn der Einsicht, dass eine vom Feminismus unabhängige kritische Perspektive von Männern auf die traditionelle männliche Rolle überhaupt nicht erwünscht ist, sondern dass von Männern erwartet wird, sich den feministischen Fremdzuschreibungen zu unterwerfen.

309 Man kann das auch als den analytischen Verlust der Systemebene bezeichnen. Es ist diese Grundkonstruktion, die am Ende in jenes System platter Projektionen mündet, dass ich eingangs sinngemäß als „Treitschke-Feminismus" bezeichnet habe.

vativen Standpunkten erkennbar: Für beide kommt dem Mann in erster Linie die Zuständigkeit für die materielle Versorgung von Mutter und Kind zu – für den Konservativen im Rahmen der Familie, für die Feministin auf dem Umweg über den Staat. Beide aber opfern im Zweifelsfall den Mann als sozialen Vater seiner Kinder zugunsten seiner Funktionsrolle als personifiziertes Bankkonto. Dem vorherrschenden Feminismus gilt die (heterosexuelle) Paarbeziehung – und damit die Familie – *per se* als Kern und Inbegriff „männlicher Herrschaft" – die Möglichkeit, dass es sich auch um eine gleichrangige Kooperations- und insbesondere wechselseitige Solidaritätsbeziehung handeln könnte, bleibt von vornherein ausgeschlossen. Dadurch steht überall dort, wo feministische Überzeugungen als Bestandteil von Verwaltungshandeln institutionalisiert worden sind, der behördliche Umgang mit familiären Beziehungen unter einem entsprechenden „bias", ganz gleich, ob es dabei um häusliche Gewalt, sexuellen Missbrauchs, das Unterhalts- und Sorgerecht oder die Definition des „Kindeswohls" geht. Stets läuft es darauf hinaus, a priori die Frau bzw. Mutter als schutzbedürftig und den Mann bzw. Vater als „Gefährder" zu betrachten und eine „Eignung" für die Kindeserziehung primär der Mutter und nicht dem Vater zuzuschreiben. Dies schließt auch ein, dass Frauen in beliebigen Mischungsverhältnissen die Wahl zwischen Beruf und Kindern offenstehen soll, während dem Mann im Zweifelsfall die Rolle desjenigen zugewiesen wird, der die Familie durch Erwerbsarbeit finanziell abzusichern hat. Auf diese Weise kommt es faktisch zu einer Konvergenz mit konservativen Standpunkten, die den innerfamiliären Funktionen des Manns und Vaters ebenfalls misstrauen, weil diese „von Natur aus Müttersache" seien, und das bürgerliche Rollenmodell wird im Grundsatz fortgesetzt. Was dabei auf der Strecke bleibt, ist eben die durch Kampf- und Kriegsmetaphern vergiftete solidarische Paarbeziehung.

Und hier stoßen wir auf das historische Problem des Patriarchatsbegriffs: Er repräsentiert die aus einer oberflächlichen und radikal einseitigen Fehlbilanzierung gewonnene vermeintliche historische Tiefendimension einer ausschließlich auf Konflikt, Kampf, Macht und Herrschaft gebürsteten Paarbeziehung. Es ist hier nicht der Raum, um aufzuzeigen, unter wie vielen Aspekten dieses historische Bild einseitig, schief und verzerrt ist. Tatsächlich haben Männer und Frauen die Geschlechterbeziehungen *immer schon*, auch in vermeintlich finstersten patriarchalen Zeiten, *gemeinsam* verändert. Der zentrale *feministische* Denkfehler in diesem historischen Zusammenhang besteht darin, nicht den Mann ebenfalls als ein Produkt der gesellschaftlichen Verhältnisse zu sehen, an die er sich in einer Position der systematischen Überforderung und *Überverantwortlichkeit* mal besser, mal schlechter anzupassen versucht, sondern umgekehrt die gesellschaftlichen Verhältnisse als Emanation einer spezifisch männlichen Psyche aufzufassen, die dann üblicherweise mit psychoanalytischen Modellen erklärt wird. Die Merkmale der Gesellschaft *verschwinden* in der feministischen Perspektive in bzw. hinter den angeblichen Merkmalen einer männlichen Psyche. Wie in der traditionell weiblichen Perspektive wird der Mann hier zum *Stellvertreter* der gesellschaftlichen Verhältnisse, und darum werden Änderungserwartungen an eine Reform dieser männlichen Psyche adressiert.

Der Patriarchatsbegriff definiert somit eine 50jährige Epoche in der Geschichte der modernen Frauenemanzipation, denn die Epoche der Neuen Frauenbewegung ist zugleich die Epoche einer ideologischen Dominanz des Patriarchatsbegriffs. Dieser ist dadurch gekennzeichnet, dass er die Menschheitsgeschichte radikal auf eine Halbwahrheit reduziert: auf die Formel einer „Unterdrückung der Frauen durch die Männer", die (a) radikal ausblendet, dass menschliche Gesellschaften hier auf der *Systemebene* auf eine bis dahin präzedenzlose Verdichtung von Konfliktpotenzialen reagieren, die (b) in theoretischer Hinsicht fälschlich unterstellt, dass sich diese Systemebene auf ein negativ bewertetes psychologisches Modell von „Männlichkeit" reduzieren lasse, und die (c) auf der empirischen Ebene radikal ausblendet, welchen Preis Männer historisch und zeitgenössisch für eine Rollenverteilung zahlen, bei der die von ihnen gleichermaßen *ausgeübte* wie *erlittene* Gewalt stets auch eine von Frauen *delegierte* Gewalt ist. Derselbe Feminismus, der regelmäßig von „systematischer" und „struktureller" Unterdrückung, Diskriminierung und Sexismus spricht, erweist sich in analytischer Hinsicht als notorisch unfähig, die Systemebene zu erreichen und kollabiert regelmäßig auf die Ebene psychologisierender und moralisierender Schuldzuschreibungen. Diese Epoche neigt sich heute dem Ende zu und verlangt eine eigenständige historische Bilanzierung, mithin das, was *Historisierung* genannt wird: wie die Emanzipationsbewegungen der Bürger und der Arbeiter vor ihr hat auch die Frauenbewegung das Stadium einer institutionellen Erstarrung erreicht, in dem sie auf eine Logik von Besitzstandswahrung, Feindbildpflege und Machtmissbrauch zusammenschrumpft. Und in diesem Aggregatzustand ist sie zugleich zum integralen Bestandteil einer „Moralfalle" geworden (Stegemann 2018), in der moralische Problembeschreibungen zum ideologischen Deckmäntelchen neoliberaler Glaubenssätze eingedampft[310] und somit zu einem Teil unserer Probleme und Blockaden werden, anstatt zu einem Teil der Lösung. Der heute in westlichen Gesellschaften vorherrschende Feminismus hat nichts mehr mit irgendeiner Emanzipation zu tun – im Gegenteil: wer es vermag, die Menschen zu einer beständigen Selbstkontrolle im Hinblick auf „gendergerechtes Sprechen" und „toxische Männlichkeit" zu erziehen, der vermag es auch, sie zu einer beständigen Selbstkontrolle im Hinblick auf „marktgerechtes Verhalten" zu erziehen. Beides sind Kontrollmechanismen, die auf einer umfassenden und andauernden disziplinarischen Selbstüberwachung jedes Einzelnen zur Vermeidung auch nur geringfügiger „Fehltritte" beruhen. Damit hat sich der zeitgenössische Feminismus von einer ursprünglichen Emanzipationsbewegung in ein Laboratorium kultureller Herrschaftstechniken verwandelt und sich als Kernstück eines ideologischen Verblendungszusammenhangs etabliert, in dem eine Verbindung von Gesinnungsethik und Narzissmus zum neuen Opium des Volkes wird.[311] Nicht das, was man in einem weiten Sinne als modernen Feminismus bezeichnen kann, hat sich mit diesem

---

310 Bernd Stegemann vergleicht diese fatale Kooperation mit der Geschichte von Hase und Igel: „Ein passendes Beispiel aus jüngster Vergangenheit für den Igel ist Jens Spahn. Er schlägt vor, man solle dem (sic!) Pflegenotstand beheben, indem man in ganz Europa Pflegekräfte anwirbt und nach Deutschland importiert. Als beispielhafter Hase merkt nun eine linke Politikerin zurecht an, dass dieser Import Druck auf die bestehenden Löhne ausübt. Ihre Position wird allerdings nicht von Herrn Spahn gekontert, sondern von Frau Igel auf der anderen Seite – nämlich von den Grünen, die ihr Nationalismus oder sogar Rassismus vorwerfen. Hier verbrüdert sich ein neoliberales Konzept – Grenzenlosigkeit, damit die Arbeit billig wird und die Unternehmen mehr Gewinne machen können – mit einer moralischen Position." (https://www.cicero.de/innenpolitik/bernd-stegemann-moralismus-die-moralfalle-sammlungsbewegung-aufstehen-gruene-cdu-linke)

311 In der feministischen Mainstream-Literatur hat meines Wissens bislang nur Barbara Holland-Cunz ein ähnlich kritisches Argument formuliert, als sie 2003 im Hinblick auf den von ihr als „Berufsfeminismus" bezeichneten institutionalisierten Feminismus und unter Rückgriff auf Michel Foucaults Machttheorie hellsichtig schrieb: „Viele Berufsfeministinnen bewegen sich heute in institutionellen Si-

intellektuellen Bankrott ruiniert – der Gedanke, dass beiden Geschlechtern gleiche politische und gesellschaftliche Rechte zukommen
– sondern die ideengeschichtliche Ära einer Engführung der Geschlechterverhältnisse auf einen vermeintlich universellen Kriegszu-
stand.

Literatur

Beauvoir, Simone de (1968), Das andere Geschlecht. Sitte und Sexus der Frau.
Reinbek bei Hamburg: Rowohlt

Becker, Ruth; Kortendiek, Beate (Hrsg.) (2010), Handbuch Frauen- und Geschlechterforschung. Theorie, Methoden, Empirie. 3., erweiterte und durchge-
sehene Auflage. Wiesbaden: VS Verlag

Biaggi, Cristina (ed.) (2006), The Rule of Mars: Readings on the Origins, History
and Impact of Patriarchy. Manchester: Knowledge, Ideas & Trends

Cassirer, Ernst (1964, 91994) Philosophie der Symbolischen Formen. Zweiter Teil:
Das mythische Denken. Darmstadt: Wissenschaftliche Buchgesellschaft

Cyba, Eva (2010), Patriarchat: Wandel und Aktualität. In: Becker/Kortendiek 2010,
Handbuch Frauen- und Geschlechterforschung, S. 17-22.

Daggett, Cara (2018), Petro-masculinity: Fossil Fuels and Authoritarian Desire. In:
Millennium: Journal of International Studies. First Published June 20, 2018
(https://doi.org/10.1177/0305829818775817)

DeMeo, James (2005), The Saharasian Origins of Patriarchal Authoritarian Culture. In: Biaggi 2005, S. 43-51

Di Angelo, Robin (2011), White Fragility. International Journal of Critical Pedago-
gy, Vol 3 (3) (2011), S. 54-70.

Di Angelo, Robin (2018), White Fragility: Why It's So Hard for White People to
Talk About Racism. Boston: Beacon Press

---

tuationen, in denen die Foucault'schen Techniken der Macht unmittelbar wirken,
in denen ‚das Normale' als zwingender Imperativ auf Individuen einwirkt und jede Abweichung gefährlich erscheinen lässt. Viele Berufsfeministinnen, mich eingeschlossen, übernehmen inzwischen aber auch selbst gesellschaftliche Aufgaben
und Funktionen, die die Erzeugung von klassifizierenden Unterschieden zum Inhalt haben …. In solch doppelter Weise in die macht-vollen Netze der Normali-
sierung verstrickt, sind Berufsfeministinnen heute sowohl Ziel- und Ansatzpunk-
te der Normalisierungsmacht als auch ihre aktiven Vollstreckerinnen. (…) Als aktueller Standort einer Theorie und Praxis, die mit dem Aufruf zur *Befreiung* angetreten ist, muss das feministische Verstricktsein in die Techniken der *Macht* heute
unangenehm auffallen." (Holland-Cunz 2003, S. 169, Herv. i. Orig.)

Domscheit-Berg, Anke (2015), Ein bißchen gleich ist nicht genug. Warum wir von Geschlechtergerechtigkeit noch weit entfernt sind. München: Heyne

Dusini, Matthias; Edlinger, Thomas (2012), In Anführungszeichen. Glanz und Elend der Political Correctness. Berlin: Suhrkamp

Duve, Karen (2014), Warum die Sache schiefgeht. Wie Egoisten, Hohlköpfe und Psychopathen uns um die Zukunft bringen. Berlin: Galiani

Dux, Günter (1982), Die Logik der Weltbilder. Sinnstrukturen im Wandel der Geschichte. Frankfurt a. M.: Suhrkamp

Eder, Klaus (1989), Jenseits der nivellierten Mittelstandsgesellschaft: das Kleinbürgertum als Schlüssel einer Klassenanalyse in fortgeschrittenen Industriegesellschaften. In: Eder, Klaus (Hrsg.)(1989): Klassenlage, Lebensstil und kulturelle Praxis. Beiträge zur Auseinandersetzung mit Pierre Bourdieus Klassentheorie. Frankfurt am Main: Suhrkamp, S. 341-392 (http://nbn-resolving.de/urn:nbn:de:0168-ssoar-14920)

Eisler, Riane (1988), The Chalice and the Blade. Our History, our Future. New York: HaperCollins

Faludi, Susan (2002), Stiffed. The Betrayal of the American Man. New York etc.: Harper Perennial

Farrell, Warren (2000), The Myth of Male Power. Why Men Are the Disposable Sex. New York: Simon & Schuster

Firestone, Shulamith (1975), Frauenbefreiung und sexuelle Revolution. Frankfurt a. M.: Fischer

Fraser, Nancy (2013a), Fortunes of Feminism. From State-Managed Capitalism to Neoliberal Crisis. London – New York: Verso

Fraser, Nancy (2013b), Neoliberalismus und Feminismus: Eine gefährliche Liaison. In: Blätter für deutsche und internationale Politik, 12/2013, S. 29-31

Fuchs-Heinritz, Werner et al. (Hrsg.)(2007), Lexikon zur Soziologie. 4. Auflage. Wiesbaden: VS Verlag

Garsoffky, Susanne; Sembach, Britta (2014), Die Alles-ist-möglich-Lüge. Wieso Familie und Beruf nicht zu vereinbaren sind. München: Pantheon

Gilcher-Holtey, Ingrid (2008), 1968. Vom Ereignis zum Mythos. Frankfurt a. M.: Suhrkamp

Griffith, Robert (1987), The Politics of Fear. Joseph McCarthy and the Senate. Second edition with a new introduction. Amherst: The University of Massachusetts Press

Grünbaum, Adolf (1988), Die Grundlagen der Psychoanalyse. Eine philosophische Kritik. Stuttgart: Reclam

Haaf, Meredith; Klingner, Susanne; Streidl, Barbara (2009), Wir Alphamädchen. Warum Feminismus das Leben schöner macht. München: Blanvalet

Habermas, Jürgen (1976), Zur Rekonstruktion des Historischen Materialismus. Frankfurt a. M.: Suhrkamp

Hakim, Catherine (1996, 22004), Key Issues in Women's Work. Female Diversity and the Polarisation of Women's Employment. London – Sydney – Portland: glasshouse press

Hallpike, Christopher R. (1990), Die Grundlagen primitiven Denkens. München: dtv

Hamel, John; Nicholls, Tonia L. (Hrsg.)(2013), Familiäre Gewalt im Fokus. Fakten – Behandlungsmodelle – Prävention. Frankfurt a. M.: Ikaru

Hark, Sabine (2005), Dissidente Partizipation. Eine Diskursgeschichte des Feminismus. Frankfurt a. M.: Suhrkamp

Hoffmann, Arne (2014), Plädoyer für eine linke Männerpolitik. Leipzig: Amazon Distribution

Holland-Cunz, Barbara (2003), Die alte neue Frauenfrage. Frankfurt a. M.: Suhrkamp

Illouz, Eva (2009), Die Errettung der modernen Seele. Therapie, Gefühle und die Kultur der Selbsthilfe. Frankfurt a. M.: Suhrkamp

Irigaray, Luce (1979), Das Geschlecht, das nicht eins ist. Berlin: Merve

Irigaray, Luce (1991), Die Zeit der Differenz. Für eine friedliche Revolution. Frankfurt a. M.: Campus

Johnson, KC; Taylor jr., Stuart (2017), The Campus Rape Frenzy. The Attack on Due Process at America's Universities. New York: Encounter Books

Kachelmann, Jörg; Kachelmann, Miriam (2012), Recht und Gerechtigkeit. Ein Märchen aus der Provinz. München: Heyne

Kandel, Eric R. (2008), Psychiatrie, Psychoanalyse und die neue Biologie des Geistes. Mit einem Vorwort von Gerhard Roth. Frankfurt a. M.: Suhrkamp

Kato-Wallace, Jane (Hrsg.)(o. J.), Men, Masculinities & Climate Change. A Discussion Paper. Washington: MenEngage Global Alliance (https://promundoglobal.org/wp-content/uploads/2016/04/Men-Masculinities-Climate-Change.pdf)

Koenen, Gerd (2001), Das rote Jahrzehnt. Unsere kleine deutsche Kulturrevolution 1967-1977. Köln: Kiepenheuer & Witsch

Kotkin, Stephen (2015), Stalin. Paradoxes of Power 1878-1928. London – New York: Penguin

Kotkin, Stephen (2017), When Stalin Faced Hitler. Who Fooled Whom? Foreign Affairs 6, 2017, S. 48-71

Kucklick, Christoph (2008), Das unmoralische Geschlecht. Zur Geburt der Negativen Andrologie. Frankfurt a. M.: Suhrkamp

Leggewie, Claus (1997), America first? Der Fall einer konservativen Revolution. Frankfurt a. M.: Fischer

Lenz, Ilse (2010.2)(Hrsg.), Die Neue Frauenbewegung in Deutschland. Abschied vom kleinen Unterschied. Eine Quellensammlung. Wiesbaden: VS Verlag

Lerner, Gerda (1986), The Creation of Patriarchy. Oxford: Oxford University Press

Lerner, Gerda (1993), The Creation of Feminist Consciousness. From the Middle Ages to Eighteen-seventy. Oxford: Oxford University Press

Lévi-Strauss, Claude (1976), Mythologica IV. Der nackte Mensch. Frankfurt a. M.: Suhrkamp

Lower, Wendy (2016), Hitlers Helferinnen. Deutsche Frauen im Holocaust. Frankfurt a. M.: Fischer

MacGregor, Sherilyn; Seymour, Nicole (eds.) (2017), Men and Nature. Hegemonic Masculinities and Environmental Change. München: Rachel Carson Center for Environment and Society

Marçal, Katrine (2016), Machonomics. Die Ökonomie und die Frauen. München: C. H. Beck

Mauss, Marcel (1989), Soziologie und Anthropologie 1. Frankfurt a. M.: Fischer

Meyer, Katrin (2017), Theorien der Intersektionalität zur Einführung. Hamburg: Junius

Mika, Bascha (2011), Die Feigheit der Frauen. Rollenfallen und Geiselmentalität. Eine Streitschrift wider den Selbstbetrug. München: Bertelsmann

Mitchell, Juliet (1985), Psychoanalyse und Feminismus. Freud, Reich, Laing und die Frauenbewegung. Frankfurt a. M.: Suhrkamp

Mitscherlich, Margarete (1987), Die friedfertige Frau. Eine psychoanalytische Untersuchung zur Aggression der Geschlechter. Frankfurt a. M.: Fischer

Müller, Christa (2010), Parteilichkeit und Betroffenheit. Frauenforschung als politische Praxis. In: Becker/Kortendiek 2010, Handbuch Frauen- und Geschlechterforschung, S. 340-343

Müller, Klaus E. (1989), Die bessere und die schlechtere Hälfte. Ethnologie des Geschlechterkonflikts. Frankfurt a. M.: – New York: Campus

Nathanson, Paul; Young Katherine K. (2006), Legalizing Misandry. From Public Shame to Systemic Discrimination against Men. Montreal & Kingston – London – Ithaca: McGill-Queens University Press

Nathanson, Paul; Young Katherine K. (2010), Sanctifying Misandry. Goddess Ideology and the Fall of Man. Montreal & Kingston – London – Ithaca: McGill-Queens University Press

Notz, Gisela (2015), Kritik des Familismus. Theorie und soziale Realität eines ideologischen Gemäldes. Stuttgart: Schmetterling Verlag

Oesterdiekhoff, Georg W. (1997), Kulturelle Bedingungen kognitiver Entwicklung. Der strukturgenetische Ansatz in der Soziologie. Frankfurt a. M.: Suhrkamp

Oppitz, Michael (1993), Notwendige Beziehungen, Abriß der strukturalen Anthropologie. Frankfurt a. M.: Suhrkamp

Osterhammel, Jürgen (2009), Die Verwandlung der Welt. Eine Geschichte des 19. Jahrhunderts. München: C. H. Beck

Patai, Daphne; Koertge, Noretta (2003), Professing Feminism. Education and Indoctrination in Women's Studies. New and Expanded Edition. Lanham et al.: Lexington Books

Penny, Laurie (2015), Unsagbare Dinge. Sex, Lügen und Revolution. Hamburg: Nautilus

Penny, Laurie (2017), Bitch Doktrin. Gender, Macht und Sehnsucht. Hamburg: Nautilus

Pizzey, Erin (2011), This Way to the Revolution. A Memoir. London – Chicago: Peter Owen

Reichardt, Sven (2014), Authentizität und Gemeinschaft. Linksalternatives Leben in den siebziger und frühen achtziger Jahren. Berlin: Suhrkamp

Rosin, Hanna (2012), The End of Men: And the Rise of Women. London – New York: Penguin

Schwarzer, Alice (1975, 2002), Der kleine Unterschied und seine großen Folgen. Frauen über sich. Beginn einer Befreiung. Frankfurt a. M.: Fischer

Sigel, Mira et al. (Hrsg.) (2018), Störenfriedas. Feminismus radikal gedacht. Norderstedt: Books on Demand

Smith, Adam (2010), Theorie der ethischen Gefühle. Auf der Grundlage der Übersetzung von Walther Eckstein neu herausgegeben von Horst D. Brandt. Hamburg: Meiner

SPD-Parteivorstand (2007), Hamburger Programm. Das Grundsatzprogramm der SPD. Berlin

Stefanowitsch, Anatol (2018), Eine Frage der Moral. Warum wir eine politisch korrekte Sprache brauchen. Berlin: Duden 2018

Stegemann, Bernd (2018), Die Moralfalle. Für eine Befreiung linker Politik. Berlin: Matthes & Seitz

Stokowski, Margarete (2018), Die letzten Tage des Patriarchats. Reinbek bei Hamburg: Rowohlt

Thürmer-Rohr, Christina (2010), Mittäterschaft von Frauen: Die Komplizenschaft mit der Unterdrückung. In: Becker/Kortendiek 2010, S. 88-93.

Villinger, Ingeborg (2008), „Stelle sich jemand vor, wir hätten gesiegt". Das Symbolische der 68er Bewegung und die Folgen. In: Gilcher-Holtey 2008, S. 319-340

Vinken, Barbara (2007), Die deutsche Mutter. Der lange Schatten eines Mythos. Frankfurt a. M.: Fischer

Volkov, Shulamit (2000), Antisemitismus als kultureller Code. Zehn Essays. München: Beck

Wedgwood, Nikki; Connell, RW (2010), Männlichkeitsforschung: Männer und Männlichkeiten im internationalen Forschungskontext, In: Becker/Kortendiek 2010, S. 116-125

Weinbach, Christine (2004), Systemtheorie und Gender. Das Geschlecht im Netz der Systeme. Wiesbaden: VS Verlag für Sozialwissenschaften

Weiss, Bernd (2015), Placebo-Politik. Warum Politiker alles tun, nur nicht das Nötige. München: Heyne

Winker, Gabriele; Degele, Nina (22010) Intersektionalität. Zur Analyse sozialer Ungleichheiten. Bielefeld: transcript

Wizorek, Anne (2014), Weil ein #aufschrei nicht reicht. Für einen Feminismus von heute. Frankfurt a. M.: Fischer

Die notwendige Rückeroberung des Feminismus: Ein Plädoyer für mehr Mut und weniger Rückzug

Maike Wolf

Ein großer Versprechensbruch des Feminismus war die Gleichberechtigung *beider* Geschlechter: der Männer und der Frauen.

Während sich der Feminismus tiefgehend mit den noch so kleinsten Problemen von Frauen beschäftigt, bleiben große Probleme der Männer wie hohe Suizidraten, eine geringere Lebenserwartung und geringere Bildungschancen größtenteils unadressiert. Dafür werden die kleinsten „Fehltritte" der Männer (siehe z.B. „Manspreading", also wenn Männer mit gespreizten Beinen im öffentlichen Nahverkehr sitzen und so die anderen Fahrgäste „behindern") scharf kritisiert und als Teil der großen Verschwörungstheorie „Patriarchat" eingeordnet. Derweilen wird selten Verantwortungsübernahme von Frauen erwartet – die ultimative Opferrolle muss schließlich erhalten bleiben. Keine Kritik daran, dass Frauen vielleicht auch einfach zu selten selbstständig in einen STEM-Studiengang hineingehen, keine Kritik daran, dass Frauen weniger aufstiegsmotivierte Überstunden machen, wodurch sie bei Beförderungen weniger häufig berücksichtigt werden. Auch ein Aufruf an die Frauen, den Gender Pay Gap dadurch zu schließen, dass sie öfter, aber auch aggressiver in Gehaltsverhandlungen gehen, bleibt aus.

Während von Feministen oft Handlungsaufrufe an Männer formuliert werden, sind Frauen im aktuell vorherrschenden feministischen Weltbild in der Regel passive Opfer der Umstände. „Männer aktiv und Frauen passiv" – ironischerweise ist dies eines der fundamentalsten Geschlechterstereotypen und es wird genau von den modernen Feministen aufrecht erhalten. Kein Wunder, dass die Geschlechtergleichstellung nicht wirklich vorangekommen ist und sich insbesondere die Männer nicht vom Feminismus repräsentiert fühlen. In der Folge rufen immer mehr Männer, aber auch Frauen, zur Bekämpfung des Feminismus auf.

Der Feminismus wird für diese moderne Radikalisierung verdammt, für verloren erklärt und aufgegeben. Mit Blick auf die eben beschriebenen Auswüchse scheint das verständlich, wenn nicht sogar der logische Schritt zu sein – gerade für Männerrechtler, die in dem ideologischen Bild der Feministen keinen, oder nur einen verrufenen Platz finden. Allerdings ist das ein Prozess, der sich in verschiedensten Formen immer wieder zu wiederholen scheint. Feministen argumentieren mit Gefühlen und reißen auch mithilfe ihres Durchhaltevermögens die Dinge an sich. Menschen, die mit Logik und Verstand argumentieren, scheuen oft dieses Spiel, geben die Dinge auf und tendieren eher dazu, sich die Dinge neu zu bauen – so wie sie es gerne hätten. Auf diese Art verlieren wir momentan eine Bastion nach der nächsten, seien es politische, wirtschaftliche oder auch gesellschaftliche.

Ich werde oft gefragt, warum ich mich noch als Feministin bezeichne und das obwohl meine Meinung doch so viel eher zu den Einstellungen einiger Männerrechtler passt – bloß keine Quote und der Schwerpunkt auf den Problemen der Männer wie z.B. den Väterrechten. Ganz einfach: weil das eine Bastion ist, die zu mächtig ist, als dass wir sie aufgeben sollten.

Der Feminismus ist etabliert. In jeder Universität, in jeder Institution. Es gibt Gleichstellungsbeauftragte in jedem größeren Unternehmen und sogar ein Bundesministerium für Familie, Senioren, Frauen und Jugend. Die Männer wurden da irgendwie vergessen – sonst hätte man es nämlich auch einfach „Bundesministerium für Menschen" nennen können. Kurz gefasst: der Feminismus hat eine gewaltige Macht, die ganz im Gegensatz zu der Männerrechtsbewegung auch schon institutionalisiert ist.

Wenn man sich die ursprüngliche Bedeutung von Feminismus anschaut (die auch gerne von heutigen Feministen opportunistisch herangezogen, aber nicht gelebt wird) geht es um die Gleichberechtigung: von Männern *und* Frauen. Nichts anderes wollen wir Männerrechtler. Wir wollen nicht, dass Frauen nur mit Erlaubnis des Mannes am Wirtschaftsleben teilhaben dürfen und in die Küche geschickt werden (um mit Extrembeispielen zu arbeiten). Wir wollen, dass Frauen nicht diskriminiert werden und ihnen keine Steine in den Weg gelegt werden, vor allem keine strukturellen – aber Männern eben auch nicht. Mit Blick auf die ursprüngliche Bedeutung liegen diese Ziele nicht weit voneinander entfernt. Der heutige Feminismus hat diese Werte leider schon lange aus den Augen verloren. Auf dem Weg zur Gleichberechtigung beider Geschlechter ist dieser Feminismus falsch abgebogen – links abgebogen, obwohl der Weg geradeaus gewesen wäre.

Mich macht es traurig zu sehen, wie sich die Fronten gegeneinander erhärten: die Feministen gegen die Männerrechtler, die Männerrechtler gegen die Feministen.

Seien wir ehrlich mit uns. Der Feminismus wird nicht durch eine neue Gleichberechtigungsbewegung aus den Institutionen zu vertreiben sein. Er muss zurückerobert werden.

Wir haben etwas, was die modernen Feministen nicht haben: die Fakten auf unserer Seite. Es gibt Diskriminierung von Männern, es gibt strukturelle Steine in ihrem Weg.

Und gerade weil wir das wissen, brauchen wir einen Strategiewechsel im Umgang mit dem Feminismus.

Man gewinnt keine Schlachten, indem man ständig seine Burgen aufgibt. Lasst uns mit den Fakten und dem Wissen, auf der richtigen Seite zu stehen, den Feminismus zurückerobern – von innen umdrehen, nicht von außen die Mauern versuchen zu erklimmen, die dann doch zu steil und zu glatt sind. Lasst uns die eroberten Burgen – die Gleichstellungsbeauftragten, die Forschungszentren, die Aktivistengruppen, ja, sogar das Ministerium – für und mit einer echten Gleichberechtigung besetzen. Lasst uns die Institution „Feminismus" mit all ihrer Wirkungskraft nicht den Radikalen, den Third-Wave-Feministen überlassen. Sie ist zu mächtig, um sie links liegen zu lassen.

Eine feministische Verteidigung von Männerrechten

Wendy McElroy

Es ist alltäglich geworden zu hören, dass der Feminismus tot sei. Ich weiß nicht, ob das wahr ist, aber ich weiß, dass die beste Hoffnung für den Feminismus ... vielleicht die einzige Hoffnung, wieder relevant zu werden ... darin besteht, auf die Stimmen der Männer zu hören, die Gerechtigkeit fordern.

Wenn sie sprechen, klingen ihre Stimmen ähnlich wie die der Frauen in den 60er Jahren, als die sogenannte zweite Welle des Feminismus, wie eine Naturgewalt durch unsere Kultur fegte und sie für immer veränderte. Die Frauen forderten von den Männern: „Gebt uns gleiche Rechte, gebt uns Respekt." Vierzig Jahre später – zwei Generationen später – ist die Situation umgekehrt. Es sind jetzt die Männer, nicht die Frauen, die gegen die systematische Diskriminierung ihres Geschlechts protestieren. Selbst die Themen, um die sich die Beschwerden drehen, ähneln denen der 60er Jahre.

Männer berichten, sie werden von der Polizei als Opfer häuslicher Gewalt nicht ernst genommen. Ähnlich wie bei weiblichen Vergewaltigungsopfern vor Jahrzehnten neigt die Gesellschaft dazu, Männer, die Opfer von Gewalt in der Ehe sind, zu stigmatisieren und zu beschuldigen. Die gesundheitlichen Anliegen der Männer werden im Vergleich zu denen der Frauen nahezu ignoriert. Beispielsweise wird für die Erforschung von Brustkrebs längst das Dreifache der Erforschung von Prostatakrebs ausgegeben, obwohl Prostatakrebs tödlicher ist. Die Familiengerichte diskriminieren Männer bei Scheidungen, insbesondere in Fragen des Sorgerechts und des Besuchsrechts. Die weit verbreitete Vergewaltigung von Männern im Gefängnis wird fast totgeschwiegen, als ob dies keinerlei Grund zur Besorgnis darstellen würde.

In der Liste der spezifischen Beschwerden könnte man weiter und weiter blättern. Aber im Allgemeinen ist das, was Männer fordern, nichts anderes als das, was Frauen vor Jahrzehnten von Männern forderten und erhielten: Gleichheit unter vernünftigen Gesetzen ... und ein wenig Respekt.

Der Feminismus der 60er Jahre war eine kulturelle Revolution. Und es ist keine Übertreibung zu sagen, dass eine weitere Revolution im Gange ist – diesmal angeführt von Männern. Sie wird nicht von Stimmen der Elite geleitet oder durch steuerfinanzierte Organisationen gefördert. Es ist eine Graswurzelbewegung, die aus Menschen besteht, die vom System so übel behandelt wurden, dass sie nun einen großen Teil ihres Lebens damit verbringen, „Nein" zu sagen.

Auf die Gefahr hin, mich zu wiederholen, lassen Sie mich etwas mehr über Graswurzelbewegungen sprechen. Es sind Bewegungen, die mit isolierten Personen beginnen, die sich über eine Ungerechtigkeit empören, die ihr Leben betrifft – vielleicht das öffentliche Schulsystem, Gesetze bezüglich Mindeststrafen oder eine Begegnung mit einem Polizisten. Sie werden so empört, dass sie „Nein" zur Autorität sagen. Sie beginnen in der Regel mit einem „Nein" auf lokaler Ebene, gegenüber ihrem Schulamt oder Stadtrat. Aber wenn die Ungerechtigkeit, über die sie sich beschweren, weit verbreitet ist, vermehren sich die Stimmen schnell zu einer mächtigen politischen Kraft. Vielleicht die mächtigste politische Kraft, die es gibt: die Stimme des Volkes.

Der typische Männerrechtsaktivist ist der Mann auf der Straße – ein Mann, der nach einer Scheidung den Zugang zu seinen Kindern verloren hat; Ihr Kollege, der fälschlicherweise der sexuellen Belästigung beschuldigt wurde, Ihr Nachbar, der ein Opfer häuslicher Gewalt ist, aber von den Notunterkünften abgewiesen wurde, weil er männlich war.

Die typischen Frauen, die sich für die Rechte der Männer einsetzen, engagieren sich aufgrund einer Verpflichtung für Fairness und einer Sorge um die überwältigende Mehrheit der Männer in unserem Leben, die anständige Menschen sind ... unsere Väter, Brüder, Söhne ... unsere Freunde. Ich spreche auch aus politischer Besorgnis. Die letzten Jahrzehnte des 20. Jahrhunderts haben das Verhältnis von Frauen zur Gesellschaft und zu Männern neu definiert. Die ersten Jahrzehnte des 21. Jahrhunderts werden die Beziehung der Männer neu definieren. Und als Frau und Feministin möchte ich an diesem

Prozess teilhaben, weil ich denke, dass „Gerechtigkeit für Männer" der wichtigste Kampf in unserer heutigen Gesellschaft ist.

Ich bezeichne mich selbst als Feministin. Das wirft die Frage auf: Welche Art von Feministin bin ich, wenn ich Männern zuhören und mich um Gerechtigkeit für sie sorge?

Die dominierende Stimme des Feminismus ist heute das, was als „Gender-Feminismus" bezeichnet wird. Und eine der Mythen, die diese Feministinnen erfolgreich verkaufen konnten, ist, dass jeder, der bei irgendwelchen Fragen, von der sexuellen Belästigung bis zum Sorgerecht für ein Kind, mit ihrem Ansatz nicht einverstanden ist, antifeministisch und sogar frauenfeindlich ist. Dieser Vorwurf ist absolut falsch.

Die Wahrheit ist, dass es innerhalb der feministischen Tradition viele Denkschulen gibt und gab: von sozialistisch bis individualistisch, von liberal bis radikal, von christlich bis islamisch. Und wenn man darüber nachdenkt, macht die Meinungsvielfalt Sinn. Denn wenn Feminismus als der Glaube definiert werden kann, dass Frauen als Individuen befreit und zu Männern als Klasse gleichberechtigt sein sollten, dann ist es natürlich, dass es Meinungsverschiedenheiten und Diskussionen darüber gibt, was eine komplexe Idee wie Befreiung bedeutet und wie „Gleichheit" definiert werden sollte. Es wäre erstaunlich, wenn alle Frauen, die sich um Befreiung und Gleichheit kümmerten, zu genau den gleichen Schlussfolgerungen kommen würden.

Ich habe diese Rede begonnen, indem ich sagte, dass ich nicht wüsste, ob der Feminismus tot ist. Aber ich habe keinen Zweifel, dass Genderfeminismus und Radikalfeminismus tot sind. Und ich sage: „Gut, dass wir sie los sind!" Dieser Feminismus ist tot, weil er systematisch Privilegien für Frauen in das Gesetz einführte und die gerechtfertigten Beschwerden von 50% der Gesellschaft – den Männern – ignorierte. Er hat die Geschlechter am Arbeitsplatz und in der Wissenschaft gegeneinander aufgebracht, und er hat jede Feministin – wie Daphne Patai, Camille Paglia und mich – beschimpft, die die Sünde beging, eine abweichende Meinung zu äußern.

Um also die Frage zu beantworten, was für eine Feministin ich bin: Ich bin eine Individual-Feministin, was manchmal als IFeministin bezeichnet wird.

Der Individual-Feminismus ist eine Schule des Feminismus, die bis in die 1830er Jahre zurückreicht, bis hin zur Antisklavereibewegung in den USA … und zu Mary Wollstonecraft und dem klassischen Liberalismus in Europa. Der Individual-Feminismus definiert Befreiung für Frauen als das Recht jeder Frau, ihren eigenen Körper und ihr Eigentum zu kontrollieren, jede friedliche Wahl mit ihrem Körper und ihrem Eigentum zu treffen, die möglich ist. Von der Ehe über die Prostitution bis zum Zölibat. Der Körper einer Frau, die Wahl einer Frau. Der Individual-Feminismus definiert Gleichheit auf einfache und unkomplizierte Weise. Jedes Individuum – weiblich/männlich schwarz/weiß – sollte gleich behandelt werden, im Rahmen von Gesetzen, die jede Person und ihr Eigentum gleichermaßen schützen. Der gleiche Schutz des Rechts eines jeden auf friedliche Wahl.

Ich werde mich in ein paar Minuten weiter in die Theorie vertiefen, um deutlich zu machen, wie sehr sich Individual-Feminismus von Radikal- und Gender-Feminismus in seiner Herangehensweise an Männer unterscheidet, aber bevor ich das tue, möchte ich nur ein einziges Thema ansprechen, um zu zeigen, wie sehr Männer von vielen Feministinnen missachtet und ausgegrenzt wurden … und durch das Gesetz. Dabei handelt es sich um das Thema Abtreibung.

Abtreibung ist das vielleicht am meisten diskutierte Thema in Nordamerika. Aber eine Frage wird fast nie angesprochen: „Was ist die Rolle der Männer?"

Ich bin für die Freiheit der Wahl: der Körper einer Frau, das Recht einer Frau. Aber das bedeutet nicht, dass ich glaube, dass Männer – die angehenden Väter – aus dem Bild gelassen werden sollten. Zu sagen, dass die endgültige Entscheidung über die Abtreibung bei den schwangeren Frauen liegt, bedeutet nicht, dass Männer unbeteiligt sind und keine Rolle spielen oder keine Stimme haben sollten. Sie sind die angehenden Väter; das ist natürlich eine Frage, die sie etwas angeht. Mein neuestes Buch, eine Anthologie mit dem Titel „Liberty for Women", enthält einen langen Aufsatz über Abtreibung und ich stellte sicher, dass er von einem Mann geschrieben wurde … gerade weil Männer bei diesem Thema zum Schweigen gebracht wurden.

Welche Rolle sollten Männer spielen? Nun … Betrachten Sie einen Aspekt der Abtreibung, der sie stark betrifft. Wenn eine Frau entscheidet, ein Kind auszutragen, dann – kann – unter dem gegenwärtigen System – dem Mann die finanzielle Unterstützung für dieses Kind (für) die folgenden 18 Jahre rechtlich auferlegt werden. Er hat kein Mitspracherecht. Die Frau kann sich entscheiden, Mutter zu werden oder nicht. Der Mann kann sich nicht aus der Vaterschaft zurückziehen. Er hat kein Mitspracherecht, er hat keine Rechte.

Und doch, ohne irgendwelche Rechte zu haben, hat der Mann eine rechtliche Verantwortung, die sich über fast zwei Jahrzehnte erstreckt. Ich glaube nicht, dass es Pflichten ohne Rechte geben sollte. Und doch sind Pflichten ohne Rechte das, was heute für Männer in diesem Bereich gilt.

Ich wiederhole, ich bin für das Recht der Frau auf Abtreibung und ich glaube an den Grundsatz: der Körper einer Frau, das Recht einer Frau. Meine Absicht, dieses Thema anzusprechen, ist nicht, dass Männer die Kontrolle über den Körper einer schwangeren Frau haben sollten. Das ist nicht die einzige Alternative. Eine Möglichkeit könnte das Recht eines Vaters sein, auf alle elterlichen Ansprüche und Verantwortlichkeiten zu verzichten und ihm damit die Möglichkeit zu geben, die Vaterschaft auf der gleichen Ebene aufzugeben, auf der sich die Frau gegen die Mutterschaft entscheiden kann.

Mein Hauptziel bei der Behandlung dieses Themas ist es, ein Beispiel dafür zu geben, wie Männer nicht in die Diskussion von Angelegenheiten einbezogen werden, die nicht nur für die Gesellschaft, sondern auch für ihr eigenes Leben von entscheidender Bedeutung sind.

Warum wurden die Stimmen von Männern zum Schweigen gebracht?

Die Erklärung dafür führt mich zurück zur Theorie und zum Radikalfeminismus und Genderfeminismus. In den 6oer Jahren startete die zweite Welle des Feminismus wie eine Rakete aus einer Kombination von mehreren Gründen. Eine neue Generation von Frauen war mit den Antworten ihrer Mütter unzufrieden; sie wollten stattdessen die Küche verlassen und zur Arbeit oder an die Universität gehen. Die sexuelle Revolution brach sich Bahn, zum Teil aufgrund einer neuen Methode der Geburtenkontrolle – der Pille – und Frauen erlebten eine neue sexuelle Freiheit; Sex hörte auf, so eng mit Schwangerschaft verbunden zu sein. Der Vietnamkrieg führte eine ganze Generation dazu, Werte in Frage zu stellen und sich der Autorität zu widersetzen. Es war eine Zeit der sozialen Instabilität ... so ähnlich wie jetzt mit unserer Angst vor Terrorismus, militärischen Aktionen und Unzufriedenheit an der Basis.

Im Jahr 1966 wurde die National Organization for Women (NOW) gegründet. Es gab Zorn über Männer, weil Gesetze und Regelungen Frauen diskriminierten – z.B. die gefühllose Weise, in der die Polizei Anzeigen wegen Vergewaltigung von Frauen behandelte. Aber die Wut gegen Männer konzentrierte sich gewöhnlich auf bestimmte Themen, wie Vergewaltigung, und auf bestimmte Männer, wie Vergewaltiger. Die zweite Welle des Feminismus war durch einen liberalen Feminismus geprägt, und sie war nicht generell männerfeindlich, auch wenn es solche Stimmen gab. Aber die damalige liberalere NOW begrüßte Männer wie Warren Farrell und den Schauspieler Alan Alda, die beide zu Symbolen des aufgeklärten Mannes wurden. Der Fokus lag auf der Befreiung der Frauen, nicht auf der Notwendigkeit, Männer zu entmachten.

Zur gleichen Zeit entwickelte sich auch eine andere Form des Feminismus – zuerst der Radikalfeminismus, dann der Genderfeminismus. Ein entscheidendes Buch in der Entwicklung des Radikalfeminismus war Simone de Beauvoirs „Das zweite Geschlecht", das 1953 veröffentlicht wurde. [Von Simone de Beauvoir wurde auch die Radikalfeministin Alice Schwarzer entscheidend geprägt. –A.H.] Das Buch war unverhohlen männerfeindlich. Aber viel mehr als das … es war in philosophischer, ideologischer, politischer Hinsicht männerfeindlich. Es war nicht nur eine Tirade. Das Buch war ein ideologischer Angriff auf Heterosexualität und die traditionelle Familie als männliche Unterdrückung und behauptete, dass die bestehenden Institutionen der Gesellschaft für die Unterwerfung der Frauen verantwortlich seien. Um Frauen zu befreien, begannen Genderfeminismus und Radikalfeminismus eine Theorie zu entwickeln, die die weiße männliche Kultur oder das Patriarchat wegzufegen suchte. Es ging um Männer gegen Frauen.

Sie sehen hier den Unterschied zwischen liberalem Feminismus einerseits und Radikalfeminismus und Genderfeminismus andererseits. Die Liberalen wandten sich gegen bestimmte Diskriminierungen innerhalb der Gesellschaft, wie z.B. Einstellungspraktiken, und sie lehnten Männer nicht grundsätzlich ab, sondern wollten nur, dass auch Männer sich verändern. Radikalfeministinnen lehnten Männer – alle Männer als Klasse – ab, weil sie Unterdrücker seien, der Feind der Frauen. Sie lehnten nicht bestimmte Aspekte der Gesellschaft ab, sie lehnten alles ab. Die Institutionen der Gesellschaft … wie die Familie, die Religion, das Gesetz .. .mussten aus ihrer Sicht abgebaut und dann wieder aufgebaut werden, um Frauen zu befreien. Radikalfeministinnen boten eine neue politische Theorie an, die Männer als Klassenfeinde betrachtete. Und ungefähr in den Jahren 1983 und 1984 kam es zum Aufstieg des Radikalfeminismus und er begann, die feministische Bewegung im Allgemeinen zu dominieren.

Genauer gesagt, der liberale Feminismus fing an, die Theorie des Radikalfeminismus zu absorbieren, und näherte sich dadurch dessen geschlechtsspezifischer Weltanschauung immer mehr an. Und es war an diesem Punkt, als man sehen konnte, dass Männer wie Warren Farrell bezüglich des Feminismus – und insbesondere bezüglich der feministischen Organisation NOW – desillusioniert wurden wegen der wachsenden Vorurteile gegenüber Männern und allem Männlichen. Farrell verließ NOW, und die Organisation wandte sich mit bösartiger Leidenschaft gegen ihn.

Lassen Sie mich noch etwas auf die Theorie eingehen. Radikalfeminismus kann als die Schule des Feminismus definiert werden, die Männer und Frauen als getrennte und politisch verfeindete Klassen betrachtet. Männer als Klasse unterdrücken Frauen als Klasse. Männer unterdrücken Frauen, indem sie das Patriarchat – oder männliche Herrschaft (...) etablieren. (...) Überall und in jedem Moment wirkt die weiße männliche Kultur darauf hin, Frauen zu unterwerfen. Durch häusliche Gewalt, Werbung, Pornographie, Vergewaltigung, Einstellungspraktiken, den Gebrauch von männlich dominierter Sprache, sexuelle Belästigung, durch Schulbücher in öffentlichen Schulen, Prostitution ... die behauptete Unterdrückung durchdringt jeden Aspekt der Gesellschaft. Und es läuft auf nichts Geringeres als einen ausgeprägten Geschlechter-Krieg hinaus.

Es ist kein Wunder, dass das Ziel von Feministinnen, die der heutigen Ausrichtung von NOW folgen und sich weitgehend der radikalfeministischen Theorie verschrieben haben, nicht die Gleichberechtigung mit Männern ist, sondern Vorteile gegenüber Männern. Sie wollen nicht mit ihrem Unterdrücker gleichberechtigt sein, sie wollen die Unterdrückung stoppen.

Einer der Schlüsselbegriffe in der radikalfeministischen Theorie lautet „Klasse" – Männer als Klasse ... das bedeutet, jeder Mann ... trägt dazu bei Frauen als Klasse zu unterdrücken. Und ich möchte damit verdeutlichen, wie sehr sich Radikalfeminismus und Individual-Feminismus in ihrer Herangehensweise an das Thema Männer unterscheiden.

Also … Klasse. Es ist nicht zwangsläufig etwas falsch daran, die Geschlechter in Klassen einzuteilen. Es gibt Unterschiede zwischen Männern und Frauen. Die Medizin zum Beispiel trennt oft die Geschlechter. Frauen werden auf Gebärmutterhalskrebs und Männer auf Prostataprobleme untersucht. Aber wenn Ärzte die Geschlechter in diesem Sinne trennen, behaupten sie nicht, dass die grundlegenden medizinischen Interessen von Männern und Frauen im Widerspruch zueinander stehen. Die Ärzte stellen fest, dass beide Geschlechter die gleiche grundlegende Biologie teilen, die die gleichen grundlegenden Voraussetzungen hinsichtlich Ernährung, Bewegung, Sauerstoff und gesundem Menschenverstand im Hinblick auf den Lebensstil erfordert. Mit anderen Worten, obwohl die Medizin Männer und Frauen für bestimmte Zwecke in getrennte Klassen einteilt, leugnet sie nicht ihre gemeinsame Menschlichkeit. Die Medizin erkennt die grundlegende Wahrheit an: Männer und Frauen sind beide Menschen mit gemeinsamen Bedürfnissen, wobei es ein paar Ausnahmen aufgrund der Biologie gibt … zum Beispiel Gebärmutterhalskrebs.

Im Gegensatz dazu sagt der Radikalfeminismus nicht, dass Männer und Frauen eine gemeinsame Menschlichkeit teilen und daher gemeinsame politische Interessen haben. (…) Er sagt, dass Männer und Frauen nicht die gleichen grundlegenden menschlichen Bedürfnisse teilen – in politischer Hinsicht. Das wäre wie ein Arzt, der sagt, dass die zwei Geschlechter nicht die gleichen fundamentalen Bedürfnisse bei der Nahrung und so weiter haben.

Im Gegensatz dazu betrachtet der Individual-Feminismus Männer und Frauen in erster Linie als individuelle Personen mit einer gemeinsamen Menschlichkeit. Und so wie Männer und Frauen die gleichen biologischen Grundbedürfnisse haben, teilen wir auch die gleichen politischen Bedürfnisse: die gleichen Rechte und Pflichten. Das grundlegendste Menschenrecht ist der friedliche Genuss des eigenen Körpers und des eigenen Eigentums. Die grundlegendste menschliche Verantwortung besteht darin, die friedliche Entscheidung zu respektieren, die andere Menschen mit ihrem Körper und ihrem Eigentum treffen. Die

Entscheidungen anderer rechtlich zu tolerieren, wenn nicht sogar zu respektieren.

Mit anderen Worten … das höchste politische Gut für Männer und Frauen entsteht nicht aus ihrer Geschlechtlichkeit. Es leitet sich von ihrem menschlichen Wesen ab. Auch wenn Männer und Frauen aus allen möglichen Gründen – von der Medizin bis zur Marketingstrategie – begründet in verschiedene Klassen eingeteilt werden können, können ihre Grundrechte und -pflichten nicht auf diese Weise eingeteilt werden. Denn diese Rechte und Pflichten gehen jeder Betrachtung der Geschlechtszugehörigkeit ebenso voraus wie jeder Betrachtung der Hautfarbe. Das sind sekundäre Merkmale: Geschlecht, Hautfarbe, Größe, ethnische Zugehörigkeit. Das Hauptmerkmal ist unsere Mitgliedschaft als Individuen in der menschlichen Spezies. Und aus diesem Hauptmerkmal ergeben sich unsere Rechte.

Gesetze zum Schutz dieser Rechte – oder zur Durchsetzung dieser Pflichten – sollten keinen Unterschied zwischen Männern und Frauen machen. Das Gesetz sollte sie sowohl hinsichtlich seines Inhalts als auch seiner Anwendung gleich behandeln. (…) Im Gegensatz zum Radikalfeminismus und Genderfeminismus zeigt sich, dass der Individual-Feminismus nicht nur Chancengleichheit mit dem Mann umfasst, sondern dass die Forderung nach Gleichberechtigung ein wesentlicher Aspekt seiner Theorie ist. Privilegien – egal für welches Geschlecht – sind ein Gräuel.

Nach diesem Verständnis von Feminismus – Individual-Feminismus – hat es heute entschiedene Priorität, alle Privilegien und Benachteiligungen, die auf dem Geschlecht beruhen, aus dem Gesetz zu entfernen. Dazu gehören auch Privilegien für Frauen, wie z.B. Frauenquoten. Das Gesetz muss geschlechtsblind werden und darf Menschen nur als Individuen betrachten.

Dies muss sowohl zum Wohle der Frauen als auch der Männer geschehen. Ich sage „zum Wohle der Frauen" aus mehreren Gründen.

Es kann keinen Frieden oder guten Willen in unserer Gesellschaft geben, solange das Gesetz Kategorien von Menschen unterschiedlich behandelt, solange 50% der Bevölkerung – Männer – Bürger zweiter Klasse sind.

Außerdem müssen Frauen aufhören, sich auf einen paternalistischen Staat und privilegierende Gesetze zu verlassen. Wir müssen auf eigenen Füßen stehen.

Des Weiteren glaube ich nicht, dass es jemals im besten Interesse von irgendjemandem ist, einen anderen zu unterdrücken. Die Anti-Sklaverei-Aktivisten der frühen 1800er Jahre argumentierten, dass die Sklaverei den Sklavenbesitzer psychologisch genauso beschädigte wie den Sklaven. Und ich denke, da steckt viel Wahrheit dahinter.

Schließlich sind die Männer, die von echter Gleichberechtigung profitieren werden, Freunde und Familie: Menschen, deren Wohlergehen uns manchmal genauso viel bedeutet wie unser eigenes. Sie tun einer Frau keinen Gefallen, wenn Sie Gesetze erlassen, die ihre Tochter auf Kosten ihres Sohnes privilegieren.

Glücklicherweise glaube ich, dass die Gesellschaft auf eine echte Gleichberechtigung unter dem Gesetz zusteuert, und die Männerbewegung ist nur eine Bestätigung dafür. Wie gesagt, der Feminismus im NOW-Stil ist tot ...

Das Problem ist, er hat immer noch Auswirkungen Er hat immer noch Auswirkungen, weil er in den letzten Jahrzehnten Privilegien für Frauen und Ungerechtigkeiten in das Gesetz und in die Institutionen der Gesellschaft eingebettet hat. Und es wird harte, nachhaltige Arbeit erfordern, sie zu entfernen.

Lassen Sie mich anhand eines konkreten Beispiels erläutern, was ich meine, wenn ich von Institutionen spreche. Und zum Abschluss des Beispiels möchte ich Ihnen sagen, warum ich der Meinung bin, dass Befürworter echter Gleichberechtigung dadurch ermutigt sein sollten.

Zurückgehend auf etwa das Jahr 1983, als der Radikalfeminismus begann, den Mainstream des Feminismus ideologisch zu dominieren, wurde ein neuer Begriff in unsere Kultur eingebracht: sexuelle Belästigung.

Ich sollte innehalten, um klarzustellen, was ich hier mit sexueller Belästigung meine. Mit sexueller Belästigung meine ich nicht ungewolltes Berühren, Begrabschen oder irgendeine andere Form von körperlicher Aggression. Das ist Körperverletzung, das ist ein Übergriff, das ist ein Verbrechen. Und Gesetze gegen diese Verbrechen gibt es schon seit vielen Jahren. Alles, was vor Jahrzehnten gebraucht wurde, als sexuelle Belästigung ein großes Thema wurde, war, diese Gesetze rigoros durchzusetzen. Weil solche körperliche Aggressionen bestraft werden sollten.

Stattdessen schufen Radikalfeministinnen ein neues Gesetz, eine neue Politik, die zum Beispiel „ein feindseliges Arbeitsumfeld" verbietet, in dem sich Frauen durch Worte und anderes gewaltfreies Verhalten beleidigt fühlen. Das meine ich mit dem Begriff sexuelle Belästigung. Das ist es, was ich meine ... Worte und gewaltfreies Verhalten, die als Übergriff angesehen werden.

Sexuelle Belästigung ist ein gutes Beispiel dafür, wie der Feminismus im NOW-Stil seine Politik aus zwei Gründen in die Gesellschaft institutionalisiert hat:

Zuerst einmal ist jeder damit vertraut, weil Gesetze und Richtlinien zur sexuellen Belästigung praktisch jedes Unternehmen und Klassenzimmer in Nordamerika durchdrungen haben. Das Gesetz regelt nun, welche Einstellungen gegenüber Frauen geäußert werden dürfen, welche Sprache in Bezug auf Frauen angewendet werden darf ... sogar in privaten Institutionen. Durch diese Gesetze greift die Regierung in den Privatsektor ein und regelt Einstellungen und Worte in einem Ausmaß, das in den 60er Jahren, sogar in den 70er Jahren, unvorstellbar gewesen wäre.

Zweitens ist sexuelle Belästigung zu dem geworden, was die ketzerische Feministin Daphne Patai in ihrem Buch „Heterophobia: Sexual Harassment and the Future of Feminism" als eine Multi-Milliarden-Dollar-Wachstumsbranche bezeichnet. Diese Industrie beruht auf den Menschen, die vom Thema der sexuellen Belästigung leben und somit ein begründetes Interesse daran haben, sie dauerhaft als „Problem" in der Gesellschaft darzustellen, das gelöst werden muss. Zu diesen Leuten gehören Anwälte, Forscher, Berater, Pädagogen, Schriftsteller, Verwaltungskräfte, Gesetzgeber, Psychologen und Medienleute. Gemeinsam bilden sie ein starkes Hindernis gegen jeden Versuch, die Institution und die Industrie der sexuellen Belästigung abzubauen.

Ich sagte, ich würde dieses Beispiel mit Worten der Ermutigung abschließen. Und das sind sie: Der Begriff „sexuelle Belästigung" gelangte erst vor etwa zwanzig Jahren in unsere Kultur. Als juristisches Konzept wurde er von der Radikalfeministin Catharine MacKinnon 1979 in einem Buch mit dem Titel „The Sexual Harassment of

Working Women" eingeführt. Dort argumentierte MacKinnon, dass Gewalt gegen Frauen am Arbeitsplatz sich nicht als Körperverletzung und physische Angriffe zeigten – bei ihren Einwendungen ging es niemals um körperliche Gewalt gegen Frauen. Sie argumentierte, dass sexuelle Belästigung eine Form der Diskriminierung sei, eine Verletzung der Bürgerrechte, die in Zivilprozessen und nach dem Bürgerrechtsgesetz behandelt werden sollte. Im nächsten Jahr, 1980, erweiterte die Kommission für Chancengleichheit ihre Leitlinien um sexuelle Belästigung. (…)

So neu ist sie – die Politik bezüglich sexueller Belästigung, mit der wir leben. Etwa 20 Jahre. Obwohl sie das Leben jedes Menschen in diesem Raum beeinflusst, ist das Konzept der sexuellen Belästigung erst zwei Jahrzehnte alt. Das ist aus zwei Gründen ermutigend: Wenn es zu unseren Lebzeiten etabliert werden kann, kann es auch demontiert werden … und möglicherweise viel schneller. Im Guten wie im Schlechten ist es meist einfacher, Dinge auseinander zu nehmen, als sie zu konstruieren. Es ist auch ermutigend, weil zwanzig Jahre eine Generation bedeuten, und das ist ungefähr so lange, wie es dauert, bis die Menschen erkennen, dass etwas nicht funktioniert. Zu erkennen, dass die Industrie der sexuellen Belästigung keine sozialen Probleme löst … sondern schafft.

Es ist jedoch lehrreich zu untersuchen, warum das Konzept der sexuellen Belästigung erfolgreich war. Ich denke, es gibt wertvolle Lehren, die Männer aus dem Erfolg der feministischen Bewegung ziehen können.

Als Lin Farleys Buch über sexuelle Belästigung 1978 erschien – und es war das erste Buch zu diesem Thema – ließ es Frauen aktiv werden. Das Buch trug den Titel „Sexual Shakedown: The Sexual Harassment of Women on the Job." Und es wurden darin wirklich entsetzliche Fälle von Diskriminierung aufgezeichnet, die buchstäblich die Karrieren unschuldiger Frauen zerstörten. Der Erfolg des Themas sexuelle Belästigung resultierte vor allem aus der Tatsache, dass Farley (und andere) Geschichten erzählten. Sie ließ den Leser die menschlichen Kosten der Diskriminierung sehen und fühlen, so dass sogar eine Skeptikerin wie ich es unmöglich fand, Farleys Buch zu lesen, ohne das Gefühl zu haben, dass etwas in unserer Gesellschaft falsch war, schief lief. Ich hätte kein zusätzliches Gesetz verabschiedet, aber ich wäre bereit gewesen, ein Protestschild aufzunehmen und vor bestimmten Firmen zu protestieren.

Das war und ist eine große Stärke des Feminismus. Er zeigte das menschliche Elend, das durch ungerechte Gesetze und ungerechtes Sozialverhalten verursacht wurde. Denken Sie an das Thema Vergewaltigung. In den 6oer Jahren waren Frauen, die vergewaltigt worden waren, – wie ich oben erwähnt hatte – in einer ähnlichen Situation wie heutige männliche Opfer häuslicher Gewalt. Die Polizei nahm sie nicht ernst. Die Gesellschaft gab ihnen oft die Schuld, als hätten sie ihre eigenen Vergewaltigungen durch provokative Kleidung oder Promiskuität verursacht.

Als Frauen sich erhoben und ihren Schmerz offen und ohne Scham zum Ausdruck brachten, öffneten sie ein Fenster zu ihren eigenen Erfahrungen und ließen die Menschen indirekt den Schmerz spüren, vergewaltigt zu werden … und nicht nur einmal, sondern zweimal, das zweite Mal von einem Rechtssystem, das diese Frauen nicht verstand oder sich nicht für sie interessierte. Es war, als die Menschen die Tiefe des Schadens, der unschuldigen Menschen zugefügt wurde, erkannten, dass die Gesellschaft begann sich zu verändern. Denn nichts ist politisch so mächtig wie öffentlich einen Lichtstrahl auf Ungerechtigkeit zu werfen und sich zu weigern wegzuschauen. Und nichts schafft dies so effektiv, wie die unverblümte Wahrheit zu sagen.

Daphne Patai hat die menschlichen Kosten der Politik der sexuellen Belästigung in „Heterophobia", Teil II mit dem Titel „Typifying Tales", ausgezeichnet zum Ausdruck gebracht. Sie macht die Grausamkeit dieser Gesetze und Politik an den Universitäten deutlich, wo die Angeklagten über keine Unschuldsvermutung verfügen, sondern beweisen müssen, dass sie nicht schuldig sind. Sie müssen dies vor Ausschüssen beweisen, die oft die Macht haben, ihre Karriere und ihr Leben zu ruinieren. Die Angeklagten – fast immer Männer – haben kein Recht, sich im Gespräch zu stellen oder Zeugen zu befragen, kein Recht auf einen Anwalt oder sogar die genauen Anklagen zu kennen, die gegen sie erhoben wurden. Und eine Anklage kann potentiell bereits erhoben werden, dafür, dass man die falschen Hausaufgaben aufgegeben hat oder einen falschen Witz erzählt hat.

Eine der exemplarischen Berichte, die Patai vorträgt, handelt von einem übergewichtigen Professor, der nach allen vorliegenden Informationen beliebt, sympathisch und kompetent war. Mitten in einer Vorlesung wurde er eines Tages von einer Studentin mit einem Kommentar über die extreme Größe seiner Brust gestört. Er merkte an, dass sie kein ähnliches Problem habe und fuhr dann mit seiner Vorlesung fort.

Die Studentin reichte bei der Universität Anklage wegen sexueller Belästigung gegen ihn ein. Es gab keinen Vorwurf eines Übergriffs oder eines Versuchs, Sex gegen bessere Noten einzutauschen gegen ihn. Die Anschuldigungen basierten ausschließlich auf dem Vorfall im Klassenzimmer. Eine Hexenjagd folgte. Diese war so extrem, dass der Professor Selbstmord beging. Danach äußerte die Universitätsleitung in einer Pressemitteilung eine große Besorgnis: nämlich, dass der Tod des Professors andere ähnlich „missbrauchte" Frauen davon abhalten könnte „sich zu Wort zu melden".

Halten Sie einen Moment inne und denken Sie über Ihre Reaktion auf das Statement der Universität nach. Von jedem, mit dem ich über dieses Beispiel gesprochen habe, habe ich eine ähnliche Reaktion erhalten: Empörung über die Universitätsleitung, Empathie mit dem Mann. Wut auf die Studentin. Eine Überzeugung, dass sich die Dinge ändern sollten.

Das ist die Macht, die das einfache Aussprechen der Wahrheit über Ungerechtigkeit auf die meisten Menschen, ob männlich oder weiblich, hat. Das ist die Macht des Erzählens von Geschichten.

Also lassen Sie mich Ihnen eine andere Geschichte erzählen, diesmal über eine andere Form der institutionalisierten Diskriminierung von Männern: Diskriminierung im Familiengerichtssystem. Viele von Ihnen werden bereits damit vertraut sein.

Letztes Jahr ging ein 43-jähriger Mann namens Derrick K. Miller zu einem Wachmann am Eingang des Gerichtsgebäudes in San Diego, wo ein Familiengericht kürzlich gegen ihn wegen überfälliger Unterhaltszahlungen entschieden hatte. Er hielt die Gerichtsakten in der einen Hand und zog mit der anderen eine Waffe. Mit dem Ausruf „ihr habt mir das angetan" schoss er sich selbst tödlich durch den Schädel.

Miller ist kein Einzelfall. In den meisten westlichen Ländern gibt es einen alarmierenden Anstieg an männlichen Selbsttötungen. Laut eines zentralen Gesundheitsberichts der Vereinigten Staaten (Surgeon General's Report) aus dem Jahre 1999 ist Selbsttötung die achthäufigste

Todesursache in Amerika, wobei sich Männer vier Mal so häufig selbst töten wie Frauen. Eine Reihe von Studien, die in Nordamerika, Europa und Australien durchgeführt wurden, legen nahe, dass ein Grund für diese Zunahme die Diskriminierung von Vätern vor Familiengerichten sein könnte, insbesondere bezüglich der Verweigerung des Zugangs zu ihren Kindern.

Denken Sie an Warren Gilbert, der an einer Kohlenmonoxidvergiftung starb und dabei einen Brief des Kinderschutzdienstes umklammert hielt. Oder Martin Romanchick, der New Yorker Polizist, der sich erhängte, nachdem ihm der Kontakt zu seinen Kindern aufgrund von Anklagen seiner Ex-Frau verweigert wurde, die das Gericht später als ungerechtfertigt beurteilte. Es gibt inzwischen Webseiten, die die vielen Namen solcher Männer auflisten ... und ich glaube nicht, dass ich übertreibe, wenn ich sage... Männer, die durch Verzweiflung in den Selbstmord getrieben wurden, die durch institutionalisierte Diskriminierung gegen sie verursacht wurde, insbesondere in Familiengerichten. Diese Männer reagierten in ihrer Verzweiflung auf die einzige Weise, von der sie glaubten, dass sie für sie übrigblieb. Sie zerstörten sich selbst angesichts eines Systems, das ihnen Würde, Gerechtigkeit und – in einigen Fällen – die Kinder, die sie liebten und die das Leben lohnend machten, vorenthalten hat.

Das muss sich ändern.

Worin kann diese Veränderung bestehen? Nun ... ich spreche nicht für die Männerbewegung, aber ich habe eine Meinung darüber, wie echte Gleichberechtigung erreicht werden kann. Beseitigen Sie alle Frauenquoten. Das Gleiche gilt für die neuen Gesetze zur sexuellen Belästigung. Führen Sie das gemeinsame Sorgerecht als Regelfall in das System der Familiengerichte ein. Anerkennen Sie männliche Opfer häuslicher Gewalt und männliche Opfer sexueller Übergriffe und behandeln Sie sie wie weibliche Opfer. Weigern Sie sich, die Vorurteile gegen Jungen in öffentlichen Schulen oder anderen steuerfinanzierten Einrichtungen zu akzeptieren – vielleicht sogar, indem Sie sich weigern, jene Steuern zu zahlen, die dazu beitragen Jungen und Männer zu benachteiligen. Diese Änderungen wären ein guter Anfang (...).

Zum Abschluss meines heutigen Vortrags muss ich eine Sorge zum Ausdruck bringen. Ich habe auf „Erzählen von Geschichten" als etwas Wertvolles hingewiesen, das die Männerbewegung vom Feminismus lernen könnte. Nun möchte ich eine Warnung aussprechen. Die Entwicklung des Feminismus von den 60er-Jahren bis heute ist ein warnendes Beispiel dafür, wie eine politische Bewegung von Wut beherrscht werden und die Stimme der Vernunft verlieren kann. Ich fürchte die Möglichkeit, dass Männer, die ich kenne und respektiere, mich eines Tages als „den Feind" ansehen, nur weil ich eine Frau bin. Und ich werde alles tun, damit das nicht passiert. Weil wir so überhaupt erst in diesen Schlamassel geraten sind.

Feminismus muss eine Hand des Wohlwollens gegenüber Männern ausstrecken, deren Leben durch geschlechtsbezogene Diskriminierung im System zerstört wurde. Frauen müssen aufstehen und die Abschaffung aller Gesetze und deren Anwendungen fordern, die aufgrund des Geschlechts diskriminieren, unabhängig davon, ob diese Diskriminierung angeblich Frauen zugute kommt oder nicht. Denn das tut sie nicht. Weil es unmöglich ist.

Frauen sind Individuen, und alles, was die individuellen Rechte auf der Grundlage einer gemeinsamen Menschlichkeit schwächt, schadet Frauen ebenso wie Männern.

Warum die Beschneidung[312] von Jungen ein feministisches Thema sein sollte

Robin Urban

Als das Kölner Landgericht im Mai 2012 die Beschneidung eines Vierjährigen zu einer Körperverletzung erklärte, hatte ich von dem Thema genauso wenig Ahnung wie jeder andere auch. Zu dieser Zeit studierte ich wie zehntausend andere Millennials ein wenig planlos vor mich hin, schlug mir meine Nächte mit einem prekären Kellnerjob um die Ohren und betrieb einen sehr bescheidenen kleinen Blog. Ich nutzte das Netz außerdem, um mit Menschen zu streiten, an die ich im sogenannten Real Life kein einziges Wort verschwenden würde, und war infolgedessen zur Feministin geworden.

Und nun dieses Urteil, das die Republik erschütterte. Natürlich wusste ich, was eine Beschneidung ist und wie sie ungefähr abläuft – aber *Körperverletzung*? Das rief bei mir Stirnrunzeln hervor. Als solche hatte ich sie noch nie betrachtet.

Während die Beschneidungsdebatte also den ganzen Sommer über an Stammtischen und in den Redaktionen sämtlicher deutscher Medien tobte, klickte ich mich durch ein paar Websites. Mit jedem Artikel und Statement, das ich las, wuchs mein anfangs eher vages Interesse

---

312 Eine Erklärung zur Begrifflichkeit vorweg: Manch einem Leser mag negativ auffallen, dass ich im folgenden Beitrag einerseits von männlicher *Beschneidung* schreibe, andererseits aber von weiblicher *Genitalverstümmelung*. Diese Inkonsequenz steht im krassen Gegensatz zum Inhalt, stellt aber einen zähneknirschenden Kompromiss dar. Ich habe leider feststellen müssen, dass die Diskussionsbereitschaft meiner Gesprächspartner rapide sinkt, wenn ich in Anlehnung an das weibliche Pendant von *männlicher Genitalverstümmelung* spreche. Seitdem verwende ich den kulturell akzeptierten Euphemismus, um bei Befürwortern und Unentschlossenen überhaupt Gehör zu finden und damit die Chance zu bekommen, über dieses Thema aufzuklären. In keiner Weise soll diese Wortwahl das Leid der Betroffenen verharmlosen.

mehr, und mit jedem mangelhaften Argument pro Beschneidung und jedem medizinischen Fakt, der sich mir nach und nach offenbarte, bildete ich mir eine Meinung, die schließlich zur Gewissheit wurde: Beschneidung ist in der Tat eine sogar ganz erhebliche Körperverletzung und gehört bei Kindern rigoros verboten. Ich wurde zu einer radikalen Beschneidungsgegnerin.

„Obwohl die doch Feministin ist?" In den Kommentarspalten der Blogs, in denen ich verkehrte, las ich diese erstaunte Frage in der Folgezeit immer wieder. Für die Schreiber schien sich das gegenseitig auszuschließen, während ich komplett anderer Ansicht war. Ich bin dagegen, aber doch nicht *obwohl*, sondern *weil* ich Feministin bin, dachte ich, und wähnte mich da in guter Gesellschaft.

Aber damit lag ich falsch. Während ich das hier schreibe, sind fast sieben Jahre seit der Beschneidungsdebatte ins Land gezogen. Doch von fast allen bekannten Feministinnen kam dazu bisher – nichts.

Es wird oft behauptet, dass ein Aktionismus für Männerrechte nicht nötig sei, da „der Feminismus"(TM) auch Ungerechtigkeiten gegen Männer thematisiert und anprangert. Und bis zu einem gewissen Grad stimme ich dem zu. Es ist wirklich sehr schwer, sich gegen dumme, restriktive Rollenklischees zu engagieren und dabei Frauen und Mädchen mitzudenken, Männer und Jungs aber nicht, denn die Rosa-Hellblau-Falle schnappt bei allen zu und unter Stereotypen leidet letztendlich jeder. Aber gerade das Thema Beschneidung und seine nahezu vollständige Missachtung zeigen deutlich, dass der Feminismus eben *nicht* ausreicht, um alle Ungerechtigkeiten zu eliminieren, weil das Problem von den meisten Feministinnen weder erkannt, noch behandelt wird.

Ich bin gegen Beschneidung, weil Betroffene darunter leiden. Neben allen juristischen und medizinischen Argumenten ist das moralisch meine einzige Rechtfertigung. Leider genügt das offensichtlich vielen nicht. Der folgende Beitrag ist daher ein Versuch nachzuweisen, dass die Beschneidung von Jungen ein ebenso feministisches wie maskulistisches Thema ist – Thema sein *muss*. Es ist ein Text, der mir daher Bauchschmerzen bereitet, weil es den Fokus wegnimmt von den Opfern und sich möglicherweise liest, als wäre eine Ablehnung dieses Rituals purer weiblicher Selbstzweck. Für mich sind die folgenden Punkte definitiv *nicht* die ausschlaggebenden Gründe, aber wer eine explizit feministische Perspektive braucht, dem möchte ich sie hiermit liefern. Da es „den" Feminismus nicht gibt, adressiere ich dabei an unterschiedliche feministische Strömungen, die sich häufig selbst nicht grün sind oder sich in wesentlichen Punkten sogar klar widersprechen.

Always Hardcore: Sex und Orgasmusfähigkeit

Wenn ich eine positive Sache über die feministische Rezeption des Themas sagen müsste, dann würde ich ein wenig verzweifelt hervorheben, dass wenigstens keine auf die Idee gekommen ist, die oft gehörte Litanei nachzubeten, dass beschnittene Männer toll sind, weil sie beim Sex länger durchhalten. Einen solchen Standpunkt liest man in albernen Zeitschriften (*honest* Untertitel: „Für die Frau, die Sexismus internalisiert hat"), er schallt durch peinlich stereotype Filme, er erscheint auf Websites, die Dating und Sex und wie man an beides heran kommt als einzig wichtige Themen im Leben eines jungen Menschen darstellen.

Es ist ein leider sehr alltäglicher Spruch, aber kein Kontext, in dem er fällt, ist auch nur im Ansatz feministisch. Er macht den (heterosexuellen) Mann zum Objekt und reinen Erfüllungsgehilfen weiblicher Sexualität und das ist, genau wie der umgekehrte Fall, nichts, was eine halbwegs ernstzunehmende Feministin jemals fordern würde. Er ist aber außerdem erschreckend falsch (und klammert nebenbei auch noch die Frage aus, ob eine ewig dauernde Penetration überhaupt etwas Erstrebenswertes ist).

Die in diesem Zusammenhang oft glorifizierte verlängerte Standfestigkeit existiert und geht zurück auf den Sensibilitätsverlust nach einer Beschneidung. Dieser ist eine zwangsläufige Folge und ihn erlebt *jeder* – auch Männer, die behaupten, keinerlei Einbußen zu spüren. Die Vorhaut sowie das Frenulum (das Bändchen, das Vorhaut mit Eichel verbindet und bei dem es sich um eine der sensibelsten Stellen am Penis handelt – nichtsdestotrotz wird es bei fast allen Beschneidungen völlig überflüssigerweise mit entfernt bzw. durchtrennt) enthalten nicht nur tausende empfindliche Nervenzellen, die durch eine Beschneidung unwiederbringlich zerstört werden, sondern die Eichel verliert ebenfalls an Empfindungsvermögen. Freigelegt scheuert sie an der Kleidung, wodurch die einstige Schleimhaut mit der Zeit trocken wird und verhornt. Die Desensibilisierung kann mit fortschreitendem Alter schlimmer werden, selbst wenn die Beschneidung schon viele Jahre zurück liegt.

Kein Mann auf dieser Welt *kann* nach dieser Prozedur länger – er *muss*, weil er schlicht weniger spürt als mit intakter Vorhaut.

In einem der besten Artikel, die im Zuge der Debatte über das Thema erschienen sind, schildert Niels Juel, der sich erst mit 18 auf Druck seiner Freundin hin beschneiden ließ, wie sich dadurch sein sexuelles Erleben veränderte: „Vor der Operation konnten meine Partnerin und ich ganz still liegen. Ich konnte sie, in ihr, fühlen – wir konnten uns küssen und gegenseitig streicheln und ganz langsam einen Orgasmus erreichen, der dann wirklich überall war. Das war vorbei. […] Härteres und schnelleres Stoßen war erforderlich, wenn ich etwas davon haben wollte."[313]

Das sind Worte, die mir Tränen in die Augen treiben. Ich finde harten Sex in der richtigen Stimmung und mit dem richtigen Partner großartig – aber für immer der Alternative beraubt zu werden? Schreckliche Vorstellung, doch nicht nur tragisch für Betroffene.

Härtere Penetration erhöht die Gefahr, dabei als Frau (oder schwuler Mann) verletzt zu werden. Zudem entsteht durch die trockene Eichel und die fehlende Gleitfunktion der Vorhaut mehr Reibung, was ebenfalls Schmerzen begünstigen kann. Nun dürfte die feministische Antwort auf einen Mann, der auf einer solchen Stimulation besteht, ziemlich klar ausfallen: „Verpiss dich und fick dich selber!" Was aber, wenn dieser Mann nicht einfach nur ein egoistischer Klotz ist und seine sexuellen Präferenzen durch zu viel stumpfen Pornokonsum erworben hat, sondern wirklich ansonsten kaum etwas fühlt? Und das alles vielleicht nur, weil seine Mutter ihn mit drei Jahren beschneiden ließ, weil sie fand, dass ein beschnittener Penis schöner aussieht?[314]

Als Feministin im Netz jeden sexuellen Wunsch eines Mannes abzuschmettern ist einfach. Schwieriger wird es, wenn es sich dabei im

---

313 Vgl. Juel, Niels: Im Bett mit und ohne. In: taz vom 14.9.2012, online unter http://www.taz.de/!5084054.

314 Ich wünschte, das hätte ich mir ausgedacht. Leider aber nicht: Vgl. N.N.: Wir finden das schöner so. Online seit dem 24.9.2013 unter https://kinderdok.blog/2013/09/24/wir-finden-das-schoner-so.

echten Leben um den eigenen handelt ... und man merkt, dass er darunter ernsthaft leidet. Diese Frauen sollten sich nicht jedes Mal fragen müssen, ob sie während des Geschlechtsverkehrs die Zähne zusammen beißen, damit der Mensch, den sie lieben, auch etwas davon hat. Sex sollte leicht sein und einfach und Spaß machen – keine verzweifelt-brutale Rammelei, die man über sich ergehen lässt, weil beim Gegenüber vollkommen grundlos einige empfindliche Teile fehlen.

In einer Welt, in der die meisten Menschen heterosexuelle Beziehungen führen, betrifft jeder Eingriff in die Sexualität des Mannes auch indirekt Frauen. Wie könnte das also kein Thema des Feminismus sein, vor allem, wenn er sich „sexpositiv" nennt?

Die falsche zweite Haut: Frauensache Verhütung

„Sex mit Kondom ist wie Rammstein ohne Pyros", pflegte ein alter Kumpel immer sehr eloquent zu sagen. Ein echter Augenverdreher. Eine Ausrede, selbstverständlich, und zwar eine so richtig dumme. Zudem sexistisch, denn ohne Kondom ist klar, an wem die Verhütung hängen bleibt (und wenn es dann doch zu einer ungewollten Schwangerschaft kommt und eine Abtreibung im Raum steht, ist man als Frau natürlich die dumme Schlampe, die nicht richtig aufpassen konnte).

Was aber, wenn von den Millionen Männern, die behaupten, mit Kondom nichts zu fühlen, viele die Wahrheit sagen – weil sie ohnehin wegen ihrer Beschneidung desensibilisiert sind und ein Kondom das nur noch schlimmer macht?

Hier gilt dasselbe wie im vorherigen Kapitel: „Kein Sex mit Kondomverweigerern" ist als feministisches Statement schnell und lässig gesagt, aber die Realität sieht dann nun mal eben doch anders aus. Ich selbst war mal in einer solchen Situation. Mein damaliger Freund musste nicht mal eine Forderung an mich richten: Noch während er mir am Anfang unserer Beziehung (in einem schmerzhaft sachlichen Ton) schilderte, dass er beim Sex fast nie zum Orgasmus kommt, machte ich mir auf meiner inneren To-Do-Liste eine Notiz und hielt kurze Zeit später ein neues Pillenrezept in Händen.

Nun ist in den wenigen Jahren, die seither vergangen sind, einiges über die Pille und ihre Nebenwirkungen ans Licht gekommen. Heute ist der Typ von damals weg, ich habe die Pille längst wieder abgesetzt und würde mir auch auf gar keinen Fall erneut Hormone verschreiben lassen. Aber es bleibt ein Dilemma, das sicher nicht nur ich miterlebt habe und das verdammt noch mal vermeidbar wäre, wenn nicht so viele Menschen darauf bestehen würden, ihren Söhnen die Vorhäute amputieren zu müssen.

Beschneidung wälzt die Verantwortung für die Verhütung auf die Frau ab. Sie fördert zudem Geschlechtskrankheiten. Empfängnisverhütungsmittel gibt es nämlich viele – wirksamen Schutz vor sexuell übertragbaren Krankheiten bietet allerdings einzig und allein das Kondom. Gleichzeitig hat sich die angeblich präventive Wirkung einer Beschneidung gegen Infektionen wie HPV und HIV – etwas, das jahrelang regelrecht propagiert worden ist und auch heute noch gerne als Pro-Argument dient – nach näherer Betrachtung in Luft aufgelöst. [315] Schlimmer noch: Unter dem Deckmantel der Aids-Prävention werden in afrikanischen Staaten tausende minderjährige Jungs zwangsbeschnitten – gefördert von der Weltgesundheitsorganisation (WHO) und unterstützt mit deutschen Geldern.[316] Von der offensichtlichen Menschenrechtsverletzung abgesehen (deren möglicherweise rassistischer Hintergrund mal eine nähere Betrachtung wert wäre) verschärft diese Praxis das Problem aber noch: Weil die Menschen nicht richtig aufgeklärt werden und glauben, sie könnten nach der Beschneidung auf Kondome verzichten, steigt die HIV-Rate in Ländern wie Uganda seit dieser Maßnahme sogar wieder.[317]

Auch in diesem Fall ist rund die Hälfte aller Leidtragenden weiblich. Schöne emanzipatorische Parolen nützen diesen Frauen kaum et-

---

315 Spektrum.de listet in einem Blogbeitrag alle angeblichen medizinischen Vorteile auf und beleuchtet sie näher. Spoiler: Der präventive Nutzen ist entweder nicht nachweisbar oder völlig irrelevant. Als kleines Plus wird die Argumentation von Dr. Jürgen Voß, der sich als Queerfeminist für die Straffreiheit von Beschneidung ausspricht, als unwissenschaftlich entlarvt. Vgl. Schleim, Stephan: Wie sich die Forschung zur Beschneidungsdebatte widerspricht. Online seit dem 20.5.2017 unter https://scilogs.spektrum.de/menschen-bilder/wie-sich-die-forschung-zur-beschneidungsdebatte-widerspricht.

316 Vgl. Oestrreich, Heide: Fragwürdige Entwicklungshilfe. In: taz vom 4.5.2017 unter http://www.taz.de/!5403473.

317 Vgl. Wasswa, Henry und Frentzen, Carola: Umgang mit HIV wird sorgloser. Online seit dem 7.6.2013 unter http://www.spiegel.de/gesundheit/diagnose/aids-in-uganda-a-904302.html.

was, nicht in Afrika, aber auch nicht hierzulande. Die beste Unterstützung wäre, es gar nicht erst zu einer solchen Situation kommen zu lassen, indem man die Männer intakt und empfindungsfähig lässt, so dass ein Kondom kein Problem darstellt.

Der weibliche Penis und alles dazwischen

Sollte es tatsächlich eine Queerfeministin bis hierhin geschafft haben, möchte ich ihr die Kritik aus dem Mund nehmen: Ja, dieser Text war bis jetzt cis-sexistisch und ja, ziemlich heteronormativ ebenfalls. Deshalb reden wir doch mal über die Rechte von trans Menschen und Intersex und die Frage, wieso diese laut queerfeministischer Forderung immer mitgedacht werden müssen, aber ausgerechnet bei der Beschneidung völlig ausgeklammert werden.

Sucht man bei Twitter, findet man durchaus Statements von trans Frauen, welche die Frage aufwerfen, ob eine von ihnen im Kindsalter erlittene Beschneidung nicht eigentlich als weibliche Genitalverstümmelung gelten müsse, wo es inzwischen doch queerfeministischer Konsens ist, dass auch das biologische Geschlecht sozial strukturiert ist. Ein Penis ist demnach (anders, als ich das den ganzen Text über vorausgesetzt habe) nicht per se männlich, da er auch einer trans Frau gehören könnte und weil diese nicht „im falschen Körper geboren" ist, sondern ihr lediglich bei der Geburt ein falsches Geschlecht zugewiesen wurde, ist ihr Penis weiblich. Aus demselben Grund wird z.B. beim Thema Abtreibung nicht von Frauen geredet, sondern von „Menschen mit Uterus" (da auch trans Männer oder nichtbinäre Personen schwanger werden können).

Das sind alles sehr akademisierte Diskurse, die wohl an der Lebenswelt der meisten Leser vorbei gehen. Ich kann und möchte hier nicht über den Sinn oder Unsinn dieser Standpunkte schwadronieren. Fakt ist aber, dass die Befürwortung der Beschneidung eigentlich unvereinbar mit der queerfeministischen Theorie ist. Diese bezieht auch Intersex mit ein und engagiert sich leidenschaftlich gegen Genitaloperationen an betroffenen Kindern. Die Argumente (fehlender Konsens, Invasivität des Eingriffs, Traumatisierung) sind denen, die gegen Beschneidung vorgebracht werden, sehr ähnlich. Wieso ist aber nur das eine Gegenstand heftiger Attacken?

Der cis Mann ist für viele das Feindbild schlechthin. Wie aber kann man bei einem Kind mit Penis automatisch annehmen, dass es cis-männlich ist – wenn es doch andererseits schon als *oppressive* gilt, einem Baby, das sich dazu nicht äußern kann, mittels Pronomen ein Geschlecht zuzuweisen?

Gleichzeitig steht tatsächlich der Begriff „weibliche Genitalverstümmelung" (FGM) unter heftiger Kritik, weil er als cis-sexistisch gilt (da, ihr ahnt es, nicht nur weibliche Personen eine Klitoris haben). Ähnliches ist mir über „männliche Beschneidung" nicht bekannt. Aber ist eine solche Unterscheidung überhaupt sinnvoll – wo doch die Grenzen zwischen Penis und Klitoris fließend sind? Aber wenn sie es sind, wieso ist eine (Penis)Vorhautbeschneidung dann okay?

Eigentlich versuche ich hier zu erklären, wieso der Queerfeminismus Beschneidung ablehnen sollte, aber wie man sieht, wirft dieses Kapitel mehr Fragen auf, als es beantwortet. Bei meinem Versuch, einen Sinn in dieser Haltung zu erkennen, ist die einzig logische Antwort ziemlich niederschmetternd: So progressiv und offen sie auch tun, ist für viele Queerfeministinnen ein Kind mit Penis doch einfach nur ein kleiner cis Mann – und der darf, weil er alle Privilegien dieser Welt hat, natürlich beschnitten werden. Wodurch ihm ein Privileg, das eigentlich ein Menschenrecht ist – das Recht auf körperliche Unversehrtheit – genommen wird. Was unterm Strich wohl irgendwie … fair ist?

Es ist alles wirklich sehr kompliziert.

Warum hast du mich nicht beschützt? Mutterliebe und Frauenhass

Begeben wir uns mal auf das Gebiet der Psychoanalyse. Zwar bin ich keine Psychologin, aber die folgende Theorie erscheint mir dennoch nicht halb so abwegig wie 99% der Dinge, die in dieser Fachrichtung normalerweise propagiert werden. Es gilt inzwischen als erwiesen, dass eine Beschneidung im Babyalter zwar logischerweise von den Betroffenen nicht erinnert wird, aber Auswirkungen hat, die mit den Folgen eines Traumas vergleichbar sind.[318] Die Babys erleiden sowohl während als auch nach der Beschneidung erhebliche Schmerzen (zumal die bestehende Gesetzgebung eine Beschneidung ohne Betäubung bei Säuglingen unter sechs Monaten explizit *erlaubt*, weil diese nicht mal von einem Arzt durchgeführt werden muss), verstehen aber natürlich nicht, was da mit ihnen passiert und besitzen keinerlei Kompensationsstrategien.

Dies führt neben typischer Traumasymptomatik, die sogar körperlich messbar ist, zu einer schweren Erschütterung des Urvertrauens, was unabsehbare Auswirkungen auf die psychische Gesundheit der Betroffenen haben kann. Und gleichzeitig kann die Ursache des Schmerzes auf die Person projiziert werden, auf die sich normalerweise das Urvertrauen fokussiert: die Mutter. „[D]ie Beschneidung des Neugeborenen [fällt] in eine hochsensible Phase, in der sich die Mutter-Kind-Bindung entwickelt. Dieser komplexe Vorgang kann empfindlich gestört werden," erklärt der Psychologe Matthias Franz dazu in einem gänzlich empfehlenswerten Interview mit der *taz*.[319] (Bei älteren Kindern sieht es übrigens nicht viel besser aus: „Wenn Jungen mit fünf oder sechs Jahren beschnitten werden, befinden sie sich in der Konsolidierungsphase ihrer sexuellen Identität. Das Genital ist narzisstisch und libidinös hoch besetzt. Genau in diese Phase fällt die rituelle Kastrationsandrohung der Beschneidung. Kulturgeschichtlich unterstellt dieses Ritual Sexualität dem Primat des Patriarchats."[320])

Es mag ein wenig weit hergeholt klingen, wenn man annimmt, dass die Erfahrung, von der eigenen Mutter, der ersten Frau im Leben eines jeden Jungen, nicht vor diesem Trauma geschützt worden zu sein, später in einer Art projizierten, mehr oder weniger unterbewussten Hass gegen *alle* Frauen zu Tage tritt. Aber seien wir doch mal ehrlich: Es existieren wesentlich dümmere feministische Theorien. Und förderlich ist eine Beschneidung für die psychische Gesundheit nun mal eindeutig nicht. Also warum ziehen wir uns selber Frauenfeinde heran,

---

318 Vgl. vom Lehn, Birgitta: Unterschätztes Trauma-Risiko. In: Frankfurter Rundschau vom 18.7.2012 unter https://www.fr.de/wissen/unterschaetztes-trauma-risiko-11382020.html.

319 Vgl. Oestreich, Heide im Interview mit Professor Matthias Franz: „Es ist ein genitales Trauma". In: taz vom 25.7.2012, online unter http://www.taz.de/!5088276.

320 Ebenda.

statt dafür zu sorgen, dass unsere Söhne körperlich und seelisch unversehrt bleiben?

„Mimimi." Über Rollenklischees

Nach so vielen Jahren, in denen ich mich im Netz feministisch äußere, wäre ich die letzte, die nicht zugeben würde, dass viele Männer offensichtlich kein anderes Hobby haben, als den ganzen Tag Feministinnen das Ohr voll zu jammern. Sie jammern über Frauenparkplätze, sie jammern über weibliche Casts in Filmen, sie jammern darüber, dass sie jetzt, wo in unserer femifaschistischen Welt doch tatsächlich überall Frauen dabei sind, nicht mehr ungestört furzen können (auch das habe ich mir leider nicht ausgedacht). Sie jammern über alles.

Das ist oft lästig, manchmal witzig – und vor allem ist es etwas, was sich bei näherer Betrachtung tatsächlich häufig als ernsthafte Kritik an einem handfesten Problem entpuppt.

Wenn es um Männer geht, verstehe ich den Feminismus häufig selbst nicht. Einerseits verurteilen wir stereotype Männlichkeit und nennen sie toxisch – andererseits ist jeder Mann, der aus diesem Klischee ausbricht und sich offen über traumatische Erfahrungen äußert, Hohn und Spott ausgesetzt, sofern es um Beschneidung geht.

Die Tatsache, dass diese Berichte fast immer im sachlichen und ruhigen Ton gehalten sind, macht die feministische Reaktion noch schlimmer. Zudem ist sie häufig unbeleckt von jeglicher Information. Bei nahezu allen Feministinnen, die sich zu dem Thema spöttisch geäußert haben, stellte ich durch Nachfragen fest, dass sie darüber schlicht gar nichts wissen. Sie haben die populäre Darstellung der Beschneidung als „kleinen Schnitt", der ja eigentlich sowieso nur Vorteile hat, unkritisch übernommen ohne auch nur den Versuch einer Einordnung – und das ist bei einem Komplex, der eindeutig geschlechtspolitischen Sprengstoff birgt, für eine Feministin ein Unding.

Auch auf emotionaler Ebene existiert so etwas wie Objektivität. Nicht jeder, der weint, hat Recht. Nicht jede Klage hat ihre Berechtigung und nicht jeder Troll hat Anteilnahme verdient. Es gibt sie durchaus, die Jammerlappen, die Heulbojen, die Überempfindlichen, sowohl männliche als auch weibliche, und das darf man meiner Meinung nach durchaus sarkastisch kommentieren. Aber jede männerrechtliche Forderung pauschal als dumm und weinerlich abzuschmettern, zementiert eben genau jene Rollenklischees, von denen wir uns doch eigentlich lösen wollen. Wir können nicht den empfindsamen Mann fordern und ihn dann wegen seiner Empfindsamkeit auslachen. Erst Recht nicht, wenn man von seiner Thematik überhaupt keine Ahnung hat – und eine Lösung keiner Frau einen Zacken aus der Tiara brechen würde.

Man muss sich als Feministin vielleicht wirklich nicht unbedingt gegen Beschneidung engagieren, aber ich würde es sehr begrüßen, wenn einige Damen es wenigstens lassen könnten, gegen Betroffene zu ätzen. Wer kein Teil der Lösung sein will, soll wenigstens nicht Teil des Problems werden. Das ist dann nämlich kein Feminismus mehr, sondern Antimaskulismus. Eine Attitüde, die wir uns bitte nicht von den Männern abgucken sollten, die uns täglich bei Twitter nerven.

Same same but different?
Männliche Beschneidung und weibliche Genitalverstümmelung

Hier höre ich schon den Aufschrei: „Wie kann man das vergleichen?! Weibliche Genitalverstümmelung ist so viel schlimmer!"

Spätestens das ist ein Statement, mit dem ich mich sehr unbeliebt machen werde … aber diese Aussage stimmt wirklich nur bedingt. Der Grund für diese Annahme liegt in der medial transportierten Vorstellung beider Praktiken: Ist die männliche Beschneidung klinisch rein, harmlos und in vieler Hinsicht sogar eine Art Lifestyleprodukt, hat man bei weiblicher Genitalverstümmelung Waris Diries Schicksal vor Augen: Ihr wurde die Klitoris mit einer rostigen Rasierklinge weggekratzt, die Schamlippen entfernt und das zerfleischte Ergebnis daraufhin bis auf eine winzige Öffnung zusammen genäht.[321]

Aber, so ekelerregend dieses Bild auch ist: Die unvorstellbare Prozedur, unter der Waris Dirie und viele andere Mädchen zu leiden hatten, ist längst nicht die einzige Form der FGM (so wie übrigens die Entfernung der männlichen Vorhaut auch nicht die einzige Form der

---

321 Vgl. Dirie, Waris: Wüstenblume. Knaur 2007

männlichen Beschneidung ist: So praktizier(t)en die australischen Aborigines eine Form der Beschneidung, bei der der gesamte Penis unterseitig der Länge nach bis zum Samenkanal aufgeschlitzt wird. Aber dieses eher unbekannte Ritual, das hoffentlich von niemandem ernsthaft verteidigt wird, lassen wir mal außen vor).

Bei der sogenannten „Beschneidung Typ Ia" (Einordnung der WHO), die wesentlich verbreiteter ist als die ungleich destruktiveren Formen, wird lediglich ein Teil der Klitorisvorhaut entfernt (manchmal auch nur eingeritzt oder eingestochen, bis ein einzelner Blutstropfen fließt – die sogenannte „milde Sunna"), welche die weibliche Klitoris ebenso schützt wie die männliche Vorhaut die Peniseichel. Zusammengenäht wird überhaupt nichts und sowohl Schamlippen als auch der äußere Teil der Klitoris selbst bleiben völlig intakt. Allerdings liegt die Klitoris im Folgenden frei, was im Laufe der Zeit durch Reibung an der Kleidung zur Bildung einer Art Hornhaut und damit einhergehenden Sensibilitätsverlust führt – haargenau dasselbe, was mit der Eichel nach der männlichen Beschneidung passiert.

Damit ist diese Form der FGM physiologisch absolut vergleichbar mit der Beschneidung. Aber genau da lauert die Gefahr. Noch bevor die Beschneidung in Deutschland explizit legalisiert wurde (Dezember 2012) sorgte ein ägyptischer Mediziner für Aufsehen, weil er öffentlich für die Legalisierung der weiblichen Genitalverstümmelung nach Typ I eintrat. Die Begründung ist ähnlich wie bei der männlichen Beschneidung: Für viele Menschen ist sie religiöse Tradition und Pflicht – und in der „milden" Form nicht schädlicher als die Jungenbeschneidung, womit ein Verbot in Deutschland gegen den Gleichbehandlungsgrundsatz und Artikel 3, Absatz 2 des Grundgesetzes (Gleichberechtigungsgesetz) verstößt. Da dieser Arzt zum damaligen Zeitpunkt Mitglied der Genfer Stiftung für Medizinische Ausbildung und Forschung (gfmer) war, die eng mit der WHO zusammenarbeitet, und zudem anscheinend auch heute noch eine Professur für Gynäkologie und Geburtshilfe bekleidet, lässt sich das schwer als verwirrte Einzelmeinung abtun.[322]

---

322 Vgl. Toprak, Cigdem: Mediziner will Vaginal-Beschneidung legalisieren. In: Die Welt vom 14.11.2012, online unter https://www.welt.de/politik/ausland/article111030661/Mediziner-will-Vaginal-Beschneidung-legalisieren.html.

In einem aktuelleren Fall von 2017 stand eine muslimische Ärztin in den USA vor Gericht. Der Vorwurf: Praktizierung weiblicher Genitalverstümmelung an sechs- bis neunjährigen Mädchen. Die prompte Argumentation der Verteidigung: Wie kann dies ein Verbrechen darstellen, wenn männliche Beschneidung gleichzeitig legal ist? Die von der Angeklagten durchgeführte Praktik (Entfernung eines kleinen Teils der Klitorisvorhaut) sei zudem ja viel weniger invasiv als die in den USA übliche Form der Jungenbeschneidung.[323] Als Reaktion darauf veröffentlichte die New York Times ein Statement, in dem zumindest für eine Legalisierung eines Einstichs in die Klitorisvorhaut plädiert wurde. Auch hier war der Autor kein bedauernswerter Wirrkopf, dessen Meinung man leicht ignorieren kann, sondern der bekannte Publizist und emeritierte Professor der Harvard Law School Alan Dershowitz.[324]

An dieser Stelle ist es vielleicht interessant, sich die Definition der WHO zu „Beschneidung Typ IV" anzusehen. Darunter fallen alle medizinisch unnötigen Modifikationen der weiblichen Geschlechtsorgane, die nicht in die vorherigen drei Kategorien eingeordnet werden können, selbst wenn diese in vielen Ländern nicht als Genitalverstümmelung wahrgenommen werden und/oder vollkommen legal sind – unter anderem die Rekonstruktion des Jungfernhäutchens, „kosmetische" Operationen wie eine Straffung der Schamlippen oder auch schlichtes Piercen. In manchen asiatischen Ländern ist es Tradition, in einem Ritual Rauch auf die Vagina der Mädchen zu blasen, ohne sie auch nur zu berühren. Auch das gilt laut offizieller Richtlinie als Genitalverstümmelung.[325]

Dabei spielt es keine Rolle, ob irgendetwas davon unter Zwang an minderjährigen Mädchen geschieht oder sich eine erwachsene Frau

---

323 Vgl. Belluck, Pam: Michigan Case Adds U.S. Dimension to Debate on Genital Mutilation. In: New York Times vom 10.6.2017, online unter https://www.nytimes.com/2017/06/10/health/genital-mutilation-muslim-dawoodi-bohra-michigan-case.html.

324 Vgl. Dershowitz, Alan: The Law in a Female Genital Cutting Case. In: New York Times vom 12.6.2017, online unter https://www.nytimes.com/2017/06/12/opinion/the-law-in-a-female-genital-cutting-case.html.

325 Vgl. Bundesgeschäftsstelle Terre des Femmes Berlin: FGM in Asien – Eine Übersicht. Online ohne Datum unter https://www.frauenrechte.de/online/images/downloads/fgm/FGM-in-Asien.pdf.

selbst dazu entscheidet. Wieso? „Aus Sicht der WHO wird es als wichtig erachtet, die Definitionsbasis für weibliche Genitalverstümmelung weit zu fassen, um Lücken zu schließen, die eine Fortführung der Praxis begründen könnten."[326]

Im Prinzip stellt also jeder, aber auch wirklich *jeder* überflüssige Eingriff in diesem Bereich des Körpers – sogar solche, der man sich gegen ein Taschengeld während der Abifahrt am Ballermann unterziehen lassen kann! – laut den offiziellen Richtlinien der WHO eine Form der weiblichen Genitalverstümmelung dar. Wo aber selbst von erwachsenen Frauen absolut freiwillig getragener Körperschmuck in eine Reihe gestellt wird mit einer der widerlichsten Traditionen, welche die Menschheit hervor gebracht hat, kann die Amputation von bis zu 50% der Penishaut[327] bei nicht-einwilligungsfähigen Jungen nicht plötzlich eine legale Harmlosigkeit darstellen. Das immer wieder hartnäckig vorgebrachte Argument, männliche Beschneidung sei weniger schlimm als FGM, geht damit auch vollständig ins Leere: Der Schweregrad spielt schlicht überhaupt keine Rolle. Oder polemisch gesagt: Jede männliche Beschneidung ist erheblich schlimmer als vieles von dem, was offiziell als FGM gilt.

So unterschiedlich sie auch aussehen, sind männliche und weibliche Genitalien anatomisch doch sehr ähnlich aufgebaut. Gerade Queerfeministinnen sollten hier besonders aufhorchen. Eingedenk dieser Tatsache gibt es tatsächlich juristisch keinen Grund, warum die „sanfte" Form der weiblichen Genitalverstümmelung verboten sein sollte, die gängige Form der männlichen Beschneidung aber nicht – außer, dass dieses Ritual hierzulande nicht kulturell verwurzelt ist. Was dann aber wiederum ganz schön eurozentrisch und damit rassistisch wäre, nicht wahr?[328]

---

326 Vgl. https://de.wikipedia.org/wiki/Weibliche_Genitalverst%C3%BCmmelung #Formen (mit den bekannten Vorbehalten zur Wikipedia als wissenschaftlicher Quelle).

327 Vgl. Deutsche Gesellschaft für Kinderchirurgie: S2k Leitlinie „Phimose und Paraphimose", Stand 15.9.2017, online unter https://www.awmf.org/uploads/tx_szleitlinien/006-052l_S2k_Phimose-Paraphimose_2017-12_01.pdf.

328 Es existiert in Wahrheit noch ein zweiter Grund, der von Beschneidungsbefürwortern gerne hervorgehoben wird: Sie argumentieren, dass FGM und männliche Beschneidung durchaus grundverschieden sind, da NUR letztere manchmal auch aus medizinischen Gründen notwendig sei. Das stimmt, ist aber als Argument nicht valide, da die meisten Beschneidungen eben nicht aus medizinischen Gründen

Das eine lässt sich nicht verharmlosen, während man das andere verdammt. Durch die legal existierende männliche Beschneidung kommen die Gegner der FGM in arge Erklärungsnöte – und sind zur Ehrenrettung der Jungenbeschneidung zu wirklich inakzeptablen Kompromissen bereit. Victor Schiering fragt in einem Beitrag für MO-GiS e.V. völlig zu Recht: „Lässt sich der Grundsatz der Gleichbehandlung der Geschlechter nur mit einer Herabsetzung des Schutzes von Mädchen herstellen? Warum kommt man gar nicht auf die Idee, das Gleichbehandlungsgebot mit MEHR Schutz für ALLE KINDER zu garantieren?"[329]

Fragen, die sich jede Feministin stellen sollte – es sei denn, sie ist Mitglied bei Terre des Femmes, die bereits kurz nach Beginn der Beschneidungsdebatte im Jahr 2012 in erfrischender Klarheit ein Verbot der Jungenbeschneidung gefordert hat[330], ohne darin einen Widerspruch zu ihrer ansonsten als feministisch wahrgenommenen Arbeit zu sehen.

Vielleicht ist dem Verband klar geworden, dass keine einzige Kultur auf dieser Welt existiert, die FGM praktiziert, ohne gleichzeitig auch Jungen zu beschneiden? Insofern packt ein Engagement gegen

---

durchgeführt werden. Des Weiteren kann eine Vorhautverengung (Phimose) in fast allen Fällen auch konservativ behandelt werden. Seit der Beschneidungsdebatte ist das Wissen um die negativen Begleiterscheinungen auch unter Ärzten gewachsen, weshalb die Operation immer seltener verordnet wird. Da sich eine bestehende Phimose bis zur Pubertät von selbst zurückbilden kann, ist eine Kindsbeschneidung zudem medizinisch nicht zu rechtfertigen. Vgl. Plaum, Petra: Beschneidungen von Jungs? Nur bei medizinischer Indikation! – Mit welchen Argumenten Ärzte Zirkumzisionen ablehnen. Online seit dem 4.8.2015 unter https://deutsch.medsca pe.com/artikelansicht/4903926.

329 Vgl. Schiering, Victor: USA: Weibliche Genitalverstümmelung vor Gericht – Kinderrechte am Scheideweg. Online seit dem 18.11.2017 unter https://die-betroffen en.de/blog/usa-weibliche-genitalverstummelung-vor-gericht-kinderrechte-am-scheideweg.

330 Vgl. Stellungnahme von TERRE DES FEMMES e.V. Menschenrechte für die Frau zur gesetzlichen Regelung zur Beschneidung männlicher Kinder -Eckpunkte einer Regelung, online seit dem 30.9.2012 unter https://www.frauenrechte.de/onli ne/themen-und-aktionen/weibliche-genitalverstuemmelung2/aktuelles/archiv/16 21-stellungnahme-von-terre-des-femmes-e-v-menschenrechte-fuer-die-frau-zur-gesetzlichen-regelung-zur-beschneidung-maennlicher-kinder-eckpunkte-einer-regelung.

Jungenbeschneidung das Problem bei der Wurzel – und schützt Mädchen automatisch mit.

Die Anklage gegen die amerikanische Ärztin, die FGM betrieb, wurde übrigens letztendlich abgewiesen: Der Richter entschied, dass ein Gesetz, das seit 1996 weibliche Genitalverstümmelung in den USA unter Strafe stellt, gegen die Verfassung verstößt, weil dies Sache der Bundesstaaten sei.[331] Es sind unklare Urteile wie diese, an die wir uns gewöhnen müssen, wenn wir die Inkonsequenz der Gesetzgebung weiterhin tolerieren. Für mich ist das eine grauenhafte Vorstellung.

Feministisch trollen: Über Logik und Double Standards

Bevor mich meine Recherche endgültig von der Schädlichkeit der Beschneidung überzeugte, war ich zunächst erst erstaunt, dann fassungslos, dann angewidert von den vielen richtig *dummen* Argumenten pro Beschneidung. Das meiste davon hielt nicht mal der flüchtigsten logischen Betrachtung stand und hätte von einem Fünftklässler in einer Deutschklausur auseinander genommen werden können. Dadurch machte ich sozusagen einen kleinen Zwischenstopp: Bevor ich Beschneidungsgegnerin wurde, war ich zunächst Beschneidungsbefürwortergegnerin.

Es ist nun leider gar nicht schön, solche halbgaren Aussagen aus dem Mund von Feministinnen zu hören – und darin dann auch noch eine Argumentationsstrategie zu erkennen, die tagtäglich von misogynen Typen zur Diskreditierung von feministischen Frauen genutzt wird.

„Stell dich nicht so an!" „Normale Frauen finden das nicht sexistisch!" „Das denkst du dir doch aus!" – Kommentare, die jede Feministin kennt. Es sind Statements, die nicht ärgerlich sind, weil sie Kritik enthalten, sondern weil es ihnen an Logik und Empathie mangelt. Das sind objektive Maßstäbe, nach denen man die Qualität eines Ar-

---

331 Vgl. Schmidt, Samantha: Judge rules that federal law banning female genital mutilation is unconstitutional. In: Washington Post vom 21.11.2018, online unter https://www.washingtonpost.com/local/social-issues/judge-rules-that-federal-law-banning-female-genital-mutilation-is-unconstitutional/2018/11/21/a9455728-edd2-11e8-96d4-0d23f2aaad09_story.html.

guments messen kann, und sie gelten für *jeden*. Warum also sollte es dann in Ordnung sein, sie gegen Beschneidungsopfer zu verwenden?

Der intersektionale Feminismus handelt nach dem Prinzip der sogenannten Definitionsmacht. Diese besagt, dass nur Betroffene einer bestimmten Diskriminierungsform entscheiden dürfen, was als Diskriminierung zu gelten habe. Ein Mann darf nicht entscheiden, was ich als Frau als sexuelle Belästigung empfinde, eine weiße Person kann einer Person of Color nicht vorschreiben, was rassistisch ist und was nicht. Es ist ein Prinzip mit vielen Schwächen, da es subjektives Empfinden zum Maßstab aller Dinge erhebt und Verirrungen einzelner Personen kategorisch ausschließt. Aber wer nach diesem Prinzip lebt, muss sich durchaus die Frage gefallen lassen, warum ausgerechnet Beschneidungsopfern jegliche Definitionsmacht abgesprochen wird.

Neben dem deutschen Beschneidungsforum[332], in dem sich Betroffene austauschen, existieren ganze Bücher, die beschnittene Männer zu Wort kommen lassen und negative Auswirkungen thematisieren. [333] Stellen die sich alle nur an? Ist es wirklich so, dass normale Männer keine Probleme damit haben? Denken die sich das nur aus? Oder sind solche Statements nicht genauso ignorant wie misogyne Kommentare – mit dem kleinen Unterschied, dass sie außerdem von Menschen stammen, die damit gegen ihr eigenes Prinzip der Definitionsmacht verstoßen und über Dinge urteilen, von denen sie nicht betroffen sind?

Bei diesem Thema – und nicht nur diesem! – wie ein frauenfeindlicher Troll zu argumentieren, ist nicht nur peinlich, sondern bigott, und es schadet dem Feminismus, eine solche Denkart für sich zu vereinnahmen. Ein Argument ist wertlos, wenn man es manchmal nicht gelten lässt, manchmal dann aber plötzlich schon.

Vergesst deshalb alle Gründe, die ich bisher aufgezählt habe: Ein ernstzunehmender Feminismus sollte sich einfach nur deshalb gegen Jungenbeschneidung positionieren, weil es *die einzig logische und richtige Konsequenz darstellt*, die sich aus allen vorhandenen juristischen und medizinischen Fakten ziehen lässt.

---

332 Vgl. https://www.beschneidungsforum.de.
333 Unbedingter Lesetipp: Clemens Bergner: „Ent-hüllt! Die Beschneidung von Jungen – nur ein kleiner Schnitt?" tradition 2015.

Zurück zur feministischen Religionskritik

Leider sind auch nicht alle Argumente contra Beschneidung besonders gut. Im Gegenteil. Da es sich um eine religiös verwurzelte Tradition handelt, nutzen einige das Thema für rassistische, islamophobe oder antisemitische Hetze, ohne sich auch nur im Geringsten um die Opfer dieser Prozedur zu scheren (erst Recht nicht, wenn es sich um Moslems oder Juden handelt).

Dies ist auch nach all meinen Ausführungen der einzige Punkt, an dem eine intersektionale Feministin nun einhaken könnte – um die Religionsfreiheit ins Feld zu führen. Das Argument, vor dem alles andere zu verblassen scheint, der Grund, weshalb für manche Menschen alle Beschneidungsgegner – sogar die muslimischen und jüdischen[334] – unbestreitbar Rassisten sind.

Ein Argument, das mich müde macht.

Religionsfreiheit ist ein individuelles Recht, das niemals das Recht auf körperliche Unversehrtheit eines anderen Individuums außer Kraft setzen kann – selbst, wenn es sich dabei um den eigenen Sohn handelt. So funktionieren Grundrechte nicht, weshalb die Beschneidungsdebatte lange unter falschen Gesichtspunkten geführt worden ist. Die bestehende Gesetzgebung, die eine Beschneidung (aus welchem Grund auch immer) erlaubt, ist verfassungswidrig, und, da sie explizit nur „das männliche Kind" betrifft, auch sexistisch.

Ich sehe es nicht als Teil meines linken Selbstverständnisses, Religionen auf ein Podest zu heben und sie unangreifbar zu machen. Bei allem nötigen Widerstand gegen die widerliche Hetze der AfD und der täglichen Diskriminierung, der Moslems und Juden ausgesetzt sind, schießt die Linke und damit auch der Feminismus leider seit einiger

---

334 Gibt es nicht? Gibt es doch. Tatsächlich ist nämlich weder im Islam, wo die Beschneidung nicht mal im Koran erwähnt wird (nur in anderen religiösen Texten, die als Leitfaden für ein gottgefälliges Leben dienen – sie steht dort allerdings gleichwertig neben der weiblichen Genitalverstümmelung), noch im Judentum (wo es völlig ausreicht, von einer jüdischen Mutter geboren worden zu sein) eine Beschneidung wirklich notwendig, um vollwertiges Mitglied der Glaubensgemeinschaft zu sein. Daher wächst auch dort der Widerstand gegen dieses Ritual. Vgl. Yaron, Gil: Unsere seltsame Tradition. In: Frankfurter Allgemeine vom 21.7.2012, online unter https://www.faz.net/aktuell/politik/inland/beschneidungs debatte-unsere-seltsame-tradition-11827726.html.

Zeit deutlich übers Ziel hinaus. Vergessen wird offensichtlich, dass gerade die abrahamitischen Religionen (Judentum, Christentum, Islam) im Kern alle zutiefst patriarchal, repressiv und frauenfeindlich sind, und dass dies nichts ist, was unterstützenswert wäre, nur weil ein Kreuz, ein Halbmond oder ein Davidstern draufklebt.

Die meisten Gläubigen leben ihre Religion heute anders – das ändert aber nichts an der allgemeinen Problematik. Irgendwann während der letzten Jahre ist innerhalb der Linken leider das Gespür dafür abhandengekommen, was stumpfer Hass ist und was berechtigte Kritik. Letztere soll, nein, darf nicht vor Religion halt machen, egal um welche es sich handelt.

Keine Religion ist heute so, wie sie es zu ihrer Gründung war. Traditionen ändern sich – und das betrifft sogar die Beschneidung selbst! Bei der jüdischen Beschneidung wurde Jahrtausende lang lediglich ein kleiner Teil der Vorhaut entfernt. Die heute übliche komplette Vorhautentfernung wurde erst im ersten oder zweiten Jahrhundert nach einem Entschluss von Rabbinern zur Pflicht erklärt und sollte Betroffene davon abhalten, ihre Vorhaut durch Dehnung des verbleibenden Gewebes zu rekonstruieren. Gleichzeitig wurde es üblich, das Blut vom Penis des frisch beschnittenen Babys mit dem Mund abzusaugen, eine (wegen möglicher Infektionen) gefährliche Praxis, die von den meisten modernen Juden abgelehnt und als eklig empfunden wird.[335]

Viele religiöse Regeln verstoßen gegen Menschenrechte und wurden mit der Zeit fallen gelassen. Ein Verbot der Jungenbeschneidung abzulehnen und dies mit Religionsfreiheit zu begründen heißt, diesen Prozess wieder umzukehren. Es liefert außerdem gefährliche Argumente für die Legalisierung von FGM, denn diese wird auch häufig religiös und kulturell begründet. Man kommt dadurch in die unangenehme Position, festlegen zu müssen, welche Riten nun wirklich unersetzliche und/oder harmlose Tradition sind und welche nicht – statt die Grenze einfach dort zu ziehen, wo andere Grundrechte verletzt werden.

Religionskritik war einmal originär links und, bezüglich Geschlechterfragen, selbstverständlich auch feministisch. Dorthin würde

---

335   Vgl. Stücker, Harald: Der absolute Nullpunkt der Ultra-Orthodoxie. Online seit dem 8.10.2012 unter https://evidentist.wordpress.com/2012/10/08/der-absolute-nullpunkt-der-ultra-orthodoxie.

ich gerne zurück. Eine Welt, in der niemand wegen seiner Religion diskriminiert wird ist schön, aber eine Welt ohne Religion wäre eben doch noch ein bisschen schöner.

Schlussbemerkung (und noch mehr Double Standards)

Als ich in diesem Beitrag von Beschneidung schrieb, meinte ich immer die Beschneidung minderjähriger Jungen ohne medizinische Indikation. Auch wenn ich kaum glaube, dass sich irgendein erwachsener Mann freiwillig dieser Prozedur unterziehen lassen würde, wenn er ehrlich über alle Risiken aufgeklärt würde, kann er als selbstbestimmter Mensch natürlich tun, was er will.

Beschneidung in diesem Sinne ist also im noch höheren Maße ein kinderrechtliches Thema, wie es ein männerrechtliches ist. Wenn sich auch einige Feministinnen sträuben mögen, es auf ihre Agenda zu setzen, weil ja nur Männer betroffen sind – wieso dann nicht wenigstens für Kinderrechte eintreten?

Wenn man „Privilegien" mit „struktureller Macht" gleichsetzt, „Marginalisierung" also als „Abwesenheit von Macht" definiert, sind Kinder die marginalisierteste Gruppe auf diesem Planeten. Es ist völlig egal, in welche Wiege sie geboren werden, ob sie weiblich, männlich, schwarz, weiß, muslimisch oder christlich, reich oder arm sind – sie sind auf Jahre hinweg auf Gedeih und Verderb Eltern und Umwelt ausgeliefert, können jederzeit ihrer Rechte beraubt, also *diskriminiert* werden. Und doch wird ausgerechnet diese Gruppe vom Feminismus, selbst wenn er sich „intersektional" nennt, also angeblich für alle diskriminierten Gruppen eintritt, meist völlig ignoriert.

Natürlich gibt es Initiativen für Mädchen, auch trans Kinder werden unterstützt und sich für Intersexuelle engagiert … aber die bittere Wahrheit ist: Zu keinem Zeitpunkt steht dabei das Kind im Fokus. Der Feminismus interessiert sich für Mädchen, weil sie kleine Frauen sind, für intersexuelle Kinder, weil sie kleine Intersexuelle sind, für trans Kinder, weil sie kleine trans Menschen sind. Nach all den Jahren innerhalb des netzfeministischen Diskurses habe ich nicht den Eindruck, dass sich für Kinder interessiert wird, einfach nur weil sie *Kinder* sind.

Das wird umso mehr deutlich, wenn die Rechte der Eltern – ob es sich nun um Religionsfreiheit handelt oder schlicht „Erziehungsrecht", was in diesem Zusammenhang wirklich gruselig ist – als höherwertig betrachtet werden, als das Recht jedes Kindes auf intakte Genitalien. Eine Beschneidung schadet – und die Verharmlosung dieser Praktik finde ich vollkommen inakzeptabel. Das schreibe ich nicht als Feministin, sondern als empathiefähiger Mensch. Wenn aber der intersektionale Feminismus für alle Marginalisierten da sein soll, also nichts anders für sich beansprucht, als empathisch zu sein, dann kann er weder die Opfer einer Beschneidung einfach ignorieren, noch die Verharmlosung dieser Praxis. Eingedenk der Leichtigkeit, mit der sich Feministinnen (mich eingeschlossen!) zu Shitstorms hinreißen lassen, selbst, wenn der Anlass objektiv gesehen wesentlich trivialer ist, ist das erst recht nicht nachzuvollziehen.

Wieso ist es ein Aufreger, wenn die Cellulite einer Prominenten in einem Schundheft als „Schenkelschande!" betitelt wird, aber vollkommen okay, unbeschnittene Penisse offen als unhygienisch und ekelhaft zu bezeichnen?

Warum gelten amerikanische Dads als hochproblematisch, die sich, mit Gewehr neben dem Date ihrer Tochter posierend, als Wächter über ihre Sexualität aufspielen, während eine Mutter ein Stück vom Penis ihres Sohnes abschneiden darf?

Wieso kommt es zu einem kollektiven Aufschrei, wenn die BRAVO idiotische Flirttipps für Mädchen veröffentlicht, ist es aber andererseits nicht der Rede wert, wenn in einem Aufklärungsvideo über Beschneidung als erstes die Frage gestellt wird, wie Mädchen das eigentlich finden?[336]

Warum fordern und leisten wir feministische Solidarität in jeder Situation, die für Frauen auch nur ein wenig unangenehm sein kann, aber schweigen, wenn eine schief gelaufene Beschneidung, bei der ein Säugling seinen Penis verliert, vollkommen gefühllos mit einem lapidaren „Autsch!" kommentiert wird?[337]

---

336 Vgl. Dr.Sommer-Team: Beschneidung: So läuft das ab! Online seit dem 20.6.2018 unter https://www.bravo.de/dr-sommer/beschneidung-so-laeuft-das-ab-240345.html.

337 Auch das … leider nicht ausgedacht. Vgl. https://giordanobrunostiftung.wordpress.com/2013/12/30/rabbi-schneidet-versehentlich-penis-bei-beschneidung-ab.

So etwas ist unmöglich vermittelbar und mit keiner feministischen Theorie zu vereinbaren. Wer anderer Meinung ist, soll bitte nie wieder behaupten, dass der Feminismus für alle da ist. Die viel sinnvollere Alternative wäre, einfach einzusehen, dass gewisse männerrechtliche Belange auch eine Auswirkung auf Frauen haben und nicht nur deswegen sehr berechtigt sind.

Und dann könnte man zusammen dagegen kämpfen. Einfach nur, weil es richtig ist.

Die Wunden der Männer müssen gesehen und geheilt werden

Dr. Hanna Milling im Interview mit Arne Hoffmann

Dr. Hanna Milling ist seit vielen Jahren in Forschung und Lehre an verschiedenen Universitäten im Bereich internationale Zusammenarbeit, interkulturelle Kommunikation und internationales Konfliktmanagement tätig. Zu diesen Themen hat sie zahlreiche Fachartikel und Bücher veröffentlicht und arbeitet als Mediatorin und Trainerin im In- und Ausland, insbesondere im interkulturellen Kontext. Im August 2018 stellte sie für „Authentic Love Berlin" eine Botschaft von Frauen an Männer auf Youtube online, die sofort für ebenso große Begeisterung wie Aufmerksamkeit sorgte: Völlig konträr zum herrschenden Zeitgeist in unseren Medien erklären darin Frauen den männlichen Rezipienten ihren Respekt und ihre Zuwendung.[338]

Einige Statements der zu den Zuschauern sprechenden Frauen habe ich ins Deutsche übersetzt. Diese Statements zu lesen ersetzt allerdings genauso wenig das Anschauen des Videos, wie das Lesen eines Drehbuchs das Sehen eines eindrucksvollen Kinofilms ersetzen würde:

„Ich bin eine Frau, die von Männern verletzt wurde. Ich bin eine Frau, die Männer verletzt hat."

„Die Wunden der Männer müssen gesehen und geheilt werden."

„Ich träume von einer Zeit, in der wir uns wirklich ermächtigen können, indem wir zu unserem Anteil an dem ganzen Schlamassel stehen und den Kreislauf von Schmerzen und Schuldzuweisungen beenden. Ich fange heute damit an."

---

338 Das Video steht seit dem 3.8.2018 online unter https://www.youtube.com/watch?v=vwKLTVCJn6Q. Man kann Untertitel aktivieren und deutsche Untertitel wählen.

„Heute stehe ich hier als Frau, um allen Männern mein tiefstes Bedauern auszudrücken für den Schmerz, den wir als Frauen euch zugefügt haben."

„Ich sehe, wie schmerzhaft es sein muss, als potenzieller Vergewaltiger und Missbraucher von Frauen und Kindern gesehen zu werden, nur weil du ein Mann bist – und wie schmerzhaft es sein muss, dass deine Sexualität kaum jemals als heilig und schön angesehen wird."

„Ich möchte mich für all die widersprüchlichen Botschaften entschuldigen, die ihr von uns Frauen bekommt, wenn wir alles dafür tun, um euch zu verführen und euch danach beschuldigen zu geil zu sein und nur Sex zu wollen."

„Die meiste Zeit über bringen wir dir nichts über unsere eigene Sexualität bei. Wir stehen nicht für unsere eigenen Bedürfnisse und Wünsche ein, sondern erwarten, dass ihr sie erratet und uns gebt, was wir brauchen. Anstatt authentisch und echt zu sein, liefern wir dir eine sexuelle Darbietung, täuschen sogar Orgasmen vor, und danach geben wir dir für unsere sexuelle Frustration die Schuld und bestrafen dich mit Launenhaftigkeit, Gehässigkeit und Sexentzug. Ich erkenne zutiefst an, wie viel Stress und Leistungsangst dieses verwirrende Sexualverhalten bei dir erzeugen kann."

„Ich bin mir bewusst, dass wir uns in unserer Frustration und Verletzung stärken, indem wir dich klein machen und mit Verachtung und Respektlosigkeit über das Männliche sprechen."

„Wir haben gelernt, das Spiel zu spielen, um dem männlichen Ego zu geben, was es will, so dass wir bekommen, was wir wollen, anstatt uns selbst und unseren Grenzen treu zu sein und ehrlich zu benennen, was wir wollen."

„Seit Jahrhunderten missbrauchen und kastrieren Frauen euch als Mütter, die die bedingungslose Liebe ihrer Kinder zur Erfüllung ihrer eigenen unbewussten Bedürfnisse emotional missbrauchen, anstatt ehrlich mit dem Mangel an Liebe in ihrer eigenen Partnerschaft umzugehen."

„Wir haben den Jungen beigebracht, nicht zu weinen. Wir haben ihnen gesagt, dass starke Männer ihre Gefühle nicht zeigen. Damit haben wir dir gesagt, du sollst den lebendigsten Teil deines Seins verstecken. Ich spüre das Gewicht deiner ungeweinten Tränen in meinem Herzen."

„Wir lieben deine Energie. Wir lieben den Tanz zwischen Mann und Frau. Wir lieben dich."

„Ich ehre deine Kraft, deine Klarheit, deine Entschlossenheit und Konzentration. Und ich ehre deine Verletzlichkeit, deine Zärtlichkeit und deinen Schmerz. Ich ehre deinen Mut, mit beidem anwesend zu sein. Das ist es, was uns wirklich anzieht."

„Wir wollen uns heute dazu committen, einander als Schwestern zu unterstützen und bewusster zu werden in unserer Beziehung zu Männern. Wir wollen die zerstörerischen Muster zwischen uns auflösen, damit wir alle, Männer und Frauen, uns mit erweckter Liebe und Macht vereinen können."

Mit diesen Statements spricht das Video Aspekte an, die Janet Halley, lesbische Feministin und Juraprofessorin an der Harvard Law School, in ihrem Buch „Split Decisions" (Princeton University Press 2006) als blinde Flecken der vorherrschenden feministischen Ideologie bezeichnete: Halley problematisierte als Kernstück dieser Ideologie die von ihr so bezeichnete Verletzungstriade, ein Dreieck, welches sich zusammensetzt aus „weiblicher Verletztheit" plus „weiblicher Unschuld" plus „männlicher Unverletzbarkeit". Ausgeblendet werden in diesem Dreieck weibliche Unverletztheit, weibliche Schuld (Frauen als Täter) sowie männliche Verletzbarkeit. Hanna Millings Video bricht die beiden letztgenannten Tabus auf einfühlsame Weise. Ich habe sie daher zu ihrem ganz besonderen Kunstwerk interviewt.

Arne Hoffmann: Frau Milling, wer steckt hinter „Authentic Love Berlin"?

Hanna Milling: Gerne stelle ich mich und unsere Arbeit kurz vor. Mein Name ist Hanna Milling. Ich bin Friedens- und Konfliktforscherin, Mediatorin und gemeinsam mit meinem Partner Gründerin von Authentic Love Berlin. Authentic Love Berlin bietet Seminare und Retreats sowie individuelle Begleitung für Menschen auf der Suche nach authentischem Sein und authentischer Liebe. Unser Fokus liegt auf Frauenarbeit, Männerarbeit und Paararbeit. Wir verstehen uns im weitesten Sinne als Friedens- und Liebesforscher und widmen uns mit Herz und Blut den Fragen, wie wir durch Heilung unserer individuellen wie kollektiven Wunden als Männer und Frauen zurück zu einem liebenden Leben und lebendiger Liebe finden können. Wo brauchen wir Heilung und was müssen wir (wieder) finden, um aus vollem Herzen sagen zu können „ich liebe es, eine Frau zu sein!", „ich liebe es, ein Mann zu sein!" und einander mit Neugierde, Freude und Mut wirklich zu begegnen?

Arne Hoffmann: Wie ist Ihnen die Idee zu diesem Video gekommen?

Hanna Milling: Ehrlich gesagt, war ich viele Jahre zu sehr mit meinen eigenen Wunden als Frau beschäftigt, um mich überhaupt für jene von Männern interessieren zu können. Doch in meiner Arbeit als Mediatorin habe ich schnell gelernt aus den dualen Denkkategorien von „Entweder-Oder" auszusteigen: Entweder Täter oder Opfer, entweder im Recht oder schuldig – diese Denkschablonen entsprechen meiner Erfahrung nach nie der Wahrheit und vor allem führen sie nirgendwo hin.

Vor einigen Jahren gab es eine Videobotschaft von dem Netzwerk „Conscious Men", in der sich eine Gruppe von Männern für die Übergriffe und Gewalt von Männern gegenüber Frauen entschuldigten und das Weibliche ehrten. Obgleich mir das Video in Stil, Machart und Ausdruck nicht wirklich gefiel, hat es mich tief berührt. Als Frau dieses Bedauern und Würdigen von Männern zu hören war auf einer tiefen Ebene heilsam für mich. Ich erinnere mich, dass ich schon damals den starken Impuls hatte die Frage zu stellen: Und die andere Seite der Medaille? Würden Männer das von uns nicht ebenso brauchen?

Es folgten Jahre, in denen ich dank meiner Klienten und Dank meines Partners viel über die tiefen Wunden von Männern lernen durfte, ohne dass ich nochmals an den Film dachte. Vergangenen Sommer (2017) lag ich nach einem tiefen seelischen Prozess vier Wochen mit Lungenentzündung im Bett. Vier Wochen nur in Stille, ohne Buch, ohne Film, ohne irgendwelche Impulse von außen. Als ich aus diesem tiefen Ruhen gerade auftauchte, war der Impuls plötzlich da – sozusagen aus dem Nichts und ich schrieb den Text von Frau zu Mann in einem Zug, als würde mich etwas schreiben. Während des Schreibens liefen mir Tränen über die Wangen. Das war vor #Metoo und noch völlig ohne Plan für einen Film. Ich las den Text meinem Partner vor und er weinte. Dann las ich den Text spontan vor einer internationalen Gruppe von 40 Männern und Frauen der „working with people trainings" vor. Ich hatte furchtbar Angst, ob das völlig deplaziert sein könnte, und vor allem, ob mich die anwesenden Frauen anschließend steinigen würden. Ich stand auf der Bühne, gestand meine Angst und sprach die Einladung an alle Frauen aus, zu mir auf die Bühne zu kommen, wenn sie das, was ich sagte, unterstützen wollten. Nach wenigen Sätzen standen alle Frauen mit mir auf der Bühne. Und vor uns stand ein Mann nach dem anderen auf, mit Tränen in den Augen. Da fühlte ich, dass ich etwas niedergeschrieben hatte, das viele Menschen angeht. „Das muss in die Welt raus, Hanna" war die Rückmeldung von vielen, und dann fand sich alles wie von selbst zusammen: Ein Filmemacher unter den Zuhörern, viele der Frauen, die mit mir auf der Bühne standen, die dabei sein wollten, andere Netzwerke wie „Just For Women Berlin", die durch Aufruf zum Mitmachen unterstützten. So wurde der Film *no budget* einfach durch die Mitarbeit zahlreicher begeisterter Menschen aus der ganzen Welt geboren. Es war ein intensiver und für uns Frauen selbst heilender Prozess.

Arne Hoffmann: Auch in den sozialen Medien lese ich von vielen Männern, sie hätten beim Hören dieser Worte Tränen in den Augen gehabt. Andere schreiben: „Ihre Aussagen wirken nach 50 Jahren Männerbashing erfrischend, wie ein Glas Wasser nach der Durchquerung einer Wüste." Warum, glauben Sie, kam es zu derart heftigen Reaktionen?

Hanna Milling: Ja, die Reaktionen zum Film von Seite der Männer sind überwiegend sehr berührt. Viele Männer schreiben, dass sie sprachlos und zu Tränen berührt sind, weil sie das noch nie gehört haben und daran bemerken, wie wenig sie sich in unserer Gesellschaft gesehen fühlen als Mann. Sowohl das Würdigen der Schönheit des Männlichen als auch das Anerkennen der Kämpfe, Wunden und Not der Männer scheint im gesellschaftlichen Diskurs schlicht nicht vorzukommen.

Neben der Mehrzahl an zutiefst dankbaren und berührten Rückmeldungen gibt es auch zynische Reaktionen voller Misstrauen und Hass. In diesen Kommentaren schreiben Männer, dass sie uns Frauen ohnehin nie wieder trauen werden, oder dass wir mit dem Film doch auch nur wieder manipulieren wollen. Auch diese Reaktionen machen so sichtbar, dass nicht nur wir Frauen tiefe Wunden aus Jahrhunderten des Patriarchats tragen, und sie machen sichtbar, wie tief die Wunden auch der Männer sind. Doch darüber wird noch immer kaum gesprochen. Mein Eindruck ist, dass der Film den Finger direkt in ein gesellschaftliches Tabu legt und das erklärt die starken Emotionen, die er auslöst. Es scheint bislang keinen Raum zu geben, kein Forum dafür, dass auch Männer sich mit ihrer Verwundung, ihrer Not und ihrer Wut zeigen können, und es scheint von Seiten der Frauen noch kaum Bereitschaft zu geben, aus unserer Opferidentifizierung herauszutreten und Verantwortung zu übernehmen für unseren eigenen Schatten.

Ich freue mich, wenn der Film einen Beitrag leistet, neue Räume für einen neuen Dialog zu öffnen, der die dualen Denkkategorien von Entweder-Oder – entweder Opfer oder Täter, entweder richtig oder „schuldig", entweder ich bin falsch oder du … – überwindet und in dem wir an die Stelle von Schuld und Beschuldigung Bewusstheit und Verantwortung stellen, und zwar auf beiden Seiten.

Arne Hoffmann: Diese abwertenden Reaktionen mancher Männer habe ich auch gelesen: „too little, too late" hieß es, oder dass dieses Video letztlich nur ein Tropfen im Ozean eines insgesamt männerfeindlichen Diskurses sei. Es handele sich nur um Lippenbekenntnisse, statt politisch ernsthaft aktiv zu werden. Mich hat das an Feministinnen erinnert, die selbstkritischen Männern entgegenhalten, politische Unterstützung wäre nötiger. Was antworten Sie diesen Männern denn auf diese Kritik?

Hanna Milling: Tatsächlich scheint es auch mir große Parallelen zu geben zwischen der Haltung dieser Männer und der Haltung radikaler Feministinnen und deshalb ist meine Antwort an beide Seiten tatsächlich identisch. An erster Stelle liegt es mir am Herzen zu betonen, wie wichtig ich es finde, dass die Wut und der Frust und der Ärger Raum und Anerkennung finden, denn die sind nicht ohne Grund da. Ich finde es auch völlig legitim, alle dazu aufzurufen, Missstände zu verändern und Verantwortung zu übernehmen, nicht nur zu reden, sondern auch zu handeln. Handeln jedoch beginnt im ganz Kleinen, bei mir selbst, in meinem eigenen Leben. Wie will ich große politische Veränderungen herbeiführen, wenn ich nicht bei mir selbst beginne?

Die Gefahr, die ich auf beiden Seiten sehe, besteht darin, es sich in einer Opferhaltung bequem zu machen und mit dem Finger generell beschuldigend und urteilend auf die andere Seite zu zeigen. Das ist bequem. Die anderen müssen etwas ändern und aktiv werden. Ich muss selbst keine Verantwortung übernehmen. Indem ich in diese Opferhaltung gehe, mache ich genau das, was ich meinen „Gegnern" vorwerfe und bekämpfe. Ich stehle mich heraus aus jedweder Selbstverantwortung und projiziere meine ganze Wut kollektiv auf das andere Geschlecht, schlage blind ein auch auf die Männer bzw. Frauen, die gerade einen großen Schritt auf mich zu tun, schlage weitere Wunden und trage dazu bei, dass der Krieg weiter geht, statt dazu, dass sich etwas verändern kann. Meine Botschaft an dieser Stelle ist: Ich achte eure Wut! Und ich fordere euch auf, Verantwortung für eure Wut zu übernehmen. Das heißt, sie zu fühlen und intelligent einzusetzen – anstatt sie blind zu projizieren und auszuagieren gegen genau jene, die euch offen entgegentreten – um herauszufinden, wie wir gemeinsam eine andere Welt schaffen können als die, die uns all diese Wunden geschlagen hat.

Arne Hoffmann: Sie sagten zur Produktion Ihres Videos: „Es war ein intensiver und für uns Frauen selbst heilender Prozess." Inwiefern war er auch für diese Frauen heilsam?

Hanna Milling: Obgleich alle Frauen, die am Filmprojekt beteiligt waren, aus tiefstem Herzen überzeugt waren von dem Projekt und vereint in dem Wunsch, für die eigenen Schatten Verantwortung zu übernehmen, die Wunden der Männer anzuerkennen und die Schönheit natürlicher Männlichkeit zu würdigen, war es überhaupt nicht leicht, dies tatsächlich zu tun und damit vor die Kamera zu treten. Den eigenen Anteil eingestehen? Trotz all der eigenen Wunden? Sich so verletzlich machen? Es gab Momente des Zögerns und Zweifelns, ob wir wirklich bereit dafür waren. Es war wichtig für uns, unsere eigenen Wunden und auch unsere eigene Wut zu würdigen, bevor wir aus vollem Herzen in die Verantwortung für unseren Anteil gehen konnten. Dass uns das richtig Mut und Kraft gekostet hat, zeigte sich daran, wie erschöpft und müde wir alle waren. Einige hatten auch verschiedene körperliche Symptome wie Kopf- oder Bauchschmerzen und hatten Sorge krank zu werden. Unruhiger Schlaf und Alpträume waren auch dabei. „Hui – das ist nicht ohne!" – mussten wir uns eingestehen.

Aber dann geschah das Zauberhafte: Im Prozess stellte sich immer mehr ein Gefühl von Leichtigkeit und von Kraft ein, Freude Frau zu sein, Freude Männer zu lieben. Ich erhielt im Anschluss viele begeisterte Rückmeldungen der teilnehmenden Frauen, wie „Am Abend dachte ich, krank zu werden und am Morgen wachte ich so leicht und frisch auf wie noch nie, blickte in den Spiegel und hatte zum ersten Mal wirklich das Gefühl, mich selbst zu lieben", oder „Ich fühle mich mehr verbunden mit meiner eigenen Kraft denn je zuvor", oder „Ich ging durch die Straßen und sah die Männer an und sah plötzlich ihre Schönheit. Indem ich das zuließ, fühlte ich zum ersten Mal meine eigene Schönheit". Andere berichteten, dass das Filmprojekt sie dazu veranlasst habe, sich bei einigen Männern aus ihrem Leben persönlich zu entschuldigen und dass sie sich dadurch immer leichter und immer mehr verbunden mit ihrer eigenen Kraft und Würde fühlten.

Wir denken so häufig, „erst einmal muss ich mich um meine eigenen Wunden und um meine Heilung kümmern, bevor ich in die Verantwortung für meinen Anteil gehen kann". Wir haben erlebt, wie sehr dieser Schritt zur eigenen Heilung gehört. Ich bin überzeugt davon, dass es unmöglich ist, in die Selbstliebe und eigene Kraft zu finden, ohne den Schritt zu gehen, seinen eigenen Schatten anzunehmen, zu integrieren und Verantwortung für sie zu übernehmen. Das durften wir im Prozess des Filmprojektes erleben.

Arne Hoffmann: Gab es eigentlich von weiblicher Seite auch Kritik Ihres Videos?

Hanna Milling: Aber ja.
Manche Frauen haben die Botschaft des Filmes gehört als „Es ist alles unsere Schuld. Selbst wenn Frauen vergewaltigt werden, sind wir noch selbst schuld!".
Ich verstehe, dass man das so deuten kann, insbesondere wenn man selbst tiefe Wunden durch Missbrauch trägt und womöglich dann noch gehört hat, dass man selbst Schuld daran sei. Das sind unendlich tiefe Schmerzen, denn das ist doppelter Missbrauch. Und ich finde es mehr als verständlich, dass da ganz schnell alle Alarmglocken angehen. Wenn wir das tatsächlich im Film sagen würden, wäre ein empörtes „Nein!" auch meiner Meinung nach die

einzig stimmige Reaktion. Das allerdings sagen wir ganz und gar nicht. Das Ding ist, dass es in dem Film überhaupt nicht um Schuld geht, sondern um Verantwortung. Wenn ich aus den so tief konditionierten Denkschablonen von Entweder-Oder heraustrete, wenn ich aus der Opferhaltung heraustrete und Verantwortung übernehme, dann kann ich gleichzeitig ein klares „NEIN!" zu jedwedem Missbrauch, zu jedwedem übergriffigen oder auch nur respektlosen Verhalten sagen UND Verantwortung für mein Verhalten übernehmen und aus tiefstem Herzen sagen: „Auch ich habe mich aus Unbewusstheit und Konditionierung vielfach nicht toll verhalten. Ja, ich habe vielfach übergriffiges Verhalten von Männern mir gegenüber erleben müssen und das ist nicht okay. Punkt. Und: Ja, ich habe auch vielfach die Kraft der Verführung genutzt, um mich gut zu fühlen, ich habe oft nicht für meine Grenzen gesorgt und dann meine ganze Wut darüber auf alle Männer projiziert, beziehungsweise sie Männer spüren lassen, die vollkommen unschuldig waren. Und das tut mir aus tiefstem Herzen leid." Ich glaube, es ist unendlich wichtig, dass wir lernen, die Kategorie von „Schuld" ganz grundsätzlich durch Verantwortung zu ersetzen.

Eine weitere Kritik ist, dass der Film einseitig sei. Dazu kann ich nur sagen: Ja, stimmt! Es ist nur eine Seite und überhaupt nur eine Facette im großen Bild. Es gibt hier keinerlei Anspruch auf Vollständigkeit. Da müsste es einen ebenso lagen Teil geben, der von unseren weiblichen Wunden und unserer Wut handelt, von unserer Empörung und von notwendigen Grenzen. Dank #MeToo wird diese Seite zunehmend sichtbar.

Auch bräuchte es einen Film von Seiten der Männer, die ihrerseits auch Verantwortung übernehmen. Zum Teil gibt es das schon. Es wäre wunderschön, wenn es noch viel mehr werden würde. Das Anliegen dieses Filmes war es schlicht, eine – bislang einfach fast überhaupt nicht vorkommende – Perspektive und Facette des Ganzen aufzuzeigen und zu benennen. Das Anliegen war, Verantwortung für unseren Teil zu übernehmen und die Wunden der Männer ebenso wie die Schönheit natürlicher Männlichkeit zu würdigen. Es ist ein Beitrag im großen Feld unserer krankenden Geschlechterbeziehung, getragen von der Sehnsucht nach Heilung. Möge er andere Menschen anregen, ihren Beitrag hinzuzufügen.

Schließlich sagen einige Frauen, der Schritt, den der Film geht, sei zu früh, weil wir uns erst einmal um unsere Wunden kümmern müssen.

Und ich lande abermals bei meinem JA, UND! Natürlich ist es unendlich wichtig, unsere Wunden und unsere Wut zu würdigen. Aber Verantwortung für den eigenen Schatten zu übernehmen ist meiner Meinung nach Teil des Heilens. Es ist notwendig, um überhaupt in die eigene Kraft zu kommen. Wenn wir Frauen sagen: Bis nicht alle meine Wunden geheilt sind, werde ich keine Verantwortung für mein Verhalten übernehmen und habe das gute Recht, meine ganze Wut blind auf alle Männer zu projizieren, die vor mir auftauchen, dann wird uns das nicht weiterhelfen. Weder hilft uns das bei unserer eigenen Heilung, noch hilft das, die Welt zu verändern.

Arne Hoffmann: Zuletzt: Wenn ich schon mal die Gelegenheit habe, eine Expertin für Kommunikation und Konfliktmanagement zu befragen, dann natürlich auch zum Kernthema dieses Sammelbandes: den Konflikt zwischen der feministischen und der maskulistischen Bewegung und ob man ihn überwinden kann.

Ich verdichte einmal die Entwicklung der letzten Jahrzehnte in wenigen Sätzen: Maskulisten (Männerrechtler/innen) hinterfragen den feministischen Mainstream mit dem Argument, dass dabei mehrere Aspekte, insbesondere männliche Opfer, nicht berücksichtigt werden. Offenbar nehmen viele Feministinnen, insbesondere in diskursiven und institutionellen Machtpositionen, diese Sichtweise als übergriffig wahr und werfen Maskulisten deshalb vor, antifeministisch, frauenfeindlich, reaktionär und „rechts" zu sein und verweigern jedes Gespräch. Einige Männerrechtler sind nach mehreren Jahren Ignoriert- oder Verunglimpft-Werden so gereizt, dass sie immer drängender werden. Manche argumentieren, dass der Feminismus seine Erfolge auch nicht mit freundlichen Gesprächen erreicht habe. Durch solche „Aggressionen" sehen sich Feministinnen in ihrer Gesprächsverweigerung bestätigt.

Welches Vorgehen halten Sie in dieser Situation für sinnvoll?

Hanna Milling: Diese Frage zu beantworten ist nicht einfach. Ob es gelingen wird, diesen so sehr verhärteten Konflikt zu überwinden?

Ich weiß es nicht. Aber ich hoffe es und gebe den Traum nicht auf. Was würde es brauchen, damit Befriedung und Heilung möglich werden?

In einem ersten Schritt würde ich beide Seiten aufrufen wollen, sich darauf zu besinnen, WOHIN sie eigentlich kommen wollen, was denn wirklich ihre Ziele sind. Einmal auftauchen aus der Kurzsichtigkeit des Kampfes und sich ehrlich fragen: Was ist eigentlich die Sehnsucht und was die Hoffnung?

Vollkommen geschlechts- und genderunabhängig ist es einer jedweden Konflikteskalationsdynamik leider eingeschrieben, dass der Fokus und die ganze Energie immer mehr dahin entgleitet, GEGEN die andere Seite zu kämpfen und zu beweisen, dass man im Recht ist und die andere Seite falsch liegt beziehungsweise schuld ist. Das kann so sehr Besitz von uns ergreifen, dass wir vollkommen aus dem Fokus verlieren, wozu wir ursprünglich einmal losgezogen sind, um was es uns eigentlich ging, wohin wir kommen wollen und vor allem, ob unser gegenwärtiges Verhalten uns dabei hilft, in diese Richtung zu kommen. Die ehrliche Antwort auf die Frage „Was müsstest du tun, damit die Situation noch schlimmer wird, als sie es schon ist?" ist dann leider allzu oft: so weiter machen wie bisher. Wir haben nicht mehr einen Konflikt. Der Konflikt hat uns. Wollen wir das wirklich? Ist es unser Traum, in einer Welt zu leben, wo Männer und Frauen sich hassen, bekämpfen und jeweils in einer Rüstung aus Stahl herumrennen, ihre Herzen in Käfigen weggesperrt?

Gehen wir einmal davon aus, dass die Antwort darauf „nein" ist, dann ist die zu erwartende nächste Reaktion ein „Aber": „Nein, aber solange die andere Seite sich nicht bewegt und dies und jenes tut beziehungsweise nicht mehr tut, wird sich gar nichts verändern". Das sagen leider beide Seiten, und das ist das Grundrezept für Stillstand oder Abwärtsspirale. Denn: Wenn man wirkliche Veränderung will, kann man IMMER nur bei sich selbst anfangen.

Was heißt das?

1. Sich den eigenen Wunden und der eigenen Wut zuwenden: Die wollen gefühlt und gewürdigt werden. Sie sind nicht ohne Grund da! Kein Mensch rennt in einer Rüstung durch die Welt, der nicht im Herzen tiefe Erschütterung trägt. Wenn wir uns unserem

Schmerz und unserer Wut nicht bewusst zuwenden, können wir zum einen niemals heilen und frei werden, und agieren sie zum anderen aus unseren Schatten heraus aus, projizieren sie auf alle Männer beziehungsweise alle Frauen und werden selbst zum Täter, während wir uns als Opfer fühlen.

2. Verantwortung für die eigenen Schatten übernehmen. Den Mut aufbringen, den eigenen Anteil anzuerkennen UNABHÄNGIG DAVON, was die andere Seite macht. Das ist der einzige Weg der Selbstermächtigung heraus aus einer Opferidentität, die uns und unsere Herzen gefangen hält. Ohne diesen Schritt kann ich niemals heilen.

3. Wirklich Verantwortung für die eigenen Grenzen übernehmen und für sie sorgen. Dann erst können wir die Augen für die andere Seite öffnen und zuhören.

Ein Feind ist ein Mensch, dessen Geschichte wir noch nicht gehört haben.

Das wäre dann der nächste Schritt: sich gegenseitig wirklich zuhören. Und sich wirklich zeigen. Das noch so wenig verstandene Paradox ist: In unsere Kraft kommen wir erst, wenn wir uns verletzlich zeigen. Und erst wenn wir den Mut haben, uns verletzlich zu zeigen, dürfen unsere Herzen aus den Käfigen.

Wie kommen wir dahin, dass immer mehr Menschen diesen Mut aufbringen?

Ich denke zum einen, indem öffentliches Bewusstsein geschaffen wird. Ihr Buch wird ein Beitrag sein. Der Film ist ein Beitrag. Mögen viele weitere folgen.

Und zum anderen auf ganz persönlicher Ebene. Denn das Kollektiv manifestiert sich in jedem einzelnen Individuum und jeder individuelle Schritt fließt auch ins Kollektiv. Eine jede Paarbeziehung ist ein mikrokosmischer Ausdruck des kollektiven Geschlechterverhältnisses und so trägt jedes Paar, das sich auf den Weg macht, bewusst zu werden, zur kollektiven Heilung bei. Deshalb halte ich Räume, in denen Paare lernen können bewusster zu lieben und ihre Wunden und Sexualität zu heilen, für sehr wichtig. Ich glaube außerdem, dass Männerarbeit und Frauenarbeit in Form von Gruppen, Seminaren, Retreats immer wichtiger werden, wenn wir den Geschlechterkampf überwinden wollen. Es braucht Räume, wo wir uns unseren Wunden und unserer Wut zuwenden können. Dabei wiederum scheint mir extrem wichtig, dass wir uns in dieser Arbeit nicht nur gegenseitig als Männer unter Männern und als Frauen unter Frauen bestärken und erzählen wie toll und richtig wir sind, sondern auch, dass wir dort den Mut aufbringen unsere Schatten anzuschauen und in die Verantwortung zu gehen. Dann kommen wir wirklich in die Kraft und können uns von dort aus wieder begegnen.

Der Tanz zwischen den Geschlechtern kann so wunderbar sein! Was, wenn wir lernten, den wieder zu feiern und zu genießen? Das jedenfalls ist ein Ziel unserer Arbeit.

Frankfurter Allgemeine & Co: Denunziation statt Aufklärung

Arne Hoffmann

> *„Männliche Opfer sind nicht deshalb so ein diskursives Minenfeld, weil weibliche Opfer durch sie weniger beachtet werden könnten, sondern weil sie das Konzept Mann bedrohen."*[339]
> Mithu Sanyal, feministische Kulturwissenschaftlerin

> *„Die Wirklichkeitspartikel, die Medien aus der realen Welt aufnehmen, werden von ihnen intensiv bearbeitet und was dann dabei herauskommt, ist eine Neuinszenierung der Welt und hat mit der Realität oft nicht sehr viel zu tun."*[340]
> Thomas Meyer, Politikwissenschaftler

> *„Wer ein Problem aufdeckt, wird selbst zum Problem erklärt."*[341]
> Sara Ahmed, feministische Kulturwissenschaftlerin

In seinem Buch „Manufacturing Consent" (wörtlich übersetzt soviel wie: „Konsens herstellen", gemeint ist die Herstellung einheitlicher Meinungen durch manipulative Medien) zweifelt Noam Chomsky, einer der weltweit bekanntesten linken Intellektuellen, die Selbstdarstellung der Massenmedien an, sie würden die Allgemeinheit mit allen notwendigen Informationen versorgen, die für verantwortungsvolle Entscheidungen wichtig sind.[342] Stattdessen, argumentiert Chomsky, erfüllen die Massenmedien unter anderem durch die Auswahl und

---

339 Vgl. Sanyal, Mithu: Vergewaltigung. Edition Nautilus 2016, S. 132-133.
340 Vgl. Klöckner, Marcus im Gespräch mit Thomas Meyer: „Die große Meinungsvielfalt in der deutschen Presse ist Geschichte". Online seit dem 2.6.2015 unter https://www.heise.de/tp/features/Die-grosse-Meinungsvielfalt-in-der-deutschen-Presse-ist-Geschichte-3373110.html.
341 Vgl. Ahmed, Sara: The problem of perception. Online seit dem 17.2.2014 unter https://feministkilljoys.com/2014/02/17/the-problem-of-perception.
342 Vgl. Chomsky, Noam und Herman, Edward: Manufacturing Consent. Pantheon 2002, S. 290.

Rahmung der präsentierten Themen, durch den Tonfall, die Einhegung von Debatten, verinnerlichte Annahmen und Selbstzensur eine Propagandafunktion, die dem Beibehalten des Status quo diene.[343]

Inzwischen genießt Chomskys Auffassung große Beliebtheit. So heißt es in der Berliner „tageszeitung" vom 9. September 2018:

> *„Die Frage ‚Wie viel Vertrauen haben Sie in die Medien?' beantworten 52 Prozent der Deutschen mit wenig oder gar keins. 52. Das ist eine große Zahl. 52 Prozent ist die Mehrheit."*[344]

Ähnlich hohe Zahlen werden schon seit einiger Zeit ermittelt. So gehen einer Allensbach-Umfrage des Jahres 2015 zufolge 39 Prozent der Deutschen davon aus, dass Medien nicht objektiv berichten, sondern Sachverhalte verdrehen und wesentliche Informationen verheimlichen.[345] Einer anderen Untersuchung zufolge hält jeder vierte Befragte die Medien für ein „Sprachrohr der Mächtigen" und wirft ihnen vor, „den Menschen vorzuschreiben, wie diese zu denken hätten".[346] Dabei haben sich Vertrauensverlust, Enttäuschung und Skepsis gegenüber den Leitmedien vom Rand in die Mitte der Gesellschaft, zu den Gebildeten und politisch Interessierten, „vorgefressen", wie der *Spiegel* diese wachsende Emanzipation der Leser abwertend bezeichnet. Es muss Medienmacher zumindest nachdenklich stimmen, wenn in einer repräsentativen Studie der Uni Mainz mehr als ein Drittel der Befragten findet „Themen, die mir wichtig sind, werden von den Medien gar nicht ernst genommen." und 27 Prozent der Aussage zustimmen: „Die Medien haben den Kontakt zu Menschen wie mir verloren."[347]

---

343 Vgl. Chomsky, Noam und Herman, Edward: Manufacturing Consent. Pantheon 2002, S. 306.

344 Vgl. Spelsberg, Sophie: Gefangen in der Blase. In: tageszeitung vom 9.9.2018, online unter http://www.taz.de/!5534014.

345 Vgl. Schaeffer, Ute: Fake statt Fakt. Dtv 2018, S. 92.

346 Vgl. Jackob, Nikolaus et al.: Vertrauenskrise in den Medien untersucht. Online unter https://de.ejo-online.eu/qualitaet-ethik/17587. Zitiert nach Stephan Russ-Mohl: Die informierte Gesellschaft und ihre Feinde, Herbert von Halem 2017, S. 28.

347 Vgl. Hülsen, Isabell: „...dass ich ständig belehrt werde, was ich zu denken habe". In: Spiegel vom 24.2.2018, online seit dem 25.2.2018 unter http://www.spiegel.de/spiegel/journalismuskrise-warum-viele-leser-den-medien-misstrauen-a-1195175.html sowie Thirnes, Mario: Die Gesellschaft driftet auseinander. In: Wiesbadener Tagblatt vom 7.3.2019, S. 3.

Wie schon Chomsky ausführte, findet die massenmediale Manipulation auch dadurch statt, dass zwischen „würdigen" und „unwürdigen" Opfern unterschieden wird. Über die einen gibt es Berichterstattung, über die anderen nicht. In meinem Buch „Plädoyer für eine linke Männerpolitik" spreche ich über Opfer, die in unseren Leitmedien auf sexistische Weise ausgeblendet werden. Beispielsweise gab es eine große Medienkampagne unter dem Slogan #bringbackourgirls, nachdem die islamistische Terrorgruppe Boko Haram in Nigeria Schulmädchen entführte. Dass Boko Haram schon vorher massenweise Jungen ermordete, wurde in der Berichterstattung fast durchgehend übergangen. Man könne schließlich nicht über *alle* Verbrechen dieser Gruppe berichten, erwiderte das „Heute Journal" (ZDF) auf die Frage, warum über entführte Mädchen berichtet wurde, über ermordete Jungen jedoch nicht.[348] Auch über Jungen und Männer als Opfer von „sex trafficking", also Menschenhandel im Zusammenhang mit Zwangsprostitution, sowie über zahllose vergewaltigte Männer bei kriegerischen Auseinandersetzungen findet kaum Berichterstattung statt. Die Öffentlichkeit sei noch nicht soweit, sich damit zu beschäftigen, beklagen Menschenrechtsaktivisten, die in diesem Bereich tätig sind.[349] „Die Öffentlichkeit" heißt aber eigentlich die Leitmedien, für die solche Greuel kaum eine Zeile wert ist.

Die effektivste Möglichkeit für Journalisten der Leitmedien, männliche Opfer und die Aktivisten, die sich für diese Opfer einsetzen (also Maskulisten), als „unwürdig" zu markieren, besteht darin, entweder gar nicht über sie zu berichten oder nur in einer abfälligen und herabsetzenden Weise. Auch wenn ausnahmsweise ausführlich über Männerrechtler berichtet wird, geschieht das oft mit der Hilfe diskursiver Strategien, die diese Aktivisten und ihre Anliegen als „unwürdig" etikettieren. Um zu analysieren welche Strategien hierbei zur Anwendung

---

348 Vgl. einen entspreechenden Tweet des Heute Journals vom 30.10.2014 unter https://twitter.com/heutejournal/status/527923339156021248.

349 Vgl. zu „Die Öffentlichkeit ist noch nicht soweit" beim Thema Menschenhandel von Jungen als Sexsklaven beispielsweise Gummow, Jodie: Demystifying the Commercial Sexual Exploitation of Boys – Our Forgotten Victims. Online veröffentlicht am 18.10.2013 unter http://www.alternet.org/gender/demystifying-commercial-sexual-exploitation-boys-our-forgotten-victims. Vgl. zu männlichen Opfern von Vergewaltigungen in militärischen Konflikten Hoffmann, Arne: Plädoyer für eine linke Männerpolitik, CreateSpace 2014, S. 205-214.

kommen, halte ich einen Artikel für gewinnbringend, in dem ein Mitarbeiter der Frankfurter Allgemeinen Sonntagszeitung, Sebastian Eder, mich und mein Werk einer breiten Öffentlichkeit vorstellte. Wiewohl es in der Medienwissenschaft unüblich ist, Vorgänge zu analysieren, in die man selbst eingebunden ist, bietet dieser Ansatz auch Vorteile wie beispielsweise eine tiefgehende Kenntnis der Hintergründe des analysierten Vorfalls.

Bei dieser Analyse halte ich die folgenden Fragen für besonders interessant:

1. Welche diskursiven Methoden werden verwendet, um das Sprechen über männliche Opfer zu delegitimieren?

2. In der Medienkritik wird inzwischen häufig von sogenannten „Fake News" gesprochen. Eine solche Fake News „kann völlig erfunden sein oder durch Auslassungen und Verkürzungen einen falschen Eindruck erwecken".[350] Zu ihren Varianten gehören beispielsweise „irreführende Inhalte, um ein Thema oder eine Person in Misskredit zu bringen" und ein „falscher Kontext: zutreffende Information wird verfälscht, indem sie in einen falschen Kontext gestellt wird".[351] Die journalistische Sorgfaltspflicht hingegen stellt eine „presserechtlich festgehaltene und ethisch wichtige Anforderung an die Presse". Sie bedeutet, dass Nachrichten „nicht sinnverzerrt oder verfälscht dargestellt werden dürfen".[352] Hält sich der untersuchte Artikel der Frankfurter Allgemeinen an diese Sorgfaltspflicht oder erfüllt er eher die Kriterien von „Fake News"?

3. In der Soziologie spricht man von einem sogenannten „Othering", also einer Strategie, mit der man andere Menschen als „andersartig" und „fremd" kennzeichnet, sich dadurch von ihnen distanziert und den Aufbau von Empathie für diese Menschen unterbindet. Dabei werden diese Menschen auf ein zweidimensionales Klischee reduziert, mit dem man keine Beziehung mehr eingehen kann. Diese Stigmatisierung dient dazu, gesellschaftliche Minder-

---

350 Vgl. Stephan Russ-Mohl: Die informierte Gesellschaft und ihre Feinde, Herbert von Halem 2017, S. 26.

351 Vgl. Stephan Russ-Mohl: Die informierte Gesellschaft und ihre Feinde, Herbert von Halem 2017, S. 25.

352 Vgl. https://www.journalistenkolleg.de/lexikon-journalismus/sorgfaltspflicht.

heiten auszugrenzen und die eigene Normalität zu bestätigen.[353] Inwiefern wird dieses „Othering" hier gegen Männer-Aktivisten eingesetzt?

4. Wie die feministische Kulturwissenschaftlerin Mithu Sanyal erläutert, wird das Sprechen über männliche Opfer vermieden oder abgewehrt, weil es das Konzept Mann bedroht. Inwiefern zeigt sich das in dem analysierten Artikel?

5. Und schließlich ist für dieses Buch vor allem eine Frage zentral: Inwiefern unterbinden oder erschweren diese Strategien eine Zusammenarbeit zwischen Aktivisten für weibliche und Aktivisten für männliche Opfer? Inwieweit sind solche Artikel dazu geeignet, Vorurteile gegen bestimmte Aktivisten zu schüren und Bruchlinien in unserer Gesellschaft zu vertiefen?

Das Interview

Ich traf mich am 9. August 2017 vor dem Wiesbadener Bistro „Mathilda" mit Sebastian Eder, einem Journalisten der Frankfurter Allgemeinen, zu einem Interview über mich und meine politischen Anliegen als Männerrechtler. Über Sebastian Eder war mir kaum etwas anderes bekannt als dass er bisher über Extremsportarten berichtete, also ein Feld, wo Männer mit enormem Körpereinsatz ihre Männlichkeit unter Beweis stellen.[354]

In diesem Interview betonte ich den Wunsch von uns Männerrechtlern, mit männerfreundlichen Feministinnen zusammenzuarbeiten, wie es in den USA bereits geschieht. Ich erläuterte auch unsere Auffassung, in einer „bisexistischen Gesellschaft" zu leben, also einer Gesellschaft, in der beide Geschlechter Nachteile erleiden. Für Männer fehle es aber an einer ebenso engagierten Geschlechterpolitik, wie es sie für Frauen seit Jahrzehnten gibt. Ich erklärte, dass ich eine „Unterdrückungsolympiade" ablehne, also einen bizarren Wettbewerb darum, welches Geschlecht am benachteiligsten ist. (Dies gilt unbe-

---

353 Siehe beispielsweise http://www.kulturglossar.de/html/o-begriffe.html sowie Greene, Richard: The United States of Gilead. In: Robison-Greene, Rachel: The Handmaid's Tale and Philosophy. Open Court 2019, S. 47.

354 Vgl. http://www.faz.net/redaktion/sebastian-eder-14876577.html.

nommen der aktuellsten Forschungserkenntnisse, denen zufolge in fast allen europäischen Staaten Männer stärker benachteiligt werden als Frauen.[355]) Darüber hinaus erwähnte ich, dass sich meine Freunde regelmäßig darüber amüsieren, wenn ich irgendwo als „rechts" verleumdet werde, da sie mich vor allem dadurch kennen, dass ich etwa AfD-Anhängern sowohl im realen Leben als auch online kontinuierlich entschieden kontra gebe.

Eder wirkte in diesem Gespräch leutselig und interessiert; wir unterhielten uns danach darüber, wo man dieses Interview veröffentlichen könnte, um möglichst viele Leser über meine männerpolitischen Anliegen zu informieren. Ich schenkte Eder ein Exemplar meines Buches „Plädoyer für eine linke Männerpolitik", damit er sich ein fundierteres Bild über diese Anliegen machen konnte. Da aus Eders Artikel hervorgeht, dass er dieses Buch gelesen hat und da die Inhalte dieses Buches belegbar sind, werde ich mich bei meiner weiteren Analyse vor allem darauf beziehen.

Die ersten leisen Alarmsignale gab es für mich erst in meinem Mailwechsel mit Eder nach dem Interview. Sie bestanden vor allem in zwei Dingen:

1.) Ich bat Sebastian Eder darum, angebliche Äußerungen von mir, die er in seinem Artikel veröffentlichen wollte, vor der Veröffentlichung lesen und bestätigen zu dürfen, um zu vermeiden, dass es zu Missverständnissen oder gar Unterstellungen von Dingen kam, die ich nicht gesagt hatte. Entsprechende Bitten werden mir etwa von der „Welt" oder dem „Deutschlandradio" anstandslos gewährt. Sebastian Eder teilte mir indes mit, so etwas werde bei der Frankfur-

---

355 Vgl. Stoet, Gijsbert und Geary, David: A simplified approach to measuring national gender inequality, online seit dem 3.1.2019 unter https://journals.plos.org/plosone/article?id=10.1371/journal.pone.0205349; Pinkstone, Joe: Men 'face MORE discrimination than women': Global study claims males receive the raw end of the deal with harsher punishments for the same crime, compulsory military service and more deaths at work. In: Daily Mail vom 7.1.2019, online unter https://www.dailymail.co.uk/sciencetech/article-6564767/Men-face-discrimination-women.html sowie Hamill, Jasper: Men are more disadvantaged than women in the UK, US and most of Europe, scientists claim. In: Metro vom 4.1.2019, online unter https://metro.co.uk/2019/01/04/men-disadvantaged-women-uk-us-europe-scientists-claim-8309361.

ter Allgemeinen (mit der Ausnahme von „Wortlautinterviews")
nicht gemacht.[356]

2.) Was ein Foto von mir anging, wünschte sich Sebastian Eder die
Anfertigung einer Aufnahme, die mich hinter dem Computer zeigte.[357] Derartige Bitten nach einer bestimmten Inszenierung kenne
ich sonst nicht, wenn von mir Fotos für andere Artikel etwa des
„Focus" oder der Rhein-Main-Presse gemacht wurden. Ich hatte inzwischen den Verdacht, dass ich auf eine bestimmte Weise präsentiert werden sollte, und lehnte Eders Wunsch nach einem solchen
Foto ab.

In einer weiteren Mail bat mich Eder darum, Kontakt zu meinen
Freunden herzustellen, nachdem diese sich so sehr darüber amüsier-
ten, wie grotesk ich von einigen Ideologen als rechtslastiges Feindbild
dargestellt werde und wie wenig das mit meinem tatsächlichen Verhalten zu tun hat.[358] Ich sah dankbar endlich die Gelegenheit für eine
Korrektur solcher Darstellungen, fragte meine Freunde also, wer zu
einem Interview bereit wäre, und fand mehrere Interessenten. Eine der
Frauen, die mein Engagement für Männer unterstützen, war allerdings
skeptisch: „Bist du dir sicher dass sie dir nicht einen Strick daraus drehen, dass du überhaupt AfD-Anhänger kennst und mit ihnen
sprichst?" Das Bewusstsein dafür, wie manche Journalisten arbeiten,
ist in der Bevölkerung offenkundig vorhanden.

Sebastian Eders Artikel in der Frankfurter Allgemeinen Sonntagszeitung

Die folgenden Absätze werden meine Kommunikation mit Eder dem
gegenüberstellen, was er daraus für die Frankfurter Allgemeine machte.[359] Gleichzeitig werden sie in Richtung einer Diskursanalyse gehen,

---

356 Vgl. Mail Sebastian Eders vom 9.8.2017.
357 Vgl. Mail Sebastian Eders vom 16.8.2017.
358 Vgl. Mail Sebastian Eders vom 9.8.2017.
359 Der fragliche Artikel steht online unter http://www.faz.net/aktuell/gesellschaft/
menschen/unterdrueckung-des-mannes-maennerrechtler-arne-hoffmann-15169
697.html.

indem sie untersuchen, welche rhetorischen Strategien dabei eingesetzt wurden.[360]

Bereits auf den ersten Seiten meines Buches lege ich meine Auffassung dar, dass wir in einer „bisexistischen Gesellschaft" leben, in der Benachteiligungen von Frauen und Benachteiligungen von Männern häufig miteinander verknüpft sind. Ich verweise auf das Konzept der feministischen Theologin Elisabeth Schüssler Fiorenza, der zufolge eine Person in einem Kontext unterdrückt und in einem anderen privilegiert sein kann. Ich stelle Maskulismus als eine Weltsicht vor, der zufolge „Benachteiligungen, soziale Problemlagen und Menschenrechtsverletzungen in Bezug auf *alle* Menschen einschließlich der Männer" erforscht und beseitigt werden sollten. Ich verweise auf die Equity-Feministinnen als geeignete Bündnispartner. Und ich stelle das Konzept des „integralen Antisexismus" als „Bekämpfung von Sexismus gegen beide Geschlechter" vor.[361] Im späteren Verlauf des Buches zitiere ich Warren Farrell zustimmend mit seinem Statement, er betrachte sich als Frauenrechtler und Männerrechtler zugleich, lehne aber beide Bewegungen ab, „wenn eine sagt, unser Geschlecht ist das unterdrückte Geschlecht".[362]

Im dem Artikel vorangestellten und in der Online-Version fettgedruckten Teaser des Artikels heißt es daraufhin:

> *„Arne Hoffmann kämpft seit 20 Jahren gegen die Unterdrückung der Männer in Deutschland."*

Während das inhaltlich dem entgegengesetzt ist, was Sebastian Eder über meine Positionen erfahren hat, erfüllt dieser Teaser eine rhetorische Funktion: Die meisten Manager und Politiker sind in unserer Gesellschaft männlich (auch wenn sie sich diese Positionen erarbeitet und nicht durch einen patriarchalen Geheimbund verliehen bekommen haben). Insofern wirkt jemand, der „gegen die Unterdrückung der Männer in Deutschland" kämpft – und das auch noch „seit 20 Jahren" – mindestens wie ein skurriler Fanatiker und Phantast. Die Wahrnehmung der Leser wird so von Anfang an gesteuert.

---

360 Vgl. als Standardwerk zur Diskursanalyse Keller, Reiner: Diskursforschung: Eine Einführung für SozialwissenschaftlerInnen. Verlag für Sozialwissenschaften 2011. Wegweisend sind auch die Veröffentlichungen des Duisburger Instituts für Sprach- und Sozialforschung.

361 Hoffmann, Arne: Plädoyer für eine linke Männerpolitik, CreateSpace 2014, S. 12.

362 Hoffmann, Arne: Plädoyer für eine linke Männerpolitik, CreateSpace 2014, S. 274.

Verstärkt wird diese Suggestion durch den darauf folgenden Satz „Zuhören will ihm kaum jemand", was erneut die Suggestion des verschrobenen Einzelkämpfers verstärkt. Tatsächlich werden meine Argumente von zehntausenden von Lesern wahrgenommen – allerdings nur sehr begrenzt von den Leitmedien und den politisch führenden Parteien. Durch die Formulierung „kaum jemand" macht die Frankfurter Allgemeine ungewollt deutlich, dass als „jemand" für sie nur ein mediales Establishment zählt, der Normalbürger nicht.

Die eigentliche Eröffnung des Artikels stützt die bisherige Rhetorik. In diesem ersten Absatz geht es um eine Plauderei über die letzten Folgen der TV-Serie „Game of Thrones", über die Sebastian Eder und ich uns nach dem Interview unterhielten. Die Frage liegt nahe, warum ein interviewbasierter Artikel mit etwas eröffnet, das gar nicht zum Interview gehörte und das statt geschlechterpolitischen Anliegen das Schicksal des fiktiven Drachens Drogo behandelt. Der einzige Sinn dieses Absatzes an einer so hervorgehobenen Position wie dem Artikelbeginn kann in seiner rhetorischen Implikation liegen, etwa in dem Sinne von „Nerd, der in Phantasiewelten lebt".

Was dabei untergeht, ist, dass gerade „Game of Thrones" die klassischen Männerrollen brillant hinterfragt: Edle Ritter sterben zuhauf, siegreich sind stattdessen, so der Titel einer Folge, „Cripples, Bastards & Broken Things". Statt dieses Eintreten für marginalisierte Männer aufzugreifen, wird die Serie lediglich verwendet, um den Diskurs von Weltfremdheit weiter vorzubereiten.

Ironischerweise widerspricht der Artikel nun seinem eigenen Teaser und verweist darauf, dass es in Deutschland eine „betont maskulistische" Strömung gibt, deren engerer Kern allein bereits „ein Prozent der männlichen Bevölkerung" ausmache, also etwa 400.000 Menschen. Allerdings wird diese Strömung von der Frankfurter Allgemeinen unzutreffend als „radikal antifeministisch" etikettiert, und ihre Anliegen werden erneut persifliert:

„Was sind das für Männer, die das Gefühl haben, von Frauen unterdrückt zu werden?"

Der Fokus wird auch von den sozialen Anliegen dieser Bürgerbewegung darauf gelenkt, „was das für Männer sind", die sich angeblich von Frauen unterdrückt fühlen. Statt um die Sachebene geht es um eine psychologische Analyse auf persönlicher Ebene, als ob diese Männer selbst das eigentliche Problem darstellen würden. (Dass auch viele Frauen, darunter sogar Feministinnen, diese Männer unterstützen, bleibt ohnehin unerwähnt.) Hier blitzt bereits eine Kernaussage dieses Artikels auf: Ein Mann, der sich „von Frauen unterdrückt fühlt", ist kein echter Kerl, ist aus der Art geschlagen, sonderbar und muss untersucht werden.

Im folgenden Abschnitt zitiert Sebastian Eder einen meiner Freunde, Patrick Albert, zu denen ich ihm einen Kontakt vermittelt habe:

> *„Wie er ihn am Anfang erlebt hat? ‚Als sehr ruhigen Menschen. Eher so der Beobachter, niemand, der von sich aus Themen anspricht.' Aber irgendwann, an ruhigen Abenden, fing Hoffmann an, von sich zu erzählen. ‚Da hat mich dann schon manches überrascht', sagt Albert. Nie gedacht hätte er zum Beispiel, dass Hoffmann erotische Literatur schreibt."*

Das, was Patrick Albert eigentlich bezeugen wollte und auch bezeugt hatte, kommt in dem Artikel nicht vor. Der von Eder genannte Grund für das Interview mit meinen privaten Freunden erweist sich als Vorwand. Um eine Richtigstellung der über mich gestreuten Verleumdungen geht es überhaupt nicht. Stattdessen soll „erotische Literatur" als Thema eingeführt werden. Wir sind erst wenige Absätze im Artikel und schon weit vom Thema männerpolitischer Anliegen entfernt.

Einer der am höchsten bewerteten Kommentare unter der Online-Fassung des Artikels stammt von Patrick Albert selbst:

> *„Mit Arnes Thema ‚Männerrecht' habe ich eigentlich nichts zu tun – ich wollte ihm als Freund lediglich den Gefallen tun und einem Redakteur der FAZ (ehrlich und authentisch – das war Arne wichtig) Rede und Antwort stehen. Nach dem Lesen des Artikels: Diese Zeit hätte ich mir sparen können. Da erzähle ich ihm z.B., dass Arne sich wunderbar mit den Frauen im Quiz-Team versteht ... dass er nichts gegen Frauen hat, sondern lediglich für Männer gerne die gleichen Rechte hätte .... Und dann? Ich werde lediglich mit den Worten zitiert, einen Autor für Erotikliteratur hätte ich mir anders vorgestellt. Auf meine Rückfrage hin schrieb Herr Eder, er könne ja wohl selbst entscheiden, was er für relevant halte. Ja, durchaus! Relevant ist in diesem Artikel dann wohl lediglich, Arne Hoffmann negativ darzustellen. Dazu passen dann meine Aussagen aber leider nicht – sorry! Ganz unabhängig vom thematischen Inhalt: Die Art und Weise, wie dieser Artikel geschrieben wurde, ist weit unter üblichem FAZ-Niveau."*

Es ist insofern keine Überraschung, dass die Frankfurter Allgemeine beim Erwähnen meiner Sex-Ratgeber ein humoristisches Buch wie

„Onanieren für Profis" erwähnt, also gezielt einen Titel auswählt, der am ehesten stigmabesetzt ist und nach sozialer Isolation klingt – wobei bezeichnenderweise vor allem das rechte Lager negativ auf das Erwähnen von Selbstbefriedigung reagiert.[363] Tatsächlich spiegeln meine Sex-Ratgeber unter anderem den sex-positiven Feminismus[364], und Ratgeber wie „Nummer Sicher" widmen sich der Verhinderung und Aufarbeitung von sexueller Gewalt bezüglich *beider* Geschlechter – stets auf Basis der wissenschaftlichen Fachliteratur. Es handelt sich um wichtige sexualwissenschaftliche Informationen, die potentiell viel Leid verhindern können. Die Frankfurter Allgemeine reduziert dies auf eine Lachnummer.

Dementsprechend heißt es in Sebastian Eders Artikel weiter:

> *„Es wäre insgesamt recht einfach, sich über Arne Hoffmann lustig zu machen: Er ist 48, lebt aber noch mit seinem Vater in seinem Elternhaus in einem 500-Seelen-Dorf im Taunus. Er hat keine Freundin, schreibt aber Sex-Ratgeber."*

Während hier die Fakten stimmen, ist ihre Interpretation, es wäre deshalb einfach, sich über mich lustig zu machen, bemerkenswert. Männer, die weder verheiratet sind, noch in einem Singlehaushalt leben, sich also gesellschaftlichen Vorgaben, wie ein echter Kerl zu sein hat, entziehen, werden als lächerliche Figuren dargestellt. Überraschenderweise gehört sogar das Leben in einem kleinen Dorf dazu. An die Seite geschlechtsbezogener Klischees und Sanktionen gegen Menschen, die diesen Klischees nicht entsprechen, tritt hier das Vorurteil des Städters gegen „Hinterwäldler". Der Artikel gerät hier zu einer Aneinanderreihung von Ressentiments.

Entsprechend geht es weiter:

> *„Er liebt Fantasy-Geschichten und entspricht auch optisch dem Klischee eines Nerds, der sich vor allem hinter seinem Bildschirm stark fühlt"*

Die erneute Erwähnung von Fantasy wird hier durch die Abwertung „Nerd" ergänzt, einer beliebten Herabsetzung für Akademiker. Das schließt an Anti-Intellektualismus an, wie er nicht nur im politi-

---

363 Vgl. Ley, David: Is One Sexual Behavior Triggering Certain Groups? In: Psychology Today vom 27.10.2018, online unter https://www.psychologytoday.com/us/blog/women-who-stray/201810/is-one-sexual-behavior-triggering-certain-group.

364 Zu den bekanntesten Vertretern des sex-positiven Feminismus zählen Susie Bright, Carol Queen, Gayle Rubin, Nadine Strossen, Pat Califia, Ellen Willis und Wendy McElroy.

schen Schlagabtausch vorkommt (man denke etwa an Gerhard Schröders Seitenhieb gegen den „Professor aus Heidelberg"), sondern auch in der Alltagssprache („Eierkopf", „Streber"). So kehrt Sebastian Eder erneut zu seiner Abwertung von Männern zurück, die nicht dem Ideal des „echten Kerls" entsprechen, und setzt ihnen das Klischee eines schwächlichen Nerds gegenüber.

Überdies stellt sich die Frage: Wie genau sieht ein „Nerd" eigentlich aus? Er trägt eine Brille und verfügt über wenig Muskeln? Während ein Nicht-Nerd über breite Brust und muskulöse Oberarme verfügt? Der „Nerd" ist für Menschen, die sich als echte Kerle inszenieren müssen, offenbar dieselbe Witzfigur, die die „Tunte" vor 30 Jahren war. Aber sollte man von einem Sachbuch-Autor nicht Kompetenz statt körperlicher Stärke erwarten? Ist im Zeitalter der Medienarbeit und der Onlinegesellschaft Bildschirmarbeit nicht längst normal geworden? Und woher kommt die Unterstellung, dass man sich besonders „stark fühlen" müsse, wenn man auf soziale Anliegen von Männern aufmerksam macht?

Männeraktivisten geraten hier in eine bizarre Zwickmühle: Entsprechen sie dem gängigen Männerbild, werde sie als aggressive Machos und Ewig-Gestrige karikiert. Entsprechen sie diesem Klischee nicht, sondern sind sie eher introvertiert und sanftmütig, wirft man ihnen vor, nicht „männlich" genug zu sein. Statt mit Sachfragen beschäftigt sich ein Journalist, der wie Eder vorgeht, lieber mit seinen eigenen Klischees und Unsicherheiten, wie ein Mann zu sein habe.

Weiter heißt es in dem Artikel über mich:

> *„Er kämpft eben gegen die Unterdrückung der Männer, die doch immer noch fast überall in der Gesellschaft das Sagen haben."*

Hier wird zum dritten Mal aus der Frage, welche noch unbeachteten geschlechterpolitischen Anliegen Männer haben, ein Kampf gegen „die Unterdrückung der Männer" gemacht. Eder hämmert seinen Lesern seine verzerrte Darstellung meiner Positionen regelrecht ein, um mich als weltfremden Spinner darzustellen. So führt er weiter aus:

> *„In seinem aktuellen Buch versteigt er sich zum Beispiel zu der Aussage, dass ‚die heute vielleicht stärker als je zuvor grassierende Männerfeindlichkeit (...) Diskriminierungen bis hin zum Massenmord im Gefolge hat'. Das belegt er unter anderem mit dem Zitat eines russischen Soldaten, der über seine Zeit im Tschetschenien-Krieg gesagt haben soll: ‚Frauen und Kindern tue ich nichts, solange sie nicht auf mich schießen. Aber ich töte alle Männer, und es tut mir kein bisschen leid.'"*

Vor allem belege ich Männerfeindlichkeit bis hin zum Massenmord an realen Massenmorden, die ausschließlich Männer treffen, und zitiere in diesem Zusammenhang etwa die Bücher des international renommierten Experten für Genozide Professor Adam Jones.[365] Jones und andere in meinem Buch zitierte Menschenrechtsaktivisten belegen, dass etwa den Vereinten Nationen und vielen Regierungen bislang die Sensibilität für Greuel, die Jungen und Männer betreffen, fehlt. Das ist ein wichtiges menschenrechtliches Thema, das von Eder komplett übergangen wird, um stattdessen eine Seitenbemerkung über einen russischen Soldaten zu zitieren.

Im folgenden Abschnitt findet das Zitieren auf stark verzerrende Weise statt:

> „Hoffmann zitiert dann Autoren, die die ‚Männerfeindlichkeit' mit der ‚Judenfeindschaft des Christentums in früheren Jahrhunderten' vergleichen. ‚Christliche Führer hatten nie zur Ermordung der Juden aufgerufen, sie schufen aber ein Klima der Ablehnung, das für andere Menschen solche Taten möglich machte.' Ein ähnlicher Mechanismus sei am Werk, ‚wenn eine kulturelle Elite Hass oder Geringschätzung gegenüber Männern schürt'. Die Situation der Männer heute mit der Situation der Juden vor dem Holocaust zu vergleichen – ein anderes Wort als Wahnsinn fällt einem dazu kaum ein."

Mit Begriffen wie „Wahnsinn" sind wir endgültig auf der Ebene der Pathologisierung von Menschen mit abweichenden Meinungen angelangt, also in der Giftküche der schwarzen Rhetorik. Der Gymnasiallehrer und Blogger Lucas Schoppe, der mein Buch „Plädoyer für eine linke Männerpolitik" auch gelesen hat, befindet dazu in seiner Analyse von Sebastian Eders „Hit Piece", wie er diesen Rufmord zutreffend bezeichnet:

> *Wer kurz in Hoffmann Buch nachschlägt, stellt fest, dass er sich in der zitierten Passage auf die amerikanischen Religionswissenschaftler Paul Nathanson und Kathleen Young bezieht, die sich in ihrem Werk ‚Spreading Misandry' mit männerfeindlichen Klischees in der gegenwärtigen Populärkultur auseinandersetzen. Es ist offensichtlich und eigentlich überhaupt nicht misszuverstehen, dass weder Hoffmann noch Nathanson und Young die Situation von Männern in den heutigen westlichen Gesellschaften mit*

---

365 Vgl. beispielsweise Jones, Adam: Gender Inclusive. Essays on violence, men and feminist international relations. Routledge 2009, Jones, Adam (Hrsg.): Genocide. A Comprehensive Introduction, Routledge 2010 sowie Carpenter, Charli: „Innocent Women and Children". Gender, Norms and the Protection of Civilians. Ashgate 2006.

> *der von Juden im Nationalsozialismus gleichsetzen. Ihr Punkt ist ein ande-*
> *rer: Die Verbreitung böswilliger Klischees über bestimmte Gruppen von*
> *Menschen habe auch dann Folgen, wenn sie nicht direkt in Forderungen*
> *münden, Gewalt gegen diese Menschen anzuwenden. Das wiederum ist so-*
> *zialwissenschaftlich eine Selbstverständlichkeit und unter dem Begriff ‚grup-*
> *penbezogene Menschenfeindlichkeit' längst bekannt. Der für Gesellschafts-*
> *politik zuständige FAZ-Redakteur aber tut so, als würde er davon nichts*
> *wissen, und unterstellt Hoffmann sowie Nathanson/Young ‚Wahnsinn' – den*
> *er allerdings erst selbst in ihre Texte hinein fantasiert hat. Hier wie in ande-*
> *ren Passagen ist es unwahrscheinlich, dass er einfach nur nicht recht ver-*
> *standen hat, worüber er schreibt – mit hoher Wahrscheinlichkeit stellt er die*
> *Texte absichtlich falsch dar.*"[366]

Wenn Eder mich als unzurechnungsfähig darstellt, dann müsste das im Übrigen auch für das Lektorat eines der Bertelsmann-Verlage gelten, wo eben jene Passagen in einer gekürzten Fassung meines „Plädoyers" ja ebenfalls erschienen waren.[367] Es ist beruhigend, dass Eder nicht über die Macht verfügt, Menschen wie mich einfach als Irre wegzu-sperren. Aber die Macht, über die er verfügt, setzt er hemmungslos ein.

In dem Artikel heißt es weiter:

> *„Andererseits hat Hoffmann kein Problem mit Menschen, die Frauen vor allem als Beute*
> *begreifen. Das Buch ‚Der perfekte Eroberer – wie Sie garantiert jede Frau verführen' hat*
> *er zusammen mit einem sogenannten Pick-up-Artist geschrieben. Diesen selbsterklärten*
> *Verführungstrainern wird nicht nur vorgeworfen, Frauen wie austauschbare Objekte zu*
> *behandeln. Von den offensiven Anmach-Strategien der Pick-up-Artists fühlen sich viele*
> *Frauen auch schlicht belästigt."*

Die rhetorische Strategie, zu der hier gegriffen wird, bezeichnet man als „guilt by association": Es gibt Pick-up-Artists, denen bestimm-te Dinge vorgeworfen werden, also ist jemand, der mit einem Pick-up-Artist zusammenarbeitet, dieser Dinge schuldig. Tatsächlich aber ent-hält mein bei Heyne erschienener Ratgeber „Das Gesetz der Erobe-rung", gemeinsam mit demselben Pick-up-Artist geschrieben, einen ei-genen Abschnitt darüber, wie Männer *vermeiden* können, sich bei

---

366 Schoppe, Lucas: Die Gewalt der vierten Gewalt – ein Fallbeispiel. Online seit dem 28.8.2017 unter https://man-tau.com/2017/08/28/vierte-gewalt-fas-arne-hoff-mann/

367 Vgl. Hoffmann, Arne: Not am Mann. Gütersloher Verlagshaus 2014.

einem Kontaktversuch der sexuellen Belästigung schuldig zu machen.[368]

Eders Unterstellung funktioniert damit so, wie wenn ich Mitglied bei den Grünen wäre und Eder daraufhin schreiben würde: „Hoffmann ist Mitglied einer politischen Partei. Mitgliedern politischer Parteien wird vorgeworfen, beim Holocaust eine erinnerungspolitische Wende von 180 Grad zu fordern, an der Grenze auf Flüchtlinge schießen zu wollen und gemeinsam mit Nazi-Hooligans zu marschieren." Würde Eder in der Frankfurter Allgemeinen so etwas schreiben, hätte er sich bei sämtlichen Lesern als fernab jeglicher journalistischer Seriosität disqualifiziert. In diesem Fall kommt er damit durch, weil die meisten Leser seines Artikels meine tatsächliche Haltung zu sexueller Belästigung und Gewalt nicht kennen dürften. Damit entfernt sich die Frankfurter Allgemeine weiter von den Grundsätzen journalistischer Ethik.

Im nächsten Absatz zitiert Eder einen Artikel von mir, in dem ich auch Online-Medien als eine Möglichkeit der Kontaktaufnahme empfehle. So

> *„könne man zu Hause vor dem Bildschirm Selbstbewusstsein für den nächsten Versuch in der Bar sammeln. ‚Ein gewisses Maß an Überwindung von Schüchternheit ist allerdings auch nötig, wenn man eine unbekannte Schöne zum Beispiel über Facebook anspricht.' Aber das sei viel leichter zu bewältigen."*

Es hat natürlich seinen Grund, dass Eder unter all den Tipps und Ratschlägen, die ich für ein selbstbewusstes Ansprechen von Frauen im direkten Kontakt gebe, ausgerechnet diesen herausgreift. Er unterstützt scheinbar das Zerrbild von mir als einem schüchternen Menschen, der nur hinter dem Bildschirm stark und also kein richtiger Kerl ist. Bei aller rhetorischen Annäherung an den Feminismus basiert Eders Text damit tatsächlich auf einem auffällig traditionellen Männlichkeitsbild. Vermutlich dürfte genau das der Grund sein, warum er Aktivisten, die für männliche Opfer eintreten, nur abfällig darstellen kann.

---

368 Vgl. Hoffmann, Arne und Pütz, Maximilian: Das Gesetz der Eroberung. Heyne 2014, S. 251 f..

In diesem Stil geht es weiter:

> *„Gerade Feministinnen müssen sich im Internet nicht nur mit den Annäherungsversu-*
> *chen wildfremder Männer herumschlagen – sie werden oft auch massiv angefeindet und*
> *bedroht. Hoffmann macht auch dafür indirekt wieder die Frauen selbst verantwortlich:*
> *‚Wenn Männern wieder und wieder und wieder eingetrichtert werde, wie frauenverach-*
> *tend und gewalttätig sie seien, könnte sich dies auch zu einer selbsterfüllenden Prophe-*
> *zeiung entwickeln‘, zitiert Hoffmann in seinem Werk die Autoren eines ‚Fachbuches.‘"*

Zu Eders polemischem Stil gehört, dass er hier „Fachbuch" in de-
nunziatorische Anführungszeichen setzt, wie um seinen Lesern augenzwinkernd zu präsentieren: „Naja, was dieser Hoffmann halt als Fachbuch bezeichnet". In ähnlicher Weise würde ein Donald-Trump-An-
hänger nur mit ironischen Anführungszeichen von „Studien" über den
Klimawandel und ein Rassist nur von „Literatur" schwarzer Autoren
sprechen. Vor allem aber mache ich Frauen natürlich nicht dafür verantwortlich, angefeindet und bedroht zu werden. Der zitierte Satz
stammt aus einem komplett anderen Kontext. Ich zitiere hier eine Passage aus dem tatsächlichen Fachbuch „Spreading Misandry" (McGill-
Queens University Press 2006), in dem die anerkannten Wissenschaftler Paul Nathanson und Katherine Young männerfeindliche Diskurse
kritisieren:

> *„Die in den letzten Jahrzehnten immer stärker grassierende Männerfeind-*
> *lichkeit, führen Nathanson und Young weiter aus, werde von den Verant-*
> *wortlichen indes entweder heruntergespielt oder gar gerechtfertigt: Männer*
> *seien nun einmal minderwertig, und das müsse man auch entsprechend*
> *darstellen dürfen. (...) Dabei geben Nathanson und Young zu bedenken,*
> *dass sich diese Zustände irgendwann auch schädlich für Frauen auswirken*
> *könnten. Wenn Männern nämlich wieder und wieder und wieder einge-*
> *trichtert werde, wie frauenverachtend und gewalttätig sie seien, könnte sich*
> *dies auch zu einer selbsterfüllenden Prophezeiung entwickeln. Das Problem*
> *vieler Frauen gerade aus dem feministisch geprägten Spektrum sei es, dass*
> *sie von den Männern Liebe einfordern, aber selbst nur Hass und Verachtung*
> *zu geben haben. Das Empfangen und Geben von Liebe bedinge einander je-*
> *doch."*[369]

Die Empathie, die die beiden Kulturwissenschaftler hier auch für
Männer einfordern, ist genau die Empathie, für die Eder in seinem Ar-

---

369 Vgl. Nathanson Paul und Young, Katherine: Spreading Misandry. The Teaching
of Contempt for Men in Popular Culture. McGill-Queen's University Press 2006,
S. 144, 231, 248.

tikel kaum Zugang gewinnt – nicht einmal seinem Gesprächspartner gegenüber.

In dem Artikel heißt es weiter:

> *„Und auch wenn Hoffmann immer wieder betont, dass er für Männer und nicht gegen Frauen kämpfe, ist das weibliche Geschlecht in seinen Argumentationen ständig an allem schuld – selbst an der eigenen Benachteiligung. Männer würden sich ja auch deswegen mit 70-Stunden-Wochen an die Spitze ‚durchschuften', um in das Beuteschema attraktiver Frauen zu fallen. ‚Bei Frauen ist es dagegen kein Statussymbol, beruflich erfolgreich zu sein. Deswegen arbeiten sie auch keine 60 Stunden in der Woche', sagt er."*

Frauen würden aber das Geschlechtergefälle tatsächlich am ehesten torpedieren, wenn sie sich bei der Partnersuche „nach unten" orientieren würden, also auch zu Männern mit einem niedrigeren gesellschaftlichen Status als ihrem eigenen. Das fordern auch Feministinnen wie etwa Stevie Schmiedel von der Initiative „Pinkstinks":

> *„Meiner Freundin habe ich entgegen geschmettert, dass sie doch selbst schuld sei, wenn sie auf das ewig gleiche Männerbild setzt und sich nie und nimmer einen Partner auf einem Bruttogehalt von 2.200 Euro vorstellen könnte, der dafür aber ein begeisterter Sozialarbeiter ist. "*[370]

Wenn Frauen hier umdenken würden, würde das die althergebrachte Männerrolle vom Mann als Ernährer erschüttern. Dieses Aufbrechen der Geschlechterrollen kann aber offenkundig nicht im Sinne eines Menschen sein, der einem konservativen Rollenverständnis anhängt. Männer sind in dieser Passage von Eders Artikel Subjekte und zu zielgerichtetem Handeln und Entscheiden in der Lage, Frauen hingegen sind Objekte und Spielbälle der Umstände. Reaktionäre Inhalte, wie sie sich zum Beispiel die Online-Enzyklopädie „WikiMANNia" finden, werden in meinem Buch „Plädoyer für eine linke Männerpolitik" über mehrere Seiten kritisiert. Sowohl in meinem Buch als auch in meinem Interview mit Eder berichte ich, dass ich deshalb seitens der WikiMANNia-Macher seit langen Jahren heftig angefeindet werde.[371] Auch das stellt Sebastian Eder in seinem Artikel auf den Kopf:

> *„(Hoffmann) verteidigt auch die Urheber von menschenverachtenden Äußerungen, die auf Plattformen der radikalen Männerszene zu lesen sind, zum Beispiel diese: ‚Frauen*

---

370 Vgl. Schmiedel, Stevie: Begeistert euch für weicheier! Online veröffentlicht am 3.7.2017 unter https://pinkstinks.de/begeistert-euch-fuer-weicheier.

371 Hoffmann, Arne: Plädoyer für eine linke Männerpolitik, CreateSpace 2014, S. 332-334.

sind doch nichts anderes als Zecken im Leben eines Mannes, die ihn aussaugen. Aber seit wann bestimmt die Zecke im Fell des Hundes, wo es langgeht?' Hoffmann nennt diese Entgleisungen zwar ‚inakzeptabel', macht indirekt aber wieder Frauen dafür verantwortlich: Man mache es sich zu einfach, wenn man den ‚radikalen Rand' der Szene lediglich dämonisiere. In der Biographie der ‚verbal aggressivsten Vertreter' der Männerrechtsbewegung finde sich nämlich ‚häufig eine Lebenssituation, die zu einer posttraumatischen Verbitterungsverstörung führen kann, beispielsweise jahrelanger sexueller Missbrauch, eine besonders schmerzhaft verlaufene Scheidung, häusliche Gewalt oder das Unterschieben eines Kuckuckskindes'. Und eine posttraumatische Störung führe eben unter anderem zu ‚ungezügelter Aggressivität.'

Die zitierten menschenverachtenden Äußerungen in der Wiki-MANNia habe ich nun selbst in meinem Buch zusammengetragen, was Eder bezeichnenderweise ebenso unerwähnt lässt wie die zahlreichen Anfeindungen aus der WikiMANNia und ihrem Umfeld gegen mich. Aus meiner Anklage gegen diese Entgleisungen macht er eine „Verteidigung", allein indem ich erkläre, dass diese Menschen nicht böse geboren worden sind, sondern aufschlüssele, was häufig der biographische Hintergrund dieses Verhaltens ist. Auch bei Islamisten und Neonazis wird erforscht, was sie antreibt und wie man diesen Faktoren entgegen wirken kann. Diese psychologischen Hintergründe bedeuten nicht, dass ihr Verhalten dadurch legitim wäre. Die Verbreiter von Frauenhass sind ja infolge ihrer Erlebnisse nicht unzurechnungsfähig geworden, sondern trotzdem für ihr Treiben verantwortlich. Man muss aber untersuchen, wo dieses Verhalten herrührt, um es verstehen und unterbinden zu können.

Eine Verantwortung für das eigene Verhalten haben aber natürlich auch Frauen – was Eder konsequent überspielt. Gegen diese Sichtweise protestieren aber längst auch feministische Forscherinnen wie Lara Stemple, die in diesem Punkt sehr klar ist:

„Beispielsweise verstärkt die gemeinsame eindimensionale Darstellung von Frauen als harmlose Opfer veraltete Geschlechterstereotypen. Das hält uns davon ab, Frauen als komplexe Menschen zu sehen, die in der Lage sind, Macht auszuüben, selbst auf irreführende oder gewalttätige Weise. Und die Annahme, dass Männer immer Täter und nie Opfer sind, verstärkt ungesunde Vorstellungen über Männer und ihre vermeintliche Unbesiegbarkeit. Diese hyper-maskulinen Ideale können aggressive männliche Einstellungen verstärken und gleichzeitig männliche Opfer sexuellen Missbrauchs als ‚gescheiterte Männer' herabwürdigen. "[372]

---

372 Vgl. Stemple, Lara und Meyer, Ilan: Sexual Victimization by Women Is More Common Than Previously Known. In: Scientific American vom 10.10.2017, on-

Statt das zu reflektieren, gibt sich Eder weiter der Polemik hin:

> „Hoffmann selbst wurde nicht durch traumatische Erfahrungen zum Männerrechtler."

Die Vorstellung, dass „traumatische Erfahrungen" überhaupt als Erklärung in Erwägung gezogen werden, damit sich jemand für Geschlechtergerechtigkeit engagiert, ist natürlich absurd. Was eine Selbstverständlichkeit sein sollte, wird hier erneut mit dem Pathologischen verknüpft.

Wieder schimmert hier die Vorstellung auf, dass jemand, der sich für männliche Opfer einsetzt, in irgendeiner Weise gestört sein müsse – andernfalls muss dieses Engagement, das Eder offenbar als widernatürlich empfindet, eigens erklärt werden.

Nun hatte ich Eder in meinem Interview mit ihm berichtet, dass ich zu Beginn meiner Recherchen vor allem über die hohe Rate männlicher Opfer häuslicher Gewalt gestolpert war, die in kriminologischen Studien genannt werde[373], aber nicht in den meisten feministischen Veröffentlichungen zu diesem Thema. Um die Gründe für diese Lücke zu erfahren, fragte ich zuerst im Online-Forum der weltweit einflussreichsten feministischen Gruppe, der US-amerikanischen National Organization for Women (NOW) nach. Dabei stellte ich schnell fest, dass sich dort keine Expertinnen, sondern normale Userinnen tummelten, weshalb mir dieses Vorgehen, wie ich Eder berichtete, nachträglich als allzu konfrontativ erschien.

Daraus wurde in der Frankfurter Allgemeinen der folgende Absatz:

> „Stattdessen musste sich Hoffmann eine Nische suchen: Internetforen. Er begann als klassischer Troll. ‚Ich bin in einem sehr konfrontativen Stil in Frauenforen rein', sagt er."

Nun werden als „Troll" üblicherweise Akteure bezeichnet, die nicht an einer ernsthaften Auseinandersetzung interessiert sind; Menschen, die eine Diskussion nicht nur beeinflussen, sondern verhindern wollen.

---

line unter https://www.scientificamerican.com/article/sexual-victimization-by-women-is-more-common-than-previously-known/.

373 Vgl. zu einer Übersicht mehrerer hundert internationaler Studien aus wissenschaftlichen Fachmagazinen https://frauengewalt.wordpress.com sowie als eine der deutschen Studien dazu Döge, Peter: Männer – die ewigen Gewalttäter?, online unter http://www.ekir.de/maenner/Downloads/sonderauswertung.pdf.

Medienforschern zufolge ist der Troll „eine Symbolfigur für den Hass und die sinnlos tobende Aggression"[374]; ihm wird „Sadismus, Narzissmus, Psychopathie und Machiavellismus" zugeschrieben.[375] Die Journalistin Ingrid Brodnig schreibt dazu in ihrem Buch „Hass im Netz":

> *„Der Internettroll wirft einen Köder aus, beispielsweise eine verletzende Wortmeldung. Und er hofft, dass wir anbeißen. Das amüsiert ihn, wenn er uns – so wie der Angler einen Fisch – an die Schnur bekommt. Für den Troll ist das der Beweis, dass er intelligenter ist als seine Beute. (…) Zum Beispiel geben sich Trolle gern als harmlose Neulinge in einer Diskussionsgruppe aus und versuchen, mit herausragend dummen oder naiven Fragen User zur Weißglut zu bringen. (…) Dieses Verhalten ist vergleichbar mit früheren Scherzanrufen, die sicher viele in der Schulzeit machten. Trolle haben einen ähnlich pubertären Humor."*[376]

Für Sebastian Eder ist dieses Verhalten also gleichbedeutend damit, dass man sich in einem feministischen Forum nach männlichen Opfern häuslicher Gewalt erkundigt. Rhetorisch setzt er die Stoßrichtung fort, mich als „Bildschirmtäter" darzustellen:

> „2004 rief er sein Blog ins Leben, außerdem wurde er in verschiedenen Foren aktiv, in denen sich wütende Männer austoben."

Angenommen, Frauen tauschten sich in Internetforen über Erfahrungen mit bestimmten Benachteiligungen aus – wären es „Foren, in denen sich wütende Frauen austoben"? Dass Männer einen Grund haben könnten, verärgert über soziale Schieflagen und Ungerechtigkeiten zu sein und darüber miteinander zu sprechen, wird durch diese Formulierung diskreditiert.

Weiter beanstandet Eder in seinem Artikel, dass ich mich im ersten Jahrzehnt dieses Jahrhunderts von „rechten Plattformen" wie der Jungen Freiheit, Eigentümlich frei und der Freien Welt interviewen ließ beziehungsweise dort veröffentlichte. Hier bleiben sowohl sämtliche linken Plattformen, auf denen ich veröffentlichte, unerwähnt als auch die tatsächlichen Inhalte meiner Texte, die für Rechte deutlich ge-

---

374 Vgl. Pörksen, Bernhard: Die große Gereiztheit. Hanser 2018, S. 72.
375 Vgl. Brodnig, Ingrid: Hass im Netz. Was wir gegen Hetze, Mobbing und Lügen tun können. Brandstätter 2016, S. 48.
376 Vgl. Brodnig, Ingrid: Hass im Netz. Was wir gegen Hetze, Mobbing und Lügen tun können. Brandstätter 2016, S. 43-45.

gen den Strich gebürstet sind, weshalb es zwischen mir und solchen Rechten auch regelmäßig zu Konflikten kommt.[377]

Überdies könnte eine Zeitung, die tatsächlich Aufklärung leisten und wichtige gesellschaftliche Themen anstoßen möchte, durchaus einmal erörtern, warum man über Tabuthemen wie männliche Opfer lange Jahre fast ausschließlich in randseitigen Nischenmagazinen veröffentlichen konnte und nicht in den Leitmedien. So befindet der Kulturkritiker und Publizist „Nikolai E. Bersarin" zutreffend: Wer bestimmte gesellschaftliche Themen anspreche, für den gebe es „bei bestimmten Zeitungen ganz einfach keinen Schreibplatz mehr. Und wer mit dieser Arbeit sein Geld verdienen muss, der hält halt den Rand, wenn er im grün-roten Milieu nicht Persona non grata sein will und wenn er nicht bei [der Jungen Freiheit] schreiben mag."[378] Auch hier gibt es übrigens Parallelen zwischen mir und dem eingangs dieses Kapitels zitierten Medienforscher Noam Chomsky, der seiner eigenen Darstellung nach ebenfalls jahrelang Artikel in „rechts-libertären" Publikationen veröffentlichte und trotzdem ein führender Protagonist der politischen Linken ist.[379] Hintergrund war, dass die US-amerikanischen Mainstream-Medien Chomskys imperialismus-kritische Artikel nicht veröffentlichten und versuchten ihn auszugrenzen, Chomsky war aber der Ansicht, dass seine menschenrechtlich motivierten Artikel wichtige Informationen enthielten, die an die Öffentlichkeit gebracht werden müssten. Im Gegensatz zu mir hatte Chomsky aber trotzdem die ganze Zeit über das Spektrum der linken/linksradikalen Alternativpresse zur Verfügung und veröffentlichte auch beständig dort. Ich hingegen hatte noch nicht mal diese Möglichkeit, da die linke Alterna-

---

377 Vgl. beispielsweise als Texte gegen den zunehmenden Hass auf Muslime Hoffmann, Arne: Die Wirklichkeit ist nicht Schwarz-Weiß, online seit dem 6.9.2007 unter https://ef-magazin.de/2007/09/06/politically-incorrect-die-wirklichkeit-ist-nicht-schwarz-weis sowie Hoffmann, Arne: Welle von Morddrohungen von religiösen Fanatikern, online seit dem 30.8.2008 unter https://ef-magazin.de/2008/08/30/617-fundamentalismus-welle-von-morddrohungen-von-religioesen-fanatikern.

378 Vgl. Bersarin, Nikolai: Fescher Feminist im Trachtenkleid und katholisches Muttertier – Don Alphonso und Birgit Kelle in Berlin. Online seit dem 20.1.2018 unter https://bersarin.wordpress.com/2018/01/20/fescher-feminist-im-trachtenkleid-und-katholisches-muttertier-don-alphonso-und-birgit-kelle-in-berlin.

379 Vgl. Lane, Tom im Interview mit Noam Chomsky: On Anarchism. Online unter https://chomsky.info/19961223/.

tivpresse bei geschlechterpolitischen Themen Männerrechtler kaum zu Wort kommen lässt.[380]

In dem Artikel der Frankfurter Allgemeinen heißt es weiter über mich:

> *„Auf seinem Blog veröffentlichte er in diesem Sommer außerdem das Programm der ‚Liberalen Männer‘, einer Vereinigung aus FDP-Mitgliedern, die sich für Männerrechte einsetzen will. An der Gründungsveranstaltung der Gruppe Anfang August konnte er nicht teilnehmen: Die Anreise war ihm zu teuer."*

Ein „echter Kerl" hingegen würde auch über die finanzielle Potenz verfügen, bundesweit überall unterwegs zu sein. Rhetorisch wird hier das Bild des Bildschirmaktivisten verstärkt – weshalb natürlich die zahlreichen männerpolitischen Treffen, bei denen ich teilgenommen habe, ebenfalls unerwähnt bleiben müssen.

Meine mangelnde Finanzkraft ist für Sebastian Eder ohnehin ein gefundenes Fressen:

> *„Hoffmann lebt von den Spenden, die ihm Leser seines Blogs überweisen, und dem wenigen Geld, das seine Bücher einbringen (…). Er zog auch aus finanziellen Gründen nie aus seinem Elternhaus aus."*

Auch hier bleiben die anderen in meinem Interview berichteten Gründe, weshalb ich noch zu Hause wohne, unerwähnt, da sie beim Leser so etwas wie Empathie wecken könnten, was für die Stoßrichtung des Artikels kontraproduktiv wäre.

> *„Auch dass er Single ist, habe mit diesem Engagement zu tun: Nicht lange nachdem er 1996 anfing, sich für sein Geschlecht zu engagieren, habe sich seine damalige Freundin von ihm getrennt, sagt er."*

Tatsächlich tat ich das nicht. Ich berichtete von einem Konflikt mit einer Frau, die mir nahestand. Dass ich nicht verheiratet bin, hat mehrere Ursachen; mein männerpolitisches Engagement zähle ich keineswegs dazu. Das wäre auch absurd. Zahllose Frauen sind mit mir einer Meinung und werden dementsprechend in meinem Blog zitiert; ein

---

380 Vgl. vertiefend zu dem Dilemma, ein moralisch hochstehendes Ziel zu erreichen, indem man seinen moralischen Prinzipien zuwiderhandelt, oder an diesen Prinzipien festhält, um das Ziel zu verfehlen, Walzer, Michael: Political action: The problem of dirty hands. In: Philosophy and Public Affairs 2/1973, S. 160-180, sowie Coady, C.A.J.: The Problem of Dirty Hands. In: Zalta, Edward: The Stanford Encyclopedia of Philosophy, Herbst 2018, online unter https://plato.stanford.edu/cgi-bin/encyclopedia/archinfo.cgi?entry=dirty-hands.

kleiner Prozentsatz davon auch im vorliegenden Sammelband. Ganz abgesehen davon müssen zwei Menschen in einer Partnerschaft nicht zwingend politisch derselben Meinung sein. Die Botschaft, die dem Leser hier verstärkt nahegebracht werden soll, lautet: Wer sich für männliche Opfer einsetzt und die bestehenden gesellschaftlichen Diskurse hinterfragt, landet unweigerlich in der sozialen Isolation.

> *„Aber auch die bislang letzte Frau, an der er ‚sehr interessiert' gewesen sei, habe nie verstanden, was sein großes Problem sei. „Aber jetzt ist sie voll auf meiner Seite." Allerdings wohnt sie mittlerweile in Amerika. Hoffmann sitzt also weiter allein hinter seinem Schreibtisch im Taunus."*

Hier fallen zweierlei Dinge auf. Erstens: Jemand, der sich um männliche Opfer kümmert, hat „ein großes Problem". Normale Menschen tun so etwas selbstverständlich nicht. In dieser Rhetorik wird die Person, die bestehende Probleme anspricht, selbst zum Problem erklärt. Zweitens ist auch hier die Art der Darstellung befremdlich. Ich bin sowohl durch die Männerbewegung als auch über meine beruflichen Tätigkeiten als auch über meine umfangreichen privaten Freundeskreise vor allem in der Situation, dass mein Tag zu kurz ist, um all diesen Menschen gerecht werden zu können. Dennoch wird von mir das Bild eines Menschen gezeichnet, der „allein hinter seinem Schreibtisch im Taunus" sitzt. (Der psychologischen Forschung zufolge leben Singles übrigens nicht nur im Schnitt ein erfüllteres und glücklicheres Leben als verheiratete Menschen; sie haben auch stärkere Kontakte und Beziehungen zu ihren Mitmenschen.[381]) Im Weltbild dieses Artikels ist jemand, der in keiner dauerhaften Paarbeziehung lebt, wie es ein „erfolgreicher Mann" zu tun hat, trotz aller sozialer Kontakte „allein". Hier wird dieselbe Polemik aufgekocht, die vor Jahrzehnten Feministinnen getroffen hat: Sie hätten eben nur noch nicht den richtigen Mann gefunden.

In dem Artikel der Frankfurter Allgemeinen heißt es weiter:

> *„Dabei würde er gerne in Talkshows über die Unterdrückung der Männer reden."*

---

381 Vgl. N.N.: You Might Be Better off Single According To Psychologists. Online seit dem 24.9.2017 unter http://ewao.com/2017/09/24/you-might-be-better-off-single-according-to-psychologists/. Siehe auch: Vinopla, Lauren: What Happens to Men Who Stay Bachelors Forever, According To Science. Online seit dem 11.11.2018 unter https://www.yahoo.com/lifestyle/happens-men-stay-bachelors-forever-200622198.html.

Hier hämmert Eder den Lesern nicht nur zum vierten Mal seine Phantasie von der „Unterdrückung der Männer" in den Kopf, er macht auch aus einer gesellschaftlichen Schieflage erneut ein individuelles Problem. Es geht nicht darum, dass ich persönlich unbedingt in Talkshows auftreten möchte. Mehrere Gründe sprechen sogar dagegen: Ich besitze in Medienauftritten vor Publikum wenig Erfahrung; Talkshows sind überwiegend Showkämpfe, bei denen jeder Teilnehmer beim eigenen Lager zu punkten versucht, statt Brücken zu bauen, und viele dieser Sendungen sind redaktionell so gescriptet, dass Menschen mit vom Mainstream abweichenden Meinungen wenig Chancen haben, ihre Sicht nachvollziehbar zu machen. Was ich tatsächlich fordere und weiterhin fordern werde, ist eine faire und ausgewogene Präsentation der verschiedenen Lager in unseren Leitmedien. Wenn in Printmedien oder in TV-Sendungen Geschlechterthemen behandelt werden, sollten Frauen- und Männerrechtler gleichberechtigt zu Wort kommen dürfen. Das ist etwas vollkommen anderes als „würde er gerne in Talkshows über die Unterdrückung der Männer reden" (was sich im Übrigen mit Sebastian Eders Karikatur von mir als einem Menschen beißt, der sich nicht hinter dem Bildschirm hervor traut).

So zieht der Artikel schließlich das Fazit:

> *„Unterdrückt der ‚herrschende Feminismus' hier also einen Gegner, der die besseren Argumente hat? Man kann es kurz machen: Nein. Kolumnisten, die kritisch über die Auswüchse des ‚Genderwahnsinns' berichten, sind in den Medien mindestens genauso präsent wie die Feministinnen selbst. Dass Hoffmann nicht zu diesen Autoren gehört, liegt daran, dass seine Argumentation in weiten Teilen nicht mehrheitsfähig ist – und dafür kann niemand etwas, außer er selbst."*

Das diskursive Mittel, das hier an erster Stelle eingesetzt wird, ist ein simpler Austauschtrick: Mein tatsächliches Anliegen, das Engagement für männliche Opfer, wird ersetzt durch Gepolter gegen den „Genderwahnsinn", wie es vor allem aus dem rechten Lager erfolgt. Anti-Gender-Artikel findet man tatsächlich in der Presse, nicht zuletzt in der Frankfurter Allgemeinen selbst.[382] Meine tatsächlichen Schwerpunkte aber werden von den Leitmedien zumeist ins Abseits gedrängt. Im hier vorliegenden Fall verwendet sogar eine Zeitung wie die Frank-

---

382 Vgl. zu einer kursorischen Übersicht mehrerer solcher Artikel in der Frankfurter Allgemeinen: Blech, Norbert: FAZ hetzt erneut gegen Schulaufklärung. Online seit dem 11.11.2014 unter https://www.queer.de/detail.php?article_id=22673.

furter Allgemeine eine volle Seite für die Darstellung, dass man dem Betreiber eines Ein-Mann-Blogs, das über männliche Opfer berichtet, nicht zuzuhören brauche.

Es gibt im Verlauf des Artikels auch einige zähneknirschende Zugeständnisse, denen zufolge ich in manchen Punkten echte Probleme ansprächre, was aber eher in der Form von Glückstreffern präsentiert wird, während ich insgesamt „meilenweit über das Ziel hinaus" schösse. Die wenigen Zugeständnisse, die der Artikel mir zu machen scheint, bleiben vergiftet. So heißt es etwa im letzten Absatz:

> *„Und nicht selten hat Hoffmann ja wirklich recht: Drogon, der wichtigste Drache aus ‚Game of Thrones', überlebte den Angriff am Ende von Folge vier zum Beispiel tatsächlich."*

Der Bereich, in dem ich „Recht habe", betrifft also phantastische Traumwelten, die hier sachlich irrelevant sind. Seriös wäre es gewesen, stattdessen auf die Studien und die Experten hinzuweisen, die ich in meiner Arbeit kontinuierlich zitiere und die man nur wegreden kann, wenn man von der Sachebene ganz auf die eines persönlichen Angriffs wechselt.

Insgesamt macht der Artikel deutlich, welche Eigenschaften ein Mann nach Auffassung der Frankfurter Allgemeinen auf keinen Fall haben darf, wenn er sich für männliche Opfer einsetzen möchte. So darf er auf keinen Fall introvertiert, intellektuell oder finanzschwach sein. Selbst Hartnäckigkeit kann man als Charakterfehler erscheinen lassen, indem man sie als Unbelehrbarkeit und Fanatismus präsentiert. Empathie für Jungen und Männer wird mit „Hass auf Frauen" übersetzt.

Mit derartigen Diskursen werden nicht nur völlig normale Durchschnittsmänner zu verschrobenen Freaks erklärt. Es stellen sich auch weitergehende Fragen: Dürfte sich etwa jemand für männliche Opfer einsetzen, der zum Beispiel an Depressionen oder einer Soziophobie leidet, oder dürfen das nur Männer, die die Frankfurter Allgemeine für psychisch gesund erklärt? In der deutschen Männerrechtsbewegung gibt es auch einen Gehbehinderten und einen Mann mit Asperger-Syndrom – wären das in Sebastian Eders Darstellung auch Witzfiguren, wenn sie sich für Männer einsetzen?

Die hier verwendeten Ausgrenzungsstrategien unterscheiden sich im Grundprinzip kaum von den Ausgrenzungsstrategien der radikalen Rechten, wenn sie sich über Homo- und Transsexuelle sowie „Gender-

Spinner" lustig machen. Nur sind es hier die Maskulisten, die nicht jener Geschlechterrolle entsprechen, die durch solche Artikel diskursiv erzeugt wird.

Entsprechende Angriffe auf Maskulisten, die auch männliche Opfer in die geschlechterpolitische Debatte mit einbeziehen möchten, sind nicht neu. Schon vor ein paar Jahren habe ich den Anti-Gewalt-Berater und -Pädagogen Burkhard Oelemann befragt, worin er solche Attacken begründet sieht. Seine Antwort:

> *„Ich interpretiere solches Verhalten (...) als Ausdruck einer sehr traditionellen und beinahe reaktionären Männlichkeit, die darin besteht, hauptsächlich auf Unterschiede zwischen Männern fixiert zu sein, anstelle mit anderen Männern nach Gemeinsamkeiten zu suchen und diese zu finden. Männliche Sozialisation ist ja allzu häufig eine reine Abgrenzungssozialisation: Das heißt, Jungen lernen ohne leibhaftiges Vorbild oder Leitbild durch eine Halt und Orientierung gebende lebendige männliche Person eben nur, ,anders' als andere zu sein. Anders als Frauen und anders als böse Männer. Jungen erlangen manchmal ihre wackelige Identität nur über Abgrenzung, und manche entwickelten vielleicht ein lebenslanges Dauerprogramm. Das ist die eine Seite dieses kuriosen, absurden und gefährlichen Verhaltens."*[383]

Das hier aufscheinende Problem findet sich dabei nicht nur in der Frankfurter Allgemeinen und auch nicht allein in Deutschland. Beispielsweise berichtete der Männerrechtler Neil Lyndon im September 2017 im britischen „Telegraph" über ganz ähnliche diskursive Strategien, um dieses unerwünschte Thema beiseite zu wischen:

> *„Niemand würde zugeben, dass Ungleichheiten auf Männer zutreffen könnten – so offensichtlich und unbestreitbar die Fakten auch sein mögen -, solange nur Männer auf diese Ungerechtigkeiten hinweisen. Die automatische, reflexhafte Antwort bestand immer darin zu höhnen, dass mit diesen Kerlen etwas nicht stimmen musste – sie mussten Frauenhasser sein oder irgendeine Unzulänglichkeit besitzen oder einen kleinen Schwanz haben oder nicht imstande sein, eine Freundin zu finden."*[384]

---

383 Vgl. Oelemann, Burkhard im Interview mit Arne Hoffmann: „Die Lynchaufrufe sind ein logisches Produkt jahrzehntelanger Dämonisierung". Online seit dem 9.4.2012 unter https://www.cuncti.net/geschlechterdebatte/27-burkhard-oelemann-qdie-lynchaufrufe-sind-ein-logisches-produkt-jahrzehntelanger-daemonisierungq

384 Vgl. Lyndon, Neil: Finally, powerful women are speaking up for the rights of men. Equality just got a step closer. In: The Telegraph vom 11.9.2017, online unter http://www.telegraph.co.uk/men/thinking-man/finally-powerful-women-speaking-rights-men-equality-just-got/.

Wenn es statt zu einer Sachdebatte regelmäßig zu persönlichen Attacken kommt, zeigt das allein schon, was für ein mächtiges Tabu darin besteht, über männliche Opfer zu sprechen. Die Frankfurter Allgemeine stürzt sich nicht ins Privatleben anerkannter Politiker, um sie zu diskreditieren. Auch bei Feministinnen wird das nicht getan. Aber sobald der Betreiber eines Ein-Mann-Blogs das Bild des mächtigen, potenten, ständig überlegenen Mannes in Frage stellt, gibt es plötzlich keine Hemmungen mehr.

Die Rezeption des Artikels durch seine Leser

Um die Rezeption eines solchen Artikels durch seine Leser zu erfassen, liefert die Sichtung der Kommentare dazu auf Facebook das einfachste Werkzeug. Hier zeigt sich, dass eine Reihe von Lesern der Rhetorik Sebastian Eders auf den Leim gegangen sind, was auch daran liegt, dass sie lediglich über die Informationen verfügten, die ihnen in diesem Artikel mitgeteilt wurden. Dem unbenommen fällt auf, wie sehr sich Leser der Auffassung anschließen, dass jemand lächerlich wäre, der für Männer eintritt, ohne selbst die Anforderungen eines althergebrachten Männerbildes zu erfüllen. Ein Abweichen von festen Geschlechterrollen wird auch für Männer sozial sanktioniert. Hier nur eine kleine Auswahl der Kommentare[385]:

> *„Naja, vielleicht fühlt er sich ja unterdrückt von seinem Vater bei dem er noch wohnt. ;-) Auf wievielen Ölplattformen, in wievielen Bergwerken oder Fronten hat der Herr denn schon gearbeitet?"*

> *„Ich habe den Artikel gelesen. Ich muss dem Autor zugute halten, dass er alles versucht hat den Aktivisten nicht der Lächerlichkeit Preis zu geben. Deswegen möchte ich hier auch nur über das Vorhaben und die Wahrnehmung der Person sprechen. Beide finde ich lächerlich. Als Mann."*

> *„Ich bin so dankbar das ein GoT Fantasy Nerd, der bei Papa Zuhause wohnt, keine Freundin hat, Single ist, hauptberuflich Ratgeber über das „perfekte onanieren" schreibt … sich seit 20 Jahren für die Männerrechte einsetzt, endlich berufen fühlt an die Öffentlichkeit zu gehen. Danke liebe*

---

385 Vgl. https://www.facebook.com/faz/posts/10154820610695976?comment_id=10
154823455650976&ref=notif&notif_t=comment_mention&notif_id=150400413
0767001

> *@FAZ für diesen Artikel, für einen spaßigen Start in die Woche, bitte solche Artikel regelmäßig Montags."*

> *„Wenn ich ihn mir so ansehe, verstehe ich seine Unterdrückung."*

> *„armes Männchen"*

> *„Maskulisten sind dann wohl die Loser unter den Männern? Was es nicht alles gibt ... (lachender Smilie)"*

> *„So wie der ausschaut hat er bestimmt noch keine Kugel pfeiffen gehört?"*

> *„Echte Männer jammern nicht, die machen einfach."*

> *„Das ist so traurig ... kein Wunder das der Singel ist sorry"*

> *„Ach herrje, der Arme. Hat mal jemand eine Tüte Mitleid? (Tränen lachender Smilie)"*

Es gibt indes auch einzelne Leser, die durchschauen, wie unfair die Frankfurter Allgemeine hier arbeitet:

> *Kristian Wilmsmeier: Den Artikel empfinde ich als Hetze gegen die Person Arne Hoffmann.*

Bemerkenswert ist, wie die Frankfurter Allgemeine darauf antwortet:

> *FAZ: Lieber Kristian Wilmsmeier, wenn Sie nicht damit einverstanden sind, steht es Ihnen frei, unsere Beiträge nicht mehr zu kommentieren. Beste Grüße aus Frankfurt*

Das ist tatsächlich die Haltung nicht aller, aber zu vieler Journalisten der Leitmedien. Während man nicht das geringste Problem darin sieht, Andersdenkende in großem Stil niederzumachen, verwahrt man sich selbst gegen jegliche Kritik. Die Leser sollen entweder über die in dem Artikel verhöhnten Menschen mitlachen oder ihren Mund halten.

Absurderweise wird zugleich ausgerechnet Männerrechtlern unterstellt, an überkommenen Geschlechterrollen festzuhalten und jedes Aufbrechen dieser Rollen als „gendergaga" abzulehnen. Wenn das stimmen würde, müsste das maskulistische Lager nach Sebastian Eders Artikel ebenfalls mit Hohn und Verachtung über mich reagiert haben. Tatsächlich war aber das Gegenteil der Fall, und ich erntete Respekt für meine Standfestigkeit, meinen Mut und meine anhaltende Bereitschaft, sich wegen meines Engagements für Opfer von Diskriminierung und Menschenrechtsverletzungen herabsetzen zu lassen. Nicht ich, sondern diese Form der antiaufklärerischen Berichterstattung wurde kritisiert. Hier einige Beispiele von Rückmeldungen, die mich nach diesem Artikel aus der Männerszene erreicht haben:

„Jemanden in scheinbar lockerem Plauderton permanent zwischen den Zeilen zu beleidigen und als bemitleidenswerten Freak zu zeichnen, ist von einer Perfidie, die nur noch schwer zu ertragen ist. Immerhin ist die Irritation – und teils schiere Angst – über das Bröckeln der selbstverständlich gewordenen Deutungs- und Diskurshoheit immer deutlicher zu spüren."

„Zudem stelle ich fest, dass die Lektüre Ihrer Kommentare zu einer gewissen Identifikation mit Ihnen als Mensch führt. Daher empfinde ich die persönlichen Abgriffe auf Sie als groben Fehltritt der FAZ, der wegen der niederträchtigen und rufmörderischen Qualitäten dieser Entgleisungen geradezu empört. Wie viele feministische Autoren, Blogger und Schreihälse (bzw. jeweils *innen) führen keine feste Partnerschaft oder geben Tipps zum (auch amourösen) Umgang mit dem anderen Geschlecht? Wie viele haben finanzielle Probleme oder eine enge Bindung zu ihrer Primärfamilie? Welche Rolle spielt all das im Hinblick auf deren Möglichkeiten, sich an dieser Debatte beteiligen zu dürfen? Offenbar dürfen die das alles bzw. bleiben privatsphärisch geschützt. So gesehen ist dieser Artikel ein wirklich abstoßender Fall eines primitiven, wenn auch seriös verkleideten Sexismus! Wenn es noch eines starken Grundes bedurft hätte, warum Sie Ihr Tun fortsetzen müssen, dann hat ihn dieser Beitrag eindrucksvoll zu liefern verstanden."

„Mein Dorf hat übrigens 600 Seelen und ich lebe mit meiner Familie noch bei Vater UND Mutter. Ich frage mich, ob man sich dadurch jetzt mehr oder weniger über mich, als über Sie lustig machen kann. Vielleicht mal Eder fragen."

„Warum ausgerechnet Sie das Ziel dieser blindwütigen Attacke wurden, dürfte jedem klar sein: Mit ihrem Exponenten im deutschsprachigen Raum wollte man den empirisch fundiert und differenziert argumentierenden Teil der Männerbewegung erledigen, weil man dem auf der sachlichen Ebene nichts entgegenzusetzen hat und ihn daher fürchten muss. Es ist das alte hilflose Spiel des argumentum ad personam, das Schopenhauer so ausführt: ,Wenn man merkt, dass der Gegner überlegen ist und man Unrecht behalten wird, so werde man persönlich, beleidigend, grob.'"

Es hat viele weitere Rückmeldungen dieser Art gegeben. Derart starke Solidarität, die ich erhalten habe, zeigt, dass unsere Bewegung nicht reaktionär und geschlechterrollenfixiert ist, wie ihr viele Außenstehende unterstellen – die damit nur ihre eigene Haltung auf uns projizieren. Sich gegen derartige Angriffe zu behaupten gehört für Männer genauso zum Aufbrechen von Geschlechterzwängen wie ein Hausmann zu sein oder sich als Opfer sexueller oder häuslicher Gewalt zu outen.

Eine höhnische Reaktion erhielt ich – außer von den erwähnten Lesern der Frankfurter Allgemeinen – indes durch die sich tatsächlich dem Frauenhass hingebende Website WikiMANNia. Für dieses radikale Lager bestätigt ein solcher Artikel, dass sie mit ihrer Totalopposition und Verweigerung jeden Dialogs richtig liegen. Insofern ist es bemerkenswert, dass ausgerechnet über Männer wie mich, die mit Feministinnen kontinuierlich im Dialog stehen, solche Artikel verfasst werden.

In einem Artikel für das Magazin „Forbes" erklärt Jules Schroeder, wie die Männer des neuen Jahrtausends Männlichkeit neu definieren, und zählt auf, welche Qualitäten die „neuen Männer" aufweisen. Dazu zählen Nonkonformismus, Authentizität, Bereitschaft zur Verletzlichkeit und werteorientiertes Handeln.[386] All diese Qualitäten sind auch für den Maskulismus als neue Bürgerbewegung kennzeichnend.

Allerdings war das Entsetzen über die von der Frankfurter Allgemeinen gewählten Art der Berichterstattung alters- und geschlechtsübergreifend. So schrieb mir die bekannte Autorin Karin Jäckel, die schon viele Bücher zu Geschlechterthemen veröffentlicht hat:

> *„Mit Unwillen habe ich kürzlich in der FAZ über Sie gelesen. Unwillen, weil der Arne Hoffmann, den ich zu kennen meine, nichts mit dem Mann Ihres Namens zu tun zu haben scheint, den der FAZ'ler zu porträtieren vorgibt. Weil der Journalismus, den dieser FAZ'ler in seinem Artikel verkörpert, nichts mit dem Journalismus zu tun hat, der neutral, objektiv zutreffend und sauber recherchiert informiert. Und weil das, was dabei herausgekommen ist, Diffamierung ist. Mit, wie mir scheint, dem einen zutiefst inhumanen Ziel, Sie als Autor, der sich für Gleichberechtigung zwischen den Geschlechtern sowie gegen Neo-Nazitum einsetzt, und speziell als Mann im Rundumschlag ad absurdum zu führen.*

Und doch kann ich mich des Eindrucks nicht erwehren, dass Sie sich dieses journalistisch so prekäre Machwerk als Ehren-Kokarde an die Brust stecken könnten. Immerhin muss das, was Sie schreiben, so nachhaltig wirkmächtig sein, dass die ‚große FAZ' Sie einer ganzen Seite würdigt,

---

386 Vgl. Schroeder, Jules: 7 Reasons Why Millennial Men Are Reinventing Masculinity. In: Forbes vom 12.10.2017, online unter https://www.forbes.com/sites/jules-schroeder/2017/10/12/the-evolved-man-7-reasons-why-millennial-men-are-reinventing-masculinity/#36b425c3597c.

um den Eindruck zu erwecken, Sie seien es nicht wert, dass man ein Wort über Sie und Ihre Veröffentlichungen verlöre."[387]

Die Frankfurter Allgemeine verschanzt sich

Der Gymnasiallehrer und Blogger Lucas Schoppe befand in seiner Analyse dieses Artikels, dieser sei „so irreführend, aber auch so gewaltsam", dass er „erkennbar auf eine diskursive Vernichtung" angelegt sei. Während nichts dagegen zu sagen sei, wenn ein Journalist meine Positionen nicht teile, sei die verzerrende Weise, wie Eder diese Positionen darstelle, „schlicht unethisch". Da es aber besser sei, die Kommunikation zu suchen, anstatt andere Menschen als Feinde zu markieren und zu versuchen, sie kommunikativ zu zerstören, schrieb Lucas Schoppe einen offenen Brief an die Frankfurter Allgemeine. Darin heißt es unter anderem:

> *„Ist (…) wirklich niemand in der Redaktion der Frankfurter Allgemeinen auf die Idee gekommen, dass es möglicherweise nicht in Ordnung, ja vielleicht sogar strafrechtlich relevant ist, wenn Ihr Redakteur einen Menschen ausdrücklich und öffentlich als psychisch krank hinstellt ('Wahnsinn') und das mit aus dem Kontext gerissenen Zitaten und einer manipulativen, willkürlich selektiven Darstellung stützt? Hoffmann ist ein freier Autor und ist für seine Existenzsicherung darauf angewiesen, Bücher zu verkaufen. Bei dieser Art der Darstellung durch eine große, überregionale Zeitung ist die bewusste Absicht einer Schädigung nicht von der Hand zu weisen.*
> *(…) Natürlich ist es möglich, dass Journalismus schon immer so einseitig, so desinformierend, so bösartig, kurz: so schlecht war wie der Artikel Eders – dass wir das aber früher nicht gemerkt haben, weil uns das Netz nicht als Instrument der Überprüfung solcher Texte zur Verfügung stand. Ich halte aber eine ganz andere Erklärung für wahrscheinlicher: Je stärker Journalisten ihre traditionelle Funktion als Torwächter öffentlicher Diskurse verlieren, desto verbissener halten sie an dieser eigentlich schon erodierten Funktion fest – und entfernen sich dabei immer weiter von eben der Wirklichkeit, mit der sie sich doch eigentlich auseinandersetzen müssen."*[388]

---

387 Vgl. Jäckel, Karin unter http://genderama.blogspot.com/2017/09/offener-brief-von-dr-karin-jackel-zu.html.

388 Vgl. Schoppe, Lucas: Die Gewalt der vierten Gewalt – ein Fallbeispiel. Online seit dem 28.8.2017 unter https://man-tau.com/2017/08/28/vierte-gewalt-fas-arne-hoffmann/

Auf diesen Brief erhielt Lucas Schoppe von der Frankfurter Allgemeinen keine Antwort, woraufhin er mehrere Tage später in einem zweiten Brief nachhakte und die Frage stellte, ob es in diesem Hause irgendeine Form der journalistischen Verantwortung gäbe:

> *„Ich kenne mich mit dem Thema und dem Autor Hoffmann einigermaßen gut aus, daher konnte ich schon bei der Lektüre merken, dass vieles, und Grundsätzliches, mit dem Text nicht stimmt. Da ich die FAZ und auch Ihre Sonntagszeitung schon oft gelesen habe, überlege ich mir nun natürlich, ob ich von Ihnen auch in anderen Fällen ähnlich unseriös informiert worden bin – in Fällen allerdings, in denen mir das Vorwissen fehlte, um die Fehler zu bemerken.*
>
> *Ich habe in dem Blog man tau etwas zu dem Text geschrieben, ich muss es sicher nicht alles wiederholen. Der Kommentator Leszek hat zu dem Beitrag viele Textstellen zusammengetragen, aus denen deutlich wird, dass Ihr Journalist schon bei einer äußerst oberflächlichen Lektüre von Hoffmanns Texten hätte merken müssen, wie grundsätzlich falsch seine Darstellung ist.*
>
> *Wie aber ist es eigentlich möglich, dass ein Beiträger in der Kommentarspalte eines kleinen Blogs deutlich besser recherchiert und ein Thema wesentlich seriöser präsentiert als ein Redakteur einer der größten und wichtigsten deutschen Zeitungen?*
>
> *Für mich als Leser stellt es sich so dar, dass Eders Text also entweder auf einer schwer verständlichen Schlamperei beruht oder auf einer bewussten Absicht zur Falschdarstellung. Da Eder seine Fehler aber durchweg zu Hoffmanns Nachteil macht, da durch sie durchaus systematisch das Bild eines weltfremden, spinnerten Nerds entsteht, der über eine herbei fantasierte Unterdrückung von Männern jammert – da alle erkennbaren sachlichen Anliegen von Hoffmann ganz ausgeblendet bleiben, obwohl es nicht vorstellbar ist, dass Eder nichts von ihnen wusste – daher ist wohl die Möglichkeit der Schlamperei auszuschließen.*
>
> *(…) Selbst wenn Sie sich aber auch in einem strafrechtlichen Sinn schuldig gemacht hätten, könnten Sie damit kalkulieren, dass das für Sie keine Konsequenzen haben würde. Verleumdung ist nun einmal kein Offizialdelikt, und Hoffmanns finanzielle Mittel für ein Rechtsverfahren sind den Ihren weit unterlegen. Allein Ihre sehr starke Stellung schützt sie davor, allzu viele Konsequenzen befürchten zu müssen.*
>
> *Eben deshalb aber schreibe ich Ihnen hier noch einmal. Ich möchte einfach wissen: Gibt es für Sie, unabhängig von einer allgemeinen strafrechtlichen Verantwortung, die ja für alle Menschen gilt, auch noch eine spezifische journalistische Verantwortung?"*[389]

---

389 Vgl. Schoppe, Lucas: Gibt es eine journalistische Verantwortung? Eine Frage an die FAZ. Online seit dem 31.8.2017 unter https://man-tau.com/2017/08/31/journalismus-verantwortung-faz-arne-hoffmann/.

Auch die Frage nach ihrer journalistischen Verantwortung ließ die Frankfurter Allgemeine unbeantwortet – was allerdings aussagekräftig genug ist.

Der Blogger Christian Schmidt sprach Sebastian Eder direkt über dessen Twitter-Konto an: „Hallo @Seb_Eder der @arnehoffmann sieht deinen Artikel als Hit Piece. Würde mich deine Meinung zu interessieren."[390] Auch hier blieb eine Antwort aus. Die Frankfurter Allgemeine und ihr Mitarbeiter hatten sich nach dem Rufmord eingebunkert. Der Leser scheint für eine selbsterklärte journalistische Elite lediglich als störender Pöbel zu gelten, den es zu ignorieren gilt.

Dieses Verhalten ist besonders befremdlich, wenn man an vergleichbare Fälle denkt. So trat der Journalist Roland Tichy von der Herausgeberschaft der Debattenplattform „Xing Klartext" zurück, nachdem auf seiner Website „Tichys Einblick" ein Gastbeitrag erschienen war, in dem „grün-linke Gutmenschen" als „geistig-psychisch krank" bezeichnet worden waren.[391] Vergleichbare Einsicht findet man in der Frankfurter Allgemeinen nicht. Stattdessen bunkert man sich vor den Lesern ein, die auf solche Regelverletzungen hinweisen. Dies ist umso befremdlicher, als der Deutsche Journalisten-Verband unlängst erklärte, der Leserdialog dürfe kein Abfallprodukt der journalistischen Berichterstattung sein: „Spätestens seit der ‚Lügenpresse'-Diskussion ist klar, dass wir nicht weniger, sondern mehr Dialog mit unseren Lesern, Zuhörern und Zuschauern brauchen".[392]

Nun gibt es in der Geschlechterforschung die Theorie von der Männlichkeit als Performance, also als Schauspiel, bei dem sich Männer auf bestimmte Weise inszenieren müssen, um als „echte Kerle" wahrgenommen zu werden. Sebastian Eder hat das in seinem Artikel getan, indem er Frauen gegen mich als von ihm zusammenphantasier-

---

390 Vgl. https://twitter.com/allesevolution/status/902493268478496769.

391 Vgl. Afhüpe, Sven: Eklat in der Ludwig-Erhard-Stiftung – Friedrich Merz lehnt Preis ab. In: Handelsblatt vom 16.7.2018, online unter https://www.handelsblatt.c om/politik/deutschland/populismus-vorwurf-eklat-in-der-ludwig-erhard-stiftun g-friedrich-merz-lehnt-preis-ab/22798842.html?ticket=ST-6211656-hifJSopexIO MJImxCad1-ap3.

392 Vgl. Zörner, Hendrik: Mehr Personal nötig. Pressemitteilung des Deutschen journalisten-Verbandes, online seit dem 14.8.2018 unter https://www.djv.de/startsei te/profil/der-djv/pressebereich-download/pressemitteilungen/detail/article/mehr-personal-noetig.html.

te Bedrohung zu schützen vorgibt. In der Realität scheitert seine Performance aber sowohl, was die alte, als auch was die neue Männerrolle angeht. Er kann hier letztlich *weder* den Idealen des neuen Mannes (Nonkonformismus, Authentizität und Empathie) gerecht werden, noch denen des alten (Verantwortungsbereitschaft und Konfliktfähigkeit). Er konnte lediglich aus einer Machtposition heraus zunächst freundlich tun, ein Gegenüber, der sich nicht dagegen wehren kann, dann verbal herabwürdigen und sich schließlich aus dem Staub machen. Die Performance bleibt so nur das: ein reines Schauspiel.

Warum ist diese Absage an journalistische Ethik verheerend?

Lucas Schoppe hat ja bereits die Folgen einer solchen geradezu genüsslich zelebrierten „character assassination" dargelegt, wie ein solcher Artikel im englischen Sprachraum bezeichnet wird. Im Raum meiner bestehenden Beziehungen richtet ein solcher Artikel zwar keinen Schaden an, weil die Menschen, mit denen ich zu tun habe, ähnlich wie Karin Jäckel schnell merken, dass die dargestellte Person und ich wenig miteinander zu tun haben. Bei Menschen, die mich nur oberflächlich kennen, oder bei denen ich erst einen beruflichen oder privaten Kontakt herstellen möchte, ist die Wirkung eines solchen Artikels aber potentiell destruktiv. Gibt man „Arne Hoffmann" bei Google ein, erscheint dieser Artikel als einer der ersten Treffer. In ähnlicher Weise sind erfundene oder entstellende Zitate, die Claudia Roth, Renate Künast und Barbara Käßmann untergeschoben wurden, oft erfolgreicher als korrekte Darstellungen, weil sie sowohl Vorurteile zu bestätigen scheinen als auch emotional wirkungsvoll sind.

Ich habe natürlich keine Möglichkeit etwa herauszufinden, ob irgendwelche Verlage mir auf ein Buchangebot absagten, nachdem die Lektoren zu mir googelten und dabei auf diesen entstellenden Artikel stießen. Allerdings weiß ich von einer Lektorin eines Verlages, für den ich bereits tätig bin und die diesen Artikel für bare Münze genommen hat, weil er nun mal in der Zeitung steht. Die Konsequenzen eines solchen Artikels auf eine Person, die tatsächlich sozial isoliert, unbeholfen und psychisch anfällig ist, möchte ich mir gar nicht ausmalen.

Aber die Folgen eines solchen Artikels sind ja nicht nur für mich, sondern in vielfacher Weise schädlich:

— Menschen, die öffentlich abweichende Meinungen äußern, wird signalisiert: „Wir können zwar nichts dagegen tun, dass du dich auch zu Wort meldest. Aber du musst dann damit rechnen, dass wir dich so entstellend wie möglich präsentieren, um dich gesellschaftspolitisch mundtot zu mache, auch wenn du dir nicht das Geringste hast zuschulden kommen lassen." Ohnehin Marginalisierte werden zum Schweigen gebracht. Dem Geist einer liberalen Gesellschaft läuft dies komplett entgegen.

— Die männlichen Opfer beispielsweise von häuslicher und sexueller Gewalt, auf die wir Maskulisten aufmerksam machen möchten, bleiben weiter unsichtbar. Dabei haben männliche Missbrauchsopfer ohnehin schon Schwierigkeiten, über ihr Leiden zu sprechen. „Viele von ihnen befürworten stattdessen eine John-Wayne-Mentalität", berichtet Professorin Joan Cook von der Yale School of Medicine. Sie befürchteten als schwach und unmännlich zu erscheinen, wenn sie anderen davon erzählen.[393]

— Was den lagerübergreifenden Dialog zwischen Feministinnen und Maskulisten angeht, werden durch derartige Artikel zusätzlich Verständigungs- und Diskursblockaden aufgebaut.

— Ein Großteil der politischen Debatte wird gegenwärtig durch glaubhaft erscheinende Fake News erschüttert, die sich vor allem online rasant verbreiten. Als Gegenmaßnahme wäre es dringend geboten, dass seriöse Medien das noch erhaltene Vertrauen von weiten Teilen der Bevölkerung zumindest nicht noch weiter unterminieren und so den Unterschied zu diesen „Fake News" verwischen. Verzerrende Artikel tragen zu einer Vertrauenskrise bei, die radikale Kräfte für ihre eigenen Interessen zu nutzen verstehen.

— Den Leitmedien selbst sollte ebenfalls daran gelegen sein, ihre bisherige Funktion und ihr bisheriges Geschäftsmodell zu erhalten. Als Reaktion auf Sebastian Eders Artikel habe ich schon von mehreren Seiten gehört: „Wenn ich sehe, was für ein dummes Zeug hier

---

393 Vgl. Crary, David: Some male sexual assault victims feel left behind by #MeToo. Online seit dem 19.4.2018 unter https://apnews.com/5d84308483644be8a4ac-f14975420e11/Some-male-sexual-assault-victims-feel-left-behind-by-MeToo.

über ein Thema geschrieben wird, bei dem ich mich auskenne, frage ich mich natürlich, was mir auch bei Themen aufgetischt wird und wie ich dort manipuliert werde, bei denen ich mich *nicht* auskenne." Von einer Mitarbeiterin der Berliner „taz" höre ich, dass viele Menschen gar nicht mehr erst mit ihr sprechen möchten; Gleiches berichtet die Journalistin Ingrid Brodnig.[394] Es müsste Medienmacher zumindest nachdenklich stimmen, wenn in einer Studie der Uni Mainz mehr als ein Drittel der Befragten findet: „Themen, die mir wichtig sind, werden von den Medien gar nicht ernst genommen."[395]

Auch das Medien-Blog „Spiegelkritik" kritisiert diesen Journalismus, der

> *„kein Interesse an anderen Erfahrungen, Wahrnehmungen und daher auch Meinungen hat. Dass Politiker und andere Billig-Rapper ihre Kontrahenten verhöhnen, als Deppen darstellen, gar als Gefahr für die Allgemeinheit – ist okay, gehört zum Geschäft, ist die Show, die jeder erwartet. Aber wenn dem Journalismus selbst auch nichts anderes einfällt, ist er eben überflüssig, zumindest schon mal entsetzlich langweilig und funktionslos. Aufklärung wird hier verstanden als Berufung, die eigene Weltsicht als die einzig wahre zu preisen und alle Ungläubigen, die die Gefolgschaft verweigern, zu verdammen."[396]*

Es ist kaum zu fassen, dass all dies in die Redaktionsräume der Frankfurter Allgemeinen noch nicht vorgedrungen ist und man stattdessen mit Artikeln wie dem hier analysierten genau das weitertreibt, was immer mehr Menschen beim gegenwärtigen Journalismus abstößt. Letzten Endes sägt man damit an dem Ast, auf dem man sitzt, wie Ute Schaeffer in ihrem Buch „Fake statt Fakt" feststellt:

> *„Wenn sich professioneller Journalismus nicht durch Genauigkeit der Recherche und Faktentreue auszeichnet, macht er keinen Unterschied mehr. Solche Produkte sind überflüssig – sie werden nicht bestehen."[397]*

---

394 Vgl. Brodnig, Ingrid: Hass im Netz. Was wir gegen Hetze, Mobbing und Lügen tun können. Brandstätter 2016, S. 7.

395 Vgl. Hülsen, Isabell: „… dass ich ständig belehrt werde, was ich zu denken habe". Online seit dem 25.2.2018 unter http://www.spiegel.de/spiegel/journalismuskrise-warum-viele-leser-den-medien-misstrauen-a-1195175.html.

396 Vgl. Rieg, Timo: Medienkritik, wo ist der Journalismus? Online seit dem 8.4.2018 unter http://spiegelkritik.de/2018/04/08/medienkritik-wo-ist-der-journalismus/.

397 Vgl. Schaeffer, Ute: Fake statt Fakt. Dtv 2018, S. 92.

Sebastian Eder: schwarzes Schaf oder typisch für unsere Medien?

Ich halte es an dieser Stelle für wichtig, nicht unter Rufen wie „Lügen-presse" sämtliche Journalisten pauschal abzuurteilen und in Sippen-haft zu nehmen. Das ist bei diesem Berufsstand genauso unsinnig wie bei Feministinnen und Maskulisten. Die Verstöße gegen die journalistische Ethik erfolgten hier von einem ganz bestimmten Akteur und einer ganz bestimmten Zeitung.

Dabei hilft es zu wissen, dass sich die Frankfurter Allgemeine nicht zum ersten Mal dem Vorwurf ausgesetzt sieht, den moralischen Kompass verloren zu haben. So recherchierte vor einigen Jahren der Journalist Alexander von Beyme den von der Frankfurter Allgemeinen Sonntagszeitung veröffentlichten Artikel „Unter dem Deckmantel der Vielfalt"[398] vom 14. Oktober 2014 nach, der sich Beyme zufolge als ein Text herausstellte, „der von Manipulationen, Einseitigkeit und Polemik durchsetzt ist". Der Artikel, erläutert Beyme, „lässt nicht nur Wesentliches weg, sondern reißt Zitate manipulativ aus dem Zusammenhang und enthält böswillige Verkürzungen."[399] Es sind exakt dieselben Vor-würfe, die man Sebastian Eders Artikel in derselben Zeitung machen muss.

Für einen anderen Artikel der Frankfurter Allgemeinen zum The-ma Homosexualität sprach der Deutsche Presserat gar eine Rüge gegen die Frankfurter Allgemeine aus und sah einen schweren Verstoß gegen das Diskriminierungsverbot.[400] Einsicht gab es danach bei der Frank-furter Allgemeinen keine; das Blatt berief sich lediglich auf die Mei-nungsfreiheit. Der bekannte Journalist Stefan Niggemeier kommen-tierte dies so:

---

398 Vgl. Schmelcher, Antje: Unter dem Deckmantel der Vielfalt. Online unter http://www.faz.net/aktuell/politik/inland/experten-warnen-vor-zu-frueher-aufklaerung-von-kindern-13203307.html.

399 Vgl. von Beyme, Alexander: Unter dem Deckmantel des Journalismus. Online seit dem 16.10.2014 unter http://www.alexandervonbeyme.net/2014/10/16/unter-dem-deckmantel-des-journalismus.

400 Vgl. Kram, Johannes: Ich hab ja nichts gegen Schwule, aber ... Querverlag 2018, S. 74 sowie N.N.: Missbilligung für „Bild", Rüge für die „FAZ", online seit dem 15.9.2017 unter http://www.spiegel.de/kultur/gesellschaft/deutscher-presserat-ruegen-fuer-bild-und-frankfurter-allgemeine-zeitung-a-1167854.html.

„Die FAZ verteidigt einen vom Presserat gerügten homophoben Hasskommentar. Mit derselben Logik könnte sie auch ankündigen, antisemitische Texte zu veröffentlichen – um von der Freiheit, auch kontroversen Meinungen Raum zu geben, *weiterhin Gebrauch zu machen.* "[401]

Geht man nach dem Artikel Sebastian Eders, scheint die Frankfurter Allgemeine aus diesem Desaster wenig gelernt zu haben. Es schält sich sogar heraus, dass der Umgang mit Schwulen und der Umgang mit männlichen Opfern und ihren Fürsprechern denselben Hintergrund haben könnte: Alle drei Gruppen entsprechen nicht dem traditionellen Männerbild des richtigen Kerls.

Das größte moralische Versagen des deutschen Journalismus insgesamt, wenn es speziell um die maskulistische Bewegung geht, besteht darin, dass ihre Aktivisten und ihre Anliegen weitgehend totgeschwiegen werden – bis auf ihren radikalen Rand, der immer wieder zur Abschreckung thematisiert wird. Bei dieser Form der Berichterstattung gewinnt man den Eindruck: Würden Journalisten in derselben Weise über das Thema „Fußball" schreiben, ginge es in ihren Artikeln ausschließlich um die Hooligans.

Sie können das Ausmaß der parteilichen Berichterstattung in unseren Leitmedien selbst herausfinden, indem Sie Google News Alerts auf „Feminismus" (also die Weltsicht, dass *Frauen* geholfen werden muss) sowie „Maskulismus" (also die Weltsicht, dass *beiden* Geschlechtern geholfen werden muss) setzen. Beobachten Sie dann beispielsweise ein Jahr lang, wie viele Artikel Feminismus neutral oder positiv und wie viele Artikel Maskulismus neutral oder positiv darstellen. Sie dürften auf ein Verhältnis von tausend zu eins kommen. Während eine russische „Aktivistin", die Männern in der U-Bahn Bleiche in den Schritt kippt, selbstverständlich sofort vom Deutschlandfunk interviewt wird[402], können sich viele Männerrechtler mit ihren Studien den Mund fusselig reden, ohne dass das Schweigetabu gegen sie bröckelt.

---

401 Vgl. Niggemeier, Stefan: FAZ: Homophob fragen wird man ja wohl noch dürfen. Online seit dem 2.10.2017 unter https://uebermedien.de/21069/faz-homophob-fragen-wird-man-ja-wohl-noch-duerfen.

402 Vgl. Grampes, Timo im Gespräch mit Sabine stöhr: Die Strafe für breitbeiniges Sitzen. In: Deutschlandfunk Kultur vom 28.9.2018, online unter https://www.deutschlandfunkkultur.de/aktion-gegen-manspreading-die-strafe-fuer-breitbeiniges.2156.de.html?dram:article_id=429305.

Ein gutes Beispiel dafür, mit welcher Rhetorik maskulistische Positionen in unseren Leitmedien ausgegrenzt werden, stellt schon die Überschrift eines auf Spiegel-Online erschienenen Artikels der Feministin Sibylle Berg zu diesem Thema dar: „Man kann den Rülps auch einfach ignorieren".[403] Wer also über die Anliegen von Jungen und Männern spricht, ist jemand, dem lediglich ekelhafte Körpergeräusche entfahren. Als Thema mit Bezug zur empirischen Wirklichkeit werden solche Statements erst gar nicht wahrgenommen. In Bergs Artikel heißt es weiter:

> *„Maskulisten, Identitäre, AFD, Pegida, Lega, Populismus-Gewinnler, die Volksverblödungsbücher schreiben, zu kurz gedacht in Ermangelung eines brillanten, weitsichtigen Geistes. Salafisten und Fundamentalisten aller Länder, vereinigt euch und bezieht Höhlen unter der Erde. Ihr helft den Menschen nicht, den Weg in ein neues Zeitalter zu finden, ihr macht sie denkunfähig, ihr schürt Angst und Wut. "[404]*

Mit der Aufforderung, die angefeindeten Gruppen sollten „Höhlen unter der Erde" beziehen, werden sie in wörtlichem Sinne als „Unter-Menschen" dargestellt. Selbstverständlich fehlt hier jegliche Auseinandersetzung mit den tatsächlichen Inhalten maskulistischer Bücher. Stattdessen werden Maskulisten in einem Atemzug mit Rechtsradikalen und Rechtskonservativen genannt, was Berg nicht einmal erklärungsbedürftig scheint. Ihr Spiegel-Online-Artikel erschöpft sich in klassisch manichäischem Denken, in dem die Kinder des Lichts („Weg in ein neues Zeitalter") den Kindern der Finsternis („Höhlen unter der Erde") gegenübergestellt werden.

Um näher zu ergründen, wie es zu derart problematischen Artikeln sowie zu dem massiven Vertrauensverlust der Leitmedien bei der Bevölkerung kommen konnte, ist ein Rückblick auf die Entwicklung des deutschen Journalismus in den letzten Jahren sinnvoll. Der Mainzer Kommunikationswissenschaftler Hans Mathias Kepplinger zeichnet diese Entwicklung in seinem aktuellsten Buch mit dem thematisch passenden Titel „Totschweigen und Skandalisieren" nach. Dabei zeigt

---

403 Vgl. Berg, Sibylle: Man kann den Rülps auch einfach ignorieren. Online seit dem 10.9.2016 unter http://www.spiegel.de/kultur/gesellschaft/maskulisten-und-identitaere-den-ruelps-einfach-ignorieren-a-1111483.html
404 Ebenda.

sich, dass sich in Eders Artikel ohnehin weit verbreitete Fehlentwicklungen besonders stark verdichtet haben:

— Bereits 2009 hatte Ulrich Wickert die durch Voyeurismus geleitete falsche Gewichtung von Nachrichten und die Vernachlässigung wichtiger Themen in den Nachrichten beklagt.[405] Voyeurismus einerseits, was mein Privatleben angeht, und die relative Vernachlässigung der eigentlich sozial relevanten Themen sind auch exemplarisch für Eders Artikel.

— Im Juli 2011 kritisierte der ehemalige Journalist und Intendant des SfB Günther von Lojewski die „Verführung der Macht" der Redaktionen, nicht nur „die Agenda des öffentlichen Diskurses vorzugeben", sondern mit der sprachlichen Aufbereitung von Meldungen „auch die öffentliche Meinung zu präjudizieren" und befand unter anderem die „Personalisierung" von Sachthemen als problematisch.[406]

— Im Januar 2013 fragte Michael Naumann, ehemals Herausgeber der „Zeit" und Chefredakteur des „Cicero": „Wie verrückt sind die Medien eigentlich geworden?" und „Wie kam es zu diesem erstaunlichen Relevanzverlust der journalistischen Debatte?" Während wichtige und drängende politische Sachthemen eine Debatte erfordert hätten, beherrschte damals Rainer Brüderles Dirndl-Äußerung die Talkshows, mit der er auf eine übergriffige Frage einer Journalistin reagiert hatte. Naumann befand, inzwischen werde „Politik als Theater verstanden, deren Schauspieler weniger an Sachkompetenz, sondern am eleganten Bühnenauftritt gemessen" würden.[407]

— Wie Kepplinger zusammenfasst, kritisierten Wickert, von Lojewski und Naumann dieselben Kernprobleme im Gegenwartsjournalismus: „die unprofessionelle Nachrichtenauswahl – die Betonung von Nebensächlichkeiten und Vernachlässigung wichtiger Informationen; (…) die Steuerung der Meinungsbildung durch versteckte

---

405 Vgl. Kepplinger, Hans Mathias: Totschweigen und Skandalisieren. Herbert von Halem 2017, S. 11.
406 Vgl. Kepplinger, Hans Mathias: Totschweigen und Skandalisieren. Herbert von Halem 2017, S. 12.
407 Vgl. Kepplinger, Hans Mathias: Totschweigen und Skandalisieren. Herbert von Halem 2017, S. 12-13.

Wertungen und (...) die Selbstinszenierung der Medien zu Lasten ihrer für die politische Meinungs- und Willensbildung notwendigen Dienstleistungen."[408]

— Im Jahr 2015 arbeiteten Matthias Geiss und Bernd Ulrich, leitende Redakteure der „Zeit", als weiteren Mangel die auch von den Medien geförderte „Konsensgesellschaft" heraus. Während die Medien die „Langeweile" und den „bleiernen Konsens" der Politik bejammerten, hätten sie dem unbenommen „leidenschaftlich die Rolle des Grenzwächters übernommen" und Verletzungen dieser Grenze "gnadenlos skandalisiert". Dabei, ergänzt Kepplinger, werden die Gründe keineswegs „sachlich und ernsthaft diskutiert, sondern die Meinungen und mit ihnen ihre Vertreter diskreditiert".[409]

— „Warum haben so viele Deutsche kein Vertrauen in die Berichterstattung der Medien?" fragt Kepplinger und weist als Ansatz für eine Antwort auf eine Umfrage aus den Jahren 2007/2008 hin, in der sich zeigte, dass viele Befragte in den Leitmedien „gegensätzliche Meinungen zu einem Thema" vermissten. Toleranz für andere Meinungen sprachen sie den Journalisten ab.[410]

— In einer Medienstudie vom Frühjahr 2016 äußerten 60 Prozent ihren Eindruck, die Nachrichtenmedien würden „berechtigte Meinungen, die sie für unerwünscht halten", ausblenden, 48 Prozent glaubten, sie würden „häufig einseitig zugunsten ihrer eigenen Meinung" berichten und 49 Prozent hatten den Eindruck, sie würden einem „vorschreiben, was man denken soll".[411]

— Kepplinger selbst stellt bei mehreren von ihm analysierten Beispielen eine „irreführende Kombination und Verkürzung von Aussagen" in Leitmedien dargestellter Personen sowie die „irreführende Ausklammerung und Darstellung wichtiger Informationen" fest.[412]

---

408 Vgl. Kepplinger, Hans Mathias: Totschweigen und Skandalisieren. Herbert von Halem 2017, S. 14.

409 Vgl. Kepplinger, Hans Mathias: Totschweigen und Skandalisieren. Herbert von Halem 2017, S. 17.

410 Vgl. Kepplinger, Hans Mathias: Totschweigen und Skandalisieren. Herbert von Halem 2017, S. 25.

411 Vgl. Kepplinger, Hans Mathias: Totschweigen und Skandalisieren. Herbert von Halem 2017, S. 26.

412 Vgl. Kepplinger, Hans Mathias: Totschweigen und Skandalisieren. Herbert von Halem 2017, S. 45.

— Deutlich mehr als ein Drittel aller Nichtregierungsorganisationen – zu denen auch maskulistische Vereine gehören – berichten, „dass sie kaum eine Chance hatten, über Kontakte zu Journalisten in den Medien Beachtung zu finden". Nach Aussagen von mehr als einem Drittel wurden ihre „Stellungnahmen weniger beachtet als sonst", ihre „Argumente nicht richtig dargestellt" und „Kritiker kamen öfter zu Wort als wir".[413]

— Nachdem Kepplinger die Berufsgruppen Wissenschaftler und Ingenieure mit der Berufsgruppe der Journalisten verglich, stellte er fest: „Die Bereitschaft zu einer namentlichen Kritik am beruflichen Fehlverhalten von Kollegen garantiert nicht die Beachtung von Berufsregeln, sie ist jedoch eine Voraussetzung dafür. Daran fehlt es in weiten Teilen des Journalismus."[414] Auch ich habe festgestellt, dass Eders Artikel zwar von Nicht-Journalisten breit kritisiert wurde, dass aber speziell Journalisten, die ich darauf ansprach, nicht bereit waren, sich dieser Kritik anzuschließen. Offenkundig besteht hier eine starke Gruppensolidarität.

— Mit welchen Argumenten rechtfertigen Journalisten es nun, fragt Kepplinger, wenn sie bestimmte relevante Informationen bei ihrer Berichterstattung blockieren? „Die Antwort lautet bekanntlich: Sie beanspruchen die Deutungshoheit über das Geschehen und lehnen eine Bringschuld gegenüber den Protagonisten der Berichterstattung und gegenüber ihren Lesern ab."[415] Anders formuliert: Wenn Journalisten über jemanden berichten, mit dem sie selbst nichts anfangen können, sehen viele von ihnen sich trotzdem nicht in der Verantwortung, diese Person respektvoll und fair darzustellen – weder ihm noch ihren Lesern gegenüber.

— Woher stammt die im Vergleich zu anderen Berufsgruppen bei Journalisten fehlende Bereitschaft, Fehlentwicklungen in ihrem Beruf anzusprechen? Hierzu erklärt Kepplinger:

---

413 Vgl. Kepplinger, Hans Mathias: Totschweigen und Skandalisieren. Herbert von Halem 2017, S. 115.

414 Vgl. Kepplinger, Hans Mathias: Totschweigen und Skandalisieren. Herbert von Halem 2017, S. 140.

415 Vgl. Kepplinger, Hans Mathias: Totschweigen und Skandalisieren. Herbert von Halem 2017, S. 192.

„Seit den sechziger Jahren wurde die fragwürdige Rolle fast aller Institutionen im Dritten Reich ausgiebig thematisiert – der Kirchen, der Politik, der Industrie, der Justiz, des Militärs usw. Die große Bedeutung der Medien für die zunehmende Akzeptanz des Nationalsozialismus nach der Machtergreifung blieb davon ausgespart. Das betrifft auch ihre Rolle als moralische Rüstkammer für den Zweiten Weltkrieg."[416]

Und schließlich urteilt Kepplinger:

„Das Totschweigen wichtiger Fakten und Meinungen dürfte wesentlich seltener vorkommen als das Skandalisieren von Personen, Organisationen und Sichtweisen. Trotzdem handelt es sich aus drei Gründen um das bedeutendere Problem. Erstens verstößt es gegen eine fundamentale journalistische Berufsnorm – die Publikationspflicht. Zweitens verfehlen die Medien dadurch ihre wichtigste gesellschaftliche Funktion – die Information der Bevölkerung. Drittens erkennt die Mehrheit der Bevölkerung in der Regel weder das mediale Problem (das Totschweigen von Informationen) noch das gesellschaftliche Problem (das totgeschwiegene Geschehen)."[417]

Insgesamt bündeln sich all diese Fehlentwicklungen in Sebastian Eders Artikel so, als wäre er zur Veranschaulichung von Kepplingers Darlegungen verfasst worden.

Ende 2018 stellte sich heraus, dass der mit Preisen überhäufte „Spiegel"-Reporter Claas Relotius in großem Umfang eigene Geschichten manipuliert habe.[418] Der Journalist Stefan Niggemeier berichtet daraufhin über seine eigenen Erfahrungen:

„Als ich für den ,Spiegel' gearbeitet habe, vor sechs, sieben Jahren, hatte das Gesellschaftsressort den Ruf, es im Zweifel nicht zu übertreiben mit der Wahrheitsliebe. Gemeint waren damit sicher keine Fälschungen und Erfindungen, aber Verdichtungen, Zuspitzungen, kreative Freiheiten. Die Unter-

---

416 Vgl. Kepplinger, Hans Mathias: Totschweigen und Skandalisieren. Herbert von Halem 2017, S. 31-32

417 Vgl. Kepplinger, Hans Mathias: Totschweigen und Skandalisieren. Herbert von Halem 2017, S. 52.

418 Vgl. beispielsweise Huber, Joachim: „Spiegel" legt Betrugsfall im eigenen Haus offen. In: Tagesspiegel vom 20.12.2018, online unter https://www.tagesspiegel.de/medien/gefaelschte-reportagen-von-claas-relotius-spiegel-legt-betrugsfall-im-eigenen-haus-offen/23778786.html.

stellung lautete: Das wichtigste Ziel sei es, die bestmögliche, dichteste, begeisterndste Geschichte zu erzählen, nicht unbedingt die genaueste."[419]

Das ist offenkundig auch das, was in dem hier analysierten Fall geschehen ist. Auch Sebastian Eder hat in seinem Artikel das verfügbare Material so zurechtgebogen, dass er damit eine abschätzige Erwartungshaltung und Klischeevorstellungen über Männerrechtler und Online-Aktivisten bediente.

Ein Nachdenken über einen zunehmend zynischen, einseitigen und unsachlichen Journalismus sei überfällig, befindet der Neurowissenschaftler Joachim Bauer, nachdem der Fall Relotius das Versagen des gegenwärtigen Journalismus noch einmal besonders deutlich gemacht hat. Dabei beklagt Bauer auch die vorurteilsbehaftete Haltung, mit dem sich manche Journalisten dem Thema ihrer Berichterstattung nähern:

„Wenn ein Journalist mit der Annahme in ein Interview geht, dass er oder sie sich dem Vorwurf der Hofberichterstattung aussetze, wenn der oder die Interviewte am Ende nicht eine miserable Figur macht, dann wird der Interviewpartner tatsächlich keine gute Figur machen."[420]

Ich spiele mit dem Gedanken, Chefredaktion und Herausgeber der Frankfurter Allgemeinen auf die in diesem Kapitel skizzierten Manipulationen aufmerksam zu machen. Aber das ginge von der wohl sehr blauäugigen Annahme aus, dass man dort etwas gegen derlei Praktiken hätte und sicherlich dagegen einschreiten würde, wenn man davon wüsste. Das bisherige Blockieren und Ignorieren der Frankfurter Allgemeinen von sämtlichen Rückmeldungen der Leserschaft lässt jedoch den gegenteiligen Schluss zu.

Stefan Niggemeier berichtet:

„Eine meiner Aufgaben beim ‚Spiegel' war, nach Formen zu suchen, mit denen das Nachrichtenmagazin sich erklären kann, wenn etwas schiefgelaufen ist. ‚Im Wissen um seine Stärken', schrieb ich damals, 2012, in meinem Blog,

---

419 Vgl. Niggemeier, Stefan: Der „Spiegel" und die gefährliche Kultur des Geschichten-Erzählens. Online seit dem 19.12.2018 unter https://uebermedien.de/33962/der-spiegel-und-die-gefaehrliche-kultur-des-geschichten-erzaehlens.

420 Vgl. Bauer, Joachim: Wenn Journalisten die Demokratie verächtlich machen. In: Die Welt vom 1.1.2019, online unter https://www.welt.de/debatte/kommentare/article186385164/Medien-Wenn-Journalisten-die-Demokratie-veraechtlich-machen.html.

‚kann sich der Spiegel selbstbewusst einer Diskussion stellen und dabei auch Unschärfen, Irrtümer und Fehler einräumen.‘ Das war naiv. Ein Grund dafür, dass ich nach kurzer Zeit wieder ging, war die frustrierende Erfahrung, wie wenige Kollegen im Haus damals meine Haltung zu teilen schienen. Der ‚Spiegel‘ gab und gibt sich größte Mühe, Fehler zu verhindern. Aber wenn sie passiert waren, ging es einigen Beteiligten und Verantwortlichen nach meiner Wahrnehmung damals vor allem darum, das Gesicht zu wahren. Nicht so sehr um eine möglichst schonungslose Aufklärung und Annäherung an die Wahrheit.“[421]

„Der Spiegel ist bereits irreparabel beschädigt“, befindet Milosz Matuschek in der *Neuen Zürcher Zeitung.* Für alle anderen Medien müsse der Skandal um Relotius deshalb ein Weckruf zur Selbstkontrolle sein:

„Wo ist neben dem großen Betrug an der Wahrheit der tägliche kleine Betrug? Jede Woche die gleichen binären Geschichten von Gut und Böse, das Spiel In-Group/Out-Group, hier dunkel, dort hell, hier gut und links, feministisch, liberal, dort rechts, neoliberal und bäh. Wie lange will man sie noch beibehalten, diese Platzanweiserei des betreuten Denkens und die Projektion von Dualitäten nach dem Motto: Wenn du nicht das bist, bist du das andere?“[422]

Unsere Leitmedien haben sich ihren schlechten Ruf in großen Teilen der Bevölkerung mühsam erarbeitet und scheinen bis heute nichts daraus zu lernen. Sobald einzelne Leser allzu aufmüpfig werden, so scheint man in den Redaktionen zu denken, muss man sie eben … nun ja, zum Beispiel in einem großen Artikel als leicht gestörte Sonderlinge mit verrückten Ideen darstellen. Dass viele Journalisten der Leitmedien aus immer größeren Kanonen auf ihre eigene Zielgruppe feuern, die sie eigentlich dringend für die Fortexistenz benötigen, nehmen sie offenbar nicht einmal mehr wahr.

---

421 Vgl. Niggemeier, Stefan: Der „Spiegel“ und die gefährliche Kultur des Geschichten-Erzählens. Online seit dem 19.12.2018 unter https://uebermedien.de/33962/der-spiegel-und-die-gefaehrliche-kultur-des-geschichten-erzaehlens.

422 Vgl. Matuschek, Milosz: Wann lösen wir die Wahrheitsministerien auf? In: Neue Zürcher Zeitung vom 8.1.2019, online unter https://www.nzz.ch/meinung/kolumnen/wann-loesen-wir-die-wahrheitsministerien-auf-ld.1449480.

Das Herabsetzen von kritischen Männern als „unmännlich"

Der Artikel Eders weist überdies auf ein Problem hin, das sich auch weite Teile der feministischen Bewegung vorwerfen lassen müssen: Sensible Männer, die über ihre Sorgen und Gefühle sprechen, werden vorgeblich immer wieder propagiert, wenn nicht eingefordert. Tun Männer das dann aber tatsächlich, werden sie gerade von Feministinnen häufig als unmännlich und lächerlich abgewertet. So gibt es für Männerrechtler die unterschiedlichsten Herabsetzungen und Beschämungsversuche mit Invektiven wie „Jammerlappen", „Crybabies", „Male Tears", „masculinity so fragile", „Angst vor starken Frauen", „keine abgekriegt" und so weiter. In der Darstellung vieler Feministinnen kritisieren Männerrechtler die bestehenden Verhältnisse nicht; sie „jammern" und zwar in „hysterischem Geschrei".[423] Ein Wort wie „hysterisch", das mit der griechischen Bezeichnung für die Gebärmutter verknüpft ist und deshalb normalerweise zur Herabsetzung von Frauen dient, sagt hier besonders viel aus. Jede dieser Attacken zielt darauf, den angefeindeten Mann zu beschämen, weil er die Kriterien seiner althergebrachten Geschlechterrolle nicht erfülle, ein stoischer, souveräner Kerl zu sein: zäh wie Leder, robust wie eine Eiche, hart wie Kruppstahl. Ich habe schon etliche Dialoge in den sozialen Medien gelesen, die nach folgendem Muster ablaufen:

> *Feministin: „Die toxische Männlichkeit in unserer Gesellschaft führt dazu, dass Männer zu emotionslosen Gefühlspanzern werden. Sie müssen lernen, mehr Mitgefühl zu entwickeln und sich für Benachteiligte zu engagieren."*
> *Männerrechtler: „Ich sehe für uns Männer die folgenden gesellschaftlichen Probleme …"*
> *Feministin: „LOL! GUCKT EUCH MAL DIESES WINSELNDE MÄNNERBABY DA AN, DAS SEINE KLEINE BABYTRÄNEN ÜBER TOTAL ‚WICHTIGE' PROBLEME VERGIESST, BWAAAAHAAHAAHAAHAAHAAAAA!!!!!!"*

Wie schnell und wie radikal einem Mann seine Männlichkeit abgesprochen wird, sobald er eigene Positionen vertritt, wurde im Jahr

---

423 Vgl. etwa Lindhoff, Alicia: Von Feminazi bis Hure. In: Frankfurter Allgemeine Zeitung vom 8.9.2018, online unter http://www.fr.de/politik/gender/feminismus/feminismus-von-feminazi-bis-hure-a-1578497, als nur eines von zahllosen Beispielen.

2018 deutlich, als der „Zeit"-Redakteur Jens Jessen aus der bisherigen Linie seines Blattes ausscherte und die Einseitigkeit kritisierte, mit der die MeToo-Debatte bislang geführt wurde. Lucas Schoppe untersuchte in seinem Blog, wie Journalisten mit Jessens Meinung umgingen:

> *„An den maßlos aggressiven Reaktionen auf Jessens Text lässt sich diese reaktionäre Haltung leicht erkennen. (…) ‚Ganz großes Gejammer' sei der Text von Jessen, so Patricia Hecht in der taz, die in ihrem Text ebenfalls gedankenfrei mit dem Patriarchatsbegriff hantiert. Dort ‚lamentiert' Jessen und bräuchte, so Hecht höhnisch, einfach ‚jemanden, der ihn an die Hand nimmt, wenn er sich ausgeweint hat'.*
> *Eigentlich dasselbe schreibt Margarete Stokowski im Spiegel, formuliert nur noch krasser, weil sie ja irgendwie rechtfertigen muss, dass sie aus denselben Vorwürfen noch einmal einen neuen Text macht. Mit seinen ‚weinerlichen Ausführungen' wäre Jessen nun ‚der Peinlichste in der #MeToo-Debatte'. ‚Jessens halt- und ehrloses Geflenne' darüber, ‚dass alle Männer elendig geknechtete Wesen sind', steht auch in diesem Text als erbarmungswürdig lachhaft dar.*
> *Natürlich greifen Stokowski und Hecht, wie viele andere, auf ein reaktionäres Männerbild zurück. Was ein richtiger Mann ist, der jammert und flennt nicht, der hat und bietet jederzeit Halt, und dessen Ehre heißt Treue. Dass ein Mann – und sei es noch so verstiegen und unstrukturiert – über eigene Verunsicherungen, vielleicht gar über Leiderfahrungen schreibt, erregt hier immer wieder einen Widerwillen, der urtümlich, instinktiv und unreflektiert wirkt. Der Kern dieser feministischen Kritik an Jessen ist, dass der Autor eben kein richtiger Mann sei."*[424]

Dabei ist gerade der beliebte feministische Kampfbegriff der „Male Tears" auch deshalb fragwürdig, weil die Maxime „Echte Kerle weinen nicht" relativ neu ist. So wie das Männerbashing insgesamt stammt sie erst aus dem neunzehnten Jahrhundert. Japanische Samurai, mittelalterliche Helden, Odysseus und sogar Beowulf verschütteten in ihren Abenteuern viele Tränen – denn diese Tränen zeigten, dass diese Männer sich von den Ungerechtigkeiten dieser Welt emotional berühren ließen.[425]

---

424 Vgl. Schoppe, Lucas: Echte Männer im aufrechten Kriechgang. Online seit dem 12.4.2018 unter https://man-tau.com/2018/04/12/zeit-jessen-ulbrich/.

425 Vgl. Zachary, Lindsey Beth: When Men Cry: Male Demonstrations of Grief in Beowulf, The Song of Roland, and Sir Orfeo. Thesis and Dissertation 2011, online unter http://scholarworks.uark.edu/cgi/viewcontent.cgi?article=1090&context =etd, sowie Newman, Sandra: Man, Weeping, online seit dem 9.11.2015 unter https://aeon.co/essays/whatever-happened-to-the-noble-art-of-the-manly-weep

Ironischerweise lassen sich auch zahlreiche Männer, die sich tatsächlich unsicher und labil in ihrer Männlichkeit fühlen, dadurch einschüchtern und versuchen zu beweisen, dass sie echte Kerle und politisch korrekte Männer zugleich sind, indem sie die „Weicheier" ebenfalls zu verspotten beginnen, die über solche Tabuthemen zu sprechen beginnen. Die reaktionären Mitläufer verhöhnen so diejenigen, die mutig genug sind, sich diesem Meinungsdruck zu widersetzen. Sie versuchen, ihre eigene Männlichkeit zu retten, indem sie Geschlechtsgenossen „entmännlichen".

Ich halte es insofern für keinen Zufall, dass diejenigen Medienbeiträge über mich und mein Engagement, die in den Wochen und Monaten nach Eders Artikel über mich erstellt wurden und die sämtlich klar sachgerechter und fairer waren, fast durchgehend von Frauen erstellt wurden:

— Christina Oxfort porträtierte mich auf seriöse und angemessene Weise für den Zeitungsverbund der Rhein-Main-Presse vom Wiesbadener Tagblatt über die Mainzer Allgemeine Zeitung bis zum Darmstädter Echo.[426]
— Laura Lucas gelang für das Deutschlandradio eine beachtenswert differenzierte Darstellung meines Standpunktes und unserer Bewegung einschließlich der Kritik an ihr.[427]
— Mithu Sanyal interviewte mich telefonisch für den WDR, und wir waren dabei in etlichen Punkten so schnell einer Meinung, dass daraus die Grundlage für den vorliegenden Sammelband entstand.
— Auch für einen gelungenen Fernsehbeitrag über männliche Opfer häuslicher Gewalt wurde ich von einer Journalistin befragt.[428]

---

sowie Whitney, Derek: Why Is It So Hard for Men to Cry?, online unter https://psychcentral.com/blog/archives/2012/10/12/why-is-it-so-hard-for-men-to-cry/.

426 Vgl. Oxfort, Christina: Maskulismus: Arne Hoffmann aus Wiesbaden kämpft für Männerrechte. Online unter https://www.echo-online.de/panorama/leben-und-wissen/maskulismus-arne-hoffmann-aus-wiesbaden-kampft-fur-mannerrechte_18374686.

427 Vgl. Lucas, Laura: Zwischen Männerthemen und Frauenhass. Deutschlandfunk Kultur vom 23.4.2018, online unter https://www.deutschlandfunkkultur.de/maskulismus-zwischen-maennerthemen-und-frauenhass.976.de.html?dram:article_id=416289.

428 Vgl. Fritsch, Laura: „Man muss von einem gewaltigen Dunkelfeld ausgehen". Der Beitrag steht auch online unter https://www.welt.de/vermischtes/video176731300

Meiner Erfahrung nach können sich (nicht-ideologisierte) Frauen dem Thema „Mann als Opfer" leichter nähern, weil sie sich dadurch nicht in ihrer Geschlechtsidentität bedroht fühlen. Aber natürlich ist das kein Automatismus, der grundsätzlich zutrifft: So interviewte mich ein männlicher Journalist, Till-Reimer Stoldt, im Januar 2018 für „Die Welt" zu häuslicher Gewalt gegen Männer und fertigte daraus einen dem Thema in jeder Hinsicht angemessenen Artikel.[429] Einmal mehr ist die Geschlechtszugehörigkeit hier also nur einer von mehreren Einflüssen. Andere Faktoren wie etwa der individuelle Grad an journalistischer Professionalität und Integrität kommen dazu.

Wie können Bürger- und Menschenrechtler Denunziationen in den Leitmedien begegnen?

Der hier analysierte Umgang so mancher Journalisten mit Bürger- und Menschenrechtlern, die unangenehme oder politisch unerwünschte Themen anschneiden, bringt solche Aktivisten in ein schwieriges Dilemma: Tritt man nicht an die Medien, kann man auf die Opfer nicht aufmerksam machen. Tritt man aber auf die Medien zu, kann man auf die Opfer unter Umständen auch nicht aufmerksam machen und wird zusätzlich denunziert, was für andere Aktivisten und viele Opfer eine abschreckende Wirkung hat.

Offenkundig kann ich niemandem empfehlen, der Frankfurter Allgemeinen ein Interview zu geben. Andererseits kann man aber auch nicht die Richtschnur anlegen, nur mit solchen Journalisten zu sprechen, die durch frühere Beiträge bewiesen haben, sich für männerpolitische Anliegen zu interessieren und sich in diesem Metier auszukennen. Denn die Zahl solcher Journalisten ist in unseren Leitmedien verschwindend gering.

/Gewalt-gegen-Maenner-Man-muss-von-einem-gigantischen-Dunkelfeld-ausgehen.html.

429 Vgl. Stoldt, Till-Reimer: „Gewalt ist für viele Zeitgenossen nicht gleich Gewalt". In: Die Welt vom 15.1.2018, online unter https://www.welt.de/regionales/nrw/article172423027/Wenn-Maenner-Opfer-sind-Gewalt-ist-fuer-viele-Zeitgenossen-nicht-gleich-Gewalt.html.

Noch schwieriger wird es, wenn man nur mit Medien zusammenarbeiten möchte, die sowohl dem Männerthema aufgeschlossen, als auch in anderer Hinsicht unbedenklich sind. Wenn Sebastian Eder mir etwa vorwirft, dass ich Medien zur Verfügung gestanden habe, die zu weit rechts stünden, dann dürfte ich der Frankfurter Allgemeinen – wie anhand ihres anrüchigen Umgangs mit Homosexualität gezeigt wurde – ebenfalls keine Interviews geben. Die damit geforderte „Moral" würde aber letztlich bedeuten, dass männliche Opfer weiter unsichtbar bleiben, was mit Moral überhaupt nicht in Einklang zu bringen ist.

Sicherlich hatten *alle* sozialen Bewegungen immer auch mit Verunglimpfungen durch Vertreter der Leitmedien zu kämpfen. Das veranschaulicht etwa der Dokumentarfilm „How to Survive a Plague" (2012), der den Kampf von Schwulengruppen wie „Act up" gegen AIDS sowie gegen Homophobie in den achtziger Jahren behandelt. Die Stimmung war damals dermaßen toxisch gegen Schwulenrechtler, dass etwa der New Yorker Bürgermeister Koch die Act-up-Protestler als „Faschisten" bezeichnete. „Habt keine Angst vor den Medien", sagte die Nachrichtenproduzentin Ann Northrop damals auf einer Act-up-Protestveranstaltung ihren Zuhörern, „ihr sprecht DURCH sie hindurch an die Öffentlichkeit."

Wie sich gezeigt hat, wäre dieselbe Einstellung für Männerrechtler unserer Tage naiv. Eine Feministin wie Mithu Sanyal hat das Privileg, von den Leitmedien einfach nur unkommentiert interviewt zu werden, wobei sie dann auch auf männliche Opfer sexueller Gewalt aufmerksam machen kann. Die Gelegenheit, die eigene Meinung unverzerrt zu äußern, gibt es für Männerrechtler hingegen in den Leitmedien kaum. Der Vorsitzende einer rechtspopulistischen Partei wie Alexander Gauland, der inzwischen vom Verfassungsschutz ins Augenmerk genommen wurde[430], darf in seinen eigenen Worten zu den Lesern der

---

430 Vgl. Jansen, Frank: Verfassungsschutz hält Gauland für problematischer als Meuthen. In: Tagesspiegel vom 17.1.2019, online unter https://www.tagesspiegel.de/ politik/prueffall-afd-verfassungsschutz-haelt-gauland-fuer-problematischer-als-meuthen/23877628.html.

Frankfurter Allgemeinen sprechen und einen Gastartikel[431] schreiben, ohne dass er und seine Auffassung entstellt und abgewertet werden. Bei jemandem wie mir, der sich für männliche Opfer einsetzt, kommt das nicht in Frage. Stattdessen wird darauf hingewiesen, dass seine Position „nicht mehrheitsfähig" sei und er für rechte Publikationen geschrieben habe.

Hier gerät die Heuchelei geradezu grotesk – erst recht, wenn man weiß, wie es in Sachen Diversität bei der Frankfurter Allgemeinen bestellt ist. „Bis heute arbeiten bei der FAZ fast keine Journalisten mit Migrationshintergrund", weiß der Journalist Mohamed Amjahid zu berichten, „und im Übrigen werden dort nur rund neun Prozent der Ressorts von Frauen geleitet."[432] Soll das seitenlange Bashing eines Männeraktivisten dafür eine Art Ausgleich darstellen? Will man dadurch den Eindruck erwecken, doch irgendwie im 21. Jahrhundert angekommen zu sein? Tatsächlich vertieft Eders Artikel den Eindruck einer rückwärts gewandten redaktionellen Linie nur.

Aber auch jenseits der FAZ wird ein reines Interview, das im Original veröffentlicht statt redaktionell aufbereitet wird, Männerrechtlern lieber verwehrt. So fragte mich im Herbst 2017 die Redakteurin einer überregionalen Wochenzeitung, die ungenannt bleiben möchte, ob ich ihr für ein „Porträt" zur Verfügung stehen würde. Als ich sie mit Verweis auf meine Erfahrungen mit der Frankfurter Allgemeinen fragte, ob nicht stattdessen auch ein reines Interview möglich sei, war das Angebot augenblicklich vom Tisch.

Ein anderes Beispiel: Ein Journalist des „Spiegel" führte mehrstündige Interviews sowohl mit einem Vertreter von MANNdat als auch mit Gerd Riedmeier, dem Sprecher der „IG Jungen Männer Väter". Im entstandenen Artikel wurde keines dieser Interviews erwähnt.[433] Er erweckt den Eindruck, dass Deutschland eine Männerrechtsbewegung gut täte, es aber keine gibt. Damit erfüllt er den Konsens von Teilen der Leitmedien, Aktivisten, die sich seriös und konstruktiv für die Bür-

---

431 Vgl. Gauland, Alexander: Warum muss es Populismus sein? In: Frankfurter Allgemeine vom 6.10.2018, online unter http://www.faz.net/aktuell/politik/inland/alexander-gauland-warum-muss-es-populismus-sein-15823206.html.

432 Vgl. Amjahid, Mohamed: Unter Weißen. Hanser 2017, S. 95.

433 Vgl. Gutsch, Jochen-Martin: Wann ist ein Mann ein Mann? In: Der Spiegel Nr. 23/2018.

ger- und Menschenrechte von Männern einsetzen, totzuschweigen. Man sieht an diesen Fällen recht gut, wie es zu dem zu Beginn dieses Kapitels erwähnten Drittel der Bevölkerung kommt, das erkannt hat, dass die Medien sich nicht für seine Anliegen interessieren. Dabei ist dieses Desinteresse zwar nicht so schlimm wie die Manipulationen, die sich der Spiegel-Journalist Claas Relotius mit seinen erfundenen Artikeln und Interviews geleistet hat. Aber auch durch das häufige Weglassen und Ausblenden eines relevanten Teils der Wirklichkeit wird bei den Lesern ein Weltbild erzeugt, das dem Wunschdenken der Redaktionen entspricht statt den Tatsachen. „Keine Angst vor der Wahrheit"? „Schreiben, was ist"? Von wegen.

Ein noch bizarreres Beispiel: Am 13. bis 15. April 2018 richtete der Professor für Soziologie Professor Gerhard Amendt an der Frankfurter Goethe-Universität der Wissenschafts-Kongress „Familienkonflikte gewaltfrei austragen" aus. Dort beleuchteten Vorträge internationaler Experten den aktuellen Stand der Gewaltforschung, dem zufolge häusliche Gewalt oft in Form einer wechselseitigen Eskalation erfolgt, was das sexistische Vorurteil vom „Prügler Mann" widerlegt.[434] Noch vor seinem Beginn wurde der Kongress von mehreren Leitmedien als „Anti-Homo-Kongress" dargestellt. „Männerrechtler und ‚Homo-Heiler' an der Uni" titelte beispielsweise die Frankfurter Rundschau,[435] „Protest gegen ‚Homo-Therapeuten' auf Uni-Campus" die hessenschau[436]. Der kollektive Rufmord endete erst, als Professor Amendt, dagegen juristisch tätig wurde. Eine im folgenden Jahr veröffentlichte Pressemitteilung blickt auf diese Kontroverse zurück:

> *„Schlagworte wie ‚Homoheiler' oder ‚Konversationstherapie' (sic!) reichten den Medien aus, um daraus reißerische Schlagzeilen zu fertigen. Gefahr sei im Verzug. Minderheiten seien gefährdet. Die Universität müsse den Mietvertrag für das Tagungsgebäude wegen Homophobie, Antifeminismus und gruppenbezogener Menschenfeindlichkeit kündigen. All das wurde unge-*

---

434 Vgl. https://familyconflict.eu.

435 Vgl. Majic, Danijel: Männerrechtler und „Homoheiler" an der Uni. In: frankfurter Rundschau vom 28. März 2018, online archiviert unter https://familyconflict.eu/wp-content/uploads/FR_28Mrz2018.pdf.

436 Vgl. N.N.: Protest gegen „Homo-Therapeuten" auf Uni-Campus. In: Hessenschau vom 27.3.2018, online archiviert unter https://familyconflict.eu/wp-content/uploads/Hessenschau_27Mrz2018.pdf.

prüft abgedruckt, verbreitete sich wie ein Buschfeuer rasend schnell und das Präsidium der Universität wähnte sich als Vermieter unter Druck.
(...) Letztlich haben nahezu alle Medien von Merkurist, Frankfurter Rundschau, hessenschau bis hin zu der Fraktion der Grünen im Römer Unterlassungserklärungen abgegeben oder eine einstweilige Verfügung der Pressekammer des Landgerichts Frankfurt am Main hinnehmen müssen und diese als endgültige Regelung akzeptiert. (...) Alle Behauptungen waren ungeprüfte Unterstellungen und Schmähungen, die [Professor Amendts] Persönlichkeitsrechte verletzten."[437]

Ein Grundproblem scheint in mehreren derart problematischen Fällen zu sein, dass die primäre Zielgruppe vieler Journalisten in erster Linie nicht eine heterogene Leserschaft darstellt, sondern die eigene In-Group. „Viele Journalisten sind getrieben davon, bei den Kollegen gut anzukommen" berichtet Matthias Döpfner, Präsident des Bundesverbandes Deutscher Zeitungsverleger.

„Sie verhalten sich damit zutiefst unjournalistisch: Sie wollen das Juste Milieu ihrer eigenen Branche bedienen, anstatt nonkonformistisch die andere Seite der Medaille zu beleuchten. Man will der eigenen Crowd gefallen, und das führt zu Herdenverhalten, Mainstream-Denken, Konformismus in der journalistischen Darstellung und immer mehr auch zu Intoleranz gegenüber Freidenkern."[438]

Der Medienwissenschaftler Bernhard Pörksen spricht in diesem Zusammenhang von einer „narrativen Verzerrung", einem „Story Bias": „Man hat die Geschichte im Kopf, man weiß, welchen Sound Leser oder Kolleginnen gerne hören wollen. Und man liefert, was funktioniert."[439] Ähnlich sieht es der Rechtsanwalt Markus Kompa: „Relotius tut nichts anderes als das, was von ihm erwartet wurde: Geschichten

---

437 Vgl. Pressemitteilung der AG Familienkonflikt vom 31. Januar 2019: „Wir müssen der politischen Denunziation Einhalt gebieten!" Online unter https://mantau.com/wp-content/uploads/2019/02/PM-Amendt-31Jan2019-1.pdf.

438 Vgl. Döpfner, Matthias im Interview mit Benedict Neff und René Scheu: Springer-CEO Mathias Döpfner: „Viele Journalisten verhalten sich zutiefst unjournalistisch". In: Neue Zürcher Zeitung vom 9.2.2019, online unter https://www.nzz.ch/feuilleton/medien/springer-ceo-doepfner-viele-verhalten-sich-unjournalistisch-ld.1457143.

439 Vgl. Pörksen, Bernhard: Die Schönheit einer Lüge. In: Die Zeit vom 22.12.2018, online unter https://www.zeit.de/kultur/2018-12/medienjournalismus-story-bias-betrug-claas-relotius-transparenz.

zu liefern, die das erwünschte Narrativ bedienen, regelmäßig Klickzahlen zu liefern und unerwünschte Beiträge zu vermeiden."[440]

Eigentlich dürfte es Probleme, wie ich sie auf den vorangegangenen Seiten analysiert habe, gar nicht geben. Pressecodex Ziffer 1 verlangt eine „wahrhaftige Unterrichtung der Öffentlichkeit", Pressecodex Ziffer 2 verbietet, den „Sinn" von Informationen „durch Bearbeitung" zu entstellen oder zu verfälschen, und Pressecodex Ziffer 9 verbietet, „mit einer unangemessenen Darstellung ... Menschen in ihrer Ehre zu verletzen".[441] Tatsächlich haben wir gesehen, dass die Frankfurter Allgemeine Leserbeschwerden über entsprechende Verstöße nicht einmal zu beantworten braucht. Der Politikwissenschaftler Thomas Meyer betitelte sein Buch über politische Journalisten nicht umsonst mit „Die Unbelangbaren" (Suhrkamp 2015). Selbst wenn es einem gelingen sollte, eine Gegendarstellung durchzusetzen, könnte dasselbe Medium sich problemlos revanchieren, indem es mit weiteren vernichtenden Darstellungen nachkartet. Unter Umständen wird der Betroffene zusätzlich als „dünnhäutig" und „wehleidig" abgekanzelt. Entsprechend erklärt Noam Chomsky zur Macht der Massenmedien:

> *„Der Kritiker muss auch bereit sein, auf einen Verleumdungsapparat zu treffen, gegen den es wenig Möglichkeiten auf Regress gibt, ein nicht unerheblicher Faktor."*[442]

Liegt die Hoffnung vielleicht darin, dass – auch weil derartige Praktiken immer bekannter werden – die Auflagenzahlen der Leitmedien kontinuierlich sinken, so dass dort eine Rückkehr zu den Grundsätzen journalistischer Ethik stattfinden könnte, wo diese mit Füßen getreten werden? Diese Hoffnung dürfte trügen. So berichtet Rüdiger Suchsland auf Telepolis über die Frankfurter Allgemeine:

> *„Inzwischen geht die Auflage deutlich zurück, inzwischen hat die Faz ihr Tafelsilber, die Societätsdruckerei und das Verlagsgrundstück in Frankfurt verkauft. Man versucht sich hilflos darin, mit teuren Versuchsballons wie ‚FAZ Quarterly' und ‚FAZ Weekly' Anzeigenkunden zu gewinnen – und be-*

---

440 Vgl. Kompa, Markus: Die Aufregung um Claas Relotius ist Heuchelei. Online seit dem 21.12.2018 unter https://www.heise.de/tp/news/Die-Aufregung-um-Claas-Relotius-ist-Heuchelei-4258079.html.

441 Vgl. http://www.presserat.de/pressekodex/pressekodex/

442 Vgl. Chomsky, Noam und Herman, Edward: Manufacturing Consent. Pantheon 2002, S. 306.

reitet doch mittelfristig den Abschied vom Print in die digitale Welt vor. Kürzungen in der Redaktion, Entlassungen, die Streichung von Korrespondentenstellen schönen kurzfristig die Bilanz. Aber das Ende kommt näher. (…) Die FAZ gehörte einst zu den ‚Leitmedien' und ‚Leuchttürmen öffentlicher Kommunikation' (Kurt Imhof), aber diese Leuchttürme haben sich so lange gewandelt, bis ihre Entbehrlichkeit unübersehbar geworden ist. Sie haben ihr Publikum zerstört in ein riesiges Downsizing der Maßstäbe, des Niveaus."[443]

Wenige Monate nach dem Erscheinen dieser Sätze schien der hier analysierte Artikel Suchslands Thesen handfest beweisen zu wollen, statt dass die Frankfurter Allgemeine entschieden umsteuerte und zum früheren Niveau zurückkehrte. Womöglich hat der Umstand, dass die verkaufte Auflage der Frankfurter Allgemeinen seit 1998 um 40,6 Prozent gesunken ist[444], dem hier analysierten Hau-drauf-Journalismus, der im Internet ja immer viele Zugriffe bringt, überhaupt erst die Bahn bereitet.

Was also können Aktivisten in dieser schwierigen Lage tun? Ich schlage im Wesentlichen vier aufeinander aufbauende Reaktionen vor:

— Es ist sinnvoll, die Mechanismen entsprechender Vorgänge überhaupt erst einmal transparent zu machen, wie es dieses Kapitel tut. Natürlich ist die Auflage dieses Buches im Vergleich zur Frankfurter Allgemeinen (trotz ihrem starken Rückgang) immer noch minimal. Trotzdem sprechen sich diese Inhalte herum, zumal ich jeden Leser dieses Kapitels dazu einlade, dafür so viel Öffentlichkeit wie möglich herzustellen.

— Vor allem aber sollte die Medienkritik im Internet stattfinden. Entsprechender Aktivismus wird von dem Medienforscher Kepplinger als vielversprechend eingeschätzt: Gerade aufgrund der bereits stattfindenden klaren Kritik führe „an einer ernsthaften Auseinandersetzung von Journalisten mit falschen, übertriebenen oder auf andere Art fragwürdigen Darstellungen ihrer Kollegen (…) kein

---

443 Vgl. Suchsland, Rüdiger: Genie des Agenda-Settings. In: Telepolis vom 15.6.2018, online unter https://www.heise.de/tp/features/Genie-des-Agenda-Settings-40794 34.html.

444 Vgl. http://www.ivw.eu/aw/print/qa/titel/1056?quartal%5B2018%5D=20182&q uartal%5B1998%5D=19984.

Weg vorbei." Der Journalismus stehe deshalb vor einem tiefgreifenden und schmerzhaften Wandel.[445]

Blogs erreichen nicht nur viel mehr Leser als Bücher; ihre Inhalte werden auch immer stärker von etablierten Medien aufgegriffen und erreichen eine beachtliche Wirkungskraft. Die Kritik beispielsweise an dem Artikel der Frankfurter Allgemeinen zum Thema Homosexualität erregte große Aufmerksamkeit, ist inzwischen in mindestens zwei Bücher aufgenommen worden und führte zu einer geschärften Wahrnehmung für die Missstände in dieser Zeitung, so dass man jetzt an diese Debatte anknüpfen kann.

Allerdings darf man sich nicht der Illusion hingeben, dass Online-Veröffentlichungen automatisch Diskurse öffnen. Auch ein reichweitenstarkes Blog wie das medienkritische „Bildblog" etwa kann zum Diskurswächter werden, wenn sich dort Alf Frommer über mehrere Absätze hinweg darüber empört, dass einige Medien überhaupt Männeranliegen aufgreifen, und darüber urteilt:

> *„Das Thema taugt sowieso hervorragend für Troll-Journalismus, weil man damit zumindest den Nerv vieler Männer treffen kann, die sich benachteiligt fühlen. Das Genre ist gar nicht dafür da, ernstgemeinte Beiträge abzuliefern, sondern soll nur die Aufmerksamkeitsökonomie bedienen."*[446]

Manchmal können eben auch scheinbar linke, autonome Internet-Plattformen stockreaktionäre Positionen vertreten.

– Eine tatsächlich zu neuen Debatten anregende „Gegenöffentlichkeit von unten" benötigt finanziell tragfähige Konzepte, die es überhaupt erst erlauben, sie aufrecht zu erhalten. Ich habe damit beste Erfahrungen gemacht. Das begann damit, dass mir im Februar 2015 einer meiner Leser schrieb, er werde mir zukünftig monatlich einen kleinen Spendenbetrag zukommen lassen, weil ihn die unfaire Darstellung unserer Bewegung durch Journalisten so sehr aufge-

---

445 Vgl. Kepplinger, Hans Mathias: Totschweigen und Skandalisieren. Herbert von Halem 2017, S. 198-199

446 Vgl. Frommer, Alf: Der Troll-Journalismus übernimmt. In: Bildblog vom 7.4.2018, online unter https://bildblog.de/97734/der-troll-journalismus-uebernimmt/.

bracht habe.[447] Dem haben sich so viele andere Leser angeschlossen, dass meine Motivation für das fast tägliche Bloggen (nach wie vor eine reine Freizeitaktivität) ungebrochen anhält. Wann immer Journalisten besonders unfair über uns und unsere Anliegen berichten, steigen diese Spenden. Nach dem Artikel Sebastian Eders schossen sie auf eine vielfache Höhe. Journalisten müssen merken, dass sie sich mit diffamierenden Artikeln selbst am meisten schaden.

— Männer, die sich der bisher verordneten Geschlechterrolle entziehen, werden sich gegen ebenso starken sozialen Druck behaupten müssen, wie es in früheren Jahrzehnten die ersten Frauen tun mussten. Früher wurden emanzipierte Frauen als „Mannweiber" verspottet; heute beschimpfen viele, inklusive Vertreter der Leitmedien, Bewegungen wie die „Men Going Their Own Way" ebenso wie Pick-up-Artists pauschal als „Frauenfeinde", während Hausmänner auf privater Ebene als „Schmarotzer" verunglimpft[448] und Erzieher als potentielle Pädophile verdächtigt werden.[449] Diesem oft mit Sanktionen belasteten Druck wird man standhalten müssen. Das ist auch deshalb notwendig, weil das Bedürfnis vieler Männer, einen starken Kerl zu spielen, den sogar die Frankfurter Allgemeine ernst nehmen kann, sie dazu treibt, viele Probleme in sich hineinzufressen, statt darüber zu sprechen: von häuslicher Gewalt bis zu Depressionen.[450]

---

447 Vgl. http://genderama.blogspot.com/2015/02/lesermail-wie-nina-marie-bust-bar tels.html

448 Mein online veröffentlichtes Interview mit einem zeitweiligen Hausmann wurde Jahre später auf dessen Wunsch hin anonymisiert, weil er danach keine berufliche Stelle mehr erhielt. In anonymisierter Fassng ist es noch zu finden unter https://hubwen.wordpress.com/2014/03/02/mir-wurde-vorgeworfen-als-hausmann-ware-ich-ein-parasit/.

449 Vgl. Ladwig, Yannick im Interview mit Thies, Chiara: „Eltern unterstellen uns pädophile Neigungen". In: Cicero vom 30.8.2018, online unter https://www.cicero.de/kultur/kita-erzieher-ausbildung-fachkraeftemangel-hort-schule-franziska-giffey-paedophil-schwul.

450 Vgl. Serrels, Mark: Men won't talk about depression, and it's literally killing them. Online seit dem 6.9.2018 unter https://www.cnet.com/news/men-wont-talk-about-depression-and-its-literally-killing-them.

Auch Maskulisten, die über männliche Opfer sprechen, werden sich die Freiheit dazu erst mühsam erkämpfen müssen.

Nach dem Fall Relotius müsse sich einiges in den deutschen Medien ändern, hieß es. Auf die Frage, was das konkret sein solle, erklärte der Professor für Journalistik Michael Haller im Interview mit der *taz*:

> *„Ich vermute, manche Redaktion wird jetzt ihren Reportern ganz pingelig vorschreiben: Wenn der Satz nicht in dieser Situation von dieser Person so gesagt wurde, musst du ihn weglassen."*[451]

Ich rechne nicht damit, dass die Redaktionen deutscher Leitmedien in absehbarer Zeit derart „pingelig" sein werden. Eine kritische Gegenöffentlichkeit durch Blogs und andere soziale Medien, die beleuchten, was in welchem Kontext tatsächlich gesagt wurde, ist weiterhin dringend notwendig.

Gerade wir Männerrechtler haben lange Jahre gehofft, dass wir und unsere Anliegen in den Leitmedien fairer und akkurater präsentiert werden. Inzwischen glauben die wohl meisten von uns nicht mehr daran. Dabei zeigt sich im leitmedialen Umgang mit uns ein grundlegendes Problem, das auch Menschen beschäftigen müsste, die sich für das Männerthema kein bisschen interessieren.

---

451 Vgl. Haller, Michael im Interview mit Markus Kowalski: „Das Erzählte muss natürlich stimmen." In: tageszeitung vom 7.2.2019, online unter https://www.taz.de/Archiv-Suche/!5568567.

Die Frauenfrage darf nicht länger isoliert betrachtet werden

Monika Ebeling im Interview mit Arne Hoffmann

Ein Thema, das sich als Leitfaden durch die vorliegende Anthologie zieht, ist der sogenannte „Integrale Antisexismus": eine Bekämpfung geschlechtsspezifischer Nachteile nicht allein bei Frauen sondern bei beiden (oder von mir aus: allen) Geschlechtern. Dieses Konzept ist dermaßen neu und dermaßen revolutionär, dass jemand, der es in die Praxis umzusetzen versucht, schnell Gefahr läuft, als Störfaktor wahrgenommen und aus dem Weg geräumt zu werden. Ich habe die ehemalige Goslarer Gleichstellungsbeauftragte Monika Ebeling zu ihren Erfahrungen damit befragt.

„Alles sträubte sich in mir, in Männern nur Bösewichter zu sehen"

Arne Hoffmann: Monika, vor einigen Jahren hast du für landesweite Aufmerksamkeit gesorgt. Vom „Focus" über den „Stern" bis zur „Süddeutschen Zeitung" haben viele Medien über dich berichtet, und du warst zu Gast in Talkshows wie „Anne Will". Gleichzeitig haben radikale Ideologen dich vor öffentlichen Vorträgen diffamiert und einzuschüchtern versucht, um deine freie Meinungsäußerung zu sabotieren. Wie kam es zu diesem Riesenwirbel um dich?

Monika Ebeling: In der Stadt Goslar war die Stelle der Gleichstellungsbeauftragten vakant geworden. Einer meiner Vorgesetzten sprach mich an, ob ich mir vorstellen könnte, diesen Posten zu übernehmen. Ich hab mich darauf eingelassen, mich beworben und im Verwaltungsausschuss vorgestellt. Ich bin dann vom gesamten Stadtrat und einstimmig gewählt worden. Ich habe von Anfang an klar gemacht, dass ich nicht die „Hausemanze" sein werde und fundamentalistische Gleichstellungsarbeit, die ausschließlich auf Frauen abzielt, als Gleichstellungsbeauftragte nicht machen wollte. Schließlich wurde ich nicht als Frauenbeauftragte, sondern als Gleichstellungsbeauftragte berufen.

Sicher gibt es für Frauen Benachteiligungen aufgrund des Geschlechtes. Ich schließe Benachteiligungen, die Jungen, Väter und Männer aufgrund ihres Geschlechtes treffen können, aber nicht aus. Während meiner Tätigkeit habe ich an unterschiedlichen Stellen Strömungen feststellen können, die darauf abzielen, Diskriminierungen aufgrund des Geschlechtes nicht nur von Frauen, sondern auch von Männern aufzuzeigen. Ich habe Kolleginnen getroffen, die sich in ihrem Amt und öffentlich für Jungen, Väter und Männer einsetzten. Das hielt ich für zeitgemäß und gerecht.

Vor Ort kamen gerade jene Frauen mit diesem Arbeitsansatz nicht zurecht, die seit Jahrzehnten der frauenpolitischen Arbeit in der Stadt ihren Stempel aufgedrückt haben. Sie hatten das Frauenhaus initiiert, das Frauenzentrum gegründet usw. Sie nahmen mir übel, wie ich dieses Amt ausübte, und nahmen sich das Recht heraus, zu bestimmen, wie gute Gleichstellungsarbeit nach ihren Vorstellungen auszusehen hat. „Für das, was du machst, haben wir nicht jahrzehntelang gekämpft", hieß es. Ich wurde von ihnen erst gemaßregelt, dann geschasst.

Dabei bemühte ich mich um Ausgewogenheit und habe z.B. eine Selbsthilfegruppe für Papas mit initiiert, aber auch ein multikulturelles Frauenfrühstück organisiert. Ihnen war der Anteil meiner Arbeit, der sich um Jungen, Väter und Männer drehte, offensichtlich ein Dorn im Auge.

Von anderer Seite bekam ich sehr viel Zuspruch. Ich wurde auf der Straße von Frauen und Männern angesprochen, die meinten, ich mache das schon richtig und ich solle meine Haltung in dieser Sache nicht aufgeben. Es meldeten sich sogar mir fremde Menschen aus der gesamten Bundesrepublik, um mir zu sagen, dass sie diesen Arbeitsansatz richtig und wichtig finden.

Auf massive Intervention einer wirklich kleinen Gruppe von Frauen wurde ich dann vom Stadtrat abgewählt. Diese wenigen Frauen haben sich durchgesetzt. Ich mochte es fast nicht glauben, was die alles gegen mich vorbrachten, nur weil ich als Gleichstellungsbeauftragte auf Diskriminierungen von Frauen UND Männern aufmerksam machen wollte. Es war ein bisschen wie Krimi, aber auch wie Realsatire. Leider zu meinen Ungunsten.

Aber selbst zu der Zeit, als sich die Sache für mich richtig zuspitzte, wurden Frauen und Männer nicht müde, mich zu ermutigen. Ich bekam zahllose aufmunternde E-Mails.

Ich verlor am Ende meinen Job und habe letztlich Goslar beruflich und privat den Rücken zugekehrt. Dennoch empfinde ich diesen Teil meiner Lebensgeschichte nicht als Niederlage.

Arne Hoffmann: Wie bist du schon vor fast zehn Jahren darauf aufmerksam geworden, dass auch Jungen, Väter und Männer Benachteiligungen aufgrund ihres Geschlechtes treffen können? Dieses Thema kommt ja in der medialen Berichterstattung sogar jetzt erst ganz allmählich auf.

Monika Ebeling: Das Thema „Frauenrechte" war mir als junge Frau in vollem Umfang und in seinen Details noch nicht klar geworden. Ich nahm mit, was mir gefällig war, und pochte, wo nötig, auf meine vermeintlichen Rechte. Ich unterstützte Frauen, indem ich Frauen auf Wahlzetteln ankreuzte, ich ging zur Frauenärztin und zur Rechtsanwältin. Ich beriet Frauen im Rahmen meiner Berufstätigkeit einseitig zu ihren Gunsten und verschaffte ihnen Vorteile, wenn es in meinen Möglichkeiten lag. Ich engagierte mich in einer Partei auch für Frauen und motivierte meine Töchter, sich zu starken Persönlichkeiten zu entwickeln und ihre Rechte zu wahren. Natürlich verschlang ich auch „Frauenliteratur" und inhalierte frauenpolitische Inhalte und feministische Ideen.

Doch die Frauenbewegung hat mich niemals voll überrollt. Mein Vaterbild war nicht so schlecht, und zu Männern pflege ich oft sehr gute Beziehungen. Alles sträubte sich in mir, in Männern immer nur Bösewichter zu sehen und ihnen Frauenverachtung nur aufgrund ihres Geschlechts und nicht wegen schlechten Verhaltens einer Frau gegenüber zu unterstellen. Ist es nicht sexistisch, in Männern pauschal potentielle Vergewaltiger, Gewalttäter, Bösewichter und Frauenverächter zu sehen, wie es so oft suggeriert wird?

Ich war nach meiner ersten Ehe, die wir mit einer Mediation und einem großzügigen, beiderseitigen Umgangsrecht und meinem Verzicht auf Ehegattenunterhalt abschlossen, viele Jahre alleinerziehend. Es dauerte eine Weile, und es brauchte Trauerarbeit, aber dann gelang meinem Ex-Mann und mir auch wieder ein ganz normaler und sogar freundschaftlicher Umgang miteinander. Ich wollte unsere Kinder nicht noch zusätzlich zur Scheidung und unnötigerweise belasten. Außerdem bin ich noch nie nachtragend gewesen und schaue im Prinzip immer optimistisch nach vorn.

Auf der Suche nach einem neuen Partner habe ich Männer mit wirklich schrecklichen und nicht selten von Frauen ausgelösten Schicksalen getroffen. Es hat mich stutzig gemacht, dass es für Männer nach Trennung und Scheidung kaum Hilfeangebote geschweige denn Netzwerke gab. Strategien, die ich in der Frauenberatung anwenden konnte, versagten im Gespräch mit Männern kläglich. Zudem habe ich in den sozialen Arbeitsfeldern rund um Familien, in denen ich tätig war, Männer als Klienten und Mitstreiter zur Lösungsfindung zunehmend vermisst. Frauen dominierten diese Gemengelage, und oft hielten wir die nicht anwesenden Männer für schuldig an der Situation einer Frau.

Nach meiner Zusatzausbildung zur systemischen Familientherapeutin wurde es mir aber ein Anliegen, aus der weiblichen Einseitigkeit herauszukommen, und ich wollte alle an einem Konflikt Beteiligten beachten. Zudem konnte ich am Arbeitsplatz und im privaten Bereich hautnah erleben, wie schwierig sich die Alltagssituation und die Anforderungen an Jungen, Männer und Väter oft darstellen. Ob es der plötzliche Kindstod von überwiegend männlichen Säuglingen, die übermäßige Ritalingabe überwiegend an Jungen mit ADHS, die hohe Suizidrate bei jungen männlichen Erwachsenen, die schlechte Gesundheitsprävention für Männer im reifen Lebensalter oder auch die kürzere Lebenszeit von Männern ist, es lässt sich vieles finden, das in einem Männerleben in die Kategorie systemimmanenter Diskriminierung aufgrund des Geschlechtes passt.

Ich suchte also nach fachlich fundierten Informationen zur Situation von Jungen, Männern und Vätern. Da bin ich auch auf ein Buch gestoßen, das sich „Befreiungsbewegung für Männer"[452] nennt. Mir wurde klar, dass mein ungutes Gefühl zur Situation von Jungen, Vätern und Männern richtig ist, und es Zahlen, Daten und Fakten gibt, die man nicht ignorieren darf. Mittlerweile gibt es von der Stiftung Männergesundheit auch Männergesundheitsberichte, die sich sehr gut mit Männerleben auseinandersetzen und es finden Kongresse statt in denen die Situation von Jungen, Männern und Vätern wissenschaftlich fundiert betrachtet werden. Wer heute sucht, findet Material, welches sich mit dem Leben von Männern auf ähnliche Weise befasst, wie wir es für Frauenleben bereits seit langem kennen. Wir sind da mittlerweile auf einem guten Weg, wie ich finde. An dieser Stelle gibt es gerade in der öffentlichen Wahrnehmung leider noch einen Gendergap zu Lasten von Männern. Da sind die Medien gefragt.

Was mir auch fehlt, ist der intergeschlechtliche Abgleich und Gedankenaustausch zwischen Frauen- und Männergruppen. Ein Diskurs zwischen der frauenrelevanten und der männerrelevanten Fraktion scheint schwierig und ist oft von gegenseitigen Vorwürfen geprägt. Ein Stellungskrieg, der uns nicht weiterbringt.

Arne Hoffmann: Soviel zu einem Teil der Anliegen von Männern. Nun hast du als Gleichstellungsbeauftragte die meisten Beratungsgespräche immer noch mit Frauen geführt. Welche Probleme und Anliegen sind dir dabei am häufigsten begegnet? Wo sollte die Politik noch tätig werden?

Monika Ebeling: Mein Erfahrungsschatz in der Frauenberatung beschränkt sich nicht auf meine Tätigkeit als Gleichstellungsbeauftragte. Als Sozialarbeiter war ich in verschiedenen sozialen Arbeitsfeldern tätig und traf in der Überzahl und manchmal sogar ausschließlich auf Frauen. Ich komme auf erheblich mehr Beratungsgespräche in Arbeitsfeldern jenseits der Gleichstellungsarbeit. Ich möchte sogar behaupten, dass sich die Inhalte der Beratungsgespräche mit Frauen als Gleichstellungsbeauftragte nicht wesentlich

---

452 Vgl. Gruner, Paul-Hermann und Kuhla, Eckhard (Hrsg.): Befreiungsbewegung für Männer. Auf dem Weg zur Geschlechterdemokratie. Psychosozial-Verlag 2009.

von denen unterschieden, die ich in den anderen sozialen Arbeitsfeldern tätigte.

Frauen haben Probleme mit Kindern oder weil sie keine haben. Sie haben Probleme mit Partnern oder weil ihnen einer fehlt. Sie mühen sich durch Berufs- oder Lebenskrisen. Sie beklagen fehlende Chancen für ihr persönliches Weiterkommen und suchen nach Lösungen für einen sie zufriedenstellenden Lebensverlauf. Ja, einige fühlen sich auch aufgrund ihres Geschlechtes benachteiligt, von Männern zurückgesetzt, benutzt oder „ausgebeutet" – andere aber auch nicht. Manche befindet sich in einer Spirale von Gewalt und Opferschaft, aus der sie schwer entrinnen kann. Frauen kommen aus verschiedenen religiösen oder nicht-religiösen Gruppen und sie haben diverse politische, kulturelle und soziale Hintergründe. Das gilt es mit einzubeziehen. Muslimische Frauen brüskiert man, wenn man gutgemeint, aber mit nackter Brust in einer Moschee auftreten würde, Christinnen fühlen sich nicht gesehen, wenn man es in einem Dom tut.[453]

Die Gemengelage weiblicher Fragestellungen ist bunter und vielfältiger, als es in den Medien dargestellt wird. Es geht Frauen bei weitem nicht nur darum, abtreiben zu dürfen, das Patriarchat zu bekämpfen oder Karriere zu machen. Die wenigsten Frauen haben eine Quote nötig, weil sie eben nicht zur Elite gehören, und viele sind sehr zufrieden damit, einfach nur ihren Lebensunterhalt zu verdienen, ohne irgendeine Leiter hinaufsteigen zu müssen. Gewalterfahrungen im Lebenslauf einer Frau sind tragisch und wie jede Gewalt eines Menschen gegen einen anderen nicht hinnehmbar, sondern eine Straftat. Da gibt es nichts dran zu rütteln. Aus meiner Sicht ist im Laufe der Jahre eine mediale Filterblase mit diesen wenigen, aber hochgekochten Themen entstanden, in der auch die Politik Schutz sucht. Das schafft eine Sicht auf Frauenthemen, die an der weiblichen Realität und den vielfältigen Anforderungen an einen Frauenalltag und ein Frauenleben oft vorbei geht.

---

453 Vgl. N.N.: Kritik an Femen-Protest beim Weihnachtsgottesdienst. In: Handelsblatt vom 26.12.2013, online unter https://www.handelsblatt.com/arts_und_style/aus-aller-welt/koelner-dom-kritik-an-femen-protest-beim-weihnachtsgottesdienst/9262920.html?ticket=ST-26782-HwRUUR39K0U3EHSL2Reu-ap6.

Die Politik und auch die Medien sollten es wagen, aus dieser Dunstglocke herauszutreten, und sie können aus einer Vielfalt von Themen schöpfen. Mütter wären zum Beispiel sehr froh, wenn Söhne und Töchter im Bildungsbereich nach ihren Talenten gefördert würden und ihnen täglich Erzieher UND Erzieherinnen, Lehrer UND Lehrerinnen begegnen würden, damit bereits die Kleinsten Spielregeln im Zusammenleben der Geschlechter beobachten und erlernen können und Sicherheit in der eigenen Rolle finden. Verunsicherung kann zu Fehlern führen, die manchmal sogar strafbewehrt sein können. Davor können wir unsere Jungen und Mädchen bewahren. Mütter leisten mit der Pflege und Erziehung von Kindern einen großen gesellschaftlichen Beitrag. Das bisschen Erziehungsgeld und diese kleine Anzahl von angerechneten Rentenjahren wirken dagegen wie eine Luftnummer. Schämt sich da niemand, Mütter so im Regen stehen zu lassen? Mütter wollen ihre Kinder gut versorgt wissen, wenn sie am Arbeitsplatz statt zu Hause tätig sind. Sie sollen gesundes Essen auf dem Tisch haben, und Menschen sollen sie mit Liebe und Knowhow betreuen. Und wenn sie schon ihre kostbare Zeit einem Arbeitgeber schenken und nicht den eigenen Kindern, dann darf sie das nicht auch noch Betreuungsgeld kosten! Frauen hätten sicher nichts dagegen, wenn sie den Beruf erlernen könnten, der ihnen Spaß macht, und sie damit ihren eigenen Lebensunterhalt und Rente sichern könnten – unabhängig davon, ob sie einen Partner oder Ehemann haben.

Ich bin froh, während meiner Zeit als Gleichstellungsbeauftragte und danach auf Politiker und Politikerinnen getroffen zu sein, die es wagten, diese ausgetretenen Pfade doch ein wenig zu verlassen. Erinnern wir uns: Aus Frauenbeauftragten wurden, jedenfalls in Niedersachsen, Gleichstellungsbeauftragte. Das Bundesfamilienministerium schuf auf Initiative der FDP ein eigenständiges Referat für Jungen- und Männerarbeit. Es gab mal eine Ministerin, die schrieb ein Buch mit dem Titel „Danke, emanzipiert sind wir selber"[454]. Väter erhielten per Gesetz, oder weil sie es vor dem europäischen Gerichtshof erstritten, für ihre biologischen Kinder ein biss-

---

454 Vgl. Schröder, Kristina: Danke, emanzipiert sind wir selber. Abschied vom Diktat der Rollenbilder. Piper 2012

chen mehr Rechte. Und tritt nicht die FDP derzeit an und möchte das Wechselmodell für Kinder nach Trennung und Scheidung von der Ausnahme zum Regelfall machen?

In einer Filterblase gefangen, sieht man nur mit einem Auge und stützt sich auf einen Konsens, den es gesamtgesellschaftlich betrachtet gar nicht gibt.

Arne Hoffmann: Welche Unterschiede gibt es eigentlich zwischen einer Frauenbeauftragten und einer Gleichstellungsbeauftragen? Oder ist das nur ein ausgewogener klingender Name für dasselbe Amt?

Monika Ebeling: Frauenbeauftragte führen seit Ende der 1970er eine Gleichstellungsstelle oder ein sogenanntes Frauenbüro. Sie arbeiten in sehr kleinen Kommunen ehrenamtlich, in kleineren in Teilzeit und in großen in Vollzeit. Sie sind in Regionalgruppen vernetzt, in den Vernetzungsstellen des Bundeslandes organisiert und treffen sich zu Bundesfrauenkonferenzen, die von der Bundesarbeitsgemeinschaft kommunaler Frauenbüros und Gleichstellungsstellen mit Sitz in Berlin organisiert werden. Diese Arbeitsgemeinschaft hat zum Ziel, Frauenpolitik zu fördern und wird vom Bundesfamilienministerium finanziert.

Alles in allem eine tolle Geschäftsstruktur, die sicherstellt, dass Themen bundesweit lanciert werden können. Im Grunde gibt die Spitze Arbeitsinhalte und Materialien vor, die an der Basis verwendet werden soll(t)en. So wird schnell eine gewisse Einigkeit und Gleichförmigkeit erzielt.

Ich habe das teilweise wie einen Maulkorb empfunden. Es blieb kein Raum, um die Sachverhalte kontrovers zu diskutieren und eventuell von verschiedenen Seiten oder aus diversen Blickwinkeln zu betrachten. Das war auch nicht wirklich erwünscht. Ich hätte vor Ort teilweise sogar wider besseres Wissen handeln müssen, und das kann nicht richtig sein.

Schaut man sich die Websites dieser Vernetzungsstrukturen an, so wird mit den Begriffen „Frauenbeauftragte" und „Gleichstellungsbeauftragte" munter hin und her gewechselt. Ebenso geschieht es mit den Begriffen „Gleichstellungsstelle" und „Frauenbüro". Es läuft darauf hinaus, dass jedes ein Synonym für das andere ist. Es soll ja auch in erster Linie darum gehen, die „Schlechterstellung" der Frau gegenüber dem Mann zu verbessern. Also die Gleichstellung der Frau zu stärken. Dass es zwischen den Geschlechtern mal für den einen und mal für die andere ungerecht zugehen kann, wird weitestgehend ausgeblendet. Wenn es dann doch einmal unvermeidbar scheint, dann heißt es in einem Nebensatz „auch Männer können betroffen sein". Drum kümmern muss man sich nicht, man will ja Frauenpolitik fördern und nicht Männerpolitik.

„Diskriminierung kennt kein Geschlecht."

Arne Hoffmann: Nachdem du aus deinem Amt gemobbt wurdest, habe ich auf den Umgang mit anderen Gleichstellungsbeauftragten geachtet und bin auf zwei bemerkenswerte Fälle gestoßen. Der eine betrifft Susanne von Garrel, Niedersachsens dienstälteste Gleichstellungsbeauftragte und eine der Frauen in diesem Amt, die auch für Männeranliegen erreichbar schien. Der „Neuen Osnabrücker Zeitung" vom 24.2.2014 zufolge wurde von Garrell ähnlich wie zuvor du vom Kreistag einstimmig aus dem Amt berufen. In dem Artikel wird zwar die „offensichtlich schwer angeschlagene Gesundheit der Gleichstellungsbeauftragten" als Grund genannt; gleichzeitig ist aber auch von „erheblichen Spannungen" die Rede und davon, dass „dieses wichtige Thema wieder in ruhiges Fahrwasser gelenkt werden" solle. Susanne von Garrel selbst hatte ihrem Arbeitgeber vor dem Arbeitsgericht Osnabrück vorgeworfen, „gejagt, gedemütigt, schikaniert und beleidigt" zu werden. Sie beklagte, Opfer einer „Mobbingkampagne" zu sein, die jetzt in einem fulminanten Finale ende. Sie leide jetzt unter einer Erkrankung, die sonst nur von Soldaten aus Kriegseinsätzen bekannt sei.[455] Wie erklärst du dir die Parallelen zwischen diesem Vorgang und deiner Abberufung?

Monika Ebeling: Auf Frau von Garrel bin ich auf einem Treffen von Gleichstellungsbeauftragten aufmerksam geworden. Sie war damals

---

455   Vgl. https://www.noz.de/lokales/osnabrueck/artikel/453908/kreistag-wahlt-von-garrel-kommentarlos-ab-1.

Niedersachsens dienstälteste Frauen-/ Gleichstellungsbeauftragte. Sie saß zudem im niedersächsischen Präventionsrat, in dem es ja auch um das Thema häusliche Gewalt und den Umgang damit geht. Übrigens war es das Thema häusliche Gewalt, an welchem es auch in Goslar eskalierte. Ich wollte eine Ausstellung nicht unterstützen, in der es darum ging zu untermauern, dass alle häusliche Gewalt vom Manne ausgeht. Mir lagen Daten vor, die ein durchaus heterogenes Bild dieses Themas zeichnen. Ich hätte wider besseres Wissen handeln müssen.

Vom Podium dieser Veranstaltung herab wurde angemerkt, dass nicht erwünscht ist, was Frau von Garrell da tut. Das muss 2010 gewesen sein, und es saßen so etwa 35 niedersächsische Gleichstellungsbeauftragte in dem historischen Saal einer niedersächsischen Kleinstadt. Ich sehe das noch vor mir. Ich habe gedacht, wenn diese fundamentalistischen Frauenbeauftragten diese Frau kritisieren, dann könnte es sein, dass sie etwas richtig macht.

Als es in Goslar für mich immer bedrängender wurde, nahm ich zu ihr telefonisch Kontakt auf. Ich bat um Unterstützung und fragte, ob sie bereit sei, nach Goslar zu kommen und sich mit mir gemeinsam einem interfraktionellen Gespräch zu stellen. Sie sagte zu. Leider fand dieses Gespräch, das ich angeregt hatte, niemals statt. Die Grünen und Linken verweigerten sich, und dann sah auch die SPD keinen Grund mehr, sich zu beteiligen. Man scheute also offensichtlich den öffentlichen und womöglich kontroversen Gedankenaustausch zur Sache. Klar, kontroverse Diskussionen können anstrengend sein und manchmal auch politische oder gar persönliche Untiefen zu Tage fördern. Die Grünen hatten damals in Goslar auf ihrer Homepage verschriftlicht, dass es nicht ihr politischer Wille sei Benachteiligungen von Männern aufzuzeigen und zu beseitigen. Wer sich so positioniert, hat eben etwas anderes im Sinn.

Wie massiv manche Aktivistinnen gegen jene vorgehen, die ihren frauenpolitischen Forderungen einen Strich durch die Rechnung machen könnten, habe ich am eigenen Leib erlebt. Ich kann mich Frau von Garrels Aussagen nur anschließen. Das war auch für mich eine Tortur.

Und warum? Ich hatte in den Raum gestellt, dass es auch Gewalt gäbe, die von Frauen ausgeht und sich gegen Männer und Kinder richten würde. Das dürfe man nicht außer Acht lassen. Ist es nicht so, dass in den Medien auch aufrüttelnde Bilder kursieren von Altenpflegerinnen, die Senioren misshandeln? Von Kinderbetreuerinnen, die ihnen anvertraute Kleinkinder schlagen? In Goslar hatte zu jenem Zeitpunkt eine Mutter ihre zwei Kleinkinder getötet. Was mehr kann bezeugen, dass Frauen auch bis zum Äußersten gehen können?

Ich fände es wichtig, einmal fundiert festzustellen, in welchen Formen der Gewalt Frauen versiert sind. Gewaltlos sind Frauen keinesfalls!

Als Frau möchte ich nicht auf der Stelle treten und an abgedroschenen feministischen Mantras festhalten, deren Wahrheitsgehalt sich längst überholt hat.

Arne Hoffmann: Der zweite Fall, auf den ich bei meiner Recherche gestoßen bin, betrifft den schleswig-holsteinischen Landkreis Stormarn im Jahr 2017. Die dortige Gleichstellungsbeauftragte Dr. Sophie Ollbrich setzt sich ebenso wie du auch für Jungen und Männer ein, wurde dafür aber nicht parteiübergreifend niedergemacht, sondern erntete parteiübergreifendes Lob. „Frau Ollbrich zeigt, dass es an der Zeit war die alten Zöpfe der Alice-Schwarzer-Feministinnen abzuschneiden", befindet die CDU. „Wir begrüßen es, dass eine Befreiung des Themas vom Ballast der Ideologie stattfindet. Diese Frau versteht jetzt endlich mal ihr Amt richtig. Gleichstellung muss mit den Männern und nicht gegen die Männer erfolgen." Ähnliches Lob gibt es von SPD und FDP, wobei die Liberalen sich ohnehin darüber beschwert hatten, dass Ollbrichs Vorgängerinnen sich zu sehr nur um Frauenbelange gekümmert hätten. Und während Goslars Presse ebenfalls auf dich eingeprügelt hat, titelt das Stormarner Tagblatt bei Ollbrich: „Diese Frau versteht ihr Amt".[456] Wie ordnest du denn diese komplett gegensätzliche Reaktion auf denselben geschlechterpolitischen Aufbruch ein?

---

456 Vgl. Niemeier, Patrick: „Diese Frau versteht ihr Amt." In: Stormarner Tageblatt vom 1.10.2017, online unter https://www.shz.de/lokales/stormarner-tageblatt/diese-frau-versteht-ihr-amt-id17975826.html.

Monika Ebeling: Ja, das habe ich auch verfolgt und geschmunzelt. Es wäre jetzt wirklich sehr peinlich gewesen, wenn man die nächste Gleichstellungsbeauftragte diskreditiert hätte, nur weil sie sich auch um Männeranliegen kümmert. Das käme ja fast einer politischen Inquisition gleich. Und wie oft will man Menschen kaltstellen, die eine eigene oder sogar eine durch Studien, also mit Zahlen, Daten und Fakten belegbare andere Meinung in Sachen Gleichstellung haben, als man es bislang gewohnt ist?

Wenn ich mich recht erinnere, habe ich diese Information sogar mit einem Gruß und augenzwinkernd an den jetzigen Oberbürgermeister der Stadt Goslar gesendet.

Vielleicht ist das wie bei einer Geburt. Da sind erste Anzeichen, es könnte jetzt bald losgehen, die Zeit ist reif, das Kind will geboren werden. Und dann merkt man, dass die Sache doch mit erheblichen Schmerzen verbunden ist und sich einiges ändern wird – aber es gibt kein Zurück.

In diesem Bild gesprochen sorgen seit Jahren diverse Männer und Frauen in diesem Land auf unterschiedliche Weise und ihrer Profession entsprechend dafür, dass Männeranliegen immer mal wieder auf die öffentliche Agenda kommen und die Kritik an der Einseitigkeit der Frauenpolitik nicht ganz verstummt. Das hat diese Menschen teilweise sehr viel gekostet. Frau von Garrel steht exemplarisch auch für andere Männer und Frauen.

Nun kann aber, was einmal begonnen ist, ausgesprochen und der Öffentlichkeit offenbar gemacht wurde, nicht einfach ungeschehen gemacht werden. Insofern wirkt es aufklärerisch weiter und nach. Erst recht mit Hilfe der Digitalisierung. Die Erde ist keine Scheibe und Frauenpolitik und Feminismus sind nicht das Maß aller Dinge; das gilt es zu akzeptieren.

Nach meiner Einschätzung wird die kritische Masse bald erreicht sein, und dann kippt die Sache. Man kann diese notwendige Entwicklung, ja Erneuerung nicht aufhalten. Dieses Kindchen wird geboren werden und dann heißt es für viele umdenken.

Diskriminierung kennt eben kein Geschlecht. Das müssten doch gerade jene wissen, die Geschlechtervielfalt jenseits von Mann und Frau proklamieren.

Arne Hoffmann: Wenn du die heutigen Gleichstellungsbeauftragten als Gesamtheit betrachtest – wie groß ist in dieser Gruppe deiner Einschätzung nach momentan das Bewusstsein dafür, dass eine ganzheitliche Geschlechterpolitik sinnvoller ist als der bisherige sexistische Ansatz?

Monika Ebeling: Ich finde gut, dass du von einem sexistischen Ansatz sprichst. Denn was sonst ist es, die Verantwortung für Problemlagen des einen Geschlechtes auf die Schultern des anderen zu werfen und eigene Anteile einfach auszublenden? Insofern darf man jetzt auch nicht den Fehler machen und das Gleiche nur aus der Perspektive von Männern proklamieren. Was ich richtig finde, ist, den Fokus wieder zurechtzurücken. Deshalb mache ich mich in den letzten Jahren auch intensiv für Männer stark.

Ich würde das so einschätzen: Unter den Gleichstellungsbeauftragten gibt es *die Unbedarften*. Ich denke, sie machen so 40 % aus. Das sind Frauen, die dieses Amt auf gutmütige Art und Weise ausfüllen und keine schlechten Absichten gegen Männer haben. Dann gibt es *die Altbewährten*, im Geschlechterkampf hart gewordenen Frauen. Diese schätze ich auf 20 %. Für sie zählt nur der fundamentalistische frauenpolitische Ansatz und darin sind sie radikal. Was im Prinzip ein Problem darstellt, denn sie sind Bedienstete des öffentlichen Dienstes und somit zur Neutralität gegen jedermann verpflichtet. Diesen Frauen gelingt es mitunter, auch jüngere Frauen für ihre Sache zu begeistern. Allerdings dünnt sich der Nachwuchs doch sehr stark aus. Warum sonst schließen Frauenzentren und kämpfen andere Frauendomänen ums Überleben? Es fehlt zunehmend die Unterstützung von den eigenen Geschlechtsgenossinnen. Womöglich kann man nicht einmal mehr von einer Frauenbewegung sprechen. Viele Bürgerinnen haben die Nase voll vom Geschlechterkampf oder wollten ihn noch nie.

Und dann gibt es da noch jene Frauen, die ernsthaft bemüht sind, in ihrem Arbeitsalltag als Gleichstellungsbeauftragte etwas Geschlechterbalance hineinzubringen. Das sind meines Erachtens ebenfalls 40 %. Noch überwiegend zurückhaltend agierend. Sie beschäftigen vielleicht einen Mitarbeiter, statt einer Mitarbeiterin. Sie wollen raus aus der alten Radikalität. Sie suchen Themen, die Männer betreffen können, und üben mehr oder weniger verhalten auch

Kritik an der bisherigen Arbeitsweise. Sie verwenden ihre Ressourcen auch für männerpolitische Anliegen. Und manchmal haben sie sogar vom Stadtrat, der sie berufen hat, auch einen entsprechenden Arbeitsauftrag bekommen. Von der Möglichkeit, ihrer Frauenbeauftragten einen Arbeitsauftrag zu geben, machen leider noch viel zu wenige Kommunalpolitiker Gebrauch. Dabei wäre es so einfach. Im Moment scheint es mir so, als ob *die Altbewährten* noch die Strippenzieherinnen wären. Sie sitzen an wichtigen Schnittstellen und haben bedeutungsvolle Posten in den Netzwerken übernommen. Aber das sollte sich aufgrund des demografischen Wandels bald ändern. Die Rente naht und damit eine Zäsur und Neuaufstellung der kommunalen Gleichstellungsarbeit, die gestaltet werden will. Gleichstellungspolitik 2.0 sozusagen.

Aus meiner Sicht sind hier ganz klar auch unter den Kommunalpolitikern Frauen UND Männer gefragt. Sie sollten ihre Schockstarre in der Frauenpolitik mal überwinden und sich nicht nur zuständig, sondern auch als kompetent in dieser Sache fühlen. Kommunale Gleichstellungsarbeit darf nicht länger ein Thema sein, das wenige und zudem noch tendenziöse Frauen dominieren.

Arne Hoffmann: Im Interview mit MANNdat hattest du vor ein paar Jahren erklärt, wie Gleichstellungspolitik für beide Geschlechter deines Erachtens aussehen sollte:

„Die Ratsleute sollten ihr konkrete Aufträge erteilen, deren Erfolge nachweisbar und messbar sein müssen. Der Blankoscheck ist gefährlich. In der Arbeit einer Gleichstellungsbeauftragten muss sich das ganze Bild der Gesellschaft spiegeln. Männer sind Teil der Gesellschaft!
Ich würde eine Gleichstellungsstelle immer paritätisch besetzen, damit alle Anliegen aus mindestens diesen beiden Perspektiven bearbeitet werden können. Nur, dass wir uns richtig verstehen. Der männliche Mitarbeiter ist nicht der Sekretär oder der angestellte Mitarbeiter der Gleichstellungsbeauftragten, sondern ihr männliches Gegenstück.
Einer Gleichstellungsbeauftragten würde ich vorgeben, dass sie neben den bestehenden Frauennetzwerken auch Männernetzwerke zu fördern hat. Sie muss Männerselbsthilfen bezuschussen, Vätergruppen fördern, Männeranliegen öffentlich machen, Vorträge zu Männeranliegen organisieren – und

zwar ab sofort und mit der Hälfte der ihr zur Verfügung stehenden Mittel. "[457]

Welche anderen Vorschläge hast du für die Verantwortlichen unseres Landes, um eine ganzheitliche Geschlechterpolitik herbeizuführen, die beiden Geschlechtern gut tut?

Monika Ebeling: Die weibliche Opferschaft durch männliche Täter hat sich im Laufe der letzten Jahrzehnte erheblich emotional aufgeladen. Hätte man eine Waagschale, dann würde die weibliche Opferschaft wahrscheinlich immer schwerer wiegen als alles, was man in die andere Waagschale hineinlegen könnte. Dabei haben wir im Strafgesetzbuch klare Aussagen darüber, dass z.B. ein Mord härter bestraft wird als ein Totschlag – obwohl in beiden Fällen ein Mensch zu Tode gekommen ist. In der öffentlichen Wahrnehmung wirkt es aber so, als wenn jede Frau, die durch einen Mann in irgendeiner Form verletzt wurde, bedauernswürdiger ist, als jeder Mann der verletzt wurde oder gar zu Tode kam.

Hier sollte die Politik die öffentliche Wahrnehmung wieder gerade rücken. Das ginge z.B. durch bundesweite Kampagnen, die auch um Empathie für Anliegen von Männern werben. Wenn bundesweit z.B. auf Brustkrebs aufmerksam gemacht wird, dann bitte auch auf Prostatakrebs. Wenn es eine Kampagne gegen Gewalt gegen Frauen gibt, dann bitte auch eine gegen Gewalt gegen Männer. Die Bundesregierung muss bei ihren Maßnahmen in der Gleichstellungspolitik für mehr Ausgewogenheit zwischen den Geschlechtern sorgen. Bringt sie eine Maßnahme für Frauen auf den Weg, dann sollte sie darüber nachdenken, welche Auswirkungen diese auf Männer und bitte auch Kinder haben könnte.

Immer wieder bleiben Bürgerinteressen auf der Strecke und müssen von Einzelnen mühsam durch Petitionen, Lobbyarbeit oder Gerichtsurteile erstritten werden. Hätte man doch gleich richtig zugehört!

---

457 Vgl. Köhler, Bruno im Interview mit Monika Ebeling: Wenn der Staat versagt, müssen andere in die Bresche springen. Online seit dem 28.4.2017 unter https://manndat.de/interview/eine-brille-fuer-schwesig-wenn-der-staat-versagt-muessen-andere-in-die-bresche-springen.html.

Die Frauenfrage darf nicht länger isoliert betrachtet werden. Anliegen von Frauen sollten auch im Kontext von Männern und Kindern gesehen werden. Es scheint auf den ersten Blick toll, so viele Frauen wie möglich in Arbeit zu bringen. Eigenes Geld macht unabhängig, die Rente scheint gesichert und bei einer Trennung kann sich die Frau womöglich selbst versorgen. Prima! Andererseits ist die Folge, dass erheblich mehr Betreuungsplätze und Ganztagsschulen geschaffen werden müssen, Familien weniger Kinder bekommen und die Familien- und Hausarbeit in der Familie deutlich anders organisiert werden muss. Aus meiner Sicht bedenken Politiker Auswirkungen ihrer eigenen Entscheidungen oft nicht ausreichend und dann dauert es zu lange, um die Folgen einer Maßnahme wieder auszugleichen.

Mir reicht es nicht, ein kleines Referat für eigenständige Jungen- und Männerarbeit einzurichten und dann zu glauben, man hätte einen wunderbaren Beitrag zur Gleichberechtigung von Mann und Frau in der Gleichstellungspolitik geleistet. Die Bundesregierung hat in der Gleichstellungspolitik in den vergangenen Jahrzehnten die Anliegen von Jungen, Männern und Vätern sträflich vernachlässigt und manches sogar zu ihren Lasten entschieden. Weil hier nachgearbeitet werden muss, muss sich die Bundesregierung dringend einen gewissen Zeitraum intensiver um diese Dinge kümmern und womöglich das eine oder andere Gesetz zu Gunsten von Frauen auch überdenken und neu regeln.

Ich denke da zum Beispiel an die gesetzliche Vorgabe eines obligatorischen Vaterschaftstests während der Schwangerschaft, der von den Krankenkassen bezahlt werden muss. Es wäre im Sinne des Kindes, wenn auch der Vater sicher weiß, dass dies sein Kind ist und er dann auch gleichberechtigt mitentscheiden kann. Kinder sind kein Eigentum einer Mutter.

Nach Jahrzehnten der Straffreiheit einer Abtreibung könnte man auch einmal überlegen, ob diese Ungeborenen in Not womöglich doch geboren werden könnten. „Wenn ich dich nicht haben kann, bekommt dich keiner" scheint im Moment in einem solchen Fall nicht selten die Prämisse zu sein. Wäre es nicht toll, dieses Leben dem Vater zu schenken, wenn er das Kind gern haben möchte, oder den Großeltern? Oder einem netten Paar, das keine Kinder

bekommen kann? Kann eine Bundesregierung deutlich mehr An-
reize schaffen, um an dieser Stelle quasi Leben zu retten? Ich denke:
Ja!

Nach Trennung und Scheidung ist es leider noch viel zu häufig so,
dass die Kinder bei der Mutter bleiben und dem Vater der Umgang
mit seinem Kind deutlich beschränkt wird. Es muss der Regelfall
sein, dass Eltern Kinder zu gleichen Teilen betreuen und natürlich
während dieser Betreuungsphase das Kind im Mittelpunkt der elterlichen Lebensplanung steht. Im Interesse der Kinder könnte es
hier bessere Regelungen geben, an die sich Vater und Mutter auch
nach einer Trennung halten müssen.

In der Gleichstellungspolitik sind in den vergangenen Jahrzehnten
die Anliegen von Kindern leider viel zu oft auf der Strecke geblieben. Ihre Sorgen und Nöte werden nicht wirklich gehört, und sie
haben kein bedeutungsvolles Sprachrohr in die Politik hinein. Das
Mindeste wäre es doch, für Kinder unabhängige Beschwerdestellen
einzurichten. Diese sollten sammeln und sichten, was Kinder bewegt und dies in politisches Handeln einarbeiten. Viele Unternehmen bemühen sich um Kinder als Kunden von Morgen. In der Politik werden Kinder als Bürger, Wähler und Gesellschaft von Morgen sträflich vernachlässigt.

Demokratie zeichnet sich meines Erachtens auch dadurch aus, dass
man Kompromissbereitschaft mitbringt. Für die Gleichstellungspolitik der Bundesregierung heißt das, Diskriminierung von Frauen
UND Männern anzuerkennen und Strategien und Maßnahmen für
Frauen UND Männer anzuregen.

Bestenfalls achtet man dann auch noch darauf, dass Kinderrechte
gewahrt bleiben. Dann hätte eine Regierung ihre Hausaufgaben gut
erledigt.

**„Ich empfinde die Ausrichtung des Bundesforums Männer nicht als
einen Dialog auf Augenhöhe.“**

Arne Hoffmann: Gehen wir noch mal zurück ins Goslar des Jahres
2011. Du hattest eben erwähnt, dass dein ganzheitlicher Ansatz den
dortigen Grünen ganz besonders ein Dorn im Auge war. Das ging

so weit, dass du gegen ihre Attacken auf dich schließlich sogar eine Unterlassungserklärung gerichtlich durchsetzen lassen musstest.[458]

Monika Ebeling: Ich musste mich im Nachgang meiner Abberufung vereinzelt gerichtlich wehren, weil es Veröffentlichungen gab, in denen es hieß ich hätte mich nur noch um Männeranliegen gekümmert und sei deshalb abberufen worden. In Goslar waren es die Grünen, die das zuerst behaupteten, und auf diese infame Lüge stützten sich dann andere. Diese Unterstellung von Menschen, die nicht einmal einen Einblick in meine interne Arbeit als Gleichstellungsbeauftragte hatten, ist falsch und anmaßend. Im Gegenteil war ich sehr bemüht, die Balance zu halten. Das konnte man auch den Berichten entnehmen, die ich regelmäßig dem Oberbürgermeister vorlegte, wenn man sie gelesen hätte.

Aber es mag sein, dass gerade jene Aspekte meiner Arbeit, die den Grünen in Goslar nicht so in den Kram passten, ihnen größer erschienen als sie waren. Und klar, es wirkte zu der Zeit und in diesem Kontext ja so besonders, dass eine Gleichstellungsbeauftragte sich auch um Anliegen im Hinblick auf die Diskriminierung von Männer kümmerte. Das sorgte im Netz bereits vor meiner Abberufung für Furore und große Resonanz. Das hätte ich so nie erwartet. In der Öffentlichkeit aber von einigen so dargestellt zu werden, als hätte ich mein Amt falsch verstanden, also einen Fehler gemacht, als sei ich zu dumm, das Richtige zu tun, wollte ich nicht auf mir sitzen lassen. Sich nicht dagegen zu wehren, hätte bedeutet, dem Unrecht zum Recht zu verhelfen.

Arne Hoffmann: Nun gibt es inzwischen eine staatliche Instanz für eine Politik, die auch Jungen und Männern zugute kommen soll: das sogenannte „Bundesforum Männer" unter Martin Rosowski. Wie hat dich dieses Bundesforum gegen das Mobbing und die Verleumdungen unterstützt, denen du für deinen männerpolitischen Aufbruch ausgesetzt warst?

---

458 Vgl. zu dem Streitpunkt und den Inhalten dieser Unterlassungserklärung Ebeling, Monika: Behauptung ist zu unterlassen! sowie das darin verlinkte Dokument, online seit dem 11.5.2012 unter https://geschlechterdemokratie.wordpress.com/2012/05/11/behauptung-ist-zu-unterlassen.

Monika Ebeling: Soweit ich mich erinnere, war das „Bundesforum Männer" gerade im Aufbau. Ich möchte zwei Erlebnisse vorausschicken, die ich im Vorfeld hatte. Ich war als Gleichstellungsbeauftragte auf mehreren Veranstaltungen zu Jungen- und Männerthemen der Böllstiftung in Berlin. Es waren immer fast ausschließlich Männer dort. Nur wenige Frauen interessierte, was Männer im Rahmen einer Fortbildung zu sagen hatten beziehungsweise was sie bewegt. An einem dieser Fortbildungstage ließen einige Männer verlauten, sie wollten sich im Abendprogramm mit einer Frauengruppe treffen und den Dialog suchen. Die Erkenntnis am nächsten Morgen war ernüchternd. Die Frauen waren nicht gerade zimperlich mit der kleinen Männergruppe umgegangen, und die Enttäuschung und Empörung der Männer war hör- und spürbar. „Wenn das der Dialog sein soll …"

Auf einer anderen Veranstaltung im Europahaus in Berlin ging es um den europäischen Ansatz zur Gleichstellungsarbeit. Eine Referentin machte den überwiegend weiblichen Zuhörerinnen durchaus deutlich, dass man Männeranliegen mit aufgreifen müsse. Das hörte ich natürlich gern. Dann stellte sich das neu gegründete „Bundesforum Männer" als Dialogpartner vor. Was mich wirklich verstimmte, war der verbale Bückling, den dieser junge Mann vor den anwesenden Frauen machte. Sinngemäß sagte er, man wolle sich an den frauenpolitischen und feministischen Ideen orientieren. Ich hätte laut widersprechen wollen und rufen: Nein. Macht euer eigenes Ding! Es wird schon Schnittmengen geben – und da, wo keine sind, ist es auch okay. Das können wir Frauen schon aushalten.

Ich führe diese Beispiele an, um zu verdeutlichen, dass ich glaube, dass das Bundesforum Männer keine eigenständige, sondern abhängige und tendenziöse Männerpolitik betreibt. Man will mit keiner auch noch so berechtigten männerpolitischen Forderung oder Idee die Gunst der Frauen verlieren. Im Grunde hängt man ja auch organisatorisch im Frauenministerium fest. Männergruppen oder Einzelpersonen, die mit dieser Einschränkung oder gar Selbstzensur nicht konform gehen, werden aus dem Dialog ausgeschlossen und sogar bekämpft – nach dem Motto: „Gute Männer denken frauenpolitisch. Ihr eigener emanzipatorischer Ansatz ordnet sich dem der Frauen unter. Männer, die an der Frauenpolitik etwas Kritisches anzumerken haben, und sei es auch berechtigt oder gar wissenschaftlich untermauert, sind die bösen Männer." Dieses künstliche Schwarz-Weiß-Bild geht mir gehörig gegen den Strich.

Das „Bundesforum Männer" manifestiert diese auf Männer negative Sichtweise und richtet sich stark danach aus. Kritische Männergruppen findet man in der Mitgliederliste nicht. Ich empfinde das Handeln und die Ausrichtung des „Bundesforums Männer" nicht als einen Dialog auf Augenhöhe mit Frauen – und erst recht nicht als einen gleichberechtigten Dialog unter Männern.

An Unterstützung von dieser Seite kann ich mich nicht erinnern. Eher im Gegenteil bin ich in der Vergangenheit immer mal wieder von Akteuren aus diesen Reihen als Mittäterin der „bösen Männer" verunglimpft worden. Teilweise musste ich mit rechtlichen Mitteln gegen falsche Aussagen vorgehen. Es wäre aber wichtiger, das persönliche Gespräch zu suchen, statt aus der Ferne mit Steinen zu werfen. Und für noch wichtiger erachte ich es, berechtigte Anliegen von Männern nicht nur deshalb über den Haufen zu werfen, weil sie einer Frau oder einer Frauengruppe gegen den Strich gehen könnten. Viele Frauen der Frauenbewegung sind nicht gerade zimperlich mit Männern umgegangen. Das haben Männer aushalten müssen. Woher kommt diese unnötige männliche Vorsicht, fast möchte ich sagen „Angst"? „Frauen können alles" wird Bundesfamilienministerin Giffey unlängst im Tagesspiegel zitiert.[459] Ich füge hinzu: Frauen halten auch sie belastende oder auf andere Weise schwierige männerpolitische Positionen aus.

Arne Hoffmann: Was du schilderst, erlebt man in geschlechterpolitischen Debatten erstaunlich häufig: Bestimmte Männer stellen einen als „bösen" Mann hin, sobald man eine feministische Position hinterfragt: von der Opfer-Täter-Verteilung bei häuslicher Gewalt bis zum ominösen „Patriarchat". Wie erklärst du dir, dass

---

459 Vgl. Rövekamp, Marie: Giffey: „Frauen können alles. Traut Euch!" In: Tagesspiegel vom 9.7.2018, online unter https://www.tagesspiegel.de/wirtschaft/vereinbarkeit-von-familie-und-beruf-giffey-frauen-koennen-alles-traut-euch/22783040.html.

manche Männer feministische Dogmen eifernder unterstützen als viele Frauen?

Monika Ebeling: Das ist vielleicht eine Frage für einen Psychoanalytiker. Es mag sich um Männer handeln, die als Kind eine sehr abhängige und einengende Beziehung zu ihrer Mutter lebten. Die also im Grunde einen emotionalen Missbrauch erlitten, womöglich sogar mehr. Viel zu oft wird verschwiegen, dass Mütter ihre Kinder schlagen und auch sexuell missbrauchen können und welche Folgen dies für den erwachsenen Mann hat.

Es könnten auch Männer sein, denen männliche Rollenvorbilder und eine ausgleichende Vaterfigur in der Kindheit fehlten. Das ist heute nicht selten der Fall. Im Alltag von Jungen spielen Frauen oft allein schon quantitativ eine herausragende Rolle, ob im Kindergarten oder in der Schule. Eine Bewertung und Korrektur ihres Jungen- oder Mann-Seins erfolgt dann von klein auf ausschließlich oder überwiegend durch Frauen. Das fühlt sich für mich nicht richtig an.

Es könnten auch Männer mit geringem männlichen Selbstbewusstsein sein. Sie glauben vielleicht, an Wert zu gewinnen, indem sie extreme frauenpolitische Forderungen unterstützen, die sich sogar gegen sie selbst richten können. Das wirkt auf mich doch recht masochistisch. Eine solche Unterwerfung kann durchaus auch eine Strategie sein, um eine Frau zu finden, die mit einem zusammenleben würde. Allerdings unterliegen diese Männer einem Irrtum. Zeigt man Frauen Fotos von Männern, dann schlagen weibliche Herzen nicht höher beim Anblick eines weichen Mannes mit lila Schal. Sie stehen auf markante Gesichtszüge und das eher klassisch männliche Gesicht.

Diese Männer fühlen sich vielleicht sogar wichtig und stark, wenn sie als Mann helfen, feministische Dogmen vor Kritik und Zersetzung zu bewahren. Dass sie damit auch dazu beitragen, eine extreme Strategie in Beton zu gießen, ist ihnen vielleicht nicht einmal bewusst. Sie meinen es ja gut. Aber sie manifestieren mit ihrem Fehlverhalten ein Zerrbild von Frau und Weiblichkeit in der ewigen Opferrolle. Ein Opfer zu werden hängt meines Erachtens aber nicht vom Geschlecht ab. Man muss hier erheblich differenzierter hinschauen, als man es bislang macht.

Mit diesem Grundgedanken, die Frau als Opfer zu definieren, sind viele Frauen längst nicht mehr einverstanden. Nach Jahrzehnten der Emanzipation, mit Hilfe des allgemeinen Gleichheitsgrundsatzes und diverser Gesetze zur Gleichbehandlung von Mann und Frau halte ich es sogar für eine überkommene Ansicht, die Frauen künstlich klein hält. Frauen und Männer können Rechtsmittel einlegen und die Hilfe von Gewerkschaften in Anspruch nehmen, sollte sich ein Fall von Diskriminierung aufgrund des Geschlechtes ergeben. Von diesen gesetzlichen Möglichkeiten können Frauen in manchen anderen Ländern nur träumen.

Frauen in unserer Kultur haben genug Möglichkeiten, emanzipiert und unabhängig zu leben, wenn sie es so wollen. Die Schützenhilfe von „guten Männern" tut nicht Not.

Mir ist schleierhaft, warum gewisse Frauen diese gutgemeinte Unterstützung dennoch zulassen und womöglich sogar toll finden. Es muss Taktik sein. Es tut dem hohen C der feministischen Tonleiter anscheinend gut und ist auf den ersten Blick vielleicht sogar hilfreich. Der „gute Mann" verschafft mit seiner Einlassung der Frau eine Verschnaufpause im Geschlechterkampf. Er lässt sie in dem Glauben, richtig zu handeln. Es beruhigt, wenn hin und wieder von einem Bariton oder Bass Unterstützung für den Singsang im hohen C kommt, wenn mal wieder weibliche Opfer für den Geschlechterkampf instrumentalisiert werden. Frauen werden so liebend gern in der Öffentlichkeit zu Opfern stilisiert, dass es einem schon komisch vorkommen muss. Die Mehrheit der Frauen in unserer Kultur sieht sich längst nicht mehr so.

Ich halte das Verhalten dieser Männer nicht nur für nachteilig, sondern für sehr hinderlich für einen Dialog oder auch die kontroverse Debatte zwischen den Geschlechtern. Der Prozess gerät ins Stocken und notwendige Entwicklungen können nicht voranschreiten, solange diese Männer sich päpstlicher verhalten als der Papst.

Ehrlich gesagt: Ich mag die „bösen Männer" lieber. Sie geben mir Denkanstöße und vermitteln mir Wissen, das meiner eigenen Emanzipation neuen Schub verleiht.

„Männerrechtler dürfen nicht müde werden in ihrem Engagement."

Arne Hoffmann: Du hast vorhin erwähnt, dass der Diskurs zwischen der Frauen- und der Männerfraktion derzeit in einem Stellungskrieg aus wechselseitigen Vorwürfen feststeckt. In einem deiner älteren Texte, deinem „Plädoyer für eine diskriminierungsfreie Gleichstellungsarbeit", hattest du berichtet: „Ich habe etliche Situationen erlebt oder sie sind mir geschildert worden, in denen Männer oder Männergruppen versuchten, mit diesen Frauen ins Gespräch zu kommen. Viel zu oft führte das zu traurigen Resümees dieser Männer, die sich weder verstanden noch in ihren Bedürfnissen erkannt fühlten."[460] Was würdest du Männerrechtlern und anderen Männern in dieser Situation raten? Was würdest du in der gegenwärtigen Situation Feministinnen und anderen Frauen raten?

Monika Ebeling: Ich erinnere mich noch genau, wie erstaunt ein Mann war, als er mir in meiner Position als Gleichstellungsbeauftragte seine prekäre Situation schilderte und merkte, dass ich ihm ernsthaft zuhörte, auf seine Argumente einging und versuchte, gemeinsam mit ihm einen Weg zu finden. Das hatte er weder so erwartet noch zuvor so erlebt. Und er war darüber so erleichtert, dass er diese Erfahrung an andere Männer weitergab. So fanden diese wiederum den Mut, sich mir ebenfalls anzuvertrauen. Und es ist so ein gutes Gefühl, auch das Vertrauen von Männern in Notlagen zu bekommen; das möchte ich nicht missen. Frauen, die Söhne geboren haben, die mit Partnern zusammenleben, die bereits verheiratet waren und eine giftige Ex-Frau verkraften müssen, Frauen, die Brüder haben, die in prekären Jobs festsitzen, oder Söhne, die am Bildungswesen zerbrechen, die wissen ein Lied davon zu singen, wie wenig Empathie Männern oft entgegen gebracht wird. Männer in Not brauchen genauso Schutzräume und Menschen, die ihnen weiterhelfen, wie es Frauen in Not brauchen.

Und da liegt der Hase im Pfeffer. Hierzulande hat sich eine Hypersensibilität für die Belange von Frauen entwickelt. Die ist aufgegangen wie ein überdimensionaler Hefeteig. Dagegen verblassen be-

---

460 Vgl. Ebeling, Monika: Plädoyer für eine diskriminierungsfreie Gleichstellungsarbeit. Online seit dem Jahr 2012 unter http://geschlechterdemokratie.files.wordpress.com/2012/12/diskriminierungsfrei2.pdf.

rechtigte männliche Anliegen, die aber unausweichlich zu einer Geschlechterdebatte zwischen Männern und Frauen dazu gehören. Frauen leben doch nicht in einem eigenen unabhängigen Universum. Frauen sind ein Bestandteil der Menschheitsgeschichte dieser Erde mit all ihren Bewohnern. In der Geschlechterfrage sitzen gewisse Frauen aber oft wie unter einer Käseglocke, sie zeigen mit Fingern auf Männer und drehen sich um sich selbst.

Ein wichtiger Aspekt, der zu dieser Schräglage zugunsten von Frauen hierzulande beigetragen hat, ist meines Erachtens die frühe Ausgrenzung der Männer aus der Geschlechterdebatte und damit die Reduktion des Geschlechterdialoges auf die Rechte der Frau. Ich kann mich daran erinnern, dass es bereits in den Frauengruppen der 1970er hieß, dass Frauen sich nicht auch noch um Männer kümmern könnten und wollten. Das sollten die mal gefälligst selbst tun. Als ob es eine milde Tat und keine selbstverständliche Notwendigkeit sei, Männern in der Geschlechterdebatte Platz zu lassen, mit ihnen Positionen auszuhandeln und womöglich auch Kompromisse zu finden! Es ist bis heute nicht wirklich erkannt worden, wie bedeutungsvoll ein Dialog zwischen Frauen und Männern in der Geschlechterdebatte ist und von Anfang an gewesen wäre. Nun heißt es, dieses jahrzehntelange Defizit irgendwie zu überwinden. Man könnte es auch „Gendergap" nennen, dass Männer außen vor blieben.

Ich denke, da ist die Mitwirkung von Frauen genauso gefragt wie das Engagement von Männerrechtlern. Schließlich profitieren Frauen seit Jahrzehnten davon, dass Männer ihre eigenen berechtigten Anliegen in der Geschlechterdebatte unterdrücken oder ihre Anliegen, wenn überhaupt, nur so erfüllen, dass es den frauenpolitischen Standpunkten genehm ist. Denken wir einmal an die Abtreibung, als extremes Beispiel. Der werdende Vater hat da nichts zu sagen. Mit welchem Recht? Und dann oft auch zu seinem und des Kindes Nachteil. Aber es gibt auch andere Themenbereiche. Gewalt gegen Frauen etwa. Da heißt es, jeden dritten Tag wird eine Frau von ihrem Partner getötet. Das ist schlimm. Aber schlimm ist auch, dass jeden Tag im Jahr mindestens ein Mann Selbstmord begeht. Schlimmer noch, dass die Öffentlichkeit diesbezüglich uninformiert bleibt und politische und präventive Maßnahmen für selbstmordgefährdete Männer mit der Lupe zu suchen sind. Hier macht der Mann sein Leid ganz allein und mit einem tragischen Ende ausschließlich mit sich selbst aus. Blutet da jemandem das Herz?

Leid ist menschlich, und wenn wir eine humane Gesellschaft sein wollen, dann müssen wir menschlichen Notlagen unabhängig vom Geschlecht mit Respekt begegnen und mit allen uns möglichen Mitteln auf Abhilfe sinnen. Wir aber vergeuden unsere Kraft oft damit, in einem solchen Fall in einen irregeleiteten Wettbewerb zwischen Frauen und Männern zu verfallen. Ist es nun wichtiger, sich um die selbstmordgefährdeten Männer zu kümmern, oder sollte man den armen Frauen, denen zu Hause Gewalt angetan wird, helfen? Ich sage: Helfen wir beiden!

In meinem Quartier sehe ich manchmal Männer in unseren Mülltonnen nach Essbarem oder Verwertbarem suchen. In der Stadt liegen Obdachlose unter wenig schützenden Überdachungen. Alte Männer sammeln Flaschen und Dosen aus Mülleimern. Junge Männer im Freundeskreis werden vom Jobcenter sanktioniert, weil sie den Meldepflichten nicht nachkommen, ihre Leistungen werden gestrichen oder Auszahlungen verzögert. Die müssen hungern und Obdachlosigkeit droht. Ich habe Mitgefühl für diese armen Kerle und kann ihre Hilflosigkeit und Ausweglosigkeit erahnen. Sie ertragen diese gesellschaftlich geduldete Misshandlung ihres Geschlechtes auf eine Art und Weise, die mir schon wieder Respekt abfordert. Männerrechtler dürfen nicht aufhören und dürfen nicht müde werden in ihrem Engagement. Sie sind die einzige Stimme, die diese und andere Männer in Not haben, und das ist sehr wertvoll.

Die weitere Entwicklung der Geschlechterfrage wird davon abhängig sein, ob es gelingen wird, Frauen für die Anliegen von Männern zu gewinnen. Frauen müssen nicht zwangsläufig die Belange von Männern als Konkurrenz oder Männer gar als Gegner empfinden. Männer sind auch Brüder, Söhne, Väter, Freunde, Liebhaber, Geliebte, Partner und Ehemänner. Bei Frauen mit diesem Lebenshintergrund finden Männerrechtler die richtigen Verbündeten, denn diese Frauen haben eine Ahnung von der strukturellen Diskriminierung von Männern, weil sie es hautnah miterleben.

Es ist an der Zeit in der Geschlechterdebatte eine gemeinsame Sprache zu sprechen. Gemeinsamkeiten zu finden, kann helfen Differenzen zu überwinden.

Arne Hoffmann: Nun bist du eine der wenigen deutschen Vorkämpferinnen für eine ganzheitliche Geschlechterpolitik, die dafür noch härter angegangen worden sind als ich. Immer wieder bist du als das eigentliche Problem dargestellt worden: Alle Parteien des Goslarer Stadtrats erklären dich mit deinen Auffassungen für untragbar. Die Goslarer Presse macht dich nieder. In der Talkshow „Anne Will" wirst du von Heiner Geißler angegiftet, während Will selbst eine neutrale Präsentation solcher Themen wieder nicht hinbekommt. Und in einem Interview mit der ZDF-„heute-show" fragt dich Carsten van Ryssen zum Thema häusliche und sexuelle Gewalt gegen Männer: „Was müsste ich dafür tun, um von Frauen angegriffen und belästigt zu werden?", woraufhin Lachkonserven eingespielt werden. Linke Ideologen attackieren dich, als wärst du halb auf dem Weg zum Nationalsozialismus, und vor deinen Vorträgen warnt allen Ernstes die Antifa. Wie bewältigt man emotional, wenn man über längere Zeit angefeindet, verzerrend dargestellt und als menschlicher Störfaktor in einem ansonsten wunderbar funktionierenden System behandelt wird?

Monika Ebeling: Die Situation in Goslar war für mich schwer erträglich. Zum einen war es sehr aufregend, und ich war gespannt, wie sich das alles so weiterentwickeln würde. Andererseits musste ich viel Druck aushalten. Ich war sehr erstaunt über die Art und Weise, wie die regionale Presse mit mir umging. Man gab sich kaum Mühe, meine Position aufrichtig zu erfragen und darüber zu berichten. Aus meiner Sicht hätte eine sachliche Berichterstattung anders ausgesehen. Die Texte waren mehr Meinung als eine Auseinandersetzung mit den vorhandenen Positionen. Ich erinnere mich noch genau, wie ich während der Abberufung zig Mal von einem Fotografen der Goslarschen Zeitung fotografiert wurde. Ich dachte, wann hört der denn endlich mal auf, und fragte mich, ob es in Ordnung sein könnte, mir weitere Fotos zu verbitten. Ob der Fotograf wohl darauf wartete, dass ich ein besonders blödes Gesicht machte? Vielleicht wünschte er sich ein Foto mit Tränen im Auge?

Komisch fand ich auch, dass ich mich in der öffentlichen Ratssitzung von Äußerungen Dritter distanzieren sollte. Was hab ich mit Dritten zu tun? Etwas irritiert nahm ich auch den Vorwurf, „rechts" zu sein, zur Kenntnis. Konservativ hätte ich ja noch gut ertragen, aber „rechts"? Wie kommt man auf so was? Ich habe dann mitbekommen, dass immer wieder Menschen lehrmeisterlich von anderen in die rechte Ecke gestellt wurden. Ein Schachzug, um eine Person mit ihrer Meinung und ihren Argumenten quasi tot zu stellen. So kommt es mir jedenfalls vor. Die Vorwürfe gegen mich wurden teilweise auch ziemlich persönlich. Niemand mag gern öffentlich in den Dreck gezogen oder wie eine Sau durchs Dorf gejagt werden. Ich war als Gleichstellungsbeauftragte mit meiner auch für Männer freundlichen Haltung und Arbeitsweise ja quasi eine Nestbeschmutzerin. Man sieht an anderen, teilweise prominenten Fällen ähnlicher Art, dass es denjenigen, die Fehler im eigenen Arbeitssystem öffentlich machen, oft sehr schlecht ergeht.

Immerhin bin ich nicht verprügelt worden und blieb körperlich unversehrt. Ich musste nicht auswandern und brauche mich auch nicht hinter einer Sonnenbrille und einer Perücke verstecken, wenn ich das Haus verlassen möchte. Ich erhielt keine Drohbriefe und keine Beleidigungsmails. Es gibt einen persönlichen Schaden, aber den kann ich verkraften.

Ich war ein bisschen vorbereitet. Wir ahnten früh, dass es zu einer Eskalation kommen würde. Ich fragte mich, ob ich das durchstehen könnte und wollte es wagen. Ein kleiner Kreis von Goslarern und eine „Netzgemeinde" unterstützten mich. Mein Mann stand mir zu jeder Zeit zur Seite, auch wenn mich der Mut verlassen wollte. Ich spürte in meinem Herzen, ich mache nichts falsch, wenn ich die Diskriminierung von Männern genauso ernst nehme, wie die Diskriminierung von Frauen. Die Berichterstattung im Nachgang in großen Zeitungen unseres Landes war sehr erfreulich und auch einige TV-Auftritte. Ich bin dankbar dafür, dass ich dieses aus meiner Sicht wichtige Thema auf die öffentliche Agenda bringen konnte.

Wenn ich dann zu Vorträgen eingeladen wurde, habe ich dem Einladenden meinen Vortrag immer im Vorfeld zugesandt, sodass derjenige einschätzen konnte, was auf ihn zukommt. Ich wusste, dass es für den Einladenden vor Ort oft nicht einfach war. Das verdiente meinen Respekt. Mitunter mussten diese Menschen bereits viel Kraft aufwenden, um ihre Einladung an mich überhaupt auf den Weg zu bekommen. Ich weiß von einigen, die kurz vor und auch nach der Veranstaltung hart angegangen wurden. Andere mussten ihre Einladung sogar zurückziehen, weil der Widerstand vor Ort zu groß wurde. Womöglich ist der Preis, den diese Menschen zahlen mussten, in dem Moment sogar noch größer gewesen als meiner. Ich fuhr ja wieder nach Hause. Sie blieben vor Ort.

Von meinem Naturell bin ich kein nachtragender Mensch. Ich vergebe und vergesse schnell. Meine Kraft und Aufmerksamkeit richte ich nach vorn und nicht nach hinten. Dabei bin ich in der Regel optimistisch und positiv gestimmt. Der Kopf ist rund, damit das Denken seine Richtung ändern kann, so sehe ich das. Die Dinge brauchen ihre Zeit, bis sie reifen, und manchmal kommt die Anerkennung erst posthum. Man wird sehen. Mir schwant, das Ende dieser Fahnenstange ist noch nicht erreicht.

Arne Hoffmann: Nach deiner Absetzung als Gleichstellungsbeauftragte hast du einen Notruf für männliche Opfer häuslicher Gewalt ins Leben gerufen. Welche Erfahrungen hast du damit gemacht?

Monika Ebeling: Für mich war es folgerichtig, einen solchen Notruf ins Leben zu rufen. Ich hatte als Gleichstellungsbeauftragte das Täter-Mann-Opfer-Frau-Schema nicht nur kritisiert, ich lehne diese einseitige Sichtweise sogar als falsch und nicht zielführend ab. Zudem war mir die emotionale Not vieler Männer ins Auge gefallen. Der letzte Impuls war dann, dass mein Mann und ich einen Artikel fanden, der beschrieb, dass ein Vater gemeinsam mit seinem Sohn auf den Gleisen Suizid begangen hatte. Das muss man sich mal vorstellen: Das Kind an der Hand und keinen Ausweg in Sicht. Wir wollten etwas tun: Auch wenn es nur ein kleiner Funke wäre, er könnte das Feuer vielleicht entfachen. Also gründeten wir einen Männernotruf. Natürlich konnten wir weder große Werbung betreiben, noch hatten wir Personal oder ein Büro. Wir hatten ein Handy und die feste Absicht, Anrufern ein offenes Ohr zu schenken. Meine Vision war ein bundesweites Netzwerk, wodurch Männer in Wohnortnähe auch einen persönlichen Ansprechpartner finden könnten.

Etwa zeitgleich ist eine von der Bundesregierung finanzierte Hotline für von Gewalt betroffene Frauen ins Leben gerufen worden. Da können Frauen anrufen und erhalten sogar Hilfe in ihrer Muttersprache. Diese Hotline kritisiere ich insofern, dass es eine Hotline ist, die sich explizit an Frauen als Opfer von Gewalt richtet. Ich hätte es besser gefunden, es wäre eine Hotline für von häuslicher Gewalt betroffene Menschen initiiert worden. Da hätten sich Frauen, Männer und sogar Kinder angesprochen gefühlt. Wäre das nicht ehrlicher? In einem solchen Beziehungskonflikt können die handelnden Rollen durchaus wechseln. Häusliche Gewalt ist komplexer als uns weisgemacht wird.

Bei unserem Männernotruf haben Männer, aber auch Frauen angerufen. Ich erinnere mich gut an eine Tochter, die mit ihrem älteren Vater zur Polizei gegangen war, weil seine aktuelle Lebensgefährtin ihn tyrannisierte und auch körperlich angriff. Die Tochter weinte in unserem Telefonat und war entsetzt darüber, wie wenig ernst ihr beider Anliegen genommen wurde. Wie konnte sie ihrem Vater nur helfen?

Eine Mutter rief bei mir an. Ihr Sohn wohne mit einer Frau zusammen. Diese Frau hätte ihn gerade eben angerufen und gesagt, er soll aus der Wohnung verschwinden, bevor sie zu Hause ist, sonst ruft sie die Polizei und erzählt den Beamten, er hätte sie bedroht und geschlagen. Die Mutter war entsetzt. Ihr Sohn hätte keinen Pfennig Geld in der Tasche und käme dort nicht mehr weg. Der letzte Bus sei bereits gefahren. Sie wusste nicht, wie sie ihm helfen könnte; sie wohnte selbst mehrere hundert Kilometer entfernt.

Es meldeten sich Männer, die die Demütigungen und Attacken ihrer Partnerin über sich ergehen ließen, weil sie Angst um die gemeinsamen Kinder hatten. Manchmal erschien ihnen dieses Martyrium sogar als das kleinere Übel. Eine Scheidung, das wussten sie, könnte für sie der Supergau werden. Männer meldeten sich, die mit einer Frau zusammenlebten, die sie liebten. Das destruktive Verhalten ihrer Partnerin war einer Suchtproblematik oder psychischer Problemlagen geschuldet. Diese Männer wussten nicht, wie sie dieses Dilemma beenden konnten. Sie wollten die Frau oft auch deshalb nicht verlassen, weil sie ahnten, dass es mit ihr dann noch schneller bergab gehen würde. Nicht selten waren Kinder mit betroffen. In so einem Fall ruht eine große Verantwortung auf dem Mann.

Gerade, als aus dieser kleinen Initiative ein bundesweites Netzwerk werden wollte, beendeten wir unser Engagement. Nicht ohne Grund. Es gab Interessenten, die nur mitmachen wollten, wenn wir nicht mehr dabei wären. Ich gab der Sache den Vorrang und stieg aus. Wir hatten ja auch schon mehrere Jahre Telefonate angenommen. Das passte.

Mir fehlen Hilfsangebote für Frauen, die Gewalt ausüben. Ich denke, da müssen wir flott ran. Nicht nur, weil die aktuelle Kriminalstatistik hier eine grandiose Steigerungsrate ausweist und das Dunkelfeld noch sehr viel größer sein dürfte. Vor allem auch deshalb, weil häusliche Gewalt ein Teufelskreis ist, der Kinder einfängt und es ihnen als Erwachsene erschwert oder unmöglich macht, angemessen eine Beziehung zu gestalten und Kinder zu erziehen. Dann wiederholt sich das Ganze schlimmstenfalls über Generationen. Ob Junge oder Mädchen: Wer zu Hause Gewalt am eigenen Leib erlebt hat, muss ohne Blick auf das Geschlecht auf Hilfe zurückgreifen können.

In der Öffentlichkeit werden in den vergangenen Jahren Anliegen von Männern immer mal wieder aufgegriffen. Das ist gut. Schlecht ist, dass es noch viel zu selten ist.

Arne Hoffmann: Du warst über Jahrzehnte hinweg Mitglied der SPD und hast darin unerschütterlich gewirkt, selbst nachdem dich auch deine Partei in Goslar im Stich gelassen hatte. Vor kurzem bist du aber doch bei der SPD ausgetreten. Warum?

Monika Ebeling: Ich habe die SPD als die Arbeiterpartei kennengelernt. Meine Mutter hat früher zu mir gesagt: „Wähl die SPD, die tun was für die kleinen Leute". Mein Vater war einer von den kleinen Leuten. Als Straßenwärter teerte er Straßen und fuhr im Winter auf dem Streuwagen mit. Jeden Morgen und jeden Abend mit dem Mofa zur Straßenmeisterei über mehrere kleine Dörfer, bei Wind und Wetter. Am Ende der Woche gab es die Lohntüte. Solche Erfahrungen prägen. Zudem waren CDU und SPD Volksparteien, in denen sich die Menschen in diesem Land weitestgehend wiederfinden konnten. Für die kleinen Leute gab es auch ein kleines bisschen Wohlstand. Man hatte das Gefühl teilzuhaben und den Politikern nicht ganz egal zu sein.

In den ersten Jahren meiner Mitgliedschaft in der SPD habe ich an dieses Credo auch noch geglaubt. Und da war ja auch noch die Arbeitsgemeinschaft Sozialdemokratischer Frauen, die sich für die Frauenrechte stark machte. Das passte viele Jahre. Doch so ein großer Parteiapparat wird wohl im Laufe der Jahrzehnte immer träger, entfernt sich von seiner eigentlichen Aufgabe und ist am Ende nur noch schwerer zu wenden als die Titanic kurz vor dem Eisberg. Als ein Kanzlerkandidat im Wahlkampf sinngemäß meinte, die politische Mitte sei nun eben weiter links, da hat mir das persönlich überhaupt nicht gepasst. Ich wollte nicht noch weiter nach links geschoben werden, nur weil ich die SPD wähle. Dann kommt hinzu, dass ich keine politischen Größen mehr finde: Menschen, die in ihrem politischen Amt nicht verlernt haben, dem Volk aufs Maul zu schauen. Die SPD tut sich schwer, diese Diskrepanz zwischen sich und dem Bürger zu überwinden. Ich fühle mich nicht von Politikern vertreten, die sich der Gossensprache bedienen, Stinkefinger zeigen, mit einer roten Fliege oder einem roten Schal ihre Gesinnung vor sich hertragen oder die mit der Antifa und den Linksextremen mehr liebäugeln als mit den Anliegen der kleinen Leute.

Den Niedergang unter die 20-Prozent-Marke hatte ich bereits bei der letzten Wahl scherzhaft im Freundeskreis prognostiziert. Da war es noch nicht soweit. Aber jetzt. Die SPD ist für mich keine Volkspartei mehr. Mir scheint, die SPD hat für die kleinen Leute nicht mehr übrig als den Mindestlohn. Eine überkommene Streikkultur zu befeuern, die wieder nur den kleinen Mann trifft, finde ich überholt. Das ewige Gejammer, die Politik müsse weiblicher werden, kann ich nicht mehr hören. Frauenwahlrecht gibt es nun lange genug und damit zahllose Chancen, Frauen zu wählen und sich als Frau für ein politisches Amt aufstellen zu lassen. Die Frauen, die bisher politische Ämter innehatten, haben aus meiner Sicht nicht den Beweis angetreten, dass sie es besser machen als Männer. Ich sehe nichts von der immer wieder herbeigerufenen „Erneuerung". Das sind nur Worthülsen, wie so oft.

Von einem toten Gaul, soll man besser absteigen. Das habe ich gemacht.

Arne Hoffmann: Am 18. und 19. Oktober 2019 wirst du eine der Rednerinnen auf der Konferenz „Twogether: Men for Women, Women for Men" in Wien sein. [461] Kannst du uns etwas über den Hintergrund dieser Konferenz verraten?

Monika Ebeling: Als Mensch können wir Opfer und Täter zugleich sein, und die Herausforderung besteht doch darin, gerade jene Anteile einmal anzuschauen, die klassischerweise nicht betrachtet werden. In der Geschlechterdebatte ist das zum Beispiel, die Frau auch einmal als Täterin und den Mann als Opfer wahrzunehmen. Diese Schattenseiten gehören ans Licht. Die Konferenz „Twogether" wagt hier einen wichtigen Schritt in die richtige Richtung, wie ich finde.

Sprecher werden sich für Frauen einsetzen und Sprecherinnen für Männer. Das wirkt auf mich versöhnlich und empathisch und ist nicht das, was als Geschlechterkampf jahrzehntelang betrieben wurde. Leider empfinden sich Frauen und Männer manchmal mehr als Rivalen denn als gleichwertige Partner. Da geht Würde verloren. Das kann unnötig Kampfeslust schüren, zu Kapriolen führen und stellt durchaus auch Gefährdungen dar. Mitunter hat man das Gefühl, die Geschlechterdebatte ist ein wenig aus dem Ruder gelaufen und kommt mit manchen radikal formulierten Positionen gar nicht mehr mit. Fronten verhärten sich. Das kann keine Dauerlösung sein.

Ich habe eine Einladung aus Wien bekommen und schon nach wenigen einleitenden Worten gewusst, da mache ich mit! Mir gefällt, was die Initiatoren sich da überlegt haben. An mir merke ich ja auch, dass es nicht immer leicht ist, Anklagen und Vorwürfe gegen den anderen zu unterlassen. Aber es ist überaus wichtig. Man hinterlässt ein verbales Schlachtfeld, wenn man aus dieser Nummer nicht herauskommt. Wir können derlei Eskalationen in allen Medien immer wieder miterleben. Das bringt eine Debatte aber nicht

461 Vgl. die Website der Veranstaltung unter https://twogether.wien/?fbclid=IwAR1f Pqc6OXEAkzn8dXtvualhGlnrl6xocn7wYSjEk2QYPDUntWX1ADENuJI.

wirklich voran. Im Gegenteil eskalieren die Dinge dann häufig: schlimmstenfalls in Hate Speech oder gar in Gewalt. Ich möchte sehr gern helfen, einen Richtungswechsel mit zu initiieren, um das soziale Klima zwischen Männern und Frauen deutlich zu verbessern.

Wenn Gleichstellung das Ziel ist, müssen sich Frauen- und Männerbewegung selbst überwinden

Eilert Bartels

Meinen ersten Mentor hatte ich mit neun. Pater Schuh war Jesuit und Pfarrer der Gemeinde St. Peter in Köln. Mit seinen großen Segelohren, einer dicken Hornbrille und einer riesigen Unterlippe, die immer ein wenig hing, hatte er dennoch weiche Gesichtszüge und strahlte einfach menschliche Wärme aus. Seine Predigten waren so voller Güte und Liebe zu den Menschen, dass die Sonntagsmessen weit über den Kreis der eigenen Gemeinde hinaus bestens besucht waren und sogar aufgezeichnet wurden. Bei ihm hatte ich Unterricht, und schließlich auch im Jahr 1976 die Kommunionsfeier.

Zur Institution Kirche habe ich heute ein überaus gespaltenes Verhältnis. Aber aus den kindgerecht gewählten Worten, die Pater Schuh während dieser Kommunionsfeier sprach, sind mir zwei Dinge bis heute in Erinnerung geblieben. Dank einer aufbewahrten Abschrift dieser Messe kann ich seine Aussagen hier im Wortlaut zitieren.

Die erste lautet:

„Man glaubt gar nicht, was Worte machen können. Wenn einer zum Beispiel einem kleinen Kind sagt: ‚Du hast ja Sommersprossen, du bist gar nicht schön!', dann wird das Kind bestimmt nicht schön. Wenn einem Kind gesagt wird: ‚Du lernst auch nie rechnen! Du bist zu dumm!', dann lernt es bestimmt niemals rechnen. Dann macht es seinen Verstand einfach zu. Worte können alles schön machen und alles verderben. Ein berühmter Kinderarzt hat mit jedem Kind, das zu ihm kam, auch alleine gesprochen und hat jedes Kind gefragt: ‚Bist du auch ein liebes Kind?' Und dann strahlte es: ‚Ja, das bin ich. Ich bin ein liebes Kind!' Eigentlich heißt das: Ich bin ein geliebtes Kind, aber die Kinder sagen: Ich bin ein liebes Kind. Nun war ein Kind dabei, ein Junge, der sagte: ‚Nein, ich bin böse, ich bin ein ganz böser Heinrich!' Der Arzt sagte: ‚Das stimmt doch gar nicht! Wenn ich Dich so sehe, du bist doch ein so lieber Junge!' Es war nichts zu machen: ‚Nein, ich bin ein böses Kind!' Wer hat diesem Kind ein solches Wort immer wieder ge-

sagt? Das Kind ist für sein ganzes Leben unglücklich gemacht. – So sind Worte."

Die zweite Aussage klingt für einen katholischen Pater geradezu rebellisch:

„Du magst leben, wie du willst: fromm oder nicht fromm, moralisch oder unmoralisch, du magst beten oder nicht beten, in die Kirche gehen oder nicht in die Kirche gehen – du bist von Gott geliebt. Dieser Satz ist der Kern des Evangeliums. Haben wir keine Angst, dass die Moral kaputt geht. Die Moral besteht bloß darin, dass ich mich von Gott lieben lasse – und dann kann ich auch meinen Mitmenschen lieben. Das nimmt auch die Angst von mir, dass ich immer und immer wieder Leistungen vollbringen muss, um dem strengen Richter Genüge zu tun, einem strengen Beobachter, der auf mich schaut. Denken wir an das schreckliche Bild in der Sixtinischen Kapelle, von aller Welt bestaunt, auf dem Jesus als Athlet dargestellt ist, der die Hälfte der Menschheit von sich schleudert. Wenn ich solch einen Blick auf mir ruhen habe, kann ich nicht gut sein. Darum sagt Jesus: Habt keine Angst! Nur ein Herz, das frei schlägt und einer einfallsreichen, liebevollen Regung fähig ist, kann gut sein! Nur so sind wir imstande, froh und frei Gutes zu sehen, Gutes zu wollen, Gutes zu wünschen. Das ist die ganze Moral. Das ist die Botschaft Jesu. Er hat gesagt: Du bist mein Bruder, du bist meine Schwester, komm, ich kehre bei dir ein und halte mit dir Mahl."

Ich habe mich von der Institution Kirche im Laufe meines Lebens zunehmend distanziert. Zuviel gibt es, was dort falsch läuft. Wie überall, wo Menschen Macht ausüben, gibt es – unabhängig vom Geschlecht – Gelegenheit, diese Macht zu missbrauchen. Aber die Botschaft „Egal, wer du bist und was du tust: Du bist geliebt" hat mich in meinem Leben ebenso getragen wie die Erkenntnis über die Macht der Worte.

Der Grund, warum ich von dieser Einsicht erzähle ist, dass sie zwei Kernaussagen enthält, die für die Ziele jeder Bewegung, die sich für Gleichstellung einsetzt, zentral relevant sind:

1.) Erst wir selbst sind es, die Menschen mit unseren Worten unterscheiden: Schön oder hässlich, klug oder dumm, gut oder böse, Opfer oder Täter, Frau oder Mann. Und mit diesen Unterscheidungen erschaffen wir Realitäten, geben wir Bilder vor, an denen sich Menschen orientieren. Das funktioniert in der Biografie eines Menschen ebenso wie in der Entwicklung einer Gesellschaft.

2.) Alle Menschen sind gleich. Wir sind gleich. Wir sind schön und hässlich, klug und dumm, gut und böse, Opfer und Täter, Frau und

Mann. Wir müssen nicht erst dahin gebracht werden, gleich zu sein. Es reicht, wenn wir uns in unserer Ganzheit sehen und „Ja" zu uns selbst wie zu anderen sagen.

Menschen kategorisch zu unterscheiden ist zutiefst patriarchal und hat eine Tradition, deren tiefste Wurzeln bis zur Sesshaftwerdung reichen. Mit Ackerbau und Viehzucht begannen Menschen erstmals in der Weltgeschichte, Lebewesen nach Geschlecht zu trennen und aktiv in die Sexualität anderer Lebewesen einzugreifen. Weibliche Tiere wurden in großen Gruppen bei individueller Bedeutungslosigkeit in relativer Sicherheit gehalten, um aus ihren Körpern Ertrag zu erwirtschaften: Nachwuchs, Milch, Wolle. Männliche Tiere wurden geschlachtet oder kastriert und als Arbeitsvieh verheizt. Nur wenige männliche Tiere mit vielversprechenden Zuchteigenschaften wurden für die Fortpflanzung ausgewählt und erlangten so individuell höhere Bedeutsamkeit und Sicherheit.[462] Die Sexualität der Tiere wurde instrumentalisiert für Zwecke, die mit den Bedürfnissen der Tiere nichts mehr zu tun hatte.

Die hier zugrunde liegende Struktur finden wir bis heute auch in unseren patriarchalen Gesellschaften. Über Sklavenhaltung, Lehnsherrschaft bis hin zur modernen Ausbeutung des Menschen für eine Handvoll Konzerne hat sich ein System verfeinert, in dem einige wenige Menschen in Machtpositionen davon profitieren, Menschenhaltung zu betreiben. Weibliche Menschen werden dabei immer noch auf ihren Körper reduziert, welcher kommerzialisiert wird; männliche Menschen werden immer noch in der Industrie und auf den Schlachtfeldern verheizt und so auf ihre Leistung reduziert. Der Wille weiblicher Menschen interessiert dabei ebenso wenig wie die Emotionen männlicher Menschen. Kurz: Das Patriarchat ist ein System, das davon profitiert und daran wächst, Menschen ihrer Ganzheitlichkeit zu berauben, indem es sie nach Geschlechtern spaltet und beiderseits Individuen daran hindert, ihr ganzheitliches Potential zu leben. Das schafft künst-

---

462 Vgl. Vonier, Hannelore: Der Beginn von Akkumulation und Geschlechtertrennung vor 6000 Jahren. Online ohne Datum unter http://rette-sich-wer-kann.com/patriarchat/entstehung-patriarchat-akkumulation-geschlechtertrennung-vor-6000-jahren.

liche Abhängigkeiten, erhöht die individuelle Bedürftigkeit und somit die Bereitschaft, sich profitabel ausbeuten zu lassen.

Das Installieren eines scheinbaren Machtgefälles zwischen den Geschlechtern hat dieses System über Jahrtausende aufrechterhalten. Vermeintliche Macht auf Männerseite gegen vermeintliche Sicherheit auf Frauenseite – das waren lange Zeit die Verheißungen und somit die Gewichte, die das Patriarchat in der Balance gehalten hat. Wirklich profitiert haben jedoch stets nur kleine mächtige Gruppen davon, große Menschenmengen in dieser Art der Menschenhaltung zu lenken. So, wie es einst relativ wenige Menschen waren, die davon profitierten, in der Viehzucht große Mengen an Tierindividuen als Masse zu lenken und zu manipulieren.

Wir haben es der ersten und zweiten Welle des Feminismus zu verdanken, dass wir begonnen haben, Schicht um Schicht die Mauern dieser Art Menschenhaltung abzutragen. Ging es in der ersten Welle der Frauenbewegung an der Schwelle zum 20. Jahrhundert darum, allen Menschen unabhängig von Rasse und Geschlecht ein Wahlrecht und damit überhaupt erst die Möglichkeit für gesellschaftliche Gestaltung zu erstreiten, stand in der zweiten Welle an, wirklich gesellschaftliche Gleichstellung auch gesetzlich umzusetzen. Und das tat Not! Bis 1957 zum Beispiel hatte in der BRD ein Ehemann das Letztentscheidungsrecht auch über das in die Ehe eingebrachte Vermögen seiner Frau.[463] Bis 1977 regelte der § 1356 BGB, dass eine Ehefrau einer Erwerbsarbeit nachgehen dürfe, „soweit dies mit ihren Pflichten in Ehe und Familie vereinbar ist." [464] Erst 1997 wurde Vergewaltigung in der Ehe strafbar. [465] Zuvor gab es tatsächlich eine Rechtsprechung, nach der der Unwille einer verheirateten Frau, ehelichen Geschlechtsver-

---

463 Vgl. Deutscher Bundestag: Vor 60 Jahren: Bundestag beschließt Gleichberechtigungsgesetz. Online seit dem 26.4.2017 unter https://www.bundestag.de/dokumente/textarchiv/2017/kw17-kalenderblatt-gleichberechtigungsgesetz/504286.

464 Vgl. Bundesgesetzblatt vom 21.6.1957 sowie Podolski, Tanja: „Die Todesstrafe ist abgeschafft". In: Legal Tribune Online vom 2.8.2017, online unter https://www.lto.de/recht/hintergruende/h/gute-gesetzliche-regelungen-todesstrafe-frauen-homosexualitaet/3.

465 Vgl. Wissenschaftlicher Dienst des Deutschen Bundestages: Vergewaltigung in der Ehe. Vom 28.1.2008, online unter https://www.bundestag.de/blob/407124/68 93b73fe226537fa85e9ccce444dc95/wd-7-307-07-pdf-data.pdf.

kehr auch gegen ihren Willen zu erdulden, ein Scheitern der Ehe begründete. [466]

Es war also an vielen Stellen offensichtlich, per Gesetz lange Zeit verankert und nachlesbar, dass Frauen nicht die gleichen Rechte eingeräumt wurden.

Die Männerbewegung indes hat ihre Anfänge in den USA infolge des Vietnamkriegs. Alte Ideale der Männerrolle wurden infrage gestellt, es wurde nach neuen Idealen des Mannseins gesucht. Dabei wurden die Ideen des Feminismus von Geschlechtergleichheit und Gerechtigkeit aufgegriffen, weil Männer darin Auswege aus den tradierten Rollen und damit eine Chance auf Verbesserung auch ihrer Lebenssituation fanden. Im Laufe der Jahre verzweigte sich die Männerbewegung in verschiedene Strömungen, die sich einerseits profeministisch an der Frauenbewegung anlehnten, auf der anderen Seite nahmen Teile der Männerbewegung als Reaktion auf eine Radikalisierung innerhalb des Feminismus nach und nach auch Gegenpositionen ein, bis hin zu klar antifeministischen Positionen.

Letztlich lässt sich auch über die Männerbewegung das Gleiche sagen, was die Journalistin und Feministin Laura Lucas über den Feminismus konstatiert: „DEN Feminismus gibt es nicht." DIE Männerbewegung auch nicht. Beiderseits haben wir vielmehr ein breites Spektrum von Strömungen.

Am einen Ende dieses Spektrums wird beiderseits auf einer alten Ordnung beharrt, in der Männer aus radikalfeministischer Sicht per Biologie Täter seien beziehungsweise es aus radikalmaskulinistischer Sicht eine naturgegebene (patriarchale) Geschlechterordnung gebe. An diesem Ende des Spektrums stehen sich Frauen und Männer in verhärteten Fronten gegenüber.

Am anderen Ende des Spektrums gibt es Strömungen, die daran glauben, dass Veränderung, Verständigung und schließlich Frieden zwischen den Geschlechtern möglich sein kann. Hier sehen Frauen und Männer Chancen darin, Gräben zu überwinden und Verantwortung für erlittene wie auch für verübte Verletzungen zu übernehmen.

---

466 Vgl. Urteil des Bundesgerichtshofs vom 2. November 1966, Az. IV ZR 239/65 (NJW 1967, 1078–1080), in: OpinioIuris – Die freie juristische Bibliothek. Online unter https://opinioiuris.de/entscheidung/1659.

Die Grenzen zwischen den Farben dieses Spektrums sind indes fließend, und wer Verletzungen in sich trägt, weiß, wie schnell wir aus dem grünen Bereich geraten und nur noch rot sehen. Mitunter reichen wenige Worte dafür, um von der Ebene der Verständigung in die Schützengräben verhärteter Fronten zurückzufallen.

Einmal von extremen Rändern abgesehen gibt es heute wohl in der Breite der Bevölkerung Einigkeit darüber, dass gesetzliche Gleichberechtigung aller Menschen (d.h.: Gesetze, die Menschen unabhängig vom Geschlecht gleichstellen) eine Selbstverständlichkeit ist. Über die faktische Gleichstellung aller Menschen unabhängig vom Geschlecht (d.h.: sie findet nicht nur in Gesetzen, sondern auch in der Lebenswirklichkeit statt) hingegen streiten wir bis heute leidenschaftlich. Infolge einer gemeinsamen Geschichte, die Gleichberechtigung lange Zeit nicht kannte, tun wir uns immer noch schwer damit, Gleichstellung nicht nur umzusetzen, sondern sie überhaupt erst zu denken! Die tradierten Vorstellungen sitzen tief. Wir sind es gewohnt, Männer als mächtig, Frauen als ohnmächtig zu denken, Männer als Täter und Frauen als Opfer. Wir denken Veränderung zu oft mit Blick auf Vergangenheit und Gegenwart, und zu selten mit Blick auf das Ziel unserer Visionen. Entsprechend gestalten wir unsere Sprache und unsere Botschaften.

In Berlin plakatiert zum Beispiel der Verein BIG, welcher sich gegen häusliche Gewalt stark macht. Auf seinen Plakaten ist zu lesen: „Bei häuslicher Gewalt – Hilfe für Frauen und ihre Kinder unter Tel.: …" In dieser Sprache scheinen Männer als Opfer häuslicher Gewalt nicht denkbar. Aber selbst, wenn sie tatsächlich Täter häuslicher Gewalt sind, wird ihnen keine Hilfe angeboten. Welche Botschaft sendet dies an einen Mann, der möglicherweise als Opfer oder auch als Täter von häuslicher Gewalt betroffen ist? „Ich muss mir selber helfen" dürfte allzu oft die Antwort sein. Nicht selten mit destruktiven Folgen. So verfestigen sich stereotype Bilder. Männer sind Täter, Frauen sind Opfer. Und so bleibt es dann auch: Männer müssen bestraft werden, Frauen müssen geschützt werden.

So wurde z.B. die Verschärfung des Sexualstrafrechts in den Medien praktisch ausschließlich „zum Schutz von Mädchen und Frauen vor sexuellen Übergriffen" diskutiert. Dabei ist das Gesetz selbst vollkommen geschlechtsneutral formuliert und soll alle Menschen schützen, also auch Männer!

Äußert sich ein Mann zu selbsterlebter sexueller Gewalt, wird ihm oft nicht geglaubt, er wird verlacht, oder sein Erleben wird für statistisch unbedeutend erklärt. So, als sei sein Erleben geschlechtsbedingt weniger wert als das anderer Menschen.[467] Viele Männer, die ich kenne, sind deswegen schlicht verstummt. Auch, weil sie meist nicht einmal auf Rückhalt von anderen Männern hoffen dürfen. Dieses Schweigen halte ich für gefährlich. Denn unabhängig vom Geschlecht: Wer Gewalt erlebt hat, wer diese destruktive Energie in sich aufnehmen musste, wird sie irgendwie ableiten. Und solange erlebte Gewalt nicht in ein konstruktives Spektrum transformiert ist, wird sie destruktiv abgeleitet. In Form von körperlicher, seelischer oder sexueller Gewalt, gegen andere Personen, gegen Dinge oder gegen sich selbst.

Ich setze mich gerne aktiv dafür ein, dass sexuelle, körperliche, seelische und strukturelle Gewalt zurückgehen können. Aber dafür brauchen wir das ganze Bild, und das Bewusstsein, dass jeder Mensch, unabhängig vom Geschlecht, Würde, Schutz und Respekt verdient. Dafür brauchen wir das Bewusstsein, dass kaum ein Mensch ausschließlich Opfer ist, und kein Mensch ausschließlich Täter, sondern jeder Mensch mit höchster Wahrscheinlichkeit beides ist.

Wenn wir uns Menschsein wie einen voll entfalteten Fächer vorstellen, neigen wir dazu, beim Blick auf Männer die eine Seite, beim Blick auf Frauen die andere Seite des Fächers zusammenzuklappen. Wir sind es gewohnt, weiblichen Menschen ihre Wehrhaftigkeit und Entschlossenheit abzusprechen. Wir sind es gewohnt, männlichen Menschen ihre Zartheit und Verletzlichkeit zu verleugnen. Und das macht etwas mit uns. Erinnern wir uns an den alten Pater Schuh, und was er über die Macht der Worte gesagt hat:

„Wenn einem Kind gesagt wird: ‚Du bist zu dumm!‘, dann macht es seinen Verstand einfach zu. Worte können alles schön machen und alles verderben.“

Wenn wir also in unseren Aussagen dabei bleiben, dass Männer Täter und Frauen Opfer sind, dann werden wir genau das in die Zu-

---

467 Vgl. Bartels, Eilert: Humor ist, wenn man trotzdem lacht. Online seit dem 28.7.2018 unter https://www.lvstprinzip.de/humor-ist-wenn-man-trotzdem-lacht-ein-text-von-eilert-bartels.

kunft tragen. Dann bleiben Männer Täter und Frauen Opfer. Und – das muss uns klar sein – wir erhalten damit aktiv die patriarchale Grundstruktur der geschlechtertrennenden Menschenhaltung bei. Das ergibt für eine Frauenbewegung bzw. eine Männerbewegung nur dann Sinn, wenn wir das Gegenüber als Feind auf der anderen Seite brauchen, um unsere eigene Identität als „Krieger/in für die gute Sache" imaginieren zu können.

Wenn Teile der Männerbewegung auf eine angeblich natürliche Geschlechterordnung pochen, die durch den Feminismus untergraben werde, ist es ziemlich offensichtlich, dass hier kein Interesse an Veränderung einer patriarchalen Gesellschaft mitsamt ihrer Charakteristik der Geschlechterteilung besteht.

Zweimal hingucken muss ein Mensch jedoch, wenn es um Teile des Feminismus geht, die zum Beispiel in „jedem Mann einen potentiellen Vergewaltiger" sehen, statt in jedem Menschen (!), oder – wie eine Twitter-Kampagne es vormacht – gleich erklärt, dass „Männer Abfall sind". Im Kern sind solche Aussagen das, was angeblich bekämpft werden soll: zutiefst patriarchal. Sie sind patriarchal, weil Geschlechter trennend, patriarchal, weil in wertvoll versus wertlos trennend, patriarchal, weil machtorientiert.

Menschlich sind derartige Radikalisierungen nachvollziehbar. Wenn wir traumatisch durch andere Menschen verletzt wurden, benötigen wir erst einmal Distanz vom Täter, von der Täterin. Wir brauchen es, in unserer Verletztheit gehört und wahrgenommen zu werden, ehe wir wieder Vertrauen fassen können.

An Kindern können wir dies gut beobachten. Sich gesehen zu fühlen, ist für ein Kind überlebensnotwendig! Ein Kind, das sich in seinem Verletztsein nicht gesehen fühlt, wird umso lauter weinen und schreien, bis es gehört wird. Wenn es sich auf Dauer nicht gesehen fühlt, wird es schließlich keine Nähe mehr zulassen, und wird jeden und jede auf Distanz halten, der oder die als Gefahr wahrgenommen wird.

Ist das Gegenüber ebenso verletzt, weiß es dieses Auf-Distanz-Halten ebenfalls nicht anders zu deuten als: „Ich werde in meinem Schmerz nicht gehört, ich muss mich schützen." Dann stehen wir uns erstarrt und voneinander abgeschottet gegenüber.

Radikalisierung ist so letztlich der Verlust der Bereitschaft, miteinander in Verbindung zu treten, sich dem anderen erzählend und zuhörend zu öffnen. Sie ist der Verhaltensmodus und das letzte Mittel des ungehörten verletzten Kindes. Radikalisierung markiert den roten Bereich des Spektrums, auf dem sich Menschen in der Frauenbewegung ebenso wie in der Männerbewegung befinden können. Und letztlich ist sie die Vorstufe zu Gewalt.

Gehen wir davon aus, dass jede und jeder von uns aus 8000 Jahren Patriarchat und einem oft unterschwellig ausgetragenen Geschlechterkrieg Verletzungen in sich trägt, wird spürbar, warum auch gesellschaftlich die Grenzen im Spektrum *des* Feminismus wie auch *der* Männerbewegung fließend sind. In uns gespeicherte Verletzungen können uns in den roten Bereich radikalisieren, wenn

a) wir uns vom Gegenüber nicht gehört fühlen,
b) wir Allianzen unter „Unseresgleichen", unter Leidensgenossen oder Leidensgenossinnen eingehen, uns in unserem Leid gegenseitig bestärken, weil wir uns endlich gehört fühlen und uns deshalb umso stärker
c) kollektiv vom Gegenüber abgrenzen.

Unsere Verletzungen bleiben erhalten, Veränderung wird kaum möglich, was unser Gefühl von Verletzt-Sein bestärkt und Veränderung noch unmöglicher macht ... eine Teufelsspirale.

Wenn wir aber Veränderung möglich machen wollen, wenn wir die Spirale des Verletzt-Seins und der radikalen Abgrenzung, die noch mehr Verletzung schafft, stoppen wollen, brauchen wir den verstehenden und liebenden Erwachsenen in uns, der uns zuhört, unseren Schmerz versteht, uns nicht verurteilt und uns durch das Gefühl des Angenommenseins ermöglicht, auch für unser Handeln Verantwortung zu übernehmen. Und das bedeutet auch, unserem Gegenüber zuhörend und mit der Bereitschaft des Annehmens verbunden zu sein. Wir brauchen das Verständnis und die Liebe füreinander, um uns in den grünen Bereich des Spektrums zu bewegen, in welchem wir patriarchales Denken und Handeln überwinden können.

Wenn wir wirklich eine egalitäre Gesellschaft anstreben, in der Menschen unabhängig vom Geschlecht gleichgestellt sind, brauchen wir deshalb Botschaften in einer Sprache, die nicht unnötig die alten

Narrative reproduziert. Wir brauchen eine Sprache, die nicht mehr trennt, sondern inkludiert. Wir brauchen eine Sprache, die allen Menschen Schutz signalisiert und zugleich alle Menschen in die Verantwortung einlädt. Kurz: Wir brauchen eine Sprache, die sich an der Vision des Neuen, wo wir hinwollen, orientiert. Einer Vision der Gleichberechtigung und Gleichstellung für alle Menschen. Dazu gehört auch das Anerkenntnis, dass jeder Mensch – unabhängig von Geschlecht – Täter- und Opferaspekte in sich trägt, und damit auch jeweils eine positive Kehrseite dieser Aspekte verbunden ist, nämlich Handlungsfähigkeit und Empfindsamkeit. Sie sind Teil des menschlichen Potentials und können aktiviert werden.

Deshalb müssen wir auch männliches Opfererleben denkbar werden lassen und so Männern mehr Bewusstsein über die eigenen Grenzen ermöglichen, wenn wir nicht nur Frauen, sondern alle Menschen zu Empathie und Mitgefühl befähigen wollen. Dr. Mithu Melanie Sanyal hat das in einem Satz auf den Punkt gebracht: „Menschen, die sich über die eigenen Bedürfnisse und Grenzen klar sind, können auch Bedürfnisse und Grenzen von anderen Menschen besser respektieren." [468]

Wir müssen darüber hinaus aber auch weibliches Täterin-Erleben denkbar werden lassen und so Frauen mehr Bewusstsein über ihre eigene Wehrhaftigkeit geben, wenn wir nicht nur Männer, sondern alle Menschen zu Tatkraft und Handlungsfähigkeit befähigen wollen. Auf diese Weise können sie aktiv für ihre Bedürfnisse einstehen und auch aktiv Grenzen setzen.

Dafür brauchen wir eine Sprache, die der Ganzheitlichkeit des Menschseins gerecht wird.

Unsere bisherige Sprache, in der wir gewohnt sind, direkt oder implizit Missstände zu beschreiben, ist auf Vergangenes oder allenfalls auf Gegenwärtiges gerichtet. Sie enthält Ausgrenzung, unterteilt direkt oder implizit nach Geschlecht und gut und böse. Wenn wir wirklich Gleichstellung aller Geschlechter erreichen wollen, müssen wir einen neuen Umgang mit Sprache bewusst einüben.

---

468 Vgl. Sanyal, Mithu: Prävention statt Strafe. Podcast online seit dem 2.2.2018 unter https://www1.wdr.de/mediathek/audio/wdr3/wdr3-resonanzen/audio-zwischen-ruf---praevention-statt-strafe-100.html.

Einige Beispiele, die Botschaften in tradierten Sprachgewohnheiten übermitteln und dazu in Gegenüberstellung, wie ein wirklich visionärer und alle Geschlechter inkludierender, Sprachgebrauch aussehen kann:

1.) In vielen öffentlichen Badeanstalten hängen seit etwa zwei Jahren Baderegeln im Stil von Comic-Illustrationen aus. Darunter finden sich

> *Regel 9: Egal, welche Badekleidung eine Frau trägt, sie ist zu achten und zu respektieren.*
> *Regel 10: Den Anweisungen des Badepersonals ist Folge zu leisten, egal ob Mann oder Frau.*
> *Regel 12: Keine verbale oder körperliche sexuelle Belästigung gegenüber Frauen in jeglicher Bekleidung.*[469]

Es ist wohl so, dass es Vorfälle gibt, in denen Männer eine Frau nicht respektieren oder sie belästigen. Ganz sicher aber ist: Auch Männer sind Menschen. Und Menschen möchten im Allgemeinen respektiert werden. Und niemand möchte aufgrund seines Geschlechts pauschal ausgegrenzt oder beschuldigt werden. Nicht direkt, nicht indirekt und schon gar nicht vorsorglich.

Diese Baderegeln selektieren mutmaßliche Opfer nach Geschlecht und denken die Täter auf der geschlechtlichen Gegenseite gleich mit! Das ist in letzter Konsequenz nach allen Richtungen hin sexistisch.

Bei den oben genannten Baderegeln scheint von vornherein klar, wer der böse Bube sein soll: der spitze Bube. Ob es die Bereitschaft zu Respekt und Akzeptanz fördert, wenn einseitig der mahnende Finger erhoben wird, sei mal dahingestellt. Menschen jedoch (egal, ob Männer oder Frauen), denen stets, immer und von vornherein eingebläut wird, dass sie es falsch machen, reagieren oft mit Trotz oder sie fressen diese Demütigung in sich hinein, bis sie sich an anderer Stelle wieder Bahn bricht. Zum Beispiel auch in sexueller Übergriffigkeit (die keineswegs nur von Männern ausgeht).

---

469 Vgl. Plarre, Plutonia: Vorbildhaft baden gehen. In: taz vom 18.1.2016, online unter http://www.taz.de/!5266306/.

Wie also wäre es, künftig einfach alle Menschen wie folgt mit einzubeziehen:

Regel 9: Egal, welche Badebekleidung ein Mensch trägt: Dieser Mensch ist zu achten und zu respektieren.
Regel 10: Den Anweisungen des Badepersonals ist Folge zu leisten, egal ob Mann, Frau oder ein anderes Geschlecht.
Regel 12: Keine verbale oder körperliche Belästigung gegenüber Menschen jeglichen Geschlechts und jeglicher Bekleidung.

In der hier alternativ vorgeschlagenen Form würden diese Baderegeln jeder Frau, jedem Mann und jedem Menschen dazwischen signalisieren: „Wir achten dich und wir respektieren dich. Gleiches wünschen und erwarten wir von dir."

Als Mensch respektiert und geachtet zu werden, das wünscht sich jede Frau, aber auch jeder Mann, kurz: jeder Mensch. Frauen UND Männer als wertvoll genug zu erachten, ihre seelische und körperliche Unversehrtheit zu schützen: wäre das nicht ein richtiger Schritt gegen sexuelle Gewalt und Übergriffe?

2.) Das Magazin *Neon* sinnierte über Mainstream-Porno:

„Doch was macht es mit einer jungen Frau oder einem jungen Mann, wenn der oft erste Kontakt mit Pornografie ein völlig verzerrtes Frauenbild propagiert?"[470]

Ich stolpere darüber, dass scheinbar niemandem auffällt, dass Mainstream-Pornos auch ein völlig verzerrtes Männerbild propagieren. Stimmiger klingt es für mich so:

„Doch was macht es mit einem jungen Menschen, wenn der oft erste Kontakt mit Pornografie ein völlig verzerrtes Bild menschlicher Sexualität propagiert?"

3.) Anlässlich der nun zwei Jahre zurückliegenden Verschärfung des Sexualstrafrechts resümierte die *Süddeutsche Zeitung*:

„Viele feierten das neue Sexualstrafrecht damals als Meilenstein der sexuellen Selbstbestimmung. Ein Gesetz, das Frauen schützt und ihnen

---

[470] Vgl. Richter, Anne: Berliner SPD will feministische Pornos fördern – und das ist sinnvoll. In: Neon vom 6.6.2018, online unter https://www.stern.de/neon/herz/liebe-sex/spd-fordert-staatliche-finanzierung-von-feministischem-porno-8111116.html.

> *die Scham nimmt, ihre Peiniger anzuzeigen. Doch haben sich diese Erwartungen erfüllt? Ist es für Frauen einfacher geworden, Vergewaltiger vor Gericht zu bringen? Werden nun mehr Männer verurteilt, manche vielleicht sogar zu Unrecht?"*[471]

Nun soll dieses Gesetz nicht allein Frauen schützen, sondern Menschen überhaupt. Dass es von der strafrechtlichen Umsetzung her schwierig bleibt, ergibt sich aus dem Grundsatz: im Zweifel für den/die Angeklagte/n. In der Tat braucht es einen Diskurs darüber, was da verbessert werden kann, ohne den Boden der Rechtsstaatlichkeit zu verlassen. Allerdings trägt eine einseitige und sexistische Berichterstattung, die Frauen nur als Opfer und Männer nur als Täter kennen will, dazu bei, dass Männer, die Opfer von sexueller Gewalt sind, sich schon mal gar nicht geschützt fühlen. Probieren wir doch endlich mal eine Berichterstattung, die alle Menschen inkludiert, statt Fronten aufzubauen.

Zum Beispiel so:

> *„Viele feierten das neue Sexualstrafrecht damals als Meilenstein der sexuellen Selbstbestimmung. Ein Gesetz, das Menschen schützt und ihnen die Scham nimmt, ihre Peiniger/innen anzuzeigen. Doch haben sich diese Erwartungen erfüllt? Ist es für Opfer einfacher geworden, Vergewaltiger/innen vor Gericht zu bringen? Werden nun mehr Täter/ innen verurteilt, manche vielleicht sogar zu Unrecht?"*

Sexismus, liebes Redaktionsteam der *Süddeutschen*, auch sprachlich zu vermeiden, ist nicht so schwer. Man muss es nur wollen. (Übrigens, und das fällt mir erst jetzt beim Verfassen dieses Textes auf: Bei einer inkludierenden Sprache stutze ich sofort: Was ist daran erstrebenswert, „manche vielleicht sogar zu Unrecht?" zu verurteilen?)

4.) Die Berliner *„taz"* kritisiert Svenja Flaßpöhler für ihr Buch „Die potente Frau" und erklärt, ganz in patriarchalen Denkstrukturen verhaftet:

> *„Ja, ein Mann kann zu Beginn nicht sicher sein, ob eine Frau eine Annäherung angenehm oder unangenehm findet. Deshalb müssen sich nun auch die letzten selbsternannten Schwerenöter dazu bequemen,*

---

471 Vgl. Mayer, Verena: Das große Schweigen. In: Süddeutsche Zeitung vom 8.7.2018, online unter https://www.sueddeutsche.de/leben/vergewaltigungen-das-grosse-schweigen-1.4040762.

wahrzunehmen, wie ihre Kontaktversuche wohl ankommen beim anderen Geschlecht."[472]

Aber, liebes Redaktionsteam der „*taz*", auch eine Frau kann sich nicht sicher sein! Nicht mal ein nonbinärer Mensch kann sich sicher sein. Wie wäre es damit, die Schubladen mal zu verlassen, mit denen wir unablässig unsere Prophezeiungen selbst erfüllen? Etwa so:

> „*Ja, eine Person kann zu Beginn nicht sicher sein, ob eine andere Person eine Annäherung angenehm oder unangenehm findet.*"

Das ist klar, verständlich und spricht alle an, ohne zu spalten.

5.) Wenn es darum geht, sprachlich den Weg zu ebnen für eine wirkliche Gleichstellung, sehe ich insbesondere Medien in der Verantwortung und in der Pflicht, Texte zunehmend visionsorientiert egalitär zu formulieren. Wie über #metoo, sexuelle Übergriffe und Unterstützungsangebote geschlechtsneutral und inkludierend berichtet werden kann, ohne auf Geschlechterrollen-Zuschreibungen zu verengen, macht der *Tagesspiegel* vor:

> „*„Die Zeit des Schweigens muss vorbei sein', betonte die Kulturstaatsministerin. Es sei ihr ein wichtiges politisches und menschliches Anliegen, angesichts sexueller Belästigungen, Demütigungen und Gewalt [...] eine Anlaufstelle mit zu initiieren, an die Betroffene sich vertrauensvoll wenden können. [...] [Diese] richte sich an Betroffene sexueller Belästigung und Gewalt und sei zunächst auf den Film-, Fernseh-, Theater- und Orchesterbereich beschränkt. Sie könne aber auf die gesamte Medienbranche, den Musikbereich und andere Kulturzweige ausgeweitet werden, wenn diese sich beteiligen wollten. [...] Hintergrund für die Gründung ist die sogenannte #metoo-Debatte, die eine breite Diskussion über Abhängigkeiten und Machtmissbrauch bis hin zu sexuellen Übergriffen in der Kultur- und Medienbranche angestoßen hat.*"[473]

Ich bin überzeugt, dass es möglich ist, Menschen für Gleichberechtigung, Gleichstellung und Verständigung zwischen den Geschlechtern zu gewinnen. Unser Umgang mit Sprache ist ein elementarer Baustein

---

472 Vgl. Oestreich, Heide: Nein zur Gewalt, ja zur Lust: In: taz vom 12.5.2018, online unter http://www.taz.de/!5502572/.

473 Vgl. N.N.: #metoo: Film- und TV-Branche gründet Vertrauensstelle. In: Tagesspiegel vom 1.6.2018, online unter https://www.tagesspiegel.de/medien/sexuelle-belaestigung-metoo-film-und-tv-branche-gruendet-vertrauensstelle/22633898.html.

dazu. Wer patriarchale Strukturen der Menschenhaltung überwinden will, kommt nicht umhin, sich das bewusst zu machen. Das bedeutet letztlich den bewussten Verzicht auf implizite generalisierende Vorwürfe, sowie den Verzicht auf vermeidbare geschlechtliche Gruppierung und Trennung in der Sprache.

Das bedeutet nicht, dass wir nicht über männliches oder weibliches Täter/innenverhalten sprechen können. Wir können und müssen weiterhin auch über weibliches und männliches Opfererleben sprechen, aber wir werden es konkret und fallbezogen tun, statt pauschalisierend und generalisierend. Oder wir werden allgemein, dann aber inkludierend, darüber sprechen.

Um es klar zu sagen: #metoo hat durchaus seine Berechtigung. Es ist richtig und wichtig, dass wir darüber sprechen, dass immer noch viel zu viele Menschen sexuelle Übergriffe erleiden müssen, dass immer noch Menschen aufgrund ihres Geschlechts diskriminiert, misshandelt oder sogar getötet werden.

Erinnern wir uns: Wenn wir traumatisch durch andere Menschen verletzt wurden, benötigen wir erst einmal Distanz vom Täter, von der Täterin. Wir benötigen es, in unserer Verletztheit gehört und wahrgenommen zu werden, ehe wir wieder Vertrauen fassen können. Und um dies zu ermöglichen, brauchen wir ganz klar eine Frauenbewegung, und wir brauchen ebenso klar eine Männerbewegung. Es gibt immer noch viel zu viel Gewalt gegen Frauen, und es gibt immer noch viel zu wenig Bewusstheit über das Leid, dem sich Männer in dieser Gesellschaft aussetzen (müssen). Wir brauchen diese Räume unter unseresgleichen, die uns ersten Schutz bieten, Distanz ermöglichen und uns überhaupt für Erlebtes Worte finden lassen.

Zugleich aber sage ich: Die Begriffe des „Feminismus" und des „Maskulismus" reichen nicht, um sich wieder anzunähern. Erst recht reichen sie nicht, wenn wir wirklich Gleichstellung erreichen wollen. Weil letztlich auch diese Begriffe patriarchal geprägt sind. Sie beinhalten Trennung, nicht Inklusion. Oft höre ich von Feministen und Feministinnen den Einwand, dass Feminismus doch gerade Gleichstellung wolle, also doch auch die Männer „mitgemeint" seien. Ich frage dann zurück: „Wie viele Frauen fühlen sich denn wohl von der Männerbewegung oder vom Maskulismus mitgemeint?" Wohl die allerwenigsten! Selbst wenn in Teilen der Männerbewegung Gleichstellung ganz oben auf der Agenda steht. Schon rein sprachlich ist auch der Begriff „Feminismus" abgrenzend, nicht inkludierend. Viele Männer erreicht dieses „mitgemeint" ebenso wenig, wie viele Frauen sich nicht „mitgemeint" fühlen, wenn auf Sparkassenformularen „Unterschrift des Kunden" steht. Nicolas Zogg von der profeministischen Schweizer Männerbewegung männer.ch formuliert das so: *„Feminist zu sein reicht mir darum nicht. Ich will mich mit der persönlichen und gesellschaftlichen Bedeutung von Mann-Sein auseinandersetzen, männliche Identitäten und Perspektiven einbringen. Da fühle ich mich durch den Begriff ‚Feminismus' zu wenig abgeholt."*[474]

Das Ziel von Gleichstellung aller Geschlechter sprachlich egalitär zu unterstützen, ist relativ einfach. Es bedarf nur unseres Willens und einer Veränderung unserer Gewohnheiten, eine Sprache zu verwenden, die nicht mehr patriarchale Narrative reproduziert.

Als Menschen in der Frauenbewegung und in der Männerbewegung steht uns mit dem Ziel einer Gleichstellung in letzter Konsequenz jedoch eine Aufgabe bevor, die uns mehr abverlangt: Feminismus wie Maskulismus sind Worte, die wir wie Fahnen vor uns her tragen. Aber ist es nicht widersinnig, mit Worten, die implizit stets die halbe Menschheit ausgrenzen, für eine Gleichberechtigung und Gleichstellung aller Menschen zu kämpfen?

Ich glaube, wir brauchen die Bereitschaft zur Überwindung der Identität, die wir bislang zur Abgrenzung gesucht haben. Für das Erreichen einer egalitären Gesellschaft, für Gleichberechtigung und Gleichstellung müssen wir den Mut haben, Feminismus und Maskulismus als Relikte einer patriarchalen, trennenden Struktur am Ende hinter uns zu lassen und bereit sein, uns als Menschen zu begegnen.

Um es abschließend mit meinem ersten Mentor, Pater Schuh, zu sagen: „Das ist die Botschaft Jesu. Er hat gesagt: Du bist mein Bruder, du bist meine Schwester, komm, ich kehre bei dir ein und halte mit dir Mahl." Dass Schuh als katholischer Pater Funktionär einer heute zunehmend in der Kritik stehenden Institution war – geschenkt! Er war ein Mensch. Und als solcher hat er mit seinen Worten damals und bis

---

474 Vgl. Soller, Adrian im Interview mit Nicolas Zogg: „Feminist zu sein reicht nicht". Online unter http://www.ernstmagazin.com/176_6_maumlnnerch.html.

heute Männer und Frauen, die ihn erlebt haben, als Menschen berührt. Seine Worte haben Früchte getragen.

Für mich gilt deshalb:
Männer sind Menschen.
Frauen sind Menschen.
Wir sind Menschen.

Würde, Fairness und persönliche Freiheit für alle

Christina Hoff Sommers

Die Frage „Sind Sie ein Feminist/eine Feministin?" beantworten die meisten Amerikaner mit „Nein". Eine aktuelle Umfrage, die YouGov für die Huffington Post durchführte, ist typisch: Nur 23 Prozent der Frauen und 16 Prozent der Männer identifizierten sich als „feministisch". So fähige und zugleich unterschiedliche Frauen wie Taylor Swift, Sandra Day O'Connor, Marissa Mayer und Beyoncé lehnen diese Bezeichnung ab.

Die Emanzipation der Frauen ist eine der Sternstunden der westlichen Zivilisation und einer der Meilensteine in der Geschichte der Freiheit. Warum hat dann der Begriff, der dieses Erbe bezeichnet, einen derart schlechten Ruf?

Einige werden sagen, dass diese Bewegung deshalb auf dem Rückzug ist, weil sie ihre wesentlichen Ziele erreicht hat. Warum sollte man sie also nicht von der Bühne verabschieden? Das ist eine verständliche, aber falsche Schlussfolgerung. Obwohl die großen Kämpfe um Gleichberechtigung und Chancengleichheit in den Vereinigten Staaten geführt und weitgehend gewonnen wurden, bleibt das Werk des Feminismus unvollendet. Weltweit kämpfen junge Frauengruppen angesichts echter und oft gewalttätiger Unterdrückung ums Überleben. Bei uns im Westen enthält die Populärkultur starke Elemente von Frauenfeindlichkeit. Frauen haben weit mehr als Männer mit der Herausforderung zu kämpfen, Beruf und Familie zu vereinbaren. Trotz der immensen Fortschritte von Frauen sind die Armutsregister überproportional gefüllt mit Frauen mit Kindern.

Wer braucht den Feminismus? Wir brauchen ihn. Die Welt braucht ihn. Aber eine wirksame Frauenbewegung muss von ihrem derzeitigen Außenseiterstatus befreit werden. Jeder, der daran interessiert ist, die Situation von Frauen auf der ganzen Welt zu verbessern, sollte daran arbeiten, eine Frauenbewegung zu schaffen, die bei Frauen

Anklang findet. Ein realitätsnaher, Männer respektierender, vernunft-geleiteter Feminismus könnte für Frauen sowohl in den Vereinigten Staaten als auch in der ganzen Welt sehr hilfreich sein. Ich bezeichne dies als „Freiheitsfeminismus".

Freiheitsfeminismus steht für die moralische, soziale und rechtli-che Gleichheit der Geschlechter – und die Freiheit der Frauen, ihren gleichberechtigten Status zu nutzen, um auf ihre jeweils eigene Weise nach Glück zu streben. Der Freiheitsfeminismus befindet sich nicht im Krieg gegen die Weiblichkeit oder Männlichkeit, und er betrachtet Männer und Frauen nicht als verfeindete Stämme. Theorien einer uni-versellen patriarchalen Unterdrückung stehen nicht auf seinen Grün-dungstafeln. Es gibt auch keine Gesinnungsprüfungen für seine An-hänger. Er heißt Frauen und Männer aus dem gesamten politischen Spektrum willkommen. Vereinfacht ausgedrückt, bejaht der Freiheits-feminismus für Frauen, was er für alle Menschen bejaht: Würde, Fair-ness und persönliche Freiheit.

Ich entwickelte diese gemäßigte Alternative, indem ich die Ge-schichte der Frauenbewegung studierte. Seit ihrem Beginn im 18. Jahr-hundert haben die Reformerinnen unterschiedliche Positionen zum Thema Geschlechterrollen eingenommen. „Egalitär-orientierte" beton-ten eine wesentliche Gleichheit der Geschlechter und versuchten, Frauen von konventionellen Rollen zu befreien. Im Gegensatz dazu hatten wendeten sich „mutterschaftsorientierte Feministinnen" nicht gegen Geschlechterrollen. Sie betonten die Beiträge der Frauen als Ehefrauen und Mütter. Gleichzeitig suchten sie nach Möglichkeiten, Frauen mehr Respekt und Einfluss im öffentlichen Raum sowie mehr Schutz vor Missbrauch und Ausbeutung zu Hause zu verschaffen.

Elizabeth Cady Stanton und Susan B. Anthony, Suffragetten aus dem 19. Jahrhundert, waren egalitär-orientiert; ihre Rivalin und unver-zichtbare Verbündete im Kampf für das Wahlrecht war Frances Wil-lard, Führungsfigur in der Abstinenzbewegung und überzeugte mut-terschafts-orientierte Feministin. Eleanor Roosevelt war ebenfalls le-benslang eine Mutterschafts-Feministin, die Männer und Frauen als gleichwertig, aber grundsätzlich verschieden betrachtete. Sie bezeich-nete das häusliche Leben als den „vorrangigen Aufgabenbereich" der Frauen, aber als man sie fragte, ob der Platz einer Frau im Haus sei, antwortete sie: „Das ist er sicherlich, aber wenn sie sich wirklich um ihr Haus kümmert, wird diese Fürsorge sie weit hinaus führen".

Die Geschichte deutet darauf hin, dass Frauen am besten fahren, wenn die beiden Strömungen – progressiv und konservativ – zusammenarbeiten. Wie aber sieht es heute aus? In den Augen vieler hat sich die gegenwärtige Frauenbewegung zu einer engstirnigen, in einseitiger Weise links orientierten Interessengruppe entwickelt. Die Mehrheit der Frauen wurde dabei zurückgelassen.

Der Freiheitsfeminismus verbindet Aspekte sowohl der egalitär-orientierten als auch der mutterschafts-orientierten Tradition. Mit dem egalitären Feminismus teilt er dessen Abneigung gegen vorgeschriebene Geschlechterrollen: Frauen sollten frei sein, sich von den weiblichen Stereotypen zu lösen, wenn sie das möchten. Gleichzeitig respektiert er die Entscheidungen freier und selbstbestimmter Frauen, wenn sie sich für herkömmliche weibliche Rollen entscheiden. Der Freiheitsfeminismus steht für Chancengleichheit, besteht aber nicht auf der Gleichheit der Ergebnisse.

In einer 2013 durchgeführten Umfrage zum Thema moderne Elternschaft hat das Pew Research Center Mütter und Väter gebeten, ihre „ideale" Arbeitsaufteilung zu beschreiben. Einundsechzig Prozent der Mütter gaben an, dass sie es vorziehen würden, Teilzeit zu arbeiten – oder gar nicht. Väter antworteten anders: 75 Prozent bevorzugten Vollzeitarbeit. Ähnliche Ergebnisse erzielte Catherine Hakim, Soziologin an der London School of Economics, als sie die Vorlieben von Frauen und Männern in Westeuropa erforschte.

Nach Ansicht vieler in der zeitgenössischen Frauenlobby sind diese konventionellen Entscheidungen ein Beweis für fest verwurzelten Sexismus und verinnerlichte Unterdrückung. „Die persönlichen Entscheidungen von Frauen stecken voller Ungerechtigkeiten", befand die American Association of University Women. Die National Organisation for Women verweist auf „hartnäckige Stereotypen" und „unzählige Formen des Sexismus", die Frauen zu bestimmten beruflichen Laufbahnen und Familienrollen hinsteuerten. Aber amerikanische Frauen gehören zu den am stärksten selbstbestimmten Frauen in der Geschichte. Warum sollte man ihre Entscheidungen nicht respektieren?

Man könnte die gleiche Frage stellen, was die berufliche Laufbahn angeht, die Männer und Frauen verfolgen. Auch nach 40 Jahren feministischer Bewusstseinsbildung treten Frauen mit weitaus größerer Wahrscheinlichkeit in Bereiche wie Unterricht, Kinderbetreuung, Soziale Arbeit, Krankenpflege und Kinderheilkunde ein. Männer sind viel eher als Ingenieure, Automechaniker, Metallurgen und Bauarbeiter tätig. Sind diese Trends das Ergebnis von geschlechtsbezogener Diskriminierung, feindseliger Umgebung oder von unsichtbaren Hindernissen – wie Gender-Aktivisten nicht müde werden zu behaupten? Das könnte sein. Aber könnte es nicht auch sein, dass Männer und Frauen im Streben nach Glück zum Teil unterschiedliche Wege gehen? Der Freiheitsfeminismus respektiert solche sich hartnäckig haltenden menschlichen Bestrebungen.

Frauen sind vielfältig. Trotz jahrzehntelanger Warnungen und Denunziationen, die auf traditionelle Geschlechterrollen abzielen, bleibt das häusliche Leben für Millionen von Frauen eine wesentliche Priorität. Und auch noch so viele Überredungsversuche haben Frauen nicht von Berufen im Pflege- und Sozialbereich abgehalten. Obwohl sich die britische Komödiantin Caitlin Moran als „streitbare Feministin" bezeichnet, bringen viele Passagen in ihrem lustigen Buch „How to be a Woman" den Geist des Freiheitsfeminismus zum Ausdruck. „Was ist Feminismus?" fragt sie. „Einfach der Glaube, dass Frauen so frei sein sollten wie Männer, wie verrückt, dümmlich, verblendet, schlecht gekleidet, fett, faul und selbstgefällig sie auch sein mögen."

Wie würde sich die Frauenbewegung verändern, wenn der Freiheitsfeminismus ihre Leitphilosophie wäre?

Erstens würden durchschnittliche Unterschiede bei Löhnen, der politischen Führung und in Berufen nicht automatisch als Beweis für Diskriminierung betrachtet. Freiheitsfeministinnen akzeptieren, dass es harmlose Erklärungen für solche Abweichungen geben kann. Stattdessen würden sie sich auf wirkliche Ungerechtigkeit konzentrieren.

Zweitens würde die Frauenlobby den Mut aufbringen, eine wesentliche Ursache der Armut in Amerika anzugehen: fehlende Väter. Freiheitsfeministinnen können sich ihren fortschrittlicheren Schwestern anschließen und Initiativen zur Hilfe für arme alleinerziehende Mütter unterstützen, aber der Schwerpunkt würde auf der Bekämpfung einer männerfeindlichen Bildungs- und Sozialpolitik liegen, die dazu beigetragen hat, eine dysfunktionale Kultur der Vaterlosigkeit zu schaffen.

Drittens würde sich der geografische Schwerpunkt von den Vereinigten Staaten mehr auf die Entwicklungsländer verlagern. In ganz Asien, Afrika und dem Nahen Osten gibt es zeitgenössische Elizabeth Cady Stantons und Frances Willards, die tapfer für die Verbesserung des Lebens von Frauen kämpfen. Sie fragen nach unserer Unterstützung. Die Geschichte deutet darauf hin, dass eine Koalition von konservativen und fortschrittlichen Frauen eine starke Kraft für den Wandel bilden könnte. Indem der der Freiheitsfeminismus Frauen aus dem gesamten ideologischen Spektrum willkommen heißt, würde er eine solche beeindruckende Koalition aufbauen.

Mein Rat an die jungen Frauen von heute: Reformiert den Feminismus. Gebt gemäßigten und konservativen Frauen eine Stimme. Und macht vor allem gemeinsame Sache mit Frauen auf der ganzen Welt, die für ihre grundlegenden Freiheiten kämpfen. Die Unterstützung wirklich unterdrückter Frauen würde dem heutigen westlichen Feminismus etwas geben, was ihm seit vielen Jahren fehlt: einen zeitgenössischen Zweck, der seiner glanzvollen Vergangenheit würdig ist.

Wenn Individualisten quotieren:
FDP und Frauenquote – Ein Tanz am Abgrund

Maike Wolf

Es gibt Dinge, die sieht man bei anderen Parteien, ist sich aber ziemlich sicher, dass sie nie im Leben bei der eigenen Partei thematisiert werden – weil das einfach zu abwegig ist. Und dann kam der Tag – der 16. April 2017. „Die FDP denkt über eine Frauenquote nach" titeln die Zeitungen. Und seitdem hat sich das „wir denken nach" verfestigt zu einem „wir wollen". Endgültig entschieden wird das auf dem kommenden regulären Bundesparteitag im April 2019. Aber die gesamte männliche Führungsriege scheint mit der Idee mehr als stark zu sympathisieren. Die Frauen an der vordersten Front sind hingegen eher reserviert. Trotzdem scheint sich eine Stimmung für eine Quote aufzubauen, sodass zu befürchten ist, dass diese Idee, ein Mal etabliert, langfristig durch die liberalen Hallen spuken wird.

Die Freie Demokratische Partei – eine Partei, die sich dem Menschen als Individuum widmet; eine Partei, die einen Schwerpunkt auf die Chancengleichheit (ungleich Ergebnisgleichheit) legt; eine Partei, dessen Ziel es ist, dass sich jeder Mensch so verwirklich kann, wie er es will.

Diese Partei hat bisher Menschen eine Heimat geboten, die als Individuen und nicht Teil eines wahllosen Geschlechterkollektivs gesehen werden wollen – das schließt Frauen ein, die unabhängig und eigenständig durchs Leben gehen und Männer, die Frauen auf Augenhöhe und nicht als Teil eines Opferkollektivs begegnen. Mit der Quote schmiegt sich die FDP an alle anderen etablierten Parteien an und kollektiviert die Menschen in Geschlechterkategorien.

Mich macht das sehr traurig.

Ich habe mich lange und viel in der FDP und ihrer Jugendorganisation engagiert – auch in Zeiten der außerparlamentarischen Opposition. Es hat mir immer Kraft gegeben, dass mich die FDP nicht als kleines Püppchen für die Bilder auf Facebook wahrgenommen hat, sondern als starke junge Frau, die ernst genommen wird und etwas leisten kann. Zukünftig scheint leider die Außendarstellung wichtiger zu sein. Mindestens ein Drittel des Vorstands soll weiblich sein. Lässt sich besser der Presse und den anderen Parteien verkaufen. So sind wir nicht „sexistisch", sondern auch ganz nett mainstream-kollektivistisch, wie sich das heute eben gehört.

Dass die meisten weiblichen Führungskräfte diese Idee ablehnen wird auf abstruseste Weise rationalisiert: Auf ihre Ablehnung der Quote wird erwidert, sie säßen ja in ihrem Elfenbeinturm, seien Teil der Wenigen, die es im bestehenden „System des Patriarchats" geschafft hätten und wollten den anderen Frauen jetzt den Weg versperren. Als ob es sonst keine individualistisch-liberalen Argumente gegen die Quote gäbe.

Diese Denkweise macht mich wütend.

Sollten wir, die Champions des Individualismus, nicht den weiblichen Pionieren applaudieren und sie nach bestem Wissen und Gewissen unterstützen? Stattdessen sind sie jetzt die Feinde des Fortschritts, die bearbeitet werden müssen, bis sie nachgeben.

Und so entfremdet sich die FDP von ihren selbstständigen, unabhängigen, emanzipierten weiblichen Wählern. Sollte die FDP endgültig einknicken, verliert die kleinste Minderheit ihren letzten und einzigen Advokaten in Deutschland: Das Individuum wird Freiwild der kollektivistischen Politik.

Konkret wäre das erste Opfer dieser neuen Politik die Vorstandsarbeit auf allen Ebenen.

Momentan gibt es für jedes Mitglied der verschiedenen Ebenen die Möglichkeit, sich dafür zu entscheiden, auf einen Posten zu kandidieren. Das beinhaltet, Wahlkampf für sich zu machen und den anderen Parteimitgliedern im Vorfeld der Wahl zu erklären, warum man die beste Person für diesen speziellen Posten ist. Anschließend muss man sich am Tag der Wahl mit einer ausgefeilten Rede ans Pult stellen, um auch noch die letzten unsicheren Wähler zu überzeugen. Dieser Prozess ist kein leichter, weder für Männer, noch für Frauen. Man muss sich bewusst dafür entscheiden, im Vorfeld der Wahl die meisten Abende der Woche für den Wahlkampf „zu opfern", jeden Stammtisch der Nachbarschaft zu besuchen, auch noch um Mitternacht mit unsicheren Wählern zu telefonieren und sich für die Sache energisch einzusetzen. Darunter leiden andere Teile des Lebens. Man wird, gerade in der heißen Wahlkampfphase, in den letzten paar Tagen und Wochen vor der Wahl, mit weitaus weniger Schlaf als gewohnt auskommen müssen. Das Privatleben, die engeren Freunde und sogar die Familie müssen zurückstecken können. Das kann so weit gehen, dass der Wahlkampf negative Konsequenzen mit sich bringt, da schwierige Priorisierungsentscheidungen getroffen werden müssen. Und bei alledem ist noch nicht einmal klar, ob es sich rentiert und man auch wirklich die Wahl gewinnt.

Nicht jeder ist für eine derartige Wahlkampfphase gemacht und es hat auch nicht jeder Lust auf eine solche Zeit. Das ist in Ordnung. Es gibt einen fairen Wettbewerb, dem man sich stellen kann, aber nicht muss, und in dessen Verlauf man etwas gewinnen kann, aber es keine Garantien gibt.

Zumindest momentan.

Nun stellen wir uns die Situation mit Frauenquote vor. Vielleicht in einem der vielen Kreisverbände, in denen eine Mitgliedschaft im Kreisvorstand auch eine gewisse Chance auf ein Mandat für das lokale Rathaus mit sich bringt. Hier gibt es weitaus weniger Frauen als Männer, die sich engagieren – auch unterdurchschnittlich im Vergleich mit dem Anteil der weiblichen Mitglieder in der Gesamtpartei. Diese Vorstände sind weitestgehend männlich und die Wahlkämpfe, die hier geführt werden, sind entsprechend meist zwischen zwei Männern. Wahlkämpfe, in denen man versucht, den Kreisverband von der eigenen Person zu überzeugen. Möge der Bessere gewinnen.

Nun muss aber genau dieser Kreisverband auf einmal ein Drittel Frauen im Vorstand haben, wobei zuvor maximal eine der z.B. 12 Personen weiblich ist. Bei den 11 männlichen Mitgliedern und dem einen weiblichen Mitglied des Vorstands, die allesamt fähig sind und sich ihren Posten verdient haben, müssen nun qua Satzung drei Männer durch drei Frauen ausgetauscht werden: Qualifikation irrelevant.

Realistisch sieht das so aus: Vielleicht hat man noch eine Frau, die recht aktiv ist, aber eigentlich keine Lust auf einen Posten hat. „Wenn's denn unbedingt sein muss", lässt sie sich überreden. Unsere Kandidatin Nummer 1.

Des Weiteren hat einer der Männer, die Mitglieder des Vorstands sind, eine Frau, die noch kein Parteimitglied ist und zumindest ab und zu mal zur Sitzung mitkommen könnte. Unsere Kandidatin Nummer 2.

Außerdem gibt es noch die eine, die es eigentlich sogar schon mal versucht hatte, aber gegen ein derzeitiges, männliches Mitglied des Vorstands in einem fairen Wettbewerb verloren hatte. Unsere Kandidatin Nummer 3.

Dagegen stehen drei Männer, die im Vorstand sein wollen und es sich schon erarbeitet sowie erkämpft haben – in einem fairen Wettbewerb. Diese Männer müssen jetzt mehr oder weniger freiwillig ihren Posten räumen. Für die neue „Gleichberechtigung", die neue „Chancengerechtigkeit", das Drittel Frauen.

Irgendwie schafft man es, dass sich drei Männer finden, die mehr oder weniger freiwillig nicht mehr antreten, sodass es keine Kampfkandidatur gegen die Frauen gibt (und die Vorstandsbemühungen, das Drittel Frauen zu erreichen, nicht noch durch Wählerpräferenzen der Verbandsmitglieder auf dem Parteitag zerstört werden können), die man doch gerade erst mit Müh und Not zusammengekratzt hat.

Kandidatin Nummer 1 findet Spaß an der ganzen Sache, arbeitet sich noch tiefer in die Materie rein, macht einen fantastischen Wahlkampf und schließt diesen mit einer gut erarbeiteten Rede auf dem Parteitag ab. Vielleicht wäre sie sonst nicht auf die Idee gekommen zu kandidieren, sie ist eine Bereicherung für den Vorstand.

Kandidatin Nummer 2 sieht man nicht oder nur als Begleitung des Mannes im Vorfeld des Wahlkampfs. Man kennt sie eher indirekt und wählt sie halt, weil sie doch die Frau des einen Mannes ist. Sie kommt immer mal wieder mit, die Teilnahmebegeisterung nimmt aber zu Ende der Periode hin immer weiter ab – „man hat ja auch anderes zu tun". Bei wichtigen Abstimmungen tritt sie natürlich auf, wählt aber immer nur wie ihr Mann und bringt sich sonst nicht inhaltlich ein. Schön für den Mann: er hat doppeltes Stimmgewicht. Kandidatin 2 versucht ein bisschen zu helfen, aber gleicht vom Arbeitsaufwand und der Kenntnis leider nicht den Mann aus, der gehen musste, damit sie kommen konnte. Der Vorstand muss sich umorganisieren und Arbeit umlagern.

Kandidatin Nummer 3 hat keine Lust auf den Wahlkampf. Die wollten sie doch schon bei ihrer ersten Kandidatur alle nur deswegen nicht, weil sie eine Frau ist und alle anderen Sexisten sind. Sie liefert auch keine richtige Rede ab. Sie wird ja eh gewählt – weil sie gewählt werden muss. Es gibt keine Alternative und die Satzung schreibt es vor: „Ein Drittel muss sein". Bei der Vorstandsarbeit blockiert sie mehr, als dass sie helfen würde. Sie will ihre Macht im Vorstand demonstrieren und ist nur sauer, dass sie nicht gleich das erste Mal reingewählt wurde. Für den Kreisvorstand erschwert sie die Arbeit maßgeblich.

Natürlich kann eine Frauenquote dazu führen, dass sich „Frauen auch trauen, mal zu kandidieren" wie bei Kandidatin Nummer 1. Der Weg hierhin hätte aber auch ein anderer sein können; man hätte sie ansprechen und aktiv ermutigen können, zu kandidieren. Sie ist eine starke Kandidatin und hätte sich auch im Wettbewerb durchsetzen können.

Diese Entwicklung hat nichts damit zu tun, dass die Beispielkandidaten Frauen sind, sondern damit, dass die Vorstandsmitglieder aus zwei verschiedenen Kandidatenpools gezogen werden: ein hart umkämpfter und einer, der erst künstlich mit Leuten gefüllt werden muss. Dadurch müssen die Kandidaten über unterschiedlich hohe Hürden springen und werden deswegen nicht im gleichen Maße Vorschläge durchsetzen und Meinungen repräsentieren können. Es wird im Vorstand nicht auf Augenhöhe gearbeitet; die gewünschte Vorstandsdynamik ist gestört.

So muss es nicht notwendigerweise ablaufen, aber realistischerweise gibt es neben Vorzeigekandidatin Nummer 1 auch unsere Kandidatinnen Nummer 2 und Nummer 3 mit den genannten Konsequenzen.

Wenn die FDP als liberale Partei weiterhin als Bollwerk gegen die ewige Gruppeneinteilung der Menschen stehen soll, dann kann sie sich nicht diesen Quotenträumen hingeben. Der leichte Weg ist nicht immer der richtige. Manchmal müssen wir uns entscheiden – zwischen dem Weg der richtig ist und dem, der bequem ist. Männern Steine in den Weg zu legen ist bequem, Frauen Steine aus dem Weg zu räumen ist richtig.

Paarkonflikte:
Warum die Bürger-Kriege sich verschärfen

Astrid von Friesen

Adam und Eva waren zunächst glückselig: Sie durften ohne Arbeit und Sorgen im Paradies leben. Diese Jahrtausende alte Erzählung prägt uns noch heute, zumal wir diesen paradiesischen Zustand jeweils im Verliebtheitsrausch erneut suchen und erfahren. Und – leider – beibehalten wollen, obwohl auch dieses Paar, nach der berüchtigten Vertreibung aus dem Paradies, der Arbeit und den Schmerzen verpflichtet wurde. Der Paradies-Mythos gilt jedoch als Urbild der unschuldigen Regression, als die Sexualität noch nicht erfunden war.

Der griechische Philosoph Sophokles beschreibt im Ödipus-Epos die unheilvolle, weil die Pest evozierende inzestuöse Beziehung zwischen Mutter und Sohn. Sigmund Freud schildert die unbewussten Sehnsüchte kleiner Kinder, denn Söhne erstreben mit ihren Müttern und Töchter mit ihren Vätern eine symbiotische Nähe, indem sie das jeweils andere Elternteil emotional ausschließen. Doch nur in der verständnisvoll-abgrenzenden Triangulierung[475] kann der heranwachsende Mensch wirklich autonom und erwachsen werden.

Der Hamburger Paartherapeut Michael Cöllen konstatiert, dass das Paar und nicht das Individuum die Grundform jeder humanen Existenz sei, denn Liebe und Intimität seien weltumspannende Kräfte, die „in ihrer Vielfalt sonst gegensätzliche Pole zusammen führen. Sie zeigen den Weg zur Versöhnung zwischen Mann und Frau, zwischen Mensch und Natur, zwischen Völkern und Kulturen – sofern wir lernen, ihren psychologischen Gesetzen zu folgen" (1997).

Diese starken Narrationen haben uns immer beeinflusst, denn die Seelen sind erstaunlich, man könnte auch sagen: penetrant konservativ.

---

475 „Triangulierung" bezeichnet das Verhältnis von Vater-Mutter-Kind..

Diese Erzählungen, heute in Gestalt von medial vermittelten Storys, von Hollywood weitergereicht, vermitteln Bilder, was eine Familie traditionell gewesen ist und was sie sein könnte und welche Rollen Väter und Mütter innehaben (über die Entwicklung von Kindern aus gleichgeschlechtlichen Beziehungen liegen noch zu wenige tiefenpsychologische Erkenntnisse vor). Sie sprechen vom Ursprung unseres Seins und dazu gehören ein Mann und eine Frau, die ein Kind zeugen. Egal, wie regenbogenbunt sich alles entwickelt.

Wir sollten nicht vergessen: Ehen wurden – bis zum 2. Weltkrieg – auch in den Industrienationen noch sehr stark von den moralischen und finanziellen Erfordernissen der Eltern, Familien und der (Dorf-) Gemeinschaften geprägt und bestimmt. Kinder von Handwerkern durften nicht ungesühnt jemanden aus der Arbeiterschaft heiraten. Und Scheidungen waren für Frauen aus sozialen, religiösen und existenziellen Gründen quasi unmöglich, weil sie das Herausfallen aus den Familien und den gesellschaftlichen Kontexten bedeutet hätten – vergleichbar mit der Situation heutiger Frauen in Afrika und Asien.

Die Explosion der Liberalität fegte dann in kürzester Zeit ungeheuer viele Beschränkungen hinweg: Durch die Entdeckung der Pille in den 1960er Jahren, die den permanenten Partnerwechsel zur Normalität erhob, sowie durch die Akzeptanz von Scheidungen. Erstmalig in der Menschheitsgeschichte leben Menschen seitdem alleine in ihren Wohnungen – mittlerweile fast die Hälfte der Großstadtbevölkerung.[476] Auch etablierte sich die absolut neue Form der Ein-Elternteil-ein-Kind-Familien, meist mit Müttern, also für die kleinen Jungen zumindest im symbolisch-emotionalen Inzest, wenn die Triangulierung mit den Vätern nicht stattfinden konnte oder durfte.

Das psychoanalytische Modell der Triangulierung beschreibt die Wichtigkeit des Vaters in allen Lebensphasen, um das Kind vor den mächtigen, auch ängstigenden Ansprüchen der Mütter zu schützen und das Eigene, die Welteroberung und den Mut zur Selbstwirksamkeit zu stärken. Ist er nicht vorhanden, tritt häufig die Angst vor allem Fremden auf, weil dieses als Bedrohung erlebt wird.

---

476 Vgl. Friesen, Astrid von und Wilke, Gerhard: Generationen-Wechsel: Normalität, Chance oder Konflikt. Für Familien, Therapeuten, Manager und Politiker, Münster 2016, S. 45 ff.

Die Kehrseite: Die Generationen nach 1945 haben – mit tiefen, unbewussten Ängsten verknüpft – erfahren, dass Liebesbeziehungen zu Ende gehen können, weswegen sie ihre (Einzel-) Kinder derart besessen und okkupierend in den Mittelpunkt ihres Lebens rücken, dass es alle überfordert. Denn für jedes Kind ist es eine schwere Bürde, den Eltern Lebenssinn sein zu müssen, was sie zudem leicht in die Position der Tyrannen bringt, wie Jirina Prekop es bereits 1988 beschrieb.

Ebenfalls neu in der Menschheitsgeschichte, abgesehen von wenigen matriarchalen Gesellschaften, ist die heutige Abwesenheit von Vätern. Im ersten und zweiten Weltkrieg waren Millionen deutscher Männer gefallen. Es war die „vaterlose Nachkriegsgeneration, die der traditionellen Familie ideologisch und faktisch den ‚Krieg erklärte' und damit wiederum eine Kindergeneration gezeugt hat, von der große Teile ihre Väter durch den Krieg der Geschlechter verloren haben. Diese vaterverlassenen Kinder stellen die heutige Elterngeneration" dar, was nunmehr seit vielen Jahrzehnten die Beschleunigung der Scheidungen und Trennungen nach sich zieht (H. Petri, zit. in A.v. F. 2006, S. 77 ff). Deutlich werden die matriarchalen Strukturen in der heutigen Zeit an dem Faktum, dass ca. 40% aller Kinder in Mutter-Familien aufwachsen.[477] Die Kinder erfahren die Macht dieses neuen Matriarchats (z.T. in der dritten Generation) von Anbeginn, hören jedoch auch Doppelbotschaften, nämlich in den Erzählungen über die bösen, abwesenden, jedoch gleichermaßen schmerzhaft vermissten Männer sowie über die angeblich ungebrochene Macht aller Männer. Als würden alle Busfahrer oder Lagerarbeiter dazugehören!

Auch deswegen verlassen manche Väter ihre Familien, weil sie in der eigenen Kindheit kein inneres Bild erwerben durften, wie wichtig ihre männliche und väterliche Autorität ist. Aber ebenso viele werden von (vaterverlassenen) Frauen aus den Familien herausgedrängt, was deutsche Gerichte und Sozialarbeiter immer noch stützen, da der Mann vielfach als „der Böse" schlechthin sexistisch verteufelt wird. (In Frankreich und Italien gibt es für Elternentfremdung schlimmstenfalls Gefängnisstrafen. Warum? Weil es Menschenrechtsverletzungen sind und gegen die UNO-Kinderrechtscharta verstößt! Selbst Gefangene haben bei uns ein verbürgtes Recht auf Familienkontakte, viele Kinder

---

477 Vgl. iDAF 7-9, 2013.

nicht.) Nur selten wird kritisch darüber reflektiert, dass auch Männer meist von Müttern erzogen werden.

Die Frauenbewegung in Westeuropa hat den immer als traumatisch erlittenen Vaterverlust in einer kollektiven Abwehrform in sein Gegenteil verkehrt: Es wurde zu einem Ideal hochstilisiert, dass wir keine Männer und Väter bräuchten und die Mütter die alleinseligmachenden Erziehungsinstanzen wären. Bis hin zur „Bürogamie", wie Lionel Tiger die neue Lebensform vieler Frauen spöttisch nennt: eine Mutter, ein Kind, ein Bürokrat, sprich das Sozialamt des „Vater Staates", welches den Lebensunterhalt ermöglicht.

In der DDR, wo die Alleinerziehung durch Mütter bereits seit Jahrzehnten gegeben war, wurde sie ergänzt durch den autoritären „Vater Staat", der als übermächtige Kontrollinstanz in der Sekundärsozialisation in den Kitas, Schulen, in der Armee, den Universitäten sowie an jedem Arbeitsplatz das Leben, die Moral, die Anforderungen des Gewissens beeinflusste. Daraus folgte ein schwaches ICH, ein missbrauchtes ES sowie ein gnadenloses Über-ICH. Wenn dann, z.B. in der Pubertät oder in politisch freieren Zuständen, das drangsalierte ES bzw. „innere Kind" sich befreit, will es sich nicht selten rächen oder fällt der Idealisierung „alternativer Staatsformen" anheim, z.B. dem männerdominierten Faschismus oder Kommunismus.

Eine andere Variante wäre die Anpassungs-Unterordnung, wenn der Mensch sich nicht traut, sein Leid auszudrücken. Oder er bleibt dem alten autoritären System innerlich aufgrund des übermäßig strengen Über-ICHs treu, verweilt in einer Trotzkindhaltung und bewertet alles Neue und Fremde als unerträglich und verachtungsvoll.

Was passiert in der notwendigen entwicklungspsychologisch wichtigen Trotzphase? Das Kind entwickelt einen eigenen Willen zur Macht und stampft mit den Füßen auf oder wirft sich im Supermarkt auf den Boden und schreit nach Eis – mit dem Gefühl „Wenn ich meinen Willen nicht durchsetzen kann, hasse ich euch und fühle mich nicht gesehen und geliebt". Wenn Eltern diese Wutausbrüche nicht liebevoll, aber konsequent begrenzen, sondern sie durch Verwöhnung oder eigene Aggressionen beantworten und damit bestärken, kann das Kind diese Phase nicht produktiv abschließen, bleibt teilweise darin stecken, es wird also nicht konfliktfähig und frustrationstolerant. Was viele Paarkonflikte täglich lautstark zeigen!

Die häufig extremen Bürger-, Rosen- und Scheidungs-Kriege nach den Phasen der symbiotischen Verliebtheit auf ‚Wolke sieben' entzünden sich – wie bei Trotzkindern – immer häufiger an Kleinigkeiten, wenn die eigenen narzisstischen Bedürfnisse im Jetzt und Sofort nicht erfüllt werden. Diese ausbrechenden Dauer-Konflikte haben meist mit den unglaublichen Idealisierungen im Verliebtheitsrausch zu tun – zumal (amerikanische) Seifenopern bei Frauen zur Sozialisation dazu gehören – und mit der naturgegebenen schmerzenden Ent-Idealisierung nach jedem Verliebtheitstrip.

Eine der Folgen: Die meisten Scheidungen werden mittlerweile drei Jahre nach dem letzten/einzigen Kind eingereicht, obwohl doch bereits Adam und Eva aus den paradiesischen Zuständen schmerzhaft vertrieben wurden und lernen mussten, dass das Leben Mühe und Plage ist. Heute können wir hinzufügen: Auch die Beziehungs-Arbeit bedeutet Anstrengungen und Beharrungsvermögen und eine täglich neue, oftmals schmerzhaft anzuerkennende Sicht auf die Realität. Denn „… es ist wie es ist, sagt die Liebe", so der Dichter Erich Fried.

Gerade wir Frauen, die wir die Meinungs-, Kommunikations- und Interpretationshoheit in Sachen Emotionen und Beziehungen errungen haben, übersehen folgendes: Im Verliebtheitszustand ist der Mann herausgetreten aus seiner Männerwelt und begibt sich ins wunderbar weiche, weibliche Exil. Männer verändern sich in der Liebe stärker als Frauen, sie legen ihre Ritterrüstungen ab, pflegen sich plötzlich, beginnen Liebesgedichte zu lesen und mit der Angebeteten Sonnenuntergänge zu genießen. Sie geben sich diesen „weichen" Aspekten des Lebens hin, die meist in ihrem Männerleben auf der Strecke geblieben sind. Doch irgendwann ruft die Realität nach ihrem Recht, damit er seinem Jahrtausende alten Auftrag des Beschützers und Ernährers nachkommen kann, was die Frau, die seine Realität oftmals negiert, ihm ein (Ehe-) Leben lang zum Vorwurf machen wird.

Mädchen/Frauen setzen diese Verführungen, diese süßen Verlockungen in das romantische Terrain gezielt ein, zumal sie immer noch am liebsten „nach oben" heiraten. Das ist auch daran abzulesen, dass Frauen in Toppositionen genauso selten einen Lebens- und Liebespartner finden wie arbeitslose Männer eine Partnerin (Schwanitz zitiert in Friesen 2006, S. 129 ff).

Beide übersehen im Verliebtheitsausnahmezustand, dass der/die andere jeweils als Person so ist, wie er/sie schon immer gewesen ist, was die Familie und alle Freunde bezeugen könnten, so man sie in der eigenen Hybris danach befragen würde. Also entsteht urplötzlich und völlig überraschend der klassische Verständigungskonflikt: Der Mann verliert sich wieder in der harten Männerwelt, um seiner Liebsten und den Kindern etwas zu bieten, was seinem männlichen uralten Auftrag nach Schutz, Geborgenheit und Fortkommen der Familie entspricht. Und seine Frau klagt, weil er nicht bei den Gedichten geblieben ist, was ihn wiederum verbittert, da er seinen „Ehevertrags-Anteil" doch erfüllt. Sie klagt manchmal 20 Jahre lang und wendet sich nicht selten, nach ihrem hervorragend absolvierten Studium, lieber der Homöopathie zu oder brennt mit dem Yogalehrer durch. Diese Mechanismen funktionieren immer noch, auch wenn die Frauen natürlich längst berufstätig sind, doch sich selbst oftmals Jobs gesucht haben, die weniger Geld, Aufstiegs- und Karrierechancen beinhalten, wie die Liste der Lieblingsberufe von Frauen erschreckend deutlich macht (Barbara Bierach, 2002).

Hinzu kommt die entsetzlich häufig eingenommene Opferposition, welche den Blick auf die Realität trübt, einengt oder verzerrt und welche das eigene und das Leben der/die anderen unersprießlich bis qualvoll macht. Diese Haltung lässt sich als die Kehrseite von extremer Individualisierung, von Allmachtsphantasien und Narzissmus beschreiben: „Nur das ist gut, was MIR gerade recht kommt. Alles sollte sich nach MIR richten, mir gefallen und zu meiner Bedürfnisbefriedigung gereichen! Und zwar sofort! – Wer mein Spiel nicht mitspielt, ist mein Feind und muss bekämpft werden! Also kann und darf ich mich immer als das Opfer der anderen und der Umstände fühlen!"

Als Ehen in erster Linie noch Zweckgemeinschaften waren, in denen eine strenge Arbeitsteilung Rollenklarheit bedeutete, in denen die Männer bei der gefährlichen Jagd, beim Handwerk, im Bergwerk oder bei schwerster Feldarbeit oftmals früh zu Tode kamen und die Frauen zu Hause das Regime führten und durch zu viele Geburten mit frühem Tod rechnen mussten, ging es um das Überleben der familiären Gemeinschaft. Heute sterben Männer in der Regel sechs Jahre vor ihren Frauen, doch gibt es nur selten Forschungsprogramme dazu. Auch sind 78% aller Prügelopfer männlich sowie 84% aller amerikanischen

Mordopfer. Auch die „schmutzigsten, gefährlichsten, schwersten und schlechtest beleumundeten Jobs" werden von Männern erledigt, weswegen 95% der tödlich verlaufenden Arbeitsunfälle von Männern erlitten werden (Gruner, zitiert in Friesen 2006, S. 62).

Heute geht es verstärkt um die Gestaltung der individuellen Lebenssituation, der emotionalen Bedürfnisse sowie um die Selbst-Verwirklichung. Also um die verschärft wahrgenommenen Bedürfnisse des ICHs und die deswegen extrem angewachsenen Anforderungen an die Liebespartner/in sowie an die Kinder. Alles reduziert sich auf diese allerkleinste Einheit, alle Bedürfnisse, Befriedigungen, Sehnsüchte sollen von diesen Menschen erfüllt werden. Doch Vater, Mutter, Kind in einer Dreizimmerwohnung ohne nennenswerte und tragende Nachbarschaftskontakte ist eine per se unerträgliche Situation, weil wir nicht als Kleinfamilienmenschen in der Anonymität einer Massengesellschaft gedacht und emotional ausgestattet, vielmehr Gruppenwesen sind, die Gemeinschaften brauchen wie die Luft zum Atmen. Tragende Gemeinschaften bestehen aus Dutzenden von Vorbildern, besonders auch aus großen Kindergruppen, die sich gegenseitig erziehen, beflügeln und beschützen (so der Schweizer Kinderarzt Remo Largo, ZEIT, 2.8.2018). Denn sonst beginnt zu rasch der ewige Kreislauf: Wenn das „innere Kind", welches ich einmal war und ein Leben lang in mir herumtrage, nicht ausreichend von den wenigen Liebsten nachgenährt wird, erschallt der kindlich-trotzige Wutanfall.

Die französische Analytikerin Christine Olivier schreibt, auf die sogenannten „Wunschkinder" bezogen: „Niemand ist egoistischer und untergründig gewalttätiger als eine Mutter oder ein Vater, die sich durch das Kind verwirklichen und in ihm ihre misslungene oder verlorene Kindheit wiederfinden wollen. Wenn nicht alles so geschieht, wie sie es sich gewünscht, wie sie es erwartet haben, entwickeln sie die Bereitschaft, das Kind zu vernichten, das ihrem Traum nicht entspricht. ‚Du sollst glücklich sein, wenn ich es will, ruhig, wenn ich es will, und leiden, wenn ich leide'. So spricht das Unbewusste des misshandelnden und enttäuschten Elternteils," (Olivier 2000). Sie beschreibt hier zwar die Elternrolle, ich möchte diese kalte Wut jedoch auch auf die Liebespartner beziehen, wenn der eine/die andere nicht als „gute/ideale/vollkommene Eltern", die ALLES zu geben vermögen, wahrgenommen werden können. Real ist dies sowieso eine Utopie und keineswegs der

Job, weder für den männlichen noch weiblichen Liebespartner. Doch das Verführerische und zugleich die Crux ist, das diese Liebessehnsuchtserfüllung – leider, leider – in der ersten Verliebtheit erfahren, jedoch danach unsinnigerweise als Dauerzustand in die Zukunft projiziert wird. Denn die Realität auch der Liebe, sie ist nicht so.

Wird der Erwachsene, wie zu eigenen Kinderzeiten von den handyverliebten oder alkoholkranken oder narzisstisch gestörten Eltern, erneut in seiner „Inneren-Kind-Sehnsucht" nach symbiotischer, umfassender Liebe enttäuscht, kann, wie bei dem zweijährigen Trotzkind, eine mörderische Vernichtungswut entstehen.

Und diese Vernichtungswut (nicht nur in Beziehungen, auch im Internet, beim Mobbing, in der politischen Diskussion, auf der Straße und unter Nachbarn) wächst unheilvoll. Überall sind enthemmte Trotzkinder zu sehen und laut, kreischend, mit der unflätigen Sprache nicht zivilisierter Kinder zu hören. Und wie das nach Eis im Supermarkt brüllende Kind sich vielleicht anschließend versteckt, um die Eltern in Angst und Schrecken zu versetzen und zu strafen, so handhaben es erwachsene Partner auch miteinander. Da wird die Keule der Liebesentzugsdrohungen immer rascher geschwungen, immer rascher wird fremdgegangen und die Trennung eingereicht.

Hinzu kommt ein neues Problem: Es sind die Millionen Suchenden, die in den Partnerbörsen herumirren. Das heißt, wenn es zu Hause mal gerade nicht klappt, gehen viele Menschen erneut auf die Suche nach dem Ideal.

Der Soziologe und Philosoph Sven Hillenkamp beschrieb bereits 2009 „Das Ende der Liebe. Gefühle im Zeitalter unendlicher Freiheit", wenn nämlich „aus Freiheit und immer mehr Freiheit Zwang wird", was er an der nie endenden Partnersuche fest macht.

Früher konnte der Mensch eine begrenzte Anzahl von potentiellen Partnern in seinem Dorf, in seinem Umfeld kennenlernen, er entschied sich und lebte in dieser Ehe-Begrenzung. Heute lebt er in allen Lebensbereichen auf der Suche nach dem je Besseren, Schöneren, Gesünderen. Was unseren Anspruch auf Selbst-Verwirklichung und Selbst-Vervollkommnung permanent steigert: als Chance, aber auch als Pflicht.

Die Gründe für den Optimierungs-Zwang: Unsere unendlichen Freiheiten in der Konsum- und Medienwelt, eine „Grenzen-, Raum-

und Zeitlosigkeit" (Bergmann). Menschen aus modernen Gesellschaften haben die Option, sich überall auf der Welt sowohl virtuell aufzuhalten, als auch real überall zu leben, zu arbeiten, zu lieben – weswegen ihnen Millionen von Partnern zur Auswahl, zur Verfügung stehen. Wer will und kann sich da auf einen einzigen beschränken? Auch wird diese Suchhaltung leicht zur Sucht, wenn selbst während einer festen Beziehung, die nur noch eine „Etappenbeziehung" mit einer „Etappenseele" ist, die Suche weiter betrieben wird.

So viele stehen zur Auswahl, ergo kann kein Einziger alles erfüllen. Hillenkamp zitiert eine Frau: „Mit dem Einen kannst du toll reden, der andere ist toll im Bett, der Dritte ist zuverlässig. Aber das alles findest du nie in einer Person. Nie!"

Serielle, temporäre, partielle, komplementäre Beziehungen? Jeder neue Partner wird mit den Dutzenden von Verflossenen verglichen: Man wird zum Kenner, zum Gourmet, aber auch depressiv und einsam. Hillenkamp schreibt: So entstehen dreißigjährige Greise, die vom Leben angeekelt genug haben. Denn die grenzenlose Freiheit bot ihnen keinen Widerstand, an dem sie sich hätten lustvoll, kraftvoll und kreativ abarbeiten können, weil man bereits nach dem ersten Date permanent zusammen ins Bett ging. Diese Freiheit ist wie eine Gummizelle: Man darf alles tun, aber es gibt keinen produktiven Widerstand, kein Echo, keine Anbindung. Nur Leere und Ekel. Und „Der Mensch trennt sich nicht mehr NACH, sondern VOR der Liebe": Speed-Dating, dieses Minuten-Abtasten-Verwerfen ist sein zeitgemäßer Ausdruck. Die Selfiesucht entspricht einer Dauererregung im ICH-Modus; d.h., das Paar als Ur-Baustein menschlichen Zusammenlebens wird geleugnet.

In diesem Suchvorgang verleibt man sich den Partner nach der Disko oder dem ersten Date durch sofortigen Sex ein und erbricht ihn bei Tageslicht ebenso rasch, ist also ein „Bulemiker der Liebe", wie der Autor bösartig zutreffend schreibt. Was wiederum den Selbsthass verstärkt. Diese Spirale dreht sich immer rascher, der Zwang nimmt zu. Diese Menschen werden zu „monströsen Kopfmenschen, Augenmenschen und Geschlechtsmenschen ... mit Zwangsgrübelei, Zwangsguckerei und Zwangserregung".

Hillenkamp spricht von der „Nichtliebe", die sich speist aus nie versiegender Hoffnung und Nostalgie, vom Zu-viel-Wissen über Projektionen, Elternkonflikte, Scheidungsfolgen, aus Klischees, Filmen und Pornografie. Trotzdem sitzen die Menschen Täuschungen, extremen Erwartungen auf, mit „Verhaltens-, Schönheits-, Sexual-, Erotik-, Interessen-, Wohnorts-, Freundeskreisenttäuschungen …" in der Folge, und sie sammeln Belege auf ihrer Negativliste gegen den Anderen. Sie werden dadurch zum „Allergiker der Sinne". Alles nervt sie, alles gerät zur Krise, alles macht Stress und wendet sich zum Selbsthass. Eine Frau beschreibt ihren Trennungsgrund: „Ich hasse Männer, die Hunde halten und weiße T-Shirts tragen". Die manisch-depressive Störung, das hysterische Auf und Ab wird zum Normalfall.

Die Partnersuche wird industrialisiert, beschleunigt, automatisiert, rationalisiert, standardisiert, letztendlich arrangiert: im Internet wie auf Single-Ferienexkursionen und in Erotik-Sex-Swinger-Clubs. So wie Prostitution und Pornografie von der Inszenierung der unbegrenzten Möglichkeiten leben, so leben die privat ins Netz gestellten Fotos ebenfalls von dieser Utopie, dieser Distanzlosigkeit, der Nacktheit, der Infantilisierung des gesamten Lebens. Natürlich mit politischen Folgen, denn das „Private wurde nicht aufgelöst von einem totalitären Staat, sondern von der totalen Freiheit", so Hillenkamp. Einerseits! Andererseits stehen wir alle unter der minutiösen Beobachtung und Effizienzoptimierung an den Arbeitsplätzen, verbunden mit existentieller Unsicherheit. Auch hier gibt es, wie in Liebesbeziehungen, kein Modell von Beständigkeit, der ‚soziale Klebstoff' fehlt überall. Denn auch hier werden Konflikte durch rasche Trennungen gelöst.

Kommen wir nun ganz konkret zu der Frage, wie Frauen und Männer in einer ‚gegenderten' Welt friedlich, liebevoll und geborgen zusammenleben können? Oder: Was nehme ich als Paartherapeutin bezogen auf die Verschärfung der Bürger-Kriege wahr? (Ohne auf die speziellen Themen wie weibliche und männliche häusliche bzw. sexualisierte Gewalt einzugehen, denn ich will nur den, sagen wir, normalen, zerstörerischen Wahnsinn der Rosenkriege betrachten.)

Frauen beklagen sich zum Beispiel regelmäßig über die Faulheit der Männer. Klar, wird oftmals so sein. Doch wenn ich dreimonatige Protokolle zur „Familienarbeit" von beiden anfertigen lasse stellt sich meist heraus, dass die Männer mehr „Familienarbeit" verrichten als die Frauen. Denn wir Frauen zählen keineswegs die 8- bis 10-stündige Erwerbsarbeit plus notwendigem Arbeitsweg hinzu, nicht den Hausbau und die Reparaturen, das Rasenmähen, die Steuerklärung und das allmorgendliche Kinder-zur-Kita-Bringen. Wir zählen meist nur die Arbeit unmittelbar in der Küche und mit den Kindern. Also: Ich fordere die Paare auf, sich diese (schmerzhaften) Fakten anzuschauen!

Einige Beispiele: Ein Akademikerpaar, beide entscheiden mit ihrer jeweiligen 50%igen Verantwortung, dass die Frau zunächst bei den Kindern zu Hause bleibt; der Mann arbeitet in einem universitären Institut, die beiden Kinder sind bis 16 Uhr in der Kita und im Hort. Er bringt die Kinder morgens dorthin und versucht, unter Aufbietung aller Kräfte, täglich um 18 Uhr pünktlich zu Hause zu sein, weil 20 Minuten Verspätung ein Ehedrama nach sich zieht. Jedes Mal neu! Obwohl seine Frau aus der eigenen Berufstätigkeit die Macht von Chefs und Chefinnen genau kennt, zeigt sie keine Gnade mit ihm. Als ich vorsichtig frage, wie lange sie zwischen 7 bis 16 Uhr „Familienarbeit" leistet, wird es bereits brenzlig, und ich habe Sorge, dass sie die Therapie abbricht. Das Protokoll macht jedoch deutlich, dass sie tagsüber im Durchschnitt nur drei Stunden für die Gesamtfamilie arbeitet, also bis 16 Uhr 6 Stunden für sich hat, jedoch massiv ihren Mann anklagt, dass er faul sei. Und sich selbst als Opfer fühlt.

Oder: Eine 55jährige Frau hat ihren Achtstunden-Job im Familienbetrieb auf zwei Stunden täglich reduziert. Kinder sind nicht vorhanden. Sie lebt hervorragend vom Geld ihres Mannes. Als sie noch voll berufstätig war, liebte sie es, mit dem eigenen Hund täglich mehrfach Gassi zu gehen. Nachdem sie ihre Arbeitszeit reduziert hat, beginnt sie, das Ausführen des eigenen (!) Hundes als Last zu empfinden und ihrem Mann vorzuwerfen, dass er sich nicht daran beteilige.

Oder: Eine erwachsene, vernunftbegabte Frau heiratet einen Pastor. Es ist keine Zwangsehe. Noch nach 25jähriger Ehe macht sie ihm Szenen, dass er an Sonntagen sowie an den hohen kirchlichen Feiertagen arbeiten, nämlich predigen müsse!

Oder: Ein Handwerker baut eigenhändig in jahrelanger Arbeit ein Haus für seine Familie. Der einzige Raum, der ihm bleibt und nicht von seiner Frau mit – ihm verhassten – Rosenmustern, weiblichem Deko-Firlefanz usw. besetzt und okkupiert wird, ist seine Werkbank in der kalten Garage.

Die andere Seite: Manche feministische Frauen hassen sich in der Tiefe ihrer Seele selbst, projizieren diesen Hass unbewusst jedoch auf die rasch als ungenügend abgestempelten Männer, die wiederum diesem Ansturm von Argumenten, emotionalen Attacken und Zuschreibungen völlig hilflos gegenüberstehen. Sie beginnen sich selbst so zu betrachten, wie sie beschrieben werden, resignieren, ziehen sich in sich selbst, ins Schweigen und in ihre Männerwelt schützend zurück und triggern damit einen neuen Projektionszyklus.

Welche Rollenbeschränkungen gerade hinsichtlich männlicher Rollen wir alle haben, wird an einem Beispiel der Autorin Beate Kricheldorf (1998) deutlich: „Viele ‚typisch weibliche‘ Vorlieben oder Tätigkeiten wirken grotesk, wenn ein Mann sie ausführt. Ein Mann, der staubsaugt oder kocht, wirkt nicht komisch, weil damit notwendige Tätigkeiten verrichtet werden. Man stelle sich aber einen Mann vor, der mit Hingabe das Klofenster mit einer selbstgehäkelten Gardine dekoriert und der liebevoll den Kaffeetisch deckt, um seine Nachbarsmänner zu einem Kaffeeklatsch einzuladen. Diese Männer brechen dann in ein entzücktes ‚Ah und Oh‘ aus, wenn sie bemerken, dass das Geschirr und die Servietten Ton in Ton gehalten sind. Oder man stelle sich einen Hausmann vor, der mit Seidenmalerei oder Puppennähen anfängt oder einen Bastelkurs besucht". (zitiert in Friesen 2006, S. 100).

Immer wieder muss ich als Therapeutin konstatieren: Jede/er ist für seine ENT-Täuschungen selbst verantwortlich, weil diese meist auf einer Täuschung beruhen.

Auch staune ich häufig, wie wenig klare Absprachen Beziehungspartner treffen. Denn, wie immer im Leben: „Klarheit gibt Licht und Luft, Saft und Kraft". Es gibt weder klare Rollenabsprachen, Arbeitsplatzbeschreibungen, Raumaufteilungen und noch nicht einmal Klarheit darüber, was die eigenen Kinder mit 18 Jahren auch wirklich können (waschen, bügeln, putzen, kochen …) sollten und in welchem Alter mit dem Üben begonnen wird.

Ein älterer Wissenschaftler erzählte vom Geheimnis seiner 50jährigen glücklichen Ehe: Sie hätten seit Anbeginn klare ‚Arbeitsverträge‘, die sich wandelten, aber jeweils schriftlich festgehalten wurden. Und deswegen plagt sie wenig Stress. Wunderbar! Zumal wir wissen, dass gerade Männer klare, eindeutige, nicht zu komplexe Forderungen oftmals gerne erfüllen. Ich nenne es „klare Regieanweisungen"! Doch diese (verbale) Klarheit müssen Frauen wiederum oftmals erst üben, jenseits vom Beleidigtsein, vom undeutlichen Grummeln und der passiv-aggressiven Opferhaltung.

Auch muss die Frage gestellt werden, ob Frauen wirklich wollen, dass die Männer die Erziehungsarbeit absolut teilen? Anonyme Befragungen haben nämlich ergeben, dass sie panische Ängste davor haben, die Macht über die Kinder abzugeben.[478] Täglich kann man dies bei jungen Eltern beobachten, wenn Frauen keinen innigen, intimen, d.h. alleinigen Kontakt des Vaters mit seinem Baby ertragen können, weil sie alles kontrollieren und bewerten müssen; sie einfach nicht akzeptieren können, dass der Vater anders, nicht schlechter, mit seinem geliebten Kind umgeht. Und wenn sie nach der Scheidung lieber die Seelen ihrer Kinder zutiefst schädigen als Vaterkontakte zu erlauben. Das Parental Alienation Syndrome (PAS), die Elternentfremdung, wurde erst nach harten Kämpfen in den deutschen Katalog der psychischen Kinderkrankheiten aufgenommen!

Mein Fazit aus der Sicht einer Paartherapeutin: Jeder hat in jeder Kommunikationssituation 50 Prozent Verantwortung, nicht Schuld, sondern wirkliche Verantwortung. Man könnte auch sagen: nur 50 Prozent! Man stelle es sich wie einen Tenniscourt vor: Dort bin ich auf meiner Platzhälfte ausschließlich für mich verantwortlich, meine Kraft, mein Können, meine Gegenwehr und meine Schläge, also für mein eigenes Glück, mein eigenes Leben. Wie kann ich somit in meinem Bereich von 50%iger Verantwortung in der Beziehung mit den „harten Fakten" umgehen und dazu mich selbst demokratisch, fair, tolerant und versöhnlich verhalten? Jenseits einer Stilisierung zum Opfer und damit zur ewigen Schwarz-Weiß-Malerei?

Glasklar wird bei diesem Bild, dass ich den anderen Spieler/in nicht verändern kann! Das beinhaltet viel Realitätssinn, keine ‚gegenderte' Sicht auf das vermeintlich „Böse" beim Anderen. Extrem wichtig ist zudem, die Ohnmachtserfahrungen jeweils am Arbeitsplatz, durch die mangelhafte Kinderbetreuung beim anderen/der anderen anzuerkennen. Denn jede/r von uns ist abhängig vom Chef, den Umständen, dem Stau oder dem schlechten Wetter. Also weg von den Schuldfragen, die das Primat des eigenen Glücks uns einflüstern, hin zu den konservativen Bedürfnisse unserer Seelen. Und die heißen: Wunsch nach Ge-

---

478 Vgl. idAF 45 – 2009.

borgenheit, Verständnis, Zärtlichkeit und emotionaler Heimat. Nur wer die eigene Ohnmacht und die des Partners ansieht, aushält und darüber kommuniziert, ohne zu nörgeln, zu zicken und Schuldzuweisungen abzuspielen, kann gemeinsam fühlen und zusammen produktiv etwas verändern.

Dazu gehört auch, die Spirale der 100sten Wiederholungen zu durchbrechen bzw. auf die heilende Seite von Humor und Selbstironie zu wechseln. Männer müssen lernen, die Emotionalität in der weiblichen Argumentation zuzulassen, nicht weiterhin schweigend zu grummeln, und die Frauen sollten das klassische Problemlösungsverhalten der Männer akzeptieren und goutieren.

Zu einer „Geschlechterdemokratie", wie Michael Cöllen sie fordernd beschreibt, gehört in erster Linie eine gut ausgebildete Realitätswahrnehmung der eigenen Grenzen, Beschränkungen, Wünsche und Sehnsüchte. Erst dann ist jede/r in der Lage, die anderen Menschen realistisch und keineswegs verzerrt durch die Brille der eigenen Kinder-Bedürftigkeiten, der Wünsche und Idealisierungen anzuerkennen.

Wie ich aufgezeigt habe, wird die Zweisamkeit zunehmend erschwert: durch die geschichtlich bedingten Rollenunklarheiten, durch die vielfache Vater- und Männerlosigkeit und die damit oftmals verknüpfte Kinderüberhöhung in zunehmend matriarchalen Familienstrukturen, durch das narzisstische Verharren in der Trotzkind- oder Opfer-Position im übersteigerten Individualismus, welche die Sucht der Suche nach dem/der idealen Partner/in nach sich zieht. Aber auch durch die Zerstörung von Sicherheiten, tragenden Strukturen sowie Selbstwirksamkeiten an den Arbeitsplätzen.

Die Folge ist, dass das Paar, dieser Grundpfeiler unserer Gesellschaft, ins Wanken geraten ist, wir also diese gesellschaftlichen Wirkkräfte auch in der individuellen Paartherapie nicht ignorieren dürfen.

Literatur

Bergmann, Wolfgang: „Abschied vom Gewissen. Die Seele in der digitalen Welt", Asendorf 1999

Bierach, Barbara: Das dämliche Geschlecht. Warum es kaum Frauen im Management gibt, Weinheim 2002

Cöllen, Michael: Paartherapie und Paarsynthese. Lernmodell Liebe, Wien 1997

Friesen, Astrid von: Schuld sind immer die anderen. Die Nachwehen des Feminismus: frustrierte Frauen und schweigende Männer, Hamburg 2006

Friesen, Astrid von: „So haben wir das nicht gewollt! Die Ausgrenzung von Männern", Süddeutsche Zeitung, 13.3.1999 sowie im Südwest-Rundfunk zweimal gesendet

Friesen, Astrid von: „Männerfreie Zonen in Kindergärten und Grundschulen", Kommentar im Deutschlandradio-Kultur am 3.7.2006

Friesen, Astrid von: „Bürger- Krieg. Verlorene Kinder, entsorgte Eltern", ein Interview im MUT-Heft Okt. 2007/Heft 482, 42.Jg. mit dem Psychiater und Psychoanalytiker Dr. med. Dieter Katterle

Friesen, Astrid von: „Häusliche Gewalt ist auch Gewalt von Frauen gegen Männer und Kinder!" Kommentar im Deutschlandradio-Kultur am 28.9.2007

Friesen, Astrid von: „Ignoranz, Mitleidlosigkeit, Hass. Über das Auslöschen der Gefühle von Männern", in P.-H. Gruner und E. Kuhla: „Befreiungsbewegung für Männer", Psychosozial-Verlag 2009, Giessen

Friesen, Astrid von: „Trennungskinder klagen an! Die Geschichte eines 17jährigen Jungen im Bürger-Krieg seiner Eltern", in Tristan Rosenkranz (Hrsg.): „Kinderherz. Familien zwischen Ausgrenzung und Aufbruch", Klotz-Verlag, 2010

Friesen, Astrid von: „Vaterlose Gesellschaft", Kommentar im Deutschlandradio-Kultur am 12.12.2011

Friesen, Astrid von: „Frauen – verletzt und aggressiv", Kommentar im Deutschlandradio-Kultur am 16.5.2012

Friesen, Astrid von: „Eine stille Revolution der jungen Väter", Kommentar im Deutschlandradio-Kultur am 10.2.2016

Friesen, Astrid von und Gerhard Wilke: Generationen-Wechsel: Normalität, Chance oder Konflikt. Für Familien, Therapeuten, Manager und Politiker, Münster 2016

Gruner, Paul-Hermann: Frauen und Kinder zuerst, Denkblockade Feminismus, Reinbek 2000

Hillenkamp, Sven: „Das Ende der Liebe. Gefühle im Zeitalter unendlicher Freiheit", 2009

Kricheldorf, Beate: Verantwortung? Nein, Danke! Weibliche Opferhaltung als Strategie und Taktik, Frankfurt 1998

Olivier, Christiane. Das innere Monster zähmen, Freiburg/Breisgau 2000

Petri, Horst: Das Drama der Vaterentbehrung, Freiburg/Breisgau 1999

Tiger, Lionel: Auslaufmodell Mann, Wien 2000

Schwanitz, Dietrich: Männer. Eine Spezies wird besichtigt. Frankfurt/Main 2001

Das ganze Land braucht eine Therapie

Elinor Petzold

Der Gegenstand dieses Buches ist die Gleichberechtigung zwischen Män-
nern und Frauen im heutigen Deutschland und im Deutschland von
morgen. Deshalb halte ich mich an die heteronormative Ausdrucksweise.
Bi- und homosexuelle Menschen sind genauso respektvoll mitgemeint.

Von der Sexualtherapie zur Gesellschaftskritik

Seit zwanzig Jahren sammele ich Erfahrungen in diesem Land – als
Frau, als Mensch mit Migrationshintergrund und als selbstständige
Paar- und Sexualtherapeutin. Der Begriff „Migrationsvordergrund"
trifft es übrigens in meiner Wahrnehmung genauso gut: Egal, wie
schön man sich die „Gleichheit" einredet, die Unterschiede rücken sowieso immer wieder in den Vordergrund. Wir mögen es nur lieber,
dass das Ungemütliche wenn nicht ganz weg, doch wenigstens weit,
weit weg ist.

Paradoxerweise sind Hintergrundgedanken in unserer glatt-ge-
kämmten, konfliktverneinenden Gesellschaft nicht willkommen. (Dabei können uns Psychotherapeuten bestätigen, dass Vermeidung der
Konflikte ein sicherer Weg zum Untergang des Individuums ist.) Zu
groß sei die Gefahr, dass die Querdenker aus der Reihe tanzen und unserer sorgfältig justierten Demokratie Schaden zufügen würden. Umso
schlimmer, wenn sie Zugang zur öffentlichen Meinungsbildung haben
– wie Journalisten, Filmemacher, Redner und Autoren. Sie könnten bewirken, dass festgelegte Feind-Bilder, die ihren Zweck erfüllen, hinterfragt werden. Dass den „Opfern" auf einmal Eigenverantwortung als
Spiegel vor der Nase gehalten wird. Dass den „Tätern" eine zweite
Chance gewährt wird. Orientierungslosigkeit würde entstehen! Damit
umzugehen sind wir als Gesellschaft noch nicht bereit. Uns fehlt die

Weitsicht und Übung, mit unterschiedlichen Denkmodellen klarzukommen. Dass das Wort „Toleranz" inzwischen völlig inflationär benutzt wird, hilft uns an dieser Stelle auch nicht weiter.

Auf der zwischenmenschlichen Ebene kennen wir alle die Parteilichkeit bzw. wie schwer es ist, unparteiisch zu bleiben, wenn sich z.B. ein befreundetes Paar trennt. Oder die berühmte Solidarität zwischen Freundinnen? Sicher tut sie gut, doch ist man dabei auch noch objektiv? Bevorzugen wir nicht alle, an einst gefassten Meinungen festzuhalten und blenden wir dadurch nicht jene Facetten des Gesamtbildes aus, die unsere Ansichten ins Schwanken bringen könnten?

Wie unterscheidet sich eine Meinung von einem Vorurteil? Als Psychotherapeutin behaupte ich, dass wir Menschen zu keiner Heilung, keiner Besserung gelangen können, ohne die „Realität" zu hinterfragen – egal, ob es sich um unsere zwischenmenschlichen Beziehungen oder um die gesellschaftliche Entwicklung handelt.

Ich maße mir nicht an, ein Patent für die Stilllegung der Konflikte in der Welt zu kennen. Und dennoch gibt es Stationen in meiner Biografie und auf meinem Berufsweg, die mir vielleicht den Blick in die Breite und die Möglichkeit geben, zumindest im leider Gottes immerwährenden Geschlechterkampf einige Impulse zu setzen, die unser Leben leichter machen könnten. Und ich möchte dazu beitragen, dass die Gesellschaft im heutigen Deutschland und im Deutschland von morgen gesünder und ausgeglichener wird.

Der Beginn

Mit neun Jahren habe ich aufgehört, Zeitungen zu lesen. Angefangen habe ich mit dieser Lektüre mit acht – als Hausaufgabe für den Politik-Unterricht in der Schule. Diese Tortur war immer montags als Extra-Stunde vor allen anderen gelegt. Als wohlerzogenes sowjetisches Mädchen aus halb-jüdischem Zuhause bin ich kein typischer Freigeist: Ich war pflichtbewusst und gab mein Bestes von Anfang an. Und doch war es mir schlicht nicht möglich, pünktlich zu der „Politikstunde" zu erscheinen, in der wir uns anhand von Beispielen aus der Zeitung stupide einpauken sollten, dass „unser Land das Beste ist".

Wenn das der ganze Sinn und Zweck dieser Stunde ist, dachte ich, dann habe ich es bereits begriffen. Und so wurde „Politik" in meinem Kopf ein für alle Mal als langweilig und farblos abgestempelt und ich habe mich danach noch jahrelang nicht mehr für Zeitungen interessiert. Außerdem ist Politik sowieso nichts für Mädchen, hieß es damals.

Apropos: Davon, dass wir wegen unserer Geschlechtszugehörigkeit weniger durften als die Jungs oder anders benachteiligt wurden, habe ich damals nichts gemerkt. Meine Schwester und ich wurden von beiden Eltern im Rahmen der Möglichkeiten einer durchschnittlichen Mittelschicht-Familie verwöhnt und durften tun und lassen, wonach uns der Sinn stand. Ich war Leistungssportlerin in Rhythmischer Gymnastik und wusste – eines Tages werde ich Chirurgin sein. Mein jüdischer Papa war unser Held: Seine Aufgabe war klar – ein Mann sorgt für seine Frau und seine Kinder. Doch das Geld war so knapp, dass nicht nur er, sondern auch unsere (slawische) Mama Nebenjobs hatten und ganz „gleichberechtigt" im Drei-Schicht-Modus geschuftet haben.

Dass geheiratet wird (je eher, desto besser) war selbstverständlich. Meine erste Ehe ging ich mit siebzehneinhalb Jahren fast mit spielerischer Neugierde freiwillig ein. Es war eine ungezwungene Verkuppelung mit einem guten Jungen aus einer jüdischen Familie. Eine spontane Verwandlung vom Kind zur Frau innerhalb von wenigen Monaten vom ersten Treffen bis zur Hochzeit im Sommer 1991.

Vier Monate später, inzwischen 18 Jahre alt, fand ich mich zusammen mit seiner Familie auf israelischem Boden. Das Abenteuer Erwachsenwerden hatte begonnen: Auf einmal war es wichtig, zu verstehen, wie ein Land funktioniert. Damit Integration aus einem Fernziel zur Tatsache wird, habe ich angefangen, alles zu lesen, was mir in die Hände fiel (Zeitungen!), mit der Absicht, die Angst vor den „unmöglichen" hebräischen Buchstaben zu verlieren. Israelis kennen diesbezüglich kein Pardon – willst du hier leben, sprichst du unsere Sprache. Beweise, dass du unser würdig bist, dass du ein Teil von uns sein möchtest und kannst. Warum wärst du sonst hier?

Trotz der ethnischen Vielfalt in diesem jungen Land spürt man, dass Israelis ein grundlegendes Gefühl der Einigkeit und des Zusammenhalts haben und stolz auf ihr Land sind. Es schließt Gastfreundschaft keineswegs aus. Das war für mich neu und faszinierend: Bürger-

Solidarität, so wie dieses Wort gemeint ist. Ohne Pathos. Trotz der Anfechtungen und der Kritik aus der Außenwelt. Trotz der unsicheren politischen Situation und dem chronischen, fast schon „normal" gewordenen Ausnahmezustand. Zum ersten Mal begann ich zu spüren, dass ich für ein Land arbeiten möchte. Ein ähnliches Gefühl der stolzen und doch entspannt-fröhlichen Zugehörigkeit hat mir bisher niemand aus einem anderen Land bestätigen können.

Zusammenhalt der Geschlechter

Nirgendwo sonst habe ich das Zusammenleben von Frauen und Männern so erlebt, wie in Israel: ein natürliches Miteinander, in dem es selbstverständlich ist, dass man sich gegenseitig braucht und gern hat. Der Gebrauch an Kosmetik übersteigt in Israel jedes erdenkliche Maß – alle, Männer wie Frauen, Jung und Alt, machen sich gerne hübsch und schick – und zwar nicht nur „für sich", sondern damit sie gefallen und das andere Geschlecht beeindrucken können (sofern ich heteronormativ berichten darf). Und zwar ganz offen!

Viele Touristen machen Fotos von jungen Soldatinnen auf der Straße: ein Gewehr über die Schulter, geschminkt, mit glänzendem gestylten Haar, umhüllt von einer Duftwolke aus Kosmetik und Parfum. „Sexy", „Süße" und „Leckerbissen" sind in Israel keine Schimpfworte. Komplimente sind willkommen und selbst die Annahme, dass man eine Frau nicht allein aus sentimentalem, sondern auch aus sexuellem Interesse heraus anspricht, ruft keine Empörung hervor: Frauen beherrschen die hohe Kunst des „Nein-Sagens" und dieses Patent funktioniert so gut, dass ich in den sieben Jahren, die ich dort verbracht habe, kein einziges Mal jemanden über sexuelle Belästigung reden gehört habe. Ich selbst bekam auch Komplimente und ich habe es genossen. Und ganz ehrlich? Ich vermisse es manchmal noch, auch wenn ich mich in den letzten 20 Jahren in Deutschland daran gewöhnt habe, dass es hier kaum welche gibt.

„Wenn ich mich zurecht mache, dann ganz bestimmt nicht für einen Mann" – habe ich öfter als einmal von hiesigen Frauen gehört. Das verstehe ich immer noch nicht. Meine ich damit, dass Make-up und Parfum das Rezept für eine bessere Welt sein sollen? Sicher nicht. Aber

vielleicht das Zulassen des Gedankens, dass Anziehungskraft nicht nur bei der Suche nach der „Seelen-Verwandtschaft" hilft. Sondern auch im Sinne der puren Lust an der Freude sein darf und nichts Anzügliches in sich trägt. Noch ist die Technik nicht soweit und die meisten von uns brauchen sich gegenseitig zumindest um Kinder zu kriegen. Die Königin der deutschen Kabarett-Bühne, Lisa Eckhard, sagte einmal: „Ich möchte auf gar keinen Fall von den Männern auf meine Intelligenz reduziert werden. Sonst würde ich eine Erektion nur vom Hörensagen kennen."

So prägte sich in mir – gestern noch ein artiges Mädchen – in sieben israelischen Jahren das Bild einer modernen, selbstbestimmten und sexuell interessierten Frau. Nicht, weil sie jemandem etwas beweisen möchte, sondern weil es ihr Freude macht, ihr Leben in einem Land zu gestalten, in dem sie gerne lebt. Seite an Seite mit anderen Frauen und Männern, von denen sie sich eines Tages einen Partner wählen wird. Mit dem sie gerne Kinder haben wird.

Eine moderne israelische Frau ist sich ihrer Macht bewusst: Sie steht am Ursprung des Lebens, indem sie neues Leben hervorbringt. Deshalb wählt sie einen Mann und weiß ihn zu schätzen. Sie verdient ihr eigenes Geld und sie kann durch den Mann an ihrer Seite unterstützt werden. Deshalb kann sie den Mann an ihrer Seite respektieren. Sie kann ihre Familie zusammenhalten und es liegt in ihrer Macht, sie aufzulösen. Deshalb fühlt sie sich nicht untergeordnet. Sie wählt ihre Liebhaber oder sie wählt die Treue zu einem Mann. Deshalb kann sie stolz sein, unabhängig davon welche Entscheidung sie trifft. Weil sie es freiwillig tut. Sie macht Geschäfte oder sie wählt einen anderen Beruf, der ihren Möglichkeiten entspricht. Sie weiß, dass ihr Platz im Leben sicher ist – unabhängig von einem Mann, an seiner Seite oder ohne ihn. Es würde ihr nie einfallen, Männer als Konkurrenz zu sehen – sie genießt das Spiel des Lebens. Deshalb hat sie es nicht nötig, jemandem etwas zu beweisen. Sie lächelt genussvoll, wenn ihr Komplimente entgegengebracht werden, und sie ist frei, JA oder NEIN zu sagen.

Sieben Jahre Sonne und allgegenwärtigen heißen Wind, ungezwungenen Körperkontakt und oft sehr direkte Fragen. Sieben Jahre Staunen darüber, wie gern in diesem Land geheiratet wird, wie kinderfreundlich eine Gesellschaft sein kann und wie selbstbewusst eine ganze Nation mit Schicksalsschlägen und Kritik umgehen kann. Neue

Sprache, die „umgekehrt" geschrieben wird, in die ich noch heute verliebt bin, und neue Freunde, Arbeit als Profi-Tänzerin und parallel dazu fast drei Jahre Studium an der Universität Tel Aviv, Scheidung, Selbständigkeit, ein neuer Lebensgefährte und ein Missverständnis.

Die Gesichter des Feminismus

Meine Ankunft in Deutschland verdanke ich einem Missverständnis. Ich wundere mich noch heute, wie schnell und leichtfertig ich damals mit 25 die Entscheidung getroffen habe, meine erfolgreich aufgebaute israelische Existenz aufzulösen. Ein neuer Wind namens Europa wehte in meine Segel und brachte mich im späten Herbst 1998 mit zwei Koffern nach Hannover – in der Hoffnung, mich meiner Ursprungsfamilie, die seit zwei Jahren in Deutschland lebte, anzuschließen. Nach dem ersten Schock durch die Nachricht, dass ich hier als israelische Touristin nicht wirklich bleiben durfte und mit keinerlei Unterstützung zu rechnen hatte, hatte ich mich trotzdem entschlossen, eine Weile auf der Couch bei meiner Schwester zu wohnen und wenigstens die Sprache zu lernen.

Neue Sprache (auch in diese habe ich mich verliebt), Verlängerung der Duldung, ein paar neue Bekannten und eine Sondergenehmigung für einen Mini-Job. Ein neuer Lebensgefährte, Heilpraktiker-Schule und deutsche Frauen. Sie sind so anders … so ungeschminkt. Sie haben getrennte Konten und fahren ohne ihre Männer in Urlaub. Sie machen sich keinen Kopf über ihre Kochkünste und pflegen ein entspanntes Verhältnis mit ihrem Ex. Später habe ich erfahren, dass sich einige von diesen Freiheit liebenden Frauen auch „Feministinnen" nennen. Und dass „Frauenbewegung" etwas ganz Großes und Wichtiges in Deutschland ist.

Das Wort war mir neu. Direkt zu fragen und mich dabei zu blamieren war mir zu peinlich und ich dachte: Beobachtung wird dieses Rätsel bald lösen. Die neuen Menschen um mich herum waren ganz anders als die israelischen Frauen, ganz zu schweigen von meinem anerzogenen Bild der slawischen Frau.

Ich wusste, dass „Femina" Frau bedeutet. Feministinnen betonen ihre Unabhängigkeit von den Männern, sind oft gereizt, wenn das Gespräch auf das Thema Beziehung zusteuert, und sie sind meiner Erfahrung nach oft Single. Also sind sie lesbisch, war meine unbeholfene Schlussfolgerung. Nach einigen peinlichsten Fettnäpfchen und vielen Gesprächen in meinem inzwischen zumutbaren Deutsch mit lieben und nachsichtigen Kolleginnen hat sich das Rätsel „Frauenbewegung" endlich geklärt. Wie selbstverständlich genieße ich inzwischen selbst die Errungenschaften der Frauenbewegung. Zugegeben, ich erlebe immer noch Aha-Momente und lerne von meinen deutschen Freundinnen. Und doch habe ich einige Fragen an deutsche Frauen.

Daran sind die Israelinnen Schuld – sie haben den Maßstab gesetzt. Ich weiß dank ihnen: Echte Gleichberechtigung geht auch anders. Emanzipation und Rücksicht auf den Partner stehen nicht im Widerspruch zueinander. Widersprüchlich ist in meinen Augen zu sagen „Ich bin eine unabhängige Frau" und dann bei der Scheidung den Ex finanziell ausbluten zu lassen. Und sollte er sich bei dieser spontanen Schlachtung wehren wollen, ihn auch noch „egoistisches Schwein" zu nennen. Ich bin zum dritten Mal verheiratet und weiß, dass eine Trennung beiden Seiten den Boden unter den Füßen wegreißt. Auch mein Mann hat schon in mehreren Ehen gelebt. Er wurde bis dato bei jeder Scheidung finanziell in die Knie gezwungen. Ehrlicher wäre zu sagen: Unser Bündnis geht auseinander – ich bin unabhängig – du schuldest mir nichts, ich schulde dir nichts. Aber wenn es um Trennung geht, ist die groß proklamierte Unabhängigkeit der Frauen plötzlich dahin.

Eigenständigkeit und Zusammengehörigkeit sind kein Widerspruch. Sich selbst ein Selbstbestimmungsrecht einzuräumen und dabei dem Vater der Kinder bei der Trennung den Kontakt mit ihnen vorzuenthalten – das ist ein Widerspruch. Auch in meinem Umfeld beobachte ich es immer wieder: Frauen benutzen Kinder als Machtmittel – und die Männer sind darüber todtraurig. Dabei gibt es Wege, Trennungen gesünder zu gestalten. Sinnvoller für alle Beteiligten wäre zu sagen: „Es ist schiefgelaufen, ich lasse mich von dir so nicht mehr behandeln und ich möchte mit dir ab jetzt nicht mehr leben. Aber als Eltern bleiben wir für immer verbunden. Deshalb stelle ich mir das folgendermaßen vor – im Sinne der Kinder."

Ich wäre die Erste, die die Petition für das Recht auf Schwangerschaftsabbrüche unterschreibt. Doch darauf auch ohne Einverständnis des Vaters zu bestehen und gleichzeitig dem Mann das Recht auf einen

Vaterschaftstest – ohne das Einverständnis der Mutter – zu verweigern ist in meinen Augen Heuchelei. Diese Fragen begleiteten mich persönlich so lange durch die Höhen und Tiefen meiner Beziehungen, dass ich Paartherapie schließlich zum Schwerpunkt meiner Arbeit gemacht habe.

Ich stoße auf Unverständnis und Vorwürfe, wenn ich mich in Frauenkreisen in diesem Ton äußere. Die Frage einer Gesprächspartnerin *„Auf wessen Seite stehst du eigentlich?"* machte mir erst recht deutlich, wie weit entfernt wir von dem entspannten Miteinander sind. Solange diese Abgrenzung aufrechterhalten wird, bleiben die Fronten bestehen. Einer Frauenbewegung wird sich eine Männerbewegung entgegenstellen. Das hat etwas von Gegenwehr, und Gegenwehr kann nicht die Lösung sein, wenn wir miteinander leben möchten. Dabei brauchen wir nur die Lernfähigkeit und die Bereitschaft, die eigenen Fehler zuzugeben und die Fehler des anderen zulassen zu können.

Ja, manche Frauen wurden von Männern verletzt. Und nun bestehen sie auf Gerechtigkeit. Solange beide Seiten darüber nicht offen sprechen, besteht das Bedürfnis nach Rache und Vergeltung, das keine Frau offen beim Namen nennen mag. Die gut gemeinte Ermutigung, zu verzeihen, ist oft eine zu hohe Anforderung. Die Beweggründe eines Vergehens zu verstehen kann als erster Schritt ausreichen. Als Paarberaterin habe ich schon mehrmals erlebt, wie dieser Blickwinkel eine Wiederannäherung ermöglicht. Verzeihen zu können ist ein Segen, aber keine Voraussetzung für ein gutes Leben im Jetzt. Vielleicht würde uns auf dieser Weise und mit der Erkenntnis, dass das Patriarchat Frauen und Männern gleichermaßen geschadet hat, gelingen, den gerechten Groll darüber hinter uns zu lassen und viel mehr damit anzufangen, uns (gegenseitig) wohlwollend und geduldig anzunehmen und dadurch zu heilen.

„Deine Vorstellung ist viel zu idealistisch, sie ist nicht objektiv" – meinte neulich eine Verwandte meines Ehemannes auf einer Familienfeier, als ich sagte, dass das „Siegen" und „Gewinnen" nicht nur übers Kämpfen geht. Wir beide haben es irgendwie hingekriegt, das Gespräch binnen Sekunden in eine heikle Richtung zu lenken: über die Wege zur Versöhnung mit den Menschen, die uns Unrecht angetan haben.

Ich war der Meinung – und dieser Meinung bin ich immer noch –, dass sich Menschen definitiv wehren sollten, wenn ihre Grenzen bedroht werden. Dass Verbrecher verfolgt und bestraft gehören. Dass es jedoch einen Unterschied gibt zwischen der moralischen und der juristischen Schuld und insbesondere auf der Ebene der Moral die Schuldfrage oft eine Sache der Auslegung ist. Ich habe versucht, in dem „Mann-Frau"-Missverständnis, in dem wieder mal Kinder als Knüppel der Rache benutzt wurden, beide Perspektiven zu zeigen. Und ich sagte der Dame, dass wir Frauen es in den Händen haben, ob die Kriegsbeile begraben werden oder nicht. Sie fand mich idealistisch und nicht objektiv, weil ich ihren fast schon militanten Standpunkt nicht bestätigt habe.

Einer der deutlichsten Unterschiede zwischen einem Gespräch unter Freunden und mit einem Psychotherapeuten ist der Umgang mit dem Begriff „Schuld": Wir Therapeuten sind nicht dafür da, jemanden anzuprangern.

Klar ist mein Weltbild subjektiv: Es basiert auf meiner Erfahrung. Und diese Erfahrung ist eine Tatsache. Mit vielen Männern und Frauen an meiner Seite, die mich unterstützt oder mir Schaden zugefügt haben, mit zwei Scheidungen und der dritten glücklicherweise bestehenden Ehe ist sie auch recht bunt. Ich bin 18 Mal umgezogen, habe zweimal meine Existenz in einem anderen Land komplett neu aufgebaut. Nachdem ich vor einem durch einen eifersüchtigen Mann ausgewechselten Schloss stand und mit 30 Jahren zu meinen Eltern ziehen musste, nachdem meine Einbürgerung in Deutschland durch den Rachefeldzug eines anderen Mannes aufs Eis gelegt worden war und ich vier Jahre lang staatenlos mit einem Ersatzpapier gelebt habe, nachdem ich mit Hilfe von anderen Männern und Frauen immer wieder auf die Beine gekommen bin – nach all dem was ich selbst erlebt und mit meinen Klienten*innen miterlebt habe, kann ich es mir leisten, idealistisch zu sein. Und zu behaupten: Täterinnen sein können Frauen genauso gut wie Männer. Retter*innen sein können alle Geschlechter gleichermaßen.

Wäre es uns bloß möglich, ein psychologisches Experiment zu starten, in dem die Wahrnehmung von der eigenen Genderzugehörigkeit zu Übungszwecken abgeschaltet wäre ... Dann würden wir feststellen, dass alle Menschen dieselben Instinkte und Bedürfnisse teilen:

Sicherheit, Autonomie, Zugehörigkeit, Anerkennung, Wertschätzung und Selbstverwirklichung. Auch die Verteilung der weniger wohlklingenden Attribute wie Machtgier, Intrigen, Neid und Eifersucht, Missgunst und Schadenfreude wären „gleichberechtigt" verteilt. Warum schaffen wir es denn immer noch nicht, im gegenseitigen Respekt und bei gleicher Wertschätzung, also „Gleich-Wertschätzung", miteinander zu leben? Weil es noch einen Punkt gibt, der auf allen Ebenen – persönlich wie auf Landesebene – nicht intakt ist und systematisch verletzt wird: Es geht um Grenzen.

Grenzen

Kein Mensch hat mir als Kind erklärt, welche Rolle eigene Grenzen spielen dürfen und sollen. Das Leben selbst kam um die Ecke und hat es mir beigebracht. Welche Länder könnten es besser als Israel und Deutschland? Vielleicht ist Freiheit für die meisten Menschen der heilige Gral, doch sie ist erst im Erleben der (eigenen) Grenzen erfahrbar. Ähnlich wie eine gesunde freiwillige Gastfreundschaft nicht die Abwesenheit eines Zaunes bedeutet, sondern ein Willkommenheißen mit dem Recht, Herr und Frau in eigenem Raum zu bleiben. Ein Berliner Kollege Stephan Konrad Niederwieser nennt seine Psychotherapie-Praxis „Gesunde Autonomie" – wie treffend.

So wie sich Öl und Wasser nicht homogen mischen lassen, lassen sich nicht alle Meinungen harmonisch vereinen. Und doch ist ein langfristiges Miteinander auf der Basis von gegenseitigem Respekt und Gleich-Wertschätzung möglich. Sicherheit ist das Zauberwort, wie einer meiner Lehrer, Andreas Krüger, es seinen Schülern beibringt. Erst der eigene sichere Raum kann zu einem fruchtbaren Boden für ein gutes Zusammenleben werden – in der Familie, in der Sexualität, im Berufsleben und überall, wo mindestens zwei Menschen aufeinander treffen.

Dort, wo echte Gleichberechtigung und Aufrechterhaltung der intakten Grenzen selbstverständlich geworden sind und die Kriegsbeile ruhen dürfen, wo ungebetene Gäste der Tür verwiesen werden dürfen, entsteht ein Raum, in dem ein sinnvoller Dialog möglich ist. Nicht ein umgeworfener Zaun, sondern ein gleiches Recht für alle, ihre Tore zu öffnen und zu schließen, und zwar dann wenn es sich stimmig anfühlt.

Das beinhaltet unweigerlich auch die Möglichkeit eines Konflikts. Andreas Krüger nennt es ein Grundrecht auf ein unkommentiertes Nein. Dieser Impuls kann subjektiv sein und darf gelten unabhängig davon, ob er objektiv „berechtigt" ist oder nicht. Respekt erzeugt Respekt, und wir sollten am besten schon gestern anfangen, ihn einzuüben. Solange wir auf der Richtigkeit unserer Position bestehen und den unbequemen Meinungen anderer den Raum verbieten, wird es Aggression und Übergriffe geben – im privaten oder im beruflichen Bereich und ganz genauso auf der politischen Arena. Sich um Frieden zu bemühen, bedeutet keineswegs allen recht zu geben, sondern in erster Linie sich selbst (und dann gegenseitig) das Recht auf Grenzen zugestehen. Eigene Grenzen zu wahren und gegebenenfalls zu verteidigen gehört definitiv dazu.

Mein Appell an die Frauen

„Wir wollen echte Männer" – sagen Frauen. Zuverlässig, verantwortungsbewusst, selbstständig und beziehungsfähig. Die, die wir haben … sind es nicht so ganz. Nach wie vor gibt es unter ihnen zu viele Schweine. Irgendwie sind sie alle potenziell verdächtig. Die wenigen Guten sind vergeben. (Wo warst du bloß selbst bei der Vergabe?) Der, den ich will, soll auch erfolgreich sein. Das steht mir zu. Mit weniger gebe ich mich nicht ab. Sie sollen gute Väter sein. Auch für mein Kuckuckskind. Das geht ihn nichts an. Mein Bauch – mein Recht. Er soll es respektieren. So weit, so gut. Doch wann wollen wir selbst anfangen, andere zu respektieren? Was soll ein Mensch, vor allem ein Mann, uns Frauen alles beweisen, damit wir bereit sind, ihm mit Respekt zu begegnen?

Wie wäre es, wenn wir Frauen aufhören würden, unseren Töchtern und Söhnen zu sagen „Dein Vater ist ein Idiot", „Er kommt nie wieder, er ist böse", nachdem wir selbst dem nun getrennt lebenden Ex den Kontakt verboten haben? Schaffen wir es, als neue Partnerin abwertende Bemerkungen über die Ex unseres Liebsten in Gegenwart seiner Kinder zu vermeiden? Können wir ihnen versichern: „Deine Mama ist eine ganz tolle Frau und sie hat dich bestimmt ganz doll lieb"? Sind wir in der Lage, dem Vater unseres Kindes zu sagen: „Ich wünsche mir, dass unser Kind weiterhin weiß, wer sein Vater ist, und auch wenn ich mit dir nicht mehr zusammen leben möchte, bin ich dir für immer dankbar dafür, dass ich es habe"? Vielleicht wachsen dann unsere Kinder endlich in dem Bewusstsein für gegenseitigen Respekt und Gleich-Wertschätzung auf, anstatt, durch unseren Groll vergiftet, später in den endlosen Machtkampf ziehen zu müssen.

Hier höre ich es schon von meinen Freundinnen und meinen Klientinnen: *„Das ist nicht dein Ernst!? Endlich haben wir uns aus dem Jahrtausende langen Patriarchat befreit und jetzt sollen wir auch noch den ersten Schritt unseren Peinigern von gestern entgegen machen?!"* – Ich riskiere noch mehr Unmut und sage – ja. Als Kinder hören wir von den Älteren: „Die Stärkeren geben nach. Die Klügeren machen den ersten Schritt". Weil sie es können. Weil wir heute, nach den berechtigten und überstandenen Kämpfen in Sicherheit sind (auch diese Annahme wurde mir schon als Irrtum und Naivität vorgeworfen) und dazu übergehen können, gemeinsam am neuen Leben zu bauen. Und weil Frauen sich ihrer Macht bewusst geworden sind.

Nun könnte ein guter nächster Schritt sein, die Macht als eine konstruktive, tragende Kraft zu begreifen und nicht als Gut, welches es "den Männern" zu entreißen gilt. Ein Schritt auf den anderen zu ist immer ein Willensakt, eine Vorleistung und ein Risiko: ein Risiko, dass meine Grenzen (wieder) nicht erkannt und nicht respektiert werden und dass meine Gutmütigkeit missbraucht wird. Wohlwollen und Wachsamkeit sich selbst und dem anderen gegenüber können diesen Seiltanz möglich machen. Auch in der Paartherapie erlebe ich den ersten Schritt im Dialog meiner Klienten*innen als eine Kunst, die viele von uns erst lernen dürfen. Eigenen „Monstern" und Schattenseiten in uns zu begegnen, unsere wahren Beweggründe und die eigene manipulative Kraft zu sehen ist eine hohe Anforderung. Eigenverantwortung auf dem Weg aus dem Opfersein auf sich zu nehmen ist die Königsdisziplin schlechthin.

Und wer weiß, was aus diesem neuen Bewusstsein heraus auch im Sinne der Gesellschaft möglich ist? Vielleicht erübrigen sich dann die Männer- und die Frauenbewegung und wir können – jede*r in sich ruhend und neugierig auf den anderen – unabhängig voneinander aufeinander zugehen. Vielleicht liegt dem demographischen Schwund nicht nur die Bequemlichkeit der Deutschen zugrunde? Sondern er ist auch eine Nebenwirkung der chronisch gewordenen Opfer-Täter-Verstrickung? Und die Geburtsrate würde dann steigen, wenn die Deutschen, ähnlich wie Israelis, das Gefühl haben, am Leben bauen zu wollen und das Leben feiern zu dürfen?

Gerade als Frauen können wir hier den Ton angeben. Weil wir dieselben menschlichen Grundbedürfnisse mit den Männern teilen: Sicherheit und Zugehörigkeit, Autonomie, Selbstverwirklichung und Anerkennung. Trauen wir uns doch, Schritt für Schritt unsere Vision vom neuen, gerechten und gleichberechtigten Miteinander Wirklichkeit werden zu lassen: Seite an Seite mit Männern, die so unvollkommen sind wie wir selbst. Das wäre eine neue Wirklichkeit, nach der sich doch so viele sehnen: mit Respekt als Vorleistung, Wohlwollen als Mantra und einer tiefen inneren Sicherheit innerhalb der intakten eigenen Grenzen.

Mein Appell an die Männer

Es geht nicht darum, dass sich die Männer von der natürlichsten Sache der Welt befreien, aber aus der Abhängigkeit davon. Nach meiner Beobachtung sind viele Männer tief in ihrem Inneren durch und durch darauf fixiert und unbewusst abhängig davon, wie der Sex mit Frauen ausfällt. Wie die Frau ihre Männlichkeit – gerade im sexuellen Sinne – annimmt oder bewertet. Das beeinflusst auch, wie sie in der Öffentlichkeit gesehen werden – bis hin zu ihrem gesellschaftlichen Status. Dieser Druck lastet auf Männern. Mir ist klar, dass dies im Gegensatz dazu steht, wie sich manche Frauen fühlen – ausgebeutet und belästigt, siehe Me-too-Debatte. Aber es ist kein Widerspruch! Beide Geschlechter tappen immer wieder in die Falle des Einander-Brauchens und gehen daraus jedes Mal noch traumatisierter hervor, als sie hineingegangen sind.

Kaum jemand sagt heute noch ohne Ironie, dass Männer das starke Geschlecht sind. Zumindest in den therapeutischen Kreisen hat man längst erkannt, dass alle Menschen weibliche und männliche Anteile in sich tragen und gleichermaßen stark und schwach sein können.

Doch die meisten Menschen übersehen, dass Männer empfindlicher und oft abhängiger sind, als wir das öffentlich wahrnehmen. Sie suchen tief im Inneren die Anerkennung der Frau. Es beginnt mit der Mutter und erstreckt sich später, gefüttert durch die gesellschaftlichen Irrtümer über Sex, auf die Beziehung zu Frauen. Am deutlichsten wird es bei Jungs, die in der Frauenbewegung groß geworden sind und ihre männlichen Qualitäten verneint haben. Sie haben gelernt: Als Mann darf ich nicht Mann sein, weil ich dann Vergewaltiger bin. Und ich muss unbedingt den Frauen gefallen. Es ist eine von Kindesbeinen erzwungene Unterwerfung und keine Basis für ein Gleichgewicht.

Da wir einerseits in der zwangsartigen Abspaltung von Aggression und Wut groß werden (böse sein ist eben böse) und andererseits in einer übersexualisierten und doch nicht wirklich in einer Sex bejahenden Kultur leben, wissen die beiden Geschlechter nicht so recht, wie sie mit ihren Rollen in der Sexualität umgehen sollen. So etwas kann auf Dauer nur schief gehen – die „natürlichste Sache der Welt" wird zu einer Zwickmühle.

Ich möchte die Männer ermutigen und darin unterstützen, ihren Wert wiederherzustellen, unabhängig davon, ob sie von einer Frau sexuell anerkannt werden. Jedes Mal wenn ich über ein Flirt-Seminar von Frauen für Männer höre, werde ich wütend. Für mich als Psychotherapeutin wirkt das so, als würde man den Männern sagen: „Ihr sexsüchtigen Idioten, wir zeigen euch, wie ihr bei uns wirklich landen könnt!" Selbst als Frau finde ich das beleidigend und erniedrigend. Eine Entwürdigung der Männer.

Wir brauchen keine Strategien, wie wir jemanden für uns gewinnen, aufs Kreuz legen oder uns unter den Nagel reißen. Verführung kann sehr kreativ und doch frei von Tücke, leidenschaftlich und doch frei von Gewalt sein. Junge Männer sollten zum Beispiel genauso in Verantwortung für Safer Sex und Verhütung erzogen werden wie junge Frauen – dann gäbe es weniger „Unfälle", weniger Manipulationen und weniger Groll. Tatsache ist, dass Frauen bei einer ungewollten Schwangerschaft eine ganze Reihe anderer Konsequenzen davontragen. Die Folgen von einem „Unfall" im Bett sind so massiv, dass es im Erleben einer Frau regelrecht ein Verrat ihr gegenüber ist, die Verantwortung darüber nicht zu teilen. Kommt es dennoch zu einer ungewollten Schwangerschaft, fühlt sich die Frau bewusst oder unbewusst im Recht, sich für den falschen Umgang am Mann zu rächen. Das Ganze wäre viel einfacher, wenn Männer sich als sexuell kraftvolle und in sich ruhende Wesen erleben würden, unabhängig davon, wie oft sie sich überhaupt bei einer Frau sexuell entladen können. Sexualwissenschaftler sprechen immer wieder darüber, dass so etwas wie ein „Trieb", den es unbedingt so oder so oft zu befriedigen gilt, nur ein weitverbreiteter Irrtum ist! In seinem Werk „Himmel auf Erden & Hölle im Kopf" erläutert der führende klinische Sexualpsychologe Christoph Joseph Ahlers, was Sexualität für uns bedeutet – wertvolle Beobachtungen seiner lebenslangen Forschung und Praxis auf diesem Gebiet, die uns zuteil werden. Wie viel angenehmer wäre das Leben – wie viel mehr Energie und Lebendigkeit würden wir spüren –, wenn wir unsere Beziehungen aus einer entspannten Haltung heraus gestalten würden. Wir würden wissen, dass wir unsere Sexualität, unsere Kreativität und unser Leben miteinander teilen können, aber nicht müssen. Wir würden begreifen, dass unsere Selbstwahrnehmung und unser Status nicht länger davon abhängen, wie unsere Sexualität bewertet wird.

Wir brauchen vor allem, dass beide Seiten aus sich heraus glücklich sein können, bevor sie aufeinander zugehen, und nicht den anderen dafür (miss)brauchen. Sonst sind wir nicht frei. Auf die pseudo-feministischen Strömungen mit der fanatischen Argumentation, dass wir keine Männer brauchen, gehe ich erst gar nicht ein – sie ist in meinen Augen purer Schwachsinn. Die Zeit ist reif dafür, dass wir wieder Männer- und Frauenkreise bilden, in denen das Gefühl des gegenseitigen Halts und der Raum für das Weiterreichen des Wissens von den Älteren zu den Jüngeren möglich werden: männliche und weibliche Kreise und keine in ihrem Unterton gegnerische „Bewegungen". Dann bräuchten wir keinen Kampf um die Gleichberechtigung mehr zu führen, sondern würden es lernen, in Gleich-Wertschätzung und gegenseitigem Respekt – diese fünf Worte sind mein Motto, mein Aushängeschild geworden – aufeinander zuzugehen.

Damit das klappt, bemühen wir uns um nicht mehr und nicht weniger als einen Paradigmenwechsel. Es gibt so viel zu tun: Das ganze Land braucht eine Therapie. Aber die Aussichten auf Heilung sind gut.

Welche Probleme haben Frauen heute?
Eine Befragung

Arne Hoffmann

Begleitet von großem medialen Trara setzte die ehemalige SPD-Frauenministerin Schwesig das Lohntransparenzgesetz in Kraft, das Frauen erlauben sollte, ihren Arbeitgeber nach dem Gehalt ihrer Kollegen zu fragen, um herauszufinden, ob sie benachteiligt werden. Monate danach stellt der Deutsche Gewerkschaftsbund fest: Das neue Gesetz haben DGB-weit nur elf Menschen in Anspruch genommen – alle Männer. Zu einem ähnlichen Ergebnis gelangte auch der Bundesverband der Arbeitsrechtler in Unternehmen: Bei Firmen bis 500 Mitarbeitern habe es gar keine Anfrage gegeben, bei größeren Unternehmen lediglich vereinzelte Fälle.[479]

Extrem in den Leitmedien gepusht wurde auch die feministische MeToo-Kampagne, bei der sich zunächst vor allem Schauspielerinnen als Opfer sexueller Belästigung outeten. Als der Leipziger Sexualwissenschaftler Kurt Starke für das „Neue Deutschland" allerdings Frauen zu ihrer Einschätzung dieses Themas befragte, erhielt er vor allem skeptische Antworten wie diese: „Ach so, das, nee, interessiert mich nicht, ist nicht meins." – „Die machen sich doch nur wichtig, alles Geschäft, armselig." – „Mit so was kann man jeden zur Strecke bringen." – „Wieder so eine Welle, die anderes überspült. Ich habe andere Sorgen." – „Lieber mal ein verunglücktes Kompliment als gar keins." – „Wenn Frauen

---

479 Vgl. Deutschlandfunk: Entgelttransparenzgesetz – nur wenige Anfragen. Online am 16.5.2018 unter http://www.deutschlandfunk.de/entgelttransparenzgesetz-nur-wenige-anfragen-gestellt.2850.de.html?drn:news_id=883098.

grundsätzlich etwas gegen Männer haben, finde ich das extrem. Die einen gegen die anderen, da kommt nichts Gutes dabei raus."[480]

Haben Frauen vielfach vielleicht ganz andere Probleme, als sie in den Leitmedien gepusht werden? Um das herauszufinden, beschließe ich die Frauen in meinem eigenen Leben zu befragen. Mit manchen dieser Frauen verbinden mich tiefe Gefühle, andere finde ich scharf, mit wieder anderen bin ich einfach befreundet. Einige von ihnen sind Feministinnen, andere nicht. Ihnen allen stelle ich dieselbe Frage: Was ist für dich persönlich dein größtes Problem als Frau?

Das hat sich als ein Ansatz gezeigt, den ich jedem empfehlen möchte. Zugegeben, der wissenschaftliche Aussagewert solcher Antworten ist zunächst einmal begrenzt, schon durch die Vorselektion des jeweils eigenen Bekanntenkreises. Die mit mir befreundeten Frauen, die ich für dieses Kapitel befragt habe, unterscheiden sich zwar in Alter, Beruf und sexueller Orientierung, es handelt sich aber fast immer um akademisch vorgebildete und selbstbewusst auftretende Frauen aus der weißen bürgerlichen Mittelschicht. Dem unbenommen kann es überraschend und aufschlussreich sein, was man auf diese Weise über die Sorgen seiner Liebsten erfährt. Natürlich wäre es auch reizvoll, wenn eine Frau Männer aus ihrem Bekanntenkreis auf diese Weise interviewen würde.

So ideologisiert und vergiftet, wie die öffentlichen Diskurse (einschließlich den sozialen Medien) beim Geschlechterthema sind, muss man wohl auf private Diskurse ausweichen, um überhaupt noch irgendetwas lernen zu können. Vielleicht können wir die Vernunft im Geschlechterverhältnis nur auf individueller Ebene zurückerobern, während wir lernen, den Radau auf Twitter und in den Leitmedien zu ignorieren.

Ich beginne mit einer der Frauen, mit denen ich mich einmal die Woche zu einem Pub-Quiz treffe: Nastasja. Sie ist 27 Jahre alt und Physiotherapeutin. Meine Frage überrascht sie. „Eigentlich habe ich als Frau vor allem Vorteile", sagt sie. „Wenn du mit Menschen leicht in Kontakt kommst, kommst du auch leicht durchs Leben."

---

480 Vgl. Starke, Kurt: Gegen den männerfeindlichen Anstrich. In: Neues Deutschland vom 29.11.2017, online unter https://www.neues-deutschland.de/artikel/1071588. metoo-debatte-ueber-sexismus-gegen-den-maennerfeindlichen-anstrich.html.

Nach einigem Nachdenken fällt ihr doch etwas ein. „Manche Männer überschreiten bei meinem Job die Grenzen", sagt sie. „Einer gibt mir manchmal einen freundlichen Klaps auf den Po, ohne sich viel dabei zu denken. Ein anderer hat nach meiner Telefonnummer gefragt, obwohl er 60 Jahre alt ist und theoretisch mein Großvater sein könnte." Kommt es auch vor, dass Männer die Nähe bei physiotherapeutischer Arbeit zu intimen Berührungen ausnutzen? „Eigentlich nicht." Was müsste sich ihrer Ansicht nach ändern? „Ich habe das vor allem selbst in der Hand. Wenn ich selbst die Grenzen stärker ziehen und im Kontakt mit meinen Patienten auf streng professioneller Ebene bleiben würde, dann würden solche Situationen auch nicht entstehen."

Auf einer Grillparty nehme ich zwei Lehrerinnen, beide Ende vierzig, getrennt voneinander beiseite. Die eine berichtet, dass ihr nichts Passendes einfalle: „Uns Frauen geht es hier sehr gut. Das ist nicht überall so. Letztens habe ich im Unterricht zwei Mädchen gebeten, eine Sure aus dem Koran vorzulesen. Daraufhin haben sie mir erklärt, dass das Frauen nicht dürften. So was kennen wir hier ja überhaupt nicht."

Als ich nachhake, ob ihr nicht doch etwas einfalle, teilt sie mir mit, dass ihr Mann gelegentlich sexuelle Bedürfnisse anmelde, wenn sie abends schon müde sei und deshalb selbst keine Lust habe. Aber das teile sie ihm mit, und dann ist es auch okay.

Die zweite Lehrerin denkt ein paar Stunden über meine Frage nach. Dann berichtet sie von ihrer gesundheitlichen Beeinträchtigung durch ihre Migräneanfälle. „Wusstest du, dass es zu achtzig Prozent Frauen sind, die unter Migräne leiden?"

Larissa, eine junge, eher zierliche Studentin der Kulturwissenschaften und Kellnerin im Mainzer *Kelly's*, mit der ich mich angefreundet habe, stört es, dass sie gelegentlich unterschätzt wird und ihr die Leute Fragen stellen wie „Du als Frau reist alleine in ein anderes Land?" oder „Du als Frau trägst so was Schweres?" Sie ärgert das: „Die Leute stellen mein Licht vollkommen unter den Scheffel."

Ilona, Anfang vierzig, ist eine weitere Lehrerin, mit der ich mich im Mainzer *Aposto* unterhalte. Ihr fällt lange Zeit kein Problem ein, dass sie „als Frau" besonders belastet. Erst als wir gehen, bemerkt sie, dass sie Angst hat, alleine durch die Nacht zu ihrem Auto zu gehen. „Das kannst du schreiben."

Im Mainzer *Domsgickel* frage ich Sabine, eine Internistin, 40 Jahre alt, danach, was für sie als Frau das größte Problem darstelle. Sie überlegt. „Vielleicht ist das größte Problem, dass ständig Leute meinen, dass es ein Problem darstellen muss." Sie nimmt einen Schluck von ihrer Rieslingschorle, dann fällt ihr doch noch etwas ein: „Andere Frauen. Ja. Was uns das Leben richtig schwer macht, sind andere Weiber. Das sind nicht die Männer."

Claudia, Anfang dreißig, arbeitet in der Finanzbranche. Wir treffen uns etwa einmal pro Woche, und meine geschlechterpolitischen Ziele unterstützt sie voll. Was ihr größtes Problem als Frau sei? „Dass ich nicht beamen und nicht hellsehen kann", sagt sie lachend. „Aber ich glaube, das Problem habt ihr Männer auch."

Ernsthafter kommt sie auf etwas anderes zu sprechen, das sie ärgert: „Dass man Frauen, die attraktiv sind, also nicht gerade ein Gesichtseintopf, automatisch mangelnde Intelligenz unterstellt. Aber es sind hauptsächlich andere Frauen, die einen darauf reduzieren. Ich muss mich weniger bei Kerlen beweisen als bei Frauen. Oh, und wenn du zu irgendeinem Thema eine klare Meinung äußerst, giltst du als untervögelt."

Lisa, Anfang vierzig, arbeitet in der Personalverwaltung. Ihr fällt zunächst auch nach längerem Überlegen nichts ein: „Keine Ahnung, ob ich da jetzt die Ausnahme bin, aber ich sehe in meinem Leben eigentlich wenig Frauenprobleme. Okay, das mit der Menstruation ist echt lästig und ich würde lieber im Stehen pinkeln."

Dann findet sie aber doch etwas Erwähnenswertes: „Das einzige wirkliche Ärgernis, das ich diesbezüglich mal erlebt habe, betraf die Jobsuche. In einem Bewerbungsgespräch ritt der Personaler sehr auf meinem gebärfähigen Alter rum und bohrte immer wieder nach, wie denn die Familienplanung aussähe. Das war wirklich nervig, weil ich ansonsten Topkandidatin für den Job war. Inzwischen kenne ich die Frau, die als Assistentin bei dem Gespräch dabei war, auch privat und weiß, dass ich den Job tatsächlich nicht bekommen habe, weil ‚die wäre super, wird aber bestimmt bald schwanger'. Es ging übrigens nur um eine Teilzeitstelle mit recht wenig Stunden."

Was Jobsuche angeht, ist man als Frau echt etwas gekniffen. Wenn man noch Kinder kriegen könnte, ist man für die Personaler ein Risiko, wenn man noch kleinere Kinder hat ebenso. Je kleiner die Firma, desto schlimmer, weil die Ausfallzeiten da natürlich noch schlechter kompensiert werden können.

Ich sehe das zum Beispiel auch immer, wenn [mein Mann] Guido neue Leute sucht. Bewerbungen von Frauen zwischen 25 und 45 werden im Prinzip direkt aussortiert. Auch von mir. Er kann es sich einfach nicht leisten bzw. den anderen Kollegen antun. Leider Fakt.

Noch ein interessanter Fakt ist übrigens, dass die Bewerbungen der Frauen durchweg besser waren (sowohl inhaltlich/optisch als auch was die Qualifikation betrifft), sie aber viel niedrigere Gehaltsvorstellungen angeben. Daraus lässt sich jetzt aber nicht schließen, dass Frauen besser sind, sondern eher, dass sie sich weniger zutrauen. Männer bewerben sich oft nach oben, Frauen häufig eher nach unten. So zumindest meine Beobachtungen in der Firma meines Mannes (ich treffe da immer die Vorauswahl aus den Bewerbungen) und auch im Bekanntenkreis. Ich kenne also beide Seiten der Bewerbungsproblematik bei Frauen."

Sie überlegt noch einmal und zieht dann ein Fazit: „Mein größtes Problem als Frau? Für mich persönlich? Mein erster Gedanke war: habe ich nicht. Und das trifft es eigentlich auch."

Annemarie, Mitte vierzig, eine Marketing-Referentin, antwortet mir: „Momentan? Da mache ich mir große Gedanken in Sachen Zukunft und Rente, dass es eben nicht reichen kann – gerade als Frau. Es ist erwiesen, dass es gerade für Frauen nicht reichen wird. Zwei Drittel werden Probleme kriegen. Und das, obwohl man jetzt gerade ganz okay verdient – und dazu zähle ich mich mal."

Lara ist eine weitere Lehrerin. (Das ist reiner Zufall; ich habe keinen Fetisch.) Wir haben uns vor ein paar Jahren kennengelernt, als sie mir ihre Arbeit zum Geschlechterbild in phantastischen Erzählungen zum Gegenlesen gegeben hatte. „Mein größtes Problem ist meine biologische Uhr", berichtet sie. „Ich bin jetzt 31, gerade mit dem Referendariat fertig und fange jetzt meinen ersten richtigen Job an. Zum Arbeiten werde ich jedoch kaum kommen, da ich in ein bis zwei Jahren schwanger werden sollte, damit es auch hinten raus noch für zwei Kinder reicht. Das bereitet mir Stress und ist auch für meinen künftigen Arbeitgeber doof. Ich fürchte mich jetzt schon vor dem Moment, wenn ich meinem Chef sagen muss, dass ich schwangerschaftsbedingt ausfalle, auch wenn mir deswegen keiner einen Vorwurf machen kann."

Ganz ähnlich geht es Elena, einer Spanierin, die im Vertrieb arbeitet, aus beruflichen Gründen ein paar Jahre in Deutschland verbracht hat und dann nach Barcelona zurückgekehrt ist. Sie berichtet mir im Chat von ihrer Situation: „Mein größtes Problem im Moment ist, dass ich weiß, dass ich eine kürzere Zeitspanne habe, um Kinder zu haben. Ich bin 35. Beruflich gesehen ist von jetzt an bis zu meinen Vierzigern die interessanteste Zeit, in der ich die größten Fortschritte machen sollte, also zum Beispiel Teams zu leiten. Ich kann mir nicht vorstellen, wie ich das mit einem Kind vereinbaren soll. Also fühle ich mich gezwungen, zu wählen: Karriere oder Kinder. Jetzt. Nicht, dass meine Familie oder meine Bekannten drängen. Ich habe nicht einmal einen Partner. Aber es ist etwas, das mir im Kopf herum geht, und wo ich nicht viel tun kann. Kurz gesagt: Mein größtes Problem ist die Biologie." Ob sie als Frau in Spanien oder in Deutschland lebe, spiele vor diesem Hintergrund keine Rolle.

Mit Nuray, Ende dreißig, einer Zahnärztin mit türkischem Hintergrund, spreche ich am Telefon: „Mein größtes Problem als Frau ist, den richtigen Partner zu finden", sagt sie mir. Vor allem das Thema „Vertrauen" sei dabei sehr schwierig: „Du datest zum Beispiel einen Mann drei Monate lang und findest dann heraus, dass er immer noch auf drei Datingportalen aktiv ist. Kerle halten sich immer noch eine warm. Falls es mit dir nix wird, gibt es da immer jemanden ... ‚eine sehr gute Freundin' ... Auch in meiner Mädels-Freundesliste ist so was das vorherrschende Problem: Es gibt eine Sinnesüberflutung an Frauen, und du bist dadurch auswechselbar geworden. Und wenn du einen Freund hast, wird der in deiner Anwesenheit angebaggert. Ich könnte dir Storys erzählen ... füllt drei Bücher, und es wäre ein Bestseller! Frauen trauen sich oft nicht etwas zu sagen. Selbstwertgefühl und so was."

Judith, Mitte vierzig, eine ehemalige Kommilitonin von mir, findet es am schwierigsten, „dem typischen Frauenbild nicht zu entsprechen, aber bisweilen darauf reduziert zu werden. Und das zieht sich bisweilen durch alle Lebensbereiche." Was meint sie damit? „Ich habe Schwierigkeiten mit den typischen Rollenmustern im Alltag, bisweilen langweilen sie mich. Nun lebe ich in der Schweiz, da ist man diesen Rollen noch stärker verpflichtet als in Deutschland. Ich empfinde das Ganze häufig als einschränkend und sehr klischeehaft. Zum Beispiel darfst du als Frau nicht wütend sein und nicht diskutieren, jedenfalls nicht offensiv. Ich kenne hier Familien, wo die Männer krank werden, weil sie die Rolle des Versorgers verlieren. Ist das besser?"

Jacquelin, eine 24 Jahre alte Studentin der Genderstudien, die ich ebenfalls aus der Mainzer Kneipen- und Bistro-Szene kenne, berichtet: „Ehrlich gesagt finde ich, mir fallen wenige Sachen ein. Das ist Fliegenschiss im Vergleich zu anderen Problemen, die ich hatte. In meinem Alter hat man als Frau schon immense Freiheiten, die man sich nicht erkämpfen musste. Von den paar Problemen, die es noch gibt, finde ich es am nervigsten, dass man immer in so Schubladen gesteckt wird, nur weil man eine Frau ist. Und wenn man sich in der Schublade nicht wohl fühlt, wird einem immer eingeredet, das komme noch."

Sie erklärt konkreter, was sie damit meint: „Für mich ist eine der nervigsten Sachen, ständig nicht ernst genommen zu werden, dass ich nicht heiraten und keine Kinder will. Männern in meinem Alter wird nicht so vehement eingeredet, das würde sich noch ändern. Natürlich kann sich so was ändern, aber das wird grundsätzlich nicht ernst genommen, egal wie begründet es bei mir ist und wie groß meine Abneigung dagegen ist. Es wird permanent für etwas Unreifes gehalten. Ich dagegen frage mich eher, ob diese Frauen das wirklich alle wollen oder nur denken, sie sollten es wollen, weil sie halt Frauen sind. Ich versuche denen ja auch nicht einzureden, dass ihre Entscheidung für eine Familie heutzutage dumm ist. Ähnlich ist es bei Charakterzügen die als männlich eingeordnet werden und wofür man dann gerne mal kritisiert wird. Schon seit dem Kindergarten hatten meine Eltern es echt schwer, dieses viel zu laute dominante Mädchen zu verteidigen, zu dem sie mich erzogen haben beziehungsweise zu dem ich halt geworden bin, weil mein Bruder und ich nicht unterschiedlich behandelt wurden."

Melanie, Anfang dreißig, eine Mainzer Stylistin, fällt auf meine Frage als erstes ein, dass ihr in vielen verschiedenen Bereichen noch immer nicht genügend Respekt entgegengebracht wird: „Ich habe durchaus öfter das Gefühl, dass im Bereich Job und/oder Gesellschaftsleben mir nicht immer der gleiche Respekt in Form von ,gehört werden', ,Kompetenz', ,Selbstständigkeit', ,starke Eigenschaften' und ,Sexualität' entgegengebracht wird.

Um das in kurzen Beispielen zu verdeutlichen, passiert es mir manchmal, dass die Meinung eines männlichen Familienangehörigen oder männlichen Freundes in der Öffentlichkeit, aber auch im privaten Raum mehr Bedeutung beigemessen wird und das auch mit dem Geschlechterunterschied verargumentiert wird.

In Sachen Kompetenz ist es mir mehr als einmal passiert, dass mein gepflegtes Äußeres beim Gegenüber (auch bei Frauen manchmal) zu Vorurteilen meiner Person oder meines Geschlechts führt. Kurz, man glaubt nicht, dass auch ein hübscher Kopf denken kann. Mein Äußeres (das auch betont weiblich ist) ist also manchmal für mich ein Nachteil und manchmal ein Vorteil mit einem unangenehmen Beigeschmack. Zum Beispiel wenn ich merke, dass ich allein aufgrund meines Äußeren bevorteilt werde.

Außerdem spielt das Thema Kinder bei Jobkompetenz und Verfügbarkeit eine wichtige Rolle. Auch da merke ich deutliche Unterschiede zu männlichen Kollegen. Noch immer wird von Kollegen und Vorgesetzten oft davon ausgegangen, dass man als Frau öfter wegen Kindern ausfällt, allwissende Antworten zum Thema Erziehung hat oder der Job eher ein Freizeitvergnügen ist. Stichwort: Teilzeitjob.

In Sachen Selbstständigkeit erlebe ich, seit ich denken kann, durch einen Teil meiner Familie, Freunde, Bekannten und auch im öffentlichen Raum, dass ich anders wahrgenommen werde, wenn ich in einer Beziehung bin, sprich: Menschen um mich herum verhalten sich anders, meine Lebenssituation wird anders bewertet. Oft kommt es einem vor, als wüssten die Menschen um einen herum nicht, dass man auch schon mal ohne Partner gelebt hat und eine Aufgabe hatte.

Ein weiteres Problem ist der Umgang mit starken Eigenschaften, vor allem denen, die als typisch männlich charakterisiert werden; Ehrgeiz, Mut, Loyalität, Intelligenz oder Emotionen wie Wut und Schadenfreude. Ich bin persönlich oft kritisiert worden, wenn ich diese ‚typisch männlichen' Eigenschaften gezeigt habe oder auch nicht für voll genommen. Anscheinend ist das noch nicht so üblich, dass Frauen sich auch lautstark äußern, diskutieren, hartnäckig sind.

Zum Thema Sexualität: Seit ungefähr meinem zehnten Lebensjahr werde ich von außen durch Werbung, Gesellschaft, Öffentlichkeit, Bekannte, Verwandte, Partner und viele mehr mit meiner Sexualität konfrontiert, ob ich das möchte oder nicht. Da ich gerne eine Frau bin und meine körperlichen, aber auch geistigen weiblichen Attribute mag und nicht verstecke, bin ich aber auch laufend Situationen ausgesetzt, in denen ich das Gefühl habe, dass jemand von außen in meinen intimen Raum eindringt – ohne meine Erlaubnis und manchmal auch ohne dass ein Verbot oder Zurückziehen akzeptiert wird. Ich werde einfach sehr, sehr oft auf das offensichtlich Äußere reduziert. Dagegen kann ich mich auch manchmal schlecht wehren beziehungsweise hab ich mit der Zeit tatsächlich auch gelernt einiges zu ignorieren und zu vergessen. Wütend macht mich es dann trotzdem oft."

Nici ist Ende vierzig, diplomierte Sozialpädagogin, nebenberuflich Popsängerin und eine sehr gute Freundin aus meiner Schulzeit. Mit ihr treffe ich mich noch immer alle paar Jahre – diesmal vor einer ihrer Proben im „60/40", einem linken Wiesbadener Szenelokal. Wir sitzen dort in einer gemütlichen Couchecke an einem flackernden Kamin, Nici mit einem Latte Macchiato, ich mit einem Fair-Trade-ChariTea. Meine Frage nach ihrem größten Problem als Frau trifft sie so unvorbereitet, dass sie erst einmal laut lachen muss. So wie die meisten Frauen, die ich das gefragt habe, muss sie erst mal ein wenig nachdenken: „Es ploppt jedenfalls nicht sofort was raus" sagt sie.

Sie habe sich allerdings schon öfter mal die Frage gestellt, berichtet sie dann, ob ihr Leben besser oder leichter verlaufen wäre, wenn sie ein Mann gewesen wäre. Dabei hat auch sie den Eindruck, dass man solche Dinge nicht vom Geschlecht allein abhängig machen kann: „Ein bisschen empfinde ich es so", sagt sie, „wäre ich ein dezenter Mann gewesen, hätte ich es schwerer gehabt. Wäre ich ein großmäuliger Proll gewesen, dann hätte ich es leichter gehabt."

Sie habe eine Erziehung genossen, die sie „eher zur Zurückhaltung animiert hat, auch im Negativen: Bedürfnisse nicht so ernst nehmen, bloß nicht großmäulig rüberkommen." Bei ihren Erinnerungen daran muss sie an einen ehemaligen Grundschullehrer denken (ein „alter Nazi und autoritärer Sack"), der Jungen streng bestrafte, wenn sie zum Beispiel einen Bleistift fallen ließen, und vor allem eines der Mädchen immer lobte, weil sie ihn immer so nett anlächelte. Die damit verbundene Botschaft, wie sich eine Frau zu verhalten habe, sei durchaus prägend gewesen.

„Es gibt nicht die eine Antwort, sondern viele kleine", erklärt Nici, „ich denke mir zum Beispiel: Wenn ich diesen Sex-Appeal nicht gehabt hätte, hätte ich mich vielleicht mehr anstrengen müssen." (Nici verfügt seit ihrer frühen Jugend über eine starke erotische Ausstrahlung.) Was das Berufliche angehe, fällt ihr ein, „dass es unter Frauen viel Zickenscheiß gibt – und gerade der Sozialbereich ist ja sehr frauenlastig. Die Konflikte unter Frauen sind anders, der Umgang miteinander gnadenloser."

Ida, 21, die Tochter einer anderen ehemaligen Klassenkameradin, befindet sich in der Ausbildung Richtung Verlagswesen und Journalismus und ist Gründungsmitglied der „Queerdenker", einer Stuttgarter LSBTTIQ+-Jugendgruppe. Sie findet meine Frage schwer zu beantworten: „Ich bewege mich in Kreisen voller starker Frauen und Männer, denen Gleichberechtigung wichtig ist. Aber wenn ich aus der Blase meiner Freundschaften raus trete, merke ich, dass man als Frau bei manchen Dingen immer noch nach einem veralteten Weltbild behandelt wird. Ich werde oft beschützt, obwohl ich eigentlich selber stark bin und mich manchmal gerne ausprobiere oder selbst aus Situationen herausbringen würde. Oder ich werde belächelt oder nicht ganz ernst genommen. Oder man versteht Nettigkeit als Flirt. Und wenn ich mich hübsch mache, dann für einen Mann: Solche Klischees gibt es oft. Aber andersrum merke ich auch, dass immer noch Männern sogenannte feminine Eigenschaften als negativ angerechnet werden. ‚Du wirfst wie ein Mädchen' oder ‚Pussy' sind da Beispiele. Ich wünsche mir so, dass Männer und Frauen beide so stark und so weich sein können, wie sie eben wollen, ohne dass nur aufgrund des Geschlechtsteils in der Hose etwas davon lächerlich sein soll."

Eine Frau, mit der ich in Unizeiten an der Fachschaftszeitung zusammen gearbeitet habe, ist Alyce (Mitte vierzig). Sie verortet sich als Feministin und hat auch eine Zeitlang für die Polizei von South Wales als Diversity-Trainerin gearbeitet. Heute arbeitet sie als Übersetzerin und im wissenschaftlichen Forschungsfeld Animal Studies. Als wir uns in Wiesbaden treffen, hat sie mir ein Buch mitgebracht; Robert Pfallers Kritik an der Politischen Korrektheit. Ihre Antwort fällt so reflektiert aus, wie ich es erwartet hatte: Zunächst einmal findet sie es „etwas schwer, die Frage zu beantworten, weil die Kategorie Frau für mich sich nicht von anderen isolieren lässt – also weiß, Mittelklasse, höherer Bildungsabschluss etcetera. Ich habe auch keine Ahnung, wie das Leben nicht-als-Frau ist. Ich kann nicht vergleichen und dann das größte

Problem identifizieren. Aber Transmenschen können das unter Umständen, weil da die anderen sozialen, familiären Kategorien gleich bleiben und sich nur die Variable ‚Mann'/‚Frau' ändert. Ich habe da sehr interessante Unterhaltungen gehabt."[481]

Es entwickelt sich eines unserer mehrstündigen Gespräche mit Themen wie dem geschlechtergerechten Schreiben bei Thomas Pinker, gefakete Tierbiographien und den moralischen Partikularismus von Jonathan Dancy. Dann kommt Alyce doch auf ein bestimmtes Problem zu sprechen: Auch sie fühlt sich als Frau oftmals unterschätzt. Als Beispiel nennt sie einen Konflikt mit einem ihrer Mieter, der sie per Mail so heruntergeputzt hätte, wie er es ihrer Einschätzung nach bei einem Mann nicht getan hätte. „Ich glaube, er hat nicht auf die Reihe gekriegt, dass ich als Vermieterin und wegen meinem Doktortitel einerseits statushöher bin als er, andererseits aber in seinem Alter, mit einem unkonventionellen Äußeren" – sie weist auf ihr Piercing und ihre Tattoos – „und eine Frau. Das meine ich, wenn ich sage, dass man die verschiedenen Kategorien schwer trennen kann. Ich hatte den Eindruck: Er hat mich auf seinen Status runtergeholt, während er mit einem Mann eher eine Kumpelschiene versucht hätte. Ich denke, er hat mich unterschätzt und wollte probieren, wie weit er gehen kann."

So etwas erlebte sie nicht zum ersten Mal: „Als ich an der Volkshochschule Kurse gegeben habe, hatte ich einen afghanischen Schüler. Der hat meinen Unterricht ständig sabotiert, indem er den Klassenclown gespielt hat. Er war nett, aber für ihn war das ein Weg, mir keinen Respekt zollen zu müssen."

Als ein weiteres Problem fallen ihr dann die körperlichen und seelischen Folgen des Monatszyklus ein. „Der Einfluss, den das auf deinen Alltag hat, wird total unterschätzt. Frauen sprechen in der Regel nicht darüber, weil das schambesetzt ist." Ich erinnere mich daran, dass Alyce den Umgang mit dem Thema Menstruation schon zu Fachschafts-

---

481 Wenige Wochen nach meinem Gespräch mit Alyce veröffentlichte die Washington Post einen großartigen Artikel darüber, wie Transgender nach ihrer Geschlechtsumwandlung zum Mann erstmals erkannten, welchen Diskriminierungen Männer in unserer Gesellschaft ausgesetzt sind. Vgl. Bahrampour, Tara: Crossing the Divide. Online seit dem 20. Juli 2018 unter https://www.washington post.com/news/local/wp/2018/07/20/feature/crossing-the-divide-do-men-really-have-it-easier-these-transgender-guys-found-the-truth-was-more-complex.

zeiten thematisiert hatte. Wir beraten, ob man das in diesem Buch überhaupt erwähnen sollte oder ob das nicht Klischees der einmal im Monat unzurechenbaren Frau verstärkt.

Zuletzt kommt Alyce darauf zu sprechen, dass eine Familiengründung für eine berufstätige Frau immer noch schwer sei, „auch wenn da viel, viel getan wird. Aber wenn du Mutter sein willst, hast du es immer noch schwer, an bestimmte Arbeitsplätze zu gelangen, und landest wieder in der klassischen Rollenaufteilung. Das ist für beide Geschlechter schlecht, aber für Frauen noch schlechter, weil sie in eine finanzielle Abhängigkeit von ihrem Partner geraten. Dafür landet ihr Männer eher in einer Zwangsjacke, was eure langfristige Lebensplanung angeht." Wir sind uns einig: Generell haben Frauen viel eher eine Wahl als Männer, ob sie vollzeit tätig sein wollen, halbzeit oder ob sie ganz zu Hause bleiben.

Anette, Anfang dreißig, promoviert über Männlichkeitskonstrukte unter Soldaten im Zweiten Weltkrieg und arbeitet nebenher für den Hessischen Landtag. Ihr fallen auf meine Frage zwei Antworten ein: „Einmal stört es mich, wenn ich in eine bestimmte Geschlechternorm gepresst werden, wenn mich meine Bekannten also fragen, warum ich als Frau denn keine Kinder haben möchte. Oder wenn mein Chef ganz selbstverständlich Frauen den Auftrag gibt, Blumen zu besorgen. Zum anderen finde ich es schwierig, dass für mich Kommunikation und Kompromisse wichtig sind, ich mich aber in einer männlich geprägten Welt behaupten muss, wo es oft ruppiger zugeht. Allerdings habe ich selbst noch nie erlebt, dass mir zum Beispiel mein Chef den Respekt verweigert hat. Und dass sich immer Frauen um das Besorgen von Blumen und solche Dinge kümmern müssen, könnte ich auch einfach mal ansprechen. Vermutlich ist ihm das selbst noch gar nicht aufgefallen."

Birte, Ende Vierzig, die sich ebenfalls feministisch positioniert, arbeitet als Übersetzerin und Lektorin. Sie sieht als größtes Problem „das über Medien, einschließlich die Social Media, verbreitete Frauenbild. Sowohl körperlich wie perfekt geschminkt und getonet und ständig jung, als auch dass von dir erwartet wird, dass du Haushalt, Kind und Corporate Karriere zusammen einfach wuppen sollst. Dir wird vorgegaukelt, dass dein Leben auf bestimmte Weise verlaufen soll und was du dafür alles leisten musst – schon als Nulllinie, ohne dass es etwas

Besonderes wäre. Das Problem habt ihr Männer zwar auch, aber auf andere Weise."

Anja, Mitte dreißig, arbeitet in Mainz für Jugendschutz.net – eine Einrichtung, die theoretisch auch für die von mir veröffentlichten Erotika zuständig wäre. Wir haben uns allerdings privat und nicht beruflich kennengelernt. „Ich persönlich habe kein Problem, nur weil ich eine Frau bin", teilt sie mir mit. „Ich ärgere mich nur gelegentlich darüber, dass ich beim Friseur mehr bezahlen muss und dass Männer viel einfacher im Freien pinkeln können." Sie grinst und berichtet dann: „Ich habe erst heute einen Artikel gelesen, dass beim neuen Battlefield 5 eine Frau auf dem Cover ist. Viele Menschen finden das Kacke, so dass es das Spiel jetzt auch mit einem Mann auf dem Cover geben wird. Allerdings 20 Euro teurer. Die Diskussion hat aber auch viele sachliche Argumente gebracht und die Frage aufgeworfen, ob so was dem Kampf für Gleichberechtigung dienlich ist."

Nala, 38 Jahre alt, ist eine befreundete Domina aus Hamburg. „Als Frau erlebe ich sicher Dinge, die nicht schön sind", erzählt sie. „Zum Beispiel sexuelle Belästigung. Oder die Selbstverständlichkeit der Schulen, immer erst die Mutter und nie zuerst den Vater zu informieren (klassische Rollenverteilung). Oder die Tatsache, dass meine fachliche Kompetenz im IT-Bereich eher in Abrede gestellt wird als bei männlichen Kollegen, ich also mehr ‚beweisen muss' als der xy-Träger. Aber daraus ein großes Problem zu stricken ... dafür bin ich zu alt. Dazu kommt, dass Probleme, wie groß sie auch aktuell erscheinen mögen, die Angewohnheit haben, wieder zu verschwinden. Und die meisten Probleme eher geschlechterübergreifend sind und nicht nur mich als Frau sondern eher mich als Mensch betreffen. Ein großes Problem würde ich zum Beispiel Verhütung nennen, die überwiegend (im hormonellen, körperlich belastenderen Bereich) den Frauen überlassen wird. Da ich demnächst aber schnippschnapp mache und mich seit 20 Jahren jeglichen Hormonmitteln verweigere, ist das auch nicht persönlich. Du siehst also: Ich habe sicherlich Probleme, die mit dem Frausein zu tun haben. Und ich habe auch große Probleme, die nichts mit meinem Geschlecht zu tun haben."

Alles in allem geht aus den Äußerungen meiner weiblichen Bekannten hervor, dass Frauen zwar durchaus spezifische Probleme haben, z.B. mit der Vereinbarkeit von Familie und Beruf, dass aber durchaus gesehen wird, dass Männer komplementäre spezifische Probleme haben können. Auch gibt es Frauen, die von Übergriffigkeiten berichten. Aber dabei geht es eher darum, dass es eben Männer gibt, die übergriffig sind, und nicht darum, dass Übergriffigkeit ein allgemeines männliches Verhaltensmuster wäre.

Kurz: Das politisch und medial vermittelte Bild einer männlichen Herrschaft und einer weiblichen Ohnmacht, von männlicher Gewalt und weiblichem Leiden, findet sich bestenfalls zufällig gespiegelt in dem, was diese Frauen als Problem schildern. Es ist, als käme dieses Bild aus einer ganz anderen Welt. Auch was die Feministinnen in meinem Freundeskreis sagen, ist um etliche Male erwachsener und differenzierter als die im Vergleich geradezu kleinkindlich simplen Schemas, die man in vielen Artikeln der Leitmedien zum Geschlechterthema lesen kann.

Wie schon zu Beginn dieses Beitrags erwähnt, steht mir kein repräsentatives Sample an Frauen zur Verfügung. Eben deshalb rege ich alle dazu an, selbst einmal ähnliche Umfragen durchzuführen, um sich ein eigenes Bild von der Tragfähigkeit politischer, massenmedialer Darstellungen zu machen.

Zuletzt frage ich eine weitere liebe Bekannte: Alexandra Gentara, Mitte vierzig, eine Bestseller-Autorin im Erotikbereich. Wenn sich jemand mit dem Geschlechterthema auskennt, dann sicherlich sie, denke ich mir. Was ist ihr größtes persönliches Problem als Frau? Sie überlegt kurz und antwortet dann lachend: „Männer."

Unabhängig von der inhaltlichen Bewertung dieser Antwort bin ich beeindruckt, wie sehr Alex komplexe Fragestellungen auf den Punkt bringen kann. Das nutze ich, um mich nach einem anderen diffizilen Thema zu erkundigen. „Was ist der Sinn des Lebens?" frage ich sie. Diesmal benötigt sie fünf Wörter für ihre Antwort: „Glücklich sein und Spuren hinterlassen."

Das scheint mir ein Ziel zu sein, auf das wir uns schnell einigen können.

Welche Probleme haben Frauen heute?
Eine interkulturelle Perspektive

Dr. Katja Kurz

Mein „größtes Problem" als Frau verlagert sich, je nachdem, wo ich mich in der Welt aufhalte. Als Deutsche, die nach der Promotion vor sieben Jahren in die USA ausgewandert ist und seit etwa fünf Jahren regelmäßig für die Arbeit nach Indien reist, verändert sich die Antwort auf deine Frage je nach geografischem und kulturspezifischem Kontext.

Eine Deutsche, die in die USA ausgewandert ist – das hört man ja so oft. Man möchte meinen, der kulturelle Unterschied zwischen Deutschland und den USA sei nicht allzu groß. Immerhin teilen die beiden Länder eine gemeinsame Geschichte, von deutschen Auswanderern, die ihr Glück in der neuen Welt gesucht haben, über die Alliierten, die nach dem Ende des Zweiten Weltkrieges das Grundgesetz und unsere Demokratie nach dem amerikanischen Modell geprägt haben, die wirtschaftliche und außenpolitische Zusammenarbeit im Rahmen der EU, bis hin zu dem kulturellen Einfluss der amerikanischen Literatur, des Kinos, der Musik, und der Popkultur im Allgemeinen. Ich war eine von den vielen deutschen Schüler*innen, die vor dem Abi für ein Auslandsjahr in die USA gegangen sind. Wie viele andere kam ich später mit einem DAAD-Stipendium zum Auslandsstudium in die USA. Und ich war eine von vielen deutschen Akademiker*innen, die nach der Promotion in die USA ausgewandert sind, um hier zu arbeiten.

Mich persönlich hat es nach New York gezogen – eine Stadt, die bei meiner Familie und vielen meiner Freunde und Bekannten ein ehrfürchtiges Leuchten in die Augen zaubert. Eine Stadt, die ihre Bewohner lehrt, was es heißt hart zu sein: ob im Wettkampf um Jobs mit Millionen anderen ebenso gut Qualifizierten, im täglichen Pendeln von durchschnittlich 80 Minuten[482] in überfüllten U-Bahnen inmitten eines völlig überlasteten Verkehrsnetzes, in der Wohnungsknappheit und mit ständig ansteigenden Mietpreisen, oder bei schlechtem Wetter, wenn die Stadt komplett lahmgelegt wird. In New York zu leben härtet einen: ob Frau oder Mann. Ich musste hier lernen, mir Platz und Respekt zu verschaffen – ob in der überfüllten U-Bahn oder bei den Gehaltsverhandlungen im Büro. Ich musste lauter werden, bestimmter, fordernder. Wenn auch New York in vielerlei Hinsicht eine Ausnahme im Vergleich zu anderen Teilen der USA ist, ist dies eine Sache, die ich auf meinen vielen Reisen quer durch das Land oft wahrgenommen habe: wie viel lauter und extrovertierter Frauen hier sein müssen, um sich zu beweisen.

Wie sehr mich das verändert hat, ist mir erst vor kurzem um die Feiertage beim Besuch in Deutschland bewusst geworden. Bei einem Dinner mit meiner Schwester und Bekannten, gemütlich um den Tisch sitzend und vom leckeren Raclette zehrend, haben wir uns über Politik, unsere Arbeit, Reisen und das Leben im Ausland unterhalten. Jemand machte eine witzige Bemerkung, und die Runde brach in Gelächter aus. Nur dass mein Lachen deutlich lauter war als das der anderen – so sehr, dass es auffiel. Was für mich normal in New York geworden war, wurde in dieser Runde in Deutschland als unpassend empfunden. Ich war zu laut. Zu unecht. Es brauchte ein paar Tage, bis ich mich wieder umgewöhnt hatte an die Umgangsformen, die in meinem Heimatland kulturell akzeptiert sind. Das ist nur eines von vielen Beispielen aus dem Alltag. Ein anderes ist, im Restaurant nicht nach den Inhaltsstoffen zu fragen oder danach, ob es den Cappuccino auch mit laktosefreier Milch gibt. Und um Gottes Willen nicht, ob man die Reste mit nach Hause nehmen darf.

Wenn ich nach Deutschland zu Besuch komme, muss ich mich immer erst an die Art und Weise, wie Sexualität und Zärtlichkeit zwischen Pärchen in der Öffentlichkeit, im Kino und im Fernsehen gezeigt wird, gewöhnen. Da ist meine Hemmschwelle inzwischen mehr amerikanisch geworden. Was mir oft aus Deutschland in den USA fehlt ist der unbeschwerte Umgang zwischen Männern und Frauen im sozialen Bereich. Viele meiner besten Freunde in Deutschland sind

---

482 Vgl. Gillett, Rachel und Nudelman, Mike: 20 cities where Americans have the longest commutes. In: Business Insider vom 17.10.2017, online unter https://www.businessinsider.de/american-cities-with-longest-commutes-2017-10.

Männer. Auch wenn ich sie nie so explizit wahrgenommen habe. Ich hatte meinen Freundeskreis nicht in „weibliche" und „männliche" Freunde aufgeteilt – sie waren einfach Freunde. Ich habe sie eher aufgeteilt in „sehr gute Freunde", „normale Freunde", „lässige Freunde" und „gute Bekannte". Während ich mich in Deutschland immer unbeschwert mit männlichen Freunden treffen konnte, ohne dass auch irgendeiner andere Motive vermutet hätte, sehen die Regeln hier anders aus. Als Studentin hatte ich doch tatsächlich mal den Fehler gemacht, einen Kommilitonen zum Kochabend in meine WG einzuladen. Er sah das als klare Anmache an, was zu einem peinlichen Treffen führte. Es dauerte eine Weile, bis ich mich an die Geschlechternormen in den USA gewöhnt hatte. Freundschaft mit Männern – es sei denn, sie sind Deutsche, schwul, trans oder asexuell – ist für mich hier leider eher die Ausnahme. Was ich sehr schade finde, denn dadurch weiten sich die Missverständnisse zwischen den Geschlechtern noch mehr. Und das im Kontext einer Kultur, in der Sexualität auch im 21. Jahrhundert noch stark mit Scham und Tabu behaftet ist. Was sich zeigt in mangelnder Aufklärung über Sexualität und einem Boom der Pornoindustrie, die leider kein gesundes Bild von Sexualität, Intimität und Konsens vermittelt.

In der Tat habe ich die meisten Formen von sexueller Belästigung hier in den USA erlebt. Hier, wo sich das kulturelle Bild von Männern als Versorgern und Gentlemen im Großteil des Landes überraschenderweise noch robust aufrechterhält, selbst bei Millennials. (Das könnte sich in der jetzigen Generation, Gen Z, die vertrauter mit geschlechtsneutralen Pronomen ist und ein stärkeres Bewusstsein für soziale Ungerechtigkeit besitzt[483], vielleicht ändern.) Generell gilt: Man muss nur mal einen hetero Mann fragen, ob er mal einem Date vorgeschlagen hat, die Rechnung zu teilen[484], und wenn ja, wie es lief. Mit großer Wahrscheinlichkeit hat er entweder eine empörte Reaktion bekommen oder danach

---

483 Vgl. Parker, Kim und andere: Generation Z Looks a Lot Like Millennials on Key Social and Political Issues. Pew Research Center vom 17.1.2019, online unter http://www.pewsocialtrends.org/2019/01/17/generation-z-looks-a-lot-like-millennials-on-key-social-and-political-issues.

484 Vgl. Abrams, Margaret: How New York Singles Are Approaching First Date Check Etiquette. In: Observer vom 2.3.2016, online unter https://observer.com/2016/03/how-new-york-singles-are-approaching-first-date-check-etiquette.

nie wieder von ihr gehört. Und sie hat sich dann ganz gewiss bei ihren Freunden beschwert, was für ein Geizkragen der Typ doch gewesen sei. Abschließend kann ich sagen, dass ich mir in den USA meines Frauseins anders bewusst bin als in Deutschland. Ich bin vorsichtiger. Denn die Dunkelseite dieses kulturellen Verständnisses von Gender und Sexualität macht sich in der erschreckend großen Zahl von sexuellen Übergriffen[485] und sexueller Belästigung, besonders innerhalb von Universitäten, bemerkbar. In Deutschland sieht es leider auch nicht besser aus, wenn man sich die Zahlen anschaut.[486]

Mein zweitgrößtes Problem hier hat mit Intersektionalität zu tun. Ich bin nicht nur eine Frau, sondern eine weiße Frau mit Universitätsabschluss. *Identity Politics* sind in den USA stark ausgeprägt – durch die Geschichte von Sklaverei und Segregation von ethnischen Minderheiten. Als ich als Studentin zum ersten Mal hierher kam, fühlte ich mich nicht als Teil dieser Gruppierungen. Ich weiß noch, dass es mir schwer fiel, auf Formularen, die nach ethnischer Herkunft fragen, *„White: a person having origins in any of the original peoples of Europe, the Middle East, or North Africa"* als Antwort anzukreuzen, weil ich ja nur eine Besucherin war und so außerhalb dieses amerikanischen Systems stand. Ich habe dann meistens *„Other"* gewählt und *„German"* oder *„European"* angegeben. Was bei Behörden sicherlich ein Kopfschütteln geerntet hat.

Ähnlich wie die Trennung von Männern und Frauen, empfinde ich die Wahrnehmung von ethnischen Gruppierungen in der Öffentlichkeit und im sozialen Leben einengend. Die Stadtteile in New York sind historisch segregiert gewesen: Chinatown, Little Italy, Koreatown, Little India (Jackson Heights in Queens), Little Odessa (Brighton Beach in Brooklyn) usw. Auch heute noch sind die Stadtteile zum größten Teil ethnisch getrennt, was es in der Politik einfacher macht, die Wahlbezirke je nach Wählermehrheit zu beschneiden (*„Gerrymandering"*),[487] um

---

485 Vgl. die Statistik des National Sexual Violence Research Centers unter https://www.nsvrc.org/statistics.

486 Vgl. Nier, Hedda: Sexuelle Gewalt in Deutschland. Online seit dem 7.7.2016 unter https://de.statista.com/infografik/5186/sexuelle-gewalt-in-deutschland.

487 Vgl. Ingraham, Christopher: This is the Best Explanation of Gerrymandering You Will Ever See. In: Washington Post vom 1.3.2015, online unter https://www.washingtonpost.com/news/wonk/wp/2015/03/01/this-is-the-best-explanation-of-gerrymandering-you-will-ever-see.

mehr Abgeordnete der eigenen Partei ins Amt zu wählen. Politische Parteien differenzieren ihre Wählergruppen bis aufs Kleinste in *„interest groups"*: *Latino voters, Black voters, Women voters, Asian voters,* mit weiteren Untergruppen wie *Blue-Collar voters, White-Collar voters, Women of Color voters, Latino Women voters, Black Women voters, College-Educated voters, Young voters,* etc. Laut gängiger Analysen waren es die *„White Women Voters"*,[488] die Trump ins Amt geholfen haben und es 2020 vielleicht wieder tun werden[489], es sei denn, die *„Women of Color Voters"*[490] mobilisieren sich. Der politische Diskurs wird von den zwei großen Parteien bestimmt und verläuft oft in Extremen, mit wenig Spielraum für die Grauzonen. Es ist selbst in einer Weltmetropole wie New York möglich, sich geografisch und ideell so abzuschotten, dass man nur von Menschen, die ähnlich aussehen wie man selbst und ähnlich denken, umgeben wird. Die einzige Ausnahme bildet dann oft die Zeit, die man in der U-Bahn mit über fünf Millionen anderer Menschen[491] beim täglichen Pendeln verbringt. Diese Teilung macht es schwierig, Empathie zu schaffen zwischen Menschen, die aus unterschiedlichen Herkünften kommen, unterschiedliche Ethnizitäten haben, unterschiedliche Sprachen sprechen, und unterschiedliche Meinungen mit sich tragen. Man hält sich an seine Gruppe, seinen Stamm, seine

---

488 Vgl. Ruiz, Michelle: Why Do White Women Keep Voting for the GOP and Against Their Own Interests? In: Vogue vom 8.11.2018, online unter https://www.vogue.co m/article/white-women-voters-conservative-trump-gop-problem.

489 Vgl. Donegan, Moira: Half of white women continue to vote Republican. What's wrong with them? In: The Guardian vom 9.11.2018, online unter https://www.the-guardian.com/commentisfree/2018/nov/09/white-women-vote-republican-why.

490 Vgl. Edwards, Donna: The 2020 Election Will Be Decided in my Hair Salon. Here's Why. In: Washington Post vom 22.1.2019, online unter https://www.washingtonpo st.com/opinions/the-2020-election-will-be-decided-in-my-hair-salon-heres-why/ 2019/01/22/5e71d1dc-1db5-11e9-8e21-59a09ff1e2a1_story.html.

491 Vgl. Cohen, Michelle: The New York City subway in fascinating facts and figures. Online seit dem 30.7.2018 unter https://www.6sqft.com/the-new-york-city-sub way-in-fascinating-facts-and-figures.

Bubble[492] – oder wird von äußeren Einflüssen dazu gedrängt.[493] Und vergrößert somit die Missverständnisse. Man verpasst die Möglichkeit, voneinander zu lernen, sich einander besser zu verstehen, seinen Horizont über das Bekannte hinaus zu erweitern.

Als ich zum ersten Mal in die USA kam, sah ich mein Umfeld aus deutscher Sicht. Als Amerikanistin hatte ich zwar amerikanische Geschichte, Politik und Literatur studiert und war mit den Details der Gründung, Kolonialzeit, dem *Civil Rights Movement* und der Außenpolitik eng vertraut. Ich hatte viele Seminararbeiten zum Thema ethnische Beziehungen verfasst. Dennoch sah ich mich selbst als Outsider an, als Beobachterin außerhalb des Systems. Diese Unbefangenheit machte sich in Begegnungen mit anderen bemerkbar. Wenn ich neue Menschen getroffen habe, war die Hautfarbe nicht das erste, was mir auffiel. Na klar konnte ich sehen, ob jemand helle oder dunkle Haut hat, aber ich habe sie in diesem Moment nicht als hell- oder dunkelhäutig, als *African American, Latino, Asian, White, Middle Eastern* etc. kategorisiert. Ich würde zum Beispiel auf eine Veranstaltung gehen, durch den Raum schauen, eine Frau sehen und denken: „Oh, die sieht nett aus, mit der möchte ich quatschen!" Ich würde mit Interesse auf sie zugehen und ein Gespräch suchen, meiner eigenen Subjektivität zwar bewusst, aber nicht davon befangen.

Zehn Jahre später sieht das anders aus. Jetzt denke ich eher: „Da steht eine schwarze Frau. Ob es ihr wohl recht ist, wenn ich sie anspreche?" Ich überlege es mir zweimal, weil ich unserer Unterschiede im Kontext des U.S.-Diskurses zu Identity Politics, der sich seit Trumps Wahl zum Präsidenten extrem zugespitzt hat, akut bewusst bin. Ich zögere, weil ich denke, dass wir womöglich nicht viel gemeinsam haben. Weil ich zu nervös wirken würde. Weil sie wegen meiner Hautfarbe vielleicht gewisse Annahmen über meine Herkunft und meine politische Haltung machen könnte. Weil sie bestimmt denkt, dass ich Vorur-

---

492 Vgl. N.N.: Political Bubbles and Hidden Diversity: Highlights From a Very Detailed Map of the 2016 Election. In: The New York Times vom 25.7.2018, online unter https://www.nytimes.com/interactive/2018/07/25/upshot/precinct-map-highlights.html.

493 Vgl. Green, Emma: These Are the Americans Who Live in a Bubble. The Atlantic vom 21. Februar 2019. https://www.theatlantic.com/politics/archive/2019/02/americans-remain-deeply-ambivalent-about-diversity/583123.

teile ihr gegenüber hege. Und so weiter und so fort. Eine weitere Gelegenheit löst sich in Luft aus. Dass auch andere Deutsche diese Erfahrung gemacht haben, höre ich oft im Bekanntenkreis. Ebenfalls von Amerikanern, die in Deutschland gearbeitet haben. Eine Amerikanerin zum Beispiel hatte vor einigen Jahren auf einem Alumni-Panel, das ich in North Carolina organisiert hatte, den Anwesenden erzählt, dass sie als Stipendiatin in Deutschland ganz anders wahrgenommen wurde. Dass sie dort aufgrund ihrer Referenzen sofort als Expertin in ihrem Feld aufgenommen wurde, wohingegen sie sich in den USA erst immer extra beweisen muss. Sie beschrieb viele Momente, in denen Deutsche offener und respektvoller mit ihr umgingen – anders als in den USA, wo ihre Ethnizität und Hautfarbe das Gespräch stets beeinflussen.

Soviel zu meinem Frausein in Deutschland und den USA. Wie sieht es da in Indien aus? Wie bereits erwähnt, reise ich seit fünf Jahren beruflich nach Indien. In meiner Tätigkeit als Leiterin eines Stipendienprogramms verbringe ich zwei bis drei Mal pro Jahr mehrere Wochen in Indien, um dort mit dem indischen Team, unseren Stipendiaten und Experten aus der indischen Entwicklungsarbeit Konferenzen und Workshops zur interkulturellen Zusammenarbeit zu organisieren. Meistens bin ich in unserem Büro in Delhi, reise aber auch regelmäßig in ländliche Gegenden in den Bundesstaaten Uttarakhand und Rajasthan, um dort Seminare zu halten. Privat habe ich mich ebenfalls schon im Süden aufgehalten, der sich kulturell und sprachlich etwa so vom Norden unterscheidet wie Deutschland von Südafrika.

Wie auch in den USA, wandelt sich mein Frausein in Indien. Mein größtes Problem in Indien ist der Bezug zu Männern in der Öffentlichkeit. Nie sonst bin ich mir meines Geschlechts, meiner Hautfarbe und meiner Kultur so bewusst wie in Indien. Wenn man sich in der Öffentlichkeit aufhält, dann ist Indien auf den ersten Blick ein Land der Männer. Ob ich im Markt zum Einkaufen gehe, von der Metrohaltestelle zum Büro laufe, mich mit einer Kollegin im *Coffee-Shop* einer Mall treffe, abends nach dem Dinner mit einer Bekannten zurück zur Wohnung fahre, mir den neusten Film im Kino anschaue, oder auf eine *Spoken-Word-Poetry*-Veranstaltung gehe, begegne ich meistens Männern. Dann sind alle Augen auf mich gerichtet: eine 1,76m große, weiße Frau ist schwer zu übersehen in der Menge. Als Introvertierte bereite ich mich jeden Morgen emotional auf diesen täglichen Laufsteg im Rampenlicht vor und stelle sicher, dass ich mich in meiner Kleidung, mit meinem Haar und meinem Make-up wohl fühle, um mich für die Aufmerksamkeit innerlich zu rüsten. Wenn ich alleine unterwegs bin, höre ich oft *Cat Calls* von Männern, die mich auf Englisch oder Hindi oder einem Gemisch versuchen anzusprechen oder mir nachlaufen.

Mein größtes Problem in Indien ist, dass ich mich als Frau extrem sexualisiert fühle. Auch wenn ich indische Kleidung trage – meistens ein *Salwar Kameez* oder meine Lieblingskurtas mit Leggings – sind alle Augen auf mir. Männer scheuen sich nicht, im offenen Raum zu starren. Daran muss ich mich jedes Mal wieder aufs Neue gewöhnen. Wenn mich New York gelehrt hat, hart zu sein, dann lehrt mich Delhi das Ganze hoch hundert. In Indien verhalte ich mich, als wäre ich ein Mann. Ich gehe aufrechter und entschlossener; ich ziere mich nicht, andere Männer auf überfüllten Straßen beim Vorbeigehen anzurempeln, statt auszuweichen. Wenn ich in ein Geschäft gehe, in dem sich vorwiegend Männer aufhalten, rufe ich dem Verkäufer zu, was ich möchte, und verschaffe mir zwischen den Männern souverän Platz, meinen Kopf stolz gehoben und meinen Blick von oben auf das Geschehen um mich herum gerichtet. Ich lächle selten, denn das würde als Frau kulturell missverstanden: als Einladung zum Flirten interpretiert, oder als Schwäche. Ich senke meine Stimme eine Oktave tiefer, spreche lauter und langsamer, damit ich verstanden werde. Ich nehme mir Zeit, entschuldige mich nicht. Ich sage dem Taxifahrer genau, wo es lang geht, oder falls ich den Weg nicht weiß, halte ich an, um jemanden zu fragen. Ich zeige keine Verwirrung, keine Zweifel, keine Schwäche. Ich tue so, als wüsste ich, was ich tue, auch falls das einmal nicht der Fall ist. Ich schaue Männern direkt in die Augen, aber nicht zu lange, sonst wäre das unangenehm. Ein kurzer Blick, der sagen soll: *„Don't mess with me".*

Das wirkt meistens, aber nicht immer. Auf einem feierlichen Umzug letztes Jahr hat mir doch tatsächlich ein Mann aus der Menge schamlos an den Hintern gefasst. Nicht beiläufig, sondern er hat sich den Luxus gegeben, mit seiner flachen Hand mir von der rechten unteren Backe genüsslich bis links oben zu streichen und ganz die Form meines Hinterns aufzunehmen. Diese Berührung war so dreist und so schockierend, dass ich mich ohne darüber nachzudenken umgedreht und mit weit aufgerissenen Augen nach dem Übeltäter gesucht habe. Er hatte offensichtlich überhaupt nicht damit gerechnet, dass ich mich umdrehen würde, und versuchte, seinen Blick abzuwenden und sich wegzudrehen – allerdings nicht schnell genug. Meine Hand ohrfeigte ihn wie von selbst, während die Bekannten, mit denen ich unterwegs war, sich uns zuwendeten und anfingen, ihn zu beschimpfen. Zu meiner Überraschung – und sehr wahrscheinlich deshalb, weil ich eine europäische Frau in der Menschenmenge von indischen Männern war – kamen auch einige umstehende Männer dazu, um den Übeltäter zur Rede zu stellen. Völlig überwältigt davon, dass er nun im Rampenlicht stand, versuchte er, sich in die Menge zu flüchten, wurde aber von zwei Männern herausgezogen und an die Ecke gestellt, um nicht mehr Teil der Feierlichkeiten zu sein. Die Konfrontation war eine Überraschung für ihn. In der Menge war vielleicht eine Handvoll von Frauen unterwegs. Die meisten würden es nicht wagen, sich umzudrehen, sondern sich stattdessen schämen und versuchen, den Vorfall zu ignorieren, in der Hoffnung, dass es nicht noch mal passiert. Oder wenn sie sich wehren, dann wird ihnen oft vorgeworfen, dass es ihre Schuld sei, sie werden gefragt, warum sie überhaupt in der Menge unterwegs waren, wie spät es war, ob ihre Kleidung zu eng anliegend war und so weiter. Nicht alle Formen von sexueller Belästigung sind so dreist. Andere sind subtiler,[494] z.B. Männer, die in der U-Bahn ihren Arm „zufällig" an meinen Busen drücken oder die „zufällig" ihre Hand im Vorbeigehen an meinem Po streichen, mich lechzend von oben bis unten anstarren oder mich verfolgen. In Delhis U-Bahn nehme ich deshalb immer das Frauenabteil, egal wie voll es ist und wie umstritten.[495]

---

494 Vgl. Gupta, Nishita: This Girl's Experience Will Make You Realise Metro Stations Aren't So Safe, Despite The Security. Online seit dem 29.5.2017 unter https://www.scoopwhoop.com/girl-tweets-about-harassment-in-delhi-metro/#.suhupbicb.

495 Vgl. Rao, Ankita: Why the Delhi Metro needs to get rid of the ladies compartment. Online seit dem 24.11.2014 unter https://qz.com/india/294605/why-the-delhi-metro-needs-to-get-rid-of-the-ladies-compartment.

Sexismus wird immer noch weitgehend und offen praktiziert.[496] Er ist salonfähig. Das ist leider ein Problem, das sich Frauen in Delhi[497] und einem Großteil von Indien täglich stellt. Dennoch ist Indien im Wandel. Frauen werden selbstbewusster, stellen sich dem Patriarchat, kämpfen für ihre Rechte, für ihre Zukunft. Und das schon seit Jahrzehnten, wenn auch fern vom Rampenlicht. Besonders Frauen aus den untersten sozialen Schichten[498], wie Dalits[499] und Adivasis[500] (indigene Bevölkerung), haben sich mobilisiert und bewirken Veränderungen im Land.

Feminismus und die Geschlechterdebatte in Indien ist ein spannendes Thema, das ein eigenes Kapitel verdient. Auch hier sind die transnationalen Einflüsse zwischen Deutschland, Indien und den USA bemerkbar. Kamla Bhasin[501] zum Beispiel, eine der frühen und bekanntesten Frauenrechtlerinnen Indiens, hat Ende der 1960er Jahre an der Uni Münster Soziologie studiert und danach in Bad Honnef als Dozentin im Bereich Entwicklungshilfe gelehrt.[502] Sie entschloss sich schließlich das, was sie gelernt hatte, in ihrem Heimatland anzuwenden[503], und kehrte nach Indien zurück. Jahre später gründete sie zusammen mit der Aktivistin Abha Bhaiya[504] Frauenverbände wie SAN-

---

496 Vgl. Rayyub, Anya: In India, Journalists Face Slut-Shaming and Rape Threats. In: New York Times vom 22.5.2018, online unter https://www.nytimes.com/2018/05/22/opinion/india-journalists-slut-shaming-rape.html.

497 Vgl. Fatima, Sarwat: Even the Delhi metro can't save you from being harassed. 6 women tell their harrowing tales. Online seit dem 30. 5. 2017 unter https://www.oddnaari.in/life/story/odd-delhi-metro-sexual-harassment-with-women-tales-molestation-125508-2017-05-30.

498 Vgl. N.N.: The Relationship Between Caste and Gender. Online ohne Datum unter https://www.epw.in/engage/discussion/caste-and-gender.

499 Vgl. den Eintrag „Dalit Women" des International Dalit Solidarity Network unter https://idsn.org/key-issues/dalit-women.

500 Vgl. Gumpenapalli, Sanjeev: 5 Adivasi Women Activists We Should Know About. Online seit dem 29.1.2018 unter https://feministminindia.com/2018/01/29/adivasi-women-activists-listicle.

501 Vgl. Kamla Bhasin im Interview mit Rachita Vora und Sangeeta Menon. Online seit dem 10.5.2018 unter https://idronline.org/idr-interviews-kamla-bhasin.

502 Vgl. https://www.jagorigrameen.org/mentor-team.

503 Vgl. Vögeli, Dorothee: Kamla Bhasin – Friedensfrau aus Rajasthan. In: Neue Zürcher Zeitung vom 12.4.2005, online unter https://www.nzz.ch/articleCPZ5H-1.120087.

504 Vgl. https://www.onebillionrising.org/321/abha-bhaiya-sangat-india.

GAT und Jagori, die sich besonders der Entwicklung von Frauen im ländlichen Umfeld widmen.

Jagori begrüßt seit neun Jahren unsere Stipendiaten aus den USA, um die Arbeit vor Ort zu unterstützen und ein Alternativbild für den Geschlechterdiskurs zu bieten. Wie Bhasin auf einer Veranstaltung erklärte, sind Männer ebenso Opfer des Patriarchats wie Frauen; sie findet, dass Neoliberalismus schuld daran ist, dass wir die Interessen von Frauen und Männern antagonistisch gegenüber stellen: *„Neo-liberalism rather increases all these paradigms — mainstream versus those in the periphery, rich versus poor, upper caste versus lower caste, men versus women, rich versus richer, because this becomes a fight for resources."*[505] Ein *zero-sum game* sozusagen – Fortschritt für die einen bedeutet Rückschritt für die anderen. Jagori allerdings sieht Männer nicht als Gefahr, sondern als Teil der Lösung. Durch den Jagori Rural Charitable Trust in Himachal Pradesh zum Beispiel werden Jungen und Männer ganzheitlich[506] in die Programmgestaltung und -konzeption eingebunden: ob von Aufklärung über Menstruationsmanagement bis über nachhaltige Landwirtschaft und Umweltschutz bis hin zu Life Skills und Job Readiness Training (Arbeitsmarktfähigkeit).[507]

Es hat sich viel getan[508] in den letzten Jahren nach der grausamen Vergewaltigung von Jyoti Singh in Delhi in 2012[509] und ähnlichen Straftaten[510], die nationale Beachtung erfahren haben. Ein Jahr nach dem Vorfall hat das indische Parlament das *„Sexual Harassment of Wo-*

---

505 Vgl. Pisharoty, Sangeeta Barooah: She lives it! In: The Hindu vom 26.4.2013, online unter https://www.thehindu.com/features/metroplus/society/she-lives-it/article4657238.ece.

506 Vgl. Bhatt, Mahir: Why Won't People Openly Talk About Sexual Health and Hygiene? Online seit dem 17.12.2018 unter https://aif.org/why-wont-people-openly-talk-about-sexual-health-and-hygiene.

507 Vgl. https://www.jagorigrameen.org/sath.

508 Vgl. Chamberlain, Gethin und Bhabani, Soudhriti: Five years after the gang-rape and murder of Jyoti Singh, what has changed for women in India? In: Guardian vom 3.12.2017, online unter https://www.theguardian.com/society/2017/dec/03/five-years-after-gang-murder-jyoti-singh-how-has-delhi-changed.

509 Vgl. Thomas, Maria: India's supreme court upholds death penalty for 2012 Delhi gang-rape convicts. Online seit dem 9.7.2018 unter https://qz.com/india/1323589/nirbhaya-verdict-supreme-court-upholds-death-penalty-for-2012-delhi-gang-rape-convicts.

510 Vgl. Bhalla, Nita: Delhi records most rapes as crimes against women rise in India. Online seit dem 8.7.2014 unter https://in.reuters.com/article/india-rape-crime-

men at Workplace (Prevention, Prohibition and Redressal) Act"-Gesetz verabschiedet, das Frauen vor sexuellem Missbrauch auf dem Arbeitsplatz schützen soll. Seitdem sind Arbeitgeber verpflichtet, interne Ausschüsse zu bilden, die Mitarbeiter aufklären und Beschwerden in der ersten Instanz bearbeiten; Kreisbezirke müssen lokale Beschwerdegremien für die zweite Instanz etablieren.[511] Das Gesetz wurde allerdings von vielen kritisiert, weil es nur Frauen schützt und nicht etwa Männer,[512] besonders solche, die zu sexuellen Minderheiten gehören und regelmäßig sexueller Diskriminierung ausgesetzt sind. Um diese Gesetzeslücke auszugleichen, erweitern viele Arbeitgeber ihre internen Regeln gegen sexuelle Belästigung um Männer und trans Personen.[513] Innerhalb der Geschlechterdebatte haben Männer lautstark demonstriert[514] und sich mobilisiert,[515] um der Gewalt ein Ende zu setzen und sich ebenfalls intersektionalen Themen zuzuwenden. Ein Beispiel ist MAVA (Men Against Violence & Abuse), ein Verein, der in den 1990ern gegründet wurde und sich in den vergangenen Jahren ganzheitlich der gegenseitigen Verständigung durch Aufklärung widmet, um auch die Rechte von sexuellen Minderheiten zu stärken: *„Gender-based discrimination and violence especially against women, homosexuals and transgenders is a critical human rights issue in India".*[516]

---

stats/delhi-records-most-rapes-as-crimes-against-women-rise-in-india-idINKBN 0FD0DF20140708.

511 Vgl. Nishith Desai Associates: India's Law on Prevention of Sexual Harassment at the Workplace. Oktober 2018. Online unter http://www.nishithdesai.com/fileadm in/user_upload/pdfs/Research%20Papers/Prevention_of_Sexual_Harassment_at _Workplace.pdf.

512 Vgl. Khan, Zara: Adam, what do you mean you were teased? In: The Hindu vom 2.5.2017, online unter https://www.thehindu.com/thread/reflections/men-too-may-be-sexually-harassed/article18351375.ece.

513 Vgl. Ray, Sriparna: TheyToo: What about men and the third gender? In: The Telegraph vom 13.10.2018, online unter https://www.telegraphindia.com/india/they-too-what-about-men-and-the-third-gender/cid/1671743.

514 Vgl. Patel, Tanvi: Nirbhaya Case Verdict: How Delhi Cops Hunted down the Rapists in a Record 72 Hours. Online seit dem 9.7.2018 unter https://www.thebetter-india.com/149421/news-nirbhaya-case-verdict-delhi-cops-rapists.

515 Vgl. Plummer, Lucy: In a Country Struggling With Sexual Harassment, These 5 Initiatives Are Fighting Rape Culture. Online seit dem 7.7.2017 unter https:// www.thebetterindia.com/107782/rape-culture-initiative-india-misogyny-women-rights-safety.

516 Vgl. http://www.mavaindia.org/index.html.

Das Jahr 2018 war in vielerlei Hinsicht ein Umbruchsjahr in Indien. Es brachte für sexuelle Minderheiten einen großen Erfolg, und zwar mit der lang erwarteten Dekriminalisierung von Homosexualität.[517] Der Artikel 377 des indischen Strafgesetzbuches, ein Überbleibsel aus der britischen Kolonialzeit, der „unnatürlichen" (Anal-)Sex zwischen einem Mann und einem anderen Mann, einer Frau oder einem Tier mit lebenslanger Freiheitsstrafe regulierte,[518] wurde vom indischen Verfassungsgericht endgültig aufgehoben. Besonders interessant war, dass die Richter in dem 493 Seiten langen Urteil auf Texte der deutschen Literatur[519] Bezug genommen haben. So zum Beispiel wurde Schopenhauer mit *„No one can escape from their individuality"* („Aus seiner Individualität kann keiner heraus"[520]) und Goethe mit *„I am what I am, so take me as I am"* („Ich bin nun wie ich bin, so nimm mir nur hin"[521]) zitiert, um für die Gleichberechtigung von sexuellen Minderheiten zu argumentieren.[522] Als Amerikanistin fand ich die Verknüpfung von Literatur und Recht hier besonders spannend, die man auch bei anderen Menschenrechtsthemen feststellen kann.[523]

517 Vgl. Suri, Manveena: India's top court decriminalizes gay sex in landmark ruling. Online seit dem 6.9.2018 unter https://edition.cnn.com/2018/09/06/asia/india-gay-sex-ruling-intl/index.html.

518 Vgl. N.N.: Supreme Court decriminalises Section 377: All you need to know. In: Times of India vom 6.9.2018, online unter http://timesofindia.indiatimes.com/articleshow/65695884.cms.

519 Vgl. N.N.: Section 377: SC borrows from Shakespeare, Wilde, Goethe in mammoth judgment. In: The Week vom 6.9.2018, online unter https://www.theweek .in/news/india/2018/09/06/section-377-sc-borrows-shakespeare-wilde-goethe-mammoth-judgment.html.

520 Vgl. Schopenhauer, Arthur: Aphorismen zur Lebensweisheit. In: Schopenhauers sämtliche Werke in fünf Bänden – Band 4. Inselverlag Leipzig, 1850, Seite 377.

521 Vgl. Goethe, Johann Wolfgang von: Liebhaber in allen Gestalten. In: Johann Wolfgang von Goethe: Gedichte. Ausgabe letzter Hand – Kapitel 17.

522 Vgl. Mahapatra, Dhananjay: Section 377 verdict: A wrong is righted, now for the rights. In: Times of India vom 7.9.2018, online unter http://timesofindia.indiatimes.com/articleshow/65713180.cms.

523 Vgl. Kurz, Katja: Narrating Contested Lives. The Aesthetics of Life Writing in Human Rights Campaigns. Winter 2015

Auch für Frauen und Mädchen, denen es traditionell verboten war, gewisse Hindu-Tempel zu besuchen, wurden durch ein Gerichtsurteil im südlichen Staat Kerala Fortschritte erzielt[524] – allerdings nicht ohne massiven Widerstand.[525]

Und zuletzt hat die #MeToo-Bewegung 2018 nach den USA auch Indien erfasst[526] und Prominente, Akademiker, Journalisten[527] als auch andere mit einflussreichen Positionen unter dem Auge der Presse zur Rechenschaft gezogen.[528] Selbst im Bereich der Entwicklungsarbeit kamen Vorfälle ans Licht, zum Beispiel gegen den Gründer von *Video Volunteers* (VV)[529], eine Organisation, die Menschen auf dem ländlichen Raum zu Korrespondent*innen ausbildet, die auf Handykameras professionelle Filme drehen, um auf soziale Notstände wie mangelnde medizinische Versorgung, Landraub, Korruption und andere drängende Themen aufmerksam zu machen und Lokalpolitiker damit unter Druck zu setzen. Ein einfaches Konzept, das die indische Medienlandschaft innerhalb weniger Jahre revolutioniert hat. Ehemalige Mitarbeiterinnen haben deshalb lange gezögert, mit den Beschuldigungen ans Licht zu kommen, weil sie der Organisation, die einer der Gründer des Community Based Media-Konzeptes in Indien war, nicht schaden wollten.[530]

---

524 Vgl. Rautray, Samanwaya: Women of all ages can enter Sabarimala Temple, rules Supreme Court. In: The Economic Times vom 29.9.2018, online unter https://economictimes.indiatimes.com/news/politics-and-nation/supreme-court-allows-women-to-enter-sabarimala-temple/articleshow/65989807.cms.

525 Vgl. Frayer, Lauren und Pathak, Sushmita: India's Supreme Court Orders Hindu Temple To Open Doors To Women, But Devotees Object. Online seit dem 22.12.2018 unter https://www.npr.org/2018/12/22/675548304/indias-supreme-court-orders-hindu-temple-to-open-doors-to-women-but-devotees-obj?t=1550576316575.

526 Vgl. Roy, Abhery: 2018: The Year When #MeToo Shook India. In: The Economic Times vom 27.12.2018, online unter https://economictimes.indiatimes.com/magazines/panache/2018-the-year-when-metoo-shook-india/2018-the-year-of-metoo-in-india/slideshow/66346583.cms.

527 Vgl. Suri, Manveena: India's #MeToo moment? Media and entertainment industry shaken by allegations. Online seit dem 19.10.2018 unter https://edition.cnn.com/2018/10/10/asia/india-metoo-intl/index.html.

528 Vgl. Kirby, Jen: The rise of #MeToo in India. Online seit dem 24.10.2018 unter https://www.vox.com/2018/10/24/17989650/me-too-india-akbar.

529 Vgl. https://www.videovolunteers.org.

530 Vgl. N.N.: #MeToo Allegations Hit Video Volunteers' Stalin K. Padma as Several Women Come Forward. Online seit dem 12.10.2018 unter https://thewire.in/media/stalin-k-padma-metoo-video-volunteers-sexual-harassment.

Für die meisten Frauen ist der Alltag weiterhin schwierig.[531] Sie müssen in der Arbeitswelt – sofern sie Zugang erhalten – umso härter sein als Männer, sich umso stärker beweisen, umso mehr arbeiten, um ernst genommen und befördert zu werden. Es ist keine Überraschung, dass einige der inspirierendsten Frauen, die ich in meiner Laufbahn getroffen habe, aus Indien stammen. Das zeigt sich selbst in der Gründungsgeschichte der Stiftung, für die ich arbeite. Man muss unglaublich dicke Haut entwickeln, um in Indien als Frau weiter zu kommen.

Nur im privaten, häuslichen Kreis mit Freunden, Kollegen, engen Bekannten und ihren Familien, kann ich durchatmen und meine harte Fassade ablegen. Oder wenn ich mich in ländlichen Regionen und anderen Teilen Indiens bewege,[532] die generell sicherer für Frauen sind[533] – für mich zum Beispiel Dehradun und Nainital in Uttarakhand.[534] Aber im Großen und Ganzen gilt: Wenn ich in Indien bin, dann sehe ich jeden Mann in der Öffentlichkeit erst einmal unterschwellig als potenziellen Angreifer. Jeder Fremde muss sich erst mein Vertrauen verdienen. Das war für mich lange Zeit als Frau die größte Herausforderung, denn so möchte ich Männer nicht sehen. So möchte ich mich als Frau nicht fühlen. Ich finde es schade, dass ich Männer im indischen Kontext als Frau lange Zeit primär als Gefahr wahrgenommen habe. Es tat mir dann besonders leid, wenn sich herausstellte, dass ich einer Person damit Unrecht getan hatte. Zum Bespiel wenn ein Fremder eine große Hilfe war, als ich mich unterwegs verirrt hatte, oder ein *Rickshaw*-Fahrer stolz von seiner Tochter erzählte, die sehr gut in der Schule ist, oder der *Chai-wala*, der für mich Tee mit laktosefreier Milch kochte (die gibt es inzwischen auch in Indien).

---

531 Vgl. N.N.: „Everyone Blames Me". Barriers to Justice and Support Services for Sexual Assault Survivors in India. Online seit dem 8.11.2017 unter https://www.hrw.org/report/2017/11/08/everyone-blames-me/barriers-justice-and-support-services-sexual-assault-survivors#.

532 Vgl. Banerjee, Rumu: Goa safest for women, Delhi near the bottom. In: Times of India vom 10.11.2017, online unter https://timesofindia.indiatimes.com/india/goa-safest-for-women-delhi-near-the-bottom/articleshow/61428601.cms.

533 Vgl. Tamang, Praval: 15 Top Indian Destinations for Solo Women Travellers. Online seit dem 19.9.2018 unter http://www.thrillophilia.com/blog/solo-women-travellers-in-india.

534 Vgl. Gill, Simran: Safest Destinations for Solo Female Travellers in India. Online ohne Datum unter https://www.holidify.com/collections/solo-female-travel-destinations-in-india.

Nach fünf Jahren in Indien kann ich besser einschätzen, wann ich vorsichtig und eisern sein muss, und wann ich mein normales Ich in sicherer Umgebung sein kann. Wem ich vertrauen kann und vor wem ich mich hüten muss. Das ändert sich natürlich immer, wenn ich innerhalb des Landes reise und erst die lokale Etikette erlernen muss, die sich von Bundesstaat zu Bundesstaat und von Land auf Stadt ändert.

Warum ich überhaupt nach Indien reise und in den USA lebe, wenn ich mich dort so vielen Problemen stellen muss? Die Antwort ist einfach: weil ich beide Länder auf ihre eigene Weise liebe, und weil es mir das Ganze wert ist. Ich möchte nicht missen, was ich alles durch diese transnationale Arbeit gelernt und wie viele faszinierende Menschen ich auf meiner Laufbahn getroffen habe. Das Studium der Amerikanistik als interdisziplinäres Forschungsfeld hat mich auf diesen internationalen Weg überraschenderweise gut vorbereitet. Wie mein Doktorvater und Gründer des Obama Institute for Transnational American Studies, Alfred Hornung[535], einmal richtig bemerkte: *„American studies needs to be researched and take place wherever and whenever the influence of, for example, American literature, culture, politics, or economics is felt".* Das hatte mich schon damals darin bestärkt, über die Forschungsfelder und Landesgrenzen hinweg zu denken.

An den USA haben mich schon immer der Optimismus, das Unternehmertum und die Zivilcourage gereizt. Ein Land, das sich immer wieder neu erfindet – wenn auch manchmal auf unvorhergesehene Weise, mit einem Millionär als Präsident der „einfachen Leute". Indien hat mein Verständnis von Vielfalt gesprengt – ein kulturell, sprachlich, geografisch und religiös hoch diverses Land, das trotz der vielen Extreme zwischen Arm und Reich die größte Demokratie der Welt darstellt. Inder gehören weltweit zu denen, die am meisten in die Bildung investieren.[536] Eine Studie zeigt, dass indische Familien umgerechnet über EUR 15.000 für die Bildung eines Kindes ausgeben[537], und das, obwohl das durchschnittliche Jahreseinkommen einer Familie nur etwas

---

535 Vgl. http://www.obama-institute.com/hornung.
536 Vgl. India Development Review: Thousands of Crores Spent on Education; So Why Aren't We Learning Anything? Online seit dem 30.8.2017 unter https://www.thebetterindia.com/113162/numbers-dont-add.
537 Vgl. N.N.: Indian parents spend Rs 12.25 lakh on children's education, Hong Kong leads with Rs 85.67 lakh. In: Hindustan Times vom 4.7.2017 unter

mehr als EUR 900 beträgt.[538] Bildung wird als teures Gut gehandelt in einem Land, in dem die Konkurrenz für jeden Job aufgrund der Bevölkerungszahl von 1,3 Milliarden[539] extrem hoch ist. Die Kreativität, die Inder ständig an den Tag legen, beeindruckt mich immer wieder. Wo man nicht einfach aufgibt, sondern nach Alternativen sucht. Es gibt einen Begriff im Indischen dafür: *„jugaad"*.[540] Oft erklärt als das Talent, mit wenigen Ressourcen auf kreative Weise ein Problem zu lösen, oder als ein *„quick fix"*, eine Improvisation.[541] Ob man einen extra Sitz auf den Roller schafft, um seine Familie zu transportieren, oder sein Auto mit Fahrradteilen repariert, oder 30 Leute mit 70 Gepäckstücken in einem Kleinbus transportiert oder als Schuhverkäufer seinen Schuhladen auf der Straße an einer Verkehrsschranke aufbaut. Das Unternehmertum in Indien hängt den USA nicht nach.

Ich schätze Aspekte an allen drei Kulturen auf unterschiedliche, oft komplementäre Weise. Gesellschaftlicher Wandel geht oft langsam vor sich – zumindest, bis er weitreichend akzeptiert ist. Und er geschieht im Dialog, über Landesgrenzen hinaus. In den letzten Jahrzehnten wurden so viele Fortschritte bezüglich der Menschen-, Männer- und Frauenrechte erzielt, die wir nicht vergessen dürfen. Ich bin zuversichtlich, dass wir in den kommenden Jahrzehnten weitere Umbrüche und Erfolge erwarten dürfen. Wenn sie auch nicht einfach so, sondern mit vielen Rückschlägen einher kommen werden. Die Wikipedia-Einträge im Jahr 2099 werden sicherlich einiges über dieses Zeitalter zu berichten haben. Es ist spannend, mit dabei zu sein.

https://www.hindustantimes.com/education/indian-parents-spend-rs-12-25-lakh-on-children-s-education-hong-kong-leads-with-rs-85-67-lakh/story-PCIf8tjt7Niq9aGCrartMI.html.

538   Vgl. N.N.: India's average per capita income higher in last 4 years at Rs 80,000. In: Business Today vom 8.8.2018, online unter https://www.businesstoday.in/current/economy-politics/india-average-per-capita-income-higher-last-4-years-rs-80000/story/281142.html.

539   Vgl. http://worldpopulationreview.com/countries/india-population.

540   Vgl. https://en.oxforddictionaries.com/definition/jugaad sowie http://lexicon.ft.com/Term?term=jugaad-innovation.

541   Vgl. Cachero, Paulina und andere: Jugaad: An untranslatable word for winging it. Online seit dem 14.12.2017 unter http://www.bbc.com/culture/story/20171213-jugaad-an-untranslatable-word-for-winging-it.

Das Potential der Unterschiede

Jeannette Hagen

Wenn es einen Aspekt gibt, der mich bei all den Debatten, die in den letzten Jahren um das Mann- und Frau-Sein und den dazugehörigen Geschlechterkampf geführt wurden, wirklich beschäftigt, dann der, wie unterschiedliche Geschlechterrollen-Vorstellungen manchmal aufeinanderprallen und es zu gravierenden Konflikten kommt, obwohl man beiden Seiten selten eine negative Absicht unterstellen kann.

Ein Beispiel aus dem Leben: Als ich das erste Mal bei meinem Autoschrauber war – nennen wir ihn mal Frank – und im Anschluss an die Reparatur das Portemonnaie zücken wollte, grinste er nur breit und meinte: „Nee, nee, lass mal. Das bezahlt dein Mann. Kauf du dir lieber was Schönes davon." Jeglicher Protest meinerseits verhallte.

Ich habe die Geschichte in einer Frauenrunde erzählt, im Grunde wohlwissend, was mich erwartet. Und richtig: „Wie kannst du nur? Das ist doch erniedrigend! Frauenfeindlich! Was für ein Arschloch. Du verdienst doch selber Geld, das muss man doch achten." So in etwa war der Tenor. Keine Frau, die gesagt hat: „Das ist ja süß. So etwas gibt es auch noch?" Keine Frau, die die Möglichkeit einräumte, dass hinter dieser Offerte keine Form der Herabwürdigung stand.

Frank ist ein netter Kerl. Einer, der die Frauen, die er an seiner Seite hat, immer verwöhnt. Für ihn kommt es überhaupt nicht in Frage, dass eine Frau die Rechnung im Restaurant oder eben die Autoreparatur bezahlt. Autos sind Männersache – und für die Frau zu sorgen, eben auch. Gentleman der alten Schule könnte man ihn nennen. Aber das kommt nicht gut an, denn viele Frauen wollen das nicht mehr und so ist es nicht verwunderlich, dass Frank, so lange wie ich ihn kenne, einfach keine Frau findet, die zu ihm passt.

Für die meisten Frauen, die ich kenne, steht der Wunsch nach Selbstverwirklichung und Freiheit ganz oben auf der Prioritätenliste. Die Ansprüche an den Mann sind dabei hoch, ebenso der Abwertungsgrad seiner Männlichkeit. Viele Frauen sind sich dessen nicht bewusst, weil die Ursache dafür tief in ihrer Kindheit liegt und mit dem Rollenbild verwoben ist, das sie von den Eltern erfahren haben. Auch fühlen sich viele Frauen in meinem Umfeld durch Männlichkeit – egal in welchem Gewand sie erscheint – per se entmachtet, zum Püppchen degradiert, sehen sich nicht gleichberechtigt, wollen ihren eigenen Mann stehen und dabei steht der Mann vielfach im Weg, wird weggebissen oder abgewertet. Die meisten Scheidungen werden von Frauen eingereicht.

Das Bild vom abgewerteten Mann passt allerdings nicht zu dem, was in der Öffentlichkeit Konsens findet. Hier herrscht die Meinung vor, dass der Mann am Drücker sitzt. Dass er die Hosen anhat, dass Frauen um ihre Rechte kämpfen müssen, während er nur seine Karriere verfolgt. Das mag in älteren Generationen noch stimmen; das Bild hat sich aber in den letzten Jahrzehnten rapide verändert. Und zwar in mehrere Richtungen.

Zum einen konnten viele Männer mit der raschen Entwicklung der Frauen einfach nicht mehr Schritt halten. Studien belegen, dass mittlerweile rund 80 Prozent der Frauen erwerbstätig sein wollen.[542] Dem gegenüber stehen nicht einmal 25 Prozent junge Männer, deren Lebensentwurf dazu passt. Der Schweizer Soziologe Professor Walter Hollstein schreibt hierzu in seinem Aufsatz „Was vom Manne übrig blieb", dass die meisten Männer ihre Frau nach wie vor ernähren wollen und es gut fänden, wenn sie sich um die Kinder und den Haushalt kümmern würde. Aber nicht, weil der betreffende Mann sich über sie stellen will, sondern weil er davon ausgeht, dass sie das einfach gut kann. Das kommt aber heutzutage nicht mehr so an, was dazu führt, wie Hollstein weiter ausführt, dass es für Frauen damit immer schwieriger wird, den passenden Partner zu finden. Einen, der fortschrittlicher denkt. „So kann man sich vorstellen, zu welchen Problemen es dann kommt, wenn – einmal ganz simpel gerechnet – mehr als 80 Prozent der jungen modernen Frauen nicht einmal 25 Prozent junge mo-

---

542 Vgl. Allmendinger, Jutta: Frauen auf dem Sprung. Die Brigitte-Studie 2008, S. 62. Online unter https://www.brigitte.de/producing/pdf/brigitte-studie-2008-frauen-auf-dem-sprung.pdf.

derne Männer gegenüberstehen."[543] Man muss kein Mathematiker sein, um sich auszurechnen, wie viele Beziehungen erst gar nicht entstehen oder von Beginn an mit einer Lebenslüge auf einer oder auf beiden Seiten geschlossen werden. Wie Hollstein sagt: „Der Crash der Geschlechter ist vorprogrammiert – mit den dramatischen Folgen von Trennungsleid und Kinderelend."[544]

Ich glaube, dass dieser Umstand weit über die Familie hinaus einen Einfluss auf die Gesellschaft hat. Dass sogar der Rechtsruck, den wir derzeit besonders im ländlichen Raum erleben, damit in einem engen Zusammenhang steht. Wie Stephan Kühntopf und Susanne Stedtfeldt in ihrem Arbeitspapier „Wenige junge Frauen im ländlichen Raum: Ursachen und Folgen der selektiven Abwanderung in Ostdeutschland"[545] schreiben, kommt es besonders in Ostdeutschland im ländlichen Raum zu einem sehr stark männlich geprägten Geschlechterungleichgewicht in den jüngeren Altersgruppen. „Zahlreiche ostdeutsche Landkreise verzeichnen im Jahr 2009 über 25 Prozent mehr männliche als weibliche Einwohner in den Altersgruppen der 18- bis 24- und 25- bis 29-Jährigen – gerade in peripheren und strukturschwachen Regionen." Die Autoren sind der Ansicht, dass sich „Gründe für eine verstärkte Abwanderung junger Frauen demnach in geschlechtsspezifischen Bildungs- und Berufsambitionen finden lassen."[546] Dazu kommt, dass Frauen zudem die Lebensqualität in städtischen Räumen höher einschätzen als Männer.

Was macht das mit Frauen, wenn sie nicht den richtigen Partner finden, und was macht es mit Männern, wenn sie mit ihren Vorstellungen anecken? Zu den vielen Auswirkungen gehört, dass beide Seiten voneinander enttäuscht sind, was sich in gegenseitiger Abwertung oder

---

543 Vgl. Hollstein, Walter: Was vom Manne übrig blieb – Das Problem der männlichen Identität. Online seit dem 1.6.2012 unter https://www.cuncti.net/lebbar/315gesellschaftliche-entfremdungaufloesen-fuer-ein-leben-und-lernenin-freiheit.

544 Ebenda.

545 Kühntopf, Stephan und Stedtfeld, Susanne: Wenige junge Frauen im ländlichen Raum. Ursachen und Folgen der selektiven Abwanderung in Ostdeutschland. Working Paper 3/2012 des Bundesinstituts für Bevölkerungsforschung Wiesbaden. Online unter https://www.bib.bund.de/Publikation/2012/Wenige-junge-Frauen-im-laendlichen-Raum-Ursachen-und-Folgen-der-selektiven-Abwanderung-in-Ostdeutschland.html?nn=9751912.

546 Ebenda.

sogar in der Abkehr voneinander widerspiegelt. Und auch hier: Öffentlich problematisiert wird vor allem die Abwertung von Frauen. Diesen Aspekt greift der Journalist Hajo Schumacher in seinem aktuellen Buch „Männerspagat" auf. So schreibt er über geschlechtsspezifische Attacken unter der Gürtellinie: „Während die Menstruation als Universalerklärung für weibliches Verhalten zu Recht geächtet ist, verzeichnet das männliche Geschlechtsorgan derzeit eine mediale Dauererektion."[547] Und weiter: „Der beliebteste Kommentar unter einem Beitrag über die weltweit erste Penis-Transplantation drehte sich um Porsche-Fahrer. Nur mal so gefragt: Wäre irgendwer auf die Idee gekommen, Konflikte beim Brexit mit einem Körbchenvergleich von Angela Merkel und Theresa May zu illustrieren?"[548]

Die Gräben zwischen Männern und Frauen zeigen sich heute sehr vielschichtig. Eine Tendenz, die der von den abgehängten Männern auf den ersten Blick entgegensteht, ist, dass es heute etliche junge Männer gibt, die gern auf eine berufliche Karriere verzichten und dafür mehr Zeit mit der Familie verbringen würden. Das steht auf den ersten Blick im Widerspruch zu der Tatsache, dass Männer Frauen gern in ihrer Kompetenz „Kinder und Haus hüten" sehen. Es ist aber keiner, denn es geht dabei eher darum, dass Männer ihre männlichen Kompetenzen in das Familienleben einbringen wollen, statt die Mutter zu ersetzen. Doch dafür fehlt die Akzeptanz nicht nur in der Wirtschaft und bei Geschlechtsgenossen, die fest in alten Rollenbildern verankert sind, sondern erstaunlicherweise auch bei vielen Frauen, die gar keinen Hausmann haben wollen. Es gibt keine Statistik über dieses Verhalten, aber es wird immer dann offensichtlich, wenn in Frauenrunden über Männer geplaudert wird. Gesellschaftlich relevant wird diese Abneigung gegen die „Einmischung" in die – dann plötzlich doch sehr stark verteidigte – Domäne der Frauen dann, wenn sie sich auch nach der Trennung fortsetzt und sich in einer hohen Anzahl von Scheidungskämpfen manifestiert, die darum geführt werden, dass Mütter den Kontakt zum Vater ihres Nachwuchses unterbinden oder zumindest nicht fördern wollen. An dieser Stelle zeigt sich auch die Schwerfällig-

---

547 Vgl. Schuhmacher, Hajo: Pimmelwitz komm raus. Online seit dem 30.8.2018 unter http://www.spiegel.de/plus/wie-frauen-mit-maennern-umgehen-pimmelwitz-komm-raus-a-ba9169c6-ddc8-4be6-915e-867170158ca3.
548 Ebenda.

keit einer Politik, die den Mann ganz klar auch nach der Trennung in der Rolle des Familienernährers sieht. Die Zeit, die ein Mann mit seinen Kindern verbringt, auch indem er etwa ein Kinderzimmer einrichtet – all das findet bei der Unterhaltszahlung keine Beachtung. Wenn wir aber über Gleichberechtigung sprechen, dann gehört das dort hinein, denn nicht nur alleinerziehende Frauen sind von Altersarmut betroffen.

Es reicht meines Erachtens also nicht, die Gleichberechtigung der Frauen zu fördern. Wenn wir über Gleichberechtigung reden, müssen wir mit einbeziehen, dass viele Männer derzeit auf der Strecke bleiben und somit ein neues Ungleichgewicht geschaffen wird, das in allen Gesellschaftsschichten zum Problem wird – besonders dann, wenn Frustration zu Wut und Wut zu Gewalt führt: Gewalt nicht nur gegen andere, sondern vor allem gegen sich selbst. In Deutschland geschieht alle 53 Minuten eine Selbsttötung.[549] Laut Bundesamt für Statistik ist die Selbstötungsrate unter jungen Männern im Alter von 20-25 Jahren vier Mal so hoch wie bei gleichaltrigen Frauen. Mit gewissen Abweichungen zieht sich diese Disparität durch alle Altersschichten.[550]

Der Feminismus ist eine große Errungenschaft, und ich bin den Frauen sehr dankbar, die den

Weg dafür bereitet haben, dass ich mich heute derart frei bewege, mich selbst verwirklichen kann und dass mir Möglichkeiten offenstehen, von denen meine Großmutter nur geträumt hat. Gleichzeitig bemerke ich jedoch eine Tendenz, die sich so anfühlt, als ob die Bewegung zu etwas angewachsen ist, das man nur noch schwer kontrollieren kann und das vielfach verbrannte Asche hinterlässt. Wenn Männer als Müll bezeichnet werden,[551] dann zeugt das nicht von einem befreiten und reifen Frau-Sein, sondern von einer Opferhaltung, die im Zuge der Abkehr vom eigenen Schatten nach außen gerichtet wird. Da wird die eigene Verletzlichkeit zu einer Waffe, die andere verletzt.

---

549 Vgl. Fröhlich, Sonja: Alle 53 Minuten ein Suizid. In: Hamburger Abendblatt vom 7.9.2017, online unter https://www.abendblatt.de/nachrichten/article211843431/Alle-53-Minuten-ein-Suizid.html.

550 Vgl. Bundesamt für Statistik: Suizide nach Altersgruppen. Online unter https://www.destatis.de/DE/ZahlenFakten/GesellschaftStaat/Gesundheit/Todesursachen/Tabellen/Sterbefaelle_Suizid_ErwachseneKinder.html.

551 Vgl. hierzu das Vorwort der vorliegenden Anthologie.

Was also tun?

Ich habe neben zwei älteren Kindern eine kleine Tochter. Ihr Lieblingswort ist: aber. Wenn ich mich so umhöre, dann kommt dieses „aber" allerdings nicht nur von ihr, sondern es findet sich in fast allen Debatten. Leider selten, um etwas zu verbessern, sondern eher, um die eigene Haltung zu untermauern – sprich: um Recht zu haben. Männer erfahren auch Gewalt. Ja, aber Frauen ... Männer erfahren Ungerechtigkeiten. Ja, aber Frauen ...

Zuzuhören wäre ein wichtiger Schritt. Und zwar auf beiden Seiten. Wir sollten wieder lernen, anderen Meinungen oder Erfahrungen Raum zu geben, bevor wir widersprechen und spitzfindig eine ganze Armada von Gegenargumenten auffahren. Wir wissen nicht, wie sich der andere fühlt. Wir können es vielleicht ahnen, aber wir wissen es nicht. In den Schuhen des anderen zu gehen ist eine hohe Kunst, die die Bereitschaft, sich darauf einzulassen, voraussetzt. Das erfordert Mut und den Willen, selbst zurückzutreten. Letzteres ist eine Haltung, die uns allen gut tun würde. Zu erkennen, dass wir nicht der Nabel der Welt, sondern wie jeder andere, jede andere auch ein Mensch mit Bedürfnissen sind, der zwischen dem Wunsch nach Autonomie auf der einen und Verbundenheit auf der anderen Seite hin und her schwankt.

Zudem ist es wichtig, dass wir die gängige Haltung, dass Frauen benachteiligt sind, kritisch hinterfragen, so wie wir überhaupt immer mal wieder hinterfragen sollten, was uns als Tatsache vor die Nase gesetzt wird. Und ja, es gibt die Punkte, bei denen genau das Fakt ist. Wo Frauen immer noch hintenanstehen. Es gibt aber mindestens genauso viele Punkte, bei denen sich das Blatt längst gewendet hat und wo es an der Zeit ist, gegenzusteuern. Dieser Prozess setzt eine gewisse Ehrlichkeit voraus. Das Loslassen gängiger Klischees, die nur allzu leicht über die Lippen kommen. Männer sind nicht „nur" Schweine, genauso wie Frauen nicht „nur" hysterisch oder anstrengend sind. Sicher gibt es Einzelfälle, auf die die Klischees passen, doch auf die große Mehrheit treffen sie eben nicht zu. An dieser Stelle kann ich nur immer wieder darauf verweisen, was es mit einem kleinen Jungen macht, der seiner Mama beim Telefonieren zuhört, wenn sie über „die Männer" herzieht. Was soll der Heranwachsende denken? Er schaut an sich herab, realisiert, dass er auch mal so ein Mann sein wird und glaubt schon von diesem Moment an zu wissen, was Frauen von ihm halten werden.

Was wir darüber hinaus brauchen, ist ein Eingeständnis der eigenen Ohnmacht und der eigenen Schwächen. Das ist nicht leicht in einer Zeit, in der Leistung zählt. Stillhalten, um erst einmal zu erkennen, wo wir aktuell stehen und wohin das Ganze führt, wäre ein weiterer Ansatz. Unausgewogene Machtverhältnisse müssen ebenso erkannt und aufgebrochen werden, wie Männer und Frauen gleichermaßen lernen dürfen, sich in ihrer Unterschiedlichkeit zu sehen und wertzuschätzen. Für mich liebt wahre Weiblichkeit das männliche Prinzip, den Animus, als Teil der eigenen Ganzheit, schätzt ihn aber genauso in seiner Verschiedenheit. Umgekehrt ist es an der Zeit, dass Männer ihre Weiblichkeit entdecken und leben dürfen. Ich bin sicher, dass das nicht nur unsere Beziehungen, sondern auch unsere Welt verändern würde.

Anhang
Integraler Antisexismus – ideengeschichtliche Aspekte[552]

Eine Ideengeschichte jenes Konzeptes, das wir als „Integraler Antisexismus" bezeichnen, kann hier nur anrissartig dargestellt werden. Es bleibt späteren Forschungen überlassen, die folgenden Darstellungen zu vertiefen sowie über den westlichen Kulturraum hinaus zu erweitern.

Beim Integralen Antisexismus handelt es sich um eine geschlechterphilosophische und geschlechterpolitische Perspektive, die Diskriminierungen, soziale Problemlagen und Menschenrechtsverletzungen bezüglich Frauen UND Männern (sowie in einem erweiterten Sinne auch Inter- und Transsexuellen) in wissenschaftlicher und politischer Hinsicht berücksichtigt, ohne ein Geschlecht auszugrenzen oder zum „Unterdrückergeschlecht" beziehungsweise „Opfergeschlecht" zu erklären.

Der Integrale Antisexismus, wie linke Männerrechtler im deutschsprachigen Raum ihn verstehen, ist unter anderem von Erkenntnissen der Systemischen Psychologie[553] geprägt sowie von einem Verständnis von Macht und Diskriminierung, das diese nicht schematisch, sondern ergebnisoffen und kontextspezifisch zu erforschen und zu verstehen sucht. Ein solches Verständnis von Macht ist mit allen freiheitlich-linken Theorie-Traditionen kompatibel, wurde aber am prägnantesten im französischen Poststrukturalismus (bzw. französischen Postmodernis-

---

552 Für die Zusammenarbeit bei der Erstellung dieses Anhangs danke ich einem anderen linken Männerrechtler und Experten für die Ideengeschichte der Linken, der nicht genannt werden möchte.

553 Vgl. von Schlippe, Arist & Schweitzer, Jochen: Lehrbuch der systemischen Therapie und Beratung I: Das Grundlagenwissen, Vandenhoeck & Ruprecht, 2016. (Auch andere Richtungen und Schulen der Psychologie werden aber natürlich in einer integral-antisexistischen Perspektive einbezogen.)

mus) ausformuliert, insbesondere bei Michel Foucault.[554] Dieser sagte 1976 in einem Vortrag:

> „*Ich glaube – jedenfalls ist das der Sinn der Analysen, die ich vornehme (...), dass wir Machtbeziehungen nicht schematisch betrachten dürfen, auf der einen Seite jene, die Macht haben, und auf der anderen jene, die keine haben. (...) Dieser Dualismus findet sich bei Marx niemals, wohl aber bei reaktionären und rassistischen Denkern wie Gobineau, (...).*
> *Die Machtbeziehungen sind überall. Allein schon die Tatsache, dass Sie Studentin sind, versetzt sie in eine bestimmte Machtposition. Andererseits bin ich als Professor gleichfalls in einer Machtposition. Ich bin in einer Machtposition, weil ich keine Frau bin, sondern ein Mann. Und als Frau sind Sie gleichfalls in einer Machtposition, nicht in derselben, aber wir beide sind gleichermaßen in einer Machtposition. (...)*
> *Interessant ist (...) wie die Maschen der Macht in einer Gruppe, einer Klasse, einer Gesellschaft funktionieren, das heißt, wo sie jeweils im Netz der Macht lokalisiert sind und wie sie Macht ausüben, sichern und weitergeben.*"[555]

Diese Bezugnahme auf eine poststrukturalistische Machttheorie bedeutet jedoch nicht, dass linke Männerrechtler sich hinsichtlich ihrer politisch-philosophischen Orientierung auf den französischen Poststrukturalismus beschränken. Vielmehr sind linke Männerrechtler offen für die vielfältigen Teilwahrheiten und Errungenschaften aller freiheitlich-linken Theorie-Traditionen. Hierzu zählen unter anderem der egalitäre Liberalismus, die Kritische Theorie der Frankfurter Schule, die Diskursethik, libertärer Marxismus und Neomarxismus, Sozial-Anarchismus und Individual-Anarchismus sowie linker Kommunitarismus.

Hinsichtlich philosophischer Themen wie Erkenntnistheorie, philosophische Anthropologie und Ethik nehmen linke Männerrechtler meist auf andere philosophische Traditionen Bezug als den französi-

---

554 Passagen, in denen ein allzu schematisches Verständnis von Macht kritisiert wird, finden sich aber auch in Werken anderer französischer Poststrukturalisten, z.B. bei Jean-François Lyotard, Roland Barthes und Jacques Derrida. Da die französischen Poststrukturalisten den heutigen Forschungsstand bezüglich Diskriminierungen, von denen Jungen und Männer betroffen sind, nicht kannten/kennen, wurde von ihnen zwar keine explizit integral-antisexistische Perspektive erarbeitet, aber das nicht-schematische Machtverständnis, das im französischen Poststrukturalismus entwickelt wurde, ist für integral-antisexistische Analysen gut geeignet.

555 Vgl. Foucault, Michel: Die Maschen der Macht, in: Michel Foucault – Dits et Ecrits. Schriften, Vierter Band 1980 – 1984, Suhrkamp, 2005, S. 244

schen Poststrukturalismus. So sind linke Männerrechtler oft Anhänger der Korrespondenztheorie der Wahrheit, akzeptieren oft die Idee einer Natur des Menschen in einem ähnlichen Sinne, wie dies von dem bekannten Sprachwissenschaftler und linken Philosophen Noam Chomsky vertreten wird[556] und sind oft Anhänger eines universalistischen Moralverständnisses, das ideengeschichtlich in kantianischer Tradition steht (wie dies in der zeitgenössischen philosophischen Diskussion u.a. von John Rawls, Jürgen Habermas und Karl Otto Apel vertreten wurde).

Freilich ist der linke Maskulismus aber auch bei den genannten philosophischen Themen für verschiedene Positionen offen.

Tendenzen, die in eine integral-antisexistische Richtung weisen, finden sich während der ersten Welle der Frauenbewegung insbesondere in der sozialistischen Frauenbewegung, weniger in der bürgerlichen Frauenbewegung.[557]

Die sozialistische Frauenbewegung der ersten Welle der Frauenbewegung beruhte wesentlich auf der Idee der Klassensolidarität zwischen den Frauen und Männer der Arbeiterklasse. Sozialistische Frauenrechtlerinnen setzten sich in diesem Sinne auch für Anliegen der Männer der Arbeiterklasse ein.

Dieser Aspekt wird auch in zeitgenössischen Standardwerken zur Geschichte der Frauenbewegung erwähnt (leider meist ohne daraus angemessene Schlüsse hinsichtlich der Fehler des heute in westlichen Gesellschaften vorherrschenden Feminismus zu ziehen).

Die Politologin Michaela Karl bemerkt hierzu in ihrem Buch zur Geschichte der Frauenbewegung:

> *„Die Frauenfrage war für Clara Zetkin immer Teil der Klassenfrage. Dies war in ihren Augen auch das trennende Element zur bürgerlichen Frauenbewegung. Die proletarische Frauenbewegung war in erster Linie sozialistisch. Aus diesem Grund lehnte sie eine Zusammenarbeit mit der bürgerlichen Frauenbewegung ab. Hauptgegensatz war ihrer Ansicht nach die Tatsache, dass die bürgerlichen Frauen gegen die Männer der eigenen Klasse*

---

556 Vgl. Chomsky, Noam: Reflexionen über die Sprache, Suhrkamp, 1977, S. 159 f..

557 Die erste Welle der Frauenbewegung wird in der historischen Literatur grob unterteilt in die bürgerliche Frauenbewegung und die sozialistische Frauenbewegung. Beide bestanden natürlich des Weiteren aus mehreren Unterströmungen.

> *kämpften, während die Proletarierinnen Seite an Seite mit den Männern*
> *ihrer Klasse gegen den Kapitalismus für die Revolution eintraten.*"[558]

Die Historikerin Gisela Notz beschreibt diesen Aspekt in ihrem Einführungsbuch zur Geschichte der Frauenbewegung folgendermaßen:

> *„Die sozialistische Frauenbewegung Deutschlands", so Ottilie Baader (...)*
> *sei ,von der Überzeugung durchdrungen, dass die Frauenfrage ein Teil der*
> *sozialen Frage sei und nur zusammen mit ihr gelöst werden kann.' Ihr ging*
> *es um den ,Kampf aller Ausgebeuteten ohne Unterschied des Geschlechts ge-*
> *gen alle Ausbeutenden ebenfalls ohne Unterschied des Geschlechts'. Deshalb*
> *war es ihr Anliegen, ,mit dem Mann ihrer Klasse gegen die kapitalistische*
> *Klasse Seite an Seite mit den Männern zu kämpfen"*.[559]

Ein exemplarisches Beispiel für eine integral-antisexistische Position innerhalb der sozialistischen Frauenbewegung der ersten Welle der Frauenbewegung war ihre Einstellung zum Wahlrecht. In einer Zeit, in der auch die Männer der unteren Klassen zum Teil noch kein Wahlrecht besaßen, setzten sich bürgerliche Frauenrechtlerinnen oft lediglich für ein Frauenwahlrecht analog dem der Männer ein, bei dem die Männer und Frauen der unteren Klassen, die kein Wahlrecht besaßen, davon ausgenommen blieben, während die sozialistische Frauenbewegung ein allgemeines, gleiches, geheimes und direktes Wahlrecht für alle Männer und Frauen forderte.

Auch wenn die sozialistische Frauenbewegung der ersten Welle der Frauenbewegung in diesem Sinne ein ideengeschichtlicher Vorläufer des Konzepts des Integralen Antisexismus darstellt, wie dieses im linken Maskulismus vertreten wird, sind jedoch zwei wichtige Unterschiede zu berücksichtigen.

Die sozialistische Frauenbewegung der ersten Welle der Frauenbewegung war in ihrer Praxis zum Teil integral-antisexistisch, es gelang ihr aber leider nicht, eine integral-antisexistische Position auch in theoretischer Hinsicht ausreichend zu fundieren. So wurden weibliche soziale Problemlagen oft sowohl geschlechtsbezogen als auch klassenbezogen analysiert, während männliche soziale Problemlagen primär klassenbezogen, aber nicht geschlechtsbezogen, betrachtet wurden. Schon damals gab es in progressiven Kreisen eine einseitige Konzepti-

---

558 Vgl. Karl, Michaela: Die Geschichte der Frauenbewegung, Reclam, 2011, S. 97.
559 Vgl. Notz, Gisela: Feminismus, PapyRossa Verlag, 2011, S. 52.

on von Patriarchat. Andererseits wurden geschlechtsbezogene Problemlagen oft als Nebenwiderspruch zum Hauptwiderspruch zwischen Kapital und Arbeit betrachtet.

Das Konzept des Integralen Antisexismus, wie es im linken Maskulismus verstanden wird, beinhaltet hingegen, dass sowohl weibliche als auch männliche Diskriminierungen und soziale Problemlagen gleichermaßen analysiert werden sollten. Bei dem Konzept des Integralen Antisexismus geht es des Weiteren explizit nicht um eine Rückkehr zu klassischen Haupt-/Nebenwiderspruchstheorien. Die Position ist hier vielmehr, dass weder Frauenrechte, noch Männerrechte als „Nebenwidersprüche" betrachtet werden sollten. Übereinstimmung besteht mit jener Sichtweise der klassischen sozialistischen Frauenrechtlerinnen, einer Spaltung der Solidarität zwischen Frauen und Männern entgegenzuwirken. Eine solche Spaltung geht inzwischen stark von heute vorherrschenden einseitigen „Feminismen" (Radikal-, Gender-, Staatsfeminismus) aus.

In den 60er Jahren formierte sich die zweite Welle der Frauenbewegung, und es bildeten sich anfangs drei konkurrierende Hauptströmungen heraus: liberaler Feminismus, sozialistischer Feminismus und Radikalfeminismus, wobei der Radikalfeminismus leider zunehmend an Einfluss gewann. Die Politologin Michaela Karl bemerkt hierzu in ihrem Buch zur Geschichte der Frauenbewegung:

> *„Während es sozialistische und liberale Positionen schon in der alten Frauenbewegung gegeben hatte, brachte der in den USA entstandene Radikalfeminismus neue Denkanstöße in die Debatte mit ein. Dieser ging von einer generellen Unterdrückung der Frau durch den Mann aus. Alle Männer würden alle Frauen unterdrücken. Radikalfeministinnen forderten deshalb die psychologische und bewusstseinsmäßige Befreiung vom Mann und die gleichzeitige Hinwendung zu weiblichen Leitfiguren. (...) Der Kampf gegen das Patriarchat sollte auf der Ebene der Sexualität begonnen werden. (...) Radikale Feministinnen sahen den Fehler nicht im ökonomischen System, sondern im Patriarchat oder in der männlichen Psyche und deren Willen zu herrschen. Sie waren nicht der Ansicht, dass die Frauenbefreiung Teil eines langen Kampfes für den Sozialismus sein sollte, sondern sahen in der Frauenpolitik das wichtigste und einzige Anliegen der Frauenbewegung."*[560]

---

560 Vgl. Karl, Michaela: Die Geschichte der Frauenbewegung, Reclam, 2011, S. 138 f..

Der zunehmende Einfluss des Radikalfeminismus innerhalb der Frauenbewegung drängte den liberalen Feminismus und den sozialistischen Feminismus in den Hintergrund. Dies hatte zur Folge, dass die integral-antisexistischen Ansätze, die es innerhalb der sozialistischen Frauenbewegung der ersten Welle der Frauenbewegung gab, im Mainstream der Frauenbewegung leider nicht aufgegriffen und weiterentwickelt wurden.

Stattdessen etablierte der Radikalfeminismus die Sichtweise von Frauen und Männer als verfeindete Gruppen, von denen die eine (Männer) als privilegiert, Täter und Unterdrückergeschlecht und die andere (Frauen) als diskriminiert, Opfer und unterdrücktes Geschlecht konstruiert wurde. [561] Dieses Paradigma des Radikalfeminismus wurde ab den 80er Jahren zum vorherrschenden geschlechterpolitischen Paradigma innerhalb der zweiten Welle der Frauenbewegung, Aspekte dieses Paradigmas wurden in unterschiedlichen Ausprägungen auch in den meisten anderen feministischen Strömungen übernommen und prägen bis heute stark die vorherrschende feministische Theorie und die feministisch inspirierte Geschlechterpolitik. Obwohl der klassische Radikalfeminismus und der postmoderne Gender-Feminismus in ideologischer Hinsicht bei vielen Themen zerstritten sind, beruhen sie doch beide wesentlich auf dem genannten einseitigen geschlechterpolitischen Paradigma.

Aus Sicht linker Männerrechtler ist das Paradigma des Radikalfeminismus nicht nur einseitig und wissenschaftlich unhaltbar, sondern auch reaktionär und steht im Widerspruch zu klassisch-linken Werten und Prinzipien. Es untergräbt den klassisch-linken moralischen Universalismus, führt dazu, dass reale Diskriminierungen, soziale Problemlagen und Menschenrechtsverletzungen, von denen Jungen und Männer betroffen sind, aus dem Blickfeld geraten, und begünstigt eine Spaltung der Solidarität innerhalb der lohnabhängigen und erwerbslosen Teile der Bevölkerung, indem Frauen und Männer gegeneinander gestellt werden, was nur den ökonomischen und politischen Herrschaftseliten nutzen kann.

---

561 Vgl. hierzu die kritische Analyse aus liberal-feministischer Perspektive von Wendy McElroy in: Wendy McElroy: Sexual Correctness. The Gender-Feminist Attack on Women, McFarland & Company Inc, 2001, S. 3 – 16.

Mit Etablierung des Paradigmas des Radikalfeminismus als vorherrschender feministischer Strömung, gerieten integral-antisexistische Tendenzen bei größeren Teilen der zweiten und dritten Welle der Frauenbewegung in Vergessenheit. Wieder aufgegriffen wurden integral-antisexistische Bestrebungen innerhalb der Frauenbewegung jedoch ab den 90er-Jahren, diesmal jedoch schwerpunktmäßig von einigen Vertreterinnen des liberalen Feminismus.[562] In einer Reihe wegweisender Bücher[563] und Artikel zeigten liberal-feministische Autorinnen, u.a. Christina Hoff Sommers, Cathy Young, Daphne Patai und Wendy McElroy auf, dass viele radikalfeministische und gender-feministische Behauptungen wissenschaftlich nicht haltbar sind, und setzten sich für einen zeitgemäßen Feminismus ein, der eine integral-antisexistische Perspektive einnimmt und auch männliche Diskriminierungen anerkennt. Im angloamerikanischen Raum wird diese liberal-feministische Strömung auch als Equity-Feminismus bezeichnet. Im europäischen Raum vertritt die französische liberale Feministin Elisabeth Badinter seit der Jahrtausendwende eine ähnliche Position.[564]

1993 begründete der Sozialwissenschaftler Warren Farrell mit dem Buch „The Myth of Male Power"[565] den linken Maskulismus als geschlechterphilosophische und geschlechterpolitische Strömung. Von Anfang an vertrat er dabei eine integral-antisexistische Sicht. Farrell schrieb:

---

562 Es ist ein interessantes Phänomen, dass integral-antisexistische Tendenzen während der ersten Welle der Frauenbewegung eher im linken (sozialistischen) Flügel der Frauenbewegung beheimatet waren, während sie aktuell eher im liberalen Flügel der Frauenbewegung zu finden sind. Wünschenswert fände ich es natürlich, dass sowohl linke als auch liberale Feministinnen sich eine solche ganzheitliche geschlechterpolitische Perspektive zu Eigen machen, (ebenso natürlich wie sowohl linke als auch liberale Männerrechtler dies m.E. tun sollten).

563 Vgl. hierzu unter.anderem: Hoff Sommers, Christina: Who Stole Feminism? How Women Have betrayed Women, Simon & Schuster, 1994; Young, Cathy: Ceasefire. Why Women And Men Must Join Foces To Achieve True Equality, The Free Press, 1999; Patai, Daphne: Heterophobia: Sexual Harassment and the Future of Feminism, Rowman & Littlefield, 2000; McElroy, Wendy: Sexual Correctness. The Gender-Feminist Attack on Women, McFarland & Company Inc, 2001.

564 Vgl. Badinter, Elisabeth: Die Wiederentdeckung der Gleichheit. Schwache Frauen, gefährliche Männer und andere feministische Irrtümer, Ullstein, 2004

565 Vgl. Farrell, Warren: The Myth of Male Power, Berkley Trade, 1993, (dt.: Farrell, Warren: Mythos Männermacht, Zweitausendeins, 1995).

„Ich bin Männerrechtler (oder Maskulist), wenn Männerrechte und Män-nerbefreiung mit gleichen Chancen und gleicher Verantwortung für beide Geschlechter definiert werden. Ich bin ein Frauenrechtler, wenn Feminismus gleiche Chancen und Verantwortung für beide Geschlechter propagiert. Ich stehe im Widerspruch zu beiden Bewegungen, wenn eine sagt, unser Ge-schlecht ist das unterdrückte Geschlecht, deswegen „haben wir Anspruch auf bestimmte Vorrechte". Das ist nicht die Befreiung, sondern die Machtergrei-fung eines Geschlechtes. Schließlich bin ich weder für eine Frauenbewegung noch für eine Männerbewegung, sondern dafür, dass sich die Geschlechter-rollen verändern. Trotzdem bin ich dagegen, die Männerbewegung zu über-springen, solange nicht auch Männer ihre Sicht formuliert haben. Dann erst werden wir bereit sein für eine Synthese."[566]

Warren Farrell entwickelte das für den linken Maskulismus wichtige Konzept einer bisexistischen Rollenverteilung, die beide Geschlechter diskriminiert, und er widerlegte auf Grundlage einer Vielzahl von so-zialwissenschaftlichen und psychologischen Forschungsergebnissen den Mythos von Männern als privilegierter Klasse. Dieser Ansatz er-wies sich als äußerst konstruktiv und ergiebig. Weitere lesenswerte Bü-cher sowohl von Warren Farrell als auch von anderen linken Männer-rechtlern folgten.

Meine eigenen männerrechtlichen Bücher haben sich zur Aufgabe genommen, die links-maskulistische Tradition im deutschsprachigen Raum bekannt zu machen und weiterzuentwickeln. In jedem meiner zentralen männerrechtlichen Bücher[567] bekannte ich mich dabei un-missverständlich zu jenem Leitbild meiner geschlechterphilosophischen und geschlechterpolitischen Auffassungen, für die mein Buch „Plädoyer für eine linke Männerpolitik" schließlich den Begriff Integraler Antise-xismus prägte.[568]

Besonders erwähnenswert unter den lesenswerten Büchern, die wichtige Beiträge zu diesem Integralen Antisexismus leisten, sind das bahnbrechende Werk des Soziologen Christoph Kucklick „Das unmo-ralische Geschlecht. Zur Geburt der Negativen Andrologie",[569] das sich

---

566 Vgl. Farrell, Warren: Mythos Männermacht, Zweitausendeins, 1995, S. 29.

567 Vgl. Hoffmann, Arne: Sind Frauen bessere Menschen, Schwarzkopf & Schwarzkopf, 2001, S. 556 f.; Hoffmann, Arne: Männerbeben, Lichtschlag, 2007, S. 72 f & S. 256., Hoffmann, Arne: Plädoyer für eine linke Männerpolitik, 2014, S. 7 & S. 12.

568 Hoffmann, Arne: Plädoyer für eine linke Männerpolitik, 2014, S. 7 & S. 12

569 Kucklick, Christoph: Das unmoralische Geschlecht. Zur Geburt der Negativen Andrologie, Suhrkamp, S. 2008.

aus integral-antisexistischer Perspektive mit der kritischen Analyse negativer Männlichkeitsbilder und deren gesellschaftlichen Funktionen in historischer Hinsicht beschäftigt, sowie das Buch des Analytischen Philosophen David Benatar „The Second Sexism. Discrimination Against Men and Boys"[570], das moralphilosophisch begründet, warum Diskriminierungen, die Jungen und Männer treffen, genauso ernst genommen werden sollten wie Diskriminierungen, von denen Mädchen und Frauen betroffen sind. Benatar erläutert seine Erforschung des „zweiten Sexismus" – also jenes Sexismus, der Jungen und Männer trifft – folgendermaßen:

> *„Es sollte klar sein, dass ich die Geschlechterrollen nicht konservativ betrachte. Während es im Schnitt durchaus Unterschiede in einigen psychologischen Merkmalen zwischen den Geschlechtern geben kann, denke ich nicht, dass diese unterschiedliche Behandlung der Geschlechter insgesamt rechtfertigen, die Gender-Rollen-Konservative unterstützen. Da ich der Meinung bin, dass der zweite Sexismus zusammen mit dem allgemein anerkannten Sexismus bekämpft werden sollte, plädiere ich für Veränderungen – Dinge anders zu machen als sie historisch gesehen gemacht wurden. Außerdem ist die Änderung, die ich empfehle, ziemlich radikal."*[571]

All diese skizzierten Konzepte bieten einen fruchtbaren Untergrund, auf dem antisexistische Maskulisten (oder meinethalben Maskulist*innen) ebenso wie antisexistische Feministen (Feminist*innen) eine ganzheitliche Geschlechterpolitik zur Reife bringen können, bis sie reiche Frucht trägt.

---

570 Benatar, David: The Second Sexism. Discrimination Against Men and Boys, Wiley-Blackwell, 2012.

571 Benatar, David: The Second Sexism. Discrimination Against Men and Boys, Wiley-Blackwell, 2012, S. 16.